AF546504

AMRA

MICHAEL E. SALLA

DIE GEHEIME GESCHICHTE DER U.S. SPACE FORCE

Trump, QAnon und davor – die Anfänge
der amerikanischen Weltraumstreitkräfte

Mit einem exklusiven Nachwort
zum neuen Raumfahrtzentrum in Ramstein

Aus dem Amerikanischen von
Dr. Baal Müller

Besuchen Sie unseren Shop:
www.AmraVerlag.de

Ihre 80-Minuten-Gratis-CD erwartet Sie.
Unser Geschenk an Sie … einfach anfordern!

Amerikanische Originalausgabe:
U.S. Air Force Secret Space Program. Shifting Extraterrestrial Alliances & Space Force

Deutscher Erstdruck im AMRA Verlag
Auf der Reitbahn 8, D-63452 Hanau
Telefon: + 49 (0) 61 81 – 18 93 92
Kontakt: Info@AmraVerlag.de

Herausgeber & Lektor	Michael Nagula
Textredaktion	Thomas Görden
Einbandgestaltung	Guter Punkt
Covermotiv	Rene McCann
Satz & Layout	Birgit Letsch
Druck	CPI books GmbH

ISBN Printausgabe 978-3-95447-431-8
ISBN eBook 978-3-95447-432-5

Diese Enthüllungs-Buchreihe umfasst bisher folgende Titel:
1. Geheime Weltraumprogramme & Allianzen mit Außerirdischen • *2. Das Geheime Weltraumprogramm der U.S. Navy & Die Allianz mit den Nordischen* • *3. Antarktis – Die verbotene Wahrheit* • *4. Die Geheime Geschichte der U.S. Space Force* • *5. Der Aufstieg des Roten Drachen* • *6. Space Force. Unsere Star-Trek-Zukunft*

Ticker +++ News Ticker +++ News Ticker +++ News Ticker +++ News Ticker +++ News T

Das U.S. Space Command, zuständig für die Integration der Mittel der Space Force und anderer militärischer Mittel in Weltraumoperationen, fördert inzwischen die Entwicklung ähnlicher Weltraumkommandos in Partnerländern. Die neuen nationalen Weltraumkommandos integrieren die Weltraumressourcen der in diesen Ländern bestehenden Militärdienste und werden mit dem U.S. Space Command zusammenarbeiten – bei der Verteidigung von Satellitenkommunikationsnetzen, der Erforschung des Weltraums, in Mondbasen und bei zukünftigen Bergbauoperationen.

Am 1. April 2021 folgte das Vereinigte Königreich dem Beispiel der USA und gründete sein eigenes Weltraumkommando. Wenig später, am 13. Juli 2021, stellte Deutschland sein Weltraumkommando in den Dienst. Australien kündigte die Einrichtung eines Weltraumkommandos an, das im Januar 2022 offiziell starten soll. In Frankreich existiert bereits seit 2005 ein Weltraumkommando, und Kanada hat schon 2012 ein Raumfahrtkontrollzentrum eingerichtet.

2014 schlossen sich die USA mit ihren englischsprachigen Verbündeten Australien, Kanada, Neuseeland und dem Vereinigten Königreich zusammen und gründeten eine gemeinsame Initiative für Weltraumoperationen. Im Februar 2020 wurde diese Initiative durch die Aufnahme von Frankreich und Deutschland erweitert.

Derzeit befinden sich weitere NATO-Staaten und verbündete Nationen in verschiedenen Stadien des Aufbaus eigener Weltraumkommandos, um mit dem U.S. Space Command und der Space Force zusammenzuarbeiten.

Inhalt

Vorwort

Vielleicht müssen einige von uns dunkle und gewundene Wege gehen, bevor wir den Fluss des Friedens oder den Königsweg zum Ziel der Seele finden können.

– Joseph Campbell –

Die U.S. Air Force (USAF) erlebt derzeit einen tiefgreifenden Wandel, da ihre wichtigsten Beteiligungen an Weltraumprojekten bald in eine neue militärische Abteilung mit dem Namen »Space Force« verlagert werden, in der die Werte und Ressourcen aller Militärdienste unter einer Behörde für Aktivitäten im Weltraum zusammengefasst werden sollen. Das allmähliche Entstehen der Space Force bietet der Air Force die Möglichkeit, die am besten gehüteten Geheimnisse ihres Arsenals an exotischen Raumfahrzeugen, unkonventionellen Waffen und futuristischen Technologien, das in den mehr als siebzig Jahren seit der offiziellen Einführung als militärischer Dienst am 18. September 1947 zusammengetragen wurde, öffentlich zu enthüllen. Was diese grundlegende Veränderung antreibt, ist die Erkenntnis der Befehlshaber der Air Force, dass sie von ihren wichtigsten Verbündeten bei der Erforschung und Entwicklung fortschrittlicher Luft- und Raumfahrttechnologien getäuscht wurden. Länder wie das Vereinigte Königreich, Kanada oder Australien sind nicht die Schuldigen, sondern die Unternehmen und mit dem Deep State, dem »Tiefen Staat«, verbundenen Gruppierungen, die hinter der Entwicklung und dem Bau neuer Weltraumtechnologien stehen.

Darüber hinaus beteiligten sich außerirdische Verbündete an der Täuschung über jene Raumfahrttechnologien, die gebaut und eingesetzt wurden. Diese Gruppierungen ermutigten die Führer der USAF zu der Annahme, dass ihr Arsenal an Weltraumwaffen und Weltraumflugzeugen, das sich in geheimer Entwicklung befand, die Air

Force zu einer Weltraummacht machen würde, mit der man rechnen muss. Die Aufdeckung der Täuschung ließ die Führer der USAF erkennen, dass diese nicht die »Speerspitze« der militärischen Projekte im Weltraum war, sondern im Wesentlichen etwas Ähnliches wie eine weltraumgestützte »Küstenwache« geworden ist – und weit hinter ihren Hauptkonkurrenten und anderen militärischen Diensten mit Weltraumfähigkeiten zurückblieb.

In diesem Buch erfahren Sie mehr über die unzähligen Prüfungen und Erfolge, die machtgierigen Manöver und öffentlichen Betrügereien, die die Geschichte des Geheimen Weltraumprogramms der Air Force umfassen, die aber letztlich zu ihrer besseren Zukunft und einer neu ausgerichteten nationalen Mission führen. Von bescheidenen Wurzeln im Signal Corps der U.S. Army über die unerwartete und umwälzende Entdeckung von außerirdischen Raumschiffen in den 1940er Jahren, die geheimen Vereinbarungen mit einer abtrünnigen deutschen Kolonie in der Antarktis (dem Vierten Reich) sowie verschiedenen außerirdischen Gruppen in den 1950er Jahren, die Mitschuld an der deutschen Infiltration der NASA und des Militärisch-Industriellen Komplexes in den 1960er Jahren, die Entwicklung von Stealth-Raumstationen in den 1970er Jahren, den Einsatz von Staffeln mit Flugobjekten, dreieckigen und rechteckigen Schiffen, beginnend in den 1980er bis 1990er Jahren, bis hin zu dem großen Erwachen, das schließlich durch die Aufdeckung des großen Betrugs, der 2016 an der Air Force begangen worden war, möglich wurde.

Die Geschichte, die sich hier entfaltet, ist die der Entwicklung eines Geheimen Weltraumprogramms, das vereinnahmt wurde, um den Interessen des Deep State und seinen schattenhaften Verbündeten des Vierten Reiches zu dienen, statt eine echte Weltraummacht zu werden, welche die nationalen Interessen der USA fördert. Nachdem die Führer der Air Force entdeckt hatten, dass sie schändlich betrogen worden waren, wachten sie auf und trafen die kühne und wichtige Entscheidung, die Bündnisse zu wechseln. Dabei unternahmen sie weltweit bedeutende Schritte, um das verdeckte Weltraumprogramm der Air Force neu auszurichten und ein Bündnis mit einer Gruppe von ethischer handelnden Außerirdischen einzugehen, die zuvor der U.S. Navy geholfen hatten, eine echte Weltraum-Streitmacht zu werden. Diese robuste Veränderung führte dazu, dass die Air Force mutige Schritte unternahm, um vor der amerikanischen Öffentlichkeit die Existenz ihres Arsenals an Raumfahrzeugen offenzulegen und Maßnahmen zu ergreifen, um eine Operation unter falscher Flagge durch den Deep State/die CIA zu verhindern, die darauf abzielen sollte, einen Dritten Weltkrieg zu beginnen.

In den drei vorangegangenen Büchern dieser das Geheime Weltraumprogramm behandelnden Reihe wurden die Leser detailliert über die Entwicklung der Weltraumprogramme der U.S. Navy (Solar Warden), einer deutschen Kolonie in der Antarktis (Dunkle Flotte) und eines transnationalen Unternehmens (ICC = Interplanetarisches Konzern-Konglomerat) informiert. Möglich wurde dies durch die bahnbrechenden Aussagen von William Mills Tompkins, Corey Goode und anderen Insidern, die ihre Teilnahme an »Zwanzig Jahre und zurück«-Programmen (oder ihr direktes Wissen darüber) offenlegten. Bei diesen Programmen wurden hoch entwickelte Technologien bei Mitarbeitern angewandt, die zwanzig Jahre lang in den Geheimen Weltraumprogrammen (GWPs) dienten. Am Ende ihres verdeckten Weltraumeinsatzes wurde bei diesen Mitarbeitern angeblich »der Verstand gelöscht«, und sie wurden »verjüngt«, bevor sie in die Zeit zurückversetzt wurden, in der sie ursprünglich rekrutiert worden waren, meist kurz nachdem sie ihren regulären Militärdienst begonnen hatten. Die Rolle der U.S. Air Force wurde in den früheren Büchern nur kurz erwähnt, da die Praxis des »Zwanzig Jahre und zurück« nicht bei Personal in geheimen Weltraumoperationen zur Anwendung kam, die auf erdnahe Operationen beschränkt waren und nicht im offenen Weltraum stattfanden. In dem vor Ihnen liegenden Buch sind nun alle historischen Details angeführt, um genau zu belegen, wie und warum die Air Force ein ganz anderes Raumfahrtprogramm als das der Navy entwickelt hat und frühzeitig die Entscheidung traf, mit der deutschen Antarktis-Kolonie sowie den mit dieser verbündeten außerirdischen Gruppen zusammenzuarbeiten.

Dramatische Ereignisse brachten die Air Force dazu, sich von diesem Joch zu befreien, das über Jahrzehnte hinweg ihre Autorität und ihre visionären Ziele verdunkelte. Der kolossale Schritt der strategischen Trennung fand schließlich von 2016 bis 2018 statt.

Es ist kein Zufall, dass bei der strategischen Verlagerung der außerirdischen Allianzen durch die Führer der USAF die Idee einer Space Force (Weltraumstreitkräfte) auftauchte und von Präsident Donald Trump und seiner Regierung entschlossen vorangetrieben wird. Durch die Zusammenlegung von US-Weltraumstreitkräften zu einer einheitlichen Militärabteilung können die USAF und die Trump-Administration den Deep State und seine Verbündeten des Vierten Reiches, die von der strategischen Neuausrichtung der Air Force überrascht wurden, leichter bekämpfen. Die Übergabe der Befehlsgewalt über Weltraumtechnik im Erdorbit an die Space Force dürfte für die meisten Teilstreitkräfte kein großes Problem darstellen. Die große Frage ist jedoch, wann die Navy die Kontrolle über ihre »Deep Space«-Ressourcen, die Kampfgruppen von Solar Warden, abgeben wird, wenn die Space Force durch Durchführungsverordnungen und Gesetze des Kongresses zum Leben erweckt wird. Am 19. Februar 2019 erließ Präsident Trump die Richtlinie 4 zur Weltraumpolitik, in der er festlegte, dass die Space Force zunächst unter der Verwaltung der Air Force stehen solle; und er bestätigte privat, dass später auch ein Kommando der Space Force geschaffen werden soll. Dies deutet darauf hin, dass Solar Warden, das den Kommandeuren der Air Force bis 2016 unbekannt war, nicht in die Space Force integriert wird, solange diese unter der administrativen Kontrolle der Air Force steht. Erst nach der Schaffung einer völlig unabhängigen Abteilung von Weltraumstreitkräften wird die Navy die Kontrolle über ihre Weltraumkampfgruppen abgeben, die seit Anfang der 1980er Jahre heimlich eingesetzt wurden.

Die Space Force wird der Air Force und letztlich auch der Navy den Weg in eine transparentere und zuverlässigere Ära ebnen, in der sich der Öffentlichkeit nach und nach die wahren Fähigkeiten der Weltraumstreitkräfte offenbaren werden und die Finanzierung durch den US-Kongress im Einklang mit der US-Verfassung erfolgt. Dies wird den korrumpierenden Einfluss der vom Deep State/der CIA durch illegale Aktivitäten bereitgestellten schwarzen Gelder beseitigen, die dem Ethos und den Werten aller Zweige des US-Militärs schadeten, die sich auf diese Mittel verlassen mussten, um heimlich ihre jeweiligen Raumprogramme aufzubauen. Es ist zu erwarten, dass fortschrittliche Raum- und Luftfahrttechnologien, die bereits im Orbit und im Weltraum eingesetzt werden, schrittweise bekannt gemacht werden, wenn die Space Force als separater militärischer Zweig zuerst unter dem Kommando der Air Force entsteht und schließlich als eigene Abteilung von dieser unabhängig wird.

Die Öffentlichkeit wird zum ersten Mal mit hochmodernen Technologien konfrontiert werden, die von ausgewählten Militär- und Unternehmensgruppen seit den 1940er Jahren exklusiv für geheime Raumfahrtoperationen entwickelt wurden. Dies wird die zivile Luft- und Raumfahrtindustrie verändern, freie Energiequellen zur Verfügung stellen, die die Menschheit aus der Abhängigkeit von fossilen Brennstoffen befreien, und mit der allgemeinen Einführung holografischer und elektromagnetischer Heiltechnologien, welche seit Jahrzehnten im Rahmen der Geheimen Weltraumprogramme verdeckt eingesetzt werden, in der medizinischen Industrie eine Revolution bewirken. Die Freigabe solcher Technologien wird von entscheidender Bedeutung sein, um die Menschheit bei der erfolgreichen Bewältigung der vorhergesagten katastrophalen Erdveränderungen zu unterstützen, die sich aus einer Reihe möglicher Ereignisse ergeben – darunter ein »Sonnenblitz« (auch als »Mikronova« bezeichnet), magnetische und geophysikalische Polverschiebungen sowie das Eindringen kosmischer Strahlung aus der galaktischen Region, in die unser Sonnensystem gerade eintritt.

Die Space Force wird es der US-Regierung ermöglichen, die Wahrheit über den Besuch von Außerirdischen zu enthüllen und diplomatische Beziehungen aufzunehmen, die dringend erforderlich sind, um die Menschheit bei der Bewältigung der zahlreichen bevorstehenden Herausforderungen zu unterstützen und uns zu einem würdigen Mitglied einer vielfältigen galaktischen Gemeinschaft zu machen.

Michael E. Salla

Hawaii, 9. März 2019

1 Die Brüder Wright, das U.S. Army Air Corps und geheime Untersuchungen abgestürzter außerirdischer Raumfahrzeuge

Der Mensch muss sich über die Erde erheben – bis zum Rand der Atmosphäre und darüber hinaus –, denn nur so kann er die Welt, in der er lebt, vollständig verstehen.«

– Sokrates –

Den Himmel beherrschen!

Am 17. Dezember 1903 begannen Wilbur und Orville Wright in Kitty Hawk, North Carolina, die Revolution der Luftfahrt mit dem ersten erfolgreichen Flug eines kontrollierten motorgetriebenen »Aeroplans«, der schwerer als Luft war. Ihr »Wright Flyer«, der von Wilbur gesteuert wurde, flog für lediglich zwölf Sekunden über eine Distanz von 36 Metern. Dennoch war das eine bedeutsame Leistung. Längere Flüge wurden in den nächsten zwei Jahren durchgeführt, während Reporter und die wissenschaftliche Gemeinschaft die Pionierarbeit der Brüder weitgehend ignorierten, die weltweit die ersten motorgetriebenen Flüge durchführten, die »schwerer als Luft« waren. Bekanntlich erschienen im *Scientific American* 1904 und 1905 zwei skeptische Geschichten über diese *angebliche* Leistung. Erst am 15. Dezember 1906 bestätigte der *Scientific American* schließlich, dass das Unmögliche möglich war: »In der gesamten Geschichte der Erfindungen gibt es wahrscheinlich keine Parallele zu der unauffälligen Art und Weise, in der die Brüder Wright aus Dayton, Ohio, ihre bahnbrechende Erfindung der ersten erfolgreichen Flugmaschine in die Welt setzten.«[1]

Zu einer Zeit, in der Pferd und Wagen für die meisten Amerikaner noch die dominierenden Transportmittel waren, während das erste massenproduzierte Automobil, Fords Model T, erst 1908 in Serie ging, war die Entwicklung des ersten Flugzeugs bemerkenswert. Wie die *Apollo*-Mondlandung von 1969 sollte die Leistung der Brüder Wright bei Kitty Hawk zu einem entscheidenden Augenblick in der Entwicklung des menschlichen Bewusstseins werden. Wie Ikarus träumten frühreife junge Männer bald von dem Tag, an dem sie im neu erfundenen Aeroplan (griech. »Luftwanderer«) – auf moderne Weise – in den Himmel fliegen konnten. Unter denjenigen, die sich durch die innovative Erfindung neue Möglichkeiten erhofften, befanden sich auch Offiziere der U.S. Army, die nach der überraschenden Anerkennung durch den *Scientific American* am Strand bei Kitty Hawk auftauchten, um sich anzuschauen, was die Brüder Wright dort trieben.

Am 28. Juni 1909 führten die Brüder Wright ihren »Military Flyer« der Aeronautical Division des U.S. Army Signal Corps vor. Die Army erkannte sofort das militärische Potenzial des Flugzeugs und bot einen Vertrag für ein Zweisitzermodell an, das 40 mph (64 km/h) über eine Distanz von 125 Meilen (201 km) fliegen konnte. Nach strengen Tests übernahm das Signal Corps am 2. August 1909 den »Military Flyer Model A« und zahlte den Brüdern dafür 30.000 US-Dollar (im Jahr 2018 wären dies 830.789,01 Dollar).[2]

Als Nächstes gründeten die Brüder am 22. November 1909 ihre Wright Company mit der ersten, in ihrer Heimatstadt Dayton, Ohio, errichteten Fertigungsstätte. Bald darauf, 1910, wurde die »Wright Flying School« auf dem Flugplatz Huffman Prairie ins Leben gerufen und bildete über hundert Piloten aus. Bis zu ihrer Fusion mit der Glenn L. Martin Company im Jahr 1916 baute die Wright Company ungefähr 120 Flugzeuge nach Patenten für verschiedene Modelle, die man für die aufstrebende Militärluftfahrt entworfen hatte, die zunehmend auch von den Streitkräften der anderen ab 1914 am Ersten Weltkrieg teilnehmenden Nationen eingesetzt wurde.

Abb. 1. Soldaten beobachten einen Testflug des Military Flyer der Brüder Wright im Jahr 1909.

Zu den führenden Militärpiloten, die von den Brüdern ausgebildet wurden, gehörte Henry Harley »Hap« Arnold, der 1911 seine Pilotenlizenz erwarb und später einer ihrer Testpiloten wurde. Jahrzehnte später stieg Arnold in die Führung der U.S. Army Air Force auf und wurde der einzige Fünf-Sterne-General, der von zwei US-Teilstreitkäften anerkannt wurde – der U.S. Army und der (im September 1947 neu gegründeten) U.S. Air Force. Nach dem Zweiten Weltkrieg wurde Arnold durch seine Unterstützung des Projekts RAND (ein Akronym für »Research and Development«, dt. Forschung und Entwicklung) zu einer Schlüsselfigur bei der Einleitung einer neuen militärischen Technikrevolution – der Luft- und Raumfahrt.

Die USA traten am 6. April 1917 offiziell in den Ersten Weltkrieg ein, und in der Nähe von Dayton, Ohio, wurden schnell drei große Einrichtungen des Army Signals Corps aufgebaut. Seit dem Tod von Wilbur Wright im Jahr 1912 galt Orville Wright als unangefochtene Koryphäe in der Luftfahrtforschung. Die erste Anlage, das Wilbur Wright Field, wurde am 22. Mai 1917, ungefähr acht Kilometer nordöstlich von Dayton errichtet. Das Wilbur Wright Field bestand aus dem Flugplatz Huffman Prairie, der von den Brüdern Wright genutzt wurde. Dort befand sich ihre »Wright Flying School«, die dem Hauptziel diente, Militärpiloten für die kommenden Kriegseinsätze auszubilden. Als Nächstes wurde am 4. Dezember 1917 das McCook Field zu Test- und Experimentierzwecken in Betrieb genommen. Schließlich wurde im Januar 1918 das Fairfield Aviation Nachschubdepot gegründet, zur logistischen Unterstützung des Wilbur Wright Field, des McCook Field und anderer Einrichtungen des Army Signals Corps im Mittleren Westen.

In den Zwischenkriegsjahren war Dayton, Ohio, weiterhin die Drehscheibe für Forschung und Entwicklung im Bereich der militärischen Luftfahrt – vor allem weil einflussreiche Bürger von Dayton 1924 der U.S. Army 5.250 Morgen Land spendeten, um die Luftfahrtforschung im Raum Dayton fortzusetzen.[3] Die Armee gründete daraufhin 1927 »Wright Field«, das Wilbur und Orville gleichermaßen gewidmet war und sowohl das Wilbur Wright Field als auch die Anlagen des McCook Fields umfasste. Bei den Tests und den Bemühungen um Aufträge konnte moderne Forschung genutzt werden, nachdem das neu geschaffene U.S. Army Air Corps, das 1926 gegründet worden war, seine Material-Abteilung in Wright Field einrichtete, in der führende Luftfahrtwissenschaftler Seite an Seite an komplexen Luftfahrtproblemen arbeiten konnten.

»Hier verbesserten die Wissenschaftler die Flugzeuge weiter. Die Wissenschaftler erkannten auch, dass sie zusammenarbeiten mussten, um das bestmögliche Flugzeug zu entwickeln. Vor der Gründung des Army Air Corps untersuchten die Forscher einzelne Teile des Flugzeugs wie Motoren, Panzerungen, Flügel und Propeller. Die Wissenschaftler spezialisierten sich weiterhin auf einzelne Flugzeugkomponenten, stellten jedoch fest, dass sich Änderungen in der Panzerung eines Flugzeugs auf alle anderen Teile des Flugzeugs auswirken würden. Gleiches galt für Veränderungen an Triebwerken, Tragflächen und weiteren Teilen eines Flugzeugs. Im Army Air Corps führten die Forscher nun einen offenen Dialog zwischen den verschiedenen Experten.«[4]

Am 6. Juli 1931 wurde ein Teil von Wright Field abgetrennt und zu Ehren von Lieutenant Frank Stuart Patterson, der als Testpilot am »Wilbur Wright Field« im Juni 1918 ums Leben kam, in Patterson Field umbenannt. Dies geschah auch, um Pattersons Familie zu ehren, die maßgeblich dazu beigetragen hatte, die Kommunalpolitiker in Dayton zu überzeugen, 1924 Land für die Errichtung von Wright Field zu spenden. Bis zu ihrem Zusammenschluss im September 1947 verfolgten die Air-Force-Basen Wright-Patterson, Wright Field und Patterson Field einander ergänzende Aktivitäten im Bereich der Luftfahrt.

Folgendermaßen erklärten Thomas J. Carey und Donald R. Schmitt, die Autoren von *Im Inneren der wahren Area 51*, die Zusammenarbeit von Wright Field und Patterson Field vor dem Zweiten Weltkrieg und in dessen Verlauf:

> »Obwohl Wright und Patterson zwei separate Einrichtungen waren, erweiterten und ergänzten sich ihre Projekte häufig strategisch, wobei jeder Bereich technische Unterstützung oder Einrichtungen und Techniker bot, über die der andere nicht verfügte. Wann immer ein weiter entwickeltes ausländisches Modell zu Forschungs- und Analysezwecken geborgen wurde, war Patterson Field das wahrscheinlichste Ziel …
>
> Ist es dann ein Wunder, dass während und nach dem Zweiten Weltkrieg beide Einrichtungen eine dramatische Erweiterung erlebten? … Die Material-Abteilung bei Wright kümmerte sich um die Beschaffung von Flugzeugen und deren Bauteilen aus der Produktion im ganzen Land, was zu mehr Tests und Entwicklungen führte, während die Air Service Commission von Patterson für die logistische Anpassung des Materials an den Krieg zuständig war.«[5]

Italienische und amerikanische Absturzfunde

Während der Kriegsjahre wurden zuerst Gerüchte von Sichtungen und Abstürzen Fliegender Untertassen in Umlauf gebracht. Das U.S. Army Corps war besonders darüber besorgt, dass faschistische Nationen heimlich Flugscheiben-Technologien erforschten und entwickelten. 1933 war Italien eine der wichtigsten Luftfahrtmächte und begann als erstes Land insgeheim mit der Erforschung von UFO-Technologien. In der Nähe von Modena, Italien, war eine Flugscheibe abgestürzt, und der faschistische Diktator Benito Mussolini ordnete die Einrichtung einer streng geheimen Forschungsgruppe an, die von dem Erfinder und Elektroingenieur Guglielmo Marconi geleitet wurde, um das Phänomen zu untersuchen. Zusätzlich zu diesem Absturz gab es zahlreiche Sichtungen von Flugobjekten, und die Berichte darüber gingen direkt an Mussolini und seine Untergebenen. Es ist erwähnenswert, dass Großbritannien und die USA vor dem Bündnis zwischen dem faschistischen Italien und Nazi-Deutschland 1939 versuchten, Italien als Verbündeten gegen Adolf Hitler zu gewinnen. Italien hatte im Ersten Weltkrieg zusammen mit den Alliierten gekämpft und war in Grenzstreitigkeiten mit Österreich verwickelt, die ein Bündnis mit Hitler erschwerten.

Insbesondere der Brite Winston Churchill (damals ein konservativer Abgeordneter im Unterhaus) hatte einen ständigen Briefwechsel mit Mussolini geführt, in dem zahlreiche Themen wie auch die Luftfahrt besprochen wurden und Churchill seine Bewunderung für Mussolini zum Ausdruck brachte.[6] Es ist sehr wahrscheinlich, dass Mussolini Churchill von der bemerkenswerten Entdeckung in Italien erzählte oder dass Marconi, der zunehmend verärgert über Mussolinis wachsenden Militarismus war, Churchill oder dem britischen Geheimdienst enthüllte, was Mussolini heimlich erforschen ließ. Marconis Verbindungen zum britischen Geheimdienst gehen bis in das Jahr 1897 zurück, in dem er die Wireless Telegraph & Signal Company (auch bekannt als Marconi Company) gegründet hatte, die das Zeitalter der drahtlosen Kommunikation einläutete. Zwar gilt Italien als das Land, in dem der erste dokumentierte Absturz einer Flugscheibe stattfand und eine geheime offizielle Untersuchung auslöste, aber es war nicht das einzige Land, in dem solche Abstürze auftraten und offizielle Untersuchungen nach sich zogen.

Mehrere Quellen berichten, dass sich der erste Absturz einer Flugscheibe in den USA im April 1941 in Cape Girardeau, Missouri, ereignete. Charlotte Mann, die Enkelin von Reverend William Huffman, einem Baptistenprediger, sagt, dass er seiner Familie von einem nächtlichen Anruf erzählt habe, der ihn in eine abgelegene Gegend führte, um für drei tote oder sterbende außerirdische Wesen die Sterbesakramente zu spenden. Er wurde später von Vertretern der US-Regierung zur Geheimhaltung verpflichtet und sprach nie wieder über den Vorfall. Mann beruft sich dabei auf ein Geständnis, ihrer Großmutter auf dem Totenbett. Manns Großmutter enthüllte was ihr Ehemann, Reverend Huffman, in dieser bemerkenswerten Nacht gesehen hatte:

> »Sie sagte, mein Großvater sei im Frühjahr 1941 abends gegen 9.00 bis 9.30 Uhr zu einem Flugzeugabsturz außerhalb der Stadt gerufen worden, um Leuten dort religiösen Beistand zu geben – was er auch tat. Bei der Ankunft fand er aber eine ganz andere Situation vor. Es war kein konventionelles Flugzeug, wie wir es kennen. Er beschrieb es als eine Fliegende Untertasse, die von metallischer Farbe war, keine Schweißnähte aufwies und anders aussah als alles, was er je gesehen hatte. Es war teilweise aufgebrochen, und so konnte er hingehen und es in Augenschein nehmen.
>
> Als er hineinsah, erblickte er einen kleinen Metallstuhl, Armaturen und Anzeigeinstrumente sowie andere Dinge, die er noch nie gesehen hatte. Was ihn jedoch am meisten beeindruckte, waren die im Inneren angebrachten Inschriften und Schriftzeichen, die er nicht kannte, die aber ägyptischen Hieroglyphen ähnelten. Und drei nichtmenschliche Wesen, die auf dem Boden lagen. Zwei direkt vor dem Flugobjekt und ein drittes weiter draußen. Er glaubte, dass das dritte vielleicht gar nicht tot war … und so betete mein Großvater für sie und verabreichte ihnen die Sterbesakramente.«[7]

Der Fall Cape Girardeau wurde von Ryan Wood in seinem 2005 erschienenen Buch *MAJIC Eyes Only* (»Nur einsehbar für MAJIC«, nicht auf Deutsch erschienen) eingehend untersucht. Er machte weitere Zeugen und mehrere Dokumente ausfindig, die Schlüsselelemente von Reverend Huffmans Geschichte belegen, welche erstmals 1991 in Leonard Stringfields Bericht *UFO Crash Retrievals: The Inner Sanctum Extraterrestrials* (»UFO-Absturz-Bergung: Das Innere Heiligtum der

Außerirdischen«, nicht auf Deutsch erschienen) veröffentlicht wurden.[8] Wood schrieb dazu:

> »Zu weiteren lebenden, die Aussagen unterstützenden Zeugen gehörten Charlotte Manns Schwester, die ihre Geschichte in einer beglaubigten eidesstattlichen Erklärung bestätigte, und der Bruder des damaligen Sheriffs von Cape Girardeau County, Clarence R. Schade … Sieben durchgesickerte Dokumente aus drei Quellen seit 1994 liefern sowohl direkte als auch indirekte Belege für Absturz-Ereignisse in dem von Reverend Huffman angegebenen Zeitrahmen.«[9]

Wichtig ist, dass Zeugen und Dokumente darauf hinweisen, dass die U.S. Army für die Bergung des abgestürzten Flugzeugs und dessen Transport nach Wright Field zur wissenschaftlichen Erforschung verantwortlich war. In Wright Field untersuchten Wissenschaftler und Ingenieure des Army Air Corps die gefundenen Fahrzeuge genau und versuchten, sie nachzubauen.

Der Nachweis, dass das Cape-Girardeau-Raumschiff von Wissenschaftlern in Wright Field untersucht wurde, wird in einem der sieben von Wood erwähnten durchgesickerten Dokumente erbracht – einem zweiseitigen Memo, das Teil der von Ryan Wood und seinem Vater Dr. Robert M. Wood ausgewerteten Sammlung *The Majestic Documents* (Die Majestic-Dokumente) ist. Das Memo beschreibt ein »S«-Flugzeug, das durch Nachkonstruktion entstanden ist:

> »Das ›S‹-Flugzeug wurde anhand eines 1942 in Louisiana erbeuteten und eines 1941 geborgenen Flugkörpers konstruiert, der in … Missouri abgestürzt war. Der Nachbau begann 1945 mit Unterstützung deutscher Wissenschaftler in Wright Field.«[10]

Der Verfasser des Memos, Thomas Cantwheel (Pseudonym), gab an, dass er sich um 1940 dem Counter Intelligence Corps der U.S. Army angeschlossen hat und 1942, nach dem Beginn des Zweiten Weltkriegs, zum Offizier ernannt wurde. Cantwheel berichtet, dass er bis 1958 mit einer Eliteeinheit (später als Interplanetary Phenomenon

RECONSTRUCTED DRAWING OF A UNIDENTIFIED AERODYNE FOUND ON JULY 5 1947, SOUTH OF SOCORRO, NEW MEXICO, BY MILITARY AND CIVILIAN MEMBERS OF THE ARMED FORCES SPECIAL WEAPONS PROJECT.

Rekonstruierte Zeichnung eines nicht identifizierten Flugkörpers, der am 5. Juli 1947 südlich von Socorro, New Mexico, von militärischen und zivilen Mitgliedern des Sonderwaffenprojekts der Streitkräfte gefunden wurde.

APPROXIMATELY 100 FEET IN LENGTH
WIDTH OF CHIME IN AFT PORTION WAS APPROXIMATELY 60 FEET
CHIME RAN THE LENGTH OF AERODYNE
SKIN WAS SMOOTH. NO RIVETS, BOLTS, SEAMS, OR WELDS. LIKE PLASTIC.
NO CANOPY, WINDOWS. NO DOORS, INTAKES, EXHAUST.
MATERIAL WAS NOT INERT.
PROPULSION BELIEVED TO BE ATOMIC.
SILVER-GRAY IN COLOR WITH DARK CHIME SURFACES.
SADDLE SHAPE IN AFT SECTION AND SPEAR SHAPED NOSE.
NO LANDING GEAR WAS OBSERVED. EMBEDDED IN DESERT SAND.NOT DAMAGED..
TRANSPORTED TO ALAMOGORDO ARMY AIR FIELD.

DRAWING APPROVED BY
THOMAS CANTWHEEL
1-30-96

Ungefähr 100 Fuß (30 Meter) lang. Breite achtern etwa 60 Fuß (18 Meter). Vertiefung über die gesamte Länge des Flugkörpers. Die Hülle war glatt. Keine Nieten, Bolzen, Säume oder Schweißnähte. Wie Plastik. Kein Cockpit, keine Fenster, Türen, Einlässe, Düsen. Das Material war nicht reaktionsträge. Der Antrieb dürfte atomar sein. Von silbergrauer Farbe mit dunklen Einschlägen. Achtern sattelförmig und speerförmige Nase. Es wurde kein Fahrwerk beobachtet. Eingebettet im Wüstensand. Nicht beschädigt. Wurde zum Alamogordo Army Air Field transportiert. Zeichnung genehmigt von Thomas Cantwheel, 1-30-96.

Abb. 2: Das unbekannte Fluggerät, 1947 in Wright Field geborgen

Unit bezeichnet), die von der Armee eingesetzt wurde, an mehreren Absturzermittlungen teilgenommen hat. In den 1960er Jahren wurde er von der CIA rekrutiert, um die weltweiten Absturzuntersuchungen fortzusetzen. Bis 1980 war er in verschiedenen geheimdienstlichen Positionen der U.S. Army tätig, bevor er im Rang eines Lieutenant Colonel aus dem aktiven Dienst ausschied. Auf Abbildung 2 ist Cantwheels Darstellung des unbekannten Fluggeräts zu sehen, das 1947 in Wright Field geborgen und untersucht wurde.

Der einzige Forscher, der sich persönlich mit Cantwheel getroffen hat, ist Timothy Cooper, der bei der U.S. Navy und dem U.S. Navy Corps im Vietnamkrieg diente und später privater Ermittler wurde.[11] Cooper schrieb einen vierseitigen »vorläufigen Bericht« über seine Forschungen zu Cantwheel und dessen Behauptungen und gelangte zu folgendem Ergebnis:

> »All dies hat mich zu dem Schluss gebracht, dass Cantwheel (oder wer auch immer er ist) ein echter militärischer Geheimdienstoffizier war, ein Produkt des ›Spycraft‹-Trainings und entsprechender Erfahrungen. Und was ist über seine Motive zu sagen? Ich kann zu diesem späten Zeitpunkt nur spekulieren, da er dem Tod nahe war (er war schätzungsweise 90 Jahre alt) und erzählen wollte, was er über die Geheimhaltung von UFOs wusste … Ich hatte den Eindruck, dass er mit der ›Politik‹ des Lächerlichmachens und Belästigens von ehrlichen und aufrichtigen Militärs weder glücklich noch einverstanden war, die die Wahrheit über UFO-Sichtungen und -Begegnungen berichteten, oder noch schlimmer, der Zerstörung der Karriere und Reputation derjenigen, die darüber sprechen wollten.«[12]

Zusätzlich zu Coopers Befürwortung Cantwheels und dessen Informationen wurde sein Memo einer vorläufigen Authentifizierungsanalyse unterzogen. Die Woods haben eine Liste von »acht Echtheitsmerkmalen« erstellt, die sie auf Hunderte von durchgesickerten Majestic-Dokumenten anwenden, um festzustellen, ob sie echt sind oder nicht.[13] Die Authentizität von Cantwheels Memo bewerteten sie mit vierzig bis sechzig Prozent, was bedeutet, dass es positive

Anzeichen für seine Echtheit enthält, jedoch nicht ausreichend untersucht wurde.[14] Weiterhin heißt dies, dass Cantwheels Memo als eigenständiges Dokument zwar nicht schlüssig, aber dennoch als Beleg hilfreich ist. Um den Absturz von Cape Girardeau und die Geschichte der U.S. Air Force zu verstehen, erforschte man geborgene UFOs und unternahm geheime Nachbauversuche wie das angebliche S-Flugzeug.

Ein weiteres durchgesickertes Majestic-Dokument bezieht sich auf den Absturz von Cape Girardeau im Jahr 1941 und offenbart außerdem Präsident Roosevelts strategische Reaktion angesichts des drohenden Eintritts der USA in den Zweiten Weltkrieg. Der »White Hot Report« ist ein Dokument von September 1947, und Woods bewertete es mit »High Level of Authenticity«, »was bedeutet, dass praktisch alle verfügbaren Untersuchungskanäle und -ideen verfolgt wurden und sich das Dokument bei jedem Test als authentisch erwies.«[15] Der Bericht gibt einen Überblick über die Gründe, warum ein einheitlicher Versuch der US-Geheimdienste, das Phänomen der fliegenden Scheiben zu verstehen, erst lange nach dem Fall Cape Girardeau von 1941 zustande kam:

> »Von den ersten Monaten des Jahres 1942 bis heute wurde das Eindringen nicht identifizierter Flugkörper gelegentlich dokumentiert, jedoch hat der Geheimdienst der Regierung keine ernsthaften Untersuchungen durchgeführt. Selbst der Fall von 1941 hat keine einheitlichen nachrichtendienstlichen Bemühungen nach sich gezogen, um mögliche technologische Vorteile zu nutzen – abgesehen vom Manhattan-Projekt.«[16]

Dem »White Hot Report« zufolge war Präsident Roosevelt damit zufrieden, dass die U.S. Army bei der Untersuchung des aufgefundenen Raumschiffes ad hoc die Initiative ergriff, um eine geheimdienstliche Einschätzung für einen späteren Zeitpunkt auszuarbeiten, an dem die US-Regierung bereit sein würde, einen umfassenden Geheimdienstplan voranzutreiben, sobald die Probleme gelöst waren, die sich aus dem Eintritt der Vereinigten Staaten in den Zweiten Weltkrieg ergeben hatten. Diese Position sollte sicherstellen, dass das US-Militär keine wertvollen Ressourcen für die Erforschung einer fortschrittlichen Technologie einsetzte, die den Kriegsanstrengungen nicht unmittelbar diente. Trotzdem kam es weiterhin zum Eindringen nicht identifizierter Flugobjekte, besonders Anfang 1942, wie der »White Hot Report« erwähnt. Zweifellos war dies ein Hinweis auf den UFO-Luftangriff in Los Angeles, bei dem die Army beauftragt wurde, ein abgestürztes UFO zu untersuchen und eine Geheimdienststrategie zu entwickeln, während die Roosevelt-Administration ihre gesamten Ressourcen auf die Kämpfe des Zweiten Weltkriegs konzentrierte.

Anmerkungen

1 »Wright Brothers«, http://www.daytonhistorybooks.com/the_wright_brothers_9.html (aufgerufen am 05.09.2018)

2 *CPI Inflation Calendar*, http://www.in2013dollars.com/1909-dollars-in-2018?amount=30000 (aufgerufen am 01.09.2018)

3 *Ohio History Central*, »Wright Field«, http://www.ohiohistorycentral.org/w/Wright_Field?rec=1703 (aufgerufen am 02.09.2018)

4 Ebd.

5 Thomas J. Carey & Donald R. Schmitt, *Inside the Real Area 51*; New Page Books 2013; Kindle Locations 299-300. – Dt. Ausgabe: *Im Inneren der wahren Area 51*. Kopp Verlag, Rottenburg 2015.

6 Siehe Henry Samuel, »Winston Churchill ordered assassination of Mussolini to protect compromising letters«, https://www.telegraph.co.uk/history/world-war-two/7978285/Winston-Churchill-ordered-assassination-of-Mussolini-to-protect-compromising-letters.html (aufgerufen am 07.09.2018)

7 Ryan Wood, *Majic Eyes: Earth's Encounters with Extraterrestrial Technology*; Wood Enterprises 2005; p. 35.

8 Leonard H. Stringfield, *UFO Crash Retrievals: The Inner Sanctum, Status Report VI*; Leonard H. Stringfield, July 1991.

9 Ryan Wood, *Majic Eyes: Earth's Encounters with Extraterrestrial Technology*; Wood Enterprises 2005; pgs. 35-36.

10 Siehe Cantwheel-Dokument unter http://majesticdocuments.com/pdf/s-aircraft.pdf (aufgerufen am 05.09.2018). – Ryan Wood erörtert, warum der Autor versehentlich die südöstliche Gegend in Missouri mit dem Nordwesten verwechselt, wo der Absturz von 1941 geschah; *Majic Eyes: Earth's Encounters with Extraterrestrial Technology*; Wood Enterprises 2005; p. 37.

11 Eine kurze Biografie von Timothy Cooper ist zugänglich unter http://ufoevidence.org/researchers/detail34.htm (aufgerufen am 06.09.2018)

12 Timothy Cooper, »Analysis of the Intelligence Background of Thomas Cantwheel, Preliminary Report«, http://www.majesticdocuments.com/pdf/cantwheel_report.pdf (aufgerufen am 05.09.2018)

13 Die Woods erörtern ihre acht Faktoren, aus denen die Einstufung der Authentizität für Majestic-Dokumente besteht, in »Introduction to Authenticity Ratings«,

http://www.majesticdocuments.com/documents/authenticity.php (aufgerufen am 05.09.2018)

14 Erörterung des zweiseitigen Memos mit dem Titel »S-Aircraft Drawing and Memo by Thomas Cantwell« online unter http://www.majesticdocuments.com/documents/1970-present.php (aufgerufen am 05.09.2018)

15 Siehe Eintrag im »White Hot Report« unter http://www.majesticdocuments.com/documents/pre1948.php (aufgerufen am 11.09.2018)

16 Der »White Hot Report« ist zugänglich unter http://www.majesticdocuments.com/pdf/twining_whitehotreport.pdf (aufgerufen am 11.09.2018). Druckfassung in Dr. Robert M. Wood & Ryan Wood (eds.), *The Majestic Documents*; Wood and Wood Enterprises 1998; p. 77.

2 Die Einheit für Interplanetarische Phänomene

Indem wir in den Abgrund hinabsteigen, finden wir die Schätze des Lebens wieder. Wo du stolperst, liegt dein Schatz.
– Joseph Campbell –

In der Nacht vom 24. bis in die frühen Morgenstunden des 25. Februars 1942 wurden die Bewohner von Los Angeles, Kalifornien, durch ein dramatisches UFO-Ereignis geweckt. Es begann, als eine unbekannte Anzahl nicht identifizierter Flugobjekte mit gespenstischer Lautlosigkeit über Long Beach und den umliegenden Gebieten durch den Himmel flog. Da befürchtet wurde, es handele sich um japanische Flugzeuge, die einen weiteren Überraschungsangriff ähnlich wie in Pearl Harbor starteten, traten die Schiffe der Army und Navy im Hafen von Long Beach in Aktion und setzten Artilleriefeuer gegen die mysteriösen Luftfahrzeuge ein, die im Vergleich mit modernen Flugzeugen überlegen manövrierten. Während Sirenen, Geschosse und Explosionen den Eindruck auslösten, das Chaos des Krieges habe die US-Küste erreicht, sahen Hunderttausende von Menschen die schwebenden UFOs, die während eines totalen Stromausfalls mehrere Stunden lang von Scheinwerfern und Flugabwehrartillerie gut beleuchtet wurden. Die UFOs griffen jedoch nicht an. Der einzige Schaden, den die fassungslose Bevölkerung erlitt, wurde durch Artilleriegeschosse verursacht, die zu Boden fielen und leichte Verletzungen sowie erheblichen Sachschaden verursachten.

Die Ereignisse jener Nacht wurden ausführlich im zweiten Band dieser Reihe, *Das Geheime Weltraumprogramm der U.S. Navy & Die*

Abb. 3. »Der Große Luftangriff auf Los Angeles«

Allianz mit den Nordischen, behandelt, in dem Sie Informationen über die Berichterstattung wichtiger Zeitungen und widersprüchliche offizielle Antworten von Army und Navy erhalten.[1] Hier werde ich mich auf die überzeugenden dokumentarischen Belege und Whistleblower-Beweise konzentrieren, die zeigen, wie der Vorfall in Los Angeles direkt zur Entwicklung eines Elite-Teams innerhalb des Counter Intelligence Corps [»Gegenspionage-Einheit«] durch den Armee-Geheimdienst führte. Seine Hauptaufgabe war die Zusammenarbeit mit der Army Air Force bei der Suche nach außerirdischen Raumschiffen, die dann in den Einrichtungen von Wright und Patterson Field während des Zweiten Weltkriegs und danach untersucht wurden.

Unter den vielen tausend Zeugen des Ereignisses in Los Angeles war William Tompkins, ein frühreifer Siebzehnjähriger, der die Aufmerksamkeit des Office of Naval Intelligence (ONI) aufgrund seiner erstaunlich genauen Modellnachbauten von Schiffen der U.S. Navy geweckt hatte, die er aus der Erinnerung an seine Besuche in Werften konstruierte. Zum Zeitpunkt der Ereignisse hatte das ONI Tompkins bei der Vultee Aircraft Corporation eingestellt, um mehr über Flugzeugdesign und Flugzeugantrieb zu erfahren. Er hatte das schockierende Ereignis hautnah miterlebt und in seiner Autobiografie von 2015, *Auserwählt von Außerirdischen*,[2] darüber geschrieben. Tompkins und viele andere Berichte unterstützten die offizielle Position der Armee, dass mehrere nicht identifizierte Flugzeuge an dem Vorfall von Los Angeles beteiligt waren. Der *Los Angeles Herald Examiner* berichtete, dass zivile Zeugen geschätzt hatten, fünfzig Objekte seien langsam in einer V-Formation geflogen.[3]

Einige der UFO-Raumschiffe schwebten laut Tompkins bewegungslos über Long Beach und demonstrierten auf diese Weise ein Antriebssystem, das zu dieser Zeit unbekannt war. Die Hubschrauberindustrie steckte noch in den Kinderschuhen. Nur eine kleine Zahl wurde von den USA und Nazi-Deutschland zu Beobachtungszwecken produziert. Doch die vielen UFOs, die über Los Angeles schwebten, waren laut Tompkins sowie diversen Augenzeugenberichten ziemlich groß und lautlos und konnten einem vernichtenden Artilleriefeuer standhalten. Es handelte sich eindeutig nicht um irgendeine Art von experimentellen Hubschraubern, Luftschiffen oder anderen konventionellen Flugzeugen.

Laut dem *Los Angeles Herald Examiner* berichteten Zivilisten, dass drei der UFOs abgeschossen wurden, während sie über dem Ozean flogen.[4] Tompkins berichtet, dass er von seinen Quellen bei der Navy erfuhr, nur zwei scheibenförmige Schiffe seien tatsächlich abgeschossen wurden.[5] Als die Flugobjekte von der Navy oder der Army geborgen wurden, entdeckte man, dass es sich bei den scheibenförmigen Schiffen um unbemannte, vollautomatische Drohnen handelte.[6] Tompkins und die Zeugenberichte von abgestürzten UFOs werden darüber hinaus durch offizielle Dokumente bestätigt, auf die ich nachfolgend noch näher eingehen werde.

Waren die UFOs Teil einer Aufklärungsmission Japans oder vielleicht anderer Achsenmächte, um die Stärke der Flugabwehr für einen eventuellen zukünftigen Angriff zu ermitteln, wie Henry L. Stimson, der Kriegsminister, in einer Pressemitteilung öffentlich mutmaßte?[7] Oder waren die UFOs interplanetarischen Ursprungs, was die Möglichkeit eröffnete, dass sie über revolutionäre Antriebssysteme verfügten, die die Luftfahrtindustrie radikal verändern und die Kriegsanstrengungen erheblich beeinflussen konnten? Antworten auf solche Fragen finden sich in einem Dokument, das 1974 aufgrund des Freedom of Information Acts (FOIA oder Gesetz zur Informationsfreiheit) offiziell veröffentlicht wurde.[8]

Das FOIA-Dokument vom 26. Februar 1942 ist ein Memorandum von General George C. Marshall jr., Stabschef der Army, an Präsident Franklin D. Roosevelt. Er wurde einen Tag nach dem Luftangriff von Los Angeles verfasst und enthält einen vorläufigen Bericht über das, was dort geschah. Es stimmt mit dem überein, was Tompkins und andere Zeugen sahen.[9] So gut wie sicher ist, dass das Dokument mit Unterstützung von General H. H. »Hap« Arnold, dem Leiter der Army Air Force, verfasst wurde. Im Memorandum vom 26. Februar erklärt Marshall dem Präsidenten Roosevelt:

»Das Folgende sind die Informationen, die wir derzeit vom GHQ über den Luftalarm in Los Angeles vom gestrigen Morgen haben.

Diese Details sind zur Stunde verfügbar:

1. Wahrscheinlich befanden sich, abgesehen von Flugzeugen der U.S. Army oder der Navy, nicht identifizierte Flugobjekte über Los Angeles und wurden zwischen 3.12 und 4.15 Uhr morgens von Einheiten der 37. CA-Brigade (AA) beschossen. Diese Einheiten verbrauchten 1430 Schuss Munition.
2. Möglicherweise waren bis zu fünfzehn Flugzeuge in Höhen von 2.700 bis 5.500 Metern beteiligt, die mit verschiedenen Geschwindigkeiten flogen, welche in offiziellen Berichten zwischen ›sehr langsam‹ und ›bis zu 320 Stundenkilometer‹ variieren.
3. Es wurden keine Bomben abgeworfen.
4. Es gab keine Verluste unter unseren Truppen.
5. Es wurden keine Flugzeuge abgeschossen.
6. Es waren keine amerikanischen Flugzeuge der Army oder der Navy im Einsatz.

Die Untersuchungen werden fortgesetzt. Man kann den Schluss ziehen, dass nicht identifizierte Flugzeuge, wenn solche beteiligt waren,

~~SECRET~~

File

OCS 21347-86

February 26, 1942.

Record Section

MEMORANDUM FOR THE PRESIDENT:

The following is the information we have from GHQ at this moment regarding the air alarm over Los Angeles of yesterday morning:

"From details available at this hour:

"1. Unidentified airplanes, other than American Army or Navy planes, were probably over Los Angeles, and were fired on by elements of the 37th CA Brigade (AA) between 3:12 and 4:15 AM. These units expended 1430 rounds of ammunition.

"2. As many as fifteen airplanes may have been involved, flying at various speeds from what is officially reported as being 'very slow' to as much as 200 MPH and at elevations from 9000 to 18000 feet.

"3. No bombs were dropped.

"4. No casualties among our troops.

"5. No planes were shot down.

"6. No American Army or Navy planes were in action.

"Investigation continuing. It seems reasonable to conclude that if unidentified airplanes were involved they may have been from commercial sources, operated by enemy agents for purposes of spreading alarm, disclosing location of antiaircraft positions, and slowing production through blackout. Such conclusion is supported by varying speed of operation and the fact that no bombs were dropped."

(Sgd) G. C. MARSHALL

Chief of Staff.

DECLASSIFIED
E.O. 11652, Sec. 3(E) and 5(D) or (E)
OSD letter, May 3, 1972
By [illegible] NARS Date 4-9-74

21347/86

skn

~~SECRET~~ *Orig. dispatched to Pres. 2/27/42*

Abb. 4. Memorandum vom 26. Februar 1942 von Marshall an Roosevelt

möglicherweise kommerziellen Ursprungs sind und von feindlichen Agenten betrieben wurden, um Alarm auszulösen, Standorte von Flugabwehrpositionen zu ermitteln und die Produktion durch Stromausfall zu verlangsamen. Eine solche Schlussfolgerung wird durch unterschiedliche Betriebsgeschwindigkeiten unterstützt, sowie durch die Tatsache, dass keine Bomben abgeworfen wurden.«[10]

In diesem offiziellen Memorandum wird darauf hingewiesen, dass weitere Untersuchungen der U.S. Army durchgeführt wurden, was darauf hindeutet, dass Generel George C. Marshall dem Präsidenten Aktualisierungen zu dem Vorfall übermitteln würde, sobald weitere Informationen vorlägen. Aufgrund der Bedeutung dieser Situation hätte Arnold sich im Sinne Marshalls bemüht, so schnell wie möglich mehr Fakten zu sammeln.

Bezeichnenderweise bezieht sich das Memorandum vom 26. Februar auf die Geschwindigkeit einiger nicht identifizierter Flugkörper mit Angaben zwischen »sehr langsam« bis zu 320 Stundenkilometer. Dies bestätigt Tompkins' Aussage, dass manche der Schiffe tatsächlich über Los Angeles »schwebten«. Darüber hinaus unterstützt es die Annahme, dass die Fahrzeuge nichtterrestrischen Ursprungs waren, da die einzigen zu diesem Zeitpunkt schwebefähigen Luftfahrzeuge (Hubschrauber-Prototypen, Luftballons und Luftschiffe) von den Flugabwehrgeschützen mit Leichtigkeit abgeschossen worden wären. Diese Fähigkeit der Bewegungslosigkeit wäre natürlich für Arnold und die Air Force der U.S. Army von großem Interesse gewesen, die gerade erst mit der Entwicklung von Hubschraubern für Aufklärungszwecke auf der Grundlage des 1939 gebauten VS-300-Prototyps von Igor Sikorsky begonnen hatten.[11]

Nach Angaben der FOIA gab es keine weitere offizielle Korrespondenz zwischen Marshall und Roosevelt wegen des Luftangriffs von Los Angeles am 24./25. Februar. Geleakte Majestic-Dokumente zeigen jedoch, dass die Korrespondenz zwischen ihnen tatsächlich in zwei aufeinander folgenden Briefwechseln fortgesetzt wurde, die wichtige politische Fragen zum zukünftigen Umgang mit UFOs enthielten. Den Memoranden von Marshall und Roosevelt in den Majestic-Dokumenten werden vom Wood-Forschungsteam eine »mittelhohe Stufe der Authentizität« zugesprochen, was wie folgt definiert wird:

> »Mittelhohes Niveau bedeutet, dass eine beträchtliche Menge an Untersuchungen und Tests abgeschlossen wurde und es starke Anzeichen für Authentizität in Bezug auf Inhalt, Forensik, Typografie, Schreibstil, charakteristische Redewendungen und dergleichen gibt. Obwohl einige Anachronismen identifiziert wurden, scheinen diese nicht bedeutsam.«[12]

Wichtig ist, dass die fortgesetzte Korrespondenz zwischen Marshall und Roosevelt auch im Einklang mit dem FOIA-Dokument steht, in dem wichtige Aspekte des anschließenden Memo-Austauschs belegt werden, wie ich gleich erläutern werde. Darüber hinaus bestätigen die durchgesickerten Majestic-Dokumente einige der Informationen in den Zeugenaussagen von Bill Tompkins und anderen, die Abschüsse von nicht identifizierten Objekten durch das Artilleriesperrfeuer sowie deren heimliche Bergung durch Spezialeinheiten der Army und der Navy gemeldet hatten. Folglich halte ich die geleakten Majestic-Dokumente, aus denen hervorgeht, dass nach dem 26. Februar 1942 zusätzliche schriftliche Mitteilungen zwischen Marshall und Roosevelt ausgetauscht wurden, für echt.

Die geleakten Majestic-Dokumente enthüllen, dass Roosevelt auf Marshalls Memorandum vom 26. Februar am nächsten Tag antwortete. In der Zeit zwischen dem ersten Bericht und der Antwort von Roosevelt wurden zusätzliche Informationen eingeholt. Die beiden nicht identifizierten Objekte waren nämlich abgeschossen und geborgen worden. Zum Zeitpunkt seiner Antwort über diese neue Entwicklung bereits informiert, verwies der Präsident direkt auf die von der Army Air Force geborgene »Himmelsapparatur«, die er als »neues Wunder« bezeichnete, und hob hervor, dass die Politik seiner Regierung darin bestünde, diese Apparatur im Hinblick auf die Erforschung atomarer Geheimnisse zu untersuchen, welche die Atomwaffenforschung im Rahmen des Manhattan-Projekts voranbringen könnten. Daher instruierte er Marshall über die Prioritäten sowie darüber, was als Nächstes zu tun sei:

»Ich habe die Verwendung des Materials im Besitz der Army in Betracht gezogen, das für die Entwicklung einer Superwaffe für den Krieg von großer Bedeutung sein kann. Ich bin mit dem Argument nicht einverstanden, dass solche Informationen mit unserem Verbündeten, der Sowjetunion, geteilt werden sollten. Die Konsultation von Dr. Bush und anderen Wissenschaftlern zum Thema der praktischen Anwendung der atomaren Geheimnisse aus der Erforschung von Himmelsapparaturen beendet jede weitere Diskussion, und ich ermächtige Dr. Bush, das Projekt unverzüglich fortzusetzen. Diese Informationen sind für die Überlegenheit der Nation von entscheidender Bedeutung und müssen der staatlichen Geheimhaltung unterliegen. Alle weiteren Erörterungen zu diesem Thema werden auf General Donovan, Dr. Bush, den Kriegsminister und Sie selbst beschränkt bleiben. Die Herausforderung, der unsere Nation entgegensieht, ist gewaltig und gefährlich, und ich habe die Ressourcen der Regierung zu diesem Zweck eingesetzt. Sie haben meine Versicherung, dass die Armee, wenn die Umstände günstig und wir siegreich sind, die Früchte der Erforschung weiterer Verwendungsmöglichkeiten dieses neuen Wunders ernten wird.«[13]

Roosevelts Antwort macht deutlich, dass er trotz seines Navy-freundlichen Hintergrundes (er war von 1913 bis 1920 stellvertretender Navy-Minister) der Army oder der Army Air Force die Hauptverantwortung für die Leitung der Untersuchung von UFO-Berichten und den Umgang mit sämtlichen geborgenen Fluggeräten übertrug.[14] Dies ist im Wesentlichen auf die Empfehlung seines Wissenschaftsberaters Dr. Vannevar Bush und die Rolle der Army bei der Leitung des Manhattan-Projekts zur Entwicklung von Atombomben sowie auf das unschätzbare Fachwissen zurückzuführen, das dabei erworben worden war.[15]

Bezeichnenderweise betonte Roosevelt ausdrücklich, dass die gesamte Politik darin bestehen solle, die Armee oder Army Air Force und das Office of Strategic Services (unter der Leitung von General William Donovan) Informationen über »Himmelsapparaturen« sammeln zu lassen, wo immer sie auf der Welt gefunden wurden, ohne aber nennenswerte Mittel für die Erforschung und Weiterentwicklung ihrer exotischen Antriebssysteme aufzuwenden. Roosevelt sagte Marshalls Untergebenem, General Arnold, dass die Ingenieure der Army Air Force bis zum Ende des Krieges warten müssten, um ihre erbeuteten »Himmelsapparaturen«, zu erforschen und nachzubauen. Die Einbeziehung von Donovan in diesen inneren Kreis belegt die Wichtigkeit verdeckter Operationen, die Roosevelt und seine Nachfolger im Präsidentenamt hinsichtlich des Phänomens der Flugscheiben durchführten.

Nachdem Marshall sein Memorandum vom 26. Februar mit einer Übersicht über das Ereignis in Los Angeles vom Vortag abgeschickt und die Antwort von Roosevelt vom 27. Februar erhalten hatte, benötigte er eine Woche, um eine detailliertere Einschätzung des unidentifizierten Objekts vorzulegen, das geborgen worden war. Am 5. März 1942 sandte Marshall ein weiteres Memorandum an Roosevelt, in dem die mutmaßliche Herkunft der beiden unidentifizierten Flugobjekte erläutert wurde, die von der Navy und der Army abgeschossen worden waren:

> »In Bezug auf den Luftangriff über Los Angeles erfuhr der Army G2 (Geheimdienst), dass Rear Admiral Anderson … vom Geheimdienst der Navy das Kriegsministerium über die Bergung eines unidentifizierten Flugobjekts vor der kalifornischen Küste informierte, das nicht auf gewöhnliche Weise erklärbar war. Ferner wurde bekannt, dass vom Army Air Corps ein ähnliches Objekt in den San Bernardino Mountains östlich von Los Angeles geborgen wurde, das nicht als konventionelles Flugzeug identifiziert werden kann. Diese Kommandostelle ist zu dem Schluss gekommen, dass die mysteriösen Flugobjekte tatsächlich nicht irdisch sind. Laut Geheimdienstquellen ist ihr Ursprung aller Wahrscheinlichkeit nach interplanetarisch.«[16]

Marshall erklärte Roosevelt, wie die Armee mit dem UFO-Phänomen umgehen würde:

> »… erteilte dem Army G2 den Befehl, eine spezielle Geheimdiensteinheit einzurichten, um das Phänomen weiter zu untersuchen und einen signifikanten Zusammenhang zwischen den jüngsten Vorfällen und den

> vom Direktor der Abteilung für Informationskoordination gesammelten Ereignissen zu melden.«[17]

Diese Mitteilung ist angeblich ein Indiz für die Entstehung der legendären »Interplanetary Phenomenon Unit«, IPU (Einheit für Interplanetarische Phänomene), der Armee. Diese wurde zu einer Geheimdiensteinheit der Army, die während des Zweiten Weltkriegs existierte (siehe Abbildung 6). Nachdem die U.S. Air Force (als direkte Nachfolgerin der U.S. Army Air Force im Jahr 1947) zunächst ihre Existenz bestritt, sah sie sich schließlich gezwungen zuzugeben, dass die Interplanetary Phenomenon Unit tatsächlich während eines bestimmten Zeitraums existiert hatte. Dokumente, die im Rahmen des Freedom of Information Act veröffentlicht wurden, bestätigten die Existenz dieser streng geheimen Ermittlungsgruppe, obwohl die Offiziere der Air Force nach besten Kräften bestrebt waren, Zweifel bezüglich ihrer Existenz zu streuen.

Im Mai 1984 schickte der UFO-Forscher William Steinman ein FOIA-Ersuchen über die Interplanetary Phenomenon Unit an das Army Directorate of Counterintelligence (Leitung der Gegenspionage der Armee). Steinman erhielt folgende Antwort von Lieutenant Colonel Lance R. Cornine:

> »Wie Sie in Ihrem Brief bemerken, wurde die sogenannte Interplanetary Phenomenon Unit (IPU) abgeschafft, und, soweit uns bekannt ist, wurden alle Aufzeichnungen, falls vorhanden, in den späten 1950er Jahren an die Air Force weitergeleitet. Die ›Einheit‹ wurde als internes Projekt ausschließlich als Interessensgegenstand für den stellvertretenden Stabschef für Nachrichtendienste gegründet. Sie war nie eine ›Einheit‹ im militärischen Sinne, sie war nie formell organisiert oder meldepflichtig, hatte keine Ermittlungsfunktion, Mission oder Autorität und führte möglicherweise überhaupt keine offiziellen Aufzeichnungen. Nur durch institutionelle Hinweise kann man sich an diese Einheit erinnern. Wir sind daher nicht in der Lage, Ihre Fragen zum genauen Zweck der Einheit zu beantworten, zu dem genauen Zeitpunkt, wann sie aufgelöst wurde, oder wer das Kommando besaß. Letzteres würde auf keinen Fall zutref-

TOP SECRET

Top Secret

gm 25
February 27, 1942

THE WHITE HOUSE
WASHINGTON

February 27, 1942

MEMORANDUM FOR

CHIEF OF STAFF OF THE ARMY

I have considered the disposition of the material in possession of the Army that may be of great significance toward the development of a super weapon of war. I disagree with the argument that such information should be shared with our ally the Soviet Union. Consultation with Dr. Bush and other scientists on the issue of finding practical uses for the atomic secrets learned from study of celestial devices precludes any further discussion and I therefor authorize Dr. Bush to proceed with the project without further delay. This information is vital to the nation's superiority and must remain within the confines of state secrets. Any further discussion on the matter will be restricted to General Donovan, Dr. Bush, the Secretary of War and yourself. The challenge our nation faces is daunting and perilous in this undertaking and I have committed the resources of the government towards that end. You have my assurance that when circumstances are favorable and we are victorious, the Army will have the fruits of research in exploring further applications of this new wonder.

You may speak to me about this if the above is not wholly clear.

F. D. R.

TOP SECRET

-2

This is a retyped version of FDR's memo from DOE's IS files

Abb. 5. Roosevelt-Memorandum an Marshall (transkribiert)

fen, da niemand das ›Kommando‹ hatte. Zu dieser Einheit liegen keine Berichte oder Unterlagen jeglicher Art vor.«[18]

In Cornines Brief wurde zwar anerkannt, dass die IPU bis Ende der 1950er Jahre existierte, ihre Realität jedoch als bloßes »Interessenobjekt« kleingeredet, das niemals eine operative »Einheit« der Armee darstellte. Eine spätere FOIA-Anfrage an das US-amerikanische Geheimdienst- und Sicherheitskommando führte jedoch am 9. April 1990 zu einer Antwort, die von Colonel William Guild verfasst wurde. Er erklärte: »Alle Aufzeichnungen, die sich auf die Einheit beziehen, wurden in Verbindung mit Operation ›Bluebook‹ dem Amt für Sonderermittlungen der U.S. Air Force übergeben.«[19] [sic] Also war die IPU nach Angaben des US-Geheimdienstes doch eine formelle Einheit und auf gewisse Weise mit der Erforschung von UFOs verbunden, was dem widerspricht, was die Air Force über die Inaktivität der IPU meinte sagen zu müssen.

Wichtig ist, dass die FOIA-Akten die Schaffung der IPU bestätigen und dokumentarische Belege sind, welche die Echtheit des durchgesickerten Majestic-Dokuments weiter untermauern, das Marschalls Memorandum vom 5. März 1942 enthält, in dem er den Präsidenten über die Schaffung einer speziellen Untersuchungseinheit zum Studium von UFOs informiert. Das Memorandum enthält die Anweisung General Marshalls an die »Army G2«, eine »Spezial-Aufklärungseinheit« zu gründen, um »das Phänomen zu untersuchen«.[20]

Er bezog sich also mit ziemlicher Sicherheit auf die Interplanetary Phenomenon Unit. Dies ist die Schlussfolgerung von Dr. Robert M. Wood und Ryan Wood nach ihren jeweiligen Bemühungen, das Marshall-Memorandum zu bestätigen:

»Das Memo trägt die korrekten OCS-Aktenzeichen (Office of Chief of Staff) und wurde zu einem späteren Zeitpunkt mit einer anderen Schreibmaschine mit der Aufschrift ›Interplanetary Phenomenon Unit‹ (IPU) versehen. Es ist logisch zu glauben, dass dies die Reihenfolge ist, in der die IPU eingerichtet wurde.«[21]

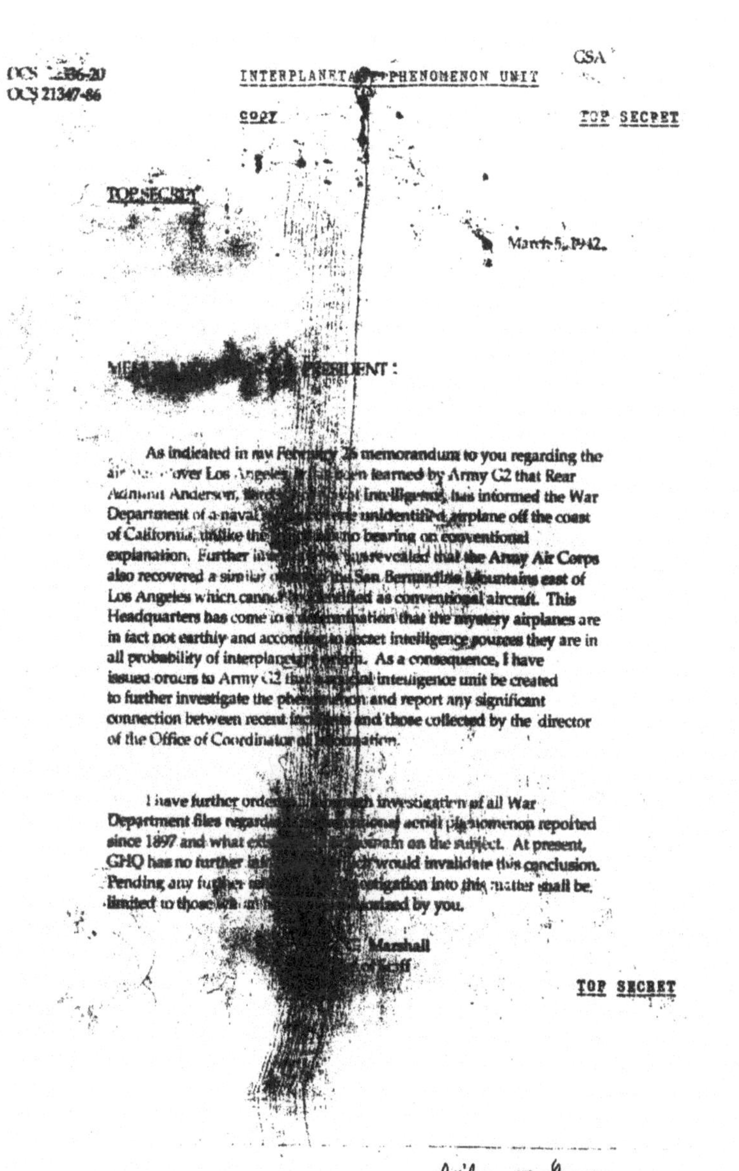

OCS [illegible]-20
OCS 21347-86

INTERPLANETA[illegible] PHENOMENON UNIT

GSA

COPY

TOP SECRET

TOP SECRET

March 5, 1942.

[illegible] PRESIDENT:

As indicated in my February 26 memorandum to you regarding the air [illegible] over Los Angeles, [illegible] learned by Army G2 that Rear Admiral Anderson, [illegible] of Intelligence, has informed the War Department of a naval [illegible] unidentified airplane off the coast of California, unlike the [illegible] no bearing on conventional explanation. Further in[illegible] revealed that the Army Air Corps also recovered a similar [illegible] the San Bernardino Mountains east of Los Angeles which cannot [illegible] identified as conventional aircraft. This Headquarters has come to a [illegible] that the mystery airplanes are in fact not earthly and according to secret intelligence sources they are in all probability of interplanetary origin. As a consequence, I have issued orders to Army G2 that a special intelligence unit be created to further investigate the phen[illegible] and report any significant connection between recent in[illegible] and those collected by the director of the Office of Coordinator of [illegible]ation.

I have further orde[illegible] investigation of all War Department files regard[illegible] aerial phenomenon reported since 1897 and what ex[illegible] on the subject. At present, GHQ has no further in[illegible] would invalidate this conclusion. Pending any fu[illegible] investigation into this matter shall be limited to those [illegible] by you.

[illegible] Marshall
[illegible] of Staff

TOP SECRET

Rec'd on SEP 0[illegible] 2002

Abb. 6. Mutmaßliches Memo von General Marshall an Präsident Roosevelt

Ein weiterer wichtiger Aspekt der FOIA-Dokumente über die IPU besteht darin, dass die Antwort von Colonel Guild zeigt, dass die IPU aktiv mit dem Projekt Bluebook der U.S. Air Force zusammenarbeitete, welches auf der Wright-Patterson Air Force Base angesiedelt war (so wurde Wright Field 1947 umbenannt). Die Vorgänger von Project Bluebook (1952-1969), Project Sign (1947-49) und Project Grudge (1949-51) hatten ebenfalls in Wright Field/Wright-Patterson ihren Sitz. Im Jahr 1948 kam die erste formelle Untersuchung von UFO-Berichten durch technische und nachrichtendienstliche Experten von Wright-Patterson zu dem Schluss, UFOs seien interplanetarischen Ursprungs – das war die gleiche Schlussfolgerung, die Marshall am 5. März 1942 gegenüber Roosevelt bezüglich des in Los Angeles geborgenen Flugobjekts geäußert hatte.[22] Es ist sehr wahrscheinlich, dass dieselben Wissenschaftler von Wright Field, die zu Marshalls Schlussfolgerung über den »interplanetarischen Ursprung« von 1942 beitrugen, fünf Jahre später an den Erkenntnissen des Projekts Sign und/oder Grudge beteiligt waren.

Darüber hinaus ist anzumerken, dass die IPU eine Schlüsselrolle bei der Untersuchung der verschiedenen Projektberichte und der Bereitstellung von Sichtungsdaten spielte, die es den technischen Experten von Wright Field/Wright-Patterson ermöglichten, eine solche Schlussfolgerung zu ziehen. Laut General Hoyt Vandenberg, der 1947 Stabschef der U.S. Air Force war und die Wahrheit über außerirdisches Leben enthüllte, würde dies jedoch »eine Massenpanik auslösen«,[23] weshalb er die Fachleute von Wright Field darum bat, ihren Bericht umzuschreiben und *die interplanetarische (außerirdische) Erklärung herunterzuspielen!*

Die Zusammenarbeit zwischen der IPU und den Aeronautik-Experten von Wright Field/Wright-Patterson ging weit über das bloße Studium und die Analyse von UFO-Berichten hinaus; ihre Arbeit erstreckte sich auf die Untersuchung abgestürzter/geborgener außerirdischer Flugmaschinen. Wir erhalten eine Vorstellung vom wahren Umfang der IPU-Aktivitäten durch das Zeugnis von Thomas Cantwheel (Pseudonym), der im ersten Kapitel bereits wegen seiner Rolle bei mehreren Absturz-/Bergungsoperationen erwähnt wurde. Er sagt, dass die Interplanetary Phenomenon Unit tatsächlich die Eliteeinheit innerhalb des Counter Intelligence Corps (CIC) der Army, dem er angehörte, gewesen sei. Cantwheel gibt an, dass die IPU noch bis 1958 einsatzbereit war, über ein Jahrzehnt nach der Gründung der Air Force, als sein Dienst im Programm endete. Timothy Cooper erfuhr, als er Cantwheels Äußerungen untersuchte, Folgendes:

> »Ein Großteil von Cantwheels Aktivitäten im CIC ist unbekannt, nur dass er vom CIC einer geheimen Armee-Untersuchungseinheit namens IPU (Interplanetary Phenomenon Unit) zugeteilt wurde. Die IPU war eine Geheimdienstabteilung der Gegenspionage (Army Directorate of Counter Intelligence), die UFO-Berichte an die U.S. Army G-2 (den Direktor des Geheimdienstes) weiterleitete. Cantwheel behauptet, von 1942 bis 1958 CIC-Offizier in der Interplanetary Phenomenon Unit der U.S. Army gewesen zu sein, mit TDY in Übersee. Sein Hauptinteresse galt den UFO-Sichtungen durch Militärpersonal.«[24]

Das Zeugnis von Cantwheel bestätigt einen Teil von Steinmans offizieller FOIA-Antwort, laut der die IPU in den späten 1950er Jahren offiziell als funktionierende Armee-Geheimdiensteinheit abgeschafft und höchstwahrscheinlich in ein klassifiziertes Geheimdienstprogramm der U.S. Air Force, vermutlich Project Moon Dust und Operation Blue Fly (die später noch behandelt werden), aufgenommen wurde. Seine Zeugenaussage stützt auch das, was Colonel Guild in seiner FOIA-Antwort bestätigte, in der er erklärte, dass die IPU ihre Arbeit mit der offiziellen Arbeitsgruppe der U.S. Air Force zur Untersuchung von UFO-Berichten koordiniert habe – also dem Projekt Bluebook.

Zusätzlich zu Cantwheels Aussage zeigen die durchgesickerten Marshall/Roosevelt-Korrespondenzen, dass die IPU weit mehr als nur ein »Interessensgegenstand« war, der nie eine Funktion hatte, wie in der FOIA-Antwort von Cornine behauptet wurde. Army Intelligence (G2) und Army Air Force hätten sich bei solchen Ermittlungen und Abfragen über die Interplanetary Phenomenon Unit abgestimmt. Es ist bemerkenswert, dass die U.S. Navy, die eines der nach dem Luftangriff in Los Angeles gefundenen Flugschiffe geborgen hatte, sich auch mit der IPU und der Army Air Force absprach. Diese Zusammenarbeit zeigt sich in einer Reihe von Aufträgen, die einer der besonders erfahrenen Luftfahrtingenieure der Navy, Commander Rico Botta, erhielt, der das Büro für aeronautisches Triebwerksdesign der Luftfahrtbehörde leitete. Botta war von der führenden Ingenieurabteilung der Navy, dem Bureau of Aeronautics, als ihr Vertreter bei der Erforschung der Antriebssysteme von geborgenen Antigravitations-Fluggeräten ernannt worden.

Am 25. Februar 1942, genau an dem Tag, an dem die beiden Flugobjekte nach dem Vorfall in Los Angeles geborgen wurden, wurde Botta angewiesen, in geheimem Auftrag nach Wright Field zu reisen. Nur ein paar Monate später reiste Botta zu hochmodernen Einrichtungen der Navy, der Army Air Force und ziviler Fluggesellschaften und wurde schließlich im Dezember 1942 zur Naval Air Station in San Diego versetzt, um die Nachforschungen der Navy bezüglich des Flugscheiben-Phänomens zu leiten.

Botta rekrutierte den jungen William Tompkins, um an den streng geheimen Nachbesprechungen mit den in Nazi-Deutschland eingesetzten Navy-Spionen teilzunehmen, was dazu führte, dass Tompkins die Briefing-Dokumente, die auf den Informationen der Spione beruhten, an die Interplanetary Phenomenon Unit, die Army Air Force, die Luftfahrtunternehmen und alle wissenschaftlichen Einrichtungen weiterleitete, die in der Lage waren, UFO-Technologien zu verstehen. Tompkins sagt, dass er durch die USA reiste und seine Briefing-Pakete auch bei führenden Einrichtungen der Army Air Force wie Wright Field ablieferte. Die Rollen von Botta und Tompkins im verdeckten Spionageprogramm der Navy zur Sammlung von Erkenntnissen über die Erforschung der UFO-Technologien in Nazi-Deutschland können im zweiten Buch meiner Reihe, *Das Geheime Weltraumprogramm der U.S. Navy & Die Allianz mit den Nordischen,* nachgelesen werden.

Die jeweiligen Bemühungen der IPU, der Army Air Force, der Navy und der großen Luftfahrtunternehmen, Informationen zu sammeln, um das Phänomen der Flugscheiben zu verstehen, wurden durch die gewaltigen Auswirkungen des Zweiten Weltkriegs stark eingeschränkt. Das Ausmaß des kolossalen Engagements bei der Produktion von Mi-

In reply address not the signer of this letter but Bureau of Aeronautics, Navy Department, Washington, D. C.

Refer to No.
Aer-PE-12-LC
00/Botta, Rico

3747 5-164 C/115

NAVY DEPARTMENT
BUREAU OF AERONAUTICS
WASHINGTON

From: The Chief of the Bureau of Aeronautics.
To: The Chief of the Bureau of Navigation.

FEB 25 1942

SUBJECT: Orders—temporary additional duty.

1. It is recommended that orders for temporary additional duty be issued to the following personnel as indicated:

Name	*Rank or Rating*	WRITTEN ~~DISPATCH~~ *Present Station*
BOTTA, Rico	Commander, U.S.N.	BuAer

7- 20568

From: Bureau of Aeronautics, Washington, D. C.
Date to proceed: On or about 2 March 1942
Via: Naval Aircraft, or commercial, ~~commercial air~~,
To: Wright Field, Dayton, Ohio, reporting to the General Inspector of Naval Aircraft,
Thence via: Naval Aircraft, commercial, commercial air,
To:
Thence via: Naval Aircraft, commercial, commercial air,
To:
Thence via: Naval Aircraft, commercial, commercial air,
To:
Thence return via: Naval Aircraft, or commercial, ~~commercial air~~,
To: Washington, D. C., and resume regular duties.

(a) Reason: In connection with engine development.
(Chargeable to Aviation, Navy, 1942 - Subhead One)

(b) Estimated period of duty: 2 days
(c) Estimated cost: $85.44 if via commercial
(d) Estimated delay in excess of 72 hours at:
(e) It is recommended that these orders be: delivered ~~by~~ 28 February 1942

charge

F. W. McMAHON
Commander, U.S.N.
By direction Chief of Bureau

FEB 26 1942
12:55

(28)

U. S. GOVERNMENT PRINTING OFFICE 16—23027

Abb. 7. Befehl an Rico Botta, am Tag des Luftangriffs in L.A. nach Wright Field zu reisen

litärflugzeugen für den Kriegseinsatz wird von Dana T. Parker, der Autorin von *Building Victory: Aircraft Manufacturing in the Los Angeles Area in World War II*, (»Den Sieg bauen: Flugzeugherstellung in der Region Los Angeles im Zweiten Weltkrieg«, nicht auf Deutsch erschienen) gut beschrieben:

> »Im Jahre 1939 wurden insgesamt nur 2141 Flugzeuge für das Army Air Corps und die Navy produziert. Bis Kriegsende produzierte Amerika erstaunliche 300.000 Flugzeuge ... Die USA bewaffneten nicht nur ihre eigenen Streitkräfte, sondern auch ihre Verbündeten ... Seit 1942 wurden durchschnittlich 170 Flugzeuge pro Tag produziert, mehr als in der Sowjetunion und in Großbritannien zusammen.«[25]

Die Douglas Aircraft Company und andere Luftfahrtunternehmen, von denen viele in der Gegend von Los Angeles ansässig sind, lasteten ihre Produktionsanlagen voll aus, um die ständig wachsende Nachfrage des Militärs nach Bombern, Jägern und Frachtflugzeugen zu befriedigen.[26] Die Anzahl der Flugzeuge, die für den Krieg gebaut wurden, war so umwerfend, dass Donald Douglas erklärte: »Hier ist der Beweis, dass freie Männer mehr als Sklaven produzieren können.«[27]

Trotz der enormen Kriegsproduktionsquoten, die Douglas und andere große Flugzeughersteller erfüllten, kämpfte die Army Air Force immer noch um ihre eigene rasche Expansion.

Dies lag daran, dass General Arnold angewiesen wurde, Großbritannien, der Sowjetunion und anderen Verbündeten der USA zu helfen, einsatzbereite Militärflugzeuge für den Kampf gegen Nazi-Deutschland zu erhalten. Die Herausforderungen für die Army Air Force sind in Arnolds Kriegstagebüchern beschrieben:

> »Zum Beispiel haben die Vereinigten Staaten in den Jahren 1940 bis 1944 insgesamt fast 23.000 P-39- und P-40-Flugzeuge von den Herstellern bekommen. Auf dem Höhepunkt ihrer Bestandsaufnahme im Jahr 1944 verfügte die AAF jedoch nur über 4.600 Exemplare. Selbst unter Berücksichtigung des durch Trainingsunfälle verursachten Schwundes und ihres beschränkten Kampfeinsatzes durch die USA spiegeln die Zahlen

wider, dass der Großteil von ihnen nach Großbritannien und in die Sowjetunion ging.«[28]

Angesichts der unmittelbaren Bedürfnisse des Krieges und der Schwierigkeiten der Flugzeughersteller, die ehrgeizigen Produktionsziele zu erreichen, war es verständlich, dass die Roosevelt-Regierung beschlossen hatte, das umfangreiche Forschungs- und Entwicklungsprojekt zum Phänomen der Flugscheiben bis zum Ende des Konflikts warten zu lassen, wie Roosevelts Memorandum an General Marshall vom 27. Februar 1942 deutlich machte.[29]

Erst nach dem Ende des Zweiten Weltkriegs konnten die Air Force und die Spionageabwehr der Armee (durch die Interplanetary Phenomenon Unit) ernsthaft mit der notwendigen Forschung und Entwicklung für eine langfristige strategische Reaktion auf das UFO-Phänomen beginnen. Arnold wurde am 21. Dezember 1944 in den Rang eines Fünf-Sterne-Generals der Army befördert, und kurz nach dem Ende des Zweiten Weltkriegs beschloss er, das notwendige Forschungs- und Entwicklungsprogramm zu starten, das Fachwissen von Militär und Unternehmen vereinen sollte, um die Technologien der Flugscheiben zu meistern. Er entschloss sich, aus dem Krieg übrig gebliebene Geldmittel der Army Air Force für den Start von Project RAND zu verwenden, und bat seinen engen Freund, das legendäre Luftfahrtgenie Donald Douglas, um Hilfe. Unter dem Deckmantel einer konventionellen Studie, die sich auf eine Reihe von Luft- und Raumfahrtthemen konzentrierte, begann das Militär gemeinsam mit der Douglas Aircraft Company ernsthafte Forschungen und Entwicklungen im Bereich abgestürzter und geborgener Flugscheiben-Technologie durchzuführen.

Anmerkungen

1 Siehe Michael E. Salla, *Das Geheime Weltraumprogramm der U.S. Navy & Die Allianz mit den Nordischen.* AMRA Verlag, Hanau 2017. – US-Ausgabe: pgs. 1-16.

2 William M. Tompkins, *Auserwählt von Außerirdischen.* AMRA Verlag, Hanau 2022. – US-Ausgabe: p. xi.

3 »The Great Los Angeles Air Raid« unter http://theairraid.com/ (aufgerufen am 16.09.2018)

4 Ebd.

5 William M. Tompkins' geheime Zusammenarbeit mit dem Office of Naval Intelligence wird im zweiten Kapitel behandelt.

6 Telefonisches Interview mit William M. Tompkins am 19. September 2016

7 Wesley Frank Craven & James Lea Cate (eds.), *The Army Air Forces in World War II*; p. 284. Online unter http://tinyurl.com/jcxxmu8 (aufgerufen am 16.09.2018)

8 Laut Timothy Good, der sich vor der Enthüllung der Dokumente äußerte, bestritt das Department of Defense, weitere Informationen über den Los Angeles Air Raid zu haben. Siehe dazu *Above Top Secret: The World Wide U.F.O. Cover Up*; Quill 1988; p. 17. – Dt. Ausgabe: *Jenseits von Top Secret.* Zweitausendeins Verlag, Frankfurt am Main 1991.

9 Ebd.

10 Ebd.

11 »History of Helicopters«; https://tinyurl.com/ycje9xoj (aufgerufen am 15.09.2018)

12 »Introduction to Authenticity Ratings«; http://www.majesticdocuments.com/documents/authenticity.php (aufgerufen am 16.09.18)

13 »Memorandum for Chief of Staff of the Army«; http://www.majesticdocuments.com/pdf/fdr.pdf (aufgerufen am 15.08.2018)

14 Siehe »Franklin Delano Roosevelt – Assistant Secretary of the Navy«; https://www.nS.gov/articles/franklin-delano-roosevelt-assistant-secretary-of-the-navy.htm (aufgerufen am 15.09.2015)

15 Siehe »The Manhattan Project«; https://www.osti.gov/opennet/manhattan-project-history/Events/1942/enter_army.htm (aufgerufen am 15.09.2015)

16 Online unter http://majesticdocuments.com/pdf/marshall-fdr-march1942.pdf (aufgerufen am 30.12.2018)

17 Ebd.

18 Online unter http://www.textfiles.com/ufo/UFOBBS/1000/1723.ufo (aufgerufen am 15.09.2015)

19 Zitiert nach Ryan Wood, *Majic Eyes Only*; Wood Enterprises 2005, p. 4, und Timothy Good, *Above Top Secret*; William Morrow & Company 1988; p. 267. – Dt. Ausgabe: *Jenseits von Top Secret.* Zweitausendeins Verlag, Frankfurt am Main 1991.

20 Online unter http://majesticdocuments.com/pdf/marshall-fdr-march1942.pdf (aufgerufen am 30.12.2018)

21 Dr. Robert M. Wood & Ryan Wood; http://majesticdocuments.com/documents/pre1948.php (aufgerufen am 30.12.2018)

22 Zur Diskussion des Berichts mit dem Titel »Estimate of the Situation« siehe Michael D. Swords, »Project Sign and the Estimate of the Situation«, *Journal of UFO Studies* 7 (2000); pgs. 27-64.

23 Donald Keyhoe, *Aliens from Space: The Real Story of Unidentified Objects*; New American Library; p. 14.

24 Timothy Cooper, »Analysis of the Intelligence Background of Thomas Cantwheel, Preliminary Report«, http://www.majesticdocuments.com/pdf/cantwheel_report.pdf (aufgerufen am 05.09.2018)

25 Dana T. Parker, *Building Victory: Aircraft Manufacturing in the Los Angeles Area in World War II*; Dana T. Parker 2013; Kindle Location 138.

26 Siehe »United States aircraft production during World War II«, Wikipedia; https://en.wikipedia.org/wiki/United_States_aircraft_production_during_World_War_II#cite_note-buildingvictory-2 (aufgerufen am 16.09.2018)

27 Dana T. Parker, *Building Victory: Aircraft Manufacturing in the Los Angeles Area in World War II*; Dana T. Parker 2013; Einleitung.

28 Major General John W. Huston (ed.), *American Airpower Comes of Age: General Henry H. »Hap« Arnold's World War II Diaries, Volume 1*; Pickle Partners Publishing 2014; p. 229.

29 »Memorandum for Chief of Staff of the Army«; http://www.majesticdocuments.com/pdf/fdr.pdf (aufgerufen am 16.09.2018)

3 Projekt RAND und außerirdische Technologien

Es reicht nicht aus, nur zu wollen – du musst dich fragen, was du tun wirst, um die Dinge zu bekommen, die du willst.
– Franklin D. Roosevelt –

Es ist leicht vorstellbar, dass die U.S. Air Force den brennenden Wunsch hatte, den Nachbau ihrer Beuteobjekte aus dem Luftkampf von Los Angeles 1942 voranzutreiben. Die geborgenen Antigravitations-Flugobjekte mussten jedoch vorerst ungenutzt an der Seitenlinie bleiben, während der Präsident notgedrungen alle Truppengattungen anwies, ihre gesamten Ressourcen für den Bau von Kriegswaffen einzusetzen. Roosevelt glaubte nicht, dass die hoch entwickelte Wissenschaft hinter den »Himmelsapparaturen« rechtzeitig verstanden werden konnte, um den damaligen Bedarf an Waffenproduktion zu decken. Im Gegenzug sollten die Amerikaner nicht wissen, dass in einer traurigen Zeit des nationalen Kampfes etwas vom Himmel gekommen war, das erstaunliche technische Fortschritte versprach, die der Menschheit den Weg zu den Sternen eröffnen konnte. Obwohl die Army Air Force warten musste, begannen die Generäle, hinter den Kulissen die Nutzung dieser äußerst begehrenswerten Technologien zu planen.

Zwei Jahre nach der Bergung bekräftigte ein Memorandum von Roosevelt an seinen Wissenschaftsberater Dr. Vannevar Bush vom 22. Februar 1944 die Haltung des Präsidenten zur Politik des Aufschiebens der Forschung und Entwicklung von »außerirdischen« Technologien. Dieses Memorandum ist ein weiteres geleaktes Majestic-Dokument, das das Woods-Forschungsteam als mittel- bis hochgradig authentisch bewertete und in seiner professionellen Einschätzung als glaubwürdig einschloss. Die ungewöhnliche Klassifizierung des Memos als »Double Top Secret« wurde von den Woods trotz anfänglicher Skepsis als berechtigt eingestuft.[1] In dem Dokument wurden die Kosten als Hauptursache für die Ablehnung eines Forschungs- und Entwicklungsprogramms genannt, da diese unmittelbar Auswirkungen auf die verfügbaren Ressourcen für die Herstellung konventioneller moderner Flugzeuge und der Atombombe hätten. In dem »Double Top Secret«-Memorandum an das Special Committee on Non-Terrestrial Science and Technology, den »Sonderausschuss für außerirdische Wissenschaft und Technologie«, schrieb Roosevelt:

> »Ich stimme dem Vorschlag des OSRD (Office of Science Research and Development/Amt für Forschung und Entwicklung) und der Empfehlung von Dr. Bush sowie Professor Einstein zu, zum frühestmöglichen Zeitpunkt ein separates Programm einzuleiten. Ich stimme auch zu, dass die Anwendung von außerirdischem Know-how in der Atomenergie zur Perfektionierung von Super-Kriegswaffen eingesetzt werden muss, um die vollständige Niederlage Deutschlands und Japans zu erreichen. Angesichts der bereits im Rahmen des Atombombenprogramms angefallenen Kosten wäre es zum gegenwärtigen Zeitpunkt schwierig, die Genehmigung ohne weitere Unterstützung des Finanzministeriums und des Militärs zu erteilen. Ich habe mich daher entschlossen, auf ein solches Unternehmen zu verzichten. Nach Ansicht der informierten Mitglieder von Regierung und Parlament besteht unser Hauptziel nicht darin, Grundlagenforschung dieser Art zu betreiben, sondern den Krieg so schnell wie möglich zu gewinnen.
>
> Es wurden verschiedene Punkte in Bezug auf die Schwierigkeiten angesprochen, die ein solches Unterfangen für die bereits laufende Erforschung fortschrittlicher Waffenprogramme bei unseren Kriegsanstrengungen mit sich bringen würde, und ich stimme zu, dass jetzt nicht der richtige Zeitpunkt dafür ist. Es ist mein persönliches Urteil, dass, wenn der Krieg gewonnen und der Frieden wiederhergestellt ist, eine Zeit kommen wird, in der überschüssige Mittel zur Verfügung

stehen werden, um ein Programm zum Verständnis der außerirdischen Wissenschaft und ihrer noch weitgehend unentdeckten Technologie durchzuführen.

Ich weiß den Aufwand und die Zeit zu schätzen, die aufgewendet wurden, um wertvolle Erkenntnisse darüber zu gewinnen, wie wir unsere Technologie sowie den nationalen Fortschritt voranbringen und die Realität begreifen können, dass unser Planet nicht der einzige im Universum ist, der intelligentes Leben beherbergt.«[2]

Die von Roosevelt erwähnten überschüssigen Gelder sollten tatsächlich 1945 über eine Reihe offizieller Kanäle verfügbar sein, von denen einer ein Fünf-Sterne-General der Armee war, Henry »Hap« Arnold, der die rasche Expansion und den Einsatz der Army Air Force während des Zweiten Weltkriegs erfolgreich geleitet hatte. Arnold und die Army Air Force waren angewiesen worden, sich mit den Flugscheiben des Ereignisses von Cape Girardeau im Jahre 1941 und des Luftangriffs über Los Angeles von 1942 zu befassen. Diese wurden heimlich nach Wright Field gebracht, der führenden Luftfahrt-Forschungseinrichtung der Army Air Force. Solange der Krieg im Gange war, sollten allerdings nur erste, vorläufige Untersuchungen stattfinden.

In der Zwischenzeit sammelten die Army Air Force, die Interplanetary Phenomenon Unit, das Office of Strategic Services (»Amt für Strategische Dienste«, Vorläufer der CIA) und die U.S. Navy so viele Informationen wie möglich darüber, was die Achsenmächte in diesem Bereich taten, und bemühten sich im Geheimen darum, alle nichtterrestrischen Schiffe zu finden, die auf dem Planeten auftauchten. Insbesondere die Navy sammelte durch ihre Agenten, die im nationalsozialistisch besetzten Europa verdeckt arbeiteten, Daten darüber, welche Forschungen und Entwicklungen im Bereich der UFO-Technik bei den Nazis stattfanden.[3]

Nach der Kapitulation Japans am 15. August 1945 konnte Arnold die Erforschung und Entwicklung des geborgenen außerirdischen Raumschiffes mit übrig gebliebenen Kriegsmitteln finanzieren. Dabei arbeitete er eng mit Donald W. Douglas, dem Gründer der Douglas Aircraft Company, zusammen. Kurz nach der offi-

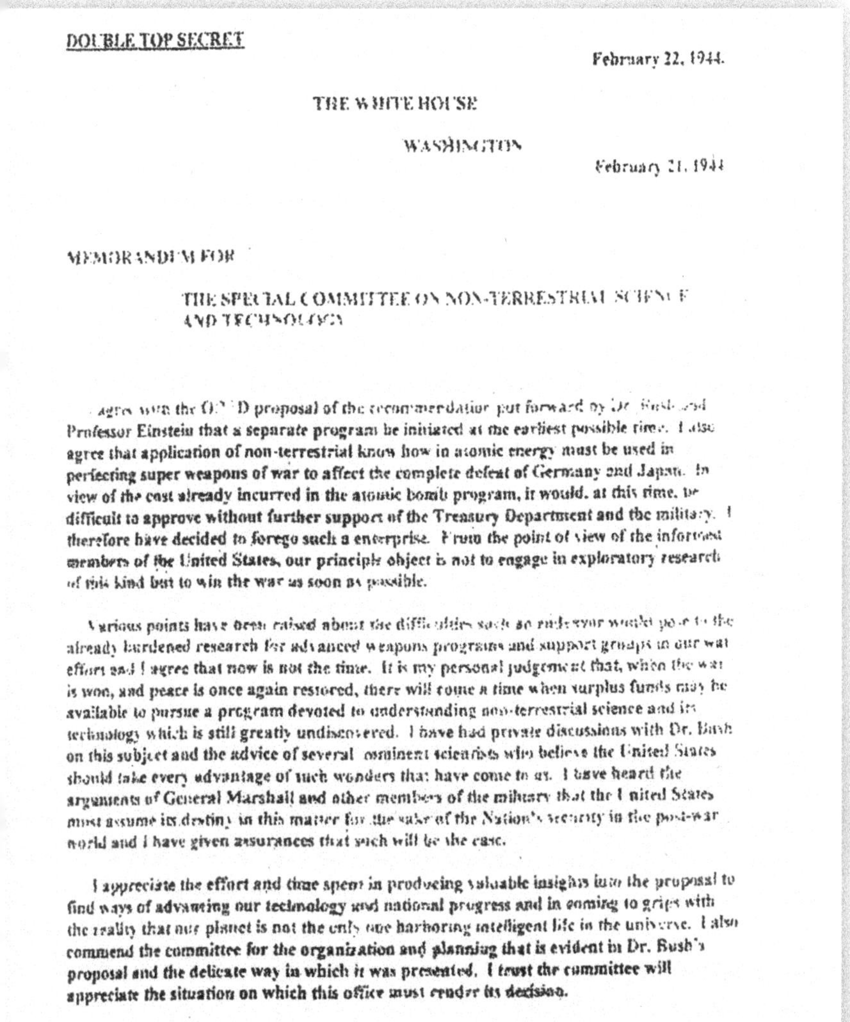

DOUBLE TOP SECRET

February 22, 1944.

THE WHITE HOUSE

WASHINGTON

February 21, 1944

MEMORANDUM FOR

THE SPECIAL COMMITTEE ON NON-TERRESTRIAL SCIENCE AND TECHNOLOGY

I agree with the OSRD proposal of the recommendation put forward by Dr. Bush and Professor Einstein that a separate program be initiated at the earliest possible time. I also agree that application of non-terrestrial know how in atomic energy must be used in perfecting super weapons of war to affect the complete defeat of Germany and Japan. In view of the cost already incurred in the atomic bomb program, it would, at this time, be difficult to approve without further support of the Treasury Department and the military. I therefore have decided to forego such a enterprise. From the point of view of the informed members of the United States, our principle object is not to engage in exploratory research of this kind but to win the war as soon as possible.

Various points have been raised about the difficulties such an endeavor would pose to the already burdened research for advanced weapons programs and support groups in our war effort and I agree that now is not the time. It is my personal judgement that, when the war is won, and peace is once again restored, there will come a time when surplus funds may be available to pursue a program devoted to understanding non-terrestrial science and its technology which is still greatly undiscovered. I have had private discussions with Dr. Bush on this subject and the advice of several eminent scientists who believe the United States should take every advantage of such wonders that have come to us. I have heard the arguments of General Marshall and other members of the military that the United States must assume its destiny in this matter for the sake of the Nation's security in the post-war world and I have given assurances that such will be the case.

I appreciate the effort and time spent in producing valuable insights into the proposal to find ways of advancing our technology and national progress and in coming to grips with the reality that our planet is not the only one harboring intelligent life in the universe. I also commend the committee for the organization and planning that is evident in Dr. Bush's proposal and the delicate way in which it was presented. I trust the committee will appreciate the situation on which this office must render its decision.

Franklin Roosevelt

DOUBLE TOP SECRET

Abb. 8. Von Präsident Roosevelt unterzeichnetes Dokument mit der Geheimhaltungsstufe »Double Top Secret«

ziellen Kapitulation Japans flog Arnold nach Kalifornien, um sich mit Douglas zu treffen und den Weg für einen umfassenden R & D-Plan (Forschungs- und Entwicklungsplan) festzulegen, der die Grundlage für eine weitere Revolution in der Luftfahrtbranche bilden sollte, in der künftig exotische Antriebssysteme wie die Antigravitation zum Einsatz kommen sollten.[4]

Es gibt zahlreiche Gründe, warum Arnold sich dafür entschied, mit Douglas und seiner Firma an der geheimen Erforschung und Entwicklung von Flugscheiben-Technologien zu arbeiten. Erstens war die Douglas Aircraft Company im Zweiten Weltkrieg einer der führenden Hersteller von Luftfahrzeugen für die Navy sowie die Army Air Force und produzierte das modernste Militärflugzeug der Welt. Bis 1945 hatte Douglas Aircraft fast 30.000 Flugzeuge für den erfolgreichen Kriegseinsatz produziert, und seine Ingenieure und Produktionsstätten waren weltbekannt für ihre Fähigkeit, die neuesten Luftfahrttechnologien in ihre Produkte zu integrieren. Neben talentierten Ingenieuren und fortschrittlichen Produktionsanlagen gab es einen weiteren zwingenden Grund, warum die Firma Douglas für Arnold und die Army Air Force ein attraktiver Partner war, um Forschung und Entwicklung im Hinblick auf nichtterrestrische Technologien zu leiten.

Der Inhaber des Unternehmens, Donald Douglas, war ein Pionier, eine Legende in der Luftfahrtindustrie. Douglas hatte wie Arnold eine direkte persönliche Beziehung zu den Wright-Brüdern. 1908, im Alter von sechzehn Jahren, wurde Douglas in Fort Myer, Virginia, Zeuge des Testflugs des Militärflugzeugs der Brüder Wright (des »Military Flyer«). Im Jahr 1914 erwarb Douglas ein Diplom als Luftfahrtingenieur, das erste überhaupt, das vom Massachusetts Institute of Technology (MIT) vergeben wurde. Douglas' akademische Leistungen und aeronautische Fähigkeiten wurden von der Armee anerkannt, die ihn im November 1916 als leitenden zivilen Luftfahrtingenieur für die Fliegerstaffel des Army Signal Corps anstellte. Laut Dana Parker »verzichtete die Armee auf einen Einstellungstest, weil es im Land niemanden gab, der mehr über Flugzeugtechnik wusste als Donald Douglas.«[5] 1941 schrieb das Magazin *Fortune*:

»Die Entwicklung des Flugzeugs in der Zwischenkriegszeit ist die größte technische Leistung, die es je gab, und in ihrem Zentrum steht Donald Douglas.«[6]

Der nächste Grund, warum Arnold sich für Douglas entschied, war ihre enge persönliche und berufliche Beziehung, die auf ihre jeweiligen Verbindungen zu den Brüdern Wright zurückging, und das gemeinsame Interesse an der Entwicklung der Luftfahrt. Sieben Monate, nachdem Douglas zum zivilen Luftfahrtingenieur der Armee ernannt worden war, folgte ihm Arnold, der im Juni 1917, zwei Monate nachdem die USA in den Ersten Weltkrieg eingetreten waren, eine Reihe von Führungspositionen in der Luftfahrtabteilung übernahm. Douglas und Arnold begannen, bei der Modernisierung von US-Flugzeugen für den Ersten Weltkrieg zusammenzuarbeiten. Danach zogen beide nach Los Angeles, wo Douglas 1921 seine Flugzeugfirma gründete und Arnold im November 1931 das Kommando über March Field übernahm. Die Familien Douglas und Arnold standen sich so nahe, dass Douglas' Tochter Barbara im Jahr 1943 schließlich Arnolds zweiten Sohn Bruce heiratete, nachdessen Examen an der West Point Militärakademie.[7]

Der vierte Grund war, dass Douglas den Luftangriff in Los Angeles persönlich miterlebt hatte, wie William Mills Tompkins berichtet. Tompkins war mit der Geschichte der Douglas Aircraft Company bestens vertraut. Er arbeitete von 1950 bis 1963 in der Entwickungsabteilung des Unternehmens. Davor, in den Jahren 1942 bis 1946, besuchte er Douglas Aircraft häufig, als er für Rear Admiral Rico Botta von der San Diego Naval Air Station tätig war.[8] In seiner Autobiografie beschreibt Tompkins den starken Einfluss des Ereignisses in Los Angeles auf Douglas und andere wichtige Unternehmer und Militärs, die die Ereignisse jener chaotischen Nacht miterlebt hatten.[9] Die Douglas Aircraft Company hatte ihren Hauptsitz in Santa Monica. Es ist daher selbstverständlich anzunehmen, dass auch andere leitende Douglas-Mitarbeiter Zeugen der einen Paradigmenwechsel nach sich ziehenden Nacht von Los Angeles wurden. Sie waren sich über dessen revolutionäre Auswirkungen auf die Luftfahrtbranche im Klaren und diskutierten darüber.

Dennoch machte das Memorandum von Präsident Roosevelt vom 27. Februar 1942 sehr deutlich, dass Kriegsressourcen nicht in die »Grundlagenforschung« an aufgefundenen Raumschiffen fließen sollten. Es ist verständlich, dass Luftfahrtpioniere wie Douglas, General Arnold und andere es kaum erwarten konnten, mit einer ernsthaften Untersuchung der revolutionären Antriebs- und Navigationstechnologien der geborgenen Fluggeräte zu beginnen. Es ist also keine Überraschung, dass – laut Tompkins – Douglas, sein Chefingenieur Arthur Raymond sowie dessen Assistent Franklin Collbohm auf die Idee kamen, eine informelle Arbeitsgruppe zu gründen, um alle zugänglichen Informationen zu untersuchen.[10]

Tompkins behauptete ferner, dass der Arbeitsgruppe auch zwei Air-Force-Generäle und zwei Admirale der Navy angehörten.[11] Wenn Tompkins Recht hat, dann wurde von Douglas und General Arnold unmittelbar nach dem Vorfall eine »informelle« Forschungsgruppe einberufen, obwohl Präsident Roosevelts Politik darin bestand, keine Mittel und Ressourcen für die »Grundlagenforschung« an den aufgefundenen außerirdischen Raumschiffen bereitzustellen. Auch wenn Roosevelts Politik, wie in seinem Memorandum vom 22. Februar 1944 an den »Sonderausschuss für Außerirdische Wissenschaft und Technologie« dargelegt, fortdauerte, war die Arbeit dieser Gruppe aufgrund ihres inoffiziellen oder »informellen« Status technisch kein Verstoß gegen die Vorgaben der Politik.[12]

Das Hauptziel der Arbeitsgruppe bestand darin, die wissenschaftlichen Grundlagen zu erforschen und die Beobachtungen der Augenzeugen zu analysieren. Darüber hinaus sollte die Gruppe alle Informationen über die beiden nach Wright Field gebrachten Objekte auswerten, soweit die anwesenden Offiziere der Army und der Navy zu deren Weitergabe autorisiert waren. Wenn General Arnold kein offizielles Mitglied der Gruppe gewesen wäre, dann kann als sicher angenommen werden, dass er einen Untergebenen ernannte, der ihm über die Erkenntnisse der Forschungsgruppe Bericht erstattete. Zumindest ist davon auszugehen, dass Mitglieder der Interplanetary Phenomenon Unit die Sitzungen der informellen Douglas-Gruppe gekannt und sogar besucht haben. Folglich war die Douglas Aircraft Company am

Ende des Zweiten Weltkriegs, als Arnold endlich die Erlaubnis erhielt, die Erforschung der erbeuteten außerirdischen Raumschiffe zu finanzieren, die naheliegende Wahl.

Ein letzter Grund für die Prüfung waren die nachrichtendienstlichen Daten, die über die Erforschung und Entwicklung von Technologien für UFOs durch die Nationalsozialisten gesammelt und an die Douglas Aircraft Company weitergeleitet wurden. Tompkins behauptete, er habe nach Beginn seines verdeckten Einsatzes unter Rear Admiral Rico Botta ab Frühjahr 1943 mindestens dreimal Briefing-Pakete mit den neuesten Informationen über die Nazi-Programme zu Douglas gebracht.[13]

Tompkins identifizierte Arthur Raymond und Franklin Collbohm als direkt an der Untersuchung dieser Briefing-Pakete beteiligt, die an die Douglas Aircraft Company geliefert wurden. In einem Interview erinnerte Tompkins sich daran, dass einer der Douglas-Ingenieure, mit denen er über die Briefing-Pakete sprach, Collbohm gewesen sein könnte, der später der erste Präsident der 1948 von der neu gegründeten United States Air Force (USAF) ins Leben gerufenen RAND Corporation wurde.[14] Dies alles ist ein weiterer überzeugender Grund, warum General Arnold die Douglas Aircraft Company als Empfänger für überschüssige Mittel der Army Air Force auserkor, mit denen das »Project RAND« gegründet wurde, der Vorläufer der RAND Corporation, die auch heute noch eine dem ursprünglichen Gründungszweck ähnelnde Mission hat.

Projekt RAND

Als General Henry Harley »Hap« Arnold endlich in der Lage war, mit überschüssigen Kriegsmitteln Fortschritte zu erzielen, deutete er in einem offiziellen Bericht an den Generalstabschef der Army, General George C. Marshall, an, was er plante:

> »Während dieses Krieges haben die Armee, die Luftstreitkräfte und die Navy beispiellose wissenschaftliche und industrielle Ressourcen einge-

setzt. Die Schlussfolgerung ist unausweichlich, dass wir noch nicht das Gleichgewicht hergestellt haben, das erforderlich ist, um die Fortsetzung der Teamarbeit zwischen Militär, anderen Regierungsbehörden, der Industrie und den Universitäten sicherzustellen. Die wissenschaftliche Planung muss Jahre vor der eigentlichen Forschungs- und Entwicklungsarbeit liegen.«[15]

Von den ungenutzten Geldern, die ihm nach der Kapitulation Japans zur Verfügung standen, durfte Arnold einen erheblichen Teil für die Schaffung des RAND-Projekts verwenden, wie ein offizieller Historiker der U.S. Air Force, Major General Huston, erläuterte:

»Im Monat der endgültigen Kapitulation Japans flog er nach Kalifornien, wo er und sein jahrzehntelanger Freund Donald Douglas die Gründung der RAND Corporation arrangierten. Arnold hat AAF-Mittel in Höhe von zehn Millionen USD für die Erstfinanzierung des neuen Unternehmens bereitgestellt.«[16]

General Huston beschrieb die frühe Mission von RAND als:

»… eine technische Beratergruppe, die mit der Analyse von Operationen und der langfristigen Planung beauftragt ist, um die zukünftige Kriegsführung und die beste Art und Weise, wie die Air Force ihre Missionen ausführen kann, zu untersuchen. Sie war ursprünglich mit Wissenschaftlern und Ingenieuren der Douglas Aircraft Corporation besetzt.«[17]

Ein Artikel des Journalisten Wesley Marx von November 1965 in *The Progressive* (archiviert in der Datenbank des Freedom of Information Act der CIA) wies darauf hin, dass Arnold in der Lage war, diese Überschüsse der Armee ohne Zustimmung des Kongresses zu verwenden:

»Ohne Einwilligung des Kongresses und ohne Vorgaben gelang es dem Air-Force-General H. H. ›Hap‹ Arnold, so viele Geldmittel zu verschieben, dass die Douglas Aircraft Company einen Auftrag über 10 Millionen US-Dollar für die Einrichtung des Projekts RAND erhielt. Das Projekt

> RAND sollte ein fortlaufendes Programm wissenschaftlicher Studien und Forschungen zu dem breiten Themenfeld sein, der Air Force bevorzugte Methoden, Techniken und Instrumente zu empfehlen.«[18]

Besonders aufschlussreich ist der nächste Satz in Marx' Artikel, in dem die ausgeklügelten Sicherheitsmechanismen in den Douglas-Werken kurz beschrieben werden:

> »Douglas erbrachte administrative Dienstleistungen, sorgte für die Bewachung und stellte abgesperrte Bereiche in seiner Einrichtung in Santa Monica, Kalifornien, zur Verfügung. RAND wurde zu einer Tochtergesellschaft, tatsächlich aber zu einer selbständigen Abteilung von Douglas.«[19]

Zehn Millionen Dollar im Jahr 1945 würden 2018 ungefähr 855 Millionen US-Dollar entsprechen.[20] Damals war dies eine enorme Summe, wenn sie einem Luftfahrtunternehmen nur dafür zur Verfügung stand, wissenschaftliche Forschung zu betreiben und Empfehlungen abzugeben, ohne Angebote von Wettbewerbern zu verlangen. Arnolds Entscheidung belegt seine Ansicht, dass die Douglas Aircraft Company ihren Hauptkonkurrenten Lockheed, Boeing und Northrup weit voraus war, wenn es darum ging, mit der Erforschung und Entwicklung fortschrittlicher Technologien für die in Wright Field gelagerten außerirdischen Raumschiffe zu beginnen.

Auf der offiziellen Website der RAND Corporation wird die enorme Menge an Geld, die Douglas für die Gründung des Projekts RAND zur Verfügung gestellt wurde, merkwürdigerweise beschönigt.[21] Der Eindruck entsteht, dass das Projekt RAND eine kleine interne Unterabteilung bei Douglas war, die nur »640 Dollar im ersten Monat ausgab«, um davon angeblich eine Gruppe hochrangiger Wissenschaftler und Ingenieure zu bezahlen, die sich traf, um über die weitere Entwicklung der Luft- und Raumfahrt zu diskutieren. Das war es mit Sicherheit, was offizielle Historiker der Air Force wie General Huston behaupteten.[22] Ohne Zweifel wurden die zugewiesenen zehn Millionen Dollar für weit mehr verwendet, als eine kleine Gruppe von Douglas-Ingenieuren und -Wissenschaftlern als »technische Berater« zu bezahlen, insbesondere in einer Douglas-Einrichtung, die von einem bewaffneten Sicherheitsdienst geschützt wurde, wie es in Marx' Artikel heißt. Was schützten denn die bewaffneten Wachmänner in den verschlossenen Räumen bei Douglas Aircraft?

William Mills Tompkins und die geheime Mission von Projekt RAND

Zur Beantwortung dieser Frage wenden wir uns an William Tompkins, der später selbst in einer gesicherten Forschungseinrichtung im technischen Bereich von Douglas Aircraft arbeitete. Er war in der Lage, den allgemeinen Zweck des Projekts RAND darzulegen und die ursprüngliche Einrichtung innerhalb von Douglas zu bestätigen:

> »Die Wissenschaftler und Konzeptentwickler von Douglas/RAND beschäftigten sich mit Themen, die noch geheimer als ›top secret‹ waren. Sie arbeiteten in einer Denkfabrik innerhalb der Konstruktionsabteilung A-250 der Douglas Aircraft Company, von deren Existenz am Flughafen Santa Monica in Kalifornien niemand wusste.«[23]

Tompkins benannte außerdem die wahre Mission des Projekts RAND:

> »Es wurde im Oktober 1945 durch einen besonderen Vertrag mit der Douglas Aircraft Company gegründet, auf dem Santa Monica Municipal Airport. In einem stark abgegrenzten Bereich der Maschinenbau-Abteilung von Douglas erforschte das **Projekt RAND die möglichen Konsequenzen einer Bedrohung durch Außerirdische.** Dann, am 2. März [1946] ..., wurde ein Schriftstück unterzeichnet, das Projekt RAND der Leitung durch Douglas' stellvertretenden Chefingenieur Frank Collbohm unterstellte. Der Douglas Think Tank war geboren [Hervorhebungen durch den Autor].«[24]

Tompkins betonte die exklusive Rolle, die Douglas mit seinem Einsatz am Ende des Krieges bei der Errichtung des ersten US-Forschungszentrums zukam, das sich auf UFOs und eine mögliche Bedrohung durch außerirdische Besucher konzentrierte.[25] Außerdem erläuterte er, wie der Vertrag des RAND-Projektes Douglas-Mitarbeitern Zugang zu den technischen Informationen aller anderen US-amerikanischen Forschungs- und Entwicklungsprogramme verschaffte, die für die Technologie der Flugscheiben und außerirdisches Leben relevant waren.[26]

Ein weiteres geleaktes Majestic-Dokument bestätigt direkt Tompkins' Behauptung, Projekt RAND sei in erster Linie für die Untersuchung des Flugscheiben-Phänomens eingerichtet worden und habe mit anderen führenden US-amerikanischen Forschungsorganisationen zusammengearbeitet, die Luft- und Raumfahrtforschung zu diesem Thema betrieben. Bekannt als der »White Hot Report«, datiert vom 19. September 1947, wird Projekt RAND unter den Forschungsorganisationen aufgelistet, die Artefakte untersuchten, welche nach dem Absturz von außerirdischen Flugobjekten 1941 in Missouri geborgen wurden:

> »Auf der Grundlage aller verfügbaren Beweise aus geborgenen Exponaten, die derzeit von AMC, AFSWP, NEPA, AEC, NACA, JRDB, **RAND**, USAAF, SAG und MIT untersucht werden, gelten sie als außerirdisch. Diese Schlussfolgerung wurde durch Vergleiche mit den Artefakten gezogen, die im Jahr 1941 [»in Missouri«] geborgen wurden. Die Technologie liegt außerhalb der Möglichkeiten der US-amerikanischen Wissenschaft und sogar de deutschen Raketen- und Flugzeugentwicklung [Hervorhebung durch den Autor].«[27]

Bezeichnenderweise erhielt der »White Hot Report« nach einer umfassenden Untersuchung durch die erfahrenen Dokumentenforscher Dr. Robert Wood und Ryan Wood den Status höchster Echtheit.[28] Folglich ist der »White Hot Report« eine unabhängige Bestätigung dafür, dass die Douglas Aircraft Company über das Projekt RAND an der Untersuchung von geborgenen außerirdischen Raumfahrzeugen beteiligt war, wie Tompkins behauptet hat. Dieses Dokument verleiht auch einem weiteren Kernelement von Tompkins' Aussage Glaubwürdigkeit, dass er nämlich 1951 einem geheimen »Think Tank«

der Douglas-Maschinenbauabteilung beitrat, die Machbarkeitsstudien an verschiedenen Antigravitations-Raumschiffen für die U.S. Navy durchführte. In meinem Buch *Das Geheime Weltraumprogramm der U.S. Navy & Die Allianz mit den Nordischen*[29] sind noch weitaus mehr Zeugnisse und Dokumente zu finden.

Laut Tompkins umgab das Projekt RAND äußerste Geheimhaltung. So fügte er hinzu: »Sie hatten die höchste Geheimhaltungsstufe, sogar noch höher als die der Atombombe.«[30] Diese Aussage über das außerordentliche Maß an Sicherheitsvorkehrungen für diese Denkfabrik erhellt noch einmal den Artikel von Marx, der die für das Projekt RAND vorgesehenen verschlossenen Räume und Sicherheitskräfte beschreibt.[31] In einem Dokument, das von einem leitenden Funkingenieur des kanadischen Verkehrsministeriums verfasst wurde, wird näher erläutert, warum die verstärkte Bewachung und die Sicherheitsmaßnahmen für das Projekt RAND bei Douglas erforderlich waren.

Am 21. November 1951 schrieb Wilbert Smith an den Kontrolleur der Telekommunikation bezüglich der Flugscheiben-Technologien, die in den USA zu jener Zeit im Geheimen untersucht wurden: »Diese Angelegenheit ist das Thema der US-Regierung mit der höchsten Geheimhaltungsstufe, höher als bei der Wasserstoffbombe.«[32] Die geheime Untersuchung außerirdischer Technologien durch Projekt RAND verdiente also eindeutig die sorgfältige und achtsame Behandlung, die sie erfuhr.

Kampf um die Vormachtstellung der U.S. Air Force im Weltraum

Für die Öffentlichkeit wurde Projekt RAND als »technische Beratergruppe mit den Aufgaben der Operationsanalyse und der langfristigen Planung zur Untersuchung der künftigen Kriegsführung und der bestmöglichen Durchführung von Einsätzen der Air Force« deklariert.[33] Die als streng geheim klassifizierte wirkliche Aufgabe von Project RAND bestand jedoch in der Unterstützung der U.S. Army Air

0020133

PART III SCIENTIFIC PROBABILITIES

1. Based on all available evidence collected from recovered exhibits currently under study by AMC, AFSWP, NEPA, AEC, ONR, NACA, JRDB, RAND, USAAF SAG, and MIT, are deemed extraterrestrial in nature. This conclusion was reached as a result of comparisons of artifacts [illegible] discovery in 1941. The technology is outside the scope of US science, even that of German rocket and aircraft development.

2. Interplanetary space travel is possible provided adequate funding, necessary resources are made available, and national interest is piqued.

3. Our solar system is not unique. Chances are favorable for intelligent life on other planets notwithstanding similar development not unlike our own.

4. Being that our culture is relatively young (in relation to the cosmic scale), it is possible that other cultures may have developed faster, or are much older and have avoided the pitfalls common in our historical and scientific development.

5. Human origins may not be constrained to one planet. Our genus may be found among solar systems similar to our own.

6. The laws of physics and genetics may have a genesis in a higher, structured order than once previously thought.

MAJIC [illegible]

Abb. 9. Geleakter »White Hot Report« vom 19. September 1947. Quelle: The Majestic Documents

Force bei der Entwicklung der notwendigen strategisch-wissenschaftlichen Planung, die für die Erforschung und Entwicklung neuester Luft- und Raumfahrttechnologien von entscheidender Bedeutung war, insbesondere für Systeme mit Antigravitation und anderen exotischen Antrieben. Dies war von herausragender Wichtigkeit für die Weiterentwicklung langfristiger Pläne der U.S. Army Air Force, wenn es um UFOs ging, die entweder interplanetarischen Ursprungs waren oder mit Technologieprojekten der Nazis in Verbindung standen, die in der Antarktis entwickelt und eingesetzt wurden. Das dunkle Netzwerk der nationalsozialistischen Aktivitäten in der Antarktis wird ausführlich im dritten Band dieser Reihe über Geheime Weltraumprogramme, *Antarktis – Die verbotene Wahrheit,* beschrieben.

Bezeichnenderweise war General Arnold, der die ersten Mittel für die Einrichtung des Projekts RAND zur Verfügung stellte, auch eine Schlüsselfigur bei der Schaffung der Interplanetary Phenomenon Unit, die unmittelbar nach dem Vorfall in Los Angeles zur Bewältigung von UFO-Abstürzen gegründet wurde.

Als befehlshabender General der Army Air Force war er in der Lage, Personal mit dem erforderlichen technischen Fachwissen für die Geheimdiensteinheit bei der Armee zu rekrutieren, die speziell für die Untersuchung von Berichten über Abstürze, bei denen es sich tatsächlich um interplanetarische UFOs oder andere Formen moderner Luftfahrt handelte, geschaffen wurde. Arnolds Beteiligung stellt eine wichtige Verbindung zwischen der Bildung des Projekts RAND und der Interplanetary Phenomenon Unit her. Diese Verbindung stützt die Behauptung von Tompkins, dass das Projekt RAND aus einer informellen Arbeitsgruppe hervorging, die den UFO-Vorfall in Los Angeles im Jahr 1942 untersuchte, und von Anfang an die geheime Mission hatte, eine langfristig koordinierte Politik zum UFO-Phänomen und zu außerirdischem Leben zu entwickeln.

Über General Arnold wurde das Projekt RAND von der U.S. Army Air Force finanziert. Im Oktober 1945 veranlasste er außerdem, dass der RAND-Vertrag unter die Zuständigkeit der neu eingerichteten Stelle des Deputy Chief of Air Staff for Research (Stellvertretender Leiter des Luftwaffenstabs für Forschung) fiel. Major General Curtis E. LeMay wurde mit der Leitung der neuen Forschungsabteilung beauftragt. Nach Beratungen über die Besetzung der Position hatte das Personalgremium »einen Offizier vom Kaliber von Curtis LeMay«[34] vorgeschlagen.

Im September 1945, einen Monat vor der offiziellen Eröffnung von Projekt RAND, wurde LeMay kurz bei der Forschungseinrichtung der Army Air Force in Wright Field in Dayton, Ohio, eingesetzt, wo er sich mit den nach dem Los Angeles Air Raid geborgenen Flugscheiben sowie mit allem anderen vertraut machen konnte, was von der Interplanetary Phenomenon Unit geborgen worden war. In den Wochen, in denen LeMay die hochmodernen Forschungslabors in Wright Fields leitete, konnte er die Herausforderungen für Forschung und Entwicklung erkennen, denen die Army Air Force entgegensah, nicht nur im Hinblick auf außerirdische Technologien, sondern auch auf die neuen deutschen Antigravitations-Flugzeuge, die im Zuge von Operation Paperclip heimlich in die USA gebracht wurden.

Ein Kryptologe der Armee, bekannt als Agent »Kewper«, der 1958 von der CIA angeworben wurde, um sich mit dem Thema UFOs zu befassen, sah angeblich persönlich vier deutsche UFOs, die im Rahmen von Operation Paperclip in die USA gebracht worden waren. Die renommierte UFO-Forscherin Linda Moulton Howe hat ihn 1998 zum ersten Mal interviewt. Sie war überzeugt, dass Kewper, der auch unter dem Namen Agent »Stein« bekannt war (beides sind von ihm verwendete Pseudonyme), ein glaubwürdiger Augenzeuge der Ereignisse war, die er offenlegte.[35] Die deutschen Fluggeräte waren von Wright Field (im September 1947 in Wright-Patterson Air Force Base umbenannt) zur Lagerung und weiteren Untersuchung in die S4-Anlage in Area 51 verlegt worden, wo er sie zu Gesicht bekam.

In einem Interview mit Howe erörterte Kewper/Stein die verschiedenen Arten von deutschen Flugmaschinen, die er gesehen hatte:

> »In Area 51 sahen die ersten beiden Maschinen fast identisch aus. Sie waren kleiner und nicht annähernd so groß wie ein anderes im Hintergrund. Colonel Jim [USAF, der offizielle »Reiseleiter« in Area 51/S4] erwähnte, dass diese beiden ›*Vril*-Flugzeuge‹ seien. Wir fragten ihn, was

›*Vril*‹ sei. Der Colonel sagte, es sei eine ausländische Flugscheibe, die in den 1920er und 1930er Jahren in Deutschland gebaut worden war. Dann zeigte er nach vorne und sagte, die nächsten drei Schiffe seien außerirdische Schiffe, die in New Mexico geborgen wurden. Hinten gab es noch drei weitere. Sie waren riesig und standen allesamt auf Metallgerüsten oder Ständern, um sie vom Boden fernzuhalten. Die Flugscheibe ganz am Ende war äußerst groß, und Colonel Jim sagte, es handele sich um ein deutsches Raumschiff aus dem Jahr 1938, das höher gebaut worden war, weil es unten einen Schießstand hatte, mit einer Waffe, die von den Deutschen ›Todesstrahl‹ genannt wurde. Es hatte eine andere Form als die anderen Flugmaschinen, eine dunkle Farbe und größere Aufbauten, die über dem untertassenförmigen Teil etwa drei- bis gut dreieinhalb Meter in die Höhe ragten. Der Durchmesser dieser Flugmaschine betrug ungefähr fünfzehn bis achtzehn Meter.«[36]

Kewper/Stein schilderte weiter, was ihm über die Fundorte der vier deutschen fliegenden Scheiben gesagt worden war:

»Die anderen vier, sagte Colonel Jim, stammten aus dem Ausland. Er sagte, dass die deutschen Messerschmitt *Haunebu I* und *Haunebu II* in Deutschland gefunden worden waren. Die anderen beiden kleineren *Vril*-Schiffe stammten vermutlich auch aus Deutschland, aber Colonel Jim tat so, als wisse er nicht, wo man diese beiden Scheiben gefunden hatte.«[37]

In den folgenden Jahren erhielt die Wright Field/Wright-Patterson Base andere von der Interplanetary Phenomenon Unit aufgefundene Fahrzeuge, darunter das vom Roswell-Absturz im Juli 1947 und eines vom weniger bekannten, aber wesentlich bedeutenderen Absturz bei Aztec im Jahre 1948, wie ich später noch erläutern werde.

LeMay wurde im Oktober 1945 nach Washington, D.C. versetzt, wo er die Position des stellvertretenden Leiters des Luftstabs für Forschung und Entwicklung übernahm. Nach seiner kurzen Kenntnisnahme geborgener Scheiben in Wright Field, war LeMay bereit, die Federführung bei den geheimen Bemühungen der Air Force zum

Nachbau exotischer Antriebssysteme zu übernehmen. In seiner neuen Führungsrolle war LeMay für die Operation Paperclip verantwortlich, durch die deutsche Wissenschaftler in die USA gebracht wurden, um der Air Force zu zeigen, wie fortschrittliche Antriebssysteme und Technologien für UFOs funktionierten.[38]

Unter den deutschen Wissenschaftlern, die nach Wright Field gebracht wurden, war Professor Winfried Otto Schumann, der an der Entwicklung des Prototyps einer fliegenden *Vril*-Scheibe auf Grundlage der telepathischen Kommunikation des hochangesehenen deutschen Mediums Maria Oršić mitgearbeitet hatte.[39] Die nach dem Freedom of Information Act veröffentlichten Dokumente bestätigen, dass Schumann auf einer Liste von deutschen Wissenschaftlern stand, die von der Army Air Force angefragt wurden und über die Fähigkeiten verfügten, die für deren als geheim klassifizierte Luft- und Raumfahrtprojekte relevant waren.[40] Es kann gefolgert werden, dass Wissenschaftler wie Schumann und LeMay der Army Air Force geholfen haben, die Prinzipien und Konzepte der nationalsozialistischen UFO-Projekte zu verstehen.

Barrett Tillman, der Autor der Biografie *LeMay*, schrieb darüber, wie LeMay auf das revolutionäre Potenzial der bei Wright Field untersuchten Antriebssysteme und deren Relevanz für die Zukunft der Luft- und Raumfahrtindustrie reagierte:

> »LeMay erkannte das enorme Potenzial neuer Antriebssysteme, obwohl er auf dem Gebiet der Kolbenmotoren eine herausragende Stellung erlangt hatte. Neben Düsentriebwerken und Raketen war er auch für andere Innovationen wie Satelliten empfänglich. LeMays wissenschaftliche Berater überzeugten ihn davon, dass es möglich sei, einen Satelliten in die Erdumlaufbahn zu bringen, doch 1946 wären die Kosten astronomisch gewesen. Während der größten Verkleinerungsphase in der Militärgeschichte waren Millionen für die Weltraumforschung einfach keine politische Realität.«[41]

Obwohl Tillman keine Ahnung davon hatte, dass in Wright Field heimlich außerirdische Technologien untersucht wurden, zeigen seine Kommentare, warum LeMay der perfekte Mann war, um Projekt RAND die notwendigen Informationen und den Zugang zur Schatztruhe der Air Force mit erbeuteter außerirdischer und NS-Technologie zu verschaffen. Die Teilnahme von LeMay war entscheidend für den Erfolg der eigentlichen Mission von Projekt RAND: der Bereitstellung eines langfristigen Forschungs- und Entwicklungsprogramms für erworbene außerirdische Technologien. LeMay wurde für seine Führungsqualitäten in der Entstehungsphase von Projekt RAND von der Gründung im Oktober 1945 bis zu seiner Versetzung nach Europa im Oktober 1947 zusammen mit General Arnold und Donald Douglas öffentlich als einer der Mitbegründer von Project RAND anerkannt. Alex Abella, der Autor von *Soldiers of Reason: The RAND Corporation and The Rise of the American Empire* (»Soldaten der Vernunft: Die RAND Corporation und der Aufstieg des amerikanischen Imperiums«, nicht auf Deutsch erschienen), sagt dazu: »Wenn Arnold und seine Gruppe die Gründerväter von RAND waren, dann war LeMay zweifellos der Pate.«[42]

Die Tatsache, dass nur Air-Force-Beamte der Army von RAND-Historikern bei ihrer Gründung ernannt wurden, spiegelt die Tatsache wider, dass die Geldmittel am Anfang von General Arnold bereitgestellt wurden. Das ist auch darauf zurückzuführen, dass die Navy ihr Interesse an der Erforschung der Flugscheiben und der Antigravitation sowohl während als auch nach dem Zweiten Weltkrieg herunterspielte. Laut Tompkins begann die Navy jedoch sofort, mit den Ingenieuren der Army Air Force und von Douglas Aircraft innerhalb der informellen Douglas-Arbeitsgruppe zu kooperieren, um vorläufige Studien über das außerirdische Phänomen durchzuführen. Zur selben Zeit führte die Navy ihr verdecktes Geheimdienstprogramm mit Agenten durch, die innerhalb des Flugscheibenprogramms des nationalsozialistischen Deutschlands tätig gewesen waren.

Schnell erkannte die Navy, dass die Army Air Force die Führung wollte, was das neu entstehende Gebiet der Raumüberwachung im erdnahen Orbit anging. Durch das Projekt RAND würde die geheime wissenschaftliche und militärische Untersuchung des Phänomens der Flugscheiben dazu beitragen, die Bemühungen der Army Air Force zu

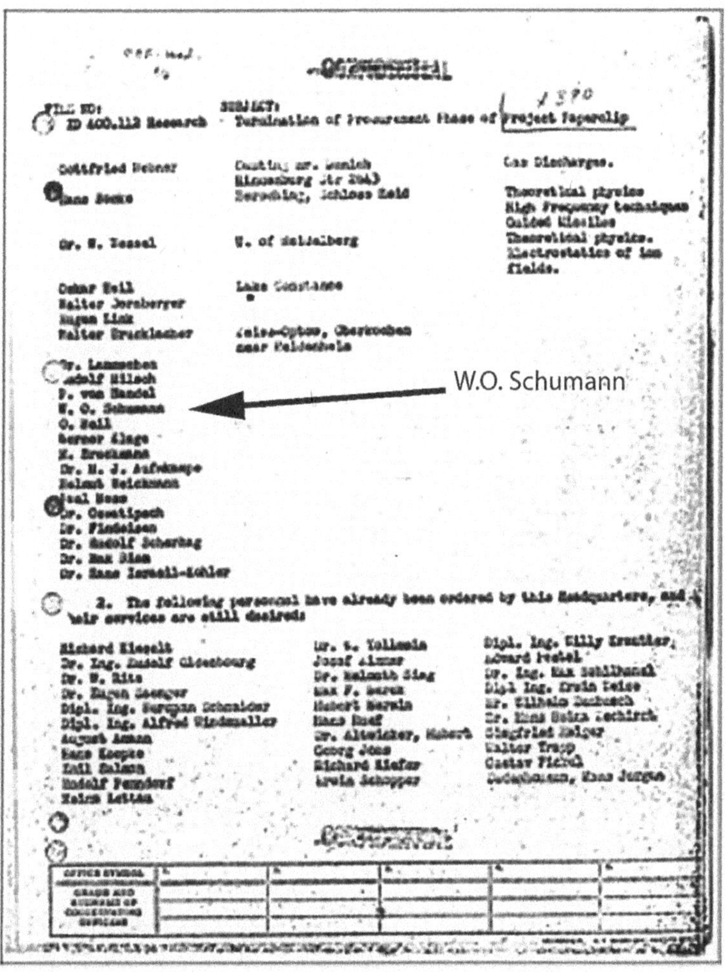

FILE NO: ID 400.112 Research

SUBJECT: Termination of Procurement Phase of Project Paperclip

W. O. Schumann

2. The following personnel have already been ordered by this Headquarters, and their services are still desired:

Zweite Seite eines dreiseitigen, freigegebenen Memorandums zu Operation Paperclip vom 6. Juni 1947. Es handelt sich um eine Liste deutscher Wissenschaftler, die von der U.S. Army Air Force für geheime Forschungsarbeiten in ihren Einrichtungen in Dayton, Ohio, angefordert wurden. Das Auftauchen von Schumanns Namen beweist, dass sein Fachwissen über Luft- und Raumfahrtprojekte nach seiner Befragung im Nachkriegsdeutschland als wichtig für die als geheim eingestufte ausländische Technologieforschung der Army Air Force angesehen wurde. Quelle: Richard Sauder, *Hidden in Plain Sight* (2011)

Abb. 10. Das Dokument, aus dem hervorgeht, dass Schumann an Operation Paperclip beteiligt war.

unterstützen, die Navy daran zu hindern, eine bedeutende Rolle bei solchen bevorstehenden Weltraumoperationen zu spielen. Bei der Entwicklung des ersten Systems von Überwachungssatelliten im Weltraum kam es zwischen der Army Air Force und der Navy zu einem kurzen, aber hartnäckigen politischen Kampf. Die Navy wollte ein dienststellenübergreifendes Programm aufbauen, aber die Army Air Force war daran nicht interessiert. Der Historiker der U.S. Air Force Lieutenant Colonel Mark Erickson schrieb:

> »[A] Die Untersuchung der Navy von 1945 ergab, dass es sich ›angesichts der jüngsten Fortschritte auf dem Gebiet der Raketen als vorteilhaft erweisen kann, die Möglichkeit zu prüfen, ein Raumschiff im Orbit über der Erdoberfläche einzusetzen. Der Erdorbit könnte sich für die Kommunikation oder für wissenschaftliche Beobachtungen als wünschenswert erweisen‹. Als die Navy jedoch im März 1946 die Army Air Forces (AAF) aufforderte, sich ihren Satellitenstudien anzuschließen, gelangte die AAF zu dem Schluss, dass ein ›gemeinsames Programm zur Bewertung, Einrichtung und, wenn dies gerechtfertigt wäre, Bau und Betrieb, keine Zustimmung fände‹, und infolgedessen ›führten die Dienststellen getrennte Untersuchungsprogramme durch‹.«[43]

Auf der Website der RAND Corporation findet sich eine lapidare Erklärung, warum die Air Force im Hinblick auf künftige Weltraumoperationen diesen Alleingang anstrebte: »Major General Curtis E. LeMay, damals stellvertretender Leiter des Luftstabs für Forschung und Entwicklung, hält Raumoperationen für eine Ausweitung von Luftoperationen.«[44]

LeMay gab eine Studie des Projektes RAND in Auftrag, die im Mai 1946 unter dem Titel *Preliminary Design of an Experimental World-Circling Spaceship* (»Vorläufiger Entwurf eines experimentellen erdumkreisenden Raumschiffs«, nicht auf Deutsch erschienen)[45] veröffentlicht wurde. Die RAND-Studie wurde verwendet, um den Vorrang der Army Air Force zu rechtfertigen, wenn es um die allgemeine militärische Verantwortung für Weltraumoperationen ging:

»Das Projekt ergab sich aus dem Interesse der Air Force an der Entwicklung ballistischer Interkontinentalraketen. LeMay bat die RAND-Wissenschaftler, die Studie schnell vorzubereiten, da das Navy-Büro für Luftfahrt bereits mit Wernher von Braun und anderen festgenommenen Nazi-Wissenschaftlern an einem ähnlichen Raketenprojekt arbeitete. LeMay wollte seine Rivalen ausmanövrieren und das ausschließliche Recht der Air Force auf die militärische Nutzung des Weltraums behalten. Innerhalb eines Monats verfassten die vier Mitarbeiter von RAND mit Hilfe von Beratern einen umfassenden Bericht, der in seinem intellektuellen Wagemut atemberaubend und selbstbewusst bis zur Arroganz ist. Der ›vorläufige Entwurf eines experimentellen erdumkreisenden Raumschiffs« war die erste umfassende Satelliten-Machbarkeitsstudie der Welt‹.«[46]

Die RAND-Studie führte dazu, dass die Navy den politischen Kampf mit der Army Air Force um die gemeinsame Entwicklung eines Aufklärungssystems für Weltraumsatelliten verlor. Wie Abella es ausdrückte: »Die streckenweise lyrische Studie erfüllte ihren Zweck, und das Navy-Projekt wurde eingestellt.« Der Generalstabschef der Air Force Hoyt Vandenberg brachte konsequent zum Ausdruck, dass die Air Force die »logische Verantwortung für Satelliten« hatte.[47] In der Folge, so erläuterte Erikson, »stellte die Navy ihre Satellitenstudien am 22. Juni 1948 ein, nachdem sich die U.S. Air Force geweigert hatte, beizutreten.«[48] Spätere RAND-Veröffentlichungen konzentrierten sich auf die Army Air Force oder sodann auf die U.S. Air Force (gegründet im September 1947), die die Weltraumüberwachung sowie die Entwicklung der für die Raumfahrt erforderlichen neuen Antriebssysteme betrieb.

Unerschrocken setzte die Navy heimlich ihre eigenen Forschungs- und Entwicklungsarbeiten zum Nachbau der nach dem Luftangriff von Los Angeles geborgenen außerirdischen Flugobjekte und der bei Kriegsende erworbenen Prototypen der Nazi-Flugscheiben fort. Diese fortschrittlichen Fluggeräte wurden heimlich auf Navy-Schiffen in die USA und dort zu geheimen Einrichtungen wie dem Naval Research Laboratory (NRL) in Washington, D.C., gebracht.

Das langfristige strategische Interesse der Navy galt der Entwicklung von Weltraumkampfgruppen und nicht den Weltraumüberwachungs-

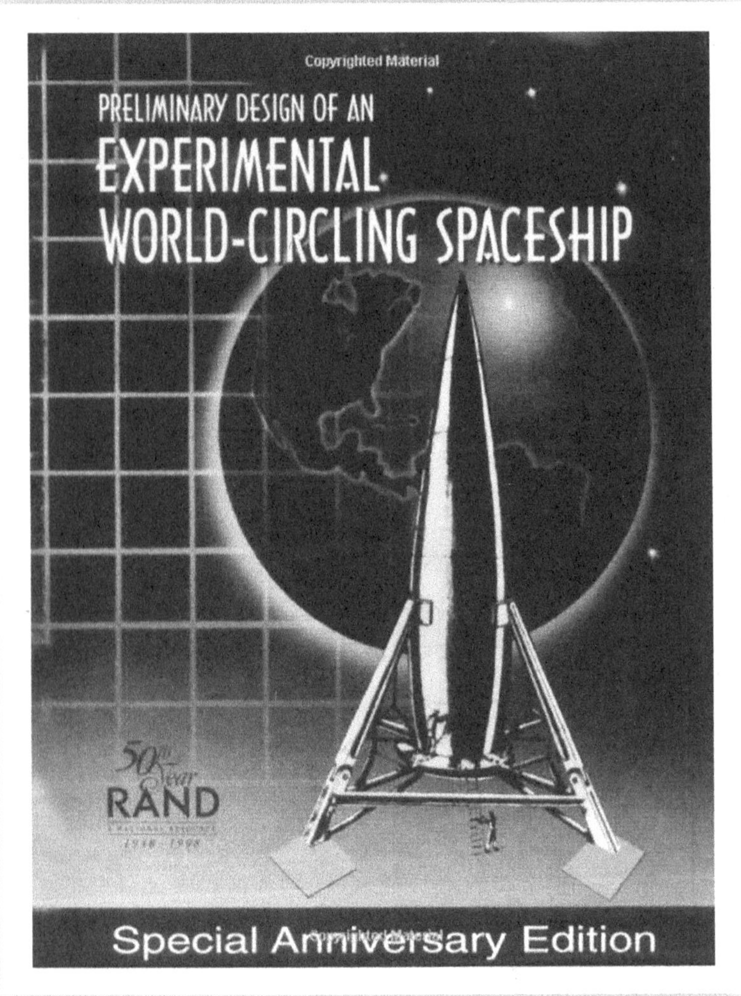

Abb. 11. Einführende Studie zu einer Konstruktion von RAND

systemen für erdnahe Umlaufbahnen, auf die sich die Army Air Force konzentrierte.[49] Die Hauptstandorte, an denen die Navy die UFO-Technologien untersuchte, waren die Naval Research Laboratories und ihr zentraler Forschungs- und Entwicklungsstandort an der Westküste, die China Lake Naval Air Weapons Station. Tompkins sagt, dass er während des Zweiten Weltkriegs mehrfach nach China Lake flog, um dort

Briefing-Pakete abzuliefern, die er aus den Berichten von Navy-Spionen zusammengestellt hatte.[50] Dies zeigt das anhaltende Interesse der Navy, nach dem Vorfall in Los Angeles und der Bergung außerirdischer Raumschiffe außerirdische Technologien zu verstehen, sowie die umfassenderen Ziele der Navy für künftige Operationen im Weltraum.

Aufgrund des Projekts RAND richtete sich die gesamte Aufmerksamkeit der Öffentlichkeit auf die Army Air Force, wenn es um zukünftige Weltraumoperationen und das UFO-Phänomen ging. Dies eskalierte nach dem Vorfall von Roswell im Juli 1947, als die Army Air Force den Absturz eines Flugobjektes bekanntgab, um die Ankündigung einige Stunden später zurückzuziehen.[51] Damit wurde der Öffentlichkeit der Eindruck vermittelt, dass die Army Air Force das Phänomen der Flugscheiben vertuschte. Auf diese Weise wurde die allgemeine Aufmerksamkeit stark von dem abgelenkt, was die Navy heimlich in ihren Einrichtungen zur Forschung und Entwicklung trieb.

Anmerkungen

1 »The Majestic Documents«; http://majesticdocuments.com/documents/pre1948.php (aufgerufen am 19.09.2018)

2 Feb 22, 1944, Roosevelt Memorandum, Majestic Documents; http://majesticdocuments.com/pdf/fdr_22feb44.pdf

3 Das Spionageprogramm der Navy im von den Nazis besetzten Europa wird detailliert besprochen im zweiten Band meiner Buchreihe über Geheime Weltraumprogramme: *Das Geheime Weltraumprogramm der US-Navy & Die Allianz mit den Nordischen*; AMRA Verlag, Hanau 2017.

4 Major General John W. Huston (ed.), *American Airpower Comes of Age: General Henry H. »Hap« Arnold's World War II Diaries, Volume 1*; Pickle Partners Publishing 2014; p. 439.

5 Dana T. Parker, *Building Victory: Aircraft Manufacturing in the Los Angeles Area in World War II*; Dana T. Parker 2013; Kindle Location 256 (aufgerufen am 17.09.18)

6 Ebd.

7 Zur Darstellung von Arnolds Freundschaft mit Donald Douglas und anderen Flugzeugherstellern siehe: Major General John W. Huston (ed.), *American Airpower Comes of Age: General Henry H. »Hap« Arnold's World War II Diaries, Volume 1*; Pickle Partners Publishing 2014; p. 144.

8 Siehe Michael E. Salla, *Das Geheime Weltraumprogramm der US-Navy & Die Allianz mit den Nordischen*; AMRA Verlag, Hanau 2017.

9 William M. Tompkins, *Auserwählt von Außerirdischen*, AMRA Verlag, Hanau 2022. – US-Ausgabe: p. xii.

10 Ebd., p. xv.

11 Privates Telefonat am 19. September 2016.

12 Feb 22, 1944, Roosevelt Memorandum, Majestic Documents, http://majestic documents.com/pdf/fdr_22feb44.pdf

13 William M. Tompkins, *Auserwählt von Außerirdischen*, AMRA Verlag, Hanau 2022. – US-Ausgabe: p. 58.

14 Privates Telefonat mit William M. Tompkins am 19. September 2016.

15 »A Brief History of RAND«; http://www.rand.org/about/history/a-brief-history-of-rand.html (aufgerufen am 18.09.2018)

16 Major General John W. Huston (ed.), *American Airpower Comes of Age: General Henry H. »Hap« Arnold's World War II Diaries, Volume 1*; Pickle Partners Publishing 2014; p. 439.

17 Ebd.

18 Wesley Marx, »The Military's ›Think Factories‹«, *The Progressive*, https://www.cia.gov/library/readingroom/docs/CIA-RDP88-01315R000400280026-3.pdf, siehe auch Wikipedia, https://en.wikipedia.org/wiki/Henry_H._Arnold (aufgerufen am 19.10.2016)

19 Ebd.

20 Laut der Website »Measuring Worth« entsprechen 10 Millionen Dollar im Jahr 1945 855 Millionen im Jahr 2018; https://www.measuringworth.com/calcu lators/ppowerus/ (aufgerufen am 18.09.2018)

21 »A Brief History of RAND«; http://www.rand.org/about/history/a-brief-history-of-rand.html (aufgerufen am 18.09.2018)

22 Major General John W. Huston (ed.), *American Airpower Comes of Age: General Henry H. »Hap« Arnold's World War II Diaries, Volume 1*; Pickle Partners Publishing 2014; pgs. 439-440.

23 William M. Tompkins, *Auserwählt von Außerirdischen*, AMRA Verlag, Hanau 2022. – US-Ausgabe: p. 104.

24 Ebd., p. xv.

25 Ebd., p. 192.

26 William M. Tompkins, *Auserwählt von Außerirdischen*, AMRA Verlag, Hanau 2022. – US-Ausgabe: p. 192.

27 Die Wörter »from the Missouri« sind in dem geleakten Dokument geschwärzt; siehe »Twining's ›White Hot Report‹«, *The Majestic Documents*; Wood and Wood Enterprises 1998; p. 56.

28 Siehe Majestic Documents website, http://tinyurl.com/jt49ov3

29 Siehe Michael E. Salla, *Das Geheime Weltraumprogramm der US-Navy & Die Allianz mit den Nordischen*; AMRA Verlag, Hanau 2017.

30 William M. Tompkins, *Auserwählt von Außerirdischen*, AMRA Verlag, Hanau 2022. – US-Ausgabe: p. 192.

31 Wesley Marx, »The Military's ›Think Factories‹«, *The Progressive*, https://www.cia.gov/library/readingroom/docs/CIA-RDP88-01315R000400280026-3.pdf (aufgerufen am 19.09.2018)

32 Smiths Memo ist verfügbar unter http://www.majesticdocuments.com/pdf/smith memo-21nov51.pdf

33 Major General John W. Huston (ed.), *American Airpower Comes of Age: General Henry H. »Hap« Arnold's World War II Diaries, Volume 1*; Pickle Partners Publishing 2014; pgs. 439-440.

34 Siehe Barrett Tillman, *LeMay*; St Martin's Press ebook; p. 101. Online unter https://www.scribd.com/read/282722552/LeMay-A-Biography# (aufgerufen 20.09.2018)

35 Siehe *Earthfiles*; http://www.earthfiles.com/news.php?ID=1503&category=Real+X-Files (aufgerufen 24.09.2014)

36 Ebd.

37 Ebd.

38 Siehe Barrett Tillman, *LeMay*; St Martin's Press ebook; p. 102. Online unter https://www.scribd.com/read/282722552/LeMay-A-Biography# (aufgerufen 20.09.2018)

39 Zur weiterführenden Diskussion über Schumann und seine Rolle bei der Entwicklung deutscher Flugscheiben-Prototypen siehe Michael E. Salla, *Geheime Weltraumprogramme & Allianzen mit Außerirdischen*; AMRA Verlag, Hanau 2016. – US-Ausgabe: pgs. 60-65.

40 Zur weiteren Debatte siehe Richard Sauder, *Hidden in Plain Sight: Beyond the X-Files*; Keyhole Publishing 2011. – Auch: »Vorticular Madness of The Dark Magicians«, https://truthtalk13.wordpress.com/category/operation-paperclip/ (aufgerufen am 11.08.2015)

41 Siehe Barrett Tillman, *LeMay*; St Martin's Press ebook; p. 103. Online unter https://www.scribd.com/read/282722552/LeMay-A-Biography# (aufgerufen 20.09.2018)

42 Alex Abella, *Soldiers of Reason: The RAND Corporation and the Rise of the American Empire*; Houghton Mifflin Harcourt 2008; p. 24.

43 Mark Erickson, *Into the Unknown Together: The DOD, NASA and Early Spaceflight*; Air University Press, Maxwell AFB, Alabama 2006; p. 5. Online unter https://tinyurl.com/y76onu7q (aufgerufen am 31.10.2018)

44 Special Anniversary Edition, *Preliminary Design of an Experimental World-Circling Spaceship*; Santa Monica, CA; RAND Corporation 1946. Online unter http://www.rand.org/pubs/special_memoranda/SM11827.html. Auch als Gratis-eBook erhältlich und käuflich als Paperback.

45 Ebd.

46 Alex Abella, *Soldiers of Reason: The RAND Corporation and the Rise of the American Empire*; Houghton Mifflin Harcourt 2008; p. 28.

47 Ebd.

48 Mark Erickson, *Into the Unknown Together: The DOD, NASA and Early Spaceflight*; Air University Press, Maxwell AFB, Alabama 2006; pgs. 5-6. Online unter https://tinyurl.com/y76onu7q (aufgerufen am 31.10.2018)

49 Die Navy gab ihre Pläne für erdnahe Satelliten nicht auf, da sie 1955 damit beauftragt war, die Tägerraketen für den Vanguard-Satelliten zu liefern, der Teil des Internationalen Geophysikalischen Jahres war, siehe: Mark Erickson, *Into the Unknown Together: The DOD, NASA and Early Spaceflight*; Air University Press, Maxwell AFB, Alabama 2006; p. 15. Online unter https://tinyurl.com/y76onu7q (aufgerufen am 31.10.2018)

50 William M. Tompkins, *Auserwählt von Außerirdischen*, AMRA Verlag, Hanau 2022. – US-Ausgabe: p. 427.

51 Eine vertiefende Analyse der widersprüchlichen Pressemitteilungen der Army Air Force findet sich bei Thomas J. Carey & Donald R. Schmitt, *Witness to Roswell: Unmasking the Government's Biggest Cover-up*; New Page Books 2009.

4 Der Roswell-Absturz und die Gründung von MJ-12

Gute Führungskräfte brauchen eine positive Agenda, nicht nur eine Agenda für den Umgang mit Krisen.
– Michael Eugene Porter –

In Amerika existierten nur zwei große militärische Kräfte zu Lande und zu Wasser, um beim Eintritt in den Zweiten Weltkrieg die langen Küsten und die Bevölkerung zu schützen. Die älteste Abteilung, das Department of War (Kriegsministerium), koordinierte alle Operationen der Armee, während das Department of the Navy die Aktivitäten der Flotte überwachte. Beide benutzten Flugzeuge zur taktischen Unterstützung von Truppen oder Schiffen. In dieser schwierigen Zeit des Konflikts produzierte die Luftfahrtindustrie jedoch innovative Flugzeuge, die weitaus größere Möglichkeiten hatten. Während und unmittelbar nach dem Zweiten Weltkrieg fungierte die Army Air Force als unabhängige Waffengattung unter ihrem Kommandeur Henry H. Arnold, der zu jener Zeit in der angesehenen Rangliste der Fünf-Sterne-Generäle der Army den vierten Platz belegte. Am 29. Januar 1946 einigten sich Arnold und sein Nachfolger, General Carl Spaatz, mit dem Stabschef der Army, Dwight D. Eisenhower, auf eine förmliche Trennung der Air Force von der Army, wodurch die Air Force und die Army als unabhängige Teilstreitkräfte innerhalb des Kriegsministeriums anerkannt wurden.

Die Vereinbarung entsprach dem Verhältnis von U.S. Navy Corps und U.S. Navy als unabhängigen Diensten innerhalb des Navy-Ministeriums – einer Vereinbarung, die bis heute andauert. Bald darauf ging das Nationale Sicherheitsgesetz von 1947 jedoch noch einen Schritt weiter und trennte die Air Force durch die Schaffung des Air-Force-Ministeriums formell von der Armee ab. Dieser Wandel war von der politischen Situation der Nachkriegszeit sowie von hitzigen militärischen Rivalitäten gekennzeichnet, und die Ereignisse fanden gegen die starken Einwände der Navy statt.

> »Wie der Präsident weiß«, sagte der Navy-Minister Forrestal, »bin ich derart gegen das grundlegende Konzept, das in der Botschaft [von Präsident Truman zur Schaffung einen Air-Force-Ministeriums] zum Ausdruck kommt, dass ich glaube, keine sehr hilfreiche Aussage machen zu können.« Die Führung der Navy blieb unverändert und fürchtete, dass eine unabhängige Air Force nach den Navy-Fliegern greifen oder dass die Armee sogar versuchen könnte, das Navy Corps zu übernehmen.«[1]

Aus diesem Grund wurde Forrestal zugesichert, dass die Navy autonom bleiben würde, bevor das Air-Force-Ministerium am 18. September 1947 offiziell eingerichtet wurde. Die Umstrukturierung spiegelte die Friedenspläne der Zukunft wider und führte mit den Nachfolgern des Kriegsministeriums zwei mächtige Rivalen für das Navy-Ministerium ein. Bald darauf, im Jahre 1949, wurde das gemeinsame nationale Militärinstitut, das aus den drei Abteilungen bestand, in »United States Department of Defense«, Verteidigungsministerium der USA, umbenannt.

Während dieser kritischen Übergangsphase, die in die Entstehung der U.S. Air Force (USAF) mündete, wurde die heimliche Erforschung und Entwicklung von Technologien aus geborgenen außerirdischen Flugobjekten (im Allgemeinen als »UFOs« bezeichnet) unter dem Kommando des Generals der Army Air Force fortgesetzt. Am 28. Februar 1946 verließ Arnold den aktiven Dienst (er trat offiziell am 30. Juni 1946 in den Ruhestand ein) und wurde durch General Spaatz ersetzt. Spaatz übernahm die Aufsichtspflicht seines Vorgängers und interessierte sich sehr für das, was Major General Curtis LeMay als stellvertretender Chef des Luftstabs für Forschung und Entwicklung entdeckte. Es war LeMay, der dafür gesorgt hatte, dass deutsche Spitzenwissenschaftler nach Wright Field gebracht wurden, um die nach den Zwischenfällen in Cape Girardeau und Los Angeles erbeuteten Fluggeräte zu untersuchen. Die ehemaligen nationalsozialistischen deutschen Wissenschaftler halfen den Wissenschaftlern der Air Force und dem Project RAND von Douglas Aircraft, die Realisierung exotischer Antriebssysteme auf der Grundlage der Antigravitations- und Torsionsfeldphysik zu verstehen.

In der Zwischenzeit sollte die »Interplanetary Phenomenon Unit«, die im Rahmen des militärischen Abschirmdienstes der Armee eingerichtet worden war, weiterhin Berichte über UFOs untersuchen und versuchen, alle abgestürzten UFOs zu bergen. Die Army Intelligence (G2) musste daher bei ihren geheimen Forschungs- und Entwicklungsarbeiten mit der Army Air Force kooperieren. Die Navy› wiederum setzte ihre Forschungen fort, die sich auf das stützten, was bei dem Vorfall in Los Angeles gefunden worden war, sowie auf die Erkenntnisse, die Spione der Navy über die Flugscheiben der Nazis gesammelt hatten. Im Juli 1947 ereignete sich ein weiterer Absturz einer Fliegenden Untertasse, und diesmal würde die Welt die Wahrheit erfahren – wenn auch nur für kurze Zeit.

Die Wahrheit und die Vertuschung des Roswell-Absturzes

In der stürmischen Nacht des 3. Juli 1947 berichteten Farmer von einer lauten Explosion, die nichts mit den vielen Donnerschlägen des Gewitters an diesem Abend zu tun hatte. Unter den Einheimischen befand sich W. W. »Mac« Brazel, ein Vorarbeiter, der auf einer Ranch etwa 120 Kilometer nordwestlich von Roswell in Lincoln County, New Mexico, arbeitete. Am nächsten Tag fand er während seiner Kontrollrunde auf dem Weideland das Wrack eines offenbar abgestürzten Luftfahrzeugs unbekannter Herkunft. Am 7. Juli beschloss er, dem Sheriffsbüro den Fund zu melden. Der Sheriff benachrichtigte das nahe Roswell Army Air Field , von wo sofort zwei Offiziere des Militärgeheimdienstes geschickt wurden, um die Angelegenheit zu untersuchen. Das Ergebnis der ersten militärischen Untersuchung führte am 8. Juli zu der berühmten Pressemitteilung, dass eine »Fliegende Untertasse« abgestürzt sei. Dies erzeugte ein sofortiges Medieninteresse auf der ganzen Welt. Die eskalierende Berichterstattung erzwang die Herausgabe einer weiteren Presseerklärung, diesmal von einer übergeordneten Militärbehörde, in der dannbehauptet wurde, die ursprüngliche Veröffentlichung sei falsch gewesen. Die Army Air Force bot eine nun deutlich harmlosere Erklärung an: *Es war nur ein Wetterballon!* Wegen des damals noch großen Vertrauens der Menschen in die staatliche Macht gelang es, die Sensationsnachricht über eine Fliegende Untertasse aus einer anderen Welt zu unterdrücken. Damit endete das Interesse an der Roswell-Geschichte, und man hörte 30 Jahre lang nichts mehr davon.

1978 kontaktierte einer der beiden Militäroffiziere, die mit den ersten Ermittlungen betraut gewesen waren, Major a.D. Jesse A. Marcel, der früher dem Geheimdienst des 509. Bombergeschwaders auf der Roswell Air Base angehört hatte, den erfahrenen UFO-Forscher Stanton Friedman und berichtete ihm die Wahrheit über die Ereignisse in Roswell. Laut Marcel bestanden einige Absturz-Trümmer aus Material, das die Luftfahrtexperten nicht identifizieren konnten: »Etwas Derartiges hatten wir noch nie gesehen.«[2] Es schien unzerstörbar zu sein, war mit seltsamen Hieroglyphen bedeckt und hatte noch andere nichtirdische Eigenschaften. Marcel erklärte in einem öffentlichen Bericht: »Es war kein Flugzeug, dessen bin ich mir sicher. Wir wussten nicht, was es war. Es war nichts, das auf dieser Erde gebaut wurde.«[3]

Marcel hatte einige der Trümmer auf dem Weg zur Basis mit nach Hause genommen, um sie kurz seiner Frau und seinem Sohn Jesse Marcel jr. zu zeigen, der später ein Buch über das schrieb, was sein Vater ihm in den frühen Morgenstunden des 7. Juli gezeigt hatte.[4] Marcel jr. erreichte später den Rang eines Colonels und wurde Arzt bei der U.S. Army. Er stimmte mit seinem Vater, Major Marcel, darin überein, dass das Roswell-Wrack »nichts war, das auf dieser Erde gebaut wurde«. Tatsächlich war ein unbekanntes Flugobjekt in Roswell abgestürzt, und Major Marcel war angewiesen worden, an einer offiziellen Vertuschung teilzunehmen.

Die anschließende Veröffentlichung der Originalausgabe von *Der Roswell-Zwischenfall* durch Charles Berlitz und William Moore im Jahr 1980 stellte die Aussagen von Marcel und anderen Zeugen aus erster Hand dar und machte die Öffentlichkeit auf das Roswell-Geheimnis aufmerksam.[5] Seitdem stand der Absturz von Roswell im Jahr 1947 im Mittelpunkt des öffentlichen Interesses und führte zu weiteren Untersuchungen, offiziellen Regierungs- und Militärberichten sowie zu Büchern und weiterer medialer Aufmerksamkeit. Im Jahr 2007 wurde ein bedeutsames Buch veröffentlicht, das eine notarielle eidesstattliche Erklärung eines anderen wichtigen Militärbeamten enthält, der an den Ereignissen in Roswell beteiligt war.

Lieutenant Walter Haut wurde 1947 Offizier für Öffentlichkeitsarbeit des Roswell Army Air Field. Ihm wurde damals befohlen, die ursprüngliche Pressemitteilung vom 8. Juli zu verbreiten, worin behauptet wurde, der Absturz einer Fliegenden Untertasse habe stattgefunden, was zu weltweiten Schlagzeilen führte. Hauts eidesstattliche Erklärung wurde im Dezember 2002 verfasst und nach seinem Tod zur Veröffentlichung freigegeben.[6] Im Dezember 2005 starb er, und zwei Jahre später erschien die eidesstattliche Erklärung von Thomas J. Carey und Donald R. Schmitt als letztes Kapitel in *Witness to Roswell: Unmasking the Government's Biggest Cover-Up* (»Zeuge von Roswell: Entlarvung der größten Vertuschungsaktion der Regierung«, nicht auf Deutsch erschienen).[7]

Die eidesstattliche Erklärung enthüllte verblüffende Informationen über Ereignisse, die sich kurz vor und nach der ersten Pressemitteilung abgespielt hatten, die von der Army zum Absturz der Fliegenden Untertasse veröffentlicht worden war. Das Wichtigste ist, dass am Morgen des 8. Juli eine Stabsbesprechung stattfand, bei der die Offiziere des Roswell Army Air Field diskutierten, wie mit dem wachsenden Interesse der Öffentlichkeit und der Presse an den Wrackteilen an *zwei* Absturzstellen umgegangen werden sollte. Haut erklärte: »Das Hauptthema der Diskussion … war ein ausgedehntes Trümmerfeld in Lincoln County, circa 95 Kilometer nordwestlich von Roswell.«[8] Dies war die Absturzstelle auf »Mac« Brazels Ranch zu der Major Marcel, der Geheimdienstoffizier der Basis, am 6. und 7. Juli fuhr, um Nachforschungen anzustellen. Das berichtete Marcel auf der Konferenz. Der Kommandant des Air Field, Colonel William Blanchard, berichtete ebenfalls kurz über die am zweiten Standort gefundenen Trümmerteile. Dieser zweite Standort befand sich vierundsechzig Kilometer nördlich von Roswell, und alle Informationen darüber wurden geheim gehalten. Daher war er den Forschern, die sich mit dem Roswell-Absturz beschäftigten, nicht allgemein bekannt.

Die überraschendste Tatsache bei diesem Stabstreffen ist, dass auch General Roger Ramey anwesend war, dessen Hauptsitz das Carswell Army Air Field in Fort Worth, Texas, war. Haut enthüllte, dass Ramey eine Strategie entwickelte, um die Öffentlichkeit über die beiden Absturzstellen zu verwirren.

> »Eines der Hauptanliegen des Treffens war, ob wir mit der Entdeckung an die Öffentlichkeit gehen sollten oder nicht. General Ramey schlug einen Plan vor, von dem ich glaubte, dass er **von seinen Vorgesetzten im Pentagon stammte** [Hervorhebung durch den Autor]. Die Aufmerksamkeit musste von der wichtigeren Stelle nördlich der Stadt abgelenkt werden, indem der andere Ort anerkannt wurde [›Mac‹ Brazels Ranch]. Zu viele Zivilisten waren bereits beteiligt, und die Presse war informiert.«[9]

Ramey billigte eine Pressemitteilung, die auf die abgelegenere und weniger wichtige Stelle verweist. Haut schrieb in seiner Erklärung:

> »Gegen 9.30 Uhr rief Colonel Blanchard (Roswell AAF Base Commander) in meinem Büro an und diktierte die Pressemitteilung, wonach wir eine Flugscheibe auf einer Ranch nordwestlich von Roswell in unserem Besitz haben und Marcel das Material zur übergeordneten Dienststelle fliegen sollte. Ich sollte die Pressemitteilung an die Radiosender KGFL und KSWE sowie an die Zeitungen Daily Record und Morning Dispatch liefern.«[10]

Später am Nachmittag zog General Ramey die Mitteilung über die »Flugscheibe« zurück und ersetzte sie durch die Wetterballongeschichte, die am Abend des 8. Juli und am Morgen des 9. Juli in den Nachrichten verbreitet wurde. Mit dieser Strategie gelang es, die Geschichte von der abgestürzten Fliegenden Untertasse aus den Schlagzeilen zu bringen und die Teile der Öffentlichkeit und der Presse, die die Ereignisse miterlebt hatten oder untersuchten, zu verwirren.

General Rameys Rolle bei der Vertuschung ist bedeutend. Es war Ramey, der Major Jesse Marcel befahl, nach Fort Worth zu fliegen, um auf einer Pressekonferenz zu erscheinen. Marcel sollte fotografiert werden, während er sich ruhig über das Material eines Wetterballons beugte. Dieses Bild wurde verwendet, um Rameys Behauptung zu untermauern, dass das Roswell-Wrack wirklich ein falsch identifizierter gewöhnlicher »Rawin«-Wetterballon war.

In seiner eidesstattlichen Erklärung behauptete Walter Haut, er sei später am 8. Juli von Colonel Blanchard in einen der Roswell-Hangars gebracht worden, wo er einen Teil des Wracks zu Gesicht bekam, der relativ intakt war – etwa 4,50 Meter lang und 1,80 Meter hoch.[11] Unter einer Plane sah er auch zwei tote Unfallopfer, die ungefähr die Größe eines zehnjährigen Kindes hatten und deren Köpfe herausragten. Er sagte, dass er später in Blanchards Büro »seinen Arm etwa einen Meter über dem Boden ausstreckte, um die Größe anzuzeigen«.[12]

Hauts eidesstattliche Erklärung zeigt, dass Ramey auf Befehl des Pentagon operierte, das über die beiden Absturzstellen informiert worden war. Es ist klar, dass sich ihre Konferenz auf die Kontrolle der Presse und das öffentliche Interesse an den Absturzstellen konzentrierte. Es ist äußerst bezeichnend, dass keine Diskussion über die Sicherheitsüberwachung an den beiden Standorten oder über die Bergung von Absturz-Material von der zweiten Absturzstelle geführt wurde. In der Tat war die einzige Information, dass Colonel Blanchard die zweite Absturzstelle gesehen hatte, diese jedoch vor dem Treffen auf dem Roswell Army Air Field am 8. Juli den anderen Offizieren dort nicht bekannt war. Dies ist sehr aufschlussreich. Trotz seiner Nähe und seiner Ressourcen sollte das Air Field keine herausragende Rolle bei den Bergungsoperationen am mysteriösen zweiten Standort spielen.

Hauts Zeugnis verrät, dass die Sicherungs- und Bergungsarbeiten an der geheimeren Absturzstelle von höherer Ebene überwacht wurden,

Abb. 12. Major Jesse Marcel mit den Überresten eines Wetterballons

wobei andere Mitarbeiter als das allgemeine Personal des Air Field eingesetzt wurde. Die plausibelste Erklärung ist, dass das Pentagon eigene Expertenteams entsandte, um die Sicherheits- und Bergungsoperationen an dem sensiblen Ort zu kontrollieren. Der Militärflughafen wurde jedoch gebraucht, um Arbeitskräfte und Ressourcen bereitzustellen, vor allem zu dem Zweck, die Öffentlichkeit mit widersprüchlichen Pressemitteilungen zu verwirren. All dies ist ein Beweis dafür, dass das am zweiten Standort eingesetzte Untersuchungsteam ein hoch spezialisiertes verdecktes Team war – die Interplanetary Phenomenon Unit –, deren Bericht über den Vorfall, auf den ich gleich eingehen werde, über fünf Jahrzehnte später durchsickerte.

Hinsichtlich des Ortes, an den die Trümmer der Fliegenden Untertasse von Roswell und ihre Insassen gebracht wurden, weisen einige Zeugen darauf hin, dass sie nach Wright Field gebracht wurden, dem Hauptquartier des neu geschaffenen Air Materiel Command (1946-1961). Das Material von der Absturzstelle wurde anschließend sowohl auf dem Luft- als auch auf dem Landweg abtransportiert. Thomas J. Carey und Donald R. Schmitt interviewten mehrere Zeugen aus erster Hand, die an dem Transport der Trümmer nach Wright Field beteiligt waren:

> »Der Flug vom 8. Juli war der zweite, mit dem, so wurde es bestätigt, nach dem Absturz Trümmer aus Roswell abtransportiert wurden. Sein Flugziel war Wright Field, nach einem kurzen Zwischenstopp in Fort Worth. Das Flugzeug wurde von Roswells stellvertretendem Base Commander, Lieutenant Colonel Payne Jennings, gesteuert.«[13]

Ein Augenzeuge des Landtransportes des Roswell-Materials ist Lieutenant Colonel Philip Corso, ein ehemaliger Geheimdienstoffizier der U.S. Army, der zu der Zeit in Fort Riley, Kansas, stationiert war. Er beobachtete, wie ein Militärkonvoi ein paar Tage nach dem Absturz einen Zwischenstopp auf dem Weg nach Wright Field einlegte:

> »Was auch immer sie auf diese Weise verpackt hatten, es war ein Sarg, aber anders als jeder Sarg, den ich zuvor gesehen hatte. Der Inhalt, eingeschlossen in einen massiven Glasbehälter, war in eine dicke hellblaue Flüssigkeit getaucht ... ein Objekt schwebte darin losgelöst, saß also nicht etwa mit einer Flüssigkeit über sich auf dem Boden; es war weich und glänzend wie der Unterbauch eines Fisches. Zuerst dachte ich, es sei ein totes Kind, das sie irgendwohin verschifften. Aber das war kein Kind. Es war eine etwa 1,20 Meter große, menschenähnliche Gestalt mit Armen ... dünnen Beinen und Füßen und einem übergroßen,

glühenden, birnenförmigen Kopf, der aussah, als würde er über einer Ballongondel schweben.

Ich sah die Kiste, die den Flüssigkeitsbehälter umhüllte, nach Unterlagen, Versandrechnungen oder allem, was die Natur oder den Ursprung dieser Sache beschreiben würde, durch. Was ich fand, war ein faszinierendes Dokument des Armee-Geheimdienstes, in dem die Kreatur als Besatzung eines Raumschiffes beschrieben wurde, das Anfang dieser Woche in Roswell, New Mexico, abgestürzt war, und ein Routenplan für diese Kreatur für den Anmeldungsoffizier beim Kommando für Air-Force-Ausrüstung in Wright Field …«[14]

Aus Corsos Militärakten geht hervor, dass er vom 21. April 1947 bis zum 12. Mai 1950 in Fort Riley, Kansas, stationiert war und den Rang eines Majors innehatte.[15] Die Ereignisse, die er als diensthabender Offizier in der Nacht, als die außerirdische Leiche in Fort Riley eintraf, auf dem Weg zur Wright-Patterson Air Force Base beschrieb, werden durch seine militärischen Berichte bestätigt. Ein weiteres Zeugnis für Corsos Bericht stammt von Leonard Stringfield. Er war der erste Erforscher von UFO-Abstürzen, der diesen Vorfall untersuchte, und man sagte ihm, dass die toten Außerirdischen, die in Roswell gefunden wurden, in das Gebäude 18F in Wright-Patterson gebracht und dort für einige Zeit in einem »Tank« aufbewahrt wurden.[16]

Eine weitere Quelle, die Corsos Beschreibung der Ereignisse bestätigt, ist der ehemalige Offizier des U.S. Army Signals Corps, der unter den beiden Pseudonymen »Kewper« und »Stein« bekannt ist, und von 1957 bis 1960 für die Zusammenarbeit mit einer verdeckten CIA-Einheit eingestellt wurde. Als Agent dieser CIA-Einheit verfolgte er Berichte über UFO-Abstürze und -Sichtungen auf der ganzen Welt und führte in einem Interview dazu das Folgende aus:

»Uns wurde gesagt, dass sich die ursprünglichen Trümmer für kurze Zeit auf dem Roswell Army Air Field befanden. Von dort gingen sie nach Fort Riley, Kansas, wo sie eine Woche lang lagen. Die Regierung versuchte herauszufinden, was sie damit anfangen sollte und wo sie am besten an einem derart geheim klassifizierten Objekt arbeiten konnte. Es war auf einem Lastwagen unter Tarnung eingewickelt, damit niemand wusste, was es war.

Und dann ging es nach Ohio, nach Wright Field außerhalb von Dayton (das später zur Wright-Patterson-Basis wurde). Es war ungefähr ein Jahr lang dort, und einige der Wissenschaftler aus der Region, die die Regierung hinzugezogen hatte, sahen es sich an.«[17]

Aufgrund der zahlreichen Zeugenaussagen aus erster Hand über die Ereignisse in Roswell, einschließlich der hochrangigen Offiziere, die an der Meldung und Aufdeckung wichtiger Tatsachen beteiligt waren, kann der Schluss gezogen werden, dass tatsächlich ein außerirdisches Fahrzeug abgestürzt und der erste Zeitungsbericht korrekt war. Außerirdische Besucher waren zur Erde gekommen, und die Army Air Force hatte eine Vertuschung auf höchster Ebene angeordnet.

Man mag sich fragen, warum sich eine außerirdische Intelligenz für New Mexico entscheiden würde, um irgendeine Art von heimlicher Überwachung oder Aufklärung durchzuführen. Warum waren sie dort? Die einfachste Antwort lautet, dass das Roswell Army Air Field 1947 die Heimat des 509. Bombergeschwaders war. Die 509. war das Bombergeschwader, das 1945 die Atombomben auf Japan abwarf. Roswell war der einzige Atombomber-Stützpunkt der Welt. In New Mexico befanden sich auch das White-Sands-Testgelände und das Los Alamos National Laboratory (LANL), wo die Atombombe ursprünglich entwickelt und dann am Standort Trinity getestet worden war. Wir können noch weitere Antworten auf diese Fragen bekommen und aus einer Reihe von Majestic-Dokumenten mehr Details darüber erfahren, was in Roswell geschah, sowie über die anschließenden Bemühungen der Army Air Force, das geborgene Objekt zu untersuchen.

Die Majestic-Dokumente zum Roswell-Absturz

Unmittelbar nach den Ereignissen von 1947 in Roswell erhielt General Lieutenant Nathan F. Twining, der Befehlshaber des Air-Force-Kommandos, zwei so gut wie identische Anweisungen, die als »Streng geheim, nur zur Ansicht« deklariert waren. Eine stammte vom Stabschef der Armee, Dwight D. Eisenhower, und eine von Präsident Truman. Sie wiesen Twining am 8. und 9. Juli nacheinander an, zum Testgelände von White Sands zu reisen, um die Aufräumarbeiten nach den Unfällen von Roswell zu überwachen.[18] Trumans »Direktive an General Twining« lautete:

> »Sie werden unverzüglich zur Kommandostelle des White-Sands-Testgeländes fahren, um eine Bewertung der gemeldeten, nicht identifizierten Objekte vorzunehmen, die dort aufbewahrt werden. Ein Teil Ihrer Mission wird sich mit den laufenden und geplanten militärischen, politischen und psychologischen Situationen befassen. Im Verlauf Ihrer Untersuchung werden Sie die Verbindung zu den Offizieren in der Region aufrechterhalten.
>
> Sie werden solche Experten, Techniker, Wissenschaftler und Assistenten mitnehmen, die Sie für die Wirksamkeit Ihres Auftrags als notwendig erachten.«[19]

Nach Abschluss seiner Mission schrieb General Twining am 16. Juli 1947 einen als streng geheim eingestuften Bericht mit dem Titel »Absturzbericht über Flugscheiben in der Nähe des Testgeländes von White Sands, New Mexico« an den Kommandierenden General der Army Air Force, Carl Spaatz. In diesem Bericht beschrieb Twining die Rolle des wissenschaftlichen Personals, das er von Wright Field mitgebracht hatte und das die vorläufigen Untersuchungen der Unfallstellen der Flugscheiben durchführte:

> »1. Auf Anweisung der Direktive des Präsidenten vom 9. Juli 1947 wurde von den leitenden Mitarbeitern dieses Kommandos eine vorläufige Untersuchung einer geborgenen »Flugscheibe« und der Überreste einer möglichen zweiten Scheibe durchgeführt. Die in diesem Bericht mitgeteilten Daten wurden vom technischen Personal von T-2 und dem Aircraft Laboratory, Engineering Division T-3, zur Verfügung gestellt. Zusätzliche Daten stammen vom wissenschaftlichen Personal des Jet Propulsion Laboratory des CIT (California Institute of Technology) und der

wissenschaftlichen Beratergruppe der Army Air Force unter der Leitung von Dr. Theodore von Kárman. Weitere Analysen wurden von Mitarbeitern aus Forschung und Entwicklung durchgeführt.«[20]

Weiterhin bestätigt die erste Untersuchung des geborgenen Fluggeräts durch sein wissenschaftliches Team, dass es von außerhalb der Vereinigten Staaten stammt:

»Es ist die gemeinsame Ansicht dieser Ermittlungsbehörde, dass die von der Armee und der Air Force in der Nähe von Victoria Peak und Socorro, New Mexico, geborgenen Luftfahrzeuge nicht in den USA hergestellt wurden ...«[21]

In dem Bericht werden die Gründe erläutert, warum das Fluggerät nicht aus den USA, Deutschland oder Russland stammt, und die einzigartigen Antriebs-, Navigations- und Steuerungsfunktionen beschrieben. In dem Bericht von Twining heißt es:

»Das Fehlen einer Überdachung, von Beobachtungsfenstern und jeglichen optischen Vorrichtungen stützt die Ansicht, dass dieses Fahrzeug entweder durch Fernsicht gesteuert oder ferngesteuert wird.«[22]

Da nur drei Seiten des »Flugunfallberichts« durchgesickert sind, ist nicht bekannt, zu welchen endgültigen Schlussfolgerungen er kam. Aus der Analyse geht jedoch hervor, dass das aufgefundene Raumschiff eine hochmoderne Konstruktion aufwies und jahrelange Forschungs- und Entwicklungsarbeiten durch Spezialisten des Air Materiel Command erfordern würde.

Dr. Robert M. Wood und Ryan Wood haben den beiden Twining-Richtlinien ein »mittleres Authentizitätsniveau« zugesprochen.[23] Dem Flugunfallbericht gaben sie mit der Einstufung als »mittleres bis hohes Authentizitätsniveau« einen höheren Rang. Ein offiziell freigegebenes Dokument der Air Force bestätigt außerdem die Echtheit aller drei durchgesickerten Dokumente, die Nathan Twining und die Untersuchung des Air Materiel Command betreffen. Am 23.

September 1947 schrieb General Twining ein Memorandum an Brigadegeneral George Schulgen über das als geheim eingestufte außerirdische Fluggerät. Twining erklärte Schulgen:

> »a. Das Phänomen ist etwas Reales und nicht visionär oder fiktiv.
>
> b. Es gibt Objekte, die sich wahrscheinlich der Form einer Scheibe annähern und so groß sind, dass sie wie von Menschen geschaffene Flugzeuge erscheinen …
>
> d. Die gemeldeten Betriebsmerkmale wie extreme Steiggeschwindigkeiten, Manövrierfähigkeit (insbesondere bei Rollbewegungen) und Bewegungen, die als ausweichend angesehen werden müssen, wenn sie von befreundeten Flugzeugen und Radargeräten gesichtet oder kontaktiert werden, lassen vermuten, dass einige der Objekte entweder manuell, automatisch oder aus der Ferne gesteuert werden.«[24]

Der Hinweis darauf, dass das geborgene Fluggerät »entweder manuell, automatisch oder ferngesteuert« navigiert wird, ist der Schlussfolgerung des geleakten »Absturzberichtes« sehr ähnlich, in dem Twining das Fahrzeug als »durch Fernsicht gesteuert oder ferngesteuert« bezeichnet.[25] Infolgedessen lässt das offiziell freigegebene Memorandum an Schulgen vom 23. September kaum Zweifel an der Echtheit des am 16. September geleakten »Absturzberichtes« und begründet die Direktiven vom 8. und 9. September, die General Eisenhower und Präsident Truman an Twining geschickt haben.

Während Twinings »Schulgen Memo« vom 23. September, das als »streng geheim, nur zur Ansicht« eingestuft wurde, den Roswell-Absturz nicht ausdrücklich erwähnt, zeigt es, dass er Untergebene auf die Realität von UFOs sowie die Notwendigkeit aufmerksam machte, gemeldete Sichtungen aus der Bevölkerung zu studieren, um ihre »nicht einheimische« Herkunft besser zu verstehen.[26]

Bisher konzentrieren sich die Inhalte der vorgelegten Dokumente auf die technischen Aspekte der Fahrzeuge selbst und beziehen sich nicht auf das Antreffen außerirdischer Wesen. Ein Bericht der Interplanetary Phenomenon Unit bezieht sich jedoch auf die Bergung von außerirdischen Leichen an einem der vom Roswell-Absturz betroffenen Orte. Der Bericht trägt den Titel »Zusammenfassung der Interplanetary Phenomenon Unit« und wird von den Woods als von »mittlerer bis hoher Authentizität« eingestuft.[27] Der IPU-Bericht beginnt folgendermaßen:

»1. Die außergewöhnliche Bergung vom Himmel gefallener Objekte im Bundesstaat New Mexico vom 4. Juli bis 6. Juli 1947: Diese Zusammenfassung wurde von der Interplanetary Phenomenon Unit des Hauptquartiers erstellt. Wissenschaftliche und technische Abteilung, Direktion für Spionageabwehr … auf ausdrücklichen Befehl des Stabschefs.«[28]

Es ist erwähnenswert, dass Eisenhower damals der Stabschef der Armee war. In dem Bericht werden Materialien an zwei Standorten beschrieben, was die Aussagen von Lieutenant Haut und anderen Zeugen bestätigt:

»2. Zwei Absturzstellen wurden in der Nähe des WSPG-Geländes [White-Sands-Testgelände] gefunden; Standort LZ-1 befand sich bei einer Ranch in der Nähe von Corona, etwa 120 Kilometer nordwestlich der Stadt Roswell [die von Brazel berichtete Absturzstelle]. Standort LZ-2 befand sich etwa 32 Kilometer südwestlich der Stadt Socorro, bei Breite 33-40-31, Länge 106-28-29, wobei der Oscura Peak der geografische Bezugspunkt ist.

3. Das AST-Personal war hauptsächlich an LZ-2 interessiert, da dieser Standort den größten Teil der strukturellen Teile der Flugzeugzelle, des Antriebs und der Navigationstechnologie des Fahrzeugs enthielt. Die Bergung von fünf Leichen in einer beschädigten Rettungskapsel schloss eine Untersuchung in LZ-1 aus.

4. Bei der Ankunft in LZ-2 bewertete das Personal die Funde als nicht zu Flugzeugen, Raketen, Waffen oder Ballontests, die normalerweise von umliegenden Stützpunkten aus durchgeführt wurden, gehörig.«[29]

Diese Daten stimmen mit der Schlussfolgerung in General Twinings »Absturzbericht« überein, dass das abgestürzte Fluggerät nicht aus »US-Fabrikation« stammte.[30]

Der IPU-Bericht beschreibt auch, wie die Trümmer und Leichen zur genaueren Untersuchung nach Wright Field und zu anderen sicheren Einrichtungen der Air Force gebracht wurden:

»7. Ein Teammitglied des CIC [Counter Intelligence Corps = militärischer Abschirmdienst] erfuhr, dass mehrere Leichen aus Sicherheitsgründen in das Krankenhaus des Roswell Air Field und andere entweder nach Los Alamos, Wright Field, Patterson Base oder Randolph Field gebracht wurden. Die Reste des Triebwerks wurden zur Alamogordo Basis und zur Kirtland-Basis gebracht. Andere Trümmerteile wurden zum AMC [Air Materiel Command] Wright Field, transportiert.«[31]

Ein weiteres wichtiges Majestic-Dokument betrifft ein zweiseitiges Memorandum von General Lieutenant Twining an General Major Curtis LeMay vom 18. Juli 1947 über die Schaffung eines neuen Labors in Wright Field, nur zwei Wochen nach dem Absturz bei Roswell. Dem Memorandum wird von den Woods ein »mittleres bis hohes Level an Authentizität« zugebilligt.[32] Folgendermaßen fassen sie den Inhalt und die Bedeutung des Memorandums zusammen:

»Dieses zweiseitige Memo von General Lieutenant Nathan Twining an Curtis LeMay betrifft ein neues Labor für meteorologische Forschung und Entwicklung sowie für die Erforschung des oberen Luftraumes durch die Elektronik-Unterabteilung der technischen Abteilung des AMC. Darin heißt es unter anderem: ›In Anbetracht des engen Zusammenhangs und der wechselseitigen Abhängigkeit von meteorologischer Forschung und der Erforschung der Ausbreitung elektromagnetischer Druckwellen werden Maßnahmen ergriffen, um das derzeitige Institut für angewandte Propagation der Watson-Laboratorien zu reorganisieren und zu einem Institut für die Erforschung der Atmosphäre und ihrer Funktionen zu erweitern, so dass Forschung und Entwicklung in der Meteorologie und auf verwandten geophysikalischen Gebieten einbezogen werden.‹ Später heißt es in dem Memo: ›Für das GJ 1949, Projekt 680-11, Atmosphärenforschung und angewandte wissenschaftliche Erforschung der oberen Atmosphäre, wurden Mittel in Höhe von insgesamt 6.000.000

USD beantragt.‹ Was für eine Riesensumme im Jahr 1949 zur Erforschung der ›oberen Atmosphäre‹! Eine schlüssigere Interpretation lautet, dass wir UFOs, ihre Technologie und warum sie hier sind analysieren, und wie wir mit dieser Situation umgehen sollen.«[33]

Das Twining-LeMay-Memorandum zeigt, wie die Army Air Force zwei Monate vor der offiziellen Gründung der USAF ein neues Labor in Wright Field eingerichtet hatte, um Artefakte aus dem Roswell-Absturz zu untersuchen. Das Memorandum ist ein dokumentarischer Beweis dafür, dass Twining und LeMay direkt an der geheimen Erforschung und Nutzbarmachung von außerirdischen Technologien, die beim Roswell-Absturz gefunden wurden, beteiligt waren.

Hierbei ist zu berücksichtigen, dass Twining der Kommandeur des Air Materiel Command mit Sitz in Wright Field und LeMay der stellvertretende Chef des Luftstabs für Forschung und Entwicklung waren. Aus diesem Grund bestätigt das Memorandum, dass die Army Air Force mit voller Kraft ihre geheime Untersuchung des aus Roswell stammenden Raumschiffes vorantrieb.

Der Vorfall von Roswell führt zu MAJIC

Roswell war für die US-Regierung der entscheidende Katalysator, endlich Schritte zu unternehmen, um die militärischen und nachrichtendienstlichen Bemühungen zu koordinieren und so dem UFO-Phänomen auf den Grund zu gehen. Zuvor waren der Militärgeheimdienst CIC (mit seiner Interplanetary Phenomenon Unit), das Office of Naval Intelligence (mit seinem Spionageprogramm in der Naval Air Station in San Diego) und die Abeilung für Forschung und Entwicklung in Wright Field allesamt voneinander getrennte militärische Dienste, die sich bemühten, das UFO-Phänomen nach seinem erstmaligen Auftreten in Cape Girardeau 1941 und Los Angeles 1942 zu verstehen. Bis Mitte 1947 konkurrierten Army, Navy und Air Force um die Kontrolle und Finanzierung der Nutzbarmachung der UFO-Technologie und ihres revolutionären Potenzials für zukünftige Kriegseinsätze. Tatsächlich gab es keine umfassende Regierungsaufsicht oder -koordination für das, was die Teilstreitkräfte eigenständig taten.

Um es noch einmal zusammenzufassen: General Lieutenant Nathan Twining wurde von General Eisenhower (8. Juli) und Präsident Truman (9. Juli) angewiesen, eine Untersuchung der Army Air Force zum Vorfall in Roswell durchzuführen. Nach der Niederschrift des »Absturzberichtes«, der die technischen Aspekte des geborgenen Fahrzeugs beschreibt (am 16. Juli), befahl Twining Major General LeMay am 18. Juli, ein neues Laboratorium in Wright Field einzurichten. Als Nächstes sollte Twining eine umfassende abteilungsübergreifende Untersuchung der Auswirkungen der aufgefundenen Roswell-Artefakte auf die nachrichtendienstliche, technische, wissenschaftliche, politische und nationale Sicherheit durchführen. In dieser Hinsicht setzt sich die Spur der Dokumente mit Twinings »White Hot Report« vom 19. September 1947 (einen Tag nach der offiziellen Gründung der USAF) fort, der vom Wood-Team die höchste Echtheitsbewertung eines geleakten Majestic-Dokumentes erhielt.

Infolgedessen bietet der Twining »White Hot Report« atemberaubende Einblicke in die Überlegungen von Trumans Weißem Haus und dem neu geschaffenen Verteidigungsministerium zum Umgang mit den geborgenen Unfall-Artefakten, die von den US-Behörden als außerirdisch eingestuft wurden. Folgendermaßen fasste Twinings Team, das aus 16 führenden Wissenschaftlern, nationalen Sicherheitsexperten und hochrangigen Militärs bestand, die nationale Sicherheitslage kurz nach dem Vorfall in Roswell zusammen:

> »In den ersten Monaten des Jahres 1942 [Zwischenfall von Los Angeles] bis heute wurde gelegentlich das Eindringen nichtidentifizierter Flugobjekte in unseren Luftraum dokumentiert. Jedoch hat der Geheimdienst der Regierung keine ernsthaften Untersuchungen durchgeführt. Selbst der Fund von 1941 hat keine einheitlichen nachrichtendienstlichen Bemühungen nach sich gezogen, um mögliche technologische Vorteile zu nutzen – mit Ausnahme des Manhattan-Projekts. Wir haben jetzt die Möglichkeit, unsere Technologie über die von uns erreichte Schwelle hinaus zu erweitern, **indem wir direkt mit den Außerirdischen beim**

Technologietransfer zusammenarbeiten. [Der hervorgehobene Teil war im Original geschwärzt und wurde rekonstruiert] Abgesehen von technologischen Fortschritten stehen wir vor der noch größeren Herausforderung, die Absicht einer solchen [außerirdischen] Präsenz zu erfahren. Es gibt unbeantwortete Fragen ...«[34]

In diesem Bericht nennt Twinings Team die Herausforderungen der nationalen Sicherheit, die mit dem Aufbau einer zukünftigen Arbeitsbeziehung mit Außerirdischen verbunden sind, um bedeutende technologische Fortschritte zu erzielen. Das überwältigende Ausmaß der Herausforderungen bei der Erforschung und Weiterentwicklung außerirdischer Technologien führte dazu, dass Twining ein umfassendes strategisches Konzept vorschlug:

»Die Mitglieder der Mission sind bereit, ein ... Dutzend umfangreiche Bände einzureichen, in denen mögliche Lösungen für diese Probleme erörtert werden. Unser alleiniger Standpunkt ist jedoch, dass eine kombinierte Operation von Geheimdienst und Forschung eine umfangreiche, vielfältige, verdeckt geplante und wohlorganisierte Vereinigung menschlicher und materieller Ressourcen ermöglicht, mit der ein spezifisches, klar definiertes Problem gelöst werden kann.

Wir müssen wirksame Methoden finden, um andere Regierungsstellen zu überzeugen, ohne ein Gefühl drohender Gefahr zu schaffen. Die erste Aufgabe besteht darin, das Problem sorgfältig zu bewerten. Die zweite liegt darin, die bekannten Ressourcen und die wahrscheinliche Strategie der Besucher zu analysieren. Die dritte lautet dann, unsere eigenen Mittel und Wege zu erfassen, um festzustellen, wie viele Ressourcen wir einsetzen können und wie schnell. Die vierte besteht schließlich darin, unseren strategischen Plan auszuarbeiten. Und zuletzt geht es darum, unter unendlichen Mühen die taktischen Details und die Masse der sekundären Probleme der Finanzierung sowie der Sicherheit zu erarbeiten.«[35]

Der »White Hot Report« verdeutlicht, warum die Army Air Force ursprünglich beschlossen hatte, das Projekt RAND zu finanzieren und bei der Entwicklung einer strategischen Planung für fortschrittliche Technologieprojekte und außerirdisches Leben mit Zivilisten zusammenzuarbeiten. Im Gegensatz zum Ereignis in Los Angeles während des Krieges war der Roswell-Absturz der notwendige Katalysator, um ernsthafte Forschungs- und Entwicklungsarbeiten in Bezug auf UFO-Technologien anzustoßen.

Twinings Team empfahl weiterhin die Einrichtung eines ständigen Ausschusses, der sich mit den unzähligen zu erwartenden nationalen Sicherheitsproblemen befassen sollte, die bei der Erforschung und Entwicklung außerirdischer Technologien auftreten könnten:

> »Die Mitglieder sind sich einig, dass die Operation MAJESTIC TWELVE eine vollständig finanzierte und unter der höchsten Geheimhaltungsstufe operierende geheimdienstliche Einrichtung für Forschung und Entwicklung ist. Es wird außerdem empfohlen, ein Expertengremium zu ernennen, das den Vorsitz führt und die Aufgaben und Tätigkeiten dieser Agentur überwacht.«[36]

Die Ernsthaftigkeit, mit der die Empfehlungen eines übergreifenden Teams von Twining aufgegriffen wurden, spiegelt sich in dem wider, was fünf Tage nach der Veröffentlichung des Berichtes geschah. Am 24. September 1947 übersandte Präsident Truman James Forrestal, dem ersten Verteidigungsminister, ein Memorandum zur Genehmigung der »Operation Majestic Twelve«:

> »Sehr geehrter Herr Minister Forrestal,
>
> nach unserem jüngsten Gespräch in dieser Angelegenheit sind Sie hiermit ermächtigt, Ihr Vorhaben mit der gebotenen Geschwindigkeit und Vorsicht weiterzuführen. Künftig wird diese Angelegenheit ausschließlich als Operation Majestic Twelve bezeichnet.«[37]

Es ist wichtig anzumerken, dass Twinings »White Hot Report« als »MAJIC Eyes Only« (Nur einsehbar für MAJIC) klassifiziert wurde. Die Woods weisen darauf hin, dass MAJIC eine Abkürzung für »Military Assessment of the Joint Intelligence Committee« (militärische

Beurteilung durch das gemeinsame Geheimdienstkomitee) ist, ein Codewort, das vom Geheimdienstkomitee geprägt wurde, das den Präsidenten zum Thema Außerirdische beriet.[38] Als die beiden Dienste des Joint Intelligence Committee die Einrichtung der »Operation Majestic Twelve« empfahlen, nannten beide ihr Nachfolgekomitee »Majestic 12« und legten die Anzahl der Beamten fest, die in dem neuen Ausschuss sitzen würden. In der Zwischenzeit sollte das MAJIC-Codewort als Sicherheitsklassifizierung für das Majestic-12-Komitee verwendet werden, das die Operation Majestic Twelve durchführte. Diese kurze Geschichte erklärt, warum der Begriff »MAJIC« in einer Reihe von Majestic-Dokumenten sowohl als Sicherheitscode als auch als Name der Gruppe vorkommt, die die Operation Majestic Twelve durchführte. Die zwölf Gründungsmitglieder des Komitees sind im berühmten »Eisenhower Briefing Document« beschrieben, einem weiteren durchgesickerten Majestic-Dokument. Es ist angeblich die schriftliche Information an Präsident Eisenhower vom 18. November 1952, weniger als zwei Wochen nach seiner Wahl. Das »Eisenhower Briefing Document« nennt die wichtigsten Militärs und Wissenschaftler, die mit der Thematik UFOs und Außerirdische befasst waren, und nennt die Majestic-12-Gruppe (MAJIC 12) als Hauptorganisation, die zur Lösung des Problems eingerichtet wurde. Dieser Gruppe gehörten einige der mächtigsten Persönlichkeiten des nationalen Sicherheitsapparats der USA an. Sie hatten seit dem 24. September 1947 dem Büro des Präsidenten Bericht erstattet, wie das Truman-Memorandum, das als Anlage beigefügt war, festlegte:

> »OPERATION MAJESTIC TWELVE ist ein STRENG GEHEIMES Forschungs- und Entwicklungsprojekt des Geheimdienstes, das direkt und ausschließlich dem Präsidenten der Vereinigten Staaten unterstellt ist. Die Operationen des Projekts werden unter Kontrolle der Majestic-12-Gruppe (Majic-12) durchgeführt, die am 24. September 1947 auf Empfehlung von Dr. Vannevar Bush und Minister James Forrestal durch eine besondere Anweisung des Präsidenten Truman eingesetzt wurde. (Siehe Anlage A.) Als Mitglieder der Majestic-12-Gruppe wurden folgende Personen bestimmt:

Admiral Roscoe H. Hillenkoetter
Dr. Vannevar Bush
Minister James V. Forrestal
General Nathan F. Twining
General Hoyt S. Vandenberg
Dr. Detlev Bronk
Dr. Jerome Hunsaker
Mr. Sidney W. Souers
Mr. Gordon Gray
Dr. Donald H. Menzel
General Robert M. Montague
Dr. Lloyd V. Berkner«

Die bahnbrechende Studie des renommierten UFO-Forschers Stanton Friedman zum Eisenhower-Briefing-Dokument enthüllt eine Fülle von Beweisen, welche die angegebene Namensliste und die Existenz der Gruppe Majestic 12 (MJ-12) bestätigen. In Bezug auf die Namen stellt Friedman fest, dass die zwölf beteiligten Personen hervorragend geeignet waren, um dem nahmhaften Ausschuss anzugehören, der das gesamte UFO- und Außerirdischen-Phänomen kontrollieren sollte. Zufälligerweise wurde das »Eisenhower Briefing Document« nur drei Monate nach dem Tod des letzten überlebenden Mitglieds der ursprünglichen Gruppe, Dr. Jerome C. Hunsaker, veröffentlicht (10. September 1984). Dies ist kein unbedeutender Zufall und deutet auf eine vorherige Einigung über die Veröffentlichung einer solchen Informationen hin.

Die MJ-12-Gruppe setzte sich, wie vorhersehbar, aus Wissenschaftlern und Mitgliedern der Geheimdienste zusammen.

Nach einer detaillierten Analyse der einzelnen Namen gelangte Friedman zu folgendem Schluss:

»Es gab enge Verbindungen innerhalb dieser Gruppe sehr wichtiger Personen. In Anbetracht dessen, was in Amerika und weltweit nach dem Zweiten Weltkrieg geschah, handelte es sich um eine Gruppe, die in ein Komitee wie Majestic 12 passte. Aufgrund von Eignung, be-

TOP SECRET / MAJIC

EYES ONLY

002

* TOP SECRET *

EYES ONLY COPY ONE OF ONE.

SUBJECT: OPERATION MAJESTIC-12 PRELIMINARY BRIEFING FOR PRESIDENT-ELECT EISENHOWER.

DOCUMENT PREPARED 18 NOVEMBER, 1952.

BRIEFING OFFICER: ADM. ROSCOE H. HILLENKOETTER (MJ-1)

NOTE: This document has been prepared as a preliminary briefing only. It should be regarded as introductory to a full operations briefing intended to follow.

* * * * * *

OPERATION MAJESTIC-12 is a TOP SECRET Research and Development/ Intelligence operation responsible directly and only to the President of the United States. Operations of the project are carried out under control of the Majestic-12 (Majic-12) Group which was established by special classified executive order of President Truman on 24 September, 1947, upon recommendation by Dr. Vannevar Bush and Secretary James Forrestal. (See Attachment "A".) Members of the Majestic-12 Group were designated as follows:

Adm. Roscoe H. Hillenkoetter
Dr. Vannevar Bush
Secy. James V. Forrestal*
Gen. Nathan F. Twining
Gen. Hoyt S. Vandenberg
Dr. Detlev Bronk
Dr. Jerome Hunsaker
Mr. Sidney W. Souers
Mr. Gordon Gray
Dr. Donald Menzel
Gen. Robert M. Montague
Dr. Lloyd V. Berkner

The death of Secretary Forrestal on 22 May, 1949, created a vacancy which remained unfilled until 01 August, 1950, upon which date Gen. Walter B. Smith was designated as permanent replacement.

* TOP SECRET *

TOP SECRET / MAJIC

EYES ONLY EYES ONLY T52-EXEMPT (E)

002

Abb. 13. Eisenhowers Briefing-Dokument, Seite 2. Quelle: The Majestic Documents

Abb. 14. Gründungsmitglieder der Gruppe Majestic 12

ruflicher Position und Wohnort erscheint ihre Einbeziehung ziemlich offensichtlich.«[39]

Der beste Beweis für die Existenz von Operation Majestic Twelve ist ein Memorandum aus dem Nationalarchiv, das Friedman erst entdeckte, als er einen diesbezüglichen Hinweis erhielt. Dieses streng geheime Memorandum von Robert Cutler, einem Sonderassistenten von Präsident Eisenhower, ging am 14. Juli 1954 an General Nathan Twining (damals Mitglied von MJ-12). In dem Memorandum »Top Secret Restricted Security« heißt es:

»Der Präsident hat beschlossen, dass das GWP-Briefing MJ-12 während der bereits geplanten Sitzung des Weißen Hauses am 16. Juli stattfinden soll und nicht erst, wie zuvor beabsichtigt, danach.«[40]

Die Betreffzeile des Memorandums lautet »NSC/MJ-12«. Im Gegensatz zu anderen Majestic-Dokumenten, die noch untersucht werden, ist das Cutler-Twining-Memo ein offizielles Regierungsdokument, das freigegeben ist und im Nationalarchiv aufbewahrt wird. Es wurde in einer Sammlung von freigegebenen Dokumenten der Air Force gefunden und von dem Archivar Ed Reese als Teil der offiziellen Unterlagen des Nationalarchives kopiert.[41] Das Cutler-Twining-Memo gehört zu den maßgeblichsten dokumentarischen Quellen für die Existenz des MJ-12-Spezialstudien-Projektes.[42]

Zwei der ursprünglichen Mitglieder der Majestic-12-Gruppe waren die Generäle Hoyt Vandenberg und Nathan Twining, die General Carl Spaatz als Stabschef der USAF (United States Air Force) nachfolgen sollten. Durch die Einbeziehung von Vandenberg und Twining war die USAF von Anfang an eng in die Behandlung außerirdischer und verwandter Technologiefragen eingebunden. Insbesondere Twining überwachte Anstrengungen der Forschung und Entwicklung, an denen zwangsläufig das Air Materiel Command beteiligt war. Zivilorganisationen wie Projekt RAND stellten die erforderlichen wissenschaftlichen und organisatorischen Fähigkeiten zur Verfügung, um nicht nur einen langfristigen strategischen Plan für die Air Force zu

July 14, 1954

TOP SECRET RESTRICTED
SECURITY INFORMATION

MEMORANDUM FOR GENERAL TWINING

SUBJECT: NSC/MJ-12 Special Studies Project

The President has decided that the MJ-12 SSP briefing should take place during the already scheduled White House meeting of July 16, rather than following it as previously intended. More precise arrangements will be explained to you upon arrival. Please alter your plans accordingly.

Your concurrence in the above change of arrangements is assumed.

ROBERT CUTLER
Special Assistant
to the President

DECLASSIFIED
Authority NND 857013
By SD/TH NARA Date 1/12/87

COPY
from
THE NATIONAL ARCHIVES
Record Group No. RG 341, Records of the Headquarters United States Air Force

Abb. 15. Das Cutler-Twining-Memo. Quelle: The Majestic Documents

entwickeln, der die vielfältigen Probleme bewältigte, die Twining in seinem White Hot Report identifizierte, sondern auch die eventuelle Serienproduktion von Antigravitations-Flugmaschinen bzw. -Raumschiffen, die, als »reverse engineering«, den erbeuteten außerirdischen Technologien nachgebaut werden sollten. Dieses letztere Ziel hatte unmittelbare Konsequenzen für das Projekt RAND und seine Beziehung zur Douglas Aircraft Company.

Anmerkungen

1 Siehe https://apS.dtic.mil/dtic/tr/fulltext/u2/a433273.pdf

2 Thomas J. Carey & Donald R. Schmitt, *Witness to Roswell: Unmasking the 60-Year Cover-up*; New Page Books 2007; p. 81.

3 Ebd.

4 Jesse Marcel jr., *The Roswell Legacy: The Untold Story of the First Military Officer at the 1947 Crash Site*; New Page Books 2008. Siehe auch: http://www.marceljr.com

5 Charles Berlitz & William Moore, *The Roswell Incident*; Grosset & Dunlop 1980. – Dt. Ausgabe: *Der Roswell-Zwischenfall*; Zsolnay Verlag, Wien 1980.

6 »2002 Sealed Affidavit Of Walter G. Haut«, http://roswellproof.homestead.com/haut.html#anchor_8 (aufgerufen am 30.12.2018)

7 Thomas J. Carey & Donald R. Schmitt, *Witness to Roswell: Unmasking the 60-Year Cover-up*; New Page Books 2007. Für eine detaillierte Buchbesprechung siehe David Rudiak, »Witness to Roswell«, http://ufodigest.com/news/0607/witnesstoroswell.html.

8 »2002 Sealed Affidavit Of Walter G. Haut«, http://roswellproof.homestead.com/haut.html#anchor_8 (aufgerufen am 30.12.2018)

9 Ebd.

10 Ebd.

11 Ebd.

12 Ebd.

13 Thomas J. Carey & Donald R. Schmitt, *Witness to Roswell: Unmasking the 60-Year Cover-up*; New Page Books 2007; p. 113.

14 Philip Corso & William J. Birnes, *The Day After Roswell*; Pocket Books 1997; pgs. 34-35. – Dt. Ausgabe: *Der Tag nach Roswell*; Goldmann Verlag, München 1998.

15 Corsos Akte zeigt, dass er im Fort stationiert war und von April 1947 bis Mai 1952 dort verschiedene Aufgaben hatte; einsehbar unter http://www.cufon.org/cufon/corso_p2.htm (aufgerufen am 06.10.2018)

16 Leonard Stringfield veröffentlichte seine Funde in *Status Report II*, Januar 1980. Für weitere Informationen siehe Thomas J. Carey & Donald R. Schmitt, *Inside the Real Area 51: The Secret History of Wright Patterson*; New Page Books 2013; p. 39, Kindle Location 430. – Dt. Ausgabe: *Im Inneren der wahren Area 51*. Kopp Verlag, Rottenburg 2015.

17 Linda Moulton Howe, »Part 3: Army/CIA Unit Studied the Real UFO Bluebook Cases«, https://www.earthfiles.com/2008/09/07/part-3-army-cia-unit-studied-the-real-ufo-blue-book-cases/ (aufgerufen am 15.10.2018)

18 Die zwei Memos haben den Titel »Directive to General Twining by Eisenhower« und »Directive to General Twining by President Truman«. Online unter http://www.majesticdocuments.com/documents/pre1948.php (aufgerufen am 07.10.2018)

19 Dr. Robert M. Wood & Ryan Wood (eds.), *The Majestic Documents*; Wood and Wood Enterprises 1998; p. 20. Online unter http://www.majesticdocuments.com/pdf/twining_truman.pdf (aufgerufen am 07.10.2018)

20 Ebd., p. 25.

21 Ebd., p. 25.

22 Dr. Robert M. Wood & Ryan Wood (eds.), *The Majestic Documents*; Wood and

Wood Enterprises 1998; p. 26. Online unter http://www.majesticdocuments.com/pdf/twining_truman.pdf (aufgerufen am 07.10.2018)

23 Dr. Robert M. Wood & Ryan Wood, »Documents Dated Prior to 1948«, http://www.majesticdocuments.com/documents/pre1948.php (aufgerufen am 08.10.2018)

24 »The Twining Memo«, http://www.roswellfiles.com/FOIA/twining.htm (aufgerufen 07.10.2018)

25 Dr. Robert M. Wood & Ryan Wood (eds.), *The Majestic Documents*; Wood and Wood Enterprises 1998; p. 26. Online unter http://www.majesticdocuments.com/pdf/twining_truman.pdf (aufgerufen am 07.10.2018)

26 Wenn Twinings Memo jede Kenntnis abgestürzter Scheiben bestreitet, liegt der Grund wahrscheinlich darin, dass diese Informationen höher als geheim eingestuft waren. Zur weiteren Erörterung siehe: »Did UFOs prompt a secret agenda?«, http://www.educatinghumanity.com/2014/11/proof-aliens-twining-memo.html (aufgerufen am 07.10.2018)

27 Siehe http://www.majesticdocuments.com/documents/pre1948.php (aufgerufen am 06.10.2018)

28 Dr. Robert M. Wood & Ryan Wood (eds.), *The Majestic Documents*; Wood and Wood Enterprises 1998; p. 35. Online unter http://www.majesticdocuments.com/pdf/twining_truman.pdf (aufgerufen am 07.10.2018)

29 Ebd., p. 35.

30 Ebd., p. 25.

31 Ebd., p. 37.

32 Siehe http://www.majesticdocuments.com/documents/pre1948.php (aufgerufen am 06.10.2018)

33 Dr. Robert M. Wood & Ryan Wood, »Documents Dated Prior to 1948«, http://www.majesticdocuments.com/documents/pre1948.php (aufgerufen am 06.10.2018)

34 Ebd., p. 77.

35 Ebd., p. 78.

36 Ebd., pgs. 77-78.

37 Ebd., p. 83.

38 Siehe Eintrag für »Hillenkoetter Memo to Joint Intelligence Committee« in den Majestic-Documents vor 1948, http://www.majesticdocuments.com/documents/pre1948.php (aufgerufen am 26.10.2018)

39 Siehe Stanton T. Friedman, *Top Secret/Majic: Operation Majestic-12 and the United States Government's UFO Cover-up*; De Capo Press 2005; p. 54.

40 Online unter http://www.majesticdocuments.com/pdf/cutler_twining.pdf (aufgerufen am 07.10.2018)

41 Obwohl das Dokument in einer Box mit offiziellen Berichten im Nationalarchiv gefunden wurde, hat es nicht die Standard-Kontrollnummer. Dies führte zu Behauptungen, dass es ins Nationalarchiv geschmuggelt wurde und ein Betrug vorliegt, aber das ist unwahrscheinlich, wenn man die NARA-Sicherheitsprozeduren bedenkt. Siehe http://www.ufoforhumanrights.com/mj-12.php. Eine Stellungnahme der NARA zu dem Memo findet sich unter http://www.archives.gov/foia/ufos.html#mj12 (aufgerufen am 07.10.2018)

42 Online unter http://www.majesticdocuments.com/pdf/cutler_twining.pdf (aufgerufen am 07.10.2018)

5 Verschiedene Wege: Die Wurzeln von RAND innerhalb der U.S. Air Force und die Geheimen Weltraumprogramme der Navy

Eine Möglichkeit, Denkanstöße zu finden, besteht darin, die Weggabelung zu nutzen: die Gabelung, die den Ort der Entstehung markiert, an dem eine neue Entwicklungslinie beginnt.
– William Irwin Thompson –

Einige Monate nach dem bahnbrechenden Absturz bei Roswell im Jahr 1947 und der Gründung der Majestic-12-Gruppe kam es zu der Entscheidung, das Projekt RAND offiziell von der Douglas Aircraft Company zu trennen. Auf der Website der RAND Corporation wurde das folgendermaßen erklärt:

> »Ende 1947 schien es, dass man für das Projekt RAND – das bereits ziemlich autonom arbeitete – eine Trennung von Douglas in Betracht zog. Im Februar 1948 schrieb der Stabschef (Carl A. Spaatz) der neu geschaffenen United States Air Force einen Brief an den Präsidenten der Douglas Aircraft Company, in dem er die Entwicklung des Projekts RAND zu einer von Douglas unabhängigen Non-profit-Gesellschaft bestätigte.«[1]

Die RAND Corporation wurde am 14. Mai 1948 offiziell gegründet, was ihren formellen Abschied von Douglas markiert. Historiker beschreiben die Trennung als einvernehmlich aufgrund der besonderen Herausforderungen, denen sich die USAF bei der Finanzierung einer »unparteiischen« Denkfabrik in einem großen Luftfahrtunternehmen gegenübersah:

»Obwohl das Projekt RAND nominell autonom war, wurde es als Anhängsel der Douglas Aircraft Company betrachtet. Nach einer Weile fiel es RAND schwer, detaillierte Informationen von Air-Force-Unternehmern zu erhalten, um Analysen von Verteidigungsproblemen vorzubereiten, da die Auftragnehmer vertrauliche Informationen, die sie einem Konkurrenten nicht zugänglich machen wollten, aus Vorsicht fast nie herausgaben. Darüber hinaus zögerten viele Analysten, mit RAND in Verbindung zu treten, da sie der Ansicht waren, dass RAND nicht wirklich objektiv sein könne, solange es von Douglas mitfinanziert wurde.

Douglas Aircraft sah in RAND eine Schöpfung, die das Leben der Muttergesellschaft erstickte. Da die Air Force alles unternahm, um jeden Eindruck einer Bevorzugung zu vermeiden, waren die Führungskräfte von Douglas der Ansicht, dass die Verbindung des Unternehmens mit der Denkfabrik die Chancen von Douglas beeinträchtigte, lukrative Militäraufträge zu erhalten. Sogar die Air Force war unglücklich und frustriert darüber, dass die Dollarmillionen, die sie für das Projekt RAND ausgab, aufgrund dieser Konflikte nicht die gewünschten Ergebnisse lieferten.«[2]

Laut William Mills Tompkins war die Trennung kein so reibungsloser Übergang, wie es auf der RAND-Website und von den Historikern dargestellt wurde, denn es blieben die Spannungen und Feindseligkeiten zwischen den Mitarbeitern unerwähnt, die gezwungen waren, sich für eine der beiden Instanzen zu entscheiden. In einem Interview sagte Tompkins, ungefähr zwei Drittel der rund zweihundert Mitarbeiter von Projekt RAND seien in das Werk in Santa Monica umgezogen, wo sich die neu geschaffene RAND Corporation befand. Ein weiteres Drittel blieb bei Douglas in seiner eigenen, weiterhin geheimen technischen Einrichtung in Santa Monica.[3]

Dieser Rest von Projekt RAND, der bei Douglas verblieb, bildete die geheime Denkfabrik Advanced Design, für die Tompkins nach seinem Eintritt Anfang 1951 zu arbeiten begann, nachdem er erst wenige Monate zuvor, Ende 1950, bei Douglas eingestellt worden war. Tompkins erfuhr 1951 aus erster Hand, dass Antigravitations-Projekte von Douglas-Wissenschaftlern und -Ingenieuren in ihrer klassifizierten Denkfabrik weiterhin insgeheim untersucht wurden, und zwar mit Finanzmitteln, die nun von der U.S. Navy bereitgestellt wurden.[4] Die RAND Corporation wurde dagegen ausschließlich von der Air Force finanziert, um neue Konzepte für die Luft- und Raumfahrt zu untersuchen.[5]

Tompkins' Behauptungen werden durch offizielle Dokumente der Douglas Aircraft Company gestützt, aus denen hervorgeht, dass tatsächlich Antigravitations- und andere exotische Antriebssysteme untersucht wurden. Diese Dokumente zeigen, inwiefern Tompkins' Chefs bei Advanced Design unmittelbar beteiligt waren. Ein Dokument von Dr. Wolfgang B. Klemperer, Tompkins' unmittelbarem Vorgesetzten, vom 1. März 1955 für Elmer Wheaton, den Vizepräsidenten von Douglas Engineering, hat den Betreff »UNKONVENTIONELLE ANTRIEBSARTEN«. Darin heißt es:

> »Unsere Untersuchungen über die möglichen Vorzüge oder die Bedeutung gelegentlich erscheinender Veröffentlichungen über unkonventionelle Antriebssysteme wurden seit der Abfassung des ersten Memorandums (MTM-622) über ihre Fortschritte bis Mitte Dezember 1954 in loser Folge fortgesetzt.
>
> Zwischen dieser Zeit und Ende Februar 1955 wurden zwanzig weitere Artikel zu einschlägigen Themen beschafft und gelesen. Sie werden in der beigefügten *Astronautical Literature Review* besprochen ...
>
> Einige weitere Male wurde mit Menschen persönlich über das Thema gesprochen. Zwei solche Gespräche liegen in Auszügen vor. Wir haben uns auch einige typische »UFO«-Bücher angesehen, aber keines gefunden, das bislang von technischer Bedeutung war. Sechs davon sind im Anhang kurz besprochen.«[6]

Weitere Dokumente der Douglas Aircraft Company, die von Tompkins zur Verfügung gestellt wurden, belegen eindeutig, dass Dr. Klemperer eine systematische Studie über unkonventionelle Antriebssysteme, einschließlich Antigravitation, durchführte.[7] Tatsächlich verfasste er drei der Arbeiten, die 1946 in *Preliminary Design of an Experimental World-Circling Spaceship* (»Vorläufiger Entwurf eines experimentellen erdumkreisenden Raumschiffs«, nicht auf Deutsch erschienen) enthalten waren.[8]

Es ist wichtig, die Rolle von Dr. Klemperer bei Douglas während der Zeit zu analysieren, als das Unternehmen sich bemühte, exotische Antriebssysteme einschließlich der Antigravitation zu verstehen und zu prüfen, wie es diese für Luftfahrtprojekte der Army, der Air Force und der Navy übernehmen könnte. Klemperer war ein in Dresden aufgewachsener Österreicher.[9] Er absolvierte 1920 die Technische Universität Dresden und erhielt seine erste Anstellung am Aachener Institut für Aerodynamik, wo er zwei Jahre lang als Assistent von Professor Theodore von Kárman arbeitete. Bemerkenswerterweise emigrierte von Kárman 1930 in die USA, um am California Institute of Technology (CIT) zu arbeiten, und wurde ein prominenter Mitarbeiter bei den Bestrebungen der Army Air Force/USAF, erbeutete deutsche und außerirdische Luft- und Raumfahrttechnologien zu untersuchen. Kármans Brillanz führte dazu, dass er 1944 das Jet Propulsion Laboratory mitbegründete und im Zweiten Weltkrieg General »Hap« Arnolds wichtigster wissenschaftlicher Berater wurde. Laut dem »White Hot Report« war Professor von Kárman später ein Mitglied der wissenschaftlichen Gruppe, die Twining ausschickte, um die Trümmer des Roswell-Absturzes zu untersuchen.

Klemperers Verbindung zu von Kárman ist es wert, in Erinnerung zu bleiben. Zunächst arbeitete Klemperer von 1922 bis 1924 bei der Luftschiffbau Zeppelin und leitete dort die Forschungsabteilung für Konstruktion und Bau der von Zeppelin entworfenen Luftschiffe. Nach seiner ingenieurwissenschaftlichen Promotion in Aachen wanderte er 1924 in die USA aus, um eine Stelle bei der Goodyear-Zeppelin Corporation in Akron, Ohio, anzutreten. Kurz danach war Klemperer bereits an der Konstruktion zweier großer Zeppeline nach deutschem Vorbild für die U.S. Navy beteiligt. Der Navy-Vertrag umfasste ein Volumen von damals acht Millionen US-Dollar, was im Jahr 2018 beeindruckende 1,78 Milliarden Dollar bedeuten würde.[10] Das erste der beiden Luftschiffe, die *USS Akron*, hatte eine Flugbesatzung von sechzig Mann, darunter zehn Offiziere, sowie eine Gruppe von vier Fliegeroffizieren und fünfzehn Flugzeugmechanikern, die für bis zu vier an Bord des Zeppelins mitgeführte Curtiss F9C-2 »Sparrowhawk«-Jäger zuständig waren. Die Kampfflugzeuge wurden mit dem sogenannten »Trapez« gestartet und gelandet, das aus dem Hangar im Rumpf des Luftschiffs nach unten geschwenkt wurde.[11]

Der Bau der *USS Akron* begann am 31. Oktober 1929 und wurde im August 1931 abgeschlossen. Der Bau des Schwesterschiffs *USS Macon* dauerte von 1933 bis 1935. Sowohl die *USS Akron* als auch die *USS Macon* waren Prototypen fliegender Flugzeugträger, die tatsächlich für die Navy in Dienst gestellt wurden. Sie waren die größten mit Helium gefüllten Luftschiffe, die jemals gebaut wurden, und stellten einen beispiellosen Vorsprung der Lufthoheit der U.S. Navy dar. Leider stürzten sie beide bei Stürmen ab: die *Akron* im Jahr 1933 und die *Macon* 1935. Aufgrund dieses Rückschlags und der Entscheidung der Navy, keine weiteren Zeppeline mehr zu bauen, entschloss sich Klemperer im Jahr 1936 zum Wechsel zur Douglas Aircraft Company.

Die Arbeit Klemperers an der Konstruktion fliegender Flugzeugträger vor dem Zweiten Weltkrieg sowie sein dokumentiertes Interesse an der Antigravitation untermauern Tompkins' Behauptung, dass die Douglas Aircraft Company in den 1950er und frühen 1960er Jahren heimlich an der Entwicklung von Raumschiffen für die U.S. Navy beteiligt war, die vom Konzept her Flugzeugträgern ähnelten. Die Beziehung zwischen der Navy und Douglas hinsichtlich dieses Strebens wird in Tompkins' Autobiographie *Auserwählt von Außerirdischen* und im zweiten Buch dieser Reihe, *Das Geheime Weltraumprogramm der U.S. Navy & Die Allianz mit den Nordischen*, ausführlich beschrieben.

Bezeichnenderweise fand ich keinen Hinweis darauf, dass das beginnende Raumfahrtprogramm der Navy mit der Gruppe Majestic 12 in Verbindung gebracht wurde. Die Admiräle der Navy waren von Anfang an in die Bemühungen von Majestic 12 involviert, Probleme im Zusammenhang mit außerirdischem Leben und zugehöriger Technologie zu verstehen und zu bewältigen, doch führte dies immer

MTM-622, Part 2

March 1, 1955

To: E. P. Wheaton, A-250

From: W. B. Klemperer, A-250

Subject: UNCONVENTIONAL PROPULSION SCHEMES

Copies to: H. Aurand, A-250; R. Demoret; A-250; J. B. Edwards, A-250; S. Kleinhans, A-250; T. A. Kvaas, A-250; H. Luskin, A-250; C. C. Martin, A-215; G. M. Files

Reference: MTM-622, December 20, 1954 (Declassified)

Our studies of the possible merits or significance of occasionally appearing publications concerning Unconventional Propulsion Schemes have been casually continued since writing the first memorandum (MTM-622) about their progress to mid December 1954.

Between that time and the end of February 1955, twenty more papers on pertinent topics have been obtained and read. They are reviewed in the appended Astronautical Literature Review pages, serial 026 to 045. The content of most of them falls into similar categories as those reviewed before, under serial numbers 001 to 025.

Several more occasions were had to talk personally to people about the subject. Two of such interviews are abstracted, one with Dr. C. B. Millikan and the other with Captain W. T. Sperry of American Airlines who encountered an UFO in flight in 1950.

We have also looked at a few typical "Flying Saucer" books but found none of them of technical significance thus far. Brief reviews of six of them are appended. A print of a color film tracking two Unidentified Foreign Objects near Missoula, Montana, was obtained. It is now being analysed by Iconolog techniques.

Correspondence was exchanged with Aviation Studies (International) Limited, 20-31 Cheval Place, Kinghtsbridge, London SW 7, England, who describe themselves as Management Consultants and who prepare and distribute the Aviation Reports discussing technical, commercial and political developments in the world of aviation, as mentioned in paragraph 1. Reference was made by us particularly to the article "Gravitic Steps" in their issue No. 357 of 19 Nov. 1954 (p. 531) in which veiled intimations were made of promising experimental results with a test rig; specific questions concerning details of these alleged experiments were submitted to the editor of the British publication. An answer dated 4 February 1955 was promptly received. In this reply, signed by R. G. Worcester (Director of Aviation Studies (International) Limited) we were referred to "an unclassified report on Project Winterhaven

Abb. 16. Dr. Klemperers Brief zum Thema »Unkonventioneller Antrieb«

noch nicht dazu, dass sie anderen Majestic-Mitgliedern das erlaubten, was die Navy tat. An der Oberfläche scheint dies eine Folge von Ressentiments gegenüber der Navy gewesen zu sein, die sowohl von der Roosevelt- als auch von der Truman-Regierung institutionell daran gehindert wurde, Forschungs- und Entwicklungsarbeiten mit erbeuteten außerirdischen Technologien durchzuführen. Es ist eine historische Tatsache, dass die Navy sich entschieden gegen die Gründung einer eigenständigen Air Force aussprach und daher nicht über den Vorrang erfreut war, den Truman seiner neu geschaffenen Militärabteilung bei der Bewältigung des außerirdischen Phänomens unmittelbar nach dem Roswell-Absturz einräumte.

Es gibt jedoch eine noch überzeugendere Erklärung dafür, warum das aufstrebende Raumfahrtprogramm der Navy außerhalb des Zuständigkeitsbereichs von Majestic 12 verwirklicht wurde. Während Operation Highjump im Frühjahr 1947 hatte die Navy in der Antarktis eine verheerende Niederlage durch das dort von den »Deutschen Geheimgesellschaften« betriebene Weltraumprogramm davongetragen, das ich im dritten Band dieser Reihe, *Antarktis – Die verbotene Wahrheit*, ausführlich besprochen habe. Die Navy verstand am besten die langfristige strategische Bedrohung, die von der abtrünnigen deutschen Kolonie in der Antarktis ausging, sowie deren erstaunliche technologische Fortschritte aufgrund eines Bündnisses, das sie mit einer außerirdischen Rasse, den sogenannten Drakoniern, geschlossen hatte. Während des Zweiten Weltkriegs hatte die Navy durch eines ihrer wichtigsten Spionageprogramme von dieser weltverändernden Allianz erfahren – es handelte sich dabei um jenes Programm, an dem William Mills Tompkins teilgenommen hatte.[12]

Die technologischen Vorteile eines Bundes mit Außerirdischen wurden von Twining in seinem »White Hot Report« des Roswell-Absturzes vom 19. September 1947 als wichtige Voraussetzung anerkannt. In diesem Dokument bezog er sich auf »die direkte Zusammenarbeit mit Außerirdischen beim Technologietransfer«.[13] Diese spezifische Formulierung wurde in der geleakten Version des Berichts zwar redigiert (geschwärzt), aber Dr. Robert Wood und Ryan Wood konnten sie forensisch rekonstruieren. Die Weisung, künftig Abkommen

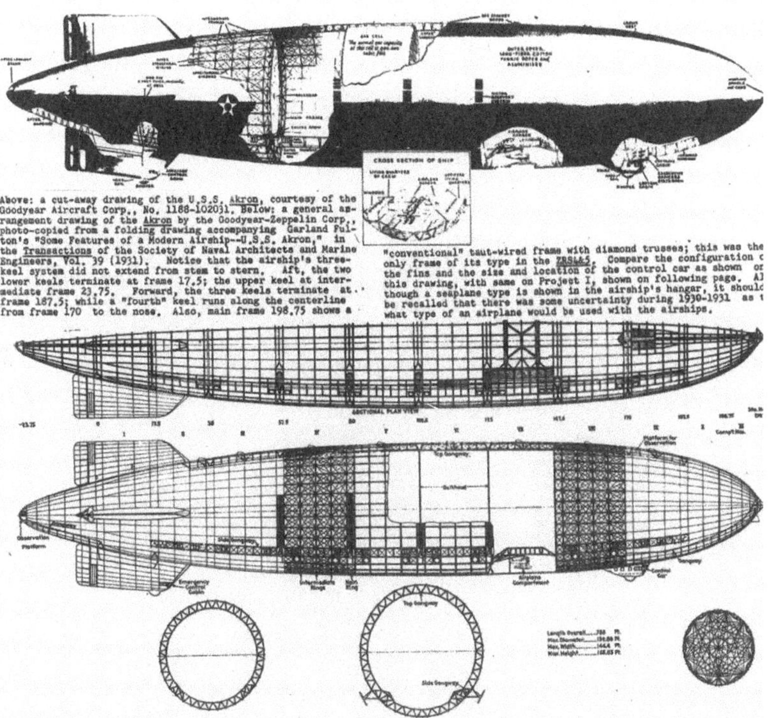

Der Text im Bild lautet: Oben: eine Schnittzeichnung der *USS Akron*, mit freundlicher Genehmigung der Goodyear Aircraft Corporation, Nr. 1188-102031. Unten: eine Übersichtszeichnung der *Akron* von der Goodyear-Zeppelin Corporation, fotokopiert von einer Faltzeichnung zu Garland Fultons »Some Features of a Modern Airship – *USS Akron*«, in den *Transactions of the Society of Naval Architects and Marine Engineers*, Vol. 39 (1931). Man beachte, dass das Drei-Kiel-System des Luftschiffs nicht vom Bug bis zum Heck reichte. Achtern enden die beiden unteren Kiele am Spant 17,5, der obere Kiel am Zwischenspant 23,75. Vorn enden die drei Kiele bei Spant 187,5, während ein »vierter« Kiel entlang der Mittellinie von Spant 170 bis zur Nase verläuft. Der Hauptspant 198,75 zeigt außerdem einen »konventionellen« straff verdrahteten Spant mit Rautenträgern; dies war der einzige Spant seiner Art im ZRS4&5. Vergleichen Sie die Anordnung der Flossen sowie die Größe und Position des Steuerwagens auf dieser Zeichnung mit der auf der folgenden Seite gezeigten Zeichnung von Projekt I. Obwohl im Hangar des Luftschiffs ein Wasserflugzeug abgebildet ist, sollte daran erinnert werden, dass in den Jahren 1930-1931 noch Ungewissheit darüber herrschte, welcher Flugzeugtyp mit diesem Luftschiff verwendet werden sollte.

Abb. 17. Zeichnung mit Legende aus dem Naval Historial Center, dem Zentrum für Flottengeschichte

mit Außerirdischen zu schließen, war, wie der redigierte Passus zeigt, zu dieser Zeit nur auf höchste Beamte beschränkt. Die Verantwortung für das Zustandekommen eines solchen Abkommens mit Außerirdischen sollte bei der strategischen Planungsgruppe liegen, die in Twinings Bericht gefordert wurde, die dann fünf Tage später mit Präsident Trumans Memorandum vom 24. September 1947 – »Die Gruppe Majestic 12« – festgelegt wurde.

Infolgedessen ist es verständlich, dass die Navy, weil man dort die Notwendigkeit erkannt hatte, Vereinbarungen mit Außerirdischen und ein Abkommen mit der abtrünnigen deutschen Antarktis-Kolonie zu erzielen, ihren langfristigen strategischen Plan zur Erforschung und Entwicklung zukünftiger Weltraumkampfgruppen nicht mit der Majestic-12-Gruppe teilen wollte. Immerhin wusste die Navy, dass MJ-12 eingerichtet worden war, um Probleme außerirdischer Lebensformen und Technologien im Auftrag der Truman-Administration zu handhaben. MJ-12 wurde beauftragt, eine Lösung für das expandierende deutsche Weltraumprogramm in der Antarktis zu finden. Je weniger Majestic 12 darüber wusste, was die Navy in ihren Forschungseinrichtungen tat, desto weniger wahrscheinlich würden die Deutschen und ihre außerirdischen Verbündeten davon erfahren und diese Anstrengungen unterwandern und sabotieren. Infolgedessen setzte die Navy, sei es aufgrund anhaltender Ressentiments, institutioneller Eifersucht oder aus strategischer Notwendigkeit, ihre gesonderte Erforschung und Entwicklung erbeuteter außerirdischer Technologien bei der Douglas Aircraft Company und anderen als geheim klassifizierten Forschungseinrichtungen im Verborgenen fort.

Vielleicht ist es nicht so ironisch, dass – während die Navy weiterhin heimlich mit Douglas' RAND-Ersatzprojekt Advanced Design zusammenarbeitete, um künftige Flotten von Weltraumtransportern zu bauen – die Air Force stattdessen Douglas' Ableger, die RAND Corporation, nutzte. Da RAND an der Untersuchung der nach dem Vorfall von Roswell gefundenen außerirdischen Artefakte und Leichen beteiligt war, bestand die Hauptaufgabe der RAND Corporation darin, einen langfristigen strategischen Plan zur Lösung der Vielzahl von Problemen des außerirdischen Lebens und der außerirdischen Technologien zu entwickeln. In dieser Hinsicht bestand eines der unmittelbaren Probleme der Air Force und Majestic 12 darin, mit der wachsenden Zahl von Verletzungen des amerikanischen Luftraums durch außerirdische und antarktis-deutsche Raumschiffe umzugehen.

Anmerkungen

1 »A Brief History of RAND«, https://www.rand.org/about/history/a-brief-history-of-rand.html (aufgerufen am 30.12.2018)

2 Alex Abella, *Soldiers of Reason: The RAND Corporation and the Rise of the American Empire*; Mariner Books 2009; pgs. 40-41.

3 Privates Telefonat am 19. September 2016.

4 William M. Tompkins, *Auserwählt von Außerirdischen*, AMRA Verlag, Hanau 2022. – US-Ausgabe: p. 58.

5 Alex Abella, *Soldiers of Reason: The RAND Corporation and the Rise of the American Empire*; Mariner Books 2009; p. 42.

6 Online unter https://rense.com/general96/DouglasDocsPreface.pdf (aufgerufen am 30.12.2018)

7 Mehr Dokumente über diese unkonventionellen Antriebssysteme von Douglas Aircraft finden sich online unter https://rense.com/general96/deepspaceexmp4.html (aufgerufen am 10.10.2018)

8 Special Anniversary Edition, *Preliminary Design of an Experimental World-Circling Spaceship*; Santa Monica, CA; RAND Corporation 1946. Online unter http://www.rand.org/pubs/special_memoranda/SM11827.html. Auch als Gratis-eBook erhältlich und käuflich als Paperback.

9 Die biografischen Daten über Wolfgang Klemperer stammen aus Wikipedia, https://en.wikipedia.org/wiki/Wolfgang_Klemperer#Life_in_the_United_States (aufgerufen am 10.10.2018)

10 Nach der Website *Measuring Worth* entsprechen 8 Millionen Dollar im Jahr 1924 zwischen 92 und 1.780 Millionen 2018; siehe https://www.measuringworth.com/calculators/ppowerus/ (aufgerufen am 10.10.2018)

11 »USS Akron (ZRS-4), Airship 1931-1933«; siehe https://web.archive.org/web/20040218013105/ und https://www.history.navy.mil/photos/ac-usn22/z-types/zrs4v.htm (aufgerufen am 10.10.2018)

12 Michael E. Salla, *Das Geheime Weltraumprogramm der US-Navy & Die Allianz mit den Nordischen*; AMRA Verlag, Hanau 2017. – US-Ausgabe: pgs. 43-60.

13 Dr. Robert M. Wood & Ryan Wood (eds.), *The Majestic Documents*; Wood and Wood Enterprises 1998; p. 77.

6 Die deutsche Verbindung zu den UFOs über den USA

Noch nie in der Geschichte waren Lügen so wichtige Instrumente der Diplomatie und der Politik.

– Max Hastings –

UFOs aus der Antarktis

Im März 1947 gab Rear Admiral Richard Byrd in Santiago de Chile ein Interview über seine kürzlich beendete Mission »Operation Highjump«. Er befand sich zu dieser Zeit auf der Rückreise in die USA, um seine Vorgesetzten über die Ereignisse während des Einsatzes in der Antarktis zu informieren.

Byrds Aussagen enthielten einen ernüchternden Hinweis auf eine drohende Gefahr für die Vereinigten Staaten. Der Journalist Lee van Atta zitierte Byrd ausführlich in einem Artikel, der am 5. März 1947 in der Zeitung *El Mercurio* unter dem Titel »El almirante Richard E. Byrd se refiere a la importancia estratégica de los polos« (»Admiral Richard E. Byrd verweist auf die strategische Bedeutung der Pole«) erschien.

Hier werden aus der spanischen Originalveröffentlichung übersetzte Passagen wiedergegeben:

»Admiral Richard E. Byrd sprach heute warnend von der Notwendigkeit, dass die Vereinigten Staaten Schutzmaßnahmen gegen die Möglichkeit einer Invasion des Landes durch feindliche Flugzeuge aus den Polarregionen ergreifen sollten. Der Admiral sagte: ›Ich möchte niemanden erschrecken, aber es ist bittere Realität, dass die Vereinigten Staaten im Falle eines neuen Krieges von Flugzeugen angegriffen werden, die über einen oder beide Pole zu uns fliegen.‹«[1]

Diese besondere Passage ist die Quelle der ursprünglichen Theorie, dass Nord- und Südpol die Orte waren, an denen ein unbekannter Feind existierte, der in der Lage war, einen »neuen Krieg« gegen die Vereinigten Staaten zu beginnen.

Der Hinweis auf einen »neuen Krieg« zeigt deutlich, dass die betreffende Entität sowohl feindlich als auch mächtig war, da sie das amerikanische Festland mit vom Südpol aus gestarteten modernen Fluggeräten unmittelbar bedrohen konnte. Van Atta fuhr fort:

»Zum Thema der kürzlich beendeten Expedition sagte Byrd, dass ›die wichtigsten Beobachtungen und Entdeckungen mit der gegenwärtig möglichen Situation in Bezug auf die Sicherheit der Vereinigten Staaten zu tun haben … Ich kann nicht mehr tun, als meine Landsleute mit allem Nachdruck zu warnen, dass die Zeit vergangen ist, in der wir uns in völliger Isolation zurückziehen und im Vertrauen auf die Sicherheitsgarantie ausruhen konnten, die die Entfernung, die Ozeane und die Pole uns bieten.‹«[2]

Hier deutet Byrd an, dass der unbekannte Feind fortschrittliche Luftfahrzeuge besaß, deren Geschwindigkeit und Reichweite den Schutz aufhob, den die Vereinigten Staaten zuvor aufgrund der weiten Ozeane, die sie von Europa und Asien trennen, genossen hatten.

In meinem Buch *Antarktis – Die verbotene Wahrheit* lege ich Beweise dafür vor, dass Byrds Operation Highjump von der abtrünnigen deutschen Kolonie in der Antarktis, die ihre Flugscheiben erfolgreich bewaffnet hatte, ein atemberaubender Schlag versetzt worden war.[3] Operation Paperclip, die den Übertritt von Nazi-Wissenschaftlern und Nazi-Technologien in die USA arrangierte, hatte nur die *erfolglosen* Flugscheiben-Prototypen gefunden, welche die Deutschen auf ihrem Rückzug in die Antarktis zurückgelassen hatten. In der Antarktis hatten die Deutschen der Navy eine blutige Nase verpasst, und jetzt war die Air Force an der Reihe, als die deutschen Überflüge auf amerikanischem Territorium begannen. Das ist die Bedrohung, auf die Byrd in seinem Interview anspielte.

Nur wenige Monate nach Admiral Byrds Interview mit der chilenischen Presse ereignete sich die berühmte UFO-Begegnung von Kenneth Arnold. Am 24. Juni 1947 sah Arnold neun flügelförmige Flugobjekte über den Cascade Mountains in Oregon und dem US-Bundesstaat Washington. In einem Brief an die Army Air Force schilderte Arnold den Vorfall:

»Der Himmel und die Luft waren kristallklar. Ich flog erst zwei oder drei Minuten auf meinem Kurs, als von meinem Flugzeug ein heller Blitz reflektiert wurde. Das erschreckte mich, denn ich dachte, ich sei zu nahe an einem anderen Flugzeug. Ich suchte den Himmel ab, konnte aber nicht entdecken, woher die Reflektion kam, bis ich nach links, in nördliche Richtung zum Mt. Rainier schaute, wo ich eine Kette von neun seltsam aussehenden Flugobjekten beobachtete, die von Norden nach Süden in einer Höhe von ungefähr 9.500 Fuß und anscheinend in eine bestimmte Richtung von ungefähr 170 Grad flogen.

Sie näherten sich dem Mount Rainier sehr schnell, weshalb ich annahm, dass es sich um Düsenflugzeuge handelte. Wie dem auch sei, ich stellte fest, dass von dort die Lichtreflexe herkamen, da sich zwei oder drei von ihnen alle paar Sekunden absenkten oder ihren Kurs leicht änderten, wodurch das von ihnen reflektierte Sonnenlicht sich hell auf meinem Flugzeug spiegelte.

Da diese Objekte ziemlich weit entfernt waren, war ich einige Sekunden lang nicht in der Lage, ihre Form oder Formation zu erkennen. Kurz darauf näherten sie sich dem Mt. Rainier, und nun hoben sich ihre Umrisse ganz deutlich vor dem Schnee ab.

Ich fand es sehr merkwürdig, dass ich ihre Hecks nicht sehen konnte, nahm jedoch an, dass es sich um eine Art von Düsenflugzeugen handelte. Ich beschloss, ihre Geschwindigkeit zu ermitteln, da ich zwei Punkte hatte, von denen aus ich messen konnte; die Luft war so klar, dass es sehr einfach war, Objekte zu sehen und ihre ungefähre Form an jenem Tag trotz der recht großen Entfernung zu bestimmen …

EL MERCURIO. — Santiago de Chile, miércoles 5 de marzo de 1947

El almirante Richard E. Byrd se refiere a la importancia estratégica de los polos

(Por Lee Van Atta, para "El Mercurio")

A BORDO DEL MOUNT OLYMPUS, EN ALTA MAR, 4 — (ESPECIAL). — El almirante Richard E. Byrd advirtió hoy que es preciso que los Estados Unidos adopten medidas de protección contra la posibilidad de una invasión del país por aviones hostiles procedentes de las regiones polares.

El almirante dijo: "no intento asustar a nadie, pero la amarga realidad es que, de ocurrir una nueva guerra, los Estados Unidos serán atacados por aviones que volarán sobre uno o ambos polos". Esta declaración fué hecha a manera de recapitulación de la ejecutoria del propio Byrd, como explorador polar, en una entrevista exclusiva para International News Service. A propósito de la expedición recién terminada, Byrd dijo que el resultado más importante de las observaciones y descubrimientos hechos es el efecto actual potencial, que tendrán éstos en relación con la seguridad de los Estados Unidos. "La fantástica presura con que el mundo se está encogiendo — declaró el almirante — es una de las lecciones objetivas aprendidas durante la exploración antártica que acabamos de efectuar. No puedo menos que hacer una fuerte advertencia a mis compatriotas en el sentido de que ha pasado ya el tiempo en que podíamos refugiarnos en un completo aislamiento y descansar en la confianza de que las distancias, los océanos y los polos constituyen una garantía de seguridad".

A continuación observó que si él ha hecho éxito, otras personas podrían igualmente dirigir una nueva expedición de 4 mil jóvenes norteamericanos, con la ayuda exclusiva de un puñado de exploradores experimentados. El almirante encareció la necesidad de permanecer "en estado de alerta y vigilancia a lo largo [de los] constituyen los últimos reductos de defensa contra una invasión.

"Yo puedo darme cuenta quizás mejor que cualquier otra persona, de lo que significa el uso de los conocimientos científicos en estas exploraciones, porque puedo hacer comparaciones. Hace 20 años realicé mi primera expedición antártica con menos de ciento cincuenta hombres, dos buques y diez aviones. Entonces la exploración era arriesgada y peligrosa y constituía una singular experiencia. Pero ahora, poco menos de veinte años más tarde, una expedición quince veces mayor que aquélla en todos los respectos, recorre el antártico, completa su misión en menos de dos meses y abandona la región después de haber hecho importantes descubrimientos geográficos. La moraleja que se deriva de esta comparación es clara: puesto que la velocidad y el progreso al parecer no reconocen horizontes, es preciso que aceleremos la pauta de nuestro pensamiento, de nuestros proyectos y de nuestras acciones, y la expansión de nuestros propios horizontes. Pero es preciso que hagamos esto ahora, ya, porque tanto la supervivencia del mundo como la ciencia militar, se hallan actualmente en una etapa vital de su desarrollo".

El almirante declaró que en su opinión la expedición ha sentado un precedente sin igual en cuanto se refiere a la rápida sucesión en que se verificaron los descubrimientos geográficos. Y concluyó encomiando la labor de los aviadores y fotógrafos del servicio de cartografía aérea de la expedición, quienes desempeñaron el papel más importante en la exploración de las desconocidas regiones del antártico. — (I. N. S.).

Lee Van Atta.

Abb. 18. Zeitungsbericht von Lee van Atta über Operation Highjump

Diese Objekte hielten eine fast konstante Höhe. Sie schienen nicht zu steigen oder zu fallen, wie es bei Raketen oder Artilleriegeschossen der Fall ist. Ich bin davon überzeugt, dass es sich um einen Typ von Flugzeugen handelte, obwohl sie nicht den konventionellen Flugzeugen entsprachen, die ich kenne.

Einige Beschreibungen vom Boden aus gesichteter untertassenförmiger Scheiben können nicht sehr genau sein, es sei denn, dass diese Scheiben sehr hoch flogen und die Möglichkeit besteht, dass die Leute, die diese Objekte beobachteten, das Gleiche gesehen haben könnten wie ich …«[4]

Arnolds Beobachtung der neun in Formation fliegenden Objekte zeigt, dass es keine experimentellen Düsenflugzeuge waren, die vom US-Militär getestet wurden. Solche geheimen Tests von experimentellen Flugzeugen umfassten einen oder höchstens zwei Prototypen, die gleichzeitig bewertet wurden, und nicht neun in Formation fliegende. Ben Rich erklärt den Bau und die Erprobung von experimentellen Flugzeugen in seinem Buch *Skunk Works: Von der U-2 bis zum Tarnkappenbomber – Der Blick ins Innerste des geheimen Lockheed-Entwicklungszentrums.*[5] Sein Buch macht deutlich, dass es sich bei dem, was Arnold sah, nicht um Prototypen handelte, die getestet wurden, sondern um ein Geschwader, das eine Mission erfüllte. Die Frage, die sich stellt, lautet: Wem gehörten diese flügelförmigen Luftfahrzeuge?

Arnolds Beschreibung der »Flugscheiben« weist eine bemerkenswerte Ähnlichkeit mit einem einzigartigen Düsenflugzeug auf, das von den beiden Brüdern Reimar und Walter Horten für das nationalsozialistische Deutschland entwickelt wurde – der Horten Ho 229, von der nur drei Prototypen entstanden. Jahrzehnte später wurde das revolutionäre Design dieses rumpflosen sogenannten »Nurflüglers« beim Bau des Tarnkappenbombers B-2 Spirit verwendet.[6] Einer der Prototypen des Ho 229, eine V3, war nach dem Zweiten Weltkrieg zur Untersuchung in die USA gebracht worden. Heute befindet er sich unrestauriert im Bestand des Smithsonian National Air and Space Museums.

Als die Air Force mit der Untersuchung von UFO-Berichten begann, wurde offiziell bestätigt, dass Design und Flugleistung der Ho 229 mit den von Zeugen gesichteten Fluggeräten übereinstimm-

Abb. 19. Vergleich einer Zeichnung des von Kenneth gesichteten UFOs mit einem Foto des 1944 in Deutschland entwickelten Horten-Nurflüglers

ten.[7] Aus den Ähnlichkeiten zwischen der Ho 229 und dem, was Arnold gesehen hatte, lassen sich folgende Schüsse ziehen: Während offiziell nur zwei Ho 229/V3-Prototypen gebaut wurden, entwickelten die Hortens oder andere deutsche Luftfahrtingenieure heimlich erfolgreichere Prototypen, die man dann in die Antarktis verlegte. Und diese hochmodernen deutschen Flugzeuge überflogen 1947 das US-Territorium in Staffelformation.

Die Warnung von Admiral Byrd hatte sich als ziemlich hellsichtig erwiesen, da die Deutschen in der Antarktis nun, im Juni 1947, die Fähigkeit entwickelt hatten, die USA mit Staffeln von Flugscheiben zu überfliegen. Aus dem raschen Anstieg der UFO-Sichtungen nach dem Arnold-Vorfall kann geschlossen werden, dass einige direkt mit dem deutschen Weltraumprogramm in der Antarktis zu tun hatten. Der genaue Zusammenhang zwischen diesen UFO-Berichten und bekannten deutschen Flugscheiben-Projekten aus dem Zweiten Weltkrieg wurde von der U.S. Air Force sofort untersucht.

Die Air Force entdeckt die deutsche Beteiligung

Eine der besten Informationsquellen zu den Ereignissen, die auf Kenneth Arnolds Sichtung folgten, ist Captain Edward Ruppelt, der von Anfang 1951 bis September 1953 das Projekt Bluebook der USAF leitete. In der ersten Ausgabe seines 1955 erschienen Buches *The Report of Unidentified Flying Objects* (»Bericht über unbekannte Flugobjekte«, nicht auf Deutsch erschienen) beschreibt er, welche Panik bei der Führung der Air Force durch die ersten offiziellen Untersuchungen der seit Juni 1947 auftretenden UFO-Sichtungen ausgelöst wurde:

> »Die Memos und Korrespondenzen, die Project Bluebook von den alten UFO-Projekten geerbt hatte, erzählten die Geschichte der frühen Ära der Flugscheiben. Diese Notizen und Korrespondenzen zeigten, dass die UFO-Situation als ernst eingeschätzt wurde, sogar als sehr ernst. Die Papiere jener Zeit wiesen auch auf die Verwirrung hin, von der die Untersuchung umgeben war. Die Militärführung forderte schnell eine Antwort, und so forschte man in alle Richtungen. Jede Theorie war so gut wie die andere, und jede Person mit irgendeinem Gewicht im ATIC [Air

> Technical Intelligence Center, Wright-Patterson AFB] brachte ihre eigene Theorie an. Die Ideen bezüglich des Ursprungs der UFOs fielen in zwei Hauptkategorien: irdisch und außerirdisch.«[8]

Es ist wichtig zu erwähnen, dass Ruppelt und das Projekt Bluebook in Wright-Patterson stationiert waren, wohin man auch die Reste der Roswell-Schiffe gebracht hatte. Die Trümmer und Leichen wurden höchstwahrscheinlich in einem neu geschaffenen geheimen Labor untersucht. Dessen Einrichtung wurde von General Nathan Twining gegenüber Major General Curtis LeMay am 18. Juli 1947 angeordnet, nur zwei Wochen nach dem Roswell-Absturz.[9]

Jeder Zweifel über die Bedeutung der Wright-Patterson Air Force Base (AFB) für die Erforschung von Flugscheiben, und zwar sowohl für die Auswertung von Sichtungsberichten wie für Absturzfunde, wird durch ein freigegebenes CIA-Dokument von 1952 mit dem Betreff »UFOs« beseitigt. Das im Jahr 2010 veröffentlichte CIA-Dokument vom stellvertretenden Direktor des Office of Scientific Intelligence (OSI) macht deutlich, dass die Air-Force-Basis Wright-Patterson die einzige Einrichtung war, wo die Untersuchungen zu den Flugscheiben durchgeführt wurden:

> »OSI hat die derzeit bezüglich der ›Flugscheiben‹ stattfindende Arbeit untersucht und festgestellt, dass das Air Technical Intelligence Center [ATIC], DI, USAF, Wright-Patterson Air Force Base, die einzige Stelle ist, wo nennenswerte Bemühungen und Studien zu diesem Thema stattfinden.«[10]

Wie aus den geleakten Majestic-Dokumente hervorgeht, erkannten die Ermittler der Air Force schnell die außerirdische Herkunft des Roswell-Raumschiffs. Dies bedeutete aber nicht, dass die Welle von UFO-Sichtungen, die danach über die USA hereinbrach, nur von Außerirdischen verursacht wurde. Die Frage, welche Sichtungen außerirdischer Natur waren und welche mit dem deutschen UFO-Programm in der Antarktis zusammenhingen, beschäftigte das Majestic-12-Komitee und hochrangige Beamte der Air Force sofort. Captain Ruppelt lieferte ihnen aus »Project Bluebook« einen Augenzeugenbericht über die verschiedenen Diskussionen, Memoranden und Akten, mit denen versucht wurde, die Herkunft der UFOs zu bestimmen.

Eine Erklärung, die schnell aufkam, lautete, dass die Sichtungen mit revolutionären deutschen Luft- und Raumfahrtprojekten aus dem Zweiten Weltkrieg zu tun hatten:

> »Gegen Ende des Zweiten Weltkriegs hatten die Deutschen mehrere völlig neue Flugzeugtypen und Lenkflugkörper in der Entwicklung. Die meisten dieser Projekte befanden sich noch im Anfangsstadium, aber sie waren die einzigen bekannten Fluggeräte, deren Leistung wenigstens annähernd an die der von UFO-Beobachtern gemeldeten Objekte heranreichte. Wie die Alliierten hatten sich aber auch die Sowjets nach dem Zweiten Weltkrieg vollständige Daten über die neuesten deutschen Entwicklungen beschafft. Dies, gepaart mit Gerüchten, die Sowjets würden die deutschen Ideen rasant weiterentwickeln, sorgte in der Militärführung für nicht geringe Beunruhigung. Als in der Nähe des Muroc-Testzentrums der Air Force, am White-Sands-Testgelände der Armee und über Produktionsanlagen für Atombomben weitere UFOs beobachtet wurden, verstärkte man die Bemühungen von ATIC.
>
> Geheimagenten in Deutschland wurden angewiesen, sich über die Fortschritte der verschiedenen deutschen Projekte genau zu informieren.«[11]

Wie die große Mehrheit der Offiziere bei der Air Force wusste auch Ruppelt nicht, dass eine Gruppe deutsche Abtrünniger in der Antarktis eine Kolonie gegründet hatte und über einsatzbereite UFOs verfügte,mit denen sie der Navy-Operation Highjump Anfang 1947 einen schweren Schlag versetzt hatten. Obwohl Ruppelt und andere Bluebook-Ermittler Sicherheitsberechtigungen für »Top Secret« hatten, reichte dies nicht aus, um Zugang zu den Informationen über die deutsche Antarktis-Kolonie zu erhalten. Dennoch zeigt Ruppelts Buch, dass einige Ermittler der Air Force die UFO-Sichtungen mit den Deutschen in Verbindung brachten. Sie gelangten jedoch auch zu dem Schluss, dass es sich bei einigen UFO-Sichtungen um sowjetische Adaptionen

ER - 3 - 2872

OCT 2 1952

MEMORANDUM TO: Director of Central Intelligence

THROUGH: Deputy Director (Intelligence)

FROM: Assistant Director, Office of Scientific Intelligence

SUBJECT: Flying Saucers

1. PROBLEM—To determine: (a) Whether or not there are national security implications in the problem of "unidentified flying objects"; (b) whether or not adequate study and research is currently being directed to this problem in its relation to such national security implications; and (c) what further investigation and research should be instituted, by whom, and under what aegis.

2. FACTS AND DISCUSSION—OSI has investigated the work currently being performed on "flying saucers" and found that the Air Technical Intelligence Center, DI, USAF, Wright-Patterson Air Force Base, is the only group devoting appreciable effort and study to this subject, that ATIC is concentrating on a case-by-case explanation of each report, and that this effort is not adequate to correlate, evaluate, and resolve the situation on an over-all basis. The current problem is discussed in detail in TAB A.

3. CONCLUSIONS—"Flying saucers" pose two elements of danger which have national security implications. The first involves mass psychological considerations and the second concerns the vulnerability of the United States to air attack. Both factors are amplified in TAB A.

4. ACTION RECOMMENDED—(a) That the Director of Central Intelligence advise the National Security Council of the implications of the "flying saucer" problem and request that research be initiated. TAB B is a draft memorandum to the NSC, for the DCI's signature. (b) That the DCI discuss this subject with the Psychological Strategy Board. A memorandum to the Director, Psychological Strategy Board, is attached for signature as TAB C. (c) That CIA, with the cooperation of PSB and other interested departments and agencies, develop and recommend for adoption by the NSC a

Approved for Release
2/2010

Abb. 20. Ein CIA-Dokument belegt die Rolle der Wright-Patterson AFB als einzige USAF-Einrichtung, die das Phänomen der Flugscheiben untersuchte.

deutscher Prototypen für UFOs handelte, was angesichts der begrenzten Informationen, die ihnen zu diesem Zeitpunkt zur Verfügung standen, ein logisch erklärbares Missverständnis war.

Ein CIA-Dokument vom 13. Oktober 1952 belegt, dass die nationalen Sicherheitsbehörden der USA die Verbindung zwischen den Flugscheiben und der Sowjetunion ebenfalls ernsthaft untersuchten. Wenn man beim Lesen des CIA-Dokuments die Abkürzung UdSSR durch »Antarktis-Deutsche« ersetzt, erhält man eine genauere Vorstellung von dem realen Dilemma der nationalen Sicherheit, mit dem sich US-Politiker in den frühen 1950er Jahren konfrontiert sahen:

> »Die Beurteilung der wissenschaftlichen Fähigkeiten der UdSSR [der Antarktis-Deutschen], Fliegende Untertassen als Waffe gegen die Vereinigten Staaten herzustellen und einzusetzen, ist ein Hauptanliegen von CIA/OSI. Die Überprüfung der vorhandenen Informationen lässt nicht den Schluss zu, dass die Scheiben von der UdSSR hergestellt oder kontrolliert werden. Nach Ansicht des OSI [Office of Scientific Intelligence = Büro für Wissenschaftsspionage] kann die Erhebung von nachrichtendienstlichen Informationen über die Fähigkeiten der UdSSR [der Antarktis-Deutschen], Fliegende Untertassen zu produzieren und einzusetzen, und die Analyse der erfassbaren Daten erst dann wirklich effektiv sein, wenn eine angemessene wissenschaftliche Grundlagenforschung begonnen wurde, um die Natur und Herkunft der Fliegenden Untertassen aufzuklären und Mittel zu deren sofortiger Identifizierung zu entwickeln.«[12]

Dieses Dokument zeigt ernste Bedenken, dass die Flugobjekte nicht aus einem geheimen Programm der UdSSR (oder der Antarktis-Deutschen) stammten. Das führte jedoch zu einer anderen Erklärung, die einige Air-Force-Offiziere anstelle der Verbindungen zu ausländischen Mächten bevorzugten: Die Flugscheiben waren außerirdischen Ursprungs.

Die »Extraterrestrische Hypothese« (ETH) wurde 1948 in einer geheimen Studie der Air Force offiziell als zutreffendste Erklärung für UFO-/Flugscheiben-Sichtungen vorgeschlagen. Eine geheime Unter-

13 October 1952

MEMORANDUM FOR: Deputy Director (Intelligence)

SUBJECT: Flying Saucers

1. Flying unidentified objects (Flying Saucers) have been the subject of Air Force observation and analysis because of the possibility that such objects might conceivably be an attack on the U.S. If they are not, it is conceivable that the enemy might take advantage of the confusion created by the ~~by the~~ Flying Saucers to use at his convenience some air weapon against the United States.

2. Thus far Defense Department conducted research in this area has been confined to the effort by A-2 through ATIC with the result that an explanation has been provided on all but 20 per cent of the total 1500 reported sightings of Flying Saucers.

3. Determination of the scientific capabilities of the USSR to create and control Flying Saucers as a weapon against the United States is a primary concern of the CIA/OSI. Its review of existing information does not lead to the conclusion that the saucers are USSR created or controlled. It is the view of OSI that collection of intelligence information on the capabilities of the USSR to produce, launch, and control Flying Saucers and the analysis of such data as might be collected cannot be very effective until there is adequate fundamental scientific research launched to clarify the nature and causes of Flying Saucers and to devise means whereby they might be instantly identified.

4. The major scientific intelligence problems in respect to Saucers are:

a. What is the present level of Soviet knowledge regarding these phenomena?

b. What are possible Soviet capabilities to utilize these phenomena to the detriment of US security interests?

c. What effect do flying saucers have on our warning system.

24

Abb. 21. CIA-Dokument über die Verbindung der UdSSR zu UFOs

suchung von rund dreihundert Fällen ergab im September 1948 eine »Einschätzung der Situation«, deren Resultat die »ETH« unterstützte. Die Studie und ihre bemerkenswerte Schlussfolgerung wurden in der Hierarchie der Air Force nach oben bis zum Schreibtisch des neu ernannten Stabschefs General Hoyt Vandenberg durchgereicht. Vandenberg lehnte sie aber ab und stellte klar, dass die Annahme der ETH aus Gründen der nationalen Sicherheit keine akzeptable Schlussfolgerung darstellte.[13]

Die Nachricht von der Ablehnung der ursprünglichen »Einschätzung der Situation« und der anschließenden Vernichtung des Berichts fand ihren Weg zu privaten UFO-Ermittlern wie Major Donald Keyhoe, der zu dem Schluss kam, dass es sich hierbei um Beweise für eine Vertuschung handelte, die auf höchster Ebene innerhalb des US-Militärs und der US-Regierung fortbestand.

Keyhoe wurde von Captain Edward Ruppelt vertraulich über die Entscheidung General Vandenbergs unterrichtet, die ursprüngliche »Einschätzung der Situation« abzulehnen:

> »Der General sagte, es würde eine Massenpanik auslösen … Wie sollten wir die Öffentlichkeit davon überzeugen, dass die Außerirdischen nicht feindlich gesinnt waren, wenn wir es selbst nicht wussten? … Der General ordnete an, die geheime Analyse zu verbrennen. Aber ein Exemplar blieb erhalten – Major Dewey Fournet und ich sahen es 1952.«[14]

Es wird schon seit langem angenommen, dass Vandenberg die außerirdische Hypothese einfach vertuschen wollte. Eine andere Erklärung ist jedoch, dass er sich eine unbestimmte Antwort wünschte, weil er und andere Mitglieder von Majestic 12 nicht sicher sein konnten, welche UFO-Berichte sich auf deutsche und welche auf außerirdische Flugobjekte bezogen. Unterstützt wird diese Schlussfolgerung von Kewper/Stein, dem ehemaligen Angehörigen des Army Signals Corps, der von 1957 bis 1961 bei der CIA beschäftigt war. Er gab an, dass ein Teil seiner Mission darin bestand, zwischen deutschen und außerirdischen Raumfahrzeugen zu unterscheiden, die von der Antarktis und Südamerika aus operierten. In einem Interview mit der UFO-Forscherin Linda

Moulton Howe, einer Emmy-Preisträgerin, beschrieb Kewper/Stein die Aufgabe seiner Einheit:

»*Howe:* Sie hatten ein Foto als Bestätigung, dass die Deutschen noch mit einigen ihrer Peenemünde-Fluggeräte in Südamerika flogen?

Kewper: Oh ja! Die Maschinen mit einem erhöhten Mittelteil, ungefähr vier Meter hoch – sie sehen alle aus wie die *Haunebu II*. Obwohl sie auch außerirdischen Ursprungs sein könnten. Aber wir haben die Objekte auf diesen Fotos als deutsche Maschinen aus Argentinien bezeichnet. Auf dem Radar sahen wir aber auch, dass einige der *echten* außerirdischen Raumschiffe aus dem Weltraum direkt hinunter Richtung Argentinien flogen. Wir haben auch gesehen, wie Flugobjekte aus dem Weltraum in die antarktische Region flogen, und zwar auf dem Radar, das wir zusammen mit den Briten auf den Falklandinseln östlich von Argentinien im Südatlantik betrieben ... In den Jahren 1959 und 1960 unterschied unsere Einheit außerirdische Flugobjekte von den bekannten deutschen anhand ihres Aussehens. Wir haben immer festgestellt, dass die deutschen Flugscheiben viel langsamer waren als die außerirdischen. Es wurden außerirdische Raumschiffe beobachtet, die sich mit einer Geschwindigkeit von 48.000 Stundenkilometern aus dem Weltraum näherten!«[15]

Aufgrund der technischen Unterlegenheit der deutschen Maschinen im Vergleich zu denen ihrer außerirdischen Verbündeten ist es verständlich, warum die Deutschen es wahrscheinlich vorzogen, in einer Staffelformation zu fliegen, wie diesbei Kenneth Arnolds Sichtung der Fall war. Mögliche Belege für dieses Muster sind in einem CIA-Bericht aufgeführt, der sich auf zahlreiche Sichtungen von Flugscheiben-Formationen über Deception Island, Antarktis, im Juli 1965 bezieht. Das CIA-Dokument nimmt Bezug auf den folgenden kurzen Bericht von nahegelegenen britischen, chilenischen und argentinischen Stützpunkten:

»ANTARKTISCHE FLUGSCHEIBEN – Eine Gruppe roter, grüner und gelber Flugscheiben wurde von argentinischen, chilenischen und britischen

> Stützpunkten aus in der Antarktis zwei Stunden lang über Deception Island gesichtet. Formationen Fliegender Untertassen flogen außerdem schnelle Kreismanöver über den Südlichen Orkneyinseln.«[16]

Die Nähe der Flugscheiben zur Antarktis lässt darauf schließen, dass diese Formation zu der abtrünnigen deutschen Kolonie gehörte, mit der Byrds Operation Highjump es 1947 zu tun bekommen hatte.

Wenn die Deutschen von der Antarktis aus in Formationen über US-Territorium flogen, wie die Sichtungen von 1947 und 1965 zeigten, ist der beste fotografische Beweis dafür der Fall der Lubbock-Lichter, der sich vom 28. August bis 5. September 1951 ereignete. In mehreren aufeinander folgenden Nächten erschien eine Formation von Lichtern über der texanischen Stadt Lubbock und wurde von mehreren glaubwürdigen Zeugen beobachtet und sogar fotografiert. Drei Professoren, die Zeugen der Überflüge waren, schätzten, dass die UFOs bis zu 600 Meilen pro Stunde (970 km/h) schnell waren.

Dieser UFO-Fall wurde zu einem der am meisten analysierten überhaupt, und die Fotos wurden nie als Fälschungen entlarvt oder anderweitig zufriedenstellend erklärt.[17]

Im Gegensatz zu den Deutschen in der Antarktis, die ihre Flugscheiben von ihrem südpolaren Stützpunkt in Formation starten lie-

ANTARCTIC FLYING SAUCERS--A group of red, green, and yellow flying saucers has been seen flying over Decepcion Island for two hours by Argentine, Chilean, and British bases in Antarctica. The flying soucers were also seen flying in formation over the South Orkney islands in quick circles. (Buenos Aires ANSA Spanish 1556 GMT 6 July 1965--P) ~~(FOR OFFICIAL USE ONLY)~~

CRUDE OIL IMPORTS- It has been learned that the Argentine YPF has announced that bids from private companies will be received for the purchase of 1 million cubic meters of crude oil. (Lima AFP Spanish 1835 GMT 6 July 1965--P) ~~(FOR OFFICIAL USE ONLY)~~

T-4

Approved for Release 2/2010

Abb. 22. CIA-Dokument zu Flugscheiben-Formationen in der Nähe der Antarktis

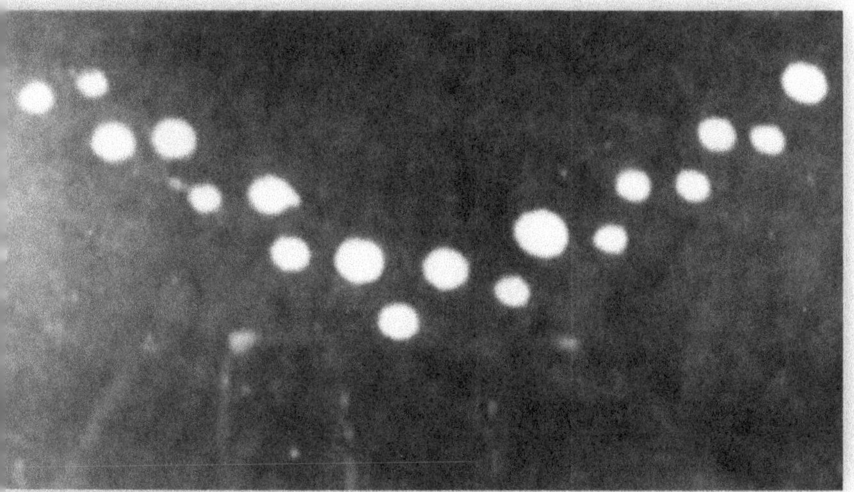

Abb. 23. Die Lichter von Lubbock: Möglicherweise zeigt das Foto eine deutsche Flugscheiben-Formation aus der Antarktis.

ßen, konnten die außerirdischen Fluggeräte, zweifellos wegen ihrer überlegenen Technologie, wie Kewper/Stein berichtet, ungefährdeter allein fliegen, wenn sie sich über US-Territorium oder irgendwo sonst über der Erdoberfläche bewegten. Dementsprechend würde ich als Faustregel annehmen, dass die Staffeln von Flugscheiben, die von Mitte der 1940er bis in die 1970er Jahre gesichtet wurden, mit größerer Wahrscheinlichkeit deutscher Herkunft waren. In den 1970er Jahren traf dies dann jedoch nicht mehr zu, da das US-Militär damit begonnen hatte, heimlich eigene Flugscheiben einzusetzen, worauf in Kapitel 14 näher eingegangen wird.

Kewper/Stein bestätigte auch, dass die Geheimhaltung der UFO-Thematik durch die Regierung teilweise daraus folgte, dass nie ganz klar war, wer hinter dem Phänomen steckte. Auf die Frage, warum diese strikte Geheimhaltung erfolgte, antwortete Kewper/Stein:

> »Ich denke, im Grunde liegt es an dem deutschen UFO-Programm, das bereits 1917 begann und in dessen Rahmen 1927 die ersten Fluggeräte entwickelt wurden. Die meisten Leute wissen nichts darüber. Dann, nach dem Zweiten Weltkrieg, haben wir keines dieser Schiffe erbeutet.

Sie wurden alle nach Argentinien und in die antarktische Bastion geschickt, die die Nazis dort schon seit 1938 hatten, noch bevor der Krieg begann. Ich denke, das Ganze wird immer noch geheim gehalten, weil unsere Regierung nicht weiß, ob es sich um Nazis oder um Außerirdische handelt!«[18]

Während es sehr wahrscheinlich ist, dass Kenneth Arnold eine Staffel deutscher Flugscheiben aus der Antarktis sah, könnten andere UFO-Sichtungen ebenso durch deutsche wie durch außerirdische Besucher ausgelöst worden sein. In Anbetracht dessen, was aus Geheimdienstakten der U.S. Navy über Vereinbarungen zwischen Nazi-Deutschland und den drako-reptiloiden Außerirdischen bekannt war, besteht sogar die Möglichkeit, dass bei manchen UFO-Aktivitäten Deutsche und Außerirdische gemeinsam beteiligt waren.[19]

Wie wir später sehen werden, zeigt der Entführungsfall von Betty und Barney Hill, dass manchmal Deutsche in NS-Uniformen beobachtet wurden. Sie befehligten die Short Greys oder »Kleinen Grauen«, von denen die Entführungen ausgeführt wurden.[20]

Die Unsicherheit über den wahren Ursprung vieler UFO-Sichtungen hatte bei der US-Führung zur Verwirrung darüber beigetragen, wie auf UFOs, die in das Territorium der USA eindrangen, am besten reagiert werden sollte. Tatsächlich ist es mehr als wahrscheinlich, dass die deutsche Kolonie in der Antarktis diese Verwirrung geschickt ausnutzte, um ihren Einfluss und ihre Macht für etwaige Verhandlungen mit künftigen politischen Entscheidungsträgern der USA zu erhöhen. In der Zwischenzeit zeigte sich aber, dass die Army Air Force/USAF nicht gewillt war, die deutschen/außerirdischen Streifzüge auf amerikanischem Boden tatenlos hinzunehmen.

Anmerkungen

1 Die Übersetzung wurde von Linda Moulton Howe und Duncan Roads zur Verfügung gestellt: »Operation Highjump Photos from Anonymous Source«; https://www.earthfiles.com/news.php?ID=2577&category=Science (aufgerufen am 13.11.2017)

2 Ebd.

3 Michael E. Salla, *Das Geheime Weltraumprogramm der US-Navy & Die Allianz mit den Nordischen*; AMRA Verlag, Hanau 2017. – US-Ausgabe: pgs. 91-103.

4 Schreiben von Kenneth Arnold an die U.S. Army Air Force; online verfügbar unter http://www.project1947.com/fig/ka.htm (aufgerufen am 11.10.2018)

5 Nachzulesen in seinem Buch *Skunk Works: A Personal Memoir of My Years at Lockheed*; Little Brown & Co. 1994. – Dt. Ausgabe: *Skunk Works: Von der U-2 zum Tarnkappenbomber – Der Blick ins Innerste des geheimen Lockheed Entwicklungszentrums*. VoronBlue, Mühlheim an der Ruhr 2020.

6 Zur Rolle der Ho 229 bei der Entwicklung von Düsenflugzeugen siehe online unter https://www.militaryfactory.com/aircraft/detail.asp?aircraft_id=105 (aufgerufen am 16.10.2018)

7 Siehe Michael Swords, »Project Sign and the Estimate of the Situation«, online unter http://www.nicaS.org/papers/swords_Sign_EOTS.htm (aufgerufen am 16.10.2018)

8 Edward Ruppelt, *The Report of Unidentified Flying Objects*; online verfügbar unter https://tinyurl.com/yafcoxge (aufgerufen am 11.10.2018)

9 Das zweiseitige Memorandum, das die Einrichtung eines neuen Labors anordnete, findet sich bei Dr. Robert M. Wood & Ryan Wood, »Documents Dated Prior to 1948«, http://www.majesticdocuments.com/documents/pre1948.php (aufgerufen am 06.10.2018)

10 Online verfügbar unter https://tinyurl.com/y37uh8hv (aufgerufen am 18.10.2018)

11 Edward Ruppelt, *The Report of Unidentified Flying Objects*; online verfügbar unter https://tinyurl.com/yafcoxge (aufgerufen am 11.10.2018)

12 Siehe CIA-Website; https://www.cia.gov/library/readingroom/docs/CIA-RDP81R00560R000100020011-8.pdf (aufgerufen am 18.10.2018)

13 Siehe Michael Swords, »Project Sign & Estimate of the Situation«, unter https://www.bibliotecapleyades.net/sociopolitica/sign/sign.htm (aufgerufen am 15.10.2018)

14 Major Donald E. Keyhoe, *Aliens from Space: The Real Story of Unidentified Flying Objects*; Doubleday & Co. 1973; p. 14.

15 Interviewt von Linda Moulton Howe; *Earthfiles*, https://tinyurl.com/y24lbxdu (aufgerufen am 04.04.2015)

16 Siehe CIA Website; https://tinyurl.com/y3z3vz8w (aufgerufen am 18.10.2018)

17 Edward Ruppelt, *The Report of Unidentified Flying Objects*, chapter 8; online verfügbar unter https://tinyurl.com/yafcoxge (aufgerufen am 11.10.2018)

18 Interviewt von Linda Moulton Howe; *Earthfiles*, https://www.earthfiles.com/2008/09/12/part-4-army-cia-unit-studied-the-real-ufo-blue-book-cases/ (aufgerufen am 15.10.2018)

19 Zur Erörterung dieser angeblichen deutsch-außerirdischen Vereinbarungen siehe Michael E. Salla, *Das Geheime Weltraumprogramm der US-Navy & Die Allianz mit den Nordischen*; AMRA Verlag, Hanau 2017. – US-Ausgabe: pgs. 43-60.

20 Den Zusammenhang zwischen Greys und Drako-Reptiloiden habe ich erörtert in *Galactic Diplomacy*; Exopolitics Institute 2013; pgs. 181-184.

7 Versteckte Verluste: Die Abschusspolitik gegenüber außerirdischen und antarktis-deutschen Raumschiffen

Ich kann Ihnen versichern, dass diese Fliegenden Untertassen, sofern sie existieren, von keiner Macht auf dieser Erde hergestellt werden.

– Präsident Harry S. Truman –

UFO-Einmischung in Raketenprogramm führt zu tödlicher Vergeltung

Eine der wenig bekannten Tatsachen über den Beginn der modernen UFO-Ära im Jahr 1947 ist, dass die U.S. Army Boden-Luft-Raketen und andere moderne Waffen einsetzte, um UFOs vom Himmel zu holen, die den Test von V2-Raketen behinderten. Diese V2-Raketen waren die Grundlage für die Entwicklung eines zukünftigen ballistischen Raketensystems mit Atomwaffen. Außerdem erhielten die Piloten der Army Air Force Befehle zum Abfangen und Abschießen der Fliegenden Untertassen, die zunehmend über US-Territorium gesichtet wurden, vor allem in der Nähe von sensiblen Militäreinrichtungen. Mehrere Quellen haben die Bemühungen der Piloten, die fremden Flugobjekte abzuschießen, und die oft auftretenden tragischen Folgen beschrieben. Der Ursprung der Abfang- und Abschussbefehle lässt sich auf UFO-Störmanöver zurückführen, die sich ereigneten, als umgebaute und überholte V2-Raketen (auch bekannt als A4-Raketen) im Mai 1947 auf dem Testgelände White Sands in New Mexico gestartet wurden. Das geschah nur zwei Monate nach Admiral Byrds berühmter

Warnung vor möglichen Angriffen auf die USA durch unbekannte feindliche Flugobjekte aus den Polarregionen.

Es war ein schockierendes Erwachen, als die abtrünnige deutsche Kolonie in der Antarktis der Operation Highjump der U.S. Navy – dem Versuch, die deutsche Kolonie zu übernehmen oder zu zerstören – eine schwere Niederlage beibrachte. Es ist jedoch wichtig zu betonen, dass die Deutschen nicht allein handelten. Sie erhielten bei der Verteidigung der antarktischen Kolonie direkte Unterstützung von ihren außerirdischen Verbündeten.[1] Es ist logisch anzunehmen, dass die Deutschen und ihre außerirdischen Verbündeten ein großes Interesse an dem Raketenentwicklungsprogramm der Army hatten, weil ihnen bewusst war, dass dieses Programm es den Amerikanern ermöglichen würde, eines Tages Atomraketen auf weit entfernte Regionen einschließlich der Antarktis abzufeuern. Infolgedessen begannen die Deutschen und/oder ihre außerirdischen Verbündeten ihr Programm, bei Raketenstarts der Amerikaner einzugreifen, um den politischen Entscheidungsträgern eine deutliche Botschaft zu übermitteln.

Die Zeitung *Las Cruces Sun-News* aus New Mexico beschrieb den Raketenstart am 15. Mai 1947 in White Sands, der durch ein »UFO« beeinträchtigt wurde. Der Kommandeur der Basis bezeichnete es euphemistisch als »eigenartiges Phänomen«:

> »Lieutenant Colonel Harold R. Turner, kommandierender Offizier des White-Sands-Testgeländes, machte heute ›besondere Phänomene‹ für den missglückten Testflug einer deutschen V2-Rakete verantwortlich, die gestern Nachmittag nur knapp zehn Kilometer östlich von Alamogordo niederging.«[2]

Dem erfahrenen UFO-Forscher Timothy Good wurde von J. Andrew Kissner, einem ehemaligen Abgeordneten aus New Mexico, ein unveröffentlichtes Buchmanuskript mit dem Titel *Peculiar Phenomena* zugeschickt. Darin untersucht Kissner die frühe Geschichte der UFOs in den Vereinigten Staaten. Kissner lieferte Good auch zusätzliche Informationen über das »eigentümliche Phänomen«, das Colonel Turner als Grund für das Scheitern des V2-Raketentests genannt hatte:

»Als die Rakete auf eine mittlere Höhe von vierundsechzig Kilometern stieg, so erfuhr Kissner, beobachteten die Radartechniker der U.S. Army Ordnance erstaunt, wie ein weiteres Objekt unmittelbar neben der Rakete auftauchte. Die V2 kam von ihrem Kurs ab und stürzte zwei Minuten später auf die Erde.«[3]

Kissner war in der Lage, einen Offizier der Armee in White Sands über den Vorfall mit der V2-Rakete zu interviewen, und schrieb auf, was ihm gesagt worden war:

»Was auch immer da auf so mysteriöse Weise aufgetaucht war, eine V2 im Flug aus unmittelbarer Nähe beobachtete und dann wieder verschwand, wirkte sich anscheinend auf die Flugbahn der Rakete aus. Diesem Vorfall wurde von einem sehr kleinen, geschlossenen Kreis hochrangiger Generalstabsoffiziere und Wissenschaftler höchste Priorität eingeräumt, die dem Joint Research and Development Board (JRDB) [Vereinigte Forschungs- und Entwicklungsaufsicht] der Joint Chiefs of Staff (JCS) [Vereinigter Generalstab der US-Streitkräfte] angehörten, dem die Aufsicht über die von Dr. Vannevar Bush eingerichteten Waffentestgelände unterstand. Das ›besondere Phänomen‹ wurde insofern als *feindselig* eingestuft, als es offenbar die Flugbahn der V2-Rakete beeinflusst hatte. Es handelte sich jeder Definition nach um ein fortschrittliches ausländisches Waffensystem. Der Schutz vor weiteren Angriffen sollte verstärkt werden, und das Ziel, ein Exemplar dieser Technologie zur weiteren Analyse, wenn möglich im Verborgenen, zu erbeuten, erhielt höchste Priorität.«[4]

Der Armeeoffizier hatte herausgefunden, warum das Pentagon die UFOs, von denen die V2-Tests gestört wurden, als »feindselig« einstufte, was der von Byrd in seinem chilenischen Interview verwendeten Formulierung zur Beschreibung der unbekannten Bedrohung aus der Antarktis sehr ähnlich war.[5] Außerdem hatte das Pentagon beschlossen, sich gegen weitere Eindringlinge zu verteidigen, und war entschlossen, »ein Exemplar dieser Technologie zu erbeuten«. Die Bedeutung war klar. Die Truman-Regierung beabsichtigte, UFOs abzuschießen, die in das US-

LAS CRUCES SUN-NEWS
May 16, 1947 p.1

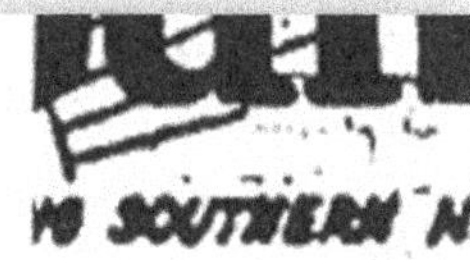

LAS CRUCES, NEW MEXICO, FRIDAY AFTERNOON MAY 16, 1947

V-2 Goes Astray, Lands in Six Miles Of Alamogordo

Lt. Col. Harold R. Turner, White Sands Proving Ground commanding officer, today blamed "peculiar phenomena" for the erratic test flight of a German V-2 rocket which landed only six miles east of Alamogordo yesterday afternoon.

Two Ki[...] Disgru[...]

Navy Budget Cut Of 11 Percent Recommended

Abb. 24. Zeitungsbericht über die durch ein UFO vom Kurs abgebrachte V2-Rakete

Raketenprogramm eingriffen, und erbeutete Flugobjekte anschließend zu erforschen, um sie zukünftig nachbauen zu können.

Laut Kissner kam es beim nächsten Raketentest am 29. Mai 1947 zum ersten Angriff der Army Air Force gegen ein in den Luftraum eingedrungenes UFO, das in der Nähe des Startplatzes einer V2-Rakete schwebte, die in White Sands gestartet werden sollte. Der Start wurde abgebrochen, und das UFO wurde mit mindestens einer Boden-Luft-Rakete der Army beschossen.

Kissner beschreibt die nun folgenden Ereignisse:

»Gegen 19.20 Uhr detonierte in einer Höhe von über 18.000 Metern der Annäherungszünder des Sprengkopfs – fünfzehn Kilometer nördlich und etwas westlich des Mount Franklin. Diese Explosion, bei der General Homer Zeuge war und über die Hanson Baldwin am folgenden Tag in der *New York Times* berichtete, ereignete sich mehr als zehn Minuten vor einer zweiten Explosion mindestens achtundvierzig Kilometer weiter südlich. General Homer entsandte Truppen, um nach Wrackteilen der Rakete zu suchen, zur ersten Absturzstelle fünfzehn bis fünfundzwanzig Kilometer nordwestlich von Ft. Bliss, in Richtung WSPG [White-Sands-Testgelände].

Das Ziel der Boden-Luft-Rakete, das vermutlich bei der Detonation beschädigt wurde, flog im Luftraum nördlich von Ft. Bliss weiter und stürzte schließlich um 19.52 Uhr eineinhalb Kilometer vom damals neuen Flughafen Buena Vista entfernt, südlich der Innenstadt von Juarez in Mexiko ab. Ein ›blendender Lichtblitz‹, gefolgt von einer gewaltigen Druckwelle [und] dem Auftreten einer pilzförmigen Wolke führte zu Gerüchten, eine Atombombe wäre explodiert … Die durch die Explosion verursachte Schockwelle war noch 56 Kilometer nordwestlich des Einschlagkraters zu spüren.

Was für ein Objekt dort abstürzte und explodierte, konnte nicht aufgeklärt werden. Es war bei der Explosion vollständig verdampft … In Fort Bliss stationierte Militärpolizei und anderes Army-Personal von WSPG eilte über die Grenze nach Mexiko, um das Objekt zu sichern. Sie wurden am Krater von mexikanischen Truppen gestellt und kurzerhand des Landes verwiesen. Enrique Dias Gonzales, der mexikanische General, der die Garnison von Juarez befehligte, untersagte dem Personal der U.S. Army für einige Wochen nach dem Vorfall jeden Zugang nach Juarez … An die Presse wurde umgehend eine Cover-Story übermittelt, wonach eine von White Sands aus gestartete V2 wegen eines Totalausfalls ihres Kurskreisels um 180 Grad vom Kurs abgekommen und in Mexiko abstürzt sei.«[6]

Die U.S. Army hatte sich erfolgreich verteidigt und ein UFO abgeschossen, das den Start einer V2-Rakete auf die gleiche Weise wie bei dem Test am 15. Mai beobachtet hatte und vermutlich kurz davor stand, den Testflug zu sabotieren. Zwar wurden von dem Ereignis des 29. Mai anscheinend keine UFO-Wracks geborgen, aber dabei blieb es nicht, da auch danach weiterhin versucht wurde, eindringende UFOs abzuschießen und zu untersuchen, um so die Anweisung der Truman-Administration zu erfüllen.

Folgendermaßen fasste Kissner die strategische Situation zusammen, nachdem UFOs begonnen hatten, den Start der V2-Raketen zu stören, einschließlich der Ereignisse, die kurz nach den Vorfällen im Mai auftraten, wie zum Beispiel in Roswell:

> »Um 16:11 Uhr Mountain Standard Time, am Donnerstag, 15. Mai 1947, oberhalb des Tularosa-Beckens im Süden von New Mexico, begann die Episode mit der höchsten Geheimhaltungsstufe der gesamten amerikanischen Militärgeschichte. Dabei führte eine Kette von Ereignissen, Entscheidungen und Aktionen letztlich zu Absturz und Bergung von mindestens zwei, wahrscheinlich drei und möglicherweise vier außerirdischen ›Flugscheiben‹. Das erreichte man durch gezieltes Artilleriefeuer und/oder den Einsatz von Boden-Luft-Raketen durch Einheiten der U.S. Army National Antiaircraft Artillery School in Ft. Bliss, Texas und/oder Abfangjäger der U.S Army Air Force, stationiert auf dem Alamogordo Army Air Field in Alamogordo, New Mexico. Die weithin bekannte Flugscheibe aus ›Roswell‹ (Corona), New Mexico, war eine von ihnen.«[7]

Kissner liefert auf der Grundlage seiner Interviews und Recherchen eine erstaunliche Analyse. Der UFO-Absturz von Roswell war kein Zufall. Es handelte sich um eine Fliegende Untertasse, die in der Nähe des White-Sands-Testgeländes abgeschossen wurde – Roswell liegt nur 128 Meilen (205 km) östlich von White Sands. Wenn man bedenkt, dass der Luftangriff von Los Angeles im Jahr 1942 dazu führte, dass zwei Flugobjekte durch Artilleriefeuer abgeschossen wurden, lautet die Schlussfolgerung, dass die UFOs trotz ihres hochentwickelten interplanetarischen Antriebssystems immer noch anfällig für die verschiedenen Waffensysteme der US-Streitkräfte jener Zeit waren.

Kissner studierte Zeitungsberichte aus der Zeit, als UFOs zum ersten Mal vom US-Militär angegriffen wurden, und fand eine auffällige Häufung von Flugzeugabstürzen unmittelbar nach dem Vorfall des 29. Mai 1947. Ein Diagramm aus Kissners unveröffentlichtem

Buch *Peculiar Phenomena* zeigt eine Spitze 72 Stunden nach dem V2-Zwischenfall in Juarez, Mexiko, als 198 Menschen bei Flugunfällen ums Leben kamen.

Linda Moulton Howe überprüfte Kissners Arbeit und fasste seine Ergebnisse zu den Flugzeugunglücken wie folgt zusammen:

> »Andrew Kissner berichtet, dass innerhalb von 72 Stunden nach dem ›Juarez-Zwischenfall‹ weltweit 29 Flugzeuge abstürzten und 198 Menschen starben. Die schlimmste Katastrophe ereignete sich in der Nähe des Flughafens La Guardia in New York, wo ein Flugzeug der United Airlines kurz nach dem Start abstürzte und ausbrannte, wobei alle 38 Menschen an Bord ums Leben kamen. Während die Regierungsermittler des Civil Aeronautics Board (CAB) von La Guardia zurückkehrten, stürzte eine DC-4 der Eastern Airlines ab. Auch dabei starben alle Menschen an Bord.«[8]

Kissners Schlussfolgerung lautete, dass die zivilen und militärischen Flugzeugabstürze eine Vergeltungsmaßnahme derjenigen waren, die hinter dem UFO-Phänomen steckten:

> »Historische Untersuchungen legen jedoch etwas nahe, das noch strittiger ist als die ›Abschüsse‹. Die Aktionen der U.S. Army verursachten entweder Angriffe – oder waren eine Reaktion auf solche –, die von den fliegenden Scheiben selbst ausgingen. Auch wenn es nicht bewiesen ist, scheint es, dass Flugscheiben in einem Zeitraum von zwei Monaten vom 9. Mai bis 31. Juli 1947 zum Tod von über sechshundert Militärangehörigen und Zivilisten beigetragen haben könnten. Was auch immer Flugscheiben waren oder sind, sie waren oder sind nicht wehrlos. Ihre ›Spezialwaffen‹ waren und sind auch jetzt noch unkonventionell. Flugscheiben wurden 1947 vom US-Militär sofort als ›feindliches Waffensystem‹ eingestuft. Eine Task Force wurde bestimmt, um die Absturzstellen zu sichern und Trümmer zu sammeln.«[9]

Kissners beeindruckende Forschungsergebnisse führen uns zu dem Schluss, dass entweder Außerirdische und/oder die in der Antarktis le-

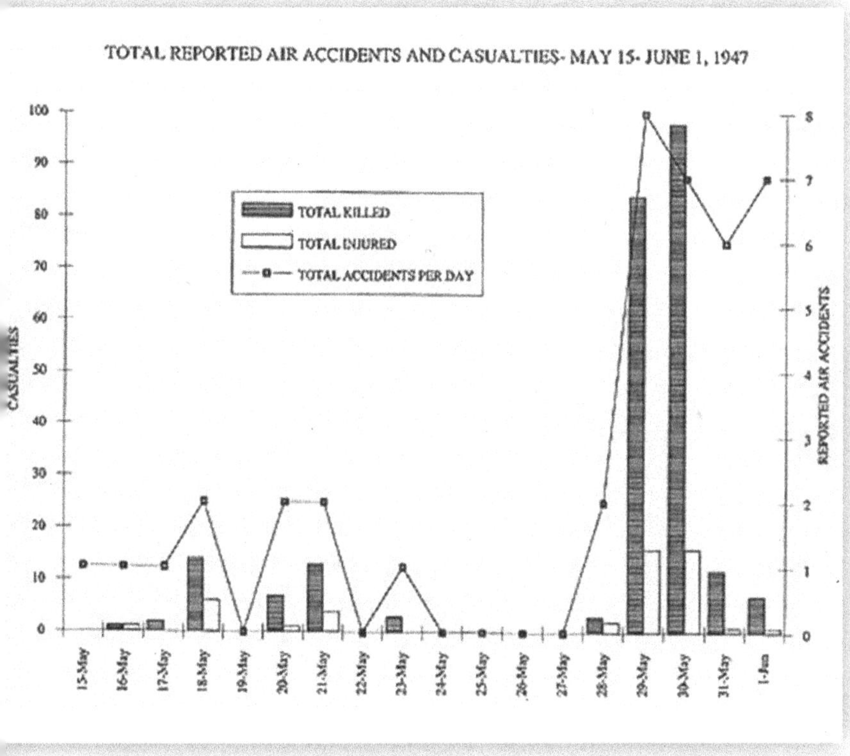

Abb. 25. In den 72 Stunden nach dem Zwischenfall mit der V2 bei Juarez ereigneten sich weltweit 29 Flugzeugabstürze. Dabei starben 198 Menschen. Grafik © 1994 von J. Andrew Kissner

benden Deutschen zurückschlugen, indem sie sowohl militärische als auch zivile Flugzeuge angriffen – als Reaktion auf die Angriffe gegen ihre Flugscheiben, die V2-Raketentests überwachten oder störten.

Die Eskalation der Kämpfe gegen die Flugscheiben

Die UFOs beobachteten nicht nur offen die V2-Raketentests der Armee, sondern flogen auch sehr aktiv in der Nähe hochsensibler US-Militäreinrichtungen, um diese zu überwachen, insbesondere wenn es um die Lagerung oder den Einsatz von Atomwaffen ging. Dies betraf auch das Roswell Army Air Field, auf dem zum Zeitpunkt des Roswell-Absturzes die einzigen einsatzbereiten Atombomber der Welt stationiert waren. Es war die Anwesenheit von UFOs in der Nähe solcher Einrichtungen, die dazu führte, dass die Army Air Force Befehle ausgab, die UFOs abzufangen und abzuschießen. Bei diesen Fluggeräten könnte es sich entweder um deutsche UFOs aus der Antarktis oder um bemannte außerirdische Flugobjekte gehandelt haben, da bekanntlich mindestens eines davon in der Nähe Roswells abstürzte.

Im Juli 1947, nur zwei Monate nach dem Roswell-Absturz, verlor die Army Air Force, wie Kissner feststellte, im Bundesstaat New Mexico fünf Flugzeuge. In seinem Bericht von 1994 zeigte Kissner, dass die USAF selbst diese »Flugzeugverluste« mit dem Vorfall in Roswell in Verbindung brachte:

> »Im September 1994 meldete die Air Force in ihrer offiziellen Studie zum ›Roswell-Vorfall‹, dass es zu diesem Zeitpunkt keinen Flugzeugabsturz an oder in der Nähe der Absturzstelle gab ... Darüber hinaus teilte die Air Force im Juli 1947 den Verlust von fünf Flugzeugen in New Mexico mit. Zusätzlich zu einer P-80, die irgendwo in New Mexico abgestürzt sein soll, meldete die Air Force im Juli vier weitere Flugzeugverluste, die ich in keiner Nachrichtenquelle aus dem Jahr 1947 finden konnte.«[10]

Kissner war der Ansicht, dass diese Flugzeuge zu den frühesten Zielen von Vergeltungsmaßnahmen der UFOs gehörten. So kam es zu einer langen Serie von Abstürzen von Militär- und Zivilflugzeugen, die häufig auf die Verfolgung von UFOs durch Kampfflugzeuge der Army Air Force zurückzuführen waren. Der Militär-/CIA-Whistleblower Kewper/Stein erklärte Linda Moulton Howe, wie UFOs sowohl von den Vereinigten Staaten als auch von der UdSSR auf der ganzen Welt angegriffen wurden:

> »Die CIA bemühte sich, die verschiedenen Radarsysteme in den Vereinigten Staaten zu verbessern, um mehr außerirdische Raumschiffe entdecken zu können, wenn diese aus dem Weltall kommen und in der

Lage sein sollten, Düsenflugzeuge abzudrängen, um sie auszuspähen – oder abzuschießen.[11] …

Es könnte etwas gewesen sein, das nach der Phase um 1947 passierte. Ich denke, es gab einen Zwischenfall über der Sowjetunion. Ich weiß, dass die Sowjets den Überflug eines großen Raumfahrzeugs beobachtet hatten, das wie ein ›Mutterschiff‹ aussah. Sie versuchten, es abzuschießen, aber das Ding schoss alle Flugzeuge ab, die es verfolgten. Das geschah in Sekundenschnelle – mit Lasern oder anderen außerirdischen Raumschiff-Waffen.«[12]

Einer der bekanntesten Fälle von aggressiven Versuchen des Militärs, ein UFO abzufangen und abzuschießen, betraf Captain Thomas Mantell, dessen Mustang F-51 (auch bekannt als P-51) am 7. Januar 1948 abstürzte. Mantell diente zu diesem Zeitpunkt bei der Kentucky Air National Guard. Ihm und drei anderen Piloten wurde befohlen, ein UFO abzufangen. Edward Ruppelt von Project Bluebook beschrieb die mehrfachen Sichtungen und Berichte der Polizei, die zu den Abfangbefehlen führten:

»Die Einwohner der Stadt beschrieben der Polizei das Objekt als ›kreisförmig, mit einem Durchmesser von ungefähr 75 bis 90 Metern‹. Es bewegte sich westwärts ›mit ziemlich hoher Geschwindigkeit‹ … Ungefähr zu dieser Zeit traf Colonel Hix ein, der Base Commander. Er war verblüfft, als er das Objekt sah. Sie berichteten, dass um halb drei während sie diskutierten, was zu tun sei, vier F-51 in Sicht kamen und sich dem Flugplatz von Süden näherten. Der Tower wies den Staffelführer, Captain Mantell, an, sich das UFO anzusehen und es zu identifizieren. Einer F-51 ging der Treibstoff aus, deshalb bat der Pilot um Erlaubnis, zu seiner Basis weiterfliegen zu dürfen. Mantell und seine beiden verbleibenden Piloten wendeten und flogen in südlicher Richtung hinter dem UFO her. Sie wurden dabei von den Fluglosten im Tower dirigiert, da keiner der Piloten das Flugobjekt zu diesem Zeitpunkt sehen konnte. Sie gaben Mantell eine ungefähre Richtung an, und die Flugzeuge wurden zuletzt dabei beobachtet, wie sie das UFO verfolgten. Als die F-51 auf 3.000 Meter gestiegen waren, überholte Mantell die beiden anderen Maschinen, wie ihre Piloten später berichteten. und befand sich für sie noch gerade eben in Sichtweite. Um 14:45 Uhr teilte Mantell dem Tower über Funk mit: ›Ich sehe etwas über und vor mir und steige weiter.‹ Alle Leute im Tower hörten, wie Mantell das sagte, und sie hörten auch, wie einer der anderen Piloten fragte: ›Was zur Hölle suchen wir?‹ Der Tower funkte sofort Mantell an und bat ihn um eine Beschreibung dessen, was er sah. So seltsam es auch scheinen mag, niemand kann sich genau erinnern, was er antwortete. UFO-Historiker haben ihm den Ausspruch zugeschrieben: ›Ich habe das Ding gesichtet. Es sieht metallisch aus und hat eine enorme Größe. Jetzt fängt es an zu steigen.‹ Dann soll er ein paar Sekunden später gesagt haben: ›Es ist über mir, und ich nutze das aus. Ich gehe auf 6.000 Meter.‹ Alle im Turm waren sich einig über diesen letzten Funkspruch, ›Ich gehe auf 6.000 Meter‹, nicht jedoch darüber, dass er sagte, das UFO sei metallisch und riesig.‹«[13]

Während Ruppelt Mantells Beschreibung des Raumschiffs als »metallisch und von enormer Größe« herunterspielte, da das Zitat von UFO-Forschern stamme, bestätigte eine gemeinsame Analyse der Geheimdienste von Air Force und Navy, dass dies genau die Worte waren, die Mantell verwendet hatte. Die Geheimdienstanalyse lieferte weitere Einzelheiten aus Mantells Funkspruch: »Es scheint sich um ein metallisches Objekt von enormer Größe zu handeln, das direkt vor und leicht über mir fliegt. Ich versuche, zu ihm aufzuschließen, um es besser sehen zu können.«[14]

Außerdem stimmte Mantells letzter Funkspruch mit dem überein, was die Leute vor Ort gesehen hatten: ein kreisförmiges Flugobjekt, Durchmesser etwa neunzig Meter, das sich schnell bewegte. Mantell stieg bei der Verfolgung des UFOs mit seiner F-51 steil auf und stürzte kurz darauf ab. Die offizielle Erklärung war, dass Mantell aufgrund des Sauerstoffmangels in der Höhe bewusstlos wurde und sich nicht rechtzeitig erholte, um sein Flugzeug noch abzufangen. Dies führte zu der großen unbeantworteten Frage, warum ein erfahrener Militärpilot wie Mantell einen so schwerwiegenden Fehler beging.[15] Immerhin trug Mantell eine Sauerstoffmaske.

Die Antwort auf das Rätsel ist ganz einfach: Die Air Force log, um zu vertuschen, was wirklich geschehen war. Leonard Stringfield, ein ehemaliger Geheimdienstoffizier der USAF, erfuhr die Wahrheit aus einer seiner zuverlässigeren Quellen:

»Ich habe eine Reihe exotischer Geschichten über den Mantell-Zwischenfall gehört, aber eine sticht heraus. Ich habe sie von einer zuverlässigen Quelle, von jemandem, der mit Mantells Staffelkameraden gesprochen hatte, der eine der beiden anderen F-51 geflogen hatte. Der Pilot gab an, dass Mantell das UFO verfolgte, weil er der einzige Pilot war, der mit einer für diese Höhe geeigneten Sauerstoffmaske ausgestattet war. Außerdem sah er eine Detonation von etwas, das wie von dem UFO abgefeuerte Suchmarkierer aussah. Die F-51 wurde davon getroffen und völlig zertrümmert. Seit dem Absturz Mantells wurden alle weiteren katastrophal endenden militärischen UFO-Begegnungen vor der Öffentlichkeit geheimgehalten.«[16]

Stringfields Quelle offenbarte ihm, dass auf Kampfflugzeuge geschossen wurde, die den Flugscheiben zu nahe kamen. Major Donald Keyhoe, ein ehemaliger Navy-Pilot, wusste aus zuverlässigen Quellen innerhalb des Militärs, dass die Air Force die Tatsache vertuschte, dass UFOs bis in die frühen 1950er Jahre Flugzeuge verfolgten:

»Damals, in den frühen 1950er Jahren, wusste ich, dass Düsenjäger von ihnen verfolgt wurden, was manchmal zu einer Katastrophe führte. Ich stimmte den Schriften von Major Keyhoe zu, dass wir darin die Absicht des UFOs erkennen können. Ich stimmte auch zu, dass der ›Verlust unserer Flugzeuge durch UFOs‹ der Grund für das offizielle Schweigen gewesen sein könnte, aus Angst, dass die Öffentlichkeit in Panik geraten würde, wenn sie die Wahrheit erfuhr.«[17]

Frank Fechino, der Autor von *Shoot Them Down! The Flying Saucer Air Wars of 1952* (»Schießt sie ab! Die Luftkriege der Fliegenden Untertassen von 1952«, nicht auf Deutsch erschienen) beschrieb die Luftschlachten, die im Sommer 1952 zwischen Flugscheiben und

Kampfflugzeugen der USA und anderer Staaten stattfanden. Fechinos Buchtitel war nicht übertrieben. Als Edward Ruppelt Project Bluebook leitete, las er viele offizielle Berichte von Militärpiloten, die aktiv UFOs verfolgt und auf sie geschossen hatten. Ruppelt schrieb, dass er Einsicht in einen geheimen Bericht erhielt, in dem ein Vorfall im Jahr 1952 geschildert wurde. Der Base Commander wollte, dass Ruppelt ihn las, bevor er ihn vernichten musste, weil die Führung der Air Force solche Vorfälle vertuschen wollte.

Ruppelt beschrieb, was in dem Bericht des Piloten einer F-86 über seine Verfolgung eines UFOs stand, auf das er geschossen hatte:

»Wieder drückte der Pilot die Nase der F-86 nach unten und jagte hinter dem Objekt her. Er schloss recht schnell auf, bis er auf schätzungsweise 1.000 Meter herankam. Jetzt konnte er sich das Objekt genau ansehen. Obwohl es von oben wie ein Ballon ausgesehen hatte, zeigte ein genauerer Blick, dass es definitiv eine runde und flache Untertassenform aufwies. Der Pilot schrieb, die Form sei ›wie ein Donut ohne Loch‹ …

Als das Objekt ungefähr 1.000 Meter entfernt war, entschied sich der Pilot plötzlich, das Einzige zu tun, was er tun konnte, um das UFO zu stoppen. Es war wie der Kampf eines David mit einem Goliath, aber er musste die Chance ergreifen. Er begann zu schießen. Einen Moment später stieg das Objektrasend schnell, und nach wenigen Sekunden war es verschwunden. Der Pilot stieg auf 3.000 Meter. Jetzt gelang es ihm, über Funk die andere F-86 zu kontaktieren, was vorher nicht möglich gewesen war. Sie flogen zusammen zurück zu ihrer Air Base.

Gleich nach der Landung ging der F-86-Pilot zu seinem Geschwaderkommandanten, um den Vorfall zu melden. Die bloße Tatsache, dass er auf das UFO geschossen hatte, erforderte routinemäßig, dass er einen detaillierten Bericht einreichte. Aber die Umstände dieses Waffeneinsatzes sorgten an diesem Tag für große Besorgnis auf dieser Air Force Base.«[18]

Über den schweren Verlust an Leben und Flugzeugen in dieser Zeit berichteten mehrere Quellen. Dazu schrieb Ruppelt:

»Allein im Juni und Juli 1952 verloren die USA weltweit VIERUNDNEUNZIG Kampfflugzeuge. Dabei wurden einundfünfzig Männer getötet. In einigen Fällen stürzten zwei oder drei Flugzeuge gleichzeitig ab. Für den gesamten Monat September fehlen die Aufzeichnungen. In den Jahren 1951 bis 1956 wurden nach Angaben der *New York Times* EINHUNDERTUNDZWEIUNDNEUNZIG Flugzeuge zerstört oder verschwanden spurlos.«[19]

Die Ereignisse in jenem Sommer 1952 stellten die Überzeugungen der Mehrheit der Forscher und Historiker besonders stark in Frage. Diese Mehrheit glaubte, dass die UFOs, die abgefangen und beschossen wurden, und die Vergeltung an ihren Verfolgern und sogar an unbeteiligten Zivilflugzeugen übten, außerirdischen Ursprungs waren. Die Flüge über Washington, D.C., im Jahr 1952 können jedoch als überzeugendster Beweis dafür gelten, dass die oft in Staffelformation beobachteten Flugscheiben in Wirklichkeit von Deutschen geflogen wurden, die von der Antarktis aus operierten.

Anmerkungen

1 Siehe Michael E. Salla, *Antarktis – Die verbotene Wahrheit*; AMRA Verlag, Hanau 2020

2 Aufmacher der in Las Cruces, New Mexico, ansässigen Zeitung *Las Cruces Sun-News*, https://www.newspapers.com/newspage/35271541/ (aufgerufen am 17.10.2018)

3 Timothy Good, *Need to Know: UFOs, the Military and Intelligence*; Pegasus Books 2007; pgs. 55-56. – Dt. Ausgabe: *Need to Know. UFOs, das Militär und die Geheimdienste*, Kopp Verlag, Rottenburg 2008.

4 Zitiert nach Linda Moulton Howe in »›Peculiar Phenomena‹, V-2 Rockets – and UFOB Retaliation?«; https://tinyurl.com/y5tj4lgj (aufgerufen am 17.10.2018)

5 Byrds Erwähnung feindlicher Flugkörper findet sich in »Operation Highjump Photos from Anonymous Source« unter https://www.earthfiles.com/news.php?ID=2577&category=Science (aufgerufen am 13.11.2017)

6 Zitiert nach Timothy Good, *Need to Know: UFOs, the Military and Intelligence*; Pegasus Books 2007; pgs. 57-58. – Dt. Ausgabe: *Need to Know. UFOs, das Militär und die Geheimdienste*, Kopp Verlag, Rottenburg 2008

7 Zitiert nach Linda Moulton Howe in »›Peculiar Phenomena‹, V-2 Rockets – and UFOB Retaliation?«; https://tinyurl.com/y5tj4lgj (aufgerufen am 17.10.2018)

8 Ebd.

9 Ebd.

10 Andrew Kissner wird zitiert nach Timothy Good in *Need to Know: UFOs, the Military and Intelligence*; Pegasus Books 2007; p. 101. – Dt. Ausgabe: *Need to Know. UFOs, das Militär und die Geheimdienste*, Kopp Verlag, Rottenburg 2008

11 Stein wird zitiert nach Linda Moulton Howe in »Part 2: Army/CIA Unit Studied the Real UFO Bluebook Cases«; https://www.earthfiles.com/2008/09/02/part-2-army-cia-unit-studied-the-real-ufo-blue-book-cases/ (aufgerufen am 19.10.2018)

12 Ebd.

13 Edward Ruppelt, *The Report of Unidentified Flying Objects*; online verfügbar unter https://tinyurl.com/yafcoxge (aufgerufen am 11.10.2018)

14 Zitiert nach Timothy Good in *Need to Know: UFOs, the Military and Intelligence*; Pegasus Books 2007; p. 105. – Dt. Ausgabe: *Need to Know. UFOs, das Militär und die Geheimdienste*, Kopp Verlag, Rottenburg 2008

15 Edward Ruppelt, *The Report of Unidentified Flying Objects*; online verfügbar unter https://tinyurl.com/yafcoxge (aufgerufen am 11.10.2018)

16 Zitiert nach Timothy Good in *Need to Know: UFOs, the Military and Intelligence*; Pegasus Books 2007; p. 105. – Dt. Ausgabe: *Need to Know. UFOs, das Militär und die Geheimdienste*, Kopp Verlag, Rottenburg 2008

17 Zitiert nach Frank Fechino, *Shoot Them Down! – The Flying Saucer Air Wars Of 1952*; https://rense.com/general78/shoot.htm (aufgerufen am 30.12.2018)

18 Edward Ruppelt, *The Report of Unidentified Flying Objects*; online verfügbar unter https://tinyurl.com/yafcoxge (aufgerufen am 11.10.2018)

19 Siehe https://rense.com/general78/shoot.htm (aufgerufen am 19.10.2018)

8 Haben außerirdische oder deutsche UFOs Washington überflogen?

Ungeladene Gäste sind nur selten willkommen.

– Äsop –

Der »Überflug von Washington, D.C.« im Jahr 1952 ist ein wichtiges, sehr gut dokumentiertes historisches Ereignis. An drei aufeinander folgenden Wochenenden, erstmals am 12. Juli 1952, flogen ganze Staffeln von UFOs (oder Fliegenden Untertassen, wie sie damals genannt wurden) über den kontrollierten Luftraum der Hauptstadt Washington. Die beiden bekanntesten Überflugereignisse fanden am Wochenende vom 19. auf den 20. Juli sowie vom 26. auf den 27. Juli statt.[1] Die UFOs überflogen unmittelbar das Weiße Haus, das Kapitol und das Pentagon. Tausende Zeugen sahen die unbekannten Flugobjekte, die von mehreren Radarstationen verfolgt, von Kampfjets gejagt und fotografiert wurden. Major Donald Keyhoe und andere führende UFO-Forscher jener Zeit hielten den *Eklat von Washington* für den bislang besten Beweis eines Besuches von Außerirdischen auf der Erde.[2]

Die wichtigsten amerikanischen Zeitungen berichteten groß über die Sichtungen und informierten Millionen Menschen, dass Kampfjets der U.S. Air Force die scheibenförmigen Lichter verfolgten, die über die Hauptstadt der Nation geflogen waren. Die *Washington Post* machte auf mit der Überschrift »Untertasse fliegt Kampfjet davon, berichtet ein Pilot«. Auf der Titelseite der *New York Daily News* stand zu lesen: »Düsenjets jagen Himmelsgespenster über Washington, D.C.« *The Times Herald Sun* erklärte: »Jets auf den Kampf mit Fliegenden Untertassen vorbereitet: Zu allem entschlossen, wenn sie zurückkehren« – und die *Washington Daily News* verkündete: »Rätselhafte Luftphänomene schwirren wieder über Washington, D.C.!«.

Zum fünfzigsten Jahrestag der Ereignisse schrieb die renommierte Zeitung *Washington Post*:

> »Es war Samstagabend, der 19. Juli 1952 – vor fünfzig Jahren –, eines der berühmtesten Ereignisse in der bizarren Geschichte der UFOs. Bevor die Nacht vorüber war, berichtete ein Pilot, unerklärliche Objekte gesehen zu haben. Radar auf zwei Stützpunkten der Air Force – Andrews und Bolling – erfasste die UFOs, und zwei Jets vom Typ F-94 der Air Force flogen über Washington und suchten nach Flugscheiben. Dann, eine Woche später, geschah es erneut – noch mehr UFOs auf den Radarschirmen, noch mehr Kampfjets, die über Washington kreisten …«

Die UFOs tauchten auf dem Radar in den Flugkontrollzentren des National Airport, der Andrews Air Force Base und der Bolling Air Force Base auf, wie die *Washington Post* weiter schrieb:

> »Die Echozeichen erschienen erstmalig um 23.40 Uhr an jenem Samstagabend auf den Radarschirmen des National Airport: sieben unidentifizierte Objekte etwa fünfundzwanzig Kilometer südöstlich der Stadt … Sie kreuzten gemächlich mit einer Geschwindigkeit von 160 bis 190 Stundenkilometern und jagten dann abrupt mit einem außergewöhnlichen Schub davon … Barnes, der Chef-Fluglotse, rief seine Kollegen auf den Air-Force-Basen Andrews and Bollings an, um zu fragen, ob sie etwas Ungewöhnliches auf ihren Radarschirmen gesehen hätten. Sie hatten die Echozeichen ebenfalls registriert, an genau den gleichen Stellen …«[3]

Fluglotsen und Piloten sahen die UFOs, die von Zeugen als Scheiben oder glühende Objekte beschrieben wurden:

> »Auf dem National Airport schaute Cocklin aus dem Fenster und sah etwas, das er als ein ›weißlich blaues Licht‹ bezeichnete. Das Leuchten ging von einem festen Objekt aus, das ›rund und ohne unterscheidende Merkmale wie Flügel, Nase oder Heck‹ war.

The News

AERIAL WHATZITS BUZZ D. C. AGAIN!

Exclusive Stories & Full Page of Pictures

AF Thinks 'Saucers' Friendly, Eager to Identify Them

Knowing What They Aren't, It Narrows Down the Field

Study Photo

Washington, D.C. Times Herald 7-28-52

JETS PREPARED FOR FIGHT WITH 'SAUCERS' HERE

Ready to Do 'Anything' If They Return

Jets Couldn't Find Them

Air Force After D. C. 'Saucers'

DAILY NEWS 4¢

JETS CHASE D.C. SKY GHOSTS

The Washington Post FINAL

'Saucer' Outran Jet, Pilot Reveals

Probers Sift City Funds

Abb. 26. Zeitungsschlagzeilen im Sommer 1952. Quelle: The Washington Post

Er sagte, es hätte ausgesehen ›wie eine Untertasse‹.

Zivilflugzeuge im Anflug auf Washington berichteten, seltsam leuchtende Objekte genau dort gesehen zu haben, wo auch das Radar Echosignale registrierte.«[4]

Die Flugscheiben hängten die verfolgenden Kampfjets vom Typ F-94 Starfire mühelos ab:

»Ein Pilot verfolgte das sich rasend schnell bewegende Licht, konnte es aber nicht einholen. ›Ich habe versucht, mit den gespenstischen Ob-

> jekten dreihundert Meter unter mir Kontakt aufzunehmen‹, sagte Pilot William Patterson den Ermittlern. ›Ich flog mit Höchstgeschwindigkeit, aber … schließlich gab ich die Verfolgung auf, weil ich keine Chance sah, mich vor dieses Ding zu setzen.‹«[5]

Die U.S. Air Force veranstaltete am 29. Juli 1952 eine Pressekonferenz. Major General John Samford behauptete, die Ursache für all das sei eine »Temperaturumkehrung« gewesen.[6] Selbst Präsident Truman war involviert, denn sein Berater forderte von Project Bluebook einen Bericht dazu an, worauf ihm die offizielle Erklärung der Air Force übermittelt wurde.[7] Ein Großteil der Medien und der Öffentlichkeit war zwar von dieser offiziellen Erklärung der Air Force verwirrt, ignorierte aber folgsam das Problem, da man sich lieber nicht mit den potenziellen Finessen der nationalen Sicherheit beschäftigen wollte. Seit über sechzig Jahren wird der Öffentlichkeit das Geheimnis vorenthalten, wer 1952 wirklich Washington, D.C., und andere amerikanische Großstädte überflog.

Laut Edward Ruppelt, der in seinem Buch *The Report of Unidentified Flying Objects* (»Bericht über unbekannte Flugobjekte«, nicht auf Deutsch erschienen) für Project Bluebook ausführlich über die wiederholten Sichtungen schrieb, wurden im Raum Washington, D.C., häufig UFOs gesichtet:

> »Die Untersuchung brachte auch auf der Pro-Seite einige weitere Punkte ans Licht. Wir fanden heraus, dass UFOs Washington häufig besuchten. Am 23. Mai wurden ab 20:00 Uhr bis Mitternacht fünfzig Objekte beobachtet. Sie kamen an dem Mittwochabend zwischen den beiden berühmten Samstag-Sichtungen zurück, am folgenden Sonntagabend sowie am Abend der Pressekonferenz. Dann wurden sie im August noch achtmal gesehen. Mehrmals sahen Militär- und Zivilpiloten genau dort Lichter, wo das Radar die UFOs anzeigte.«[8]

Wer steckte hinter den Flugscheiben über Washington, D.C. – Außerirdische, Antarktis-Deutsche, eine mutmaßliche Zivilisation im Inneren der Erde? Oder eine Kombination aus allen dreien? Um eine Antwort zu finden, müssen wir mit einer mysteriösen Vorhersage bezüglich der Sichtungen im Juli 1952 beginnen, von der Edward Ruppelt in seinem Buch berichtet:

> »Ein paar Tage vor dem Zwischenfall sprach ich mit einem Wissenschaftler von einer Dienststelle, die ich nicht nennen kann, über die Häufung solcher Berichte entlang der Ostküste der Vereinigten Staaten. Wir unterhielten uns ungefähr zwei Stunden lang, und als ich aufbrechen wollte, sagte er, er müsse noch eine letzte Bemerkung machen– eine Vorhersage. Aus seinem Studium der UFO-Berichte, die er vom Hauptquartier der Air Force erhalten hatte, und aus Gesprächen mit seinen Kollegen ging hervor, dass er glaubte, wir säßen direkt auf einem großen Fass voller Fliegender Untertassen, das kurz vor dem Überlaufen stünde. ›In den nächsten Tagen‹, sagte er, und ich erinnere mich, dass er seine langsamen, eindringlichen Bemerkungen unterstrich, indem er mit der Faust auf den Schreibtisch klopfte, ›werden sie etwas in die Luft jagen, und ihr werdet die Mutter aller UFO-Sichtungen erleben: Diese Sichtung wird in Washington oder New York stattfinden‹, prognostizierte er, ›wahrscheinlich in Washington‹.«[9]

Wichtig ist, dass dieser Regierungswissenschaftler aufgrund »der Berichte aus dem Hauptquartier der Air Force und aus Gesprächen mit seinen Kollegen« eine verblüffende Vorhersage über die Sichtungen in Washington, D.C., machte. Wer hatte im Hauptquartier der Air Force im Voraus von der bevorstehenden UFO-Sichtungswellegewusst, und inwieweit waren Wissenschaftler beteiligt? Zur Beantwortung wenden wir uns an den »Kontaktler« George van Tassel, der im Namen menschlich aussehender Außerirdischer einer interplanetarischen Allianz einen Brief an die Air Force schrieb.

George van Tassels Warnung vor UFO-Überflügen

Van Tassel ist vor allem dafür bekannt, dass er seit 1954 große Kongresse in Giant Rock, Kalifornien, organisierte, in deren Mittelpunkt Personen standen, die behaupteten, von völlig menschlich aussehenden Außerirdischen kontaktiert worden zu sein, die wir heute »die

Nordischen« nennen. An seinem größten Kongress, 1959,[10] nahmen 11.000 Menschen teil, und auch in den sechziger Jahren kamen immer wieder sehr viele Menschen, bis die Proteste gegen den Vietnamkrieg das öffentliche Interesse an außerirdischen Kontakten in den Schatten stellten. Van Tassels Kontakt mit einer Gruppe Nordischer führte dazu, dass er vor dem Überflug von Washington, D.C., im Jahr 1952 Warnungen erhielt.

Van Tassel beschrieb als erster eine riesige Flotte von Raumschiffen, die zu einer Art militärischem Weltraum-Orden namens »Ashtar-Kommando« gehörten. Dessen offizieller Anführer war »Ashtar«, der in einer der Botschaften, die van Tassel empfing, als Repräsentant der Exekutive einer galaktischen Autorität/Legislative unter der Leitung des Rates der Zwölf Herren und des Rates der Sieben Lichter[11] beschrieben wird. Das Kommando war Teil einer interplanetarischen Allianz von Welten, die allgemein als »Galaktische Föderation« bezeichnet wird und Kontakt zu Regierungen und Privatpersonen aufnahm. Van Tassels Beziehung zu den Nordischen/zur Galaktischen Föderation wurde direkt den höchsten Regierungsebenen und Militärs in den Vereinigten Staaten mitgeteilt.

Seine erste Botschaft erhielt van Tassel im Januar 1952. Das war im letzten Amtsjahr Präsident Trumans – Dwight Eisenhower wurde am 4. November gewählt. Van Tassel übermittelte der U.S. Air Force auf der Wright-Patterson Air Force Base einige Monate lang Informationen, die ihm vor der Explosion der allerersten Wasserstoffbombe am 1. November 1952 von den Nordischen/der Galaktischen Föderation mitgeteilt worden waren. Die Nordischen kündigten eine Machtdemonstration an, um die US-Behörden davon abzuhalten, ihr nukleares Entwicklungsprogramm voranzutreiben.

In einem kleinen Buch, das die Chronologie seiner Kommunikation mit der Galaktischen Föderation und die von ihm an die Air Force weitergeleiteten Nachrichten enthält, schrieb van Tassel, er habe am 7. März 1952 die folgende kurze Nachricht erhalten: »Beobachtet euren Himmel in den Monaten Mai bis August.«[12] Am 6. April wurden weitere Informationen über die bevorstehenden Ereignisse und eine Warnung an die Air Force übermittelt:

»Euer Pentagon wird bald eine Menge zu vertuschen haben. Wir werden diesem Globus ein wenig Aufregung bescheren. Ich hoffe, sie fangen uns nicht vorher ab.«[13]

Hier folgt das, was van Tassel über diese kryptische Mitteilung vom 6. April 1952 zu sagen hatte, die andeutete, dass es gefährlich sein könnte, Raumschiffe der Galaktischen Föderation abzufangen:

»Diese im April eingegangene Botschaft wurde drei Monate später, in der zweiten Julihälfte, eingelöst. Mit Pentagon kann nur Washington, D.C., gemeint sein. Es besteht kein Zweifel, dass es ›viel zu vertuschen hatte‹. Die ›Aufregung‹ wurde von den Wesen mit den Flugscheiben herbeigeführt. Die Aussage, dass die UFOs gehofft hatten, die Air Force würde sie nicht abfangen, deutet darauf hin, dass sie außerdem im Voraus wussten, dass es einen Versuch geben würde, sie abzufangen. Ist es ein Zufall, dass ein Brief, den ich auf Bitte der UFO-Wesen in der Nachricht vom 18. Juli an das Air Force Intelligence Command geschickt habe, in deren Händen war, als die ›Aufregung‹ einsetzte? Ich kann nicht nachvollziehen, wie die Ankunft des Briefes, die ›Aufregung‹, der Verweis auf das Pentagon und die erwartete Reaktion Zufall gewesen sein soll? Ich denke, dass die UFO-Wesen es darauf anlegten, von der Air Force für authentisch gehalten zu werden. Die Empfangsbestätigung zeigte, dass die Air Force den Brief am 22. Juli 1952 erhielt. Die ›Aufregung‹ erfolgte am 26., 27. und 28. Juli.«[14]

Die Aufregung (engl. »buzz«) bezog sich auf die aufeinander folgenden Wochenend-Überflüge von Washington, D.C., Mitte bis Ende Juli 1952. Dies ist sehr wahrscheinlich die Quelle für das vorherige Wissen von den Überflügen, über die Ruppelt schrieb und die er dem Hauptquartier der Air Force sowie Wissenschaftlern der Regierung bekannt gemacht hatte. Van Tassel erhielt am 18. Juli eine Nachricht von der Galaktischen Föderation, einen Tag vor dem Überflug am 19. Juli, die er vor den letzten Überflügen am 26. und 28. Juli an die Air Force weiterleitete:

»Gegrüßt seid ihr Wesen von Shan [Erde]. Ich grüße euch in Liebe und Frieden. Meine Identität ist Ashtar, Kommandant Quadra-Sektor, Patrouillenstation Schare, alle Projektionen, alle Wellen. Grüße. Durch den Rat der Sieben Lichter wurdest du hierhergebracht, inspiriert vom inneren Licht, um deinen Mitmenschen zu helfen. Ihr seid Sterbliche, und andere Sterbliche können nur das begreifen, was ihre Mitmenschen verstehen können. Der Zweck dieser Organisation besteht in gewissem Sinne darin, die Menschheit vor sich selbst zu retten. Vor einigen Jahren eurer Zeit drangen eure Kernphysiker in das ›Buch des Wissens‹ ein. Sie entdeckten, wie man das Atom spaltet und explodieren lässt. So abscheulich dieses Ergebnis der Anwendung der Kraft zu zerstörerischen Zwecken ist, so ist es doch kein Vergleich zu dem, was angerichtet werden könnte. Wir sind nicht besorgt wegen der Explosion von Plutonium und U-235, dem Uran-Mutterelement, denn dieses Atom ist ein inaktives Element.

Wir sind aber sehr besorgt wegen eures Versuches, das Wasserstoffelement zur Explosion zu bringen. Dieses Element ist das Leben, zusammen mit fünf anderen Elementen in der Luft, die ihr atmet, im Wasser, das ihr trinkt, in der Zusammensetzung eures physischen Selbst. In einem Großteil eures materiellen Planeten ist diese Leben spendende Substanz, das Wasserstoffatom, enthalten. Ihre Bemühungen auf dem Gebiet der Wissenschaft waren insofern erfolgreich, als sie sich nicht damit zufriedengaben, sich auf den Lorbeeren einer Macht auszuruhen, die über jeden vernünftigen Nutzen hinausging, noch nicht zufrieden mit der Zerstörung einer ganzen Stadt. Sie müssen etwas haben, das noch zerstörerischer ist. Sie haben es nun …

Unsere Botschaft an dich lautet: Du wirst alle Informationen, die wir dir übermittelt haben, an deine Regierung weiterleiten. lDu wirst darum bitten, dass eure Regierung unverzüglich alle anderen Nationen der Erde kontaktiert, unabhängig von politischen Gefühlen. Viele eurer Physiker mit einer entwickelten inneren Wahrnehmung haben sich geweigert, sie wollten nichts mit der Explosion des Wasserstoffatoms zu tun haben. Die Explosion eines Atoms inaktiver Substanz und eines Atoms lebendiger Substanz sind zwei verschiedene Dinge. Es geht uns nicht um den Wunsch des Menschen, den Krieg auf diesem Planeten, Shan, fortzusetzen. Wir sind besorgt über die bewusste Entschlossenheit der Verantwortlichen, die Menschheit auszulöschen und diesen Planeten zu Asche zu verwandeln …

Unsere Missionen sind friedlich, aber diese Bedingungen traten früher schon einmal in diesem Sonnensystem auf, und der Planet Luzifer wurde dabei in Stücke gerissen. Wir sind entschlossen zu verhindern, dass dies noch einmal passiert. Die Regierungen auf dem Planeten Shan haben eingeräumt, dass wir von höherer Intelligenz sind. Sie müssen auch zugeben, dass wir eine höhere Autorität besitzen. Wir müssen ihre Gebäude nicht betreten, um zu wissen, was sie tun. Wir besitzen die Formel, die sie verwenden möchten. Sie ist nicht zur Zerstörung gedacht. Dein Ziel hier besteht darin, deine Aufnahmefähigkeit zu entwickeln, damit wir mit eurem Planeten kommunizieren können, denn durch die Anziehung von Atomen leichter Substanzen überwachen wir euer Universum.

An eure Regierung und euer Volk und durch diese an alle Regierungen und alle Völker auf dem Planeten Shan – nehmt die Warnung als Segen an, damit die Menschheit überleben kann.«[15]

In der Botschaft wurde behauptet, dass Ashtar und die Galaktische Föderation mit einer höheren Autorität als menschliche Regierungen bemüht sind, die Menschheit vor den Gefahren thermonuklearer Waffen (also Wasserstoffbomben) zu warnen. Der Hinweis auf den Widerstand einiger Atomwissenschaftler gegen Kernwaffen bezog sich auf die entschlossenen Proteste einer Gruppe von Wissenschaftlern. Sie wurde von Robert Oppenheimer geleitet, dem »Vater der Atombombe«, und wandte sich gegen die Entwicklung von Wasserstoffbomben.[16] Hervorzuheben ist, dass Wasserstoffbomben mehr als tausend Mal stärker sind als Atombomben. Zum Beispiel wurde beim Ivy-Mike-Test am 1. November 1952 eine thermonukleare Bombe mit der Zerstörungskraft von etwas mehr als zehn Megatonnen gezündet, was fast der tausendfachen Zerstörungskraft der Atombombe entspricht, die über Hiroshima abgeworfen wurde.[17] Fast ein Jahrzehnt später, am 30. Oktober 1961, zündete die Sowjetunion die sogenannte Zar-Bombe, eine Wasserstoffbombe mit einer geschätzten Wirkung von fünfzig bis sechzig Megatonnen.

Aber sogar die Zar-Bombe wird von der »Country-Killerin«, die Dr. Edward Teller vorschlug, in den Schatten gestellt. Teller ist weithin als Vater der Wasserstoffbombe anerkannt, wird von vielen als solcher verachtet und unternahm den Versuch, Oppenheimer in Misskredit zu bringen. Statt nur eine Stadt auszulöschen, sollte das von Teller vorgeschlagene Zehntausend-Megatonnen-Monster ein ganzes Land vernichten:

> »Eine Zehntausend-Megatonnen-Waffe wäre meiner Einschätzung nach mächtig genug, um ganz Neuengland in Brand zu stecken. Oder den Großteil von Kalifornien. Oder ganz Großbritannien und Irland. Oder ganz Frankreich. Oder ganz Deutschland. Oder sowohl Nord- als auch Südkorea. Und so weiter.«[18]

Die Gefahr, dass thermonukleare Waffen so mächtig werden, dass sie einen ganzen Planeten zerstören könnten, war, wie die Nordischen warnten, sehr real, sollten Wissenschaftler wie Teller je die Genehmigung zum Bau von Wasserstoffbomben im Gigatonnenmaßstab erhalten.

Anscheinend war dies nicht das erste Mal, dass solche zerstörerischen Wasserstoffbomben im Gigatonnenmaßstab in unserem Sonnensystem gebaut wurden – laut dem Hinweis der Galaktischen Föderation auf den Planeten »Luzifer« (alias Maldek oder Tiamat), der durch Atomwaffen zerstört wurde. Ist der Asteroidengürtel der Überrest eines ehemaligen Planeten in unserem Sonnensystem, der durch thermonukleare Waffen vernichtet wurde? Dr. Thomas van Flandern, Astronom bei der U.S. Navy, präsentierte überzeugende Daten, wonach die Asteroiden tatsächlich die Überreste eines explodierten Planeten sind. Außerdem behauptet van Flandern, der Mars sei einst ein Mond dieses zerstörten Planeten gewesen.[19]

Dr. John Brandenberg hat eine stichhaltige wissenschaftliche Theorie vorgelegt, der zufolge der Mars vor langer Zeit durch einen Atomkrieg verwüstet wurde.[20] Aus der Kombination der Informationen von van Flandern und Brandenberg wurde die Schlussfolgerung gezogen, dass unser Sonnensystem in ferner Vergangenheit einem thermonuklearen Krieg ausgesetzt war, der einen Planeten zerstörte und einen anderen mit riesigen Wasserstoffbomben im Gigatonnen-Maßstab verwüstete. In *Antarktis – Die verbotene Wahrheit* behandele ich, wie Flüchtlinge vom Mars und einer ehemaligen »Supererde« (alias Luzifer/Maldek/Tiamat) auf die Erde geflohen sind und nicht nur zur Einführung fortschrittlicher Technologien für die Menschheit beigetragen haben, sondern auch zum Aufbau antiker Zivilisationen wie Atlantis.[21]

Angesichts dieser beunruhigenden Geschichte unseres Sonnensystems und der Gefahr eines erneuten thermonuklearen Krieges ist es verständlich, dass die Galaktische Föderation der Menschheit, insbesondere der Air Force, eine so strenge Warnung überbringen wollte. Zu dieser Zeit war nur die Air Force in der Lage, Atomwaffen durch ihre strategischen Bomberflotten abzuwerfen, die jeden Ort der Erde anfliegen konnten. 1952 wurde die USAF von den Generälen Hoyt Vandenberg (Stabschef der Air Force) und Nathan Twining (stellvertretender Stabschef der Air Force) geleitet, die beide große Befürworter der Doktrin strategischer Bombenangriffe waren, weil man den Sieg im Zweiten Weltkrieg diesen Angriffen zuschrieb. Vandenberg und Twining unterstützten nachdrücklich die Erforschung und Entwicklung von Kernwaffen und waren beide laut dem »Eisenhower Briefing Document« Gründungsmitglieder der Gruppe Majestic 12.[22]

Van Tassel teilte mit, dass die Botschaft der Galaktischen Föderation empfangen und sofort weitergeleitet wurde. Die Air-Force-Offiziere waren sich der Warnung der Galaktischen Föderation und ihrer Pläne, einen massiven Überflug von Washington, D.C., durchzuführen, bewusst. Es steht fest, dass sowohl Vandenberg als auch Twining die Warnung von van Tassel erhalten haben. Welche Rolle spielten die Antarktis-Deutschen und ihre außerirdischen Verbündeten beim Überflug von Washington, D.C.? Waren sie passive Zeugen der Galaktischen Föderation? Waren sie als passive Zeugen dabei, als die Galaktische Föderation das Kapitol der Vereinigten Staaten in Aufregung versetzte, oder haben sie sich aktiv beteiligt, um ihre eigenen fortschrittlichen Technologien zu demonstrieren und die Voraussetzungen für künftige Verhandlungen mit der US-Regierung zu schaffen?

Die deutsche Kolonie in der Antarktis und der Überflug von Washington, D.C.

Nach dem unglücklichen Scheitern von Operation Highjump warnte Admiral Byrd vor einer feindlichen Streitmacht, die, aus den Polarregionen kommend, das US-Territorium überfliegen könnte, was sicherlich auf deutsche Raumschiffe hinwies, die von der Antarktis aus operierten. Wichtig ist, dass dieses mächtige deutsche Kontingent nicht allein handelte, sondern von seinen außerirdischen und innerirdischen Verbündeten enorm unterstützt wurde. In *Antarktis – Die verbotene Wahrheit* habe ich ausführlich beschrieben, wie die Deutschen in der Folge der ursprünglichen Channelings der *Vril*-Gesellschaft in den frühen 1920er Jahren außerirdische und innerirdische Partnerschaften eingingen, die die Kommunikation mit den Nordischen vom Aldebaran und einer innerirdischen Zivilisation herstellten, die verbunden war mit den antiken Hyperboreern, den angeblichen rassischen Vorfahren der Arier.[23] Die von Maria Oršić angeführte Fraktion der *Vril*-Gesellschaft baute eine Präsenz in der Antarktis auf und arbeitete eng mit der Zivilisation der Inneren Erde zusammen, die mit den Hyperboreern – den sogenannten »Arianni« – verbunden war.

In dem wahrscheinlich posthumen Tagebuch von Admiral Byrd wird auf die »Arianni« verwiesen, eine Zivilisation der Inneren Erde, auf die er angeblich 1947 während der Expedition von Operation Highjump traf. Obwohl Byrds Tagebuch sehr umstritten ist, gibt es guten Grund zu der Annahme, dass seine Schlüsselelemente auf Tatsachen beruhen. Es ist beispielsweise bekannt, dass bei einem Erkundungsflug Byrds über der Antarktis am 19. Februar 1947 der Funkkontakt abbrach. Erst dachte man, sein Flugzeug sei verschollen, doch dann tauchte es auf mysteriöse Weise wieder auf.[24]

Darüber hinaus gibt Corey Goode an, dass die Arianni in nachrichtendienstlichen Briefing-Dokumenten erwähnt wurden, auf die er während seines Einsatzes Zugriff hatte, als er am Geheimen Weltraumprogramm »Solar Warden« der Navy teilnahm. Goode berichtete, dass die Arianni zusammen mit den Drako-Reptiloiden den Deutschen beim Aufbau ihrer antarktischen Stützpunkte halfen:

»Es gab Hilfe von der Drako-Föderation sowie von einer Gruppe, von der die Nazis glaubten, sie seien ETs (auf die Bezug genommen wird als ›Arianni‹ oder ›Arier‹, manchmal auch ›Nordische‹ genannt), bei denen es sich aber in Wahrheit um eine antike Erdzivilisation handelte, die ein Weltraumprogramm (›Die Silberne Flotte‹ genannt) entwickelt und riesige Stützpunkte unterhalb des Himalaya-Gebirges (der größte in Tibet, genannt das System Agartha) und in einigen anderen Regionen geschaffen hatten.«[25]

Wenn wir Goodes Zeugnis und Byrds Verweis auf die Arianni als sachlich fundiert annehmen, dann lohnt es sich auch darüber nachzudenken, was Byrd von den Arianni während seiner kurzen Begegnung von 1947 erzählt hat. Byrds Tagebuch beschreibt den vehementen Widerstand der Arianni gegen die Entwicklung von Atomwaffen, der ihm von einem ihrer Ältesten (auch Meister genannt) dargelegt wurde:

»Du befindest dich in der Domäne der Arianni, der Inneren Welt der Erde. Wir werden deine Mission nicht lange verzögern, und du wirst wohlbehalten an die Oberfläche und ein Stück weiter zurückgebracht. Aber jetzt, Admiral, werde ich dir sagen, warum du hierher gerufen wurdest. Unser Interesse wurde zu Recht geweckt, kurz nachdem euer Volk die ersten Atombomben über Hiroshima und Nagasaki, Japan, zündete. Es war zu dieser alarmierenden Zeit, als wir unsere Flugmaschinen, die ›Flügelräder‹ [Flugelrads], an die Oberfläche schickten, um zu untersuchen, was ihr angerichtet habt …

Weißt du, wir haben uns noch nie in die Kriege eurer Rasse und eure Barbarei eingemischt, aber jetzt müssen wir es tun, denn ihr habt gelernt, eine bestimmte Kraft zu manipulieren, die nicht für den Menschen bestimmt ist, nämlich die Atomenergie. Unsere Abgesandten haben den Mächten eurer Welt bereits Botschaften übermittelt, und doch beachten sie diese nicht. Jetzt wurdest du ausgewählt, um zu bezeugen, dass unsere Welt existiert.«[26]

Die Arianni sagten Byrd, wenn die USA ihre Suche nach immer stärker zerstörerisch wirkenden Atomwaffen aufgäben, würde man der

Menschheit dabei helfen, die vielen wunderbaren Geheimnisse der fernen Vergangenheit der Erde zu entdecken.

> »Wir sehen in großer Entfernung eine neue Welt, die sich aus den Ruinen eurer heutigen Zivilisation erhebt und nach den verlorenen und legendären Schätzen suchen wird, und du wirst hier sein, mein Sohn, sicher in unserer Obhut. Wenn diese Zeit gekommen ist, werden wir uns erneut melden, um eure Kultur wiederzubeleben.
>
> Vielleicht habt ihr bis dahin die Sinnlosigkeit des Krieges verstanden ... und nach dieser Zeit werden euch sicher eure Kultur und Wissenschaft zurückgegeben, damit euer Volk von vorne beginnen kann. Du, mein Sohn, sollst mit dieser Botschaft in die Oberflächenwelt zurückkehren.«[27]

Während die USA das Angebot ablehnten, scheinen die Deutschen es Jahre zuvor angenommen zu haben. Dies erklärt, warum sie in der Antarktis Zuflucht fanden und, wie von Goode behauptet, Hilfe von hochentwickelten Zivilisationen der Inneren Erde erhielten. Die Deutschen gaben ihr Atomwaffenprogramm auf, obwohl es sehr viel weiter fortgeschritten war, als offizielle Historiker eingestehen. Es ist sogar sehr wahrscheinlich, dass sie ihre Atomforschung am Ende des Zweiten Weltkriegs an die Vereinigten Staaten übergaben, um vielen ihrer Naziführer die Flucht an sichere Orte in Südamerika zu ermöglichen, wie Dr. Joseph Farrell und andere Forscher behaupten.[28]

Zusätzlich zur Kooperation mit einer Zivilisation der Inneren Erde hat die *Vril*-Oršić-Fraktion der deutschen Antarktis-Kolonie auch mit der Galaktischen Föderation zusammengearbeitet, um das menschliche Bewusstsein zu stärken, wozu die Warnung vor den Gefahren der Atomwaffen gehörte. Eine Reihe von Kontaktfällen betraf die Oršić-Fraktion, die sich als Außerirdische tarnte.[29] Sogar berühmte Kontaktfälle bieten solche Beispiele wie Billy Meiers Plejadier/Plejaraner, die tatsächlich Mitglieder der deutschen Kolonie in der Antarktis waren und sich als Außerirdische ausgaben. In *Antarktis – Die verbotene Wahrheit* habe ich gezeigt, wie sehr das von Meier fotografierte Schiff in seinem Design den *Haunebu*-Flugscheiben ähnelt.[30] Auch Goode sagte in einem Vortrag von 2016, dass Meier ein Foto von Maria Oršić gezeigt wurde. Der habe sie als »Semjase«, seine wichtigste außerirdische Ansprechpartnerin, identifiziert:

> »... als das Militär von Meiers Fall erfuhr, schickten sie Leute mit Fotos hinüber, damit er versuchte, das weibliche Wesen zu identifizieren, das sich mit ihm traf. Er zeigte sofort auf ein Foto und sagte: ›Das ist sie! Das ist sie!‹ Anscheinend handelte es sich bei dem Foto, auf das er wies, um Maria Oršić, das [Haupt-]Medium der *Vril*-Gesellschaft, das Kontakt zu Gruppen der Inneren Erde aufnahm und eine bedeutsame Rolle im deutschen Geheimen Weltraumprogramm vor und nach dem Zweiten Weltkrieg spielte.«[31]

In die an sich schon komplexen Verbindungen um die deutsche Antarktiskolonie und ihr Weltraumprogramm mischten sich die Vereinbarungen, die sie mit den Drakoniern getroffen hatten. Sowohl William Mills Tompkins als auch Corey Goode haben die Rolle der Drakonier angesprochen, die den Deutschen bei der Errichtung ihrer Kolonie in der Antarktis behilflich waren.[32] Tompkins erklärt, dass diese deutsch-außerirdische Allianz der U.S. Navy aufgrund der Aufklärung bekannt war, die ihre Spione lieferten, welche zwischen 1942 und 1946 im nationalsozialistischen Deutschland die beeindruckenden technischen Fortschritte des NS-Regimes durch die direkte Unterstützung der Drakonier beobachtet hatten. Auch wenn die Flugscheiben der Nazis nicht mehr rechtzeitig mit Waffen ausgerüstet werden konnten, um noch einen Sieg im Zweiten Weltkrieg herbeizuführen, war die Bewaffnung Anfang 1947 doch abgeschlossen und ermöglichte es ihnen, Byrds Operation Highjump vollständig zu besiegen.

Um das deutsche Weltraumprogramm für die Antarktis zu verstehen, ist es wichtig zu erkennen, dass es zwei Hauptfraktionen gab, die jeweils ein Bündnis mit außerirdischen Gruppen unterhielten. Während die eine Fraktion mit den drakonischen Außerirdischen zusammenarbeitete und eine interstellare Flotte von Raumfahrzeugen für imperiale Eroberungen baute, die Goode als »Dunkle Flotte« bezeichnet, arbeitete die andere deutsche Fraktion mit einer Zivilisation der Inneren Erde (den Arianni) und den Nordischen des Aldebaran-Sternensystems zusammen. Dies bedeutete, dass die Oršić-Fraktion der deutschen Kolonie mit verschiedenen positiven Aktivitäten der Galaktischen Föderation verbunden war, wie der Bewusstseinsbildung bei den Menschen und der Beseitigung von Atomwaffen. Folglich standen die Mitteilungen, die van Tassel vom Ashtar-Kommando/der Galaktischen Föderation erhielt, sehr wahrscheinlich mit der deutschen Antarktis-Kolonie in Zusammenhang oder waren von dieser beeinflusst.

Insgesamt ist festzuhalten, dass der Vorfall mit Kenneth Arnold das erste Beispiel für das Überfliegen von US-Territorium durch deutsche Antarktisgeschwader war, was sich in der Ähnlichkeit zwischen dem in Deutschland gefertigten Horton-229-»Nurflügler« und den »Flügel-UFOs« zeigt, die Arnold über den Cascades sah. Außerirdische Raumschiffe störten Raketentests und die Überwachung nuklearer Anlagen, was zu Konfrontationen führte, weil den USAF-Piloten befohlen worden war, UFOs abzufangen oder abzuschießen. Nachfolgende Scharmützel zwischen USAF-Jets und den deutschen Flugscheiben oder denen ihrer außerirdischen Verbündeten führten zu Verlusten auf beiden Seiten. Nach dem V2-UFO-Zwischenfall von Juarez im Mai 1947 stürzten amerikanische Militär- und Zivilflugzeuge in zunehmender Zahl ab. Bis 1952 überflogen deutsche und außerirdische Raumschiffe weiterhin US-Territorien und verfolgten mehrere Ziele, von denen eines war, die US-Behörden davon abzuhalten, thermonukleare Waffensysteme zu entwickeln. Infolgedessen waren die deutschen Flugscheiben aus der Antarktis höchstwahrscheinlich in irgendeiner Weise an dem Überflug Washingtons beteiligt. Das Ausmaß dieses deutschen Engagements wird von mehreren Insider-Quellen aufgezeigt.

William Mills Tompkins erklärte in verschiedenen Interviews, die in der Antarktis lebenden Deutschen hätten den Washington-Überflug ausgeführt. In einem privaten Gespräch fragte ich Tompkins speziell, ob es in der Antarktis stationierte Nazi-Raumschiffe waren, die im Sommer 1952 die USA überflogen. Er antwortete:

> »Ich antworte mit einem klaren Ja. Einige trugen das Hakenkreuz und einige das eiserne Kreuz, aber es waren alles außerirdische Schiffstypen,

okay, die Deutschen hatten sie überarbeitet und stellten sie selbst her. Diese Schiffe wurden also weder von Außerirdischen geflogen, noch waren sie außerirdisch. Es waren Maschinen, die Deutschland von den Reptiloiden bekommen hatte, aber sie wurden in der Antarktis von den Deutschen in Serie produziert.«[33]

Ähnlich äußerte sich Goode in einem Interview:

»Sie hatten auch Informationen von ihren Paperclip-Spionen erhalten, dass die Amerikaner eine Exekutivverordnung erlassen hatten, wonach die Existenz außerirdischen Lebens der weltweit höchsten Geheimhaltungsstufe unterliegen sollte. Der Grund dafür ist, dass die Entwicklung und Nutzung von freier Energie den Ölhandel und bald auch das gesamte babylonische Geldmagie-Sklavensystem, mit dem alle Eliten die Massen kontrollieren, schnell zerstören würde. Die Nazis nutzten dies zu ihrem Vorteil bei einigen sehr öffentlichen Einsätzen über Washington, D.C., und über streng geheimen Atombasen, um nur einige zu nennen. Eisenhower gab schließlich nach und unterzeichnete einen Vertrag mit ihnen (und einigen anderen Gruppen, sowohl ETs als auch uralten Kulturen, die sich als ETs ausgeben).«[34]

Tompkins und Goodes umstrittene Behauptungen werden von dem Whistleblower Clark McClelland bestätigt, der vierunddreißig Jahre lang mit der NASA zusammenarbeitete und es in seiner Karriere bis zum Raumschiffpiloten brachte. In seinem im 3. August 2015 erschienenen Buch *The Stargate Chronicles* (»Die Stargate-Chroniken«, nicht auf Deutsch erschienen) schrieb McClelland:

»Bei den Überflügen sehr schneller Objekte über Washington, D.C., handelte es sich um äußerst hochentwickelte deutsche Maschinen, die den amerikanischen Flugzeugen weit überlegen waren. Am 12. Juli 1952 beobachtete Präsident Truman mehrere dieser UFOs und war vollkommen erstaunt über ihre Fähigkeit, die modernsten Düsenjäger der USAF auszumanövrieren ... [Lockheed F-94 Starfire]. Die Düsenjäger wurden hochgeschickt, um eines der UFOs abzuschießen. Doch sie konnten es nicht mit der Geschwindigkeit der deutschen Flugscheiben aufnehmen.«[35]

McClelland beschrieb auch die Rolle von Nazi-Wissenschaftlern, die im Zusammenhang mit dem Washington-Überflug von 1952 in die Antarktis geflohen waren:

»Ich habe mit den deutschen Wissenschaftlern zusammengearbeitet, die Dr. Wernher von Braun 1946/47 in die USA brachte. Mehrere erzählten mir, dass deutsche Wissenschaftler am Ende des Zweiten Weltkriegs kurz vor der Niederlage Deutschlands zu Tausenden außer Landes gebracht wurden. Sie bestiegen in der Ostsee modernste U-Boote und wurden alle zu der Südpolbasis gebracht, die unter der Antarktis liegt. Einige nannten es Hitlers Shangri La. Diese Wissenschaftler schufen futuristische Antogravitations-Fluggeräte, die viele Jahre lang in unserem Luftraum flogen. Und sie tun es immer noch. Sie wurden 1952 von Präsident Harry S. Truman über Washington beobachtet. Ja, wir hatten kein Flugzeug, mit dem wir diese deutschen Fluggeräte 1952 daran hätten hindern können, unsere Landeshauptstadt zu überfliegen. Die wissenschaftliche Expertise der Deutschen zeigte den USA also erneut, wer der Boss war.«[36]

Haben also außerirdische oder deutsche Scheiben die Haupstadt Washington überflogen? Die Antwort liegt in den Bündnissen, die geschlossen wurden, und dem gemeinsamen Interesse dieser Partnerschaften, die Truman-Regierung unter Druck zu setzen, damit sie ihre Pläne zur Entwicklung thermonuklearer Waffen aufgab. Sowohl die Galaktische Föderation, zu der die deutsche *Vril*-Oršić-Fraktion in der Antarktis gehörte, als auch das deutsch-drakonische Bündnis mit Sitz in der Antarktis waren daher unmittelbar an den Flügen über Washington beteiligt.

Nur drei Tage vor der Wahl Präsident Eisenhowers am 4. November 1952 genehmigte Truman den Zehn-Megatonnen-Atomtest von Ivy Mike, die erste Detonation einer thermonuklearen Bombe. Truman war von seinem nationalen Sicherheitsteam, dem Mitglieder von Majestic 12 sowie die USAF-Generäle Vandenberg und Twining

Abb. 27. Foto des Überflugs von Washington im Jahr 1952

angehörten, geraten worden, trotz der hohen Wahrscheinlichkeit, dass Eisenhowers Wahl zu einer radikalen Überarbeitung des Atomwaffenprogramms führen könnte, den Test durchzuführen. Truman war von Vandenberg und Twining überredet worden, das Zeitalter der Wasserstoffbomben einzuläuten. Durch die daraus resultierende Fähigkeit zu strategischen Atomangriffen mittels Langstreckenbombern und die bevorstehende Entwicklung von Interkontinentalen Marschflugkörpern (IBMs) wurde für Jahrzehnte die Dominanz der U. S. Air Force sichergestellt. Dies war der Grundstein dafür, dass die Galaktische Föderation und die antarktische deutsch-drakonische Allianz sich bald persönlich mit Präsident Eisenhower trafen. Die bevorstehenden Verhandlungen sollten umfassende Vereinbarungen einschließen, welche die komplexen Fragen thermonuklearer Waffen, außerirdischer Kontakte, fortschrittlicher Technologien und der Offenlegung oder Nichtoffenlegung der Existenz der deutschen Antarktis-Kolonie betrafen.

Anmerkungen

1 Siehe »1952 Washington DC UFO Incident« unter http://en.wikipedia.org/wiki/1952_Washington,_D.C._UFO_incident (aufgerufen am 22.10.2018)

2 »Conversations with Major Donald Keyhoe«; https://tinyurl.com/y7ul2b3h (aufgerufen am 21.10.2018)

3 *The Washington Post*: »50 Years ago, UFOs buzzed the nation's Capitol«, nachgedruckt im *Waterloo/Cedar Falls Courier* vom 26. Juli 2002, p. A8. Online zugänglich unter https://tinyurl.com/ydxcqxnh (aufgerufen am 19.10.2018)

4 Ebd.

5 Ebd.

6 Siehe »1952: Second American Sighting Wave« unter https://www.bibliotecapleyades.net/ciencia/ufo_briefingdocument/1952.htm (aufgerufen am 22.10.2018)

7 Siehe »1952 Washington DC UFO Incident« unter http://en.wikipedia.org/wiki/1952_Washington,_D.C._UFO_incident (aufgerufen am 22.10.2018)

8 Edward Ruppelt, *The Report of Unidentified Flying Objects*, chapter 12; online verfügbar unter https://tinyurl.com/yafcoxge (aufgerufen am 11.10.2018)

9 Ebd.

10 Siehe Barbara LaGrange, »The Intrigue of Giant Rock«, unter http://www.lucernevalley.net/giantrock/ (aufgerufen am 21.10.2018)

11 George van Tassel, *I Rode on a Flying Saucer*; New Age Publishing Co. 1952; p. 30. Online verfügbar unter www.scribd.com/doc/467760/I-Rode-A-Flying-Saucer-George-Van-Tassel (aufgerufen am 21.10.2018)

12 Ebd., p. 19.

13 Ebd., p. 20.

14 Ebd., p. 20.

15 Ebd., pgs. 30-32.

16 Zur Erörterung von Oppenheimers Widerstand gegen die Wasserstoffbombe siehe http://en.wikipedia.org/wiki/J._Robert_Oppenheimer#Postwar_activities (aufgerufen am 24.10.2018)

17 Siehe http://en.wikipedia.org/wiki/Ivy_Mike (aufgerufen am 21.10.18)

18 Rakesh Krishnan Simha, »Nuclear overkill: The quest for the 10 gigaton bomb«, in: *Russia Beyond*; https://www.rbth.com/opinion/2016/01/05/nuclear-overkill-the-quest-for-the-10-gigaton-bomb_556351 (aufgerufen am 21.10.2018)

19 Tom van Flandern, »The Exploded Planet Hypothesis«; https://www.bibliotecapleyades.net/sumer_anunnaki/esp_sumer_annunaki23.htm (aufgerufen am 21.10.2018)

20 Siehe John E. Brandenburg, *Death on Mars: The Discovery of a Planetary Nuclear Massacre*; Adventures Unlimited Press 2015.

21 Siehe Michael E. Salla, *Antarktis – Die verbotene Wahrheit*; AMRA Verlag, Hanau 2020

22 Nachzulesen in »Briefing Document: Operation Majestic 12: Prepared for President-Elect Dwight D. Eisenhower« unter http://www.majesticdocuments.com/pdf/eisenhower_briefing.pdf (aufgerufen am 23.10.2018)

23 Siehe Michael E. Salla, *Antarktis – Die verbotene Wahrheit*; AMRA Verlag, Hanau 2020. – US-Ausgabe: pgs. 1-12.

24 Ein Video über Byrds Antarktis-Flug am 19. Februar 1947 findet sich online unter https://www.youtube.com/watch?v=zjKI_LzPjeY (aufgerufen am 23.10.2018)

25 Interview mit Corey Goode vom 19. Mai 2014: »Corporate bases on Mars and Nazi infiltration of US Secret Space Program«; http://exopolitics.org/corporate-bases-on-mars-and-nazi-infiltration-of-us-secret-space-program/ (aufgerufen am 30.06.2015)

26 Tagebuch von Admiral Richard Byrd, online verfpgbar unter http://www.bibliotecapleyades.net/tierra_hueca/esp_tierra_hueca_2d.htm (aufgerufen am 23.10.18)

27 Ebd.

28 Joseph P. Farrell, *Reich Of The Black Sun: Nazi Secret Weapons & The Cold War Allied Legend*; Adventures Unlimited Press, 2005. – Dt. Ausgabe: *Das Reich der Schwarzen Sonne: Geheimwaffen der Nazis und die Nachkriegslegende der Siegermächte.* Mosquito Verlag, Potsdam 2010.

29 Siehe Michael E. Salla, *Antarktis – Die verbotene Wahrheit*; AMRA Verlag, Hanau 2020. – US-Ausgabe: pgs. 159-178.

30 Ebd. – US-Ausgabe: pgs. 174-178.

31 Justin Deschamps, »David Wilcock and Corey Goode: History of the Solar System and Secret Space Program. Notes from Consciousness Life Expo 2016«; https://stillnessinthestorm.com/2016/02/david-wilcock-and-corey-goode-history/ (aufgerufen am 21.10.2018)

32 Michael E. Salla, *Das Geheime Weltraumprogramm der US-Navy & Die Allianz mit den Nordischen*; AMRA Verlag, Hanau 2017. – US-Ausgabe: pgs. 43-60.

33 Privates Gespräch mit William M. Tompkins am 30. April 2017.

34 Interview mit Corey Goode vom 19. Mai 2014, nachzulesen in »Corporate bases on Mars and Nazi infiltration of US Secret Space Program« unter http://exopolitics.org/corporate-bases-on-mars-and-nazi-infiltration-of-us-secret-space-program/ (aufgerufen am 30.06.2015)

35 Clark McClelland, *The Stargate Chronicles*, chapter 28; http://www.stargate-chronicles.com/site/ (aufgerufen am 21.10.2018)

36 Ebd., chapter 32.

9 Präsident Eisenhower trifft die Nordischen: Nukleare Verhandlungen scheitern

Viele Kinder werden geboren, die sich mit Elektronik, Atomkraft und anderen Energieformen auskennen. Sie werden zu Wissenschaftlern und Ingenieuren eines neuen Zeitalters heranwachsen, das die Macht hat, die Zivilisation zu zerstören, wenn wir nicht lernen, nach spirituellen Gesetzen zu leben.

– Edgar Cayce –

Atome für den Frieden – Eisenhowers Angebot an die Galaktische Föderation

Am 8. Dezember 1953 hielt Präsident Dwight D. Eisenhower vor der Generalversammlung der Vereinten Nationen seine berühmte Rede »Atome für den Frieden«, in der er mutig vorschlug, das amerikanische Atomwaffenarsenal abzurüsten, falls die Sowjetunion einwilligen würde, dasselbe zu tun. Er machte ein ernsthaftes Angebot, Amerikas Nukleartechnologie der Kontrolle der Vereinten Nationen zu unterstellen, um sicherzugehen, dass die Kernenergie künftig für friedliche Zwecke und nicht für die Entwicklung von Waffen genutzt wird. Eisenhowers Vorschlag war gewagt und visionär. Es war ein mutiger Schritt in Richtung Weltfrieden in einer Zeit eines rapide wachsenden atomaren Rüstungswettlaufs mit der Sowjetunion, die erst vier Monate zuvor (am 12. August) ihre erste thermonukleare Bombe gezündet hatte.[1] Angesichts der Ereignisse im Zusammenhang mit dem Überflug von Washington,

D.C., 1952 besteht Grund zu der Annahme, dass Eisenhowers Vorschlag auch als Offerte an die Galaktische Föderation gedacht war, die ihre Position gegenüber den Vereinigten Staaten klar zum Ausdruck gebracht hatte: Die USA sollten ihre Entwicklung von Atomwaffen aufgeben und würden im Gegenzug technologische Unterstützung von humanoiden außerirdischen Zivilisationen erhalten.

Vor der Generalversammlung der Vereinten Nationen, zu deren Zuhörern sehr wahrscheinlich auch heimlich Vertreter der Galaktischen Föderation gehörten, sagte Eisenhower:

»Die Vereinigten Staaten wollen mehr als nur eine Reduzierung oder Vernichtung nuklearen Materials für militärische Zwecke. Es reicht nicht aus, den Soldaten diese Waffe aus der Hand zu nehmen. Sie muss in die Hände derer gelegt werden, die wissen, wie man ihre militärische Hülle abstreift und sie an die Künste des Friedens anpasst.

Die Vereinigten Staaten wissen, dass, wenn die atomare Rüstung umgekehrt werden kann, diese größte zerstörerische Kraft zu einem Segen und zum Wohle der gesamten Menschheit ausgebaut werden kann. Die Vereinigten Staaten wissen auch, dass friedliche Elektrizität aus Atomenergie kein Traum der Zukunft ist. Dieses Potenzial, das bereits bewiesen wurde, ist vorhanden: hier – jetzt – heute. Wer kann bezweifeln, dass sich diese Möglichkeiten schnell in universelle, effiziente und wirtschaftliche Nutzung umsetzen ließen, wenn die Wissenschaftler und Ingenieure der Welt über ausreichende Mengen an spaltbarem Material verfügen, mit denen sie ihre Ideen testen und entwickeln können?

Um dem Tag näher zu kommen, an dem die Angst vor der Atomkraft aus den Köpfen der Menschen und der Regierungen des Ostens und des Westens zu verschwinden beginnt, gibt es gewisse Schritte, die jetzt unternommen werden können. Ich mache daher folgenden Vorschlag.

Die hauptsächlich beteiligten Regierungen beginnen jetzt und leisten, soweit dies aus Gründen der Vorsicht zulässig ist, gemeinsame Abgaben aus ihren Lagerbeständen an normalem Uran und spaltbaren Materialien an eine internationale Atomenergiebehörde.

Die Vereinigten Staaten sind bereit, diese Untersuchungen nach Treu und Glauben durchzuführen. Jeder Partner der Vereinigten Staaten, der in demselben guten Glauben handelt, wird feststellen, dass die Vereinigten Staaten kein unvernünftiger oder geiziger Partner sind. Zweifellos wären die anfänglichen und frühen Beiträge zu diesem Plan von geringer Zahl. Der Vorschlag hat jedoch den großen Vorteil, dass er ohne die Irritationen und gegenseitigen Verdachtsmomente umgesetzt werden kann, die bei jedem Versuch auftreten, ein völlig akzeptables System weltweiter Inspektion und Kontrolle einzurichten.«[2]

Angesichts der Spannungen, die aus dem Korea-Krieg (1950-1953) folgten, und der sich verschärfenden Spaltung im Kalten Krieg war Eisenhowers Vorschlag »Atome für den Frieden« das Beste, was damals von einem amerikanischen Präsidenten zu erhoffen war. Nur jemand wie Eisenhower, ein Karriere-Militär und Fünf-Sterne-General, besaß die Zuversicht und Stärke, um die Forderungen mächtiger nationaler Sicherheitsbeamter zu ignorieren, die fest entschlossen waren, das amerikanische Atomarsenal zu erweitern, unabhängig von den finanziellen Kosten und den damit verbundenen Sicherheitsrisiken. Insbesondere der Stabschef der Air Force, Nathan Twining, und Analysten der RAND Corporation sprachen sich nachdrücklich für die Schaffung einer strategischen Atombomberflotte aus, die mit Kernwaffen ausgestattet und in der Lage sein sollte, potenzielle Feinde in einem Erst- oder Zweitangriffsszenario überall auf der Welt zu vernichten. Bernard Brodie, ein hochrangiger Stratege der RAND-Politik, verfasste 1953 die ersten Strategiepapiere für den Nuklearbereich, die von den nationalen Militärorganisationen der USA, Schlüsselelementen des tiefen Staates, weitgehend übernommen wurden.[3]

Es ist bezeichnend, dass die RAND Corporation maßgeblich an der Entwicklung der Nuklearstrategie im Auftrag der Air Force mitwirkte. Wie bereits erwähnt wurde die RAND Corporation ursprünglich gegründet, um die ehemalige Army Air Force bei der Entwicklung einer umfassenden strategischen Antwort auf die Außerirdischen und die deutsche Präsenz in der Antarktis zu unterstützen. Dies bedeutete, dass die Entwicklung thermonuklearer Waffen weniger mit echten nationalen Sicherheitsbedrohungen durch die Sowjetunion zu tun hatte als vielmehr mit der Bewältigung potenzieller künftiger Herausforderungen durch die Antarktis-Deutschen oder ihre außerirdischen Verbündeten.

Trotz Eisenhowers Bereitschaft, mit seinem Vorschlag »Atome für den Frieden« gegen den Rat seiner hochrangigen Militärs zu handeln, verpasste die Sowjetunion die einmalige Gelegenheit, die Menschheit auf den Pfad zu globaler Zusammenarbeit, Frieden und offenen diplomatischen Beziehungen mit der Galaktischen Föderation zu lenken. Der Generalsekretär der Kommunistischen Partei, Josef Stalin, war am 5. März 1953 gestorben, und die Sowjetunion hatte eine ungewisse Zeit ohne klar benannten Nachfolger hinter sich. Ohne einen starken politischen Anführer, der sich den Forderungen seiner Militärberater nach atomarer Aufrüstung widersetzte, war die Sowjetunion nicht bereit, ernsthaft auf Eisenhowers Vorschlag zu reagieren. Stattdessen entschied sich die sowjetische Führung, widersprüchliche Botschaften über ihre staatlichen Medien auszusenden, bevor sie den Vorschlag offiziell ablehnte.[4]

Es besteht kein Zweifel daran, dass Eisenhower aufrichtig gegen die Verbreitung von Atomwaffen war und den Atomgeist zurück in die Flasche stecken wollte. Besonders beunruhigte ihn die Entwicklung thermonuklearer Waffen, die sein Vorgänger Präsident Truman genehmigt hatte. Der erste Test fand am 1. November 1952 statt, nur drei Tage vor Eisenhowers Wahlsieg:

> »Eisenhower, der ehemalige General, verstand die strategische Notwendigkeit eines nuklearen Arsenals, sah aber keine Notwendigkeit ›für uns, genug zerstörerische Kraft aufzubauen, um alles zu zerstören‹. Er fürchtete weder die Sowjets noch ihr Arsenal, aber er befürchtete, dass Atombomben, wenn sie billiger und zahlreicher würden, als eine weitere konventionelle Waffe angesehen werden könnten, die nur darauf wartete, eingesetzt zu werden. Die tödlichere Wasserstoffbombe beunruhigte ihn nur noch mehr.«[5]

Seine Initiative »Atome für den Frieden« wurde von den Sowjets verschmäht, die ihr eigenes thermonukleares Waffenprogramm vorantrieben, so dass Eisenhower keine andere Wahl hatte, als die USAF, die RAND Corporation, den Deep State und so weiter zu unterstützen und Trumans Politik zur Entwicklung von Wasserstoffbomben fortzusetzen. Der nächste bevorstehende Meilenstein im Atomwaffentest-Kalender der Vereinigten Staaten war der geplante Test einer einsatzfähigen Wasserstoffbombe am 1. März 1954, ein notwendiger Schritt, um die Wirksamkeit thermonuklearer Waffen zu demonstrieren. Diese geplante Explosion, die als Castle-Bravo-Test bezeichnet wurde, sollte eine Stärke von sechs Megatonnen haben, erwies sich jedoch mit einer Kraft von fünfzehn Megatonnen als weitaus leistungsstärker. Für die Galaktische Föderation war die Verhinderung dieses Tests eine letzte Gelegenheit, die Menschheit vom Beginn eines thermonuklearen Wettrüstens abzuhalten, das die Welt mit globaler Vernichtung bedrohte. Ein persönliches Treffen zwischen Nordischen von der Galaktischen Föderation und der Eisenhower-Administration wurde vorgeschlagen und akzeptiert.

Eisenhowers Geheimtreffen mit den Nordischen

Als Präsident Eisenhower in Palm Springs, Kalifornien, Urlaub machte, wurde er in den späten Nachmittagsstunden des 20. Februar 1954 vermisst und tauchte erst am nächsten Morgen wieder auf. Whistleblower behaupten, man hätte ihn heimlich zur Edwards Air Force Base gebracht, wo ein heikles Treffen stattfand, über das nie berichtet wurde. Als der Präsident am nächsten Morgen bei einem Gottesdienst in Los Angeles auftauchte, wurde Reportern offiziell mitgeteilt, dass er am Vorabend lediglich zu einer zahnärztlichen Notfallbehandlung gebracht worden war. Das Verschwinden schürte Gerüchte, Eisenhower habe den fiktiven Zahnarztbesuch als Vorwand für ein streng geheimes Treffen genutzt, das in einer nahe gelegenen Militäreinrichtung stattfand. Diese heimliche Verabredung war möglicherweise die wichtigste, auf die sich ein amerikanischer Präsident einlassen konnte – ein angeblicher ›Erstkontakt‹ mit menschlich aussehenden Außerirdischen, arrangiert auf einem Stützpunkt der U.S. Air Force. Verhandelt wurden das Atomwaffenprogramm des Landes, die mögliche technologische Unterstützung durch die Galaktische Föderation und eine etwaige Aufklärung der Öffentlichkeit über die Nordischen Besucher.

Es gibt sowohl Indizien als auch Zeugenaussagen, die bestätigen, dass Eisenhower sich 1954 mit Außerirdischen traf. Im Folgenden werden einige der fragwürdigen Umstände im Zusammenhang mit Eisenhowers außerplanmäßigem Winterurlaub in Palm Springs (Kalifornien) vom 17. bis 24. Februar 1954 erläutert, die später präsentiert werden, um zu erhärten, was Whistleblower über ein geheimes Treffen mit Nordischen enthüllt haben, das damals tatsächlich stattfand. Erstens verschwand Präsident Eisenhower am späten Samstagabend auf mysteriöse Weise und schürte Spekulationen in der Presse, er sei plötzlich erkrankt oder gar verstorben.

In einer hastig einberufenen Pressekonferenz gab Eisenhowers Pressesprecher bekannt, dass der Präsident beim Verzehr von Hähnchenfleisch eine Zahnkrone verloren habe und zu einem örtlichen Zahnarzt gebracht worden sei. Der örtliche Zahnarzt wurde am Sonntag, dem 21. Februar, in einer amtlichen Verlautbarung als »der Zahnarzt, der den Präsidenten behandelte«, vorgestellt.[6]

Der erfahrene UFO-Forscher William Moore untersuchte den Vorfall und kam zu dem Schluss, dass der Besuch des Zahnarztes nur eine Tarnung für den wahren Verbleib Eisenhowers war.

Zweitens wurde berichtet, dass Präsident Eisenhower an dem fraglichen Abend zur nahe gelegenen Norton Air Force Base geflogen war, wo er von Bord ging und sofort in ein C-45-Flugzeug stieg, um zur Edwards AFB (ehemals Muroc Airfield) zu fliegen. Laut Bill Kirklin, einem Sanitäter der Air Force, der auf der nahe gelegenen Georgia Air Force Base stationiert war, wurde ein Krankenwagen angefordert, um in Bereitschaft zu sein, während das Personal in Norton den Präsidenten empfing. Kirklin behauptet, Eisenhower sei nach der Landung in Norton sofort in die C-45 umgestiegen, um nach Palmdale in Kalifornien zu fliegen, das an die Edwards AFB grenzt.[7]

Drittens war die Edwards AFB während Eisenhowers Besuch in Palm Springs drei Tage lang geschlossen. Der renommierte UFO-Forscher Colonel Wendelle Stevens schrieb über die Schließung der Basis:

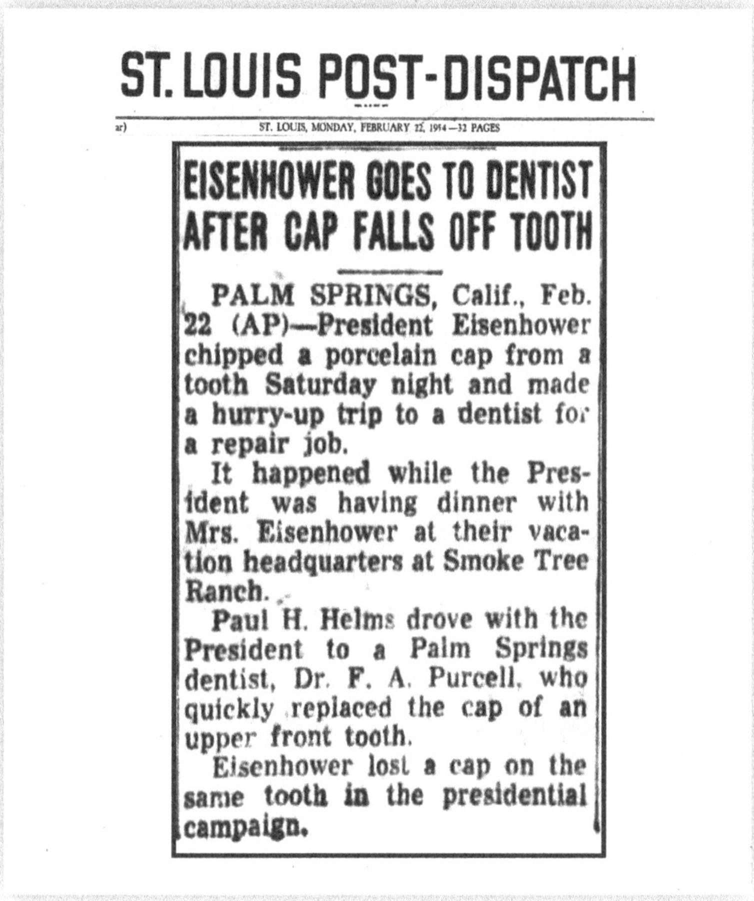

ST. LOUIS POST-DISPATCH

ar) ST. LOUIS, MONDAY, FEBRUARY 22, 1954—32 PAGES

EISENHOWER GOES TO DENTIST AFTER CAP FALLS OFF TOOTH

PALM SPRINGS, Calif., Feb. 22 (AP)—President Eisenhower chipped a porcelain cap from a tooth Saturday night and made a hurry-up trip to a dentist for a repair job.

It happened while the President was having dinner with Mrs. Eisenhower at their vacation headquarters at Smoke Tree Ranch.

Paul H. Helms drove with the President to a Palm Springs dentist, Dr. F. A. Purcell, who quickly replaced the cap of an upper front tooth.

Eisenhower lost a cap on the same tooth in the presidential campaign.

Abb. 28. Eisenhowers Tarngeschichte

»Mead Lane, Herausgeber des Rundbriefs ›Round Robin‹ aus San Diego, brachte im Februar 1954 einen Artikel über den Eisenhower-Besuch und die damaligen Muroc-Ereignisse. Er beschrieb einen Reporter der *Los Angeles Times*, der von den seltsamen Ereignissen in Muroc Wind bekommen hatte und ein Privatflugzeug charterte, das ihn nach Muroc bringen sollte. Diesem Flugzeug wurde die Landeerlaubnis verweigert, weil der Stützpunkt für den gesamten Flugverkehr gesperrt war. Dann mietete er ein Auto und wollte damit nach Muroc, wurde aber am Haupttor der Basis erneut abgewiesen, denn man hatte sie geschlossen. Mehrere For-

> scher und ehemaliges Militärpersonal bestätigten, dass die Air Base für alle Soldaten geschlossen war. Niemand durfte hinein oder hinaus. Es müssen dort unter strengster Geheimhaltung Vorgänge von enormer nationaler Bedeutung stattgefunden haben. Anders ist nicht zu erklären, dass die Air-Force-Basis Edwards so plötzlich abgeriegelt und noch nicht einmal das Personal vorgewarnt wurde.«[8]

Ein anderer Whistleblower namens Bill Holden stellte eigene Nachforschungen zur Schließung der Edwards Air Force Base während Eisenhowers streng geheimem Besuch im Jahr 1954 an und gelangte zufolgender Einschätzung:

> »Historische Nachforschungen ergeben, dass er hier die ETs getroffen hat und eine Vereinbarung zwischen den USA und den ETs unterzeichnet wurde. Leute beobachteten, dass ein Mutterschiff auftauchte, dass einige UFOs auftauchten und die Air Base für drei Tage buchstäblich stillgelegt wurde. Ich konnte die Fakten in zivilen Unterlagen, Zeitungsberichten und allem anderen nachlesen.«[9]

Viertens, neun Tage nach dem mutmaßlichen Treffen auf der Edwards Air Force Base fand am 1. März 1954 beim Bikini-Atoll der bislang größte Wasserstoffbombentest der USA statt. Dieser als Operation Castle bezeichnete Castle-Bravo-Test war der erste einer ganzen Testreihe und mit fünfzehn Megatonnen tausendmal stärker als die Fünfzehn-Kilotonnen-Atombombe von Hiroshima.[10] Nur die Sowjetunion hat jemals stärkere Wasserstoffbomben gezündet. Dies war der erste Wasserstoffbombentest der Eisenhower-Regierung. Eisenhowers Entscheidung, die Tests fortzusetzen, hing mit ziemlicher Sicherheit mit seiner Reise nach Kalifornien zusammen, während der er auf mysteriöse Weise verschwand – zu dem geheimen Treffen auf der Edwards AFB am 20. und 21. Februar 1954.

Nach den bislang untersuchten Indizien wissen wir, dass Präsident Eisenhower am 20. Februar einen ganzen Abend lang verschwunden war und Berichten zufolge von Palm Springs zur Edwards Air Force Base gebracht wurde. Die Art des außerplanmäßigen Urlaubs des Präsidenten, sein Verschwinden, die Alibigeschichte vom Zahnarztbesuch und sein mysteriöser, nicht aufgezeichneter Flug nach Palmdale, der nur eineinhalb Wochen vor dem ersten Wasserstoffbombentest stattfand, liefern Indizien dafür, dass der wahre Zweck seines Unternehmens in Palm Springs nicht darin lag, Urlaub zu machen, sondern Geschichte zu schreiben. Er sollte an einer Begegnung von unvergleichlicher Bedeutung teilnehmen, von der jedoch aufgrund der sensiblen Umstände nichts an die Öffentlichkeit gelangen durfte.

Whistleblower und die unerzählte Geschichte

Glücklicherweise gibt es eine Reihe von Quellen, die verschiedene Details über das Treffen mit Außerirdischen auf der Edwards Air Force Base beschreiben. Zusammengenommen ergibt sich so ein vollständigeres Bild der tatsächlichen Vorgänge vom 20. und 21. Februar. Die zu diskutierenden Quellen beruhen auf Aussagen von Whistleblowern, die Zeugen der Ereignisse waren, Verschlusssachen gelesen, unveröffentlichtes Filmmaterial gesehen oder durch »Insider-Kontakte« von dem Treffen erfahren haben. Beginnen wir mit einem ehemaligen Vertreter des Staates New Hampshire, einem wichtigen Zeugen dafür, dass Eisenhower ein Informationsdokument erhielt, welches den Rahmen für ein »Erstkontakt«-Treffen absteckte. Dieser Whistleblower las das Dokument persönlich, und der Inhalt deutet, wie er sagt, eindeutig darauf hin, dass Eisenhower von seinen nationalen Sicherheitsberatern darauf vorbereitet wurde, sich mit Außerirdischen zu treffen, um wichtige Themen zu erörtern.

Der ehemalige Abgeordnete des Bundesstaates New Hampshire Henry W. McElroy veröffentlichte am 8. Mai 2012 in Hampton, Virginia, eine Video-Erklärung, in der er den Inhalt eines geheimen Berichts enthüllte, den er einsah, und in dem Präsident Eisenhower über außerirdisches Leben informiert wurde.[11] McElroy, ein Republikaner, war während seiner Amtszeit in New Hampshire Mitglied verschiedener Ausschüsse. Bekannt wurde er seinen Einsatz für ein neues »Goldwährungs«-Gesetz im Jahr 2004, mit dem die Verwendung von Gold- und Silbermünzen in New Hampshire wieder eingeführt werden sollte.[12] Er kandidierte erfolgreich bei der republikanischen Abgeordneten-Vorwahl für die Wahlen 2008, gewann 2010 jedoch nicht die Wiederwahl. In seiner Erklärung behauptet McElroy, das Briefing habe ergeben, dass Außerirdische in den Vereinigten Staaten anwesend waren, dass sie wohlwollend sind und ein Treffen mit ihnen für Eisenhower arrangiert werden konnte.

McElroy versicherte in seiner Erklärung, er habe das Informationsdokument gesehen, als er im »Ausschuss für föderale Beziehungen und Veteranenangelegenheiten« des Staates New Hampshire tätig war.[13] In seiner offiziellen Funktion zu jener Zeit, so gab McElroy an, wurde er regelmäßig »über eine Vielzahl von Themen zu den Angelegenheiten unseres Volkes und unserer Nation« informiert.[14] Er beschreibt die Art der vom Ausschuss behandelten Themen folgendermaßen:

> »So, wie ich es verstehe, wurden einige dieser laufenden Themen untersucht und in Bundes-, Landes-, Kommunalentwicklungs-, Regional- und Sicherheitspolitik eingeteilt. Diese Dokumente bezogen sich auf verschiedene Themen, von denen einige Jahrzehnte der Geschichte unserer Nation umfassten.«[15]

Zu einem der untersuchten Themen gehörte eine offizielle, kurze Unterrichtung des Präsidenten Eisenhower, die von unbekannten Experten für nationale Sicherheit verfasst wurde.

McElroy erklärte dazu:

> »Ich möchte unserer Nation mein persönliches Zeugnis bezüglich eines Dokuments vorlegen, das sich auf eines dieser fortlaufenden Themen bezieht, mit denen ich mich während meiner Amtszeit im Ausschuss für föderale Beziehungen und Veteranenangelegenheiten des Staates befasst habe. Bei dem Dokument, das ich eingesehen habe, handelte es sich um eine offizielle Information für Präsident Eisenhower.«[16]

McElroys teilt ganz und gar Erstaunliches über den Inhalt des Informationsdokuments mit:

»Soweit ich mich erinnere, war dieses Briefing für Präsident Eisenhower von einem Gefühl der Hoffnung durchdrungen und informierte ihn über die anhaltende Präsenz außerirdischer Wesen hier in den Vereinigten Staaten. Das Schreiben schien darauf hinzudeuten, dass ein Treffen zwischen dem Präsidenten und einigen dieser Besucher nach Bedarf vereinbart werden könne.«[17]

Den Sicherheitsexperten zufolge waren die Außerirdischen wohlwollend.

»Der Ton des Briefings zeigte mir, dass es keinen Grund zur Besorgnis gab, da diese Besucher in keiner Weise Schaden anrichteten oder beabsichtigten, zu diesem Zeitpunkt oder in der Zukunft eine Störung zu verursachen.«[18]

Da McElroy ein staatlicher Abgeordneter im Ruhestand war, hatte seine Aussage Gewicht, zumal er direkter Augenzeuge eines Dokuments war, das er im Rahmen seiner offiziellen Pflichten eingesehen hat. Sein Zeugnis stützt die Behauptungen anderer Whistleblower, die berichtet haben, dass Präsident Eisenhower heimlich Einrichtungen der Air Force aufsuchte, um sich mit Vertretern einer oder mehrerer außerirdischer Zivilisationen zu treffen.

Nun komme ich zu den Behauptungen von Whistleblowern, die Zeugen des angeblichen »Erstkontakt-Treffens« auf der Edwards Air Force Base waren. Der Sohn eines ehemaligen Navy Commanders bestätigt, dass sein Vater am 20. und 21. Februar 1954 dabei anwesend war. Laut Charles L. Suggs, einem pensionierten Sergeant des U.S. Navy Corps, nahm sein Vater Charles L. Suggs sen. (1909-1987), ein ehemaliger Commander der U.S. Navy, an dem Treffen mit Eisenhower auf der Air-Force-Basis Edwards teil.[19] Sergeant Suggs berichtete in einem Interview mit einem prominenten UFO-Forscher 1991 über die Erfahrungen seines Vaters bei diesem Treffen.

»Charlies Vater, Navy Commander Charles Suggs, begleitete Präsident ›Ike‹ Eisenhower am 20. Februar gemeinsam mit anderen Personen. Sie trafen sich und sprachen mit zwei weißhaarigen Nordischen, die hellblaue Augen und farblose Lippen hatten. Der Sprecher stand ein paar Meter von Ike entfernt und wollte nicht, dass der Präsident näherkam. Ein zweiter Nordischer stand auf der ausgefahrenen Rampe einer bikonvexen Fliegenden Untertasse mit einem dreibeinigen Fahrwerk, die auf der Landebahn parkte. Laut Charlie befanden sich mehrere B-58 Hustler auf dem Flugplatz, obwohl dieser Flugzeugtyp erst 1956 seinen offiziellen Erstflug hatte. Die Besucher sagten, sie stammten aus einem anderen Sonnensystem. Sie stellten detaillierte Fragen zu unseren Atomtests.«[20]

Suggs Verweis auf menschlich aussehende Nordische ist ebenso wichtig wie der Hinweis auf Atomtests. Auch hier muss daran erinnert werden, dass das angebliche Treffen Eisenhowers mit Außerirdischen neun Tage vor dem Castle-Bravo-Test einer Fünfzehn-Megatonnen-Wasserstoffbombe stattfand. Die Erinnerung von Suggs legt nahe, dass die Nordischen aufgrund ihrer Besorgnis über die Folgen des US-amerikanischen Atomtestprogramms das Treffen mit Eisenhower initiiert hatten.

Ein weiteres Zeugnis in Bezug auf das Treffen Eisenhowers mit den ETs stammt von einem ehemaligen Testpiloten und Colonel der U.S. Air Force, der sich aus Gründen der Geheimhaltung dazu entschlossen hat, anonym zu bleiben. Dieser Pilot teilte Lord Clancarty, einem Mitglied der irischen Aristokratie, der für die Echtheit der Quelle bürgt, die folgenden Details mit:

»Der Pilot sagte, er sei eine von sechs Personen bei dem Treffen gewesen … Fünf außerirdische Schiffe seien auf der Basis gelandet. Zwei waren zigarrenförmig und drei scheibenförmig. Die Außerirdischen sahen ziemlich menschlichähnlich, aber nich völlig menschlich aus … Die Außerirdischen sprachen Englisch und informierten den Präsidenten offenbar darüber, dass sie ein ›Bildungsprogramm‹ für die Menschen auf der Erde beginnen wollten.«[21]

Ein weiterer anonymer militärischer Augenzeuge, ein Offizier der U.S. Air Force, enthüllte dem ehemaligen britischen Militärpiloten

Desmond Leslie, dass damals eine Fliegende Untertasse auf der Air-Force-Basis Edwards landete. Der Zeuge sagte Leslie, dass Präsident Eisenhower dorthin gebracht worden war:

> »Eine Scheibe mit einem geschätzten Durchmesser von dreißig Metern setzte an einem bestimmten Tag auf der Landebahn auf. Männer, die aus dem Urlaub zurückkehrten, durften plötzlich nicht mehr auf den Stützpunkt zurück. Die Flugscheibe war angeblich unter Bewachung im Hangar 27 abgestellt, wo Eisenhower sie besichtigte.«[22]

Ein wichtiger Punkt ist, dass der anonyme USAF-Offizier darauf hinwies, dass die Basis für zurückkehrendes Personal geschlossen war. Diese Indizien stützen die zuvor vorgetragenen Aussagen und bestätigen, dass im fraglichen Zeitraum streng geheim eingestufte Aktivitäten auf der Edwards Air Force Base stattfanden.

Ein ähnlicher Bericht wurde von einem Polizisten der USAF erstattet, der in der Nacht von Präsident Eisenhowers Besuch dort stationiert war. Es folgt die Zusammenfassung eines telefonischen Interviews mit seiner Witwe, das Leslies Schilderung stützt:

> »Ihr verstorbener Ehemann arbeitete in den 1950er Jahren als Militärpolizist für die USAF und erzählte ihr, dass er am Abend des 20. Februar 1954 Wachdienst in einem gesicherten Hangar auf der Edwards Air Force Base leistete. Er sagte, er habe Präsident Eisenhower gesehen, der in den Hangar eskortiert wurde. Er wusste nicht, was sich in dem Hangar abspielte, und hatte Schießbefehl, falls Unbefugte versuchten, den Hangar zu betreten. Er gab an, im Hangar sei eine Fliegende Untertasse aufbewahrt worden.«[23]

In seinem Buch *Need to Know: UFOs, das Militär und die Geheimdienste* bezieht sich der britische UFO-Forscher Timothy Good auf drei weitere Augenzeugenberichte über scheibenförmige Fluggeräte, die am 20. Februar 1954 in der Nähe der Air-Force-Basis Edwards gesehen wurden oder dort landeten. Good schreibt:

The Incredible Story They Tried to Hide for 28 Years

Ike Met Space Aliens

President Dwight D. Eisenhower met with beings from outer space almost 30 years ago, a British high government official reveals.

Abb. 29. Britischer Zeitungsbericht von 1982 über Eisenhowers Treffen mit Außerirdischen

»Gabriel Green, ein amerikanischer Forscher, sprach mit einem Offizier, der behauptet, die Ankunft von Raumschiffen in Muroc miterlebt zu haben. Der Offizier sagte, er hätte zu der Zeit an Schießübungen unter dem Kommando eines Generals teilgenommen. ›Wir schossen auf eine Reihe von Zielen, als plötzlich fünf UFOs über uns hinweg flogen. Der General befahl uns, aus allen Rohren auf die UFOs zu feuern. Das taten wir, aber unser Feuer hatte keine Auswirkung auf sie. Wir hörten auf zu schießen,

> und dann sahen wir, wie die UFOs in einem der großen Hangars landeten.‹ Zwei weitere Zeugen, Don Johnson und Paul Umbrello, geben ebenfalls an, am Abend des 20. Februar eines der scheibenförmigen Schiffe in der Nähe von Muroc gesehen zu haben.«[24]

Es ist merkwürdig, dass Eisenhower an einem Treffen mit außerirdischen Botschaftern teilnahm, deren Flugscheiben kurz zuvor vom Basispersonal beschossen worden waren. Vielleicht befolgte der General, der für die Artillerie zuständig war, eine Anweisung, auf UFOs zu schießen, und wusste nichts von dem Treffen.

Weitere Zeugnisse stammen von einem Jesuitenpriester, der in einer Geheimdienstorganisation des Vatikans, dem Servizio Informazione del Vaticano (S.I.V.), arbeitete. In einem vertraulichen Gespräch mit Cristoforo Barbato, einem italienischen UFO-Forscher, bestätigte der Jesuit, dass Präsident Eisenhower 1954 auf der Muroc Air Base (umbenannt in Edwards) mit Außerirdischen zusammentraf. Der Jesuit behauptet, ein hochrangiger katholischer Bischof, Francis MacIntyre, sei anschließend nach Rom geflogen, um Papst Pius XII. davon zu berichten, und der S.I.V. sei als Folge von Eisenhowers Treffen geschaffen worden. Barbato schreibt:

> »Laut dieser Person wurde der S.I.V. aufgrund eines Treffens mit einer Alien-Delegation gegründet, das im Februar 1954 auf der Muroc Air Field Base in Anwesenheit von Präsident Dwight Eisenhower und James Francis McIntyre, dem Bischof von Los Angeles, stattfand. Nach diesem unglaublichen Ereignis flog McIntyre nach Rom, um alle Informationen an Papst Pius XII. weiterzuleiten, der sich entschied, den S.I.V. zu gründen, um sämtliche Informationen über Aliens und deren Kontakte mit der amerikanischen Regierung zu erhalten.«[25]

Ein weiterer italienischer UFO-Forscher, Luca Scantamburlo, fand Indizien, welche die Existenz der streng geheimen vatikanischen Organisation S.I.V. und die von dem Jesuiten behauptete »Omega«-Sicherheitsklassifikation belegen. Er interviewte Barbato und stieß auf weitere Informationen über das angebliche Treffen:

»Das Jesuitenmitglied des S.I.V. sagte Barbato, anlässlich des geheimen Treffens auf der Muroc-Air-Force-Basis im Jahr 1954 hätten Kameramänner des Militärs das außergewöhnliche Ereignis mit drei Filmkameras (16 Millimeter) in Farbe festgehalten. Die Kameras filmten aus verschiedenen Perspektiven und wurden von Federmotoren angetrieben. Letzteres war eine ziemlich unpraktische Lösung, weil die Kameramänner gezwungen waren, alle drei Minuten die Spulen zu wechseln. Das war aber notwendig, weil in Gegenwart der Aliens und ihrer Raumschiffe die Elektromotoren der großen Filmkameras nicht funktionierten.«[26]

Don Phillips ist ein ehemaliger Soldat der Air Force, der an geheimen Luftfahrtprojekten arbeitete. Er sagte aus, er habe einen Film und Dokumente gesehen, die das Treffen von Präsident Eisenhower mit den Außerirdischen belegen:

»Wir haben Aufzeichnungen von 1954, von Treffen der politischen Führer unseres Landes mit ETs hier in Kalifornien. Und so, wie ich es anhand der schriftlichen Unterlagen verstehe, haben sie bei uns angefragt, ob wir ihnen erlauben, hier zu sein und Forschungen anzustellen. Ich habe gelesen, dass unsere Antwort lautete: Gut, aber wie könnten wir euch denn auch daran hindern? Ihr seid so viel weiter entwickelt als wir. Und ich werde es vor dieser Kamera ins Mikrofon sprechen, dass Präsident Eisenhower persönlich bei diesem Treffen anwesend war.«[27]

Philips' Verweis auf einen Film des Eisenhower-Treffens von 1954 wird durch das Zeugnis des Jesuitenpriesters bestätigt, der die vatikanischen Aufzeichnungen über das Treffen enthüllte.

Eine andere Version von Eisenhowers Treffen wird von William Cooper beschrieben, der von 1970 bis 1973 im Büro für Navy-Nachrichtendienste in einem Besprechungsteam für den Kommandeur der Pazifikflotte tätig war. Er hatte direkten Zugang zu als geheim klassifizierten Dokumenten, die er zur Erfüllung seiner Informationspflichten überprüfen musste. Die Militärakte Coopers bestätigt, dass er tatsächlich in dieser sensiblen Position eingesetzt war.[28] Dies verleiht der Tatsache Gewicht, dass einige seiner Aussagen auf dem geheimen Wissen der U.S. Navy über UFOs und außerirdisches Leben beruhen. Zwei pensionierte Unteroffiziere, Robert Dean und Daniel Salter, die Whistleblower wurden, behaupten, Cooper habe ähnlichen Zugang zu streng geheimem UFO-Material gehabt wie sie selbst, als sie in den Geheimdienstabteilungen der U.S. Army und der U.S. Air Force arbeiteten.[29]

Cooper beschreibt den Hintergrund und die Natur des »Erstkontakts« mit den Außerirdischen wie folgt:

> »1953 entdeckten Astronomen große Objekte im Weltraum, die sich in Richtung Erde bewegten. Zuerst wurde angenommen, dass es sich um Asteroiden handelte. Spätere Beweise zeigten, dass es sich bei den Objekten nur um Raumschiffe handeln konnte. Das Projekt Sigma fing Funksprüche der Aliens ab. Als die Raumschiffe die Erde erreichten, gingen sie in eine sehr hohe Umlaufbahn über dem Äquator. Es waren mehrere riesige Schiffe, und ihre tatsächliche Absicht war unbekannt. Project Sigma und ein neues Projekt, Plato, konnten durch Funkkommunikation unter Verwendung der Computer-Binärsprache eine Landung arrangieren, die zu einem direkten Kontakt mit fremden Wesen von einem anderen Planeten führte … Das Projekt Plato wurde beauftragt, diplomatische Beziehungen zu diesen Außerirdischen aufzubauen.«[30]

Ein Teil von Coopers Aussagen wurde durch Major Donald Keyhoe bestätigt, der auch über riesige Raumschiffe schrieb, die von der U.S. Air Force im Jahr 1953 verfolgt wurden, sowie über Bemühungen, diese Informationen zu vertuschen:

> »Seit 1953 wussten sie [die USAF], dass gigantische Raumschiffe in der Nähe unseres Planeten operierten. Mindestens neun Mal waren riesige außerirdische Raumschiffe im Orbit gesehen oder aufgespürt worden, oder sie flogen für kurze Zeit tiefer in die Erdatmosphäre hinein. Jedes Mal war es eine Tortur für die Zensoren der Air Force, die sie sich alle Mühe gaben, die Berichte zu verschleiern oder wegzuerklärem, wenn Geheimhaltungsversuche fehlschlugen.«[31]

Außerdem erörtert Keyhoe die Besorgnis der U.S. Air Force über ihr eventuelles Unvermögen, die Öffentlichkeit zu täuschen, wenn die riesigen Raumschiffe in naher Zukunft entdeckt würden, und wie ihre Täuschungsmanöver durch einen offiziellen USAF-Artikel, der an die Mitglieder der Presse verteilt wurde, weiter erschwert wurden. Obwohl dieser Artikel aufgrund von Beschränkungen, mit denen die Air Force der Presse die Nennung des Autors oder die Angabe seiner offiziellen Herkunft verweigerte, von keiner Zeitung gedruckt worden war, bestand die Befürchtung, dass er wieder zum Vorschein kommen könnte, wenn die Raumschiff-Story ans Licht kam. Dieser Artikel trug den Titel »Planet Earth – Host to Extraterrestrial Life« (»Planet Erde – Gastgeber außerirdischen Lebens«) und beschrieb die wahrscheinlichen Beweggründe der außerirdischen Besucher:

> »Wenn die Tarn-Story ›kleiner Mond‹ fehlschlägt, könnte die Veröffentlichung der Wahrheit bezüglich der Raumschiffe die einzige Alternative sein. In diesem Fall könnte dies einen beunruhigenden Artikel über eine mögliche Einwanderung von Außerirdischen in unsere Welt wieder aktuell werden lassen. Der Artikel ist von einem hohen AF-Geheimdienstoffizier verfasst worden – Colonel W. C. Odell … Er wurde von AF Security and Review gesperrt … Seiner Theorie zufolge betrachteten und untersuchten fremde Wesen, die von einem sterbenden Planeten stammen, unsere Welt als neue Heimat – einen Planeten, der ihrem eigenen so ähnlich war, dass sie hier überleben könnten.«[32]

Keyhoe weist darauf hin, dass Colonel Odell von seinen Vorgesetzten erlaubt wurde, geheim gehaltene Informationen darüber, was durch Kommunikation mit Außerirdischen gelernt oder möglicherweise aufgrund ihrer Daten theoretisch erschlossen wurde, öffentlich zu machen. Das Zeugnis von Keyhoe bekräftigt Coopers Behauptung, dass ein hoch geheimes Funkkommunikationsprogramm, »Project Plato«, zum Aufbau diplomatischer Beziehungen verwendet wurde.

Cooper schildert auch noch die Bemühungen einer anderen außerirdischen Gruppe. Sie warnte vor den Beweggründen der Außerirdischen in den riesigen Raumschiffen, die die Erde umkreisten und laut Odells Artikel Kolonien errichten wollten:

»In der Zwischenzeit hat sich eine Spezies menschlich aussehender Außerirdischer an die US-Regierung gewandt. Diese außerirdische Gruppe warnte uns vor den Außerirdischen, die den Äquator umkreisen, und bot an, uns bei unserer spirituellen Entwicklung zu helfen. Sie forderten als Hauptbedingung, dass wir unsere Atomwaffen zerlegen und zerstören. Sie weigerten sich, Technologie auszutauschen, da wir spirituell nicht einmal in der Lage waren, mit der Technologie umzugehen, die wir damals besaßen. Sie glaubten, dass wir jede neue Technologie einsetzen würden, um uns gegenseitig zu vernichten. Diese Spezies stellte fest, dass wir uns auf dem Weg der Selbstzerstörung befänden und aufhören müssten, uns gegenseitig umzubringen, die Erde zu verschmutzen, die natürlichen Ressourcen der Erde auszubeuten, und dass wir lernen müssen, in Harmonie zu leben. Diese Bedingungen stießen auf äußerstes Misstrauen, insbesondere die Hauptbedingung der nuklearen Abrüstung. Es wurde angenommen, dass die Erfüllung dieser Bedingung uns angesichts einer offensichtlichen außerirdischen Bedrohung hilflos machen würde. Wir hatten auch kein Vorbild in der Geschichte, das uns bei der Entscheidungsfindung helfen könnte. Die nukleare Abrüstung wurde nicht als im besten Interesse der Vereinigten Staaten liegend angesehen. Die Angebote wurden mit der Begründung abgelehnt, es wäre töricht, sich angesichts einer derart ungewissen Zukunft zu entwaffnen.«[33]

Der entscheidende Punkt in Bezug auf Coopers Aussage ist, dass die menschlich aussehenden Nordischen, die sicherlich der Galaktischen Föderation angehören, nicht zu einem Technologieaustausch bereit waren, der uns bei der Waffenentwicklung helfen konnte, sondern sich stattdessen auf die spirituelle Entwicklung als Vorbereitung für einen Austausch konzentrierten.[34] Die von den Außerirdischen erwähnte Betonung der nuklearen Abrüstung ist bedeutend, da der Wasserstoffbombentest von Castle Bravo neun Tage nach Eisenhowers angeblichem Treffen stattfinden sollte. Vor allem wurden die von den Nordischen gemachten Angebote abgelehnt, aber nicht, ohne dass eine gewaltige politische Debatte die Eisenhower-Administration spaltete.

Die Quelle, die am meisten über diese erbitterte politische Debatte verraten hat, ist Gerald Light. In einem Brief vom 16. April 1954 an Meade Layne, den damaligen Direktor der Borderland Sciences Research Associates (jetzt Borderland Sciences Research Foundation), behauptete Light, er sei Teilnehmer einer Politiker-Delegation gewesen, die an einem Treffen zwischen US-Regierungsbeamten und Außerirdischen auf der Edwards Air Force Base teilnahmen.[35] Das Treffen, an dem Präsident Eisenhower beteiligt war, und sein Zeitpunkt entsprachen dem Verschwinden des Präsidenten am 20. Februar in Palm Springs. Die vorgebliche Absicht von Light und anderen Mitgliedern der Delegation bestand darin, die öffentliche Reaktion auf die Anwesenheit von Außerirdischen zu testen. Light war laut Meade Layne ein begabter und hochgebildeter Schriftsteller und Dozent, der hellsichtig war und über okkultes Wissen verfügte.[36] Light beschrieb die Umstände des Treffens folgendermaßen:

»Meine lieben Freunde: Ich bin gerade aus Muroc zurückgekehrt [Edwards Air Force Base]. Der Bericht ist wahr – verheerend wahr! Ich war dort in Begleitung von Franklin Allen von den Hearst-Zeitungen, Edwin Nourse vom Brookings Institute (Trumans ehemaliger Finanzberater) und Bischof MacIntyre aus LA (die Namen sind derzeit bitte vertraulich). Als wir den abgesperrten Bereich betreten durften (nach ungefähr sechs Stunden, in denen alle möglichen Gegenstände, Ereignisse, Vorfälle und Aspekte unseres persönlichen und öffentlichen Lebens überprüft wurden), hatte ich unfassbar realistisch das deutliche Gefühl, dass die Welt untergegangen war. Denn ich habe noch nie so viele Menschen in einem Zustand des völligen Zusammenbruchs und der Verwirrung gesehen, als sie erkannten, dass ihre eigene Welt tatsächlich mit einer solchen Endgültigkeit zusammengebrochen war, dass es jeder Beschreibung spottete. Die Realität von Luftfahrzeugen aus einer ›anderen Ebene‹ ist jetzt und für immer aus dem Bereich der Spekulation in der Realität angekommen und jeder verantwortlichen wissenschaftlichen und politischen Gruppe ziemlich schmerzhaft zu

Bewusstsein gebracht worden. Während meines zweitägigen Besuchs sah ich fünf verschiedene Typen von Flugmaschinen, die von unseren Air-Force-Offizieren untersucht wurden – mit Unterstützung und Erlaubnis der Ätherischen/Etherians [Nordischen]!

Mir fehlen die Worte, um meine Reaktionen auszudrücken. Es ist endlich eingetreten. Es ist jetzt ein Teil der Geschichte. Wie Sie vielleicht bereits wissen, war Präsident Eisenhower eines Nachts während seines Besuchs in Palm Springs als Geist nach Muroc ›beordert‹ worden [engl. »spirited over«]. Und ich bin der Überzeugung, dass er den schrecklichen Konflikt zwischen den verschiedenen Behörden ignorieren und über Radio und Fernsehen direkt zu den Menschen sprechen wird – wenn die Hängepartie noch länger andauert. Soweit mir bekannt ist, wird eine offizielle Ansprache an die Nation für Mitte Mai vorbereitet.«[37]

In seinem Brief wies Gerald Light auf einen »schrecklichen Konflikt zwischen den verschiedenen Behörden« hin. Damit ist gemeint, dass Befürworter einer Fortsetzung der Aufrüstungspolitik mit thermonuklearen Waffen, angeführt vom Stabschef der USAF, Nathan Twining, in direktem Konflikt mit Eisenhower standen, der gewillt war, über Amerikas nukleare Vorherrschaft zu verhandeln, basierend auf seinem Vorschlag »Atoms for Peace« von 1953. Amerikas Atomtechnologie unter die Schirmherrschaft der Vereinten Nationen zu stellen, wurde von der U.S. Air Force, RAND-Strategen und anderen nationalen Sicherheitsexperten entschieden abgelehnt. Hier wird der Hinweis von Light auf Eisenhower, der sich direkt »über Radio und Fernsehen an das Volk« wenden werde, wichtig. Anscheinend war Eisenhower bereit, die Wahrheit über die außerirdischen Besucher und ihre Besorgnis über die Atomwaffenpolitik der Nation preiszugeben.

Natürlich fand keine solche formelle Ankündigung statt, und Lights Beschreibung des Eisenhower-Treffens mit den Nordischen war entweder das bestgehütete Geheimnis des zwanzigsten Jahrhunderts oder die Erfindung eines älteren Okkultisten, der für seine außerkörperlichen Erfahrungen bekannt war. Die Ereignisse, die Light in seinem Treffen beschrieb, die Panik und Verwirrung vieler Anwesender, die emotionalen Auswirkungen der angeblichen Landung, die enormen Meinungsverschiedenheiten darüber, was zu tun ist, um die Öffentlichkeit zu informieren, und die umstrittene Frage, wie auf die außerirdischen Besucher zu reagieren ist, sind allerdings lauter plausible Beschreibungen dessen, was geschehen sein könnte. Die von Light beschriebenen psychologischen und emotionalen Auswirkungen auf die hochrangigen nationalen Sicherheitsverantwortlichen stimmen mit den Erwartungen überein, die angesichts eines solchen »lebensverändernden Ereignisses« mit einer politischen Debatte über Atomwaffen zu erwarten sind.[38]

Der hauptsächliche Mangel in den fehlgeschlagenen diplomatischen Verhandlungen zwischen den Nordischen und der Eisenhower-Regierung war die unüberwindliche Vorbedingung: Um technische Hilfe zu leisten, sollten die Vereinigten Staaten ihr Programm zur Entwicklung von Atomwaffen aufgeben. Während Präsident Eisenhower selbst bereit war, einen solchen Schritt zu unternehmen, war dies für die USAF, das nationale Sicherheits-Establishment oder den Deep State nicht akzeptabel. Diese Interessengruppen wollten nicht nur die Entwicklung von Atomwaffen vorantreiben, sie wollten auch technologische Unterstützung von den Nordischen erhalten, die zur Entwicklung verbesserter Waffensysteme verwendet werden konnten. Vermutlich begründete die USAF ihre Position mit der langfristigen Bedrohung durch die Antarktis-Deutschen und ihre drakonischen Verbündeten. Zwar verfügte die Air Force über strategische Bomberflotten und war dabei, interkontinentale Raketensysteme (ICBM) zu bauen, doch bestand ihr Ziel letztlich darin, eigene Flotten von Raumfahrzeugen zu entwickeln, die für viele verschiedene Zwecke eingesetzt werden konnten. Zu dieser Kategorie gehörte auch die Fähigkeit, thermonukleare Waffen bei künftigen Konfrontationen mit Außerirdischen, insbesondere der deutsch-drakonischen Allianz, einzusetzen. Obwohl die Nordischen die Bedrohungen durch das deutsch-drakonische Bündnis voll und ganz verstanden hatten, waren sie nicht bereit, fortschrittliche Technologien weiterzugeben, denn damit hätten sie die Pläne der USAF zum Bau leistungsfähigerer Atomwaffen und Trägersysteme nur weiter befeuert. Die Nordischen wollten die Fehler nicht wiederholen, die zur Zerstörung jenes Planeten (Maldek/Luzifer/Tiamat) geführt hatten, dessen Überreste den Asteroidengürtel bildeten, und auch zur Vernichtung der Mars-Zivilisation.

Wie aus dem »White Hot Report« General Twinings hervorgeht, war sich die Regierung Truman darüber im Klaren, dass mit den Außerirdischen eine Einigung erzielt werden musste, um die Vorteile der von der USAF in ihren Einrichtungen in Wright-Patterson untersuchten fliegenden Scheiben zu nutzen. Wenn die Nordischen nicht bereit waren, ein Abkommen über Technologietransfer zu schließen, dann mussten die Eisenhower-Administration und die USAF woanders hingehen. Dem AFB-Treffen von Edwards folgten bald weitere, darunter eines auf der Holloman Air Force Base im Februar 1955. Das Holloman-Treffen legte den Grundstein für endgültige Vereinbarungen – jedoch mit der deutsch-drakonischen Allianz, die im Gegensatz zu den Nordischen nicht die Forderung stellte, dass die Eisenhower-Regierung ihre Kernwaffenentwicklung aufgab. Stattdessen bot diese deutsch-drakonische Gruppe Abkommen über Technologieaustausch an, und das wurde von den US-Führern als unerlässlich erachtet, um die Geheimnisse ihrer wertvollen geborgenen Flugkörper zu entschlüsseln, die ein zukünftiges Geheimes Weltraumprogramm der USAF ermöglichen würden.

Anmerkungen

1 Zur Geschichte der Entwicklung der Wasserstoffbombe in der Sowjetunion siehe online unter http://soviethistory.msu.edu/1954-2/hydrogen-bomb/ (aufgerufen am 24.10.2018)

2 Siehe »Eisenhower's ›Atoms for Peace‹ Speech« unter https://www.atomicheritage.org/key-documents/eisenhowers-atoms-peace-speech (aufgerufen am 24.10.2018)

3 Bernard Brodies Papiere über nukleare Strategie finden sich online unter https://www.rand.org/pubs/authors/b/brodie_bernard.html (aufgerufen am 24.10.2018)

4 Erste kommunistische Presseberichte über Eisenhowers Rede siehe unter https://eisenhower.archives.gov/research/online_documents/atoms_for_peace/Binder15.pdf (aufgerufen am 24.10.2018)

5 Siehe »Atoms for Peace: The Mixed Legacy of Eisenhower's Nuclear Gambit« unter https://www.sciencehistory.org/distillations/magazine/atoms-for-peace-the-mixed-legacy-of-eisenhowers-nuclear-gambit (aufgerufen am 24.10.2018)

6 William Moore, »UFO's: Exploring the ET Phenomenon«, in: *Gazette* vom 29. März 1989, Hollywood, CA. Online unter https://tinyurl.com/ycn9kcun (aufgerufen am 31.12.2018)

7 Bill Kirklin, »Ike and UFO's«, *Exopolitics Journal*, zugänglich unter http://exopoliticsjournal.com/vol-2/vol-2-1-Exp-Ike.htm (aufgerufen am 31.12.2018)

8 Private eMail vom 6. Februar 2009 an den Autor.

9 Transkript von Project Camelot: »Air Force One and the Alien Connection: A Video Interview with Bill Holden«, Juni 2007; http://www.bibliotecapleyades.net/vida_alien/alien_zetareticuli03.htm (aufgerufen am 31.12.2018)

10 Zur Darstellung des Atomtestprogramms der USA auf den Bikini-Inseln siehe Jane Dibblin, *Day of Two Suns: US Nuclear Testing and the Pacific Islanders*; New Amsterdam Books 2002.

11 Online unter http://www.youtube.com/watch?v=NNV8-k5UvpY. Transkript verfügbar auf McElroys früherer Website unter http://tinyurl.com/bzlu74x (aufgerufen am 31.12.2018)

12 Siehe »New gold money bill introduced in N.H. General Court«, http://www.newswithviews.com/NWVexclusive/exclusive55.htm

13 Siehe http://www.gencourt.state.nh.us/house/committees/committeedetails.aspx?id=16 (aufgerufen am 24.10.2018)

14 Online unter http://www.youtube.com/watch?v=NNV8-k5UvpY. Transkript verfügbar auf McElroys früherer Website unter http://tinyurl.com/bzlu74x (aufgerufen am 31.12.2018)

15 Ebd.

16 Ebd.

17 Ebd.

18 Ebd.

19 Persönliche Aufzeichnungen von William Hamilton aus einem Interview von 1991 mit Sergeant Suggs. Siehe auch William Hamilton, *Project Aquarius: The Story of An Aquarian Scientist*; Authorhouse 2005; pgs. 85-86.

20 Ebd., p. 85.

21 Zitiert nach Timothy Good, *Alien Contact: Top-Secret UFO Files Revealed*; William Morrow & Co. 1993; p. 75. – Dt. Ausgabe: *Sie sind da. Die UFO-Dokumentation.* Zweitausendeins Verlag, Frankfurt am Main 1992

22 Timothy Good, *Need to Know: UFOs, the Military and Intelligence*; Pegasus Books 2007; p. 208. – Dt. Ausgabe: *Need to Know. UFOs, das Militär und die Geheimdienste*, Kopp Verlag, Rottenburg 2008

23 Meine Zusammenfassung eines Telefoninterviews vom Februar 2004.

24 Timothy Good, *Need to Know: UFOs, the Military and Intelligence*; Pegasus Books 2007; p. 208. – Dt. Ausgabe: *Need to Know. UFOs, das Militär und die Geheimdienste*, Kopp Verlag, Rottenburg 2008

25 Christoforo Barbato, »Vatican and UFO: Secretum Omega«; https://tinyurl.com/ybjny9w2 (aufgerufen am 31.12.2018)

26 Luca Scantamburlo, »Planet X and the ›JESUIT FOOTAGE‹, geheimes ›SECRETUM OMEGA‹. First Indirect Confirmation!«; https://tinyurl.com/yaf7cwba (aufgerufen am 31.12.2018)

27 Dr. Steven M. Greer, »Testimony of Don Phillips«, in *Disclosure: Military and Government Witnesses Reveal the Greatest Secrets in Modern History*, Crossing Point 2001; p. 379.

28 Milton William Cooper, *Behold A Pale Horse*; Light Technology Publishing 1991; pgs. 381-96. – Dt. Ausgabe: *Die Apokalyptischen Reiter.* Michaels Verlag, Peiting 1996

29 Daniel Salter, *Life with a Cosmos Clearance*; Light Technology Publishing 2003; p. 8. – Siehe auch das Interview mit Robert Dean: »Command Sergeant Major Robert Dean, NATO's Secret UFO Assessment & Setting the Record Straight«, im *Exopolitics Journal*, April 2006, pgs. 213-232; online verfügbar unter http://www.exopoliticsjournal.com/Journal-vol-1-3-Dean.pdf (aufgerufen am 31.12.2018)

30 Milton William Cooper, »The Origin, Identity and Purpose of MJ-12«, in: *Behold A Pale Horse*; Light Technology Publishing 1991; pgs. 201-202. – Dt. Ausgabe: *Die Apokalyptischen Reiter*. Michaels Verlag, Peiting 1996. – Die Originalrede ist online verfügbar unter http://www.bibliotecapleyades.net/sociopolitica/esp_sociopol_mj12_1.htm (aufgerufen am 31.12.2018)

31 Major Donald E. Keyhoe, *Aliens from Space: The Real Story of Unidentified Flying Objects*; Doubleday & Co. 1973; pgs. 129-30.

32 Ebd., p. 131.

33 Milton William Cooper, »The Origin, Identity and Purpose of MJ-12«, in: *Behold A Pale Horse*; Light Technology Publishing 1991; pgs. 201-202. – Dt. Ausgabe: *Die Apokalyptischen Reiter*. Michaels Verlag, Peiting 1996. – Die Originalrede ist online verfügbar unter http://www.bibliotecapleyades.net/sociopolitica/esp_sociopol_mj12_1.htm (aufgerufen am 31.12.2018)

34 Zur Erörterung des Widerspruchs zwischen William Coopers Aussage, dass die Außerirdischen Präsident Eisenhower in der Homestead Air Force Base trafen statt in der Edwards AFB, wie von anderen Whistleblowern behauptet, siehe Michael E. Salla, *Galactic Diplomacy: Getting to Yes with ET*; Exopolitics Institute 2013; pgs. 62-63.

35 Der Brief ist abgedruckt in Timothy Goods *Alien Contact: Top-Secret UFO Files Revealed*; William Morrow & Co. 1993; p. 275. – Dt. Ausgabe: *Sie sind da. Die UFO-Dokumentation*. Zweitausendeins Verlag, Frankfurt am Main 1992

36 John Spencer, »Light, Gerald«, in: *The UFO Encyclopedia: Inexplicable Sightings, Alien Abductions, Close Encounters, Brilliant Hoaxes*; Avon Books 1991; p. 188.

37 »A Covenant with Death by Bill Cooper«, http://www.alienshift.com/id40.html (aufgerufen am 31.12.2018). Auch in: Milton William Cooper, *Behold a Pale Horse*; Light Technology Publishing 1991; p. 203. – Dt. Ausgabe: *Die Apokalyptischen Reiter*. Michaels Verlag, Peiting 1996.

38 Zur Erörterung der vier Personen der nationalen Sicherheit, die 1954 am Treffen mit Eisenhower teilnahmen, siehe Michael E. Salla, *Galactic Diplomacy: Getting to Yes with ET*; Exopolitics Institute 2013; pgs. 61-62.

10 Außerirdische und deutsche Delegationen auf der Holloman Air Force Base

Achte darauf, dass du die Substanz nicht verlierst,
indem du nach dem Schatten greifst.
– Äsop –

Am 10. Februar 1955 flog Präsident Dwight Eisenhower mit der Air Force One von Washington, D.C., nach Thomasville, Georgia, zu einem »Jagdurlaub«. Er wurde von einem Charterflugzeug begleitet, in dem Pressevertreter saßen. Später, am Nachmittag nach der Landung, verschwand Eisenhower für die nächsten sechsunddreißig Stunden aus den Augen der Presse. James Hagerty, sein Pressesprecher, sagte Reportern, dass »Ike« und sein Kammerdiener »einen Fall von Schnupfen behandelten …«.[1] In Wahrheit flog der Präsident mehreren Augenzeugen zufolge heimlich zur Holloman Air Force Base in New Mexico, um sich am 11. Februar mit der Besatzung einer gelandeten Fliegenden Untertasse zu treffen, die 1952 am Überflug von Washington beteiligt gewesen war.

Das Holloman-Treffen fand fast ein Jahr nach dem Besuch in Edwards am 20. Februar 1954 statt, bei dem menschlich aussehende nordische Außerirdische die Eisenhower-Regierung von der Entwicklung von Kernwaffen abzubringen versuchten. Die Nordischen hatten Eisenhower auch vor einer anderen Gruppe Außerirdischer gewarnt, die versuchen würden, mit ihm ein Abkommen zu schließen.[2] Bei dieser Gruppe könnte es sich entweder um die sogenannten Greys oder

Grauen gehandelt haben, die mit dem Roswell-Absturz in Verbindung gebracht wurden, oder um die reptiloiden Drakonier, die Nazi-Deutschland während des Zweiten Weltkriegs beim Aufbau einer abtrünnigen Kolonie in der Antarktis geholfen hatten.

Die nordische Initiative wurde von der Eisenhower-Administration abgelehnt, da die Besucher zur Bedingung machten, dass die Entwicklung thermonuklearer Waffen eingestellt werden sollte, bevor Gespräche über einen Technologieaustausch beginnen konnten. Eisenhower war offen für ein solches Arrangement, wie er mit seinem Vorschlag »Atome für den Frieden« bewiesen hatte. Leider hatten die Sowjets dies abgelehnt. Die Vorbedingung der Nordischen war für Eisenhowers hochrangige nationale Sicherheitsbeamte, die nun durch die sowjetische Ablehnung die Oberhand gewonnen hatten, völlig inakzeptabel. Die Air Force war besonders stark dagegen, weil sie ehrgeizige Pläne hatte, ihre Kapazität für strategische Atombombenangriffe durch neue Luft- und Raumfahrttechnologien zu erweitern, die durch Raketenentwicklungen und erbeutete außerirdische Technologien ermöglicht wurden. Die USAF war bereit, mit jeder Gruppe, außerirdisch oder nicht, eine Einigung zu erzielen, wenn sie dazu beitragen konnte, die Geheimnisse der auf der Wright-Patterson AFB untersuchten Flugscheiben zu entschlüsseln. Dies öffnete die Tür für Vereinbarungen, die sowohl mit den am Roswell-Absturz beteiligten Greys als auch mit den Antarktis-Deutschen und den verbündeten Drako-Reptiloiden getroffen werden konnten.

Es gibt triftige Zeugenaussagen und Berichte von Whistleblowern, die bestätigen, dass Präsident Eisenhower heimlich zur Holloman AFB flog, um die Insassen einer gelandeten Fliegenden Untertasse zu treffen, und dass mindestens ein vorheriges Treffen mit Mitgliedern seiner Regierung und hochrangigen USAF-Offizieren in Holloman stattgefunden hatte. Informationen verschiedener Quellen zufolge waren an den Treffen in Holloman jeweils »Tall Greys« oder Große Graue, Außerirdische und Antarktis-Deutsche beteiligt. Die USAF und die Eisenhower-Regierung suchten nach möglichen Partnern für ein Abkommen über technologische Unterstützung, um Antigravitations-Raumschiffe und andere fortschrittliche Technologien einsetzen zu können. Es lohnt sich, mit den Augenzeugenberichten zu den Ereignissen am 11. Februar 1955 in Holloman zu beginnen.

Augenzeugenberichte für Holloman

Der UFO-Forscher Art Campbell aus Holloman hat detailliert die geheime Reise von Eisenhower nach Holloman und das dort stattfindende Treffen untersucht.[3] Er konnte mehrere Augenzeugen aufspüren und sie selbst oder ihre Familienmitglieder interviewen. Einer der Augenzeugen war ein ehemaliger Sanitäter der USAF namens Bill Kirklin, der vom 1. März 1954 bis zum 5. August 1955 im Krankenhaus der Holloman Air Force Base stationiert war. Er schrieb einen Bericht über die Ereignisse, den Campbell im Dezember 2005 an mich weiterleitete.[4] Nach einem anschließenden Gespräch mit Kirklin erhielt

SECTION 1—ARTICLES OF WAR—READ AS REQUIRED

27 MAR 53
20Apr54

SECTION 2—APPOINTMENTS, PROMOTIONS, OR REDUCTIONS

GRADE	DATE	AUTHORITY	DATE ISSUED	DATE OF RANK
A/B E-1	24 MAR 53	AFR 39-9		24 MAR 53
~~A/3C E-2(Perm)~~	~~25 MAY53~~	~~SO 22, 3277BMTS, 3275BMTG, PAFB, Calif~~	~~25 MAY53~~	~~25 MAY53~~
A/3C E-2(Perm)	20 MAY53	SO 22, 3277BMTS, 3275BMTG, PAFB, Calif	20 MAY53	20 MAY53
A/2C E-3 (Perm	19Feb54	SO 9 George AFB Calif		1 Feb 54

SECTION 3—ORGANIZATIONS TO WHICH ASSIGNED AND ATTACHED

M/R DESIGNATION OF UNIT	STATION	ASGD OR ATCHD	FROM	TO (Inc.)
3277 BMTS 3275 BMTG	PARKS AFB CALIF	ASGD	24 MAR 53	11Jun53
Hq 3882d Sch Gp GB-USAF SAM P/L	Gunter AFB, Ala	Asgd	12 Jun 53	31 Jul 53
Hq 479th Air Base Group	George AFB, Calif.	Asgd	1 Aug 53	1 Nov 53
4452nd USAF Hosp	George AFB, Calif.	Asgd	2 Nov 53	28 Feb 54
Hq. 6580th Test Gp.	Holloman AFB N Mex	Asgd	1 Mar 54	24 Oct 54
6580th USAF Hosp	Holloman AFB, N Mex	Asgd	25 Oct 54	5. AUG 55
36th Air Rescue Squadron	APO 994	Asgd	23Aug55	

Abb. 30. Bill Kirklins Dienstakte zeigt, dass er vom 1. März 1954 bis zum 5. August 1955 auf der Holloman Air Force Base stationiert war.

ich seine DD214- und Militärunterlagen direkt vom US National Archive, die bestätigten, dass er, wie von ihm behauptet, in Holloman stationiert war. Die Dokumente (siehe Abbildung 30) belegen, dass er Augenzeuge der außergewöhnlichen Ereignisse im Zusammenhang mit dem geheimen Besuch von Präsident Eisenhower am 11. Februar 1955 war. Im Folgenden werde ich Kirklins Zeugenbericht genau untersuchen, um zu sehen, was dort tatsächlich geschah und was er von anderen auf der Basis hörte.

Kirklin gab an, im Vorhinein über einen anstehenden Besuch von Eisenhower im Februar 1955 informiert worden zu sein. Er schrieb in seinem Bericht:

> »... wir hörten, dass der Präsident nach Holloman kommen würde. Ich wusste, dass es eine Ehrenparade für ihn geben würde. Captain Reiner fragte mich, ob ich an der Parade teilnehmen wollte. Ich sagte: ›Nein.‹ Er sagte: ›Gut. Sie werden im Dienst sein.‹ Die Parade war für früh morgens angesetzt. Am Tag davor wurde sie abgesagt.«[5]

Am Ende des Tages von Eisenhowers Besuch, so berichtet Kirklin, habe er gesehen, wie die Air Force One die Basis verlassen habe und über ein Sperrgebiet geflogen sei:

> »Nach der Arbeit war ich in meinem Quartier. Dann wurde ich nach draußen gerufen, weil die Air Force One über uns hinwegflog. Sie flog über das Wohngebiet des Stützpunkts. Dies ist eine NO-FLYING-Zone für alle Militärflugzeuge. Nur der Präsident durfte das.«[6]

Das oben Gesagte ist ein überzeugender Beleg dafür, dass sich Eisenhower nicht in Georgia erholte, wie sein Pressesprecher der Presse gegenüber fälschlicherweise behauptete. Stattdessen hatte sich Eisenhower heimlich 3.200 Kilometer weit zur Holloman Air Force Base fliegen lassen. Verschiedene Aspekte von Eisenhowers dortigem Treffen mit UFO-Insassen werden von Kirklin und anderen Augenzeugen enthüllt.

Kirklin behauptet, gehört zu haben, wie sich mehrere Leute zu den fliegenden Scheiben äußerten, die während Eisenhowers Besuch in der Holloman Air Force Base eingetroffen waren. Er sagte auch, er habe sich mit einem Kollegen namens Dorsey über das seltsame Fluggerät ausgetauscht:

»›Kirklin, haben Sie die Scheibe gesehen, die über der Landebahn schwebte?‹

›Nein.‹ Ich denke an etwas Kleines, das man wie einen Diskus in der Hand halten kann, denn die einzigen Fluggeräte, von denen ich wusste, dass sie schweben konnten, waren die Hubschrauber und Luftkissenboote der Navy. Es gab nicht viele Hubschrauber in der Nähe von Holloman. ›Woraus besteht sie?‹ Ich denke an eine Holzscheibe mit einer Stahlkante. ›Sieht aus wie polierter Edelstahl oder Aluminium, hell metallisch und glänzend.‹

Ich fragte: ›Wie groß ist sie?‹

›Sechs bis neun Meter im Durchmesser. Wollen Sie sie sehen?‹

›Sicher. Aber bei dem Glück, das ich habe, wird sie nicht mehr dort sein‹.

Dorsey antwortete: ›Sie war noch dort, als ich meine Frau in die Verpflegungsstelle brachte, und sie war dort, als wir dreißig Minuten später herauskamen. Gehen Sie zur Vorderseite des Krankenhauses und schauen Sie sie sich an.‹«[7]

Wenn Kirklins Bericht über das, was sein Kollege sah, richtig ist, schwebte während Eisenhowers Besuch mindestens dreißig Minuten lang mindestens eine Fliegende Untertasse über der Landebahn der Basis. Später, als Kirklin in die Messe ging, hörte er Folgendes:

»›Auf dem Rückweg ging ich hinter zwei Piloten. Der linke trug Khaki, der rechte Blau. Ich folgte ihnen und hörte ihrer Unterhaltung zu.

Links: ›Warum die blaue Uniform?«

Rechts: ›Ich bin der diensthabende Offizier und musste antreten, als Air Force One landete. Hast du sie gesehen?‹

Links: ›Ja. Ist ein großer Vogel, nicht wahr?‹

Rechts: ›Ja. Sie landeten, wendeten und blieben auf der aktiven Landebahn. Wir haben das Radar ausgeschaltet und gewartet.‹

Links: ›Warum habt ihr das Radar ausgeschaltet?‹

Rechts: ›Weil wir dazu aufgefordert wurden. Ich glaube, das Ding, das in Roswell herunterkam, wurde vom Doppler-Radar getroffen. Es war eine der ersten Installationen in den USA. Sie näherten sich im Tiefflug über den Bergen und dem Testgelände.‹

Unterbrochen von links: ›Ich habe gehört, es waren drei – und eine ist am Monument gelandet.‹

Rechts: ›Eine könnte am Monument geblieben sein. Ich habe sie nicht gesehen. Ich habe nur zwei gesehen. Eine schwebte über der anderen, als würde sie die untere beschützen. Die andere landete auf der aktiven Landebahn vor der Präsidentenmaschine. Er stieg aus seinem Flugzeug und ging darauf zu. Eine Tür öffnete sich und er ging hinein, blieb fünfundvierzig Minuten drinnen.‹

Links: ›Konntest du sie sehen? Waren es Greys?‹

Rechts: ›Ich weiß nicht. Es könnten welche gewesen sein. Ich konnte sie nicht genau erkennen. Hatte kein Fernglas …‹

Links: ›Glaubst du, es waren die Gleichen wie letztes Jahr in Palmdale?‹

Rechts: ›Das könnten sie gewesen sein. Ich weiß es einfach nicht.‹

Links: ›Hast du sie gesehen, als er herauskam?‹

Rechts: ›Nein. Sie blieben drin. Er gab ihnen die Hand und kehrte zu seinem Flugzeug zurück.‹«

Wichtig ist, dass diese beiden Piloten verraten haben, dass Eisenhower aus der Air Force One ausstieg und sich mit den Insassen der Untertasse getroffen hat, die mindestens fünfundvierzig Minuten lang am Ende der Startbahn in Warteposition blieb. Es ist interessant, dass einer der Piloten darüber spekulierte, ob die Insassen vielleicht Greys seien, sich aber nicht sicher war. Es ist auch von Bedeutung, dass die Piloten das Treffen in Palmdale (Edwards AFB) im Februar 1954 als ähnlich bezeichneten, was darauf hinweist, dass die Kenntnis dieser Vorgänge in den Offizierskreisen der Air Force weit verbreitet war. Am bemerkenswertesten ist möglicherweise der Händedruck am Ende des Treffens. Er weist darauf hin, dass mit den Insassen der Untertasse eine Einigung erzielt wurde. Wie ich enthüllen werde, ist dies tatsächlich an jenem Tag geschehen.

Die Familie eines Elektrikers, der auf Holloman arbeitete und eine Fliegende Untertasse sah, die sich dem Bereich, in dem sich die Air Force One befand, näherte, wandte sich später an den UFO-Forscher Art Campbell. Er erhielt einen Brief von der Familie des Elektrikers, in dem beschrieben wurde, was sich zugetragen hatte:

> »Als der Präsident kam, fuhren wir mit dem Lastwagen zu einem Einsatz, bei dem wir entlang der Landebahn Kabel erneuerten … Wir hörten also morgens das Flugzeug des Präsidenten, das zum Landeanflug ansetzte, und sahen es in der Ferne landen. Wir warteten, dass es zum Landeplatz rollte, in der Hoffnung, vielleicht den Präsidenten zu sehen, aber wir hörten nichts mehr. Es hatte irgendwo da draußen angehalten … Einer der Männer … sagte, man könne von diesem Pfahl dort draußen besser sehen. Warum geht keiner von uns auf den Pfahl und guckt, wo das Flugzeug ist? Nun, ich hatte meine Kletterstiefel an und … kletterte hoch, den Rücken der Sonne zugekehrt, eine Sicherheitsmaßnahme, so dass ich die Landebahn nicht sehen konnte, wo wir seine Connie vermuteten. Connie war ein Spitzname für die große Lockheed Constellation des Präsidenten. Ein paar Minuten später … konnte ich nicht glauben, was ich sah. Etwa vierzig bis fünfzig Meter von mir entfernt kam eine Art kuchenförmiges Metallding auf mich zu. Ich dachte, es wäre vielleicht ferngesteuert. Es hatte einen Durchmesser von circa sieben bis zehn Metern, und ich rannte weg, so schnell ich konnte … Während ich zum großen Hangar lief, schaute ich zurück. Es hatte angehalten und schwebte dort unbeweglich in der Luft.«[8]

Die Geschichte des Elektrikers ist sehr aufschlussreich, da sie ein zusätzlicher Augenzeugenbericht ist, der bestätigt, dass Eisenhowers Air Force One am Ende der Landebahn gelandet war und darauf wartete, eine ankommende Flugscheibe zu treffen.

Ein dritter Augenzeuge ist ein Mitglied einer Flugzeugbesatzung, deren Maschine am Morgen von Eisenhowers Ankunft auf ihren Start wartete. Das Besatzungsmitglied, Staff Sergeant Wykoff, berichtete in einem Gespräch mit Campbell, was er erlebt hatte:

»Wir mussten eine Menge Fracht transportieren. Teile, die dringend gebraucht wurden, aber die Startbahn war für uns gesperrt. Ich hatte so etwas noch nie erlebt. Und als wir dort waren, sahen wir die Air Force One anfliegen und wussten nicht, wer es war. Und dann kommt ein Offizier vorbei und sagt: ›Ihr könnt nicht starten.‹ Unser Pilot erwidert: ›Aber sie erwarten dringend unsere Ladung‹. Der Offizier: ›Präsident Eisenhower ist hier, und ihr dürft das Rollfeld nicht verlassen, bis er wieder weg ist.‹ Und er sagte, ihr könnt es euch über die Lautsprecher anhören, aber das stimmte nicht. Wir konnten überhaupt nichts hören. Ich hätte den Präsidenten gerne gesehen … Wir hatten nicht die Erlaubnis, in die Offiziersmesse zu gehen, und einer der Offiziere, ein höherer Offizier, kam zu uns und sagte: ›Möchten Sie nicht hineingehen und etwas essen und seine Rede hören?‹ Und die meisten von uns haben ja gesagt, weil sie ihn gerne sehen wollten. Ich durfte ihm nicht die Hand schütteln, weil ich nicht das richtige Abzeichen oder die Freigabe hatte, um hineingehen zu können. Aber ganz am Ende ließen sie uns doch hinein, und wir aßen etwas und hörten seine Rede.«[9]

Sergeant Wykoff ist ein weiterer Augenzeuge, der in Holloman Eisenhowers geheime Ankunft beobachtete. Die Geheimhaltung von Eisenhowers Aktivitäten wird von Bill Kirklin aufgezeigt, der sich daran erinnerte, dass die Belegschaft des Stützpunkts in einen großen Hangar gebracht und in Gruppen zu 225 Personen gebrieft wurde.[10] Zusätzlich zu den drei Augenzeugenberichten gibt es noch Aussagen von Whistleblowern, in denen diese detailliert beschreiben, was sie über die geheimen Treffen bei Holloman erfahren und in Briefing-Dokumenten gelesen haben.

Eine Vereinbarung mit den Greys

Milton William Cooper hat Dokumente vorgelegt, die belegen, dass er von 1970 bis 1973 im Team für Nachrichten-Briefing des Kommandeurs der US-Pazifikflotte arbeitete. Während dieser Zeit hat er, wie er behauptet, klassifiziertes Material mit der Aufschrift »Top Secret/

MAJIC« »gesehen und gelesen«, das er anschließend in Artikeln, Vorträgen und einem Untergrund-Bestseller zum Thema machte, *Behold a Pale Horse*.[11] In diesem Buch, das auf Deutsch *Die Apokalyptischen Reiter* heißt, sagt Cooper, er habe aus den Unterlagen erfahren, dass nach dem Scheitern eines früheren Treffens in Holloman eine Einigung erzielt worden sei. Cooper gab ein Datum vor Eisenhowers Besuch im Februar 1955 an, was darauf hindeutet, dass möglicherweise zwei verschiedene Gruppen mit Präsident Eisenhower und/oder Beamten seiner Regierung zusammentrafen, um eine Vereinbarung auszuarbeiten.[12]

Das erscheint stimmig, da es neben den Nordischen und dem deutsch-reptiloiden Bündnis in der Antarktis noch andere außerirdische Besucher gab. Zum Beispiel scheinen die Opfer des Roswell-Absturzes, die Greys, eine unabhängige Aliengruppe zu sein, die ihre eigene Agenda hatte. Tatsächlich identifizierte Cooper die Greys als die Gruppe, die Eisenhower nach den gescheiterten Verhandlungen mit den Nordischen zuerst traf:

> »Später im Jahr 1954 landete eine Spezies von Greys mit großen Nasen, die die Erde umkreiste, auf der Holloman Air Force Base. Eine grundsätzliche Einigung wurde erzielt. Diese Rasse identifizierte sich als von einem Planeten stammend, der um einen roten Stern im Sternbild Orion kreist, den wir Beteigeuze nennen. Sie gab an, dass ihr Planet im Sterben begriffen sei und dass sie ab einem unbekannten zukünftigen Zeitpunkt dort nicht mehr überleben könnten.«[13]

Coopers Hinweis auf eine Landung in Holloman im Jahre 1954 wirft sofort die Frage auf, ob er lediglich das Jahr verwechselte und sich in Wahrheit auf eine Begegnung im Februar 1955 bezog. Cooper bezieht sich jedoch nicht darauf, dass Eisenhower 1954 beim Holloman-Treffen anwesend war. Er gibt nur an, dass eine »grundsätzliche Einigung« mit den Tall Greys, den Großen Grauen, erzielt worden sei.

Es ist hilfreich, sich an Bill Kirklins Bericht über das Gespräch der beiden USAF-Piloten zu erinnern. Sie waren sich nicht sicher, wen Eisenhower während seines Besuches in Holloman im Februar 1955 getroffen hatte, nur dass er allein in die Fliegende Untertasse stieg und nach einem Händeschütteln mit Insassen im Raumschiff wieder auftauchte. Es ist sehr unwahrscheinlich, dass Eisenhower allein gekommen wäre, wenn das Treffen die Unterzeichnung einer förmlichen Vereinbarung beinhaltet hätte. Eisenhowers Verhalten deutete eher auf ein persönliches diplomatisches Treffen hin, um eine Verständigung zu erzielen, die später zu einer Einigung führen würde, wenn die Adjutanten die Einzelheiten geklärt hätten. Das frühere Treffen von 1954, auf das Cooper Bezug nahm, könnte bedeuten, dass die »Greys mit großen Nasen« in eine parallele Reihe von Verhandlungen verwickelt waren, bei denen eine grundlegende Einigung erzielt wurde.

Cooper erklärte die Bedingungen des Abkommens und des späteren Vertrags mit den Greys in Holloman im Jahr 1954 so:

> »Im Vertrag war festgelegt, dass die Außerirdischen sich nicht in unsere Angelegenheiten einmischen würden und wir uns nicht in ihre. Wir würden ihre Anwesenheit auf der Erde geheim halten. Sie würden uns mit fortschrittlicher Technologie ausstatten und uns bei unserer technologischen Entwicklung helfen. Sie würden mit keinem anderen Land der Erde einen Vertrag abschließen. Sie dürften Menschen periodisch und zeitlich befristet zum Zweck medizinischer Untersuchungen und der Überwachung unserer Entwicklung entführen, mit der Maßgabe, dass diese nicht geschädigt und an ihren Entführungsort zurückgebracht würden, später keine Erinnerung an das Ereignis mehr hätten und dass die Außerirdischen Majestic 12 regelmäßig eine Liste aller menschlichen Kontakte und Entführten zur Verfügung stellen würde.«[14]

Coopers Bericht über den Inhalt des Abkommens zeigt, dass es sich um das begehrte Programm des Technologietransfers handelte – zu einem Preis, den die Regierung diesmal zu zahlen bereit war. Als Gegenleistung für diese Technologie würden die grauen Aliens Zugang zu Menschen für biologische Experimente erhalten. Interessanterweise verlangte die Vereinbarung nicht, dass das von der Eisenhower-Regierung verfolgte Kernwaffen-Programm eingestellt werden sollte, was die Nordischen zur Vorbedingung gemacht hatten, um eine weitere Einigung über technologische Hilfe zu erreichen.

Wenn Cooper Recht hat, erhielt die USAF von den Greys eine Zusage für Technologietransfers, die direkt zu den Forschungs- und Entwicklungsbemühungen in der Wright-Patterson AFB beitragen konnten, bei denen es um geborgene außerirdische Flugobjekte ging.

Eine weitere Whistleblower-Quelle, die sich auf eine Mitte der 1950er Jahre getroffene Vereinbarung mit Tall Greys, den Großen Grauen, bezieht, ist Phil Schneider, ein ehemaliger Geologe und Ingenieur, der vom US-Militär und von großen Unternehmen beim Bau von Untergrundbasen eingesetzt wurde, darunter eine in Dulce, New Mexico.[15] Er arbeitete ausgiebig an Bauprojekten, die als streng geheim klassifiziert waren und von denen einige auch Aliens betrafen. Schneider erläutert seine eigenen Kenntnisse über das Abkommen mit den Außerirdischen wie folgt:

> »Während Eisenhowers Präsidentschaft beschloss die Regierung, die Verfassung der Vereinigten Staaten zu umgehen und einen Vertrag mit außerirdischen Wesen zu schließen. Er hieß … Greada-Vertrag, und in ihm wurde im Wesentlichen vereinbart, dass die beteiligten Außerirdischen sich ein paar Kühe nehmen und ihre Implantationstechniken an einigen Menschen testen durften. Allerdings mussten sie Details über die beteiligten Personen an die Regierung übermitteln.«[16]

Schneiders Kenntnis des angeblichen »Greada-Vertrags« könnte von seiner Vertrautheit mit einer Reihe von abgeschotteten schwarzen Projekten sowie seinen Kontakten zu anderem Personal, das mit Außerirdischen zusammenarbeitete, herrühren. Wie Cooper sagte auch Schneider, dass der Vertrag biologische Experimente an entführten Menschen beinhaltete, die unversehrt zurückgebracht werden sollten, und dass die Außerirdischen den US-Behörden Einzelheiten über die Personen mitzuteilen hätten, die sie entführten. Schneider beschrieb die Außerirdischen als Tall Greys, denen er 1979 bei einem Feuergefecht auf der unterirdischen Dulce-Basis persönlich begegnet war.

Eine weitere Whistleblower-Quelle für die Unterzeichnung eines Vertrags ist Dr. Michael Wolf, der behauptet, fünfundzwanzig Jahre lang als Wissenschaftler und in mehreren politischen Komitees für außerirdische Angelegenheiten gearbeitet zu haben.[17] Wolfs Aussage wurde von einer Reihe erfahrener UFO-Forscher untersucht, die ihn für glaubwürdig befanden.[18] Er gibt an, dass die Eisenhower-Regierung einen Vertrag mit einer außerirdischen Rasse von Zeta Reticuli geschlossen habe, den »Greys«, und dass dieser Vertrag nie ratifiziert wurde, wie es die Verfassung eigentlich vorschreibt:

> »In den 1950er und 1960er Jahren trat die US-Regierung mit den Zetas [Greys oder Graue] vom vierten Planeten des Sternensystems Zeta Reticuli und anderen Sternenvölkern in geheime Vertragsgespräche ein, aber diese Abkommen wurden nie ratifiziert, wie die Verfassung es eigentlich vorschreibt. Die Zetas teilten einige ihrer technologischen Fortschritte den Wissenschaftlern der Regierung mit, anscheinend oft als gefangene ›Gäste‹ in gesicherten unterirdischen Militäreinrichtungen in Nevada, New Mexico, und anderswo.«[19]

Wolfs Informationen deuten auf eine Reihe von Treffen und Verhandlungen zwischen Greys und der Eisenhower-Administration sowie nachfolgenden Regierungen hin.

Schließlich gibt es noch das Zeugnis von Colonel Philip Corso, der in einem wichtigen Geheimdienstausschuss tätig war und Präsident Eisenhowers Nationalem Sicherheitsrat Bericht erstattete. Corso war eine Verbindungsperson für den damaligen Major General Arthur Trudeau, der 1954 gerade zum Chef des Nachrichtendienstes der Armee (G-2) ernannt worden war. Corso hatte den General so beeindruckt, dass Trudeau ihn 1954 nach Washington mitnahm, um dort eine wichtige Aufgabe zu erfüllen. Corsos Dienstakte (DA-66) bestätigt, dass er von Februar 1954 bis Juni 1956 als Stabsoffizier des Nachrichtendienstes der Army für das Operations Coordinating Board (Einsatzkoordinierungsstab) tätig war, eine Schnittstelle zwischen den verschiedenen Diensten, die 1953 durch eine Durchführungsverordnung Präsident Eisenhowers geschaffen worden war.[20]

Das Operations Coordination Board war für verdeckte Operationen aller Departments und Behörden der USA zuständig und stellte deshalb ein Schlüsselkomitee dar, das von Majestic 12 zur Umsetzung ihrer politischen Entscheidungen hinsichtlich außerirdischen Lebens und des deutschen Weltraumprogramms in der Antarktis herangezogen wurde. Während seiner zweijährigen Tätigkeit im Operations Coordinating Board erfuhr Corso von den geheimen Treffen und Vereinbarungen, die zwischen 1954 und 1955 stattfanden, und meldete sie Trudeau und dem Nachrichtendienst der Armee.

Durch seinen direkten Zugang zu Verschlusssachen über außerirdische Eingriffe in den amerikanischen Luftraum, die Überlegungen der Majestic-12-Gruppe und die Operationen der Interplanetary Phenomenon Unit der Armee konnte Corso die wahren Umstände der geheimen Treffen und Vereinbarungen erfahren.

In dem Buch *Der Tag nach Roswell*, das er zusammen mit William J. Birnes schrieb, bezog er sich auf eine geheime Vereinbarung, die in den 1950er Jahren mit den Greys getroffen worden war:

> »Diese Kreaturen waren keine gütigen außerirdischen Wesen, die gekommen waren, um die Menschen zu erleuchten. Es waren genetisch veränderte humanoide Automaten, eigentlich geklonte biologische Einheiten, die biologische Proben auf der Erde für ihre eigenen Experimente sammelten. Solange wir uns nicht verteidigen konnten, mussten wir ihnen erlauben einzudringen, wie sie wollten. Und das war ein Teil dessen, womit sich die Arbeitsgruppe [MJ-12] befassen musste. Wir hatten mit ihnen eine Art Kapitulation ausgehandelt, solange wir sie nicht bekämpfen konnten. Sie diktierten die Bedingungen, weil sie wussten, dass dasjenige, was wir am meisten fürchteten, das öffentliche Bekanntwerden unserer ET-Kontakte war.«[21]

Corsos Eingeständnis, dass »wir sie nicht bekämpfen konnten«, legt nahe, dass die Technik der außerirdischen Raumschiffe für das US-Militär zu überlegen war, besonders für die USAF, die seit den Raketentests von White Sands im Mai 1947 erfolglos eine Abfang- und Abschusspolitik implementiert hatte, mit katastrophalen Folgen.

Aus den Whistleblower-Berichten von Cooper, Schneider, Wolf und Corso ergibt sich, dass nach dem gescheiterten Treffen mit den Nordischen im Februar 1954 erstmals Vereinbarungen mit Tall Greys getroffen worden waren. Die Air-Force-Basis Holloman scheint als bevorzugter Standort für diese geheimen Treffen gewählt worden zu sein, ohne Zweifel aufgrund der Nähe zum White-Sands-Testgelände, auf dem mit Hilfe deutscher Wissenschaftler aus Operation Paperclip ballistische Raketen entwickelt wurden. Es waren Mitte der 1950er Jahre aber nicht nur Greys in Geheimverhandlungen mit der Eisenhower-Regierung verwickelt. Anderen Whistleblower-Berichten zufolge nahmen am 11. Februar 1955 auch Antarktis-Deutsche an einem Treffen auf der Holloman Air Force Base teil.

Das Abkommen mit den Antarktis-Deutschen

Der ehemalige Astronaut Clark McClelland arbeitete intensiv mit deutschen Wissenschaftlern wie Dr. Wernher von Braun, Dr. Kurt Debus und vielen anderen zusammen, und zwar während deren Tätigkeit in den NASA-Einrichtungen in Florida. McClelland beschreibt, was Dr. Ernst Steinhoff, ein anderer deutscher Wissenschaftler, der im Rahmen von Operation Paperclip in die USA gebracht worden war, ihm über Eisenhowers Besuch der Holloman Air Force Base erzählte. Zum Zeitpunkt des geheimen Treffens besuchte Steinhoff Holloman wegen seiner bevorstehenden Versetzung dorthin.

> »Dr. Steinhoff … sagte, er sei bei einem sogenannten Überraschungsbesuch des US-Präsidenten Eisenhower dabei gewesen, der ohne Vorankündigung für diejenigen, die dort arbeiteten und mit denen ich sprach, auf der Air Base eintraf … Colonel Sharp, der kommandierende Offizier der Holloman-Basis, wusste im Voraus vom Besuch des Präsidenten, aber nicht alle, die dort Dienst taten. Es war eine große Überraschung für alle anderen, als sie sein großes Flugzeug landen sahen.«[22]

Dieser Bericht stimmt mit dem überein, was Kirklin und andere über Eisenhowers Überraschungsbesuch in Holloman gesagt haben.

McClelland fuhr fort, Steinhoff habe ihm erzählt, dass bei dem Treffen in Holloman Deutsche aus einem in Südamerika und der

18. RECORD OF ASSIGNMENTS

EFFECTIVE DATE	MOS	DUTIES PERFORMED	ORGANIZATION AND STATION OR THEATER	NON-DUTY DAYS	TYPE G/ REPORT
23Feb42-9Dec42		Officer Candidate School, AA School Cp	Davis, NC (Enl Svc)		
10Dec42	1179	AAA Staff O	Cp Edwards, Mass		
22Jan43	2700	Student Officer	Mil Intel Tng Center, Cp Ritchie, Md	40	
18Apr43	9301	Prisoner of War Interrogation	G-2 Sec, Hq ETOUSA	2	
1Sep43	9332	Interpreter (Italian)	2680 Hq Co. MIS NATOUSA	C	MOP
21Feb44	9301	Liaison G-1 Interpreter	Hq Rome Area Allied Comd, MTOUSA	069	67
1Jul44	9301	Asst G-2	Rome Area Allied Comd, MTO		
28Nov45	9301	G-2 (Tdy CONUS for R&R)	Rome Area Allied Comd, MTO	90	
7Jun46	9301	G-2	Rome Area, MTO	45	
23Mar47	9301	G-2 (TDY)	OACofS, G-2, Wash DC		
21Apr47	0001	Dy Unasg	The Ground Gen Sch, Ft Riley, Kansas		
28Apr47	2520	Prep&Grader O, SpecProjects Br	The Ground Gen Sch, Ft Riley, Kansas		
22Sep47	2520	Exec O, Extension Crs Div	The Ground Gen Sch, Ft Riley, Kansas	12	67-1
1May48	2525	Exec O, Ext Crs Div	S&F The Ground Gen Sch, Ft Riley, Kansas	15	67-1
1Nov48	2525	Exec O, Dept of Non-Resident Instr	Hq TGGS, TGGSC ASU 5021, Ft Riley, Kansas	31	
1Nov49	2525	Sr. Instr Dept of Non-ResidentInstr	Hq TGGS, TGGSC ASU 5021, Ft Riley, Kansas		
1Apr50	2120	Records O, Dept of Non-ResidentInstr	Hq Army Gen Sch, Ft Riley, Kansas	0	67-1
12May50	2700	Student O, Strategic Intel Sch	OAC of S, G-2, 8533rd AAU, WashDC	33	Acad
11Sep50	9301	Intel Staff O, Plans&EstimatesBr. Theater Intel Div, G2 Sec	GHQ, FECOM	14	
1Jan53	9301	Chief Spec Projects Br, G-2 Sec	Hq AFFE, 8000th AU	30	
15Jul53	9300	Intel O, Western Br	OACofS G-2, 8533rd AAU, Wash DC	0	Ltr
26Aug53	9300	TDY StateDept dy/w Psy Strat Bd	OACof S G-2, 8533rd AAU, Wash DC	0	67-3
24Feb54	9301	Intelligence Staff O	8720 DU, ArmySec, OprCoordinatingBd, WashDC	15	Ltr
1Jun54	9301	Intelligence Staff O	8720 DU, ArmySec, OprCoordinatingBd, WashDC	25	67-3
1Jun55	9301	Intelligence Staff O	8720 DU, ArmySec, OprCoordinatingBd, WashDC	39	67-3
1Jun56	9301	Intelligence Staff O	Army Sec, OprCoordinatingBd(8720), WashDC	20	67-3
20Oct56	0001	Casual (P27DASO190dtd24Sep56)	Enroute to Ft Bliss, Texas	1	None
21Oct56	0006	StuO Assoc SAMOA(44-0-4B)#1-57(TDY BtryD, 2dBn(StuOff)SchBrig, AAA&GM Sch(4054)FtBliss, Tex)	1st GM Brig(4055)AAA and GMCen, FtBliss Tex	0	Acad
7Feb57	2520	Insp of Tng	Hq1stGMGp(SAM)FtBlissTexas	29	None
8Mar57	1180	UmpireTDYw/ExKingColeFtPolkLa.	Hq1stGMGpFtBlissTexas	42	None
19Apr57	2520	Insp of Tng	Hq1stGMGpFtBlissTexas	12	Adm
1May57	2520	Insp of Tng	Hq1stGMGpFtBlissTexas	18	None
~~20Jun57~~	~~1180~~	~~BnComdr, O/S#2TDYw/BtryA1stGMBn (SAM)1stGMGpFtBlissTexas~~	~~USAREUR (GER)~~		
20Jun57	1180	(1)BnComd, (2)Gp Exec O	Hq1stGMGpTDYw/Hq2dGMGpFtBlissTexas	9	67-4
27Aug57	1180	BnComdr, O/S#2TDYw/BtryA1stGMBn(SAM) 1stGMGpFtBlissTex	USAREUR (Germany)	0	~~67-4~~
13Sep57	0001	Casual	Enroute to USAREUR (Germany)	22	None
31Oct57	1180	Battalion Comdr	Hq Btry 562d AAA Msl Bn (NIKE)	[illegible]	[illegible]
[illegible]	[illegible]	Battalion Comdr	[illegible]	0	67-4

Abb. 31. Die Dienstakte von Colonel Philip Corso zeigt, dass er beim Operations Coordinating Board tätig war.

Antarktis gegründeten Geheimen Weltraumprogramm beteiligt gewesen seien:

> »Es war eine deutsche Flugscheibe, die er [Steinhoff] und andere auf dieser Basis sahen. Präsident Eisenhower, der deutscher Abstammung ist, erkannte das, als ihn ein deutscher Offizier an Bord dieser Fliegenden Untertasse empfing. Der Präsident begriff dann, warum niemand herauskam, um ihn zu begrüßen, als er sich der deutschen Flugmaschine näherte.«[23]

Was McClelland hier erfuhr, ist ein erstaunliches Eingeständnis – es war deutsches Personal des antarktischen Raumfahrtprogramms, das am 11. Februar 1955 in Holloman gelandet war, und nicht, wie bisher angenommen, eine Besatzung von Greys.[24]

McClelland verweist auch auf die Verbindung zwischen den deutschen Flugscheiben, die in Holloman landeten, und denen, die im Juli 1952 Washington überflogen:

> »Ich erinnere mich an etwas, das Dr. Kurt Debus zu Dr. Knoth sagte, dem leitenden Wissenschaftler am KSC [Kennedy Space Center], als ich eines Tages sein Büro betrat. Er sprach gerade von einem V7-Fluggerät, und beide reagierten erschrocken, als ich plötzlich hereinkam. Ich entschuldigte mich, und Dr. Debus sagte zu mir: ›Schon in Ordnung, Clark.‹ Später fand ich über einen anderen deutschen Wissenschaftler heraus, dass V7 der Codename für ein deutsches scheibenförmiges Fluggerät war, das unter dem Eisschild des Südpols entwickelt worden war. Es war der gleiche Typ wie diejenigen, die 1952 Washington überflogen und Präsident Truman und die Chefs des Pentagons aufgeschreckt hatten.«[25]

Hervorzuheben ist, dass die ehemaligen Nazi-Wissenschaftler der NASA über Kenntnisse des deutschen Weltraumprogramms in der Antarktis verfügten und wussten, dass durch Überflüge von Großstädten wie Washington politischer Druck auf die amerikanische Regierung ausgeübt wurde. Laut McClelland schien dieses Wissen unter den deutschen Wissenschaftlern weit verbreitet zu sein, was die Frage nach der politischen Bindung der 1.500 oder mehr ehemaligen Nazis aufwirft, die im Rahmen von Operation Paperclip in die USA gebracht worden waren.[26] Es ist sehr wahrscheinlich, dass einige, wenn nicht die Mehrheit der deutschen Wissenschaftler eine fünfte Kolonne der Antarktis-Kolonie bildeten, die aktiv den Militärisch-Industriellen Komplex der USA infiltrierte.

William Mills Tompkins bestätigte auch, dass Präsident Eisenhower bei dem Treffen in Holloman Verhandlungen mit der abtrünnigen deutschen Kolonie in der Antarktis führte. In einem Interview am 30. April 2017 fragte ich Tompkins gezielt nach dieser Begegnung:

»*Salla [# 26]:* Ist im Februar 1955 ein Nazi-Raumschiff aus der Antarktis auf der Holloman Air Force Base gelandet, zu einem Treffen mit Präsident Eisenhower?

Tompkins: Auch zu Frage 26 ein klares JA. Im Grunde genommen akzeptierte Eisenhower es wie eine Niederlage im Krieg, ohne dass es tatsächlich eine war. Er konnte tatsächlich nichts tun, da es sich wirklich um eine einseitige Situation handelte.

Salla: Es war also im Grunde genommen eine ausgehandelte Kapitulation.

Tompkins: Ja. Als hätte er diesen Krieg verloren. Er ergab sich.«[27]

Bezeichnenderweise behaupten auch andere Whistleblower, dass die während der Eisenhower-Regierung heimlich erzielte Einigung eine ausgehandelte Kapitulation gewesen sei. Dazu gehört auch Philip Corso, der erklärte, wir hätten »mit ihnen eine Art Kapitulation ausgehandelt, solange wir sie nicht bekämpfen konnten«.[28] Zwar konzentrierte sich Corsos Buch auf eine Vertuschung der Existenz von außerirdischem Leben, was logisch nahelegt, dass die ausgehandelte Kapitulation mit außerirdischen Besuchern stattfand, doch Corso erklärte auch deutlich, dass es eine Verbindung zwischen den UFOs und dem von Nazi-Deutschland erstellten Flugscheiben-Programm gab. Infolgedessen war Corso, als er von einer mit den Außerirdischen ausgehandelten Kapitulation sprach, auch bekannt, dass dabei die Deutschen involviert waren. Im Hinblick auf die Ähnlichkeiten des in Roswell abgestürzten UFOs mit den in Nazi-Deutschland entwickelten Prototypen schrieb Corso:

»Twining hatte angedeutet, dass das halbmondförmige Flugzeug so beklemmend aussah wie die deutschen Horten-Nurflügler, die unsere Flieger am Ende des Krieges gesehen hatten, und erklärt, dass er vermutete, die Deutschen seien auf etwas gestoßen, von dem wir nichts wussten. Sein Gespräch mit Wernher von Braun und Willy Ley in Alamogordo in den Tagen nach dem Absturz bestätigte dies. Sie wollten nicht als ›verrückt‹ angesehen werden, ließen aber durchblicken, dass es da eine bedeutsame Geschichte hinter den von den Deutschen konstruierten Fluggeräten gab. Nein, die Ähnlichkeit zwischen dem Horten-Nurflügler und dem Objekt, das man aus der Schlucht geborgen hatte, war kein Zufall. Wir haben uns immer gefragt, wie die Deutschen diese moderne Technologie in so kurzer Zeit während der Weltwirtschaftskrise entwickeln und in ihre Waffen integrieren konnten. Hatte ihnen jemand dabei geholfen? Und wir dachten: Jetzt haben wir uns [dank des Roswell-Absturzes] ein Stück ihrer Technologie geschnappt und können an ihrem Glück teilhaben.«[29]

Demnach betrafen die von Tompkins und Corso angesprochenen Kapitulationsverhandlungen verschiedene außerirdische Gruppen und die Antarktis-Deutschen, die der Eisenhower-Regierung ab 1954/55 in einer Reihe von Vereinbarungen an geheimen Standorten der USAF wie Holloman ungünstige Bedingungen auferlegten. Corey Goode behauptet ebenfalls, dass Mitte der 1950er Jahre eine ungünstige Einigung mit der deutschen Antarktis-Kolonie erzielt wurde, die es ihr ermöglichte, ihre Unterwanderungsbemühungen des amerikanischen Militärisch-Industriellen Komplexes durch Operation Paperclip zu beschleunigen.[30]

Die USAF spielte eine zentrale Rolle bei den Vereinbarungen mit den Greys und der deutsch-drakonischen Allianz. Sie hoffte, fortschrittliche Luft- und Raumfahrttechnologien entwickeln zu können, die aus den aufgefundenen außerirdischen Raumfahrzeugen stammten, die man nach den Luftangriffen in Los Angeles, dem Absturz bei Roswell und bei anderen Zwischenfällen geborgen hatte. Das ultimative Ziel der Air Force war es, die notwendige Unterstützung durch Spitzentechnologie zu erhalten, um die erbeuteten außerirdischen Schiffe verstehen und nachbauen zu können, damit große US-amerikanische Luft- und Raumfahrtkonzerne künftig ganze Flotten von Antigravitations-Raumschiffen produzieren konnten. Was die Deutschen anbelangt, bestand ihr eigentliches Ziel bei den Abkommen darin, US-Ressourcen zu gewinnen, die Bemühungen der Air Force beim Bau effektiver Antigravitations-Fluggeräte einzudämmen und die Führer der Air Force davon zu überzeugen, ihre Ressourcen auf Raketenantriebstechnik und ein konventionelles Raumfahrtprogramm zu beschränken, das die deutschen Antarktisoperationen nicht gefährden würde. Operation Paperclip war das entscheidende Mittel für eine solche Täuschung, da viele deutsche Wissenschaftler, die Teil einer fünften Kolonne der antarktischen deutschen Kolonie waren, in Schlüsselpositionen innerhalb des Militärisch-Industriellen Komplexes der USA vordrangen. Im nächsten Kapitel werde ich mich auf die Vereinbarungen konzentrieren, die mit Greys getroffen wurden, und darlegen, wie diese die USAF bei den ehrgeizigen Zielen ihres Weltraumprogramms unterstützt haben.

Anmerkungen

1 Zitiert aus Art Campbell, »Eisenhower's Incredible Journey: Did Ike Meet with the ETs?«, http://www.ufocrashbook.com/eisenhower.html (aufgerufen am 25.10.2018)

2 Zur Erörterung des Treffens auf der Edwards Air Force Base 1954 siehe Michael E. Salla, *Galactic Diplomacy: Getting to Yes with ET*; Exopolitics Institute 2013; pgs. 47-63.

3 Siehe Art Campbell, »Eisenhower's Incredible Journey: Did Ike Meet with the ETs?«, http://www.ufocrashbook.com/eisenhower.html (aufgerufen am 25.10.2018)

4 Bill Kirklins Schreiben wurde 2007 anonym veröffentlicht als »Ike and UFOs« im *Exopolitics Journal* 2:1, online verfügbar unter http://exopoliticsjournal.com/vol-2/vol-2-1-Exp-Ike.htm. – Kirklin sagt, man habe ihm von Ikes Besuch Ende Februar berichtet, wobei er sich vermutlich geringfügig irrt, weil der Besuch schon am 11. Februar 1955 stattfand (aufgerufen am 25.10.2018)

5 Ebd.

6 Ebd.

7 Ebd.

8 Transkript des Briefes der Familie des Elektrikers – aufgenommen von Art Campbell und in der Jerry Pippin Show abgespielt am 23.06.2008; online unter https://tinyurl.com/yc832wgo (aufgerufen am 31.12.2018)

9 Transkript des Gesprächs mit Staff Sergeant Wykoff – aufgenommen von Art Campbell und in der Jerry Pippin Show abgespielt am 23.06.2008; online unter https://tinyurl.com/yc832wgo (aufgerufen am 31.12.2018)

10 Zu Kirklins Erinnerung an die Nachbesprechung mit dem Personal der Basis siehe Michael E. Salla, *Antarktis – Die verbotene Wahrheit*; AMRA Verlag, Hanau 2020. US-Ausgabe: pgs. 122-123. – Auch online in »Ike and UFOs« unter http://exopoliticsjournal.com/vol-2/vol-2-1-Exp-Ike.htm (aufgerufen am 25.10.2018)

11 Milton William Cooper, »The Origin, Identity and Purpose of MJ-12«; http://www.bibliotecapleyades.net/sociopolitica/esp_sociopol_mj12_1.htm (aufgerufen am 25.10.2018). Auch in Coopers Buch *Behold a Pale Horse*; Light Technology Publishing 1991. – Dt. Ausgabe: *Die Apokalyptischen Reiter*. Michaels Verlag, Peiting 1996.

12 Ebd.

13 Ebd.

14 Ebd.

15 Hintergrundinformation über Schneider und seine Vorträge finden sich in »The Phil Schneider Story« unter http://www.apfn.org/apfn/phil.htm (aufgerufen am 25.10.2018)

16 Phil Schneider, »MUFON Conference Presentation, 1995«, online verfügbar unter http://web.archive.org/web/20000926021403/http://www.anomalous-images.com//text/schneid.html (aufgerufen am 25.10.2018)

17 Siehe Chris Stoner, »The Revelations of Dr Michael Wolf on the UFO Cover Up and ET Reality«, October 2000, unter https://tinyurl.com/ycvp58c4 (aufgerufen am 31.12.2018)

18 Siehe Paola Harris, http://paolaharris.com/newolfint.htm, und Dr. Richard Boylan, http://www.drboylan.com/wolfdoc2.html (aufgerufen am 25.10.2018)

19 Siehe Richard Boylan, »Official Within MJ-12 UFO-Secrecy Management Group Reveals Insider Secrets«, http://www.drboylan.com/wolfdoc2.html (aufgerufen am 31.12.2018)

20 »Executive Order 10483 – Establishing the Operations Coordinating Board«, https://www.presidency.ucsb.edu/documents/executive-order-10483-establishing-the-operations-coordinating-board (aufgerufen am 29.10.2018)

21 Philip Corso & William J. Birnes, *The Day After Roswell*; Pocket Books 1997; p. 292. – Dt. Ausgabe: *Der Tag nach Roswell*; Goldmann Verlag, München 1998.

22 Clark McClelland, *The Stargate Chronicles*, chapter 32, http://www.stargate-chronicles.com/site/ (aufgerufen am 17.10.2017)

23 Ebd., chapter 32.

24 Ich erörtere die Aussage der Whistleblower, dass Greys in der Air-Force-Basis Holloman ein Abkommen mit der Eisenhower-Administration schlossen, in *Galactic Diplomacy: Getting to Yes with ET*; Exopolitics Institute 2013; pgs. 70-75.

25 Clark McClelland, *The Stargate Chronicles*, chapter 32, http://www.stargate-chronicles.com/site/ (aufgerufen am 17.10.2017)

26 Offizielle Schätzungen der Anzahl deutscher Wissenschaftler, die durch Project Paperclip in die USA kamen, liegen bei 1500. Bill Tompkins behauptete, die wahre Zahl liegt bei vielen Tausenden.

27 Privates Interview mit William M. Tompkins am 30. April 2017.

28 Philip Corso & William J. Birnes, *The Day After Roswell*; Pocket Books 1997; p. 292. – Dt. Ausgabe: *Der Tag nach Roswell*; Goldmann Verlag, München 1998.

29 Ebd., p. 79.

30 Interview mit Corey Goode am 19. Mai 2014: »Corporate bases on Mars and Nazi infiltration of US Secret Space Program« unter http://exopolitics.org/corporate-bases-on-mars-and-nazi-infiltration-of-us-secret-space-program/ (aufgerufen am 30.06.2015)

11 Die Air Force startet ein Technologie-Hilfsprogramm mit den Greys

Hütet euch vor den Bringern falscher Geschenke & gebrochener Versprechen. Viel Schmerz, aber noch Zeit.

– Antwort auf die Arecibo-Botschaft in den Kornkreisen von Chilbolton –

Der Los Angeles Air Raid von 1942 führte laut William Mills Tompkins zum Absturz zweier ferngesteuerter scheibenförmiger Drohnen. Zu dieser Zeit wurde Tompkins vom Office of Naval Intelligence, dem Geheimdienst der Navy, auf ein verdecktes Spionageprogramm vorbereitet, mit dem das deutsche Flugscheibenprogramm infiltriert und Daten über die außerirdische Hilfe gesammelt werden sollten, welche die Deutschen bei der Entwicklung ihrer eigenen exotischen Antriebssysteme erhielten. Dokumente über den Vorfall in Los Angeles belegen, dass keine Leichen geborgen wurden, was Tompkins' Behauptung bestätigt, dass es sich um unbemannte Drohnen handelte.[1] Im Gegensatz dazu bot der Roswell-Crash von 1947 der Army Air Force/Air Force die erste Gelegenheit, unmittelbar mit der U.S. Air Force bei der Untersuchung der Überreste eines bemannten Raumfahrzeugs sowie der geborgenen Leichen zusammenzuarbeiten, um zu verstehen, wie die Piloten die unbekannten modernen Technologien des Raumfahrzeugs bedienten.

In mehreren Majestic-Dokumenten wird darauf hingewiesen, dass alle Insassen der bei Roswell gefundenen Fliegenden Untertasse tot waren. Eines dieser Dokumente wurde speziell dafür erstellt, am 18. November 1952 den neu gewählten Präsidenten Eisenhower über dieses Thema zu informieren. Das »Eisenhower Briefing Document« wurde von Dr. Robert Wood und Ryan Wood mit dem Prädikat »Hohe Authentizitätsstufe« bewertet.[2]

> »Am 7. Juli 1947 wurde eine geheime Operation eingeleitet, um die Bergung der Trümmer dieses Objekts für wissenschaftliche Zwecke sicherzustellen. Während dieser Operation entdeckte die Luftaufklärung, dass vier kleine menschenähnliche Wesen anscheinend irgendwann aus dem Fahrzeug herausgeschleudert wurden, bevor es explodierte ... Alle vier waren tot und schwer verstümmelt, weil sie während des Zeitraums von ungefähr einer Woche, der bis zu ihrer Entdeckung verstrichen war, von Raubtieren angefressen wurden und den Elementen ausgesetzt waren.«[3]

Im April 1954 wurde ein Leitfaden für Bergungsoperationen bei Abstürzen, das »Special Operations Manual«, verfasst, welches auch ein geleaktes Majestic-Dokument ist, das als Top Secret MAJIC eingestuft wurde. Nach eingehender Prüfung der Gültigkeit des Dokuments erhielt es von den Woods ebenfalls die Bewertung »Hohe Stufe der Authentizität«.[4] Es wurde für verdeckte UFO-Bergungsteams wie die Interplanetary Phenomenon Unit der Army und deren USAF-Nachfolger Project Moon Dust und Operation Blue Fly geschrieben.

Project Moon Dust und Operation Blue Fly waren mit der 4602. Air Intelligence Service Squadron (AISS) verbunden, die 1953 gegründet wurde und ein Jahr später, gemäß der Air Force Regulation 200-2, offiziell ihren Auftrag erhielt. Die AISS hatte »ein unmittelbares Interesse an den Fakten zu UFOBs (oder UFOs)« und an der »Durchführung von Felduntersuchungen, um die Identität eines UFOB festzustellen«.[5] Die Vorschrift 200-2 besagte ferner, dass die AISS 4602 über hochmobile Einheiten von »Spezialisten für die Sammlung und Untersuchung aller auf dem Feld gefundenen Objekte, die interessant für die Luftaufklärung sind«, verfügte.[6] Ein durch den Freedom of Information Act zugängliches Dokument, genannt das »Betz Memo«, vom 13. November 1961, das 1979 veröffentlicht wurde, beschrieb die Arbeit der 4602. in Friedenszeiten:[7]

»• UNIDENTIFIED FLYING OBJECTS (UFO) – Ein Programm zur Untersuchung von zuverlässig gemeldeten, nicht identifizierten Flugobjekten in den USA.
- PROJECT MOONDUST [sic] – Ein spezieller Aspekt des gesamten Materials der U.S. Air Force für das Verwertungsprogramm zur Ortung, Bergung und Auslieferung abgestürzter fremder Raumfahrzeuge.
- OPERATION BLUE FLY – [Eine Einheit] zur raschen Lieferung von technisch interessanten Gegenständen an die Foreign Technological Division (FTD) von Moon Dust.«[8]

Einfach gesagt, während Project Moon Dust außerirdische Artefakte auf der ganzen Welt finden, sichern und abrufen sollte, würde Operation Blue Fly die Lieferung dieser Artefakte an die richtigen technischen Einrichtungen auf der Wright-Patterson Air Force Base sicherstellen. Das »Special Operations Manual« wurde von Mitarbeitern von Project Moon Dust und Operation Blue Fly verwendet, um von ihrem Hauptquartier in Fort Belvoir, Virginia, ihren Aufgaben nachkommen zu können.[9]

Aus dem »Special Operations Manual« geht hervor, dass zum Zeitpunkt seiner Niederschrift noch keine lebenden Aliens an einer der von den verdeckten UFO-Bergungsteams untersuchten UFO-Absturzstellen geborgen worden waren:

> »Mehrere tote Wesen wurden geborgen, zusammen mit einer beträchtlichen Menge an Wrackteilen und Geräten aus abgestürzten Schiffen, die jetzt an verschiedenen Orten untersucht werden. Außerirdische Wesen haben keinen Versuch unternommen, die Behörden zu kontaktieren oder ihre Toten oder das abgestürzte Schiff zu bergen, obwohl einer der Abstürze das Ergebnis gerichteter Militäraktionen war.«[10]

Die Bergung außerirdischer Leichen von den Absturzstellen gab den Wissenschaftlern von Air Force, Navy und Regierung Gelegenheit zu untersuchen, wie die Piloten das futuristische Raumschiff bedienten. Es stellte sich heraus, dass es mental gesteuert wurde. Der Pilot stand unmittelbar mit den Antriebs- und Navigationssystemen in Verbindung.

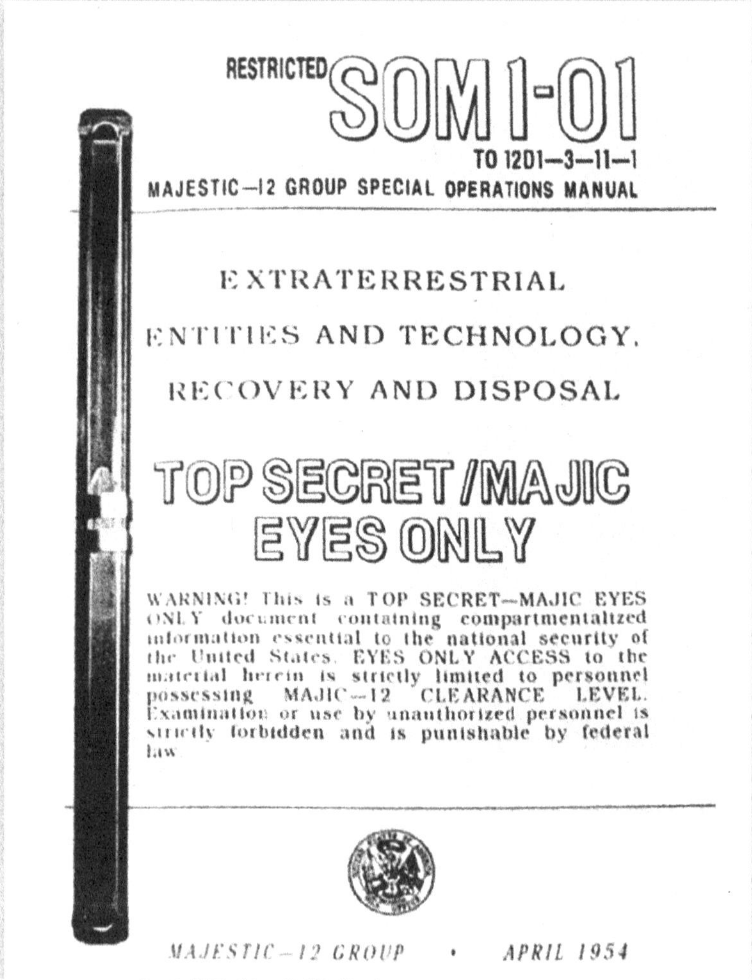

RESTRICTED SOM 1-01

TO 12D1—3—11—1

MAJESTIC—12 GROUP SPECIAL OPERATIONS MANUAL

EXTRATERRESTRIAL

ENTITIES AND TECHNOLOGY,

RECOVERY AND DISPOSAL

TOP SECRET/MAJIC

EYES ONLY

WARNING! This is a TOP SECRET—MAJIC EYES ONLY document containing compartmentalized information essential to the national security of the United States. EYES ONLY ACCESS to the material herein is strictly limited to personnel possessing MAJIC—12 CLEARANCE LEVEL. Examination or use by unauthorized personnel is strictly forbidden and is punishable by federal law.

MAJESTIC—12 GROUP • APRIL 1954

Abb. 32. »Special Operations Manual« – das Handbuch für Spezialeinsätze

Es sollte noch viele Jahre dauern, bis die Wissenschaftler verstanden, wie das unglaublich fortschrittliche mentale Schnittstellensystem für zukünftige eigene Raumfahrzeuge nachgebaut werden konnte. Laut Philip Corso war diese »Mind-Interface-Technologie« ein Problem, das anfangs auch die Deutschen überfordert hatte, die gegenüber den USA beim Verstehen und Nachbauen außerirdischer Technologien inzwischen über einen enormen Vorsprung verfügten.

Darüber hinaus waren die im Raumschiff der Greys entdeckten Glasfaserkabel 1947 eine völlig neue Form der Kommunikationstechnik. Die Wissenschaftler benötigten mehr als ein Jahrzehnt, um im Rahmen klassifizierter USAF-Programme Glasfasertechnik zu verstehen, selbst zu entwickeln und schließlich damit an die Öffentlichkeit zu gehen. Der Begriff »Glasfaser« verbreitete sich weltweit durch einen 1960 im *Scientific American* veröffentlichten Artikel über das neue Thema der »Glasfaserkommunikation«.[11] Dies bestätigt Corsos Behauptung, dass Glasfaser zu den Technologien aus dem Roswell-Schiff gehörte, die von 1961 bis 1963 in der amerikanischen Industrie »ausgesät« wurden.[12]

Obwohl die Grey-Piloten die Unfälle nicht überlebten, lieferten ihre Leichen und die Innenteile des Fahrzeugs wertvolle Hinweise. Mehrere Quellen bezeichnen die »Extraterrestrial Biological Entities« (EBEs, »außerirdische biologische Wesen«) aus dem Roswell-Absturz als Short Greys oder »Kleine Graue«.

Offenbar handelte es sich bei ihnen um eine geklonte synthetische Lebensform, die von verschiedenen außerirdischen Gruppen eingesetzt wird. Das »Special Operations Manual« (SOM1-01) bezeichnet die Greys als die zweite von zwei EBE-Arten, die bis 1954 an den Orten von UFO-Abstürzen gefunden wurden.

Abschnitt 10 des »Special Operations Manual« lautet:

> »Die Untersuchung von Überresten, die aus Wracks von UFOBs geborgen wurden, zeigt, dass außerirdische biologische Wesen wie folgt in zwei verschiedene Kategorien eingeteilt werden können:
>
> a. *EBE Typ I.* Diese Wesen sind humanoid und können aus der Ferne fälschlich für Menschen orientalischer Herkunft gehalten werden. Sie sind zweibeinig, 1,50 bis 1,60 Meter groß und wiegen fünfunddreißig bis vierzig Kilo.
>
> Von den Proportionen her ähneln sie Menschen, obwohl der Schädel etwas größer und runder ist. Die Haut ist blass, kalkgelb, dick und

leicht schuppig oder genarbt. Die Augen sind klein, weit auseinander, mandelförmig und haben eine bräunlich-schwarze Iris mit sehr starkem Graustich. Die Ohren sind klein und sitzen tief am Schädel …

b. *EBE Typ II.* Diese Wesen sind humanoid, unterscheiden sich aber in vielerlei Hinsicht vom Typ 1. Sie sind zweibeinig, 1,10 bis 1,25 Meter groß und wiegen elf bis zweiundzwanzig Kilo. Proportional ist der Kopf viel größer als beim Menschen oder bei Typ 1, wobei der Schädel viel größer und länglicher ist. Die Augen sind außerordentlich groß und schrägstehend. Sie sind schwarz und zeigen keinerlei Weiß. Es gibt keine erkennbaren Überaugenwülste, und die Schädeldecke ist hoch und stark gewölbt. Die Nase besteht aus zwei kleinen Schlitzen hoch über dem schlitzartigen Mund. Es gibt keine äußeren Ohren. Die Haut ist blass-blaugrau, etwas dunkler auf dem Rücken der Kreatur und sehr glatt und feinzellig. Kopf und Körper sind völlig haarlos, und diese Wesen scheinen keine Säugetiere zu sein. Die Arme sind im Verhältnis zu den Beinen lang, und die Hände haben drei lange, spitz zulaufende Finger sowie einen Daumen, der fast so lang wie die Finger ist.«[13]

Corso und andere haben die Short Greys als eine synthetische Lebensform oder als Klone beschrieben, die von anderen außerirdischen Rassen für eine Vielzahl von Zwecken gezüchtet und eingesetzt werden, einschließlich Aufklärungsmissionen auf gefährlichen Planeten wie der Erde. Zu den Gruppen, von denen die Short Greys benutzt werden, gehören die »Tall Greys«, die mit der Eisenhower-Administration Verträge aushandelten. Laut Dr. Arthur David Horn, dem Autor von *Götter gaben uns die Gene*, beaufsichtigen die Tall Greys die Short Greys, die das Roswell-Raumschiff steuerten.

»Die Short Greys werden von den Tall Greys beaufsichtigt, deren Körpergröße etwa 1,50 bis 1,60 Meter beträgt. Diese größeren Greys führen die ›diplomatischen‹ Missionen durch, wie zum Beispiel heimliche Vertragsverhandlungen mit menschlichen Regierungschefs. Wie bereits erwähnt, werden die Greys im Allgemeinen und die Short Greys im Besonderen mit Söldnern verglichen.«[14]

Die Eisenhower-Regierung hatte erstmals im Jahr 1953 Kontakt mit den Tall Greys, als deren große Mutterschiffe in der Erdumlaufbahn auftauchten, so William Cooper.

Wie bereits berichtet, erklärte Cooper, dass 1954 auf der Holloman-Basis eine Vereinbarung mit »Greys mit großen Nasen« getroffen wurde, die es ihnen gestattete, im Austausch gegen technische Unterstützung biologische Experimente an entführten Menschen durchzuführen. Passend hierzu heißt es bei Phil Schneider, dass ein Vertrag mit den auffällig höher gewachsenen Tall Greys unterzeichnet wurde, der solche biologischen Experimente im Ausgleich für technologische Unterstützung genehmigte. Die nur 1,10 bis 1,25 Meter großen Short Greys werden vor allem gesehen, wenn sie die aufgrund dieser »Verträge« erlaubten Entführungen durchführten. Mehrere Zeugen haben ausgesagt, dass sie von jenen größeren, oft als Tall Greys bezeichneten Wesen befehligt werden.

Dr. David M. Jacobs schloss aus einer umfassenden Analyse von sechzig Fallstudien in *Geheimes Leben*, dass die Tall Greys in Entführungsfällen eine überwachende Rolle spielen.[15] Sie waren bei vielen der Entführungen, die Jacobs durch hypnotische Rückführung von Entführten untersuchte, anwesend und befehligten die Short Greys, die meistens die Entführungen vornahmen. Laut Jacobs würden die Tall Greys dabei helfen, die Kontrolle in Entführungssituationen wiederzugewinnen, in denen Menschen sich bei invasiven Eingriffen gegen die Short Greys wehren:

Abb. 33. Angebliches Foto eines Greys oder »Grauen«. Quelle: Robert Dean

»Wenn der Entführte außer Kontrolle gerät, ziehen sich die kleinen Wesen normalerweise zurück und lassen das größere Wesen die Situation regeln, und die geeigneten Verfahren zur Wiedererlangung der Kontrolle werden ausgeführt. Dennoch haben einige Entführte gelernt, dass es Bereiche gibt, in denen Widerstand und Selbstbehauptung möglich sind.«[16]

Als mit Außerirdischen auf der Air-Force-Basis Holloman Abkommen zur technologischen Unterstützung getroffen wurden, handelten die Tall Greys die Vereinbarungen aus, die es den geklonten Short Greys erlaubten, die USAF bei der Erforschung und dem Nachbau der abgestürzten Flugscheiben direkt zu unterstützen.

Short Greys und USAF-Technologie

Bill Uhouse diente während des Zweiten Weltkriegs und des Korea-Krieges als Kampfpilot beim U.S. Navy Corps. Nach zehn Dienstjahren wurde er ehrenhaft im Rang eines Captains entlassen. Im Jahr 1954 trat er als Testpilot auf der Wright-Patterson Air Force Base in den Dienst der USAF. Man bot ihm die Teilnahme an einem als geheim klassifizierten Programm an, bei dem ein Flugsimulator für Flugscheiben eingesetzt wurde:

»Während ich in Wright-Patterson war, sprach mich jemand an, der mir anbot, bei der Entwicklung innovativer Systeme mitzuarbeiten. Und zwar handelte es sich dabei um einen Simulator für Flugscheiben. Sie hatten mehrere von uns ausgewählt. Ich wurde zu A-Link Aviation, einem Hersteller von Flugsimulatoren, versetzt. Zu dieser Zeit bauten sie den sogenannten C-11B- und F-102-Simulator, den B-47-Simulator und so weiter. Sie wollten, dass wir Erfahrungen sammeln, bevor wir mit der Entwicklung des Flugscheibensimulators begannen, an dem ich dann dreißig Jahre lang arbeitete.

Ich glaube, ein Flugscheibensimulator wurde erst in den frühen 1960er Jahren in Betrieb genommen – etwa 1962 oder 1963. Der Grund, warum ich das sage, ist, dass der Simulator bis etwa 1958 nicht funktionierte. Der Simulator, den sie verwendeten, war für ein außerirdisches Raumschiff, das sie besaßen. Es hatte einen Durchmesser von dreißig Metern und war 1953 oder 1952 in Kingman, Arizona, abgestürzt. Das war das erste, das sie für Flugtests benutzten.«[17]

Laut Ryan Woods Buch *MAJIC Eyes Only* (»Nur einsehbar für MAJIC«, nicht auf Deutsch erschienen) ereignete sich der Kingman-Absturz am 21. Mai 1953. Es handelte sich um eine Fliegende Untertasse, die weitgehend intakt blieb.[18] Wood analysierte eine Reihe von Zeugenaussagen, in denen verschiedene Aspekte der Absturz-Bergung der Fliegenden Untertasse und ihrer Insassen beschrieben wurden. Besonders hervorzuheben ist das Zeugnis eines Soldaten der Air Force, der im Absturz-Bergungsteam tätig war und das Fahrzeug als »ohne Anzeichen von äußeren Schäden« bezeichnete.[19]

Dies macht Uhouses Behauptung plausibel, dass das 1953 bei Kingman geborgene Fahrzeug unbeschädigt genug war, um für Testflüge und zur Entwicklung eines Flugsimulators für zukünftige nachgebaute USAF-Flugscheiben verwendet zu werden. Uhouse beschrieb die Funktionsweise des Flugsimulators folgendermaßen:

»Der Scheibensimulator hatte keinen Reaktor, [aber] es gab darin einen Hohlraum, der aussah, als wäre dort der Reaktor. Wir haben den Simulator jedoch nicht damit betrieben. Wir haben ihn mit sechs großen Kondensatoren angetrieben, die jeweils mit einer Million Volt aufgeladen waren, so dass sich in diesen Kondensatoren sechs Millionen Volt befanden. Sie waren die größten Kondensatoren, die jemals gebaut wurden. Diese speziellen Kondensatoren lieferten Energie für dreißig Minuten, so dass man in sie einsteigen und die Steuerung tatsächlich bedienen und das tun konnte, was man tun musste – damit der Simulator und die Scheibe funktionierten.

So einfach war das nicht, denn wir hatten nur dreißig Minuten Zeit. Okay? Im Simulator werden Sie jedoch feststellen, dass keine Sicherheitsgurte vorhanden sind. Richtig? Das gleiche galt für das eigentliche Schiff – keine Sicherheitsgurte. Man braucht keine Sicherheitsgurte, denn wenn man eines dieser Dinge verkehrtherum fliegt, gibt es kein verkehrtes Gefühl wie in einem normalen Flugzeug – man spürt es einfach nicht. Dafür gibt es eine einfache Erklärung: Sie haben Ihr eigenes

Gravitationsfeld direkt im Fahrzeug. Wenn Sie also kopfüber fliegen, sind Sie für sich selbst richtig herum.

Da die Scheibe über ein eigenes Gravitationsfeld verfügt, war man nach dem Einsteigen und dem Hochfahren etwa zwei Minuten lang schwindlig oder desorientiert. Es braucht viel Zeit, um sich daran zu gewöhnen. Aufgrund der Enge dort drin ist es schwierig, die Hand zu heben. Man muss es trainieren – mit dem Verstand trainieren, um akzeptieren zu können, was man tatsächlich fühlen und erleben wird, wenn man so ein Ding fliegt.«[20]

Uhouse erklärte die Schwierigkeit bei der Durchführung von Flugtests und der Anpassung der gefundenen Fliegenden Untertasse für menschliche Piloten, da das Innere des Fahrzeugs ursprünglich für die Short Greys ausgelegt war. Er wies auch darauf hin, dass die Flugscheiben nicht mit konventionellen Waffensystemen ausgerüstet werden konnten – ein Problem, mit dem sich zwanzig Jahre zuvor auch Deutschland herumgeschlagen hatte, was die Antarktis-Deutschen aber bis zur Operation Highjump 1947 gelöst hatten:

»Wir mussten alle Geräte, die wir einbauten, überprüfen – um sicherzugehen, dass sie so funktionierten, wie sie sollten … Das Problem mit den Flugscheiben ist ihre enorme Komplexität. Sie können nicht so eingesetzt werden, wie wir es heute mit Flugzeugen tun, die Bomben abwerfen und Maschinengewehre in den Tragflächen haben.

Die Konstruktion ist so anspruchsvoll, dass man nicht einfach etwas hinzufügen kann – es muss exakt angepasst werden. Es gibt bei dem Design das große Problem, dass es sehr schwierig ist, zusätzliche Bauteile zu positionieren. Zum Beispiel ist es sehr schwierig, die genaue Schwerpunktlage zu ermitteln. Sogar die Vergrößerung der Einstiegsluke um einen Meter, für uns größere Leute war ein Riesenproblem …«[21]

Uhouse und andere, die am Simulationsprojekt für Flugscheiben arbeiteten, hatten die Gelegenheit, mit einem Grey zu sprechen, um Antworten auf technische Fragen zu den Flugscheiben zu erhalten. Bezeichnenderweise erwähnte Uhouse, dass Dr. Edward Teller den

Grey zu solchen Treffen begleitete und direkt am Simulationsprojekt für UFOs beteiligt war:

> »Bei den Besprechungen, an denen ich teilnahm, war auch ein Außerirdischer anwesend. Ich nannte ihn J-Rod – weil alle ihn so nannten … Der Außerirdische kam immer mit [Dr. Edward] Teller und einigen anderen, um gelegentlich Fragen zu beantworten. Aber es ging dabei nur um Fragen, die unsere Arbeit betrafen. Über andere Dinge durfte nicht gesprochen werden. Es ging ausschließlich um das, was wir für unsere Arbeit unbedingt wissen mussten. Und es sprach immer nur er [der Außerirdische]. Er redete, aber er klang so, als ob man selbst gesprochen hätte … Eigentlich gab der Außerirdische nur technische und wissenschaftliche Hinweise, wenn wir an einen Punkt gelangten, wo wir alleine nicht weiterkamen. Dann wurde er [der Außerirdische] geholt. Er schaute sich das Problem an und sagte uns, was wir falsch machten.«[22]

Fast drei Jahrzehnte später, 1988, stellte Teller Bob Lazar ein, den er 1982 kennengelernt hatte, als Lazar für das Los Alamos National Laboratory daran arbeitete, das Antriebssystem einer der Flugscheiben der Greys besser zu verstehen.[23] Lazars Geschichte zeigt, wie langsam die USAF bei der Erforschung und Entwicklung von Technologien für UFOs Fortschritte machte, trotz der Hilfe, die die Greys als Ergebnis der Vereinbarungen mit den Tall Greys in den Jahren 1954/55 leisteten. Wenn die technische Unterstützung von Short Greys nur stückweise und nur minimal angeboten wurde, konnte vielleicht eine direkte Zusammenarbeit mit den Tall Greys der USAF die technische Unterstützung liefern, die sie benötigte, um ihren Traum von künftigen Flotten aus Antigravitations-Flugscheiben zu verwirklichen.

Charles Hall über außerirdische Hilfe bei atomgetriebenen Raumschiffen der USAF

Die detaillierteste Darstellung der mit den Tall Greys getroffenen Vereinbarungen und deren Umsetzung durch die U.S. Air Force für den Nachbau außerirdischer Raumschiffe stammt wahrscheinlich von Charles James Hall.[24] Hall war von 1963 bis 1967 Wetterbeobachter für die Air Force und in der Indian-Springs-Anlage der Nellis Air Force Base in Nevada stationiert. Er behauptet, dass er ab 1965 bis zum Abschluss seines Militärdienstes häufig mit Außerirdischen zu tun hatte, die er »Tall Whites« nannte, »Große Weiße«, womit er die Tall Greys meinte, die sich regelmäßig mit hochrangigen Generalstabsmitgliedern der Air Force an dem abgelegenen Ort trafen, an dem er stationiert war. Hall behauptet ferner, dass in Indian Springs eine geheime Untergrundbasis für die Außerirdischen und ihre interstellaren Schiffe errichtet wurde. Gerüchte über die Außerirdischen in der Nellis Air Force Base gehen auf die Mitte der 1950er Jahre zurück und wurden von Hall bestätigt, womit ein unmittelbarer Zusammenhang mit den angeblichen Vereinbarungen der Eisenhower-Administration auf der Holloman AFB hergestellt wird. Für einige von Halls Behauptungen bezüglich anomaler Ereignisse in Indian Springs gibt es eine Bestätigung von dem Ermittler und ehemaligen Berufspiloten David Coote. Ihm gelang es, drei Soldaten der Air Force ausfindig zu machen und zu interviewen, die zusammen mit Hall dienten.[25]

Hall gab Einblicke in die Vereinbarungen zwischen der U.S. Air Force und den Tall Whites, die verdeutlichen, wie äußerst kleinlich die Außerirdischen die Verträge auslegten. In einem Interview erklärte Hall, dass er ausgewählt wurde, um mit den Tall Whites in Kontakt zu treten, und warum er in dieser Rolle gut geschützt war:

> »Die Entscheidung, mich und sonst niemanden hinaus zu schicken, wurde von einem Komitee von Personen getroffen, dem Tall Whites sowie hochrangige USAF-Generäle und andere hochrangige Mitglieder der US-Regierung angehörten. Die Tall Whites sind sehr akribisch bei der Einhaltung ihrer Verpflichtungen und erwarten von der US-Regierung, dass sie ihren Teil der Vereinbarungen ebenso akribisch einhält. Hätte mich jemand schikaniert oder bedroht, wäre das von den Tall Whites so interpretiert worden, dass die US-Regierung sich nicht an die Vereinbarungen hält und daher nicht vertrauenswürdig ist. Das hätte enorme Konsequenzen gehabt.«[26]

Abb. 34. Künstlerische Darstellung der Tall Whites oder »Großen Weißen«. Quelle: Teresa Barbatelli

Hall beschrieb, wie die Tall Whites die fortschrittlichen Luft- und Raumfahrttechnologien, die sie an die USAF weitergaben, streng auf Raumschiffe beschränkten, die nur kurze interplanetarische Flüge ermöglichen. Die fortschrittlicheren Technologien, die die Außerirdischen für ihre eigenen interstellaren Flüge nutzten, wurden laut Hall der USAF vorenthalten. Charles Hall enthüllte, dass die USAF als Gegenleistung für diese eingeschränkte technologische Unterstützung den Tall Whites viele Ressourcen zur Verfügung stellte, einschließlich Landerechten. In einem eMail-Interview mit Hall vom 3. Dezember 2004 bat ich ihn, eine Behauptung zu präzisieren, die er in seiner Buchreihe *Millennial Hospitality* (»Millenial-Gastfreundschaft«, 6 Bände, 2003-2020, nicht auf Deutsch erschienen) aufgestellt hatte, wonach die »Generäle der Air Force dringend nach einem Technologieaustausch mit den Tall Whites« strebten, der für die Raumfahrt genutzt werden konnte.[27] Als Antwort schrieb mir Hall:

> »Tall Whites tauschten Technologien wie Funk- und Kommunikationssysteme mit uns aus, jedoch keine Technik, die überlichtschnelle Flüge ermöglicht. Der Technologieaustausch wurde nur auf der Grundlage der Technologien durchgeführt, die den Tall Whites zugute kommen würden, zum Beispiel gute Funksysteme, um besser mit uns kommunizieren zu können. Die Tall Whites halfen beim Bau eines atomgetriebenen Raumschiffs, aber überließen uns keine Antriebstechnik für lange, interstellare Raumflüge. Antigravitations-Technologien dafür wurden nicht weitergegeben. Amerikanische Generäle befanden sich manchmal im Aufklärungsschiff der Tall Whites, so dass die Technologie für die Aufklärungsschiffe in gewissem Umfang geteilt wurde, weil die Aufklärungsschiffe auf der Erde aus hiesigen Materialien hergestellt wurden, mit Hilfe des US-Militärs. Die Tall Whites nahmen manchmal an geheimen Treffen teil und halfen bei der Technologieentwicklung … Grundsätzlich nahmen die Tall Whites an geheimen Meetings teil, indem sie dabei saßen und bei einigen gut gestellten Fragen halfen.«

Wie Hall aufgrund seiner direkten Kontakte mit den Tall Whites erklärte, hofften hochrangige Generäle der Air Force sowie führende Beamte des Pentagon, so viele Technologien durch das Abkommen zu erhalten, wie sie konnten, aber die erworbenen Technologien waren bei weitem nicht so weit fortgeschritten, wie sie gehofft hatten. In einem anschließenden Interview am 16. Dezember 2004 bat ich Hall zu erklären, wie die Tall Whites Raumschiffe auf der Nellis Air Force Base unter Verwendung von Materialien der USAF sowie von beauftragten Firmen bauten, aber trotzdem in der Lage waren, den Zugang des Air-Force-Personals strikt zu begrenzen (MS steht für Michael Salla, CH für Charles Hall):

»MS: Sie sagen, dass die Tall Whites Scoutschiffe aus irdischen Materialien bauen. Können Sie ein wenig näher erläutern, woher Sie diese Informationen haben?

CH: Diese Informationen beruhen auf meinen persönlichen Beobachtungen. In meinem Buch [*Millennium Hospitality II*] beschreibe ich den Nachmittag, als der Teacher und Range Four Harry [die Namen von zwei Tall Whites] mir das Innere eines der Scoutschiffe zeigten. Viele der Gegenstände, wie die Sitze und die oberen Gepäckfächer, trugen noch immer die Markierungen, die von verschiedenen amerikanischen Industriewerken wie Boeing und Lockheed stammten. Offensichtlich handelte es sich bei den Gepäckfächern um ›Standardprodukte‹ von Unternehmen wie der Airstream Corporation. Viele der von den Tall Whites getragenen Kleidungsstücke wurden offensichtlich direkt aus den Katalogen von Sears und Montgomery Ward bezogen …

MS: Haben die USA irgendeine Rolle beim Bau des Scout-Bootes der Tall Whites gespielt?

CH: Ich bin mir nicht sicher. Nach allem, was ich gesehen habe, haben die Tall Whites alle Konstruktionsarbeiten selbst durchgeführt. Ich bin sicher, dass die Tall Whites alle Arbeiten an den Antriebssystemen und an den Glasfaserwicklungen selbst durchgeführt haben.

MS: Hatte das Militär Personal, um die Tall Whites während des Bauprozesses zu beobachten, oder beobachtete es ihre Produktionsanlagen?

CH: Ich bin mir sicher, dass die Tall Whites keinem USAF-Personal erlaubt haben, die Arbeiten zu beobachten. In Buch II im Kapitel ›Zwei Spiele auf einem Brett‹ beschreibe ich den Tag, an dem ich ihre Reparaturaktivitäten aus kurzer Distanz beobachten konnte. Nach meinem besten Wissen war ich der einzige Mensch, der diese Aktivitäten aus der Nähe betrachten durfte.

MS: Sie haben den Hangar beschrieben, der als Basis für das größere interstellare Raumschiff der Tall Whites diente. Wurde er nur von den Tall Whites gebaut, oder spielte das US-Militär eine Rolle dabei?

CH: Der Hangar schien vollständig von der USAF für die Verwendung durch die Tall Whites gebaut worden zu sein. Zum Beispiel sah das Innere des Hangars genauso aus wie jeder andere gewöhnliche Flugzeughangar. Er enthielt gewöhnliche Feuerlöscher, Pfeile, die Ausgänge markieren, und so weiter. Zusätzlich zu den englischen Schriftzeichen und Schildern an den Wänden gab es aber auch Hieroglyphen und Symbole, die von den Außerirdischen verwendet wurden. Die außerirdische Schrift wurde in rosa Farbe vor einem weißen Hintergrund geschrieben.

MS: Wann wurde aus Ihrer Sicht der Hangar der USAF für die Tall Whites gebaut?

CH: Ich habe keine Ahnung. Ich bin mir jedoch sicher, dass die Erklärungen von Range Four Harry mindestens bis ins Jahr 1954 zurückreichten. Die Hangar-Konstruktion (also seine Stahlstützen, anderen Materialien, Beleuchtungsanlagen, die nach oben hochfahrenden Betontüren und so weiter) entsprach dem Baustandard der späten 1940er und frühen 1950er Jahre.

MS: Werden alle von Tall Whites in den USA verwendeten Basen von der USAF geliefert und gebaut?

CH: Keine Ahnung. Ich vermute, die Antwort ist ja, weil ich auf der Nellis-Basis nur Generäle und Personal der USAF gesehen habe.

MS: Sie sagen, dass die Tall Whites das US-Militär mit Nuklearantrieben für Raumschiffe belieferten. Sie lehnten es jedoch ausdrücklich ab, auch ihren Antigravitations-Antrieb zu liefern. Sind das die einzigen beiden Antriebssysteme, von denen seitens der Tall Whites gegenüber den Vertretern der amerikanischen Regierung gesprochen wurde?

CH: Ja, soweit ich weiß.

MS: Sie erwähnen, dass die Tall Whites das Know-how für Scoutschiffe mit Atomantrieb geliefert haben. Haben die Tall Whites auf der Erde tatsächlich nuklear angetriebene Scoutschiffe geflogen, oder setzten sie in ihren Scoutschiffen Antigravitations-Antriebe ein?

CH: Die Tall Whites benutzten immer die mit Antigravitation angetriebenen Scoutschiffe und großen Raumschiffe. Die nuklear betriebenen Schiffe waren nur für die USAF bestimmt.

MS: Was für eine Geschwindigkeit konnten die atomgetriebenen Scoutschiffe im Vergleich zu den Antigravitations-Schiffen erreichen?

CH: Sie sind sehr viel langsamer. Die Antigravitations-Maschinen können mit Überlichtgeschwindigkeit fliegen, während die atomgetriebenen Schiffe nicht schneller als herkömmliche Raketenantriebe sind.«

Dieses Gespräch ist von großer Bedeutung, da es darauf hindeutet, dass die Air Force Mitte der 1960er Jahre von den Tall Whites daran gehindert wurde, etwas zu entwickeln, das schneller war als die Geschwindigkeiten, die mit nuklear getriebenen Antriebssystemen erreicht werden konnten. In Kapitel 13 werde ich erläutern, wie die USAF beim Aufbau ihres Netzes von orbitalen Raumstationen mit dem langsameren Nuklearantrieb auskommen musste.

Während die USAF anfangs hoffte, dass die technologische Unterstützung durch die Greys zu schnellen Durchbrüchen bei der Entwicklung von Raumfahrzeugen führen würde, erkannte sie bald, dass der Fortschritt in Wirklichkeit langsam und schwierig sein würde. In der Tat sollte es Jahrzehnte dauern – ein starker Gegensatz zum Nazi-Deutschland, wo schnelle Fortschritte in relativ wenigen Jahren zu verzeichnen waren, nachdem man Vereinbarungen mit den Drako-Reptiloiden getroffen hatte. Die USAF erhielt nicht nur technologische Unterstützung von den Greys, sondern hoffte auch, dass die Abkommen von 1955 mit den Antarktis-Deutschen zu erheblicher technologischer Unterstützung durch sie und ihre drako-reptiloiden Verbündete führen würden.

Anmerkungen

1 Bill Tompkins behauptete außerdem, dass die Drohnen, die Los Angeles überflogen, zur nordischen Raumflotte gehörten und dass diese zuließ, dass die beiden Drohnen abgeschossen wurden, um zu zeigen, dass das UFO-Phänomen sehr real ist und sie exotische Technologien außerirdischer Herkunft besitzen. Siehe Michael E. Salla, *Das Geheime Weltraumprogramm der US-Navy & Die Allianz mit den Nordischen*; AMRA Verlag, Hanau 2017. – US-Ausgabe: p. 8.

2 Siehe »Documents Dated 1948-1959«, http://www.majesticdocuments.com/documents/1948-1959.php (aufgerufen am 29.10.2018)

3 Siehe http://www.majesticdocuments.com/pdf/eisenhower_briefing.pdf (aufgerufen am 29.10.2018)

4 Siehe »Documents Dated 1948-1959«, http://www.majesticdocuments.com/documents/1948-1959.php (aufgerufen am 29.10.2018)

5 Siehe Leslie Kean, »Project MoonDust and Operation Blue Fly«, https://www.bibliotecapleyades.net/sociopolitica/esp_sociopol_mj12_3k.htm (aufgerufen am 31.12.2018)

6 Ebd.

7 Es gab eine Kontroverse über die verschiedenen Versionen des Betz-Memos, die veröffentlicht wurden. Eine Darstellung der Geschichte des Memos findet sich hier: »The Rejuvenated ›Betz Memo‹«, http://ufos-documenting-the-evidence.blogspot.com/2016/05/the-rejuvenated-betz-memo-in-recent.html (aufgerufen am 31.12.2018)

8 Siehe Leslie Kean, »Project MoonDust and Operation Blue Fly«, https://www.bibliotecapleyades.net/sociopolitica/esp_sociopol_mj12_3k.htm (aufgerufen am 31.12.2018)

9 Um es zu erschweren, die Aktivitäten von 4602d AISS zu verfolgen, hat die USAF die Bezeichnungen mehrmals geändert. Weitere Erörterungen, auch zum Zusammenhang mit Fort Belvoir, finden sich bei Francis Ridge, »UFOs, the AISS & My Brush With the 1127th«, http://www.nicaS.org/brief1127.htm (aufgerufen am 31.12.2018)

10 »Special Operations Manual«, page 3, online unter http://www.majesticdocuments.com/pdf/som101_part1.pdf (aufgerufen am 29.10.2018)

11 Jeff Hecht, *City of Light: The Story of Fiber Optics, Revised Edition*; Oxford University Press 2004; pgs. 55-70.

12 Philip Corso & William J. Birnes, *The Day After Roswell*; Pocket Books 1997; p. 4. – Dt. Ausgabe: *Der Tag nach Roswell*; Goldmann Verlag, München 1998.

13 »Special Operations Manual«, page 3, online unter http://www.majesticdocuments.com/pdf/som101_part1.pdf (aufgerufen am 29.10.2018)

14 Arthur David Horn, *Humanity's Extraterrestrial Origins: Extraterrestrial Influences on Humankind's Biological and Cultural Evolution*; A & L Horn 1994; p. 259. – Dt. Ausgabe: *Götter gaben uns die Gene. Die außerirdischen Ursprünge der Menschheit.* Silberschnur Verlag, Güllesheim 1997. – Siehe auch: Dr. Arthur Horn, »The Orion Empire«, online zugänglich unter https://tinyurl.com/yb2ulmhk (aufgerufen am 29.10.2018)

15 David M. Jacobs, *Alien Encounters: First-hand accounts of UFO abductions*; Virgin Books 1994. – Dt. Ausgabe: *Bedrohung. Die geheime Inbasion der Aliens.* Kopp Verlag, Rottenburg 1998

16 Ebd. – US-Ausgabe: p. 279.

17 Dr. Steven M. Greer, »Testimony of Captain Bill Uhouse«, in *Disclosure: Military and Government Witnesses Reveal the Greatest Secrets in Modern History*, Crossing Point 2001; p. 384.

18 Ryan S. Wood, *MAJIC EYES ONLY: Earth's Encounters with Extraterrestrial Technology* (Wood Enterprises 2005), S. 111.

19 Ebd., S. 112.

20 Dr. Steven M. Greer, »Testimony of Captain Bill Uhouse«, in *Disclosure: Military and Government Witnesses Reveal the Greatest Secrets in Modern History*, Crossing Point 2001; p. 385.

21 Ebd., p. 386.

22 Ebd., pgs. 386-387.

23 Siehe Gene Huff, »The Lazar Synopsis«, http://www.otherhand.org/home-page/area-51-and-other-strange-places/bluefire-main/bluefire/the-bob-lazar-corner/the-lazar-synopsis/ (aufgerufen am 30.10.2018)

24 Siehe Charles Hall, *Millennial Hospitality*, books 1-5; einsehbar auf http://www.millennialhospitality.com/index.php (aufgerufen am 30.10.2018)

25 Siehe Michael E. Salla, »Further Investigations of Charles Hall and Tall Whites at Nellis Air Force Base: The David Coote Interviews«, unter http://exopolitics.org/archived/Exo-Comment-36.htm (aufgerufen am 30.10.2018)

26 »Charles Hall and the Tall Whites: Another perception of the extraterrestrial phenomenon and the Area 51«; https://tinyurl.com/y7bhdx7a (aufgerufen am 31.12.2018)

27 »Interview with Charles Hall – Motivations of Tall White ETs & their Exopolitical Significance«, https://www.exopolitics.org/interview-with-charles-hall-motiva tions-of-tall-white-ets-their-exopolitical-significance/(aufgerufen am 25.10.2018)

12 Die NASA wird als Fassade erschaffen

Was für eine Sache war das auch, die dieser mächtige Mann im geschnitzten Pferd erschuf und ertrug, worin wir Häuptlinge der Argiver alle saßen und den Trojanern Tod und Schicksal brachten!

– *Homer, Odyssee* –

Im Endergebnis der Vereinbarungen zwischen der Eisenhower-Administration und dem antarktisch-deutschen Raumfahrtprogramm, die auf das erste Treffen auf der Holloman Air Force Base im Februar 1955 zurückgehen, freuten sich beide Seiten sehr auf die Vorteile, die dieses Abkommen bringen würde, aber aus sehr unterschiedlichen Gründen. Den Antarktis-Deutschen – auch bekannt als »Viertes Reich« – sollte Zugang zu den enormen industriellen Ressourcen und der Bevölkerungsmasse der Vereinigten Staaten gewährt werden. Amerikas Luft- und Raumfahrtindustrie würde schnell die notwendigen Komponenten für die Antarktis-Deutschen produzieren, damit sie ihre polaren Operationen rasch auszuweiten konnten, und sie verfügte über gut ausgebildetes Personal, das zur Erfüllung wichtiger Produktions- und Logistikaufgaben herangezogen werden konnte. Es war problematisch, dass die Antarktis-Deutschen aus einem Pool von Hunderttausenden hochqualifizierter Soldaten aus den verschiedenen Zweigen des US-Militärs auswählen konnten, die mit temporären Missionen zur Durchführung wichtiger Kampfeinsätze im Weltraum und auf Planeten wie dem Mars beauftragt wurden.[1]

Für die Eisenhower-Administration und insbesondere die USAF verfügten die Deutschen in der Antarktis über das notwendige technische Wissen und die Erfahrung, um ihnen zu helfen, die erbeuteten außerirdischen Technologien nachzubauen. Die Antarktis-Deutschen galten als den USA bis zu zwei Jahrzehnte voraus im Verständnis fortgeschrittener Luft- und Raumfahrt-Technologien wie Raketenmotoren und Düsentriebwerken.[2] Der technologische Abstand bei Flugscheiben war noch größer, da der Betrieb eines solchen Schiffes sehr komplexe Prinzipien der angewandten wie der theoretischen Physik beinhaltete, und die US-Wissenschaftler gründlich geschult werden mussten, um diese zu verstehen und anzuwenden.

Um den Austausch von Ressourcen und Technologien zu erleichtern und die geheimen Vereinbarungen vor der amerikanischen Öffentlichkeit zu verbergen, fanden die Eisenhower-Administration und die Antarktis-Deutschen eine schlaue Lösung. Präsident Eisenhower gründete eine zivile Raumfahrtagentur, die als Fassade für den Austausch von Ressourcen und Technologien durch mehrere Tarnprogramme dienen sollte. Militärhistoriker bestätigen weitgehend, dass die NASA als Deckmantel für militärische Weltraumaktivitäten geschaffen wurde. Lieutenant Colonel Mark Erikson schreibt: »Eisenhowers Raum-für-Frieden-Politik wurde entwickelt, um eine zivile wissenschaftliche Forschung hervorzuheben und die Aufmerksamkeit von verdeckten Aufklärungssatelliten abzulenken.«[3] Die Täuschung ging jedoch viel weiter, als Erikson und andere USAF-Historiker vermuteten.

In der am 29. Juli 1958 gegründete National Aeronautics and Space Administration (NASA) besetzten ehemalige Nazi-Wissenschaftler Führungspositionen. In diesen Schlüsselpositionen mit Verantwortung für zahlreiche NASA-Programme und riesige Mittel schickten die ehemaligen NS-Forscher heimlich alles an das Deutsche Antarktis-Raumfahrtprogramm, was für dessen schnelle Expansion zur kolonialen Weltraummacht erforderlich war. Darüber hinaus hatte die NASA die Verantwortung, die Wahrheit über die antarktisch-deutschen Raumfahrteinsätze zu verbergen, indem sie wissenschaftliche Missionen einrichtete, mit denen alle antarktisch-deutschen Aktivitäten, die im Weltraum und auf Planeten oder Monden beobachtet wurden, erklärt werden konnten. Schließlich stellte die NASA die notwendige Tarnung zur Verfügung, um US-Militärs in den verdeckten Dienst für das antarktisch-deutsche Raumfahrtprogramm zu rekrutieren, das sich bis in die 1970er Jahre hinein zu einer expansionistischen Kolonialmacht im Weltraum und in anderen Sonnensystemen entwickeln sollte.

Das Weltraumprogramm der Antarktis-Deutschen und die NASA

Im Jahr 1915 finanzierten ein Navy-Bewilligungsgesetz die Gründung des National Advisory Committee for Aeronautics (NACA), dessen Hauptziel es war, als Reaktion auf den Ausbruch des Ersten Weltkriegs die militärische Luftfahrt zu entwickeln. Laut dem USAF-Historiker Colonel Mark Erickson war »die Geschichte des NACA eng mit der nationalen Sicherheit und dem Schicksal der Teilstreitkräfte verbunden.«[4] Erikson beschrieb ausführlich, inwieweit das NACA im Laufe seiner Geschichte stets vom US-Militär abhängig war, um Geldmittel und Ressourcen zu erhalten.[5]

Nach Ansicht herkömmlicher Historiker wurden Kurs und Schicksal des NACA durch den erfolgreichen Start von *Sputnik 1* durch die Sowjetunion am 4. Oktober 1957, der ein großer Schock für die Vereinigten Staaten war, dramatisch verändert. Drei Monate später, am 14. Januar 1958, veröffentlichte Hugh Dryden, der Direktor des NACA, ein Papier mit dem Titel: *A National Research Program for Space Technology* (»Ein nationales Forschungsprogramm für Raumfahrttechnologie«), in dem er erklärte:

> »Es ist von großer Dringlichkeit und Bedeutung für unser Land sowohl hinsichtlich unseres Prestiges als Nation als auch aufgrund militärischer Notwendigkeit, dass dieser Herausforderung [*Sputnik*] durch ein energisches Forschungs- und Entwicklungsprogramm zur Eroberung des Weltraums begegnet wird ... Daher wird vorgeschlagen, dass die wissenschaftliche Forschung in die Zuständigkeit einer nationalen Zivilbehörde fällt, die in enger Kooperation mit den Einrichtungen für angewandte Forschung und Entwicklung arbeitet, die für das Militär Waffensysteme entwickeln. Dabei ist nach jenem Muster vorzugehen, das bereits vom NACA und den Streitkräften entwickelt wurde ... Das NACA ist in der

Lage, durch schnelle Erweiterung seiner Bemühungen die Führung in der Raumfahrttechnik zu übernehmen.«[6]

Drydens Bezugnahme auf die Herausforderung durch den Flug des *Sputnik* wird am häufigsten als Grund für die Schaffung des NACA-Nachfolgers, der NASA, genannt. Laut Präsident Eisenhower basierte das »gesamte Programm der NASA auf psychologischen Werten ... Die durch den *Sputnik* ausgelöste Aufregung war tatsächlich die Ursache für die Gründung der NASA.«[7]

Angesichts der militärischen Geschichte des Vorgängers der NASA und des anhaltenden militärischen Interesses an Raumfahrtfragen zu einer Zeit, in der es keine kommerzielle Raumfahrtindustrie gab, ist es sehr merkwürdig, dass US-Politiker die Notwendigkeit verspürten, eine zivil geführte Raumfahrtagentur zu schaffen, um, wie Dryden es ausdrückte, »ein energisches Programm für Forschung und Entwicklung zur Eroberung des Weltraums« durchzuführen. Wäre eine militärische Raumfahrtbehörde nicht sinnvoller gewesen, wenn das Ziel darin bestand, die nationalen Sicherheitsinteressen der USA im Weltraum durch die »Eroberung des Weltraums« aufrechtzuerhalten? Tatsächlich haben einige NASA-Forscher behauptet, dass die NASA nie wirklich eine zivile Agentur gewesen sei, sondern vielmehr von Anfang an eine militärisch geführte Institution. Richard Hoagland und Mike Bara, die Autoren von *Geheimakte Mond – die schwarzen Projekte der NASA*, schreiben:

»Die NASA ist angeblich eine ›*zivile* Behörde, welche die Kontrolle über die von den Vereinigten Staaten finanzierten Luft- und Raumfahrtaktivitäten ausübt‹.

Doch im Gegensatz zur allgemeinen öffentlichen und medialen Wahrnehmung, dass die NASA eine offene, rein zivile wissenschaftliche Institution ist, steht die rechtliche Tatsache, dass die Weltraumbehörde stillschweigend als direkte Ergänzung zum Verteidigungsministerium gegründet wurde.«[8]

Um ihren Standpunkt zu beweisen, zitieren sie aus der ursprünglichen NASA-Charta, die 1958 vom Kongress verabschiedet wurde:

»Die Administration gilt als eine Verteidigungsbehörde der Vereinigten Staaten im Sinne von Kapitel 17 des Titels 35 des United States Code.«[9]

Es gibt jedoch eine weitere, überzeugendere Erklärung für den wahren Zweck der NASA, als dass sie nur eine Fassade für die Interessen des Pentagons an der Eroberung des Weltraums ist. In Wirklichkeit wurde die NASA nicht als Antwort auf den Start der *Sputnik*-Sonde geschaffen, um die Amerikaner ins All zu bringen und den verlorenen Stolz der USA wiederherzustellen – die »psychologischen Werte«, wie Eisenhower es ausdrückte. Nationale Sicherheitsbeamte, die über die Besuche Außerirdischer und das deutsche Antarktisprogramm informiert waren, betrachteten *Sputnik* im Vergleich zu diesen schlimmen Bedrohungen der nationalen Sicherheit als kaum mehr als einen Witz. Die NASA wurde als Tarnorganisation gegründet, allerdings nicht für das Pentagon, wie in der Gründungsurkunde angegeben, sondern für das antarktisch-deutsche Raumfahrtprogramm. Die NASA sollte hinter den Kulissen und im Geheimen von einem Konsortium von Gruppen geführt werden, verbunden mit dem US-Militär und den Antarktis-Deutschen, die die NASA als ideale institutionelle Fassade für die Umsetzung ihrer Geheimabkommen sahen.

Hoagland und Bara kamen der Wahrheit in *Geheimakte Mond – die schwarzen Projekte der NASA* sehr nahe, wo sie das Nazi-Element als eines von drei »Randelementen« erkannten, die den wahren Hintergrund für die NASA-Programme bilden:

»Diese ›Randelemente‹ werden also in drei Hauptgruppen innerhalb der Behörde eingeteilt, soweit wir das derzeit vermuten können. Für die Zwecke dieses Buches nennen wir sie die ›Magier‹, die ›Maurer‹ und die ›Nazis‹ – und behandeln jede Gruppe einzeln.

Jede ›Sekte‹ wird von prominenten Persönlichkeiten geführt und von weniger bekannten Akteuren unterstützt. Jede hat unserem Raumfahrtprogramm ihre eigene Agenda untergeschoben, und zwar auf unauslöschliche, aber nachvollziehbare Weise.

Und jede wird bemerkenswerterweise von einer geheimen oder ›okkulten‹ Doktrin beherrscht, die weitaus enger mit der ›alten Religion und

Mystik« verbunden ist als mit der rationalen Wissenschaft und dem kühlen Empirismus, den diese Männer der breiten Öffentlichkeit als übergeordnetes Mantra der NASA vorgaukeln.«[10]

Es gibt drei gute Gründe zu glauben, dass die NASA eine institutionelle Fassade für die Umsetzung der geheimen amerikanisch-deutschen Abkommen ist. Der erste ist der Zeitpunkt der Gründung der NASA, relativ kurz nach dem Holloman-Treffen 1955, das die Voraussetzungen für weitere Verhandlungen und die folgenden Abkommen der kommenden Monate und Jahre schuf. Die Vereinbarungen erforderten, dass erhebliche Ressourcen an die Antarktis-Deutschen weitergegeben wurden, während diese im Gegenzug das wissenschaftliche Know-how bereitstellten, um das amerikanische Weltraumprogramm voranzutreiben. Um die Vereinbarungen umzusetzen, ohne dass der US-Kongress oder die amerikanische Öffentlichkeit über die enormen Ressourcentransfers informiert wurden, musste eine institutionelle Fassade geschaffen werden. Die NASA war genau das Richtige, da sie als zivil geführte Organisation ausgegeben werden konnte, um breite öffentliche Unterstützung für die »Eroberung des Weltraums« zu erhalten, während sie tatsächlich hinter den Kulissen vom Pentagon, der USAF und den Antarktis-Deutschen betrieben wurde.

Der zweite und überzeugendste Grund, die NASA als institutionelle Fassade für die heimliche Umsetzung von Vereinbarungen mit den Antarktis-Deutschen zu betrachten, ist die Anzahl von Wissenschaftlern, die durch die Operation Paperclip in die USA gebracht wurden, um Schlüsselpositionen in der Organisation einzunehmen. Es ist bekannt, dass Nazis, die am V2-Raketenprogramm arbeiteten, im Rahmen von Operation Paperclip in die USA gebracht wurden, um das amerikanische Raketenprogramm aufzubauen. Statt rehabilitierte Nazis zu sein, die durch ihren wissenschaftlichen Scharfsinn in Amerika öffentliche Aufmerksamkeit erlangten, waren sie *de facto* Vertreter der Antarktis-Deutschen/des Vierten Reiches. Ihre eigentliche Mission war es, die NASA-Programme als wirksame Tarnung der Raumfahrtaktivitäten des antarktischen Vierten Reiches durchzuführen und die geheimen Vereinbarungen umzusetzen, die enorme Ressourcen und

Arbeitskräfte erforderten, und diese in das antarktisch-deutsche Raumfahrtprogramm einzuspeisen, ohne dass die amerikanische Öffentlichkeit oder der Kongress davon erfuhren.

Die Zahl der Wissenschaftler bei der Operation Paperclip, die von Anfang an die wichtigsten NASA-Projekte geleitet haben, ist erstaunlich. Die Führungspositionen, die sie an der Spitze des NASA-Raumfahrtbetriebs einnahmen, stützen den Schluss, dass sie für die Antarktis-Deutschen agierten. Tatsächlich war das *Apollo*-Programm (auch bekannt als Projekt *Apollo*), das ursprünglich Mitte 1950 während der Eisenhower-Administration[11] konzipiert und erst später mit dem Versprechen von Präsident Kennedy in Verbindung gebracht wurde, Menschen bis zum Ende des Jahrzehnts auf den Mond zu bringen, das Hauptprogramm zur Erreichung eines größeren Ziels, das sich aus den geheimen Abmachungen ergibt.[12] Das *Apollo*-Programm stellte den Antarktis-Deutschen heimlich alle personellen und technischen Ressourcen zur Verfügung, die sie für den Ausbau ihrer Aktivitäten auf Mond und Mars benötigen, und half den Deutschen, ihre Präsenz im Weltraum auszudehnen, auch um andere Sonnensysteme zu erreichen. Einfach ausgedrückt, während *Apollo* die Amerikaner zum Mond brachte, brachte es die Antarktis-Deutschen zum Mars, zu Alpha Centauri und darüber hinaus.

Dieses erstaunliche Fazit wird durch das »Who is who« deutscher Wissenschaftler in den Führungspositionen der Schlüsseleinrichtungen der Missionen *Apollo*, *Gemini* und Skylab gestützt. Kurz nach der Gründung der NASA überführte Dr. Wernher von Braun, der berühmte ehemalige »SS-Offizier«, sein gesamtes deutsches Team von ehemaligen V2-Raketenwissenschaftlern, die mit ihm bei der Army Ballistic Missile Agency zusammengearbeitet hatten, in das neu gegründete George C. Marshal Space Flight Center (MSFC) in Huntsville, Alabama. Es ist wichtig, von Brauns Kriegsaktivitäten ein wenig zu betrachten, um eine Vorstellung davon zu bekommen, wie eng er der NS-Ideologie verbunden war, obwohl behauptet wird, er sei nur ein Wissenschaftler gewesen, der den Befehl zur Umsetzung des V2-Raketenprogramms ausführte. Richard Hoagland und Mike Bara äußerten sich wie folgt über von Braun und seine nationalsozialistische Vergangenheit:

Abb. 35. Heinrich Himmler besucht im April 1943 Peenemünde. Wernher von Braun steht hinter Himmler und trägt eine schwarze SS-Uniform.

> »Von Braun war während des Zweiten Weltkriegs Major der SS … Linda Hunt fand Überlebende der nationalsozialistischen Raketenfabriken Mittelwerk [Konzentrationslager Mittelbau-Dora] und Peenemünde, die ihr erzählten, dass von Braun nicht nur ›Zeuge von Hinrichtungen und Missbrauch von Gefangenen in diesen Einrichtungen war‹, sondern mindestens einmal selbst *Hinrichtungen anordnete*.«[13]

Trotz seiner dubiosen SS-Vergangenheit wurde von Braun erster Direktor des Marshall Space Flight Center seit seiner Gründung am 1. Juli 1960 und leitete es bis Februar 1970.

Die NASA beschreibt die an das MSFC übertragenen Ressourcen mit ihrer neu gewonnenen Autonomie wie folgt:

»Das Marshall Space Flight Center nahm am 1. Juli 1960 nach der Übertragung von Gebäuden, Grundstücken, Raumfahrtprojekten, Eigentum und Personal aus der Development Operations Division der U.S. Army Ballistic Missile Agency seinen Betrieb auf. Es wurde am 8. September 1960 von Präsident Dwight David Eisenhower eingeweiht. Das Zentrum wurde nach dem durch seinen ›Marshall-Plan‹ weltberühmt gewordenen General George C. Marshall benannt, dem Stabschef der Armee während des Zweiten Weltkriegs und späteren Außenminister und Nobelpreisträger.

Kurz vor der Inbetriebnahme des neuen Zentrums im Jahr 1960 beschrieb die NASA das Marshall Center als ›die einzige eigenständige Organisation der Nation, die in der Lage ist, die Entwicklung eines Raumfahrzeugs von der Konzeption der Idee über die Produktion von Hardware bis hin zu Tests und Starts durchzuführen.‹«[14]

Es lohnt sich, den Begriff »die einzige eigenständige Organisation der Nation« hervorzuheben, um zu verstehen, dass die Autonomie des MSFC und der riesigen Armeeressourcen, die ihm übertragen worden waren, etwas sonderbar schien. Einmal als Verantwortlicher dieser wichtigen NASA-Einrichtung eingesetzt, war von Braun mit seinem Team aus ehemaligen Nazi-Raketenwissenschaftlern für alle Aspekte des *Saturn*-Programms verantwortlich, das die Trägerraketen für die *Apollo*-Weltraummissionen lieferte.

Der Stellvertreter von Brauns beim MSFC, Eberhard Friedrich Michael Rees, der am 1. März 1970 in die Position des Direktors erhoben wurde, hatte zuvor unter von Braun im Rahmen des V2-Programms der Nationalsozialisten gearbeitet. Als Direktor des MSFC leitete Rees bis zu seiner Pensionierung am 19. Januar 1973 die Entwicklung und den Bau der Raumstation Skylab.[15] Demnach wurde das MSFC während des größten Teils des *Apollo*-Programms von zwei ehemaligen Nazis geleitet, während weitere Mitglieder aus von Brauns Team deutscher Paperclip-Wissenschaftler weitere leitende Positionen bekleideten. Allein diese auffällige Tatsache sollte sofort Zweifel über die wahre Rolle der deutschen Paperclip-Wissenschaftler am Marshall Center aufkommen lassen. Warum sollten Ressourcen und Personal der Kontrolle der U.S. Army entzogen und zu einer zivilen Einrichtung transferiert werden, einer absurderweise von ehemaligen Nationalsozialisten betriebenen Einrichtung, wo diese Ex-Nazis weitgehend unabhängig agierten konnten und beim Bau der hochsensiblen *Saturn*-Trägerraketen des NASA-Weltraumprogramms für die gesamte Planung und Auftragsvergabe verantwortlich waren?

William Mills Tompkins hat einen wichtigen Hinweis gegeben, was damals wirklich geschah. Er behauptet, als er am 1. Juli 1962 mit einem von ihm gebauten Modellentwurf für den Startkomplex des *Apollo*-Programms (das zukünftige Kennedy Space Center) zum MSFC kam, hätte er in der ehemaligen Army-Einrichtung eine US-Flagge mit einem durchscheinenden Hakenkreuz gesehen. Tompkins' nordisch-außerirdische Sekretärin Jessica hatte ihm vor seiner Abreise Hinweise gegeben, was ihn bei seiner Ankunft im Marshall Center erwarten würde. Laut Tompkins war Jessicas Beschreibung völlig korrekt:

»Sie fahren von der Autobahn ab, auf die Einfahrtsstraße, die zu den Toren der Basis führt. Sie müssen nicht bremsen, denn die Tore werden sich öffnen, und Sie werden direkt durchfahren, vorbei an vier Militärposten mit Maschinengewehren.

Sie werden Sie nicht anhalten. Sie würden nicht einmal kontrolliert, wenn Sie eine große graue Kiste hätten, die eine Atombombe sein könnte, um die gesamte Basis in die Luft zu jagen. Nach der Fahrt durch sehr starken Verkehr, dem Halt an Stoppschildern, dem Passieren von Armee-Panzerkonvois, Sicherheitsfahrzeugen und dem Angestarrtwerden wird niemand ihnen ein Gewehr an den Kopf halten und verlangen, dass Sie anhalten.

In von Brauns Turm hineinzukommen, wird auch kein Problem sein. Aber ihn zu finden – denn Bäume verdecken alles. Sie werden den Turm nicht sehen können. Keine Sorge, Sie werden begeistert sein, wenn Sie dann auf eine freie Fläche hinausfahren. Von Brauns weißer Turm steht direkt vor Ihnen. Fahren Sie weiter halb um den Kreisverkehr, um die US-Flagge herum, in der sich ein durchsichtiges Hakenkreuz befindet. Sie fahren rechts heran und halten vor den Stufen des zwölfstöckigen Gebäudes. Das ist der Turm von Brauns.«[16]

Die Flagge war eine schamlose Demonstration des Triumphes der Antarktis-Deutschen/des Vierten Reiches, das durch die Übernahme der Kontrolle über die zentrale NASA-Einrichtung, die für die Planung und Organisation des Baus der Raketen für das *Apollo*-Programm verantwortlich war, einen wichtigen Platz im Militärisch-Industriellen Komplex der USA erlangt hatte.

Darüber hinaus sagte Tompkins, als er in das MSFC kam, habe ihn Dr. von Brauns Sekretärin dem Raketenwissenschaftler vorgestellt. »Ich bin Connie, und das ist Dr. von Braun, der den ersten Vorstoß der Menschheit in die Galaxis geplant und durchgeführt hat.«[17] Das ist nun eine hochbedeutende und aufschlussreiche Aussage. Ein Mondflug kann wohl kaum als »Vorstoß in die Galaxis« angesehen werden. Wenn von Braun und das MSFC jedoch daran beteiligt waren, den Bau von Raumfahrzeugen zu erleichtern, mit denen deutsche Astronauten die Grenzen unseres Sonnensystems überwanden und hinaus in den interstellaren Raum flogen, ergeben die Worte der Sekretärin einen Sinn. Diese Informationen stützen die Schlussfolgerung, dass von Braun und sein Team zwei unterschiedliche Funktionen hatten: Koordination, Entwurf und Planung des Baus von Raumfahrzeugen für das *Apollo*-Programm sowie Koordination, Entwurf und Planung der Raumfahrzeuge für das antarktisch-deutsche Weltraumprogramm.

Es ist verständlich, warum eine solche Regelung für die nationalen Sicherheitsbehörden der USA und die USAF akzeptabel gewesen sein mag. Sie wussten, dass das MSFC heimlich den Bau von Raumschiffen für die Antarktis-Deutschen unter Einsatz führender US-amerikanischer Luft- und Raumfahrtfirmen als Auftragnehmer ermöglichte, aber sie glaubten, dass das von Lockheed, Boeing, General Dynamics und so weiter erworbene Fachwissen in Zukunft auf den Bau ähnlicher Schiffe für die USAF übertragen werden könnte. Tatsächlich nahm die Kooperation zwischen US-amerikanischen und deutschen Unternehmen bei der Erfüllung von Aufträgen für die NASA und die Antarktis-Deutschen schnell zu – vor allem in tiefen unterirdischen antarktischen Stützpunkten, wo Sklavenarbeit eingesetzt werden konnte.[18]

Tompkins hat mehrere Dokumente zur Verfügung gestellt, die seine Behauptung untermauern, dass er 1962 zum Marshall Space Flight

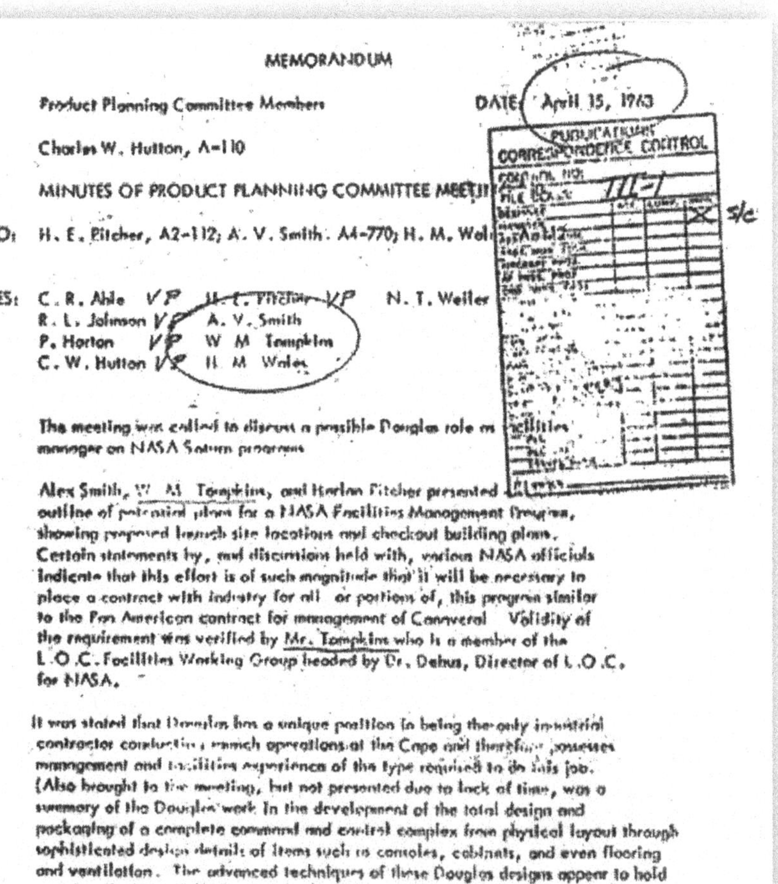

MEMORANDUM

Product Planning Committee Members — DATE: April 15, 1963

Charles W. Hutton, A-110

[SUBJ]ECT: MINUTES OF PRODUCT PLANNING COMMITTEE MEETI[NG]

[CO]PIES TO: H. E. Pitcher, A2-112; A. V. Smith, A4-770; H. M. Wal[es]

[ATT]ENDEES: C. R. Able VP, H. E. Pitcher VP, N. T. Weller
R. L. Johnson VP, A. V. Smith
P. Horton VP, W M Tompkins
C. W. Hutton VP, H M Wales

PUBLICATIONS CORRESPONDENCE CONTROL

The meeting was called to discuss a possible Douglas role as facilities manager on NASA Saturn programs.

Alex Smith, W. M. Tompkins, and Harlan Pitcher presented an outline of potential plans for a NASA Facilities Management Program, showing proposed launch site locations and checkout building plans. Certain statements by, and discussions held with, various NASA officials indicate that this effort is of such magnitude that it will be necessary to place a contract with industry for all or portions of, this program similar to the Pan American contract for management of Canaveral. Validity of the requirement was verified by Mr. Tompkins who is a member of the L.O.C. Facilities Working Group headed by Dr. Debus, Director of L.O.C. for NASA.

It was stated that Douglas has a unique position in being the only industrial contractor conducting launch operations at the Cape and therefore possesses management and facilities experience of the type required to do this job. (Also brought to the meeting, but not presented due to lack of time, was a summary of the Douglas work in the development of the total design and packaging of a complete command and control complex from physical layout through sophisticated design details of items such as consoles, cabinets, and even flooring and ventilation. The advanced techniques of these Douglas designs appear to hold promise of substantially improved reliability, efficiency of operation and lower cost, and might represent millions of dollars of potential business for MSSD, independent of the facilities management opportunity which was the subject of the meeting).

Abb. 36. Douglas' Memo zur Bestätigung der Berufung von Tompkins in Kurt Debus' Konzeptionsteam für das Launch Operations Center. Quelle: Tompkins, Auserwählt von Außerirdischen

Center gefahren sei, um seinen Modellentwurf zu liefern, und wo er miterlebte, was wirklich beim Marshall geschah.[19] Eines der Dokumente beweist, dass er in ein Konzeptionsteam für die geplante Startanlage des *Apollo*-Programms eingebunden war (siehe Abbildung 36).

Im Marshall Space Flight Center traf sich Tompkins mit von Braun und einem weiteren ehemaligen SS-Offizier der Nazis, der erst kürzlich zum ersten Direktor des noch zu bauenden Launch Operations Center ernannt worden war – Dr. Kurt Debus.

Als Direktor des Launch Operations Center (Ende 1963 nach der Ermordung von Präsident Kennedy in John F. Kennedy Space Center umbenannt) war Debus für den einzigen Startkomplex der NASA für das *Apollo*-Programm sowie die Programme *Gemini* und Skylab verantwortlich. Debus beaufsichtigte die Planung und den Bau der Anlagen und traf die erforderlichen Entscheidungen für den Start der riesigen *Saturn-V*-Raketen, die für *Apollo* und andere NASA-Programme mit Raumfahrt-Bezug verwendet werden sollten. Debus arbeitete auch mit von Braun bei der Auswahl der Luft- und Raumfahrtunternehmen zusammen, die die verschiedenen durch von Brauns Team entworfenen Raketenstufen und Fahrzeugkomponenten bauten. Debus war bis zu seiner Pensionierung im November 1974 für das Kennedy Space Center verantwortlich. Infolgedessen führten mit von Braun und Rees, die das Marshall Space Flight Center und mit Debus das Kennedy Space Center leiteten, bis 1974/1975 ehemalige SS-Offiziere der Nazis die NASA-Programme mit ihren enormen Ressourcen.

Dies bringt mich zum dritten Grund, die Ansicht zu unterstützen, dass die NASA von Anfang an eine institutionelle Tarnung für die Umsetzung des geheimen deutsch-amerikanischen Abkommens war. Von 1964 bis 1970 verbrauchte das *Apollo*-Programm zwischen 54 und 70 Prozent des gesamten NASA-Budgets von ungefähr vier Milliarden Dollar jährlich.[20] Ehemalige Nazis waren für alle Aspekte des Entwurfs, der Konstruktion und des Starts der Raumfahrzeuge des *Apollo*-Programms verantwortlich, agierten im Marshall Space Flight Center völlig autonom, und es waren eindeutig Mittel verfügbar, um einen erheblichen Teil dieser Gelder und Ressourcen für die Operationen des antarktischen Deutschen Reiches/Vierten Reiches bereitzustellen. Die für *Apollo* bestimmten NASA-Gelder abzuziehen, war für die Deutschen des Vierten Reiches in der Antarktis jedoch nicht ausreichend, um ihre eigenen Raumschiff-Flotten für erdnahe und interstellare Einsätze bauen zu können.

Die CIA finanziert das antarktisch-deutsche Weltraumprogramm über das Apollo-Programm

Mit den getroffenen Vereinbarungen wurden die Voraussetzungen für den Beginn eines großen Geheimdienstspiels geschaffen. Die Eisenhower-Administration hatte in diesem Spiel die schlechteren Karten und stellte den Antarktis-Deutschen erhebliche Ressourcen und Arbeitskräfte zur Verfügung, in der Hoffnung, auf diese Weise genug zu erfahren, um beim Nachbau der wertvollen außerirdischen Technologie, die sie besaßen, aufholen zu können. Zuerst mussten sie sich jedoch die Hände schmutzig machen. Die US-Agentur, die für die Beschaffung der notwendigen Mittel für die Antarktis-Deutschen zuständig war, wurde zur Central Intelligence Agency (CIA), die damals von Allen Dulles geleitet wurde, einer Schlüsselfigur bei den Verhandlungen zwischen den USA und dem Vierten Reich.[21] Tatsächlich wurde Dulles später als Leiter (MJ-1) des MJ-12-Ausschusses enttarnt, der die Unterredungen zwischen der Eisenhower-Regierung und den Deutschen aus der Antarktis überwachte.[22]

Bald nach ihrer Gründung im September 1947 erhielt die CIA die gesetzliche Befugnis, Geld ohne Rücksicht auf geltendes Recht auszugeben oder zu empfangen, wie die folgende Klausel im CIA-Gesetz von 1949 deutlich macht:

> »Jede andere Regierungsbehörde ist befugt, solche Beträge an die Agency [CIA] zu überweisen oder von ihr zu erhalten, **ohne Rücksicht auf gesetzliche Bestimmungen**, die Transfers zwischen Mitteln einschränken oder verbieten. Die der Agency gemäß diesem Absatz übertragenen Mittel können für die Zwecke und unter der Aufsicht der Abschnitte 403a bis 403s dieses Titels ausgegeben werden, ohne Rücksicht auf die Beschränkung der Mittel, aus denen sie übertragen wurden.« [Hervorhebung durch den Autor][23]

Im Wesentlichen hatte der Kongress 1949 der CIA damit grünes Licht für die Schaffung eines »schwarzen Etats« gegeben, der für die

Finanzierung der verborgenen Programme ohne jede Kongressaufsicht verwendet werden sollte – eine Anordnung, die eine Fortsetzung der offensichtlichen Leugnung darstellte. Die am geheimsten eingestuften Programme waren die von Majestic 12 genehmigten, die sich mit außerirdischem Leben und dem antarktisch-deutschen Problem beschäftigten. Als 1955 nach der Begegnung auf der Holloman AFB Vereinbarungen mit der Eisenhower-Regierung getroffen worden waren, wurde ein erheblicher Teil der schwarzen Budgetmittel der CIA an die Antarktis-Deutschen geschickt.

Das »tiefschwarze Budget« der CIA wurde bis zum Ende der Clinton-Administration im Januar 2001 auf 1,7 Billionen Dollar pro Jahr geschätzt.[24] Um die Bedeutung einer so riesigen Summe voll zu verstehen, sollten Sie bedenken, dass der für 2019 geplante Pentagon-Etat 686 Milliarden Dollar betrug.[25] Das bedeutet, dass das tiefschwarze Budget damals im Jahr 2000 *mehr als doppelt so hoch war wie das gesamte Pentagon-Budget heute!* 1966 erhielt das *Apollo*-Programm 66 Prozent der NASA-Haushaltsmittel in Höhe von 4,5 Milliarden Dollar.[26] Das Pentagon-Budget 1966 betrug 356 Milliarden Dollar und stellte die für das *Apollo*-Programm verfügbaren Mittel in den Schatten.[27] Wenn das damalige schwarze Budget der CIA zumindest mit dem des Pentagons vergleichbar wäre, würde das bedeuten, dass ein beträchtlicher Teil der der von der CIA durch eine Vielzahl illegaler Aktionen eingenommenen ungefähr 356 Milliarden Dollar an die Antarktisoperation des Vierten Reiches floss.

Es gibt keine Möglichkeit, genau zu wissen, wie viel Geld die CIA über das MSFC zu den Antarktis-Deutschen geleitet hat. Angenommen, die Finanzierung des antarktischen Raumfahrtprogramms hätte für das Vierte Reich jedoch eine hohe Priorität gehabt, kann man davon ausgehen, dass sie einen erheblichen Teil dessen, was die CIA durch verdeckte Operationen einnahm, gefordert und erhalten haben. Bei der Spekulation, was die Deutschen gefordert haben, erscheint etwas in der Größenordnung von rund 30 Prozent des schwarzen Budgets der Behörde als keine unangemessene Schätzung. Diese Zahl würde ungefähr 100 Milliarden Dollar entsprechen, also der Größe des schwarzen Budgets der CIA im Jahr 1966.

Wenn die Schätzung von 100 Milliarden Dollar in der Nähe dessen liegt, was die Antarktis-Deutschen in jährlichen Raten heimlich von der CIA erhielten, hätte dies die drei Milliarden Dollar, die dem *Apollo*-Programm 1966 zugewiesen wurden, in den Schatten gestellt.[28] Das *Apollo*-Programm endete offiziell 1972, wobei die verbleibenden *Saturn*-Raketen für Skylab-Missionen bis zum 16. November 1973 und eine gemeinsame sowjetisch-amerikanische Mission am 15. Juli 1975 eingesetzt wurden. Bis 1975 hatten in den USA geborene Wissenschaftler die ehemaligen SS-Offiziere ersetzt, die das Marshall Space Flight Center und das Kennedy Space Center leiteten. Das Ende der Raketenproduktion von *Apollo* und *Saturn* markierte das Ende einer Ära, die in zweierlei Hinsicht wirksam war. Die NASA hatte erfolgreich die Trägerraketen für bemannte Weltraumflüge zum Mond und in den Erdorbit gebaut und im Geheimen die Ressourcen, Arbeitskräfte und Komponenten für das deutsche Raumfahrtprogramm in der Antarktis geliefert, damit die Deutschen zum Mars und in benachbarte Sonnensysteme fliegen konnten.

Die Rolle der NASA bei der Etablierung der Antarktis-Deutschen als koloniale Weltraummacht wollte die USAF aus eigener Kraft nutzen, um ein Weltraumprogramm zu entwickeln. Die Tall Whites/ Tall Greys waren nicht so hilfreich, wie die Air Force gehofft hatte, um funktionale Raumfahrttechnologien unter Verwendung von Elektrogravitation, Antimaterie und anderen exotischen Antriebssystemen zu entwickeln. In ähnlicher Weise waren die Deutschen nicht so hilfreich wie versprochen, wenn es darum ging, Raumschiffe nachzubauen. Bei den Antriebstechnologien waren die deutschen Wissenschaftler der NASA jedoch sehr hilfsbereit und begeistert vom Potenzial des Raketenantriebs für die ehrgeizigen Weltraumpläne der Air Force. Colonel Erikson beschrieb die Gedanken der USAF-Offiziere über eine Präsenz im Weltraum:

»In einer Rede vom 28. Januar 1958 stellte Brigadegeneral Homer A. Boushey fest: ›Der Mond bietet eine Vergeltungsbasis von unvergleichlichem Vorteil. Es heißt zurecht: Wer die Kontrolle über den Mond hat, beherrscht die Erde. Unsere Planer sollten diesen Satz sorgfältig bedenken, denn wenn er zutrifft (und ich denke, er trifft zu), müssen es die Vereinigten Staaten sein, die den Mond unter ihre Kontrolle bringen.‹ Der stellvertretende Entwicklungschef der Air Force, General Donald L. Putt, trat im März 1958 vor dem Kongress für eine Militärbasis auf dem Mond ein. Er sagte, das sei ›nur ein erster Schritt zu Stützpunkten auf weiter entfernten Planeten, von denen aus Herrschaft über den Mond ausgeübt werden könnte‹.«[29]

Besonders von Braun zeigte sich sehr optimistisch, dass der Raketenantrieb nicht nur für bemannte Mondmissionen, sondern auch für den Aufbau einer orbitalen Raumstation[30] und für bemannte Missionen zum Mars eingesetzt werden könne, wie er in seinem 1953 in den USA erschienenen Buch *The Mars Project* darlegte, das auf Deutsch bereits 1948 als Sonderheft der Zeitschrift »Weltraumfahrt« unter dem Titel *Das Marsprojekt* erschienen war.[31] War von Brauns Enthusiasmus echt, oder stand er im Dienst seiner antarktischen Brüder, die die NASA-Aktivitäten genau überwachten und sogar während des *Apollo*-Programms hohe Beamte zur NASA schickten?

Der ehemalige NASA-Astronaut Clark McClelland berichtete, er hätte Mitte der 1960er Jahre den früheren SS-Generalleutnant Hans Kammler bei der NASA gesehen. McClelland sagt, er habe ihn im Büro des damaligen Direktors des Kennedy Space Centers, Kurt Debus, angetroffen, der das Space Center von 1962 bis 1974 leitete:

»Ich öffnete seine Bürotür und sah zwei Leute, die mir beim KSC noch nie begegnet waren. Er stellte mich beiden Männern vor. Er nannte mir nur ihre Vornamen … Der eine wurde mir als Siegfried und der andere als Hans vorgestellt … Beide sahen aus wie hohe Offiziere … Heute bin ich sicher, wer diese beiden Männer waren. Von anderen deutschen Wissenschaftlern erfuhr ich schließlich, dass einer von ihnen Siegfried Knemeyer war, ein ehemaliger Oberst der deutschen Luftwaffe … Der andere Mann war schwer zu erkennen, bis ich ein älteres Foto von ihm sah, aus der Zeit vor seiner Einreise in die USA. Es handelte sich meiner Meinung nach um Heinz (Hans) Kammler … Nach dem Zweiten Weltkrieg gab es Gerüchte, dass Kammler einen Deal mit General

> George Patton abgeschlossen hatte, um ihm deutsche Top-Secret-Technologie zu übergeben und im Gegenzug eine Einreiseerlaubnis in die USA zu erhalten. Das könnte tatsächlich geschehen sein. Ich persönlich glaube, dass es so war.«[32]

Resultat dieser informellen Besuche hochrangiger deutscher Offiziere des Antarktisprogramms war, dass von Braun und andere mit der NASA verbundene Deutsche die USAF vom Einsatz konventioneller Raketen als bekanntes und zuverlässiges Antriebssystem für ihr zukünftiges Raumfahrtprogramm überzeugten.[33] Da die Entwicklung von einsatzfähigen exotischen Antriebstechnologien noch Jahre in Anspruch nehmen würde, arbeitete die USAF über die NASA mit den Antarktis-Deutschen zusammen, um während der *Apollo*-Ära zunächst ein raketenbetriebenes Geheimes Weltraumprogramm voranzutreiben.

Anmerkungen

1 Zu Whistleblowerberichten von Einsätzen auf dem Mars siehe Michael E. Salla, *Geheime Weltraumprogramme & Allianzen mit Außerirdischen*; AMRA Verlag, Hanau 2016. – US-Ausgabe: pgs. 309-344.

2 Annie Jacobsen, *Operation Paperclip: The Secret Intelligence Program that brought Nazi Scientists to America*; Little, Brown & Company 2014; p. 11.

3 Mark Erickson, *Into the Unknown Together: The DOD, NASA and Early Spaceflight*; Air University Press, Maxwell AFB, Alabama 2006; p. 60. Online unter https://tinyurl.com/y76onu7q (aufgerufen am 31.10.2018)

4 Ebd., p. 19.

5 Ebd., p. 21.

6 Ebd., p. 35.

7 Ebd., p. 35.

8 Richard C. Hoagland & Mike Bara, *Dark Mission: The Secret History of NASA*; Feral House 2007; p. ii. – Dt. Ausgabe: *Geheimakte Mond. Die schwarzen Projekte der NASA*. Kopp Verlag, Rottenburg 2008.

9 »National Aeronautics and Space Act of 1958« (Unamended) Sec 305 (i). Online verfügbar unter https://history.nasa.gov/spaceact.html (aufgerufen am 02.11.2018)

10 Richard C. Hoagland & Mike Bara, *Dark Mission: The Secret History of NASA*; Feral House 2007; p. vi. – Dt. Ausgabe: *Geheimakte Mond. Die schwarzen Projekte der NASA*. Kopp Verlag, Rottenburg 2008.

11 Siehe John M. Logsdon, »Project Apollo: Americans to the Moon«, https://history.nasa.gov/SP 4407vol7Chap2.pdf (aufgerufen am 02.11.2018)

12 Präsident Kennedys Rede vom 25. Mai 1961 findet sich online unter https://history.nasa.gov/moondec.html (aufgerufen am 02.11.2018)

13 Richard C. Hoagland & Mike Bara, *Dark Mission: The Secret History of NASA*; Feral House 2007; p. 297. – Dt. Ausgabe: *Geheimakte Mond. Die schwarzen Projekte der NASA.* Kopp Verlag, Rottenburg 2008.

14 »MSFC History Office«, https://history.msfc.nasa.gov/history_fact_sheet.html (aufgerufen am 01.11.2018)

15 Biografische Informationen über Dr. Eberhard Rees sind verfügbar unter https://history.msfc.nasa.gov/management/center_directors/pages/rees.html (aufgerufen am 01.11.2018)

16 William M. Tompkins, *Auserwählt von Außerirdischen.* AMRA Verlag, Hanau 2022. – US-Ausgabe: p. 329.

17 Ebd. – US-Ausgabe: p. 332.

18 Siehe Michael E. Salla, *Antarktis – Die verbotene Wahrheit*; AMRA Verlag, Hanau 2020. – US-Ausgabe: pgs: 357-360.

19 Siehe Michael E. Salla, *Das Geheime Weltraumprogramm der US-Navy & Die Allianz mit den Nordischen*; AMRA Verlag, Hanau 2017. – US-Ausgabe: pgs. 127-142.

20 Siehe »Apollo Program Budget Appropriations«, https://history.nasa.gov/SP-4029/Apollo_18-16_Apollo_Program_Budget_Appropriations.htm (aufgerufen am 03.11.2018)

21 Siehe Michael E. Salla, *Antarktis – Die verbotene Wahrheit*; AMRA Verlag, Hanau 2020. – US-Ausgabe: pgs. 129-130.

22 Zu Allen Dulles' Rolle als MJ-1 siehe Michael E. Salla, *Kennedy's Last Stand: UFO's, Eisenhower and the JFK Assassination*; Exopolitics Institute 2013; pgs. 127-131.

23 CIA-Gesetz von 1949: 50 U.S.C. 403f(a)

24 Zur Erörterung des tiefschwarzen Etats siehe Michael E. Salla, »The Black Budget Report: An Investigation into the CIA's ›Black Budget‹ and the Second Manhattan Project«, http://exopolitics.org/Report-Black-Budget.htm (aufgerufen am 03.11.2018)

25 »Pentagon unveils $686 billion military budget for FY19«, https://www.defensenews.com/breaking-news/2018/02/12/pentagon-unveils-686-billion-military-budget-for-2019/ (aufgerufen am 03.11.2018)

26 Siehe »Apollo Program Budget Appropriations«, https://history.nasa.gov/SP-4029/Apollo_18-16_Apollo_Program_Budget_Appropriations.htm (aufgerufen am 03.11.2018)

27 Siehe »U.S. Military Spending, 1946-2009«, https://www.infoplease.com/us/military-personnel/us-military-spending-1946-2009 (aufgerufen am 03.11.2018)

28 Siehe »Apollo Program Budget Appropriations«, https://history.nasa.gov/SP-4029/Apollo_18-16_Apollo_Program_Budget_Appropriations.htm (aufgerufen am 03.11.2018)

29 Mark Erickson, *Into the Unknown Together: The DOD, NASA and Early Spaceflight*; Air University Press, Maxwell AFB, Alabama 2006; p. 60. Online unter https://tinyurl.com/y76onu7q (aufgerufen am 31.10.2018)

30 Siehe »Von Braun Station« unter http://astronautix.com/v/vonbraunstation.html (aufgerufen am 05.11.2018)

31 Wernher von Braun, *The Mars Project*; University of Illinois Press 1962 [1953]. – Dt. Ausgabe als Sonderheft der Zeitschrift »Weltraumfahrt«: *Das Marsprojekt. Studie einer interplanetarischen Expedition.* Umschau Verlag, Frankfurt am Main 1948.

32 Clark McClelland, *The Stargate Chronicles*, chapter 15; http://tinyurl.com/ox66j9y (aufgerufen am 30.06.2015)

[33] Zur Erörterung der Infiltration der NASA sowie des Militärisch-Industriellen Komplexes durch Antarktis-Deutsche und über Gründungen Geheimer Weltraumprogramme durch Konzerne siehe Michael E. Salla, *Antarktis – Die verbotene Wahrheit*; AMRA Verlag, Hanau 2020. – US-Ausgabe: pgs. 125-129.

13 Ein bemanntes Labor im Orbit und Geheime Weltraumprogramme

Mittagessen mit fünf führenden Weltraumwissenschaftlern. Es war faszinierend. Der Weltraum ist wirklich die letzte Grenze für Pioniere, und einige der Entwicklungen dort in der Astronomie und so weiter sind wie Science-fiction, nur dass sie real sind. Ich erfuhr, dass unsere Shuttle-Kapazität es uns ermöglicht, dreihundert Menschen in der Erdumlaufbahn einzusetzen.

– Ronald Reagan, Presidential Diaries, 11. Juni 1985 –

Das Interesse der Air Force an der Entwicklung einer bemannten Raumstation in der Erdumlaufbahn begann 1960 mit einem Vorschlag für ein zweistufiges Programm: zunächst eine »militärische Versuchsstation«, die bis 1965 gestartet werden sollte, der innerhalb von fünf Jahren eine weiterentwickelte Version folgen sollte.[1] Der Zweistufenprozess war anfangs notwendig, um zu evaluieren, was erforderlich wäre, um ein komplexeres Modell einer bemannten Station zu konstruieren, das für einen längeren Zeitraum in der Erdumlaufbahn bleiben sollte. Das öffentlich erklärte Ziel dieses Vorhabens lautete, eine stabile Weltraumplattform für Aufklärungsmissionen und den möglichen Einsatz gegen feindliche Satelliten zu schaffen. Der verborgene Zweck, der nur den Beamten mit Sicherheitsfreigabe der Stufe »MAJIC« bekannt war, bestand allerdings darin, die Weltraumaktivitäten verschiedener außerirdischer Besuchergruppen und der Antarktis-Deutschen zu überwachen, die trotz der getroffenen Vereinbarungen weiterhin eine potenzielle Bedrohung der nationalen Sicherheit darstellten.

Mit großer Entschlossenheit trieb die USAF Entwicklung und Bau einer bemannten Raumstation voran. Dies spiegelt sich in einer Erklärung von General James Ferguson, dem stellvertretenden Stabschef für Forschung und Entwicklung wider, der am 12. Februar 1962 sagte: »Wir sind überzeugt, dass eine bemannte militärische Versuchsraumstation möglichst bald verwirklicht werden sollte.«[2] Die »Military Test Space Station« erhielt den harmlosen Namen »Manned Orbiting Laboratory« (MOL; »bemanntes Labor in der Erdumlaufbahn«), und am 25. August 1962 genehmigte der Minister der Air Force das Programm.[3]

Präsident Kennedy unterzeichnete den Vorschlag, Machbarkeitsstudien zu beginnen, und später genehmigte Präsident Johnson die erste Konstruktionsphase. Es wurde beschlossen, dass die USAF mit der NASA beim Bau ihrer militärischen Raumstation zusammenarbeiten sollte, die im Orbit in einer Höhe zwischen 70 und 400 Meilen (130 bis 740 Kilometer) betrieben werden konnte.[4] Am 10. Dezember 1963 informierte eine Pressemitteilung des Verteidigungsministeriums über das vorgeschlagene MOL:

> »Verteidigungsminister Robert S. McNamara wies heute der Air Force ein neues Programm zur Entwicklung eines erdnahen Manned Orbiting Laboratory (MOL) zu.
>
> Das MOL-Programm, das aus einem umlaufenden Druckzylinder besteht, der etwa die Größe eines Wohnwagens hat, wird die Bemühungen des Verteidigungsministeriums intensivieren, den militärischen Nutzen der bemannten Raumfahrt zu erforschen …
>
> Das MOL wird so konzipiert sein, dass sich Astronauten ohne Raumanzug frei darin bewegen und Beobachtungen und Laborexperimente über einen Zeitraum von bis zu einem Monat durchführen können. Der erste bemannte Flug des MOL wird für Ende 1967 oder Anfang 1968 erwartet …«[5]

In der Pressemitteilung des Pentagons wurden dann Details zu den Trägerraketen bekanntgegeben, die für das MOL-Programm verwendet werden sollten:

»Das MOL wird an einer modifizierten GEMINI-Kapsel befestigt und von einer TITAN-III-Rakete in die Umlaufbahn gebracht. Die GEMINI-Kapsel wird von der NSA [National Security Agency] für den Einsatz im APOLLO-Mondprogramm entwickelt. Die TITAN III wird von der Air Force als standardisierte Trägerrakete entwickelt.

Die Astronauten werden während des Starts in der modifizierten GEMINI-Kapsel sitzen und nach dem Eintritt in den Orbit in dem Labor arbeiten. Nach Abschluss ihrer Aufgaben im Weltraum kehren die Astronauten in die Kapsel zurück, die dann vom Labor getrennt wird und zur Erde zurückfliegt.

Das Design des MOL-Fahrzeugs ermöglicht ein Weltraum-Rendezvous zwischen dem die Erde umkreisenden Labor und einer zweiten GEMINI-Kapsel, so dass die ursprüngliche Laborbesatzung von neuen Teams abgelöst werden kann. Solche Einsätze werden möglich, wenn die Durchführbarkeit längerer Aufenthalt von Menschen in der Weltraumumgebung erprobt wurde und entsprechend lange Einsätze im Weltraumlabor in Betracht kommen.

Das MOL-Programm wird die bestehenden Flugüberwachungsmöglichkeiten der NASA nutzen. Dazu gehören die Ortungseinrichtungen, die für das GEMINI- und andere Raumfahrtprogramme der NASA und des Verteidigungsministeriums auf der ganzen Welt eingerichtet wurden.«[6]

Das MOL verfügte über eine Reihe von Experimentier- und Wohnbereichen sowie einen an- und abschaltbaren Raketenmotor (»Transtage«), der zum Manövrieren im Weltraum verwendet werden konnte (siehe Abbildung 37).[7] Das Labormodul war im Wesentlichen eine dritte Stufe, die auf einer modifizierten *Titan-II*-Rakete ins All befördert wurde. Die *Titan II* war sowohl für das *Gemini*-Programm der NASA, bei dem von 1964 bis 1966 zwölf Starts durchgeführt wurden (davon zehn unbemannt), als auch beim Start von Interkontinentalraketen für das USAF Strategic Air Command erfolgreich eingesetzt worden.[8]

Um eine *Gemini*-Kapsel und das MOL in die Erdumlaufbahn zu transportieren, wurde von Martin Marietta (später in Lockheed Martin integriert) die *Titan IIIC* entwickelt. Die *Titan IIIC* hatte zwei Verstärker-

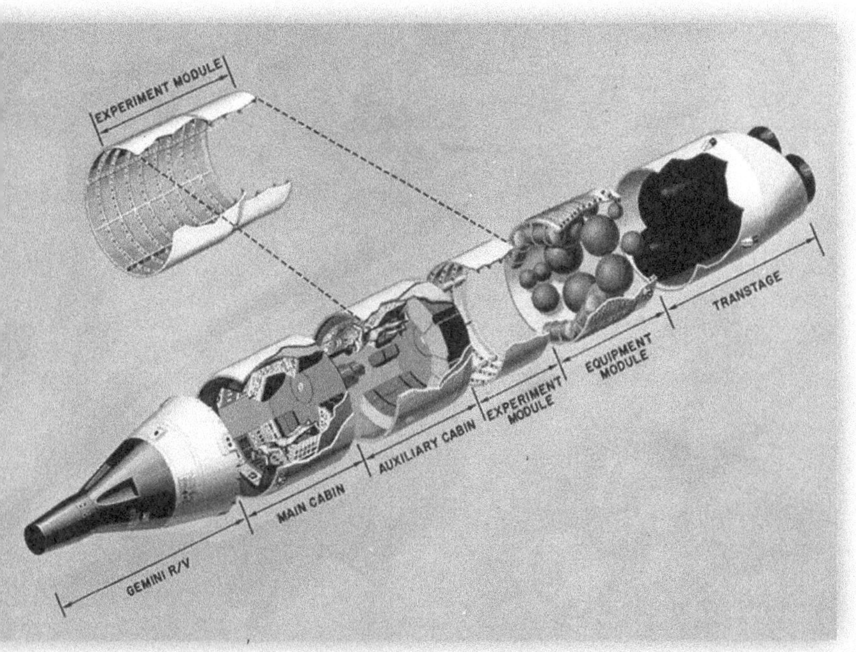

Abb. 37. Entwurfsvorschlag für das »Manned Orbiting Laboratory« (MOL)

raketen, die an der ersten Stufe angebracht waren, um den notwendigen Schub zu liefern und das MOL ins All zu bringen.

Und fast zwei Jahre nachdem der Verteidigungsminister grünes Licht für den Beginn von MOL-Machbarkeitsstudien gegeben hatte, erschien schließlich Präsident Johnson am 25. August 1965 auf einer Pressekonferenz, um den Bau und die Prüfung des MOL öffentlich zu genehmigen. Das MOL erhielt ab dem Geschäftsjahr 1965/66 ein Budget von 1,5 Milliarden Dollar. Die Douglas Aircraft Company wurde beauftragt, das zylindrische Labor und die modifizierte *Gemini*-Kapsel für den Wiedereintritt zu bauen, während General Electric die Laboreinrichtung herstellen würde.[9]

Doch weder die Pressemitteilung des Pentagons von 1963 noch Johnsons Pressemitteilung von 1965 informierten die Öffentlichkeit über die Tatsache, dass USAF-Astronauten Überwachungsoperationen über bestimmten Zielen auf der Erdoberfläche durchführen würden, wie ein früher streng geheimes Dokument vom 10. März 1964 bestätigt, dass für Major General Ben Frank bestimmt war, den Leiter der USAF Space Systems Division.[10] Ein weiteres ehemals streng geheimes USAF-Dokument vom 25. Mai 1965, erklärt: »Das erste Ziel ist es, so schnell wie möglich ein funktionsfähiges, hoch auflösendes, bemanntes optisches Aufklärungssystem zu entwickeln und erproben.«[11] Ein PBS-Dokumentarfilm präsentierte Interviews mit ehemaligen Astronauten, die an dem Programm mitwirkten und als »Astrospione« bezeichnet wurden:

> »Der Plan sah vor, eine Zwei-Mann-*Gemini*-Kapsel auf einem siebzehn Meter langen Labormodul zu starten ... Die Astrospione konnten durch ein Sichtportal schauen und wichtige Ziele in Russland und anderswo beobachten und fotografieren. Nach Abschluss der dreißigtägigen Mission kehrten die Astrospione in der *Gemini*-Kapsel zur Erde zurück und ließen das Labormodul zurück, das abstürzte und in der Atmosphäre verbrannte.«[12]

Polare Orbit-Missionen, die dazu bestimmt waren, die Antarktis-Deutschen auszuspionieren – nicht die Russen

Freigegebene Dokumente des National Reconnaissance Office (NRO) erzeugen den falschen Eindruck, die Sowjetunion/Russland sei das Hauptziel des MOL gewesen.[13] Wie bereits in einem früheren Kapitel erwähnt, enthüllte der ehemalige CIA-Agent Kewper/Stein, dass die Weltraumaktivitäten der Deutschen, die von der Antarktis aus starteten und Außerirdische besuchten, die eigentlichen Ziele der modernsten Luftraumüberwachung waren. Kewper/Stein erklärte, dass das Pentagon versuchte, zwischen außerirdischen und deutschen Schiffen zu unterscheiden, die, was ihre Flugleistungen anging, deutlich voneinander abwichen.[14]

Andere deklassifizierte NRO-Dokumente zeigen, dass Satelliten, die für polare Umlaufbahnen bestimmt waren, von der Vandenberg Air Force Base in Kalifornien gestartet werden mussten, weil ein Start vom

Kennedy Space Center ein schwierige Flugmanöver erforderte, durch die mehr Treibstoff verbraucht wurde. Das führte zu höheren Kosten und bedeutete zudem eine Gefahr für die Bevölkerung an der Küste Floridas.[15] Der Minister für die Air Force, Harold Brown, schrieb den folgenden Brief, in dem er erklärte, warum eine polare Umlaufbahn für MOL-Missionen erforderlich war:

> »Da polare Umlaufbahnen erforderlich sind, können die Starts von TITAN-IIIC-MOL problemlos durchgeführt werden, indem man von der Vandenberg Air Force Base aus nach Süden fliegt. Beim Start von Cape Kennedy müsste unmittelbar das südliche Florida überflogen werden, was inakzeptabel für die Sicherheit dieses Gebiets wäre.«[16]

Wenn das Hauptziel des MOL jedoch darin bestand, die Sowjetunion auszuspionieren, wären polare Umlaufbahnen sehr ineffizient gewesen. Eine geosynchrone (stationäre) Umlaufbahn über der UdSSR hätte die optimalen Überwachungsmöglichkeiten geboten, wie in einer wissenschaftlichen Studie von Major A. Andronov, *American Geosynchronous SIGINT Satellites* (»Geosynchrone SIGINT-Satelliten der USA«), erläutert wird.[17] Ein großer Nachteil eines Satelliten im geosynchronen Orbit ist, dass er Schwierigkeiten bei der Überwachung von Aktivitäten in der Nähe der Pole hat. Im Gegensatz dazu würde ein polumlaufender Satellit, der sich in einer Neigung von fast neunzig Grad bewegt, einen freien Blick auf die Pole zur Überwachung der Aktivität der deutschen Kolonie und ihrer außerirdischen Verbündeten aus der Antarktis ermöglichen. Darüber hinaus enthüllt ein deklassifiziertes Dokument mit dem Titel »Application of MOL to Astronomical Observations«, dass das MOL auch für die Erdbeobachtung verwendet werden sollte, was am besten durch eine polare Umlaufbahn erreicht wird, die die Beobachtung praktisch aller Gebiete des Planeten ermöglicht. Dies stützt die Idee, dass zu den eigentlichen Zielen des MOL als bemannte Raumstation die Überwachung des ein- und ausgehenden Weltraumverkehrs gehörte – sowohl von Antarktis-Deutschen als auch von Außerirdischen.[18]

MOL, die NASA und das geheime Astronauten-Corps

Von besonderer Bedeutung ist die Vereinbarung zwischen dem Verteidigungsministerium und der NASA, was die Finanzierung und den Betrieb von MOL betrifft. Im Mai 1964 hatte Verteidigungsminister Robert McNamara mit dem NASA-Chef James Webb eine Vereinbarung bezüglich des MOL getroffen, die am 25. September folgendermaßen dokumentiert wurde:[19]

> »1. DOD und NASA kommen darin überein, dass das MOL der Vorläufer eines wissenschaftlich oder militärisch operierenden Raumschiffs ist.
>
> 2. Die NASA übernimmt die Verantwortung für den Betrieb des wissenschaftlichen Programms, das unter Verwendung des MOL durchgeführt werden soll. Alle diese wissenschaftlichen Experimente (mit Ausnahme derjenigen, die zu Sicherheitszwecken klassifiziert werden können) werden von der NASA ausgewählt, entwickelt und analysiert. Die Finanzierung dieser Arbeiten wird von der NASA übernommen. Unsere Planung zeigt, dass nach der Unterbringung der besonders geheimen Experimente ein erhebliches Gewicht und Volumen im MOL zur Verfügung gestellt werden kann. Darüber hinaus wären wir bereit, Variationen in der MOL-Konfiguration für bestimmte wissenschaftliche Zwecke auf bestimmten Flügen des Programms in Betracht zu ziehen.«[20]

Die NASA sollte also durch ihre antarktisch-deutschen *de-facto*-Vertreter effektiv überwachen, was die USAF mit ihrem MOL-Programm zu tun gedachte, und die gewonnenen Nachrichtendaten an die Führer des Vierten Reiches in der Antarktis weitergeben. Im Januar 1964 veranlasste die USAF, dass Militärpiloten mit der Ausbildung für das MOL-Programm begannen, wobei sie die Tarnung des zivilen Astronautenprogramms der NASA nutzen sollten. Eine freigegebene »Vorgeschlagene Veröffentlichung« enthüllte, dass »Astronauten-Kandidaten militärische Testpiloten und Absolventen der Aerospace Research Pilot School an der Edwards AFB, Kalifornien, sein werden«.[21]

Ein Transkript aus einem PBS-Dokumentarfilm beschrieb die strenge Geheimhaltung im Zusammenhang mit dem parallelen militärischen Astronauten-Ausbildungsprogramm:

> »*Sprecher:* Geleitet von Chuck Yeager, dem ersten Menschen, der mit Überschallgeschwindigkeit flog, war die ARPS (Aerospace Research Pilot School) eine Schule, in der einige besonders geeignete Militärpiloten ausgebildet wurden, um Astronauten im zivilen Raumfahrtprogramm der NASA zu werden. In diesem Jahr war es anders.
>
> *Richard Truly:* Als wir unser Studienjahr durchliefen und uns dem Herbst näherten, stellten wir fest, dass etwas Komisches vor sich ging. Und die komische Sache war, dass sie tatsächlich ein Geheimnis hatten, und dabei ging es, kann man sagen, um die Auswahl der Besatzung.
>
> *James Bamford:* Ohne dass sie es wussten, konkurrierten sie tatsächlich miteinander um dieses Programm. Sie wurden von gewissen Leuten beobachtet und bewertet, um zu sehen, wer die besten Astronauten sein würden. Das Programm war so geheim, dass es sogar vor den potenziellen Astronauten selbst geheim gehalten wurde.«[22]

Die 1964 heimlich für geheime Raumfahrtmissionen ausgebildeten Militärpiloten arbeiteten mit Kollegen zusammen, die später als NASA-Astronauten eingesetzt werden sollten. Die USAF glaubte, dass ihre Piloten/MOL-Astronauten von den Wissenschaftlern der Operation Paperclip, die die NASA-Programme *Apollo* und *Gemini* durchführten, lernen würden, was notwendig ist, um erfolgreich im All arbeiten zu können. Schließlich wussten die Führer der USAF, dass antarktisch-deutsche Astronauten in den Weltraum und andere Sonnensysteme flogen, während die Air Force noch versuchte, ihre Präsenz im erdnahen Orbit zu etablieren. Was auch immer die Deutschen aus ihren Raumfahrteinsätzen gelernt hatten, es wurde vereinbart, dass ein Teil davon durch von Braun, Debus und andere Wissenschaftler von Operation Paperclip, die in ständiger Verbindung zu ihren deutschen Brüdern in der Antarktis standen, an die Astronauten des *Apollo-* und *Gemini-*Programms weitergegeben werden sollte. Im Gegenzug hoffte die USAF, dass ihre Piloten, die beim Astronautenkorps der NASA Dienst taten, erfahren würden, was man für längere Weltraumeinsätze benötigte. Diese Art des gegenseitigen Austauschs von Ressourcen und Wissen bildete den Kern der geheimen Vereinbarungen, die 1955 auf der Air-Force-Basis Holloman getroffen worden waren. Das MOL, wie es öffentlich angekündigt wurde, war nur die Vorstufe zu viel ehrgeizigeren Plänen der USAF.

Die nächste Phase von MOL: Mehrere Module werden verbunden

Das bemannte Labor in der Erdumlaufbahn wurde nur als erste Phase eines ehrgeizigeren Plans für eine militärische Raumstation der Air Force konzipiert. Phase II beinhaltete die Erweiterung des modularen Systems, um vielfältigere Operationen im Weltraum über längere Zeiträume zu ermöglichen. Dazu erklärte Colonel Mark Erikson:

> »Das System selbst bestand aus einem permanenten Raumstationsmodul, einem Raumschiff in Gestalt einer modifizierten *Gemini*-Kapsel, das als Fähre dienen sollte, und einer neuen Trägerrakete, wahrscheinlich der *Titan III*. Die vierköpfige Besatzung konnte 30 Tage lang ohne Nachschub im 48 Kubikmeter großen Stationsmodul verbringen, während die Station selbst mindestens ein Jahr im Orbit bleiben würde. Die USAF erwartete eine ständige Erweiterung des MODS [Military Orbital Development System]: ›Letztlich wird das MODS, da es durch modularen Ausbau erweitert wird, als Basis dienen, von der aus experimentelle militärische Raumfahrzeuge entwickelt, getestet und eingesetzt werden können.‹«[23]

Die Korrespondenz zwischen dem Verteidigungsministerium (DOD) und NASA-Beamten im Oktober 1963 im Rahmen eines »DOD-NASA-Koordinierungsabkommens« beschreibt genauer, was Phase II bedeuten würde:

> »Phase II (a) zielt ab auf die Auswahl der wichtigsten Subsysteme wie Andock-System, künstliches g-System, Datenverarbeitungssystem und

> so weiter und wird die Ergebnisse der Studien zu den modifizierten *Gemini*- und *Apollo*-Raumfähren einbeziehen … Ein weiter Blick auf die Integration der Subsysteme ist geplant, wobei die Beiträge aktueller Forschungen zur Nuklearen Isotop-Energie … und zu integrierten lebenserhaltenden Systemen herangezogen werden …«[24]

Was diese Korrespondenz zeigt, ist, dass die fertiggestellte Raumstation über ein künstliches Gravitationssystem verfügen und Kernenergie nutzen sollte. Das Vorhandensein eines künstlichen Gravitationssystems verrät, dass Phase II einen Bauplan beinhalten würde, bei dem sich die Raumstation um eine Mittelachse dreht. Dies deutet auf einen ähnlichen Plan hin, wie Wernher von Braun ihn bereits 1946 vorgeschlagen hatte, der als »Von-Braun-Station« bezeichnet wird. Er enthielt zwanzig zylindrische Abschnitte, die aneinandergereiht waren:

> »Die Version 1946 nutzte zwanzig zylindrische Abschnitte von je etwa drei Meter Durchmesser und acht Meter Länge, um den Ringkern zu bilden. Die gesamte Station hatte einen Durchmesser von etwa fünfzig Metern und Abspanndrähte, die den Ringkern mit dem zentralen Energiemodul mit einem Durchmesser von acht Meter verbinden und positionieren sollten. Dieses wurde mit einer auf die Sonne ausgerichteten Sonnenkollektorschale zum Erwärmen von Flüssigkeit in einem kugelförmigen Gerät ausgestattet. Die erwärmte Flüssigkeit sollte einen elektrischen Generator antreiben. Vermutlich sollten besuchende Raumfahrzeuge an der Basis des Kraft-Moduls andocken oder Besatzungen austauschen. Zwei schmale Transferröhren ermöglichten es der Besatzung, sich zwischen den Wohn- und Arbeitsräumen im Ringkern und dem Energiemodul zu bewegen.«[25]

In der fertiggestellten Raumstation der Phase II sollte jeder Abschnitt aus MOL-Zylindern bestehen, die man separat auf einer *Titan-III*-Rakete hochschicken und dann im Weltraum montieren wollte. Jeder MOL-Zylinder würde voraussichtlich siebzehn Meter lang sein (doppelt so lang wie von Braun es sich vorgestellt hatte), was einen Gesamtdurchmesser der Raumstation von über 91 Metern ergab.[26]

Ein am 17. März 1967 veröffentlichtes freigegebenes Dokument mit dem Titel *MOL Program Advanced Planning* zeigt, dass die Finanzierung und Planung für Phase II vollständig vom grundlegenden MOL-Programm getrennt war.[27]

Dies ermöglichte es, das grundlegende MOL-Programm öffentlich abzusagen, während der fortgeschrittene Teil (Phase II) mit komplexeren Projekten und Zielen (Zusammenbau einer Art »Von-Braun-Station« im Weltraum) als verdecktes Programm ohne Unterbrechung fortgesetzt werden konnte.

Wie die Öffentlichkeit irregeführt wurde: Stopp des MOL-Projekts

Am 1. Juli 2015 genehmigte das National Reconnaissance Office (Nationales Aufklärungsamt) die Freigabe von 825 offiziellen Dokumenten, in denen die offizielle Geschichte des MOL und seiner verschiedenen Phasen beschrieben wird.[28] Die Dokumente zeigen, dass eine geheime »unbemannte Version« des MOL mit den gleichen Labormodulen entwickelt wurde, die von der Douglas Aircraft Company auch für die bemannte Version gebaut wurden. Die Stornierung von Phase I des MOL-Programms diente zur Tarnung für die Umsetzung der technisch viel fortschrittlicheren Phase II: dem Bau einer Von-Braun-Station mit den von Douglas entworfenen und entwickelten Modulen, die jedoch von verschiedenen Auftragnehmern wie Martin Marietta produziert wurden.

In einem deklassifizierten, vormals streng geheimen Memorandum, das der Verteidigungsminister am 17. April 1969 an Präsident Nixon schrieb, wurde dargelegt, wie die bemannte Version des MOL-Programms abgebrochen, jedoch heimlich die Entwicklung einer unbemannten Version fortgesetzt werden könnte (auf der Air-Force-Basis Vandenberg mit Raketen vom Typ *Titan IIID*).[29] Das bemannte MOL-Projekt wurde am 9. Juni 1969 offiziell eingestellt, und zwar durch ein Memorandum des stellvertretenden Verteidigungsministers an den Minister für die Air Force, in dem die Fortsetzung des Pro-

Abb. 38. Wernher von Brauns Weltraumstation

gramms für die unbemannte Version angeordnet wurde, für das ein neues Ausschreibungsverfahren stattfinden sollte:

»Die Air Force wird hiermit angewiesen, das MOL-Programm zu beenden, mit Ausnahme derjenigen Kamerasystemelemente, die für den Einbau in ein unbemanntes Satellitensystem geeignet sind, das für die Verwendung der TITAN IIID optimiert ist. Die Anweisungen für die MOL-Auftragnehmer sollten am Dienstagmorgen, dem 10. Juni, erfolgen; zu diesem Zeitpunkt werden wir auch den Kongress informieren und eine öffentliche Erklärung abgeben, dass MOL beendet wird …

Alle zukünftigen Arbeiten an der Kamera und einem unbemannten System werden Teil des NRP [National Reconnaissance Project = Nationales Aufklärungsprojekt] sein. Als Sicherheitsmaßnahme sollten geeignete Elemente der MOL-Projektbüros und der Kamerasystemverträge frühzeitig auf die NRP-Sonderprojektbüros der Air Force übertragen werden. Die nicht geheimen MOL-Aktivitäten sollen mit der Einstellung der Aktivitäten des MOL-Programms auslaufen.«[30]

Demnach musste das Air Force Systems Command, das zunächst die Kontrolle über den Bau der bemannten MOL-Version hatte, die Zuständigkeit für das National Reconnaissance Project (NRP) an das Nationale Aufklärungsamt abgeben. Diese Regelung sollte es einfacher machen, die Mitwirkung der USAF am geheimen Teil des MOL-Programms zu verschleiern.

Ein weiteres ehemals streng geheimes Memorandum vom 7. Juni 1969, zwei Tage vor der offiziellen öffentlichen Kündigung, zeigt deutlich, dass das »unbemannte MOL-Programm«, das heimlich fortgesetzt wurde, laut Studien deutlich weniger effektiv als das bemannte Programm zu sein schien. Insbesondere nutzte es das gesamte »MOL-Missionsmodul«, das ursprünglich für den Einsatz in der teureren bemannten Version gedacht war.

»ALLE BETEILIGTEN ERKENNEN AN, DASS EIN UNBEMANNTES SYSTEM MIT DER MOL-KAMERA EINE SCHLECHTERE DURCHSCHNITTLICHE AUFLÖSUNG HAT, WENIGER LEISTUNGSFÄHIG UND FLEXIBEL, WENIGER ZUVERLÄSSIG ETC. IST, ALS ES DAS BEMANNTE MOL GEWESEN WÄRE …

DIE VERTRÄGE VON GE [General Electric] und EK [Eastman Kodak] MÜSSEN SOFORT AUF DAS KAMERASYSTEM REDUZIERT WERDEN, DAS FÜR EIN NOCH NICHT GENAUER SPEZIFIZIERTES UNBEMANNTES SATELLITENSYSTEM EINSETZBAR IST. FÜR DIESES SYSTEM SOLL DAS VOLLSTÄNDIGE MOL-MISSIONSMODUL VERWENDET WERDEN.«[31]

Dieses Dokument ist entscheidend wichtig, weil es zeigt, dass trotz der Absage des bemannten MOL-Programms das von der Douglas Aircraft Company entworfene und entwickelte »komplette Missionsmodul« für die unbemannte Version weiterhin verwendet werden sollte.

Es ist erwähnenswert, dass die unbemannte Version von MOL *nicht* der unbemannte Kamerasatellit »Hexagon« war, der als Bestandteil der Serie 9 der KeyHole- Spionagesatelliten entwickelt wurde, die von 1971 bis 1986 von der USAF in Verbindung mit der NRO auf der Air-Force-Basis Vandenberg auf *Titan-IIID*-Raketen gestartet wurden.[32] Obwohl sowohl die unbemannte MOL als auch die Hexagon auf *Titan-IIID*-Raketen gestartet wurden, handelte es sich um völlig getrennte Programme. Tatsächlich waren die Keyhole-Satelliten ein sehr effektives Tarnprogramm für das höchst geheime weiterentwickelte MOL-Programm.

Das Memorandum vom 7. Juni 1969 beschrieb weiterhin, dass die verschiedenen Auftragnehmer, die ursprünglich an der Planung und dem Bau des bemannten MOL beteiligt waren, um Aufträge für zukünftige unbemannte MOL-Missionen konkurrieren durften:

> »FÜR DEN ANFANG DES FISKALJAHRES 1970 IST GEPLANT, EINEN FINANZIERTEN WETTBEWERB FÜR VERDECKTE RAUMFAHRZEUGE ZWISCHEN LMSC/GE/EK UND MAC-D/GE/EK DURCHZUFÜHREN. MAC-D WIRD ERMUTIGT, EINE NEUANPASSUNG GEEIGNETER MOL-KOMPONENTEN UND SUBSYSTEME VORZUSCHLAGEN …«[33]

Später wurde beschlossen, dass die McDonnell Douglas Company (MAC-D), die 1967 aus einer Fusion zwischen der Douglas Aircraft Company und MacDonnell Aircraft entstanden war, nicht den Zuschlag für den Bau der Module erhielt, die im Rahmen des unbemannten MOL-Programms eingesetzt werden sollten, was zu Massenentlassungen bei dem Unternehmen führte. Ein bedeutender Konkurrent von McDonnell Douglas, die Lockheed Missiles and Space Company (LMSC), erhielt den geheimen Vertrag.

Lockheed hatte den Nachlieferungsvertrag für das ursprüngliche bemannte MOL-Programm erhalten und konnte seine Nachschubbemühungen an das komplexere unbemannte MOL-Programm anpassen, bevor das ursprüngliche MOL-Programm abgebrochen wurde. Ein freigegebenes Dokument von 1967 mit dem Titel »Lockheed DORIAN Resupply Study« bestätigt, dass Lockheed für Versorgungsmissionen mit *Titan-IIID*-Raketen von Vandenberg aus verantwortlich war. Die Studie zeigte einen modularen Aufbau, der wie in einer Von-Braun-Station zusammengefügt werden konnte. Diese Studie ist

NRO APPROVED FOR RELEASE 1 JULY 2015

HANDLE VIA BYEMAN SYSTEM ONLY

~~SECRET~~/DORIAN

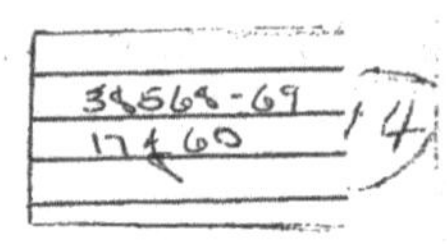

SPACE COMMAND POST CHARACTERISTICS

	12 MAN STATION	40 MAN STATION
CAPABILITY	LIKE EC 135 AIRBORNE CMD POST	LIKE C5A AIRBORNE CMD POST
WEIGHT	165000 LB	470,000 LB
VOLUME	13,400 FT^3	37,200 FT^3
POWER	10 KW (SOLAR ARRAYS)	25 KW (SOLAR OR
CONFIGURATION	CYLINDER	3 MATED CYLINDERS
RESUPPLY (INCLUDING PERSONNEL TRANSFER VEHICLES)	70,000 LB/2MO.	230,000 LB/2 MO
MANEUVERABILITY	1000 FT/SEC	1000 FT/SEC
FUNCTIONS		
• SELF DEFENSE	YES	YES
• WIDE BAND DATA PROCESSING	NO	YES
• STATUS MONITORING	YES	YES
• COMMUNICATIONS	YES	YES
• INFORMATION ANALYSIS	LIMITED	YES
• STRATEGIC/TACTICAL DECISION MAKING	LIMITED	YES
• FORCE CONTROL	LIMITED	YES

Abb. 39. Vorschlag von General Electric für weltraumgestützte Kommandoposten

ein Beweis dafür, dass Lockheed den geheimen Vertrag für das unbemannte weiterentwickelte MOL erhielt.[34]

Ein weiteres NRO-Dokument mit dem Titel *Advanced MOL Planning: Missions und Systems* (»MOL-Weiterentwicklung: Einsatzmöglichkeiten und Systeme«) zeigt den Plan von General Electric, MOL so zu rekonfigurieren, dass eine Mannschaft von entweder zwölf oder vierzig Personen in der Raumstation Platz fand, je nachdem, wie viele Module miteinander verbunden wurden.[35] Das Dokument beschreibt die Eigenschaften der Befehlsmodule des MOL und besagt, dass bei Verwendung von »drei miteinander verbundenen Zylindern« (jeder Zylinderabschnitt besteht aus Modulen) eine Besatzung von bis zu vierzig Personen untergebracht werden konnte. Interessanterweise sollte die vorgeschlagene Raumstation über Verteidigungsbewaffnung verfügen und entweder durch Solaranlagen oder eine andere Stromversorgung betrieben werden, die im Text des Dokuments geschwärzt wurde, aber vermutlich ein Atomreaktor ist (siehe Abbildung 39).

Das Dokument *Advanced MOL Planning: Missions und Systems* veranschaulicht auch die Konfiguration der weiterentwickelten Station und einige ihrer verschiedenen Erdbeobachtungsaktivitäten, die General Electric für das Programm vorsah (siehe Abbildung 40). Die vorgeschlagene Raumstation wurde entwickelt, um die Bedrohungen durch Interkontinentale Ballistische Raketen (ICBMs), U-Boot-gestützte Ballistische Raketen (SLBMs) und Flugzeuge zu überwachen, indem sie diese in Echtzeit an das Strategic Air Command weiterleitete. Es ist denkbar, dass die Befähigung der Raumstation zur Selbstverteidigung es ihr letztlich ermöglichen hätte, solche Bedrohungen abzufangen und zu neutralisieren.

Das freigegebene Dokument *Advanced MOL Planning: Missions and Systems* von General Electric beantwortet eine verblüffende

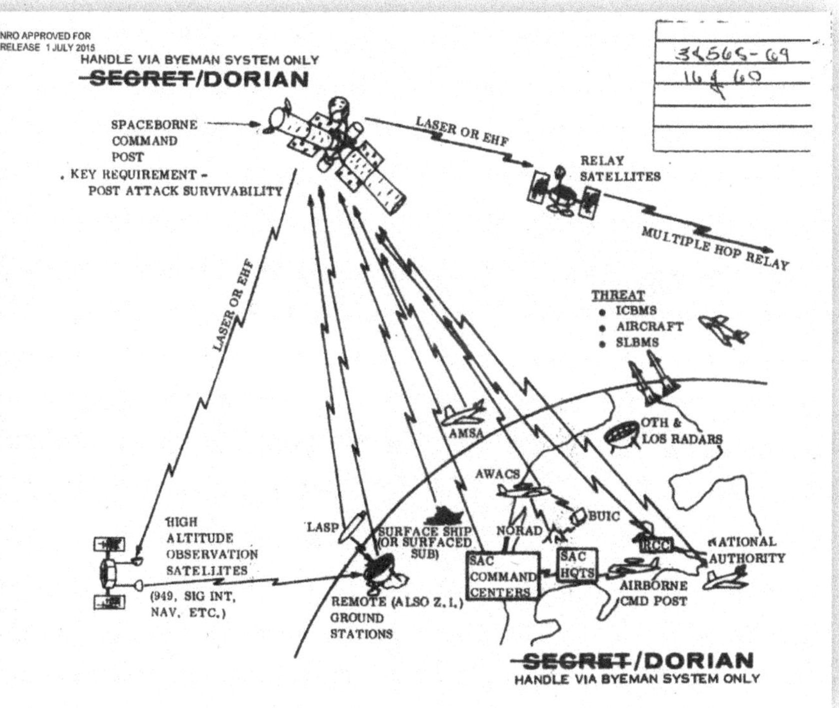

Abb. 40. Von General Electric präsentierte Illustration einer dreiteiligen Station mit MOL-Modulen zur Aufnahme von vierzig Astronauten

Frage, die am 11. Juni 1985 Ronald Reagan in sein Präsidententagebuch notierte. Dort schrieb er, man habe ihm gesagt, dass die USA dreihundert Astronauten gleichzeitig in den Erdorbit bringen könnten.[36] Reagan meinte hier offensichtlich nicht die fünf Space Shuttles der NASA. Diese konnten jeweils, einschließlich der Flugcrew, zehn Personen befördern, so dass damit maximal fünfzig Personen ins All transportiert werden konnten, wenn alle Shuttles gleichzeitig starteten. Wenn die USAF/NRO/NASA jedoch zwei oder mehr geheime Raumstationen mit MOL-Modulen geschaffen hatten, die im Weltraum zu einer ähnlichen Konfiguration wie die Von-Braun-Station zusammengesetzt worden waren, dann ist leicht zu verstehen, was Reagan in jenem Briefing gesagt wurde, das er im Präsidententagebuch dokumentierte. Die Ausbildung von Piloten der Air Force und Navy für das weiterentwickelte MOL-Programm vervielfältigte höchstwahrscheinlich den gleichen Prozess, den man auch im beendeten ursprünglichen MOL-Programm angewandt hatte, bei dem Piloten in Wahrheit für das geheime Raumfahrtprogramm rekrutiert worden waren, obwohl man sie im Glauben ließ, sie würden zu NASA-Astronauten ausgebildet.

Von Braun und die wahre Absicht hinter der Raumstation der USAF/NRO/NASA

Von besonderem Interesse für die Untersuchung der Entwicklungen, die zu den verschiedenen Phasen der Raumstation führten, ist die Rolle von Fairchild Industries im abgebrochenen bemannten MOL-Programm und dessen wahrscheinlicher Fortsetzung im neuen MOL-Programm. Fairchild Industries befasste sich mit den Lebenshaltungssystemen für die militärischen Astronauten:

> »DIE NASA KANN DAS FAIRCHILD-HILLER-ANGEBOT ANNEHMEN, EINEN TEIL DER IBM-KOMPONENTEN (DRUCKER), DAS MOLEKULARE SIEB UND EINIGE DER LEBENSERHALTUNGSSYSTEME HERZUSTELLEN, ABER KAUM MEHR.«[37]

Die Beteiligung von Fairchild Industries (ehemals Fairchild Hiller bis 1971) an der Produktion der Lebenserhaltungssysteme für das abgebrochene bemannte MOL-Grundprogramm, das wiederum im fortgeschrittenen »unbemannten Programm« fortgesetzt werden konnte, ist von großer Bedeutung.

Nachdem Wernher von Braun 1972 offiziell bei der NASA und dem Marshall Space Flight Center zurückgetreten war, wechselte er sofort zu Fairchild Industries in Germantown, Maryland, und wurde deren Vizepräsident.[38] Es sei betont, dass von Braun den größten Teil der Arbeit zur Konzeption einer funktionsfähigen Raumstation geleistet hatte, die 1946 mit seinem Vorschlag der modular aufgebauten Von-Braun-Station in Gang gesetzt wurde.

Bei Fairchild Industries leitete von Braun die geheime Initiative, die ursprünglich von McDonnell Douglas für die bemannten Missionen entworfenen MOL-Module im Weltraum zu den erforderlichen modularen Abschnitten zu verbinden, so wie er es im Konzept der Von-Braun-Station konzipiert hatte. Lockheed Martin, General Electric und Fairchild Industries waren alle maßgeblich am Bau der Tarnstation/en für die NRO/USAF/NASA beteiligt. Die Verbindung von Fairchild Industries zum antarktisch-deutschen Programm war mit der Amtszeit von Brauns als Vizepräsident fest etabliert. Bei Fairchild traf von Braun Carol Rosin, die dort von 1974 bis 1977 als Managerin tätig war. Sie wurde von Brauns Sprecherin, nachdem er an Krebs erkrankt war, und im Jahr 2000 enthüllte sie öffentlich von Brauns Bedenken bezüglich geheimer Unternehmenspläne für eine vorgetäuschte außerirdische Invasion, mit der eine Militarisierung des Weltraums gerechtfertigt werden sollte.[39] Die ultimative Agenda war es, mit einem solchen Angriff große Länder wie die USA dazu zu bringen, ihre nationale Souveränität an eine Weltregierung abzugeben, die heimlich von den antarktischen Deutschen und ihren drakonischen Verbündeten kontrolliert werden sollte.

Später, im Jahre 1996, übernahm Fairchild Industries die Firma Dornier, die während des Zweiten Weltkriegs die *Haunebu*-Flugscheiben für Nazi-Deutschland aus Schlüsselkomponenten anderer deutscher Flugzeughersteller montiert hatte.[40]

Dornier-Wissenschaftler gehörten zu denen, die weiterhin heimlich mit den Antarktis-Deutschen zusammenarbeiteten, um neue Raumschiffe in ihren verborgenen Basen zu bauen, wobei die neuesten technologischen Fortschritte der USA und anderer Nationen zum Einsatz kamen. Rosins Aussage deutet darauf hin, dass die Antarktis-Deutschen geplant hatten, die im Rahmen des fortgeschrittenen MOL-Programms heimlich gebauten Raumstationen zu nutzen, um eine nicht existierende außerirdische Invasion zu inszenieren.

Fortschrittliche holografische Technologien sollten entweder von den bemannten Stationen oder von Satellitennetzen im Erdorbit, die durch ein NASA-Projekt namens »Blue Beam« miteinander verbunden wurden, auf die Erde gestrahlt werden. Über Project Blue Beam wurde die Öffentlichkeit erstmals 1994 von dem Journalisten Serge Monast informiert, der 1996 auf mysteriöse Weise an einem Herzinfarkt starb, obwohl er keine Vorgeschichte von Herzerkrankungen hatte.[41] Monast beschrieb Project Blue Beam als aufwendigen mehrstufigen Versuch, eine einheitliche Weltreligion unter Verwendung der holografischen Projektionen religiöser Persönlichkeiten aufzubauen. Er bestätigte, dass das Projekt Blue Beam auch die Durchführung einer vorgetäuschten außerirdischen Invasion beinhaltete, wie von Rosin und anderen dargestellt, um die öffentliche Unterstützung für eine radikale Reform der politischen Institutionen zu erhalten und den Weg für eine Weltregierung zu ebnen.

Aus dem Raumstationen-Bauprogramm lassen sich viele Schlussfolgerungen ziehen. Der Öffentlichkeit wurde vorgekaukelt, MOL sei 1969 beendet worden. Tatsächlich wurde aber nur das grundlegende MOL-Programm beendet, nicht das ehrgeizigere und fortschrittlichere »unbemannte« MOL-Programm mit kompletten MOL-Modulen, die heimlich von Vandenberg AFB ins All gestartet wurden. In den 1970er und 1980er Jahren wurden diese unbemannten MOL-Module zunächst zu der von General Electric vorgeschlagenen dreiteiligen Konfiguration und schließlich zu größeren Konfigurationen wie der zwanzigteiligen Von-Braun-Station montiert. Es ist auch wichtig zu bedenken, dass die Module mit ihren Lebenserhaltungssystemen eine große Mannschaft von Astronauten beherbergen konnten.

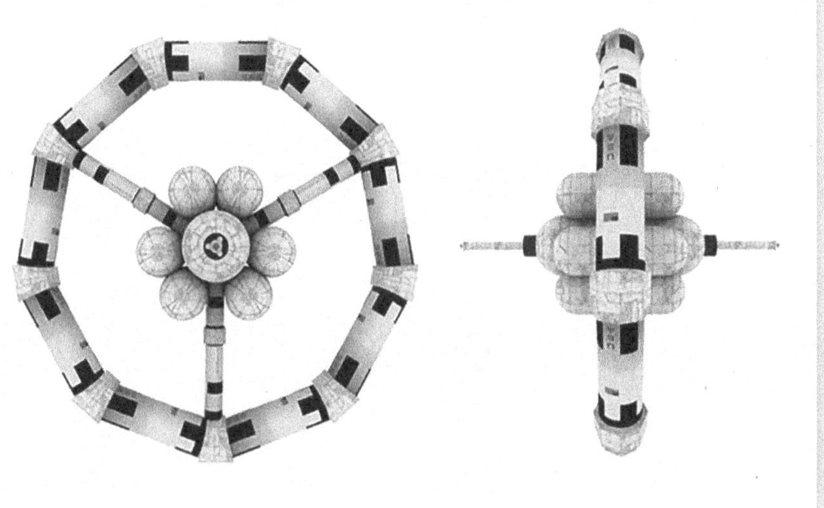

Abb. 41. Die aus neun zylindrischen Abschnitten bestehende Raumstation. Quelle: Sphere Being Alliance

Corey Goode sah während seines Einsatzes »Zwanzig Jahre und zurück« von 1987 bis 2007 im Rahmen des Geheimen Weltraumprogramms elektronisch archivierte Geheimdokumente der zusammengebauten Raumstation der USAF/NRO. Goode beschrieb die Raumstation als neun modulare zylindrische Abschnitte, die zu einer kreisförmigen Anordnung – einem Nonagon – zusammengefügt sind, die in ihrer Gesamtform der Von-Braun-Station ähnelt, aber weniger als die Hälfte ihrer Abschnitte aufweist. Da Schätzungen von General Electric zufolge eine dreiteilige Konfiguration vierzig Personen beherbergen konnte, müsste eine neunteilige Konfiguration etwa einhundertzwanzig Personen aufnehmen können. Goode sagte, dass derzeit zwei oder drei dieser Raumstationen in Betrieb sind, ausgestattet mit fortschrittlichen Tarn-Technologien.[42] Der geheime Einsatz Goodes begann 1987, weshalb es – angesichts von Reagans Tagebucheintrag über sein Briefing, in dem er erfahren hatte, dass dreihundert Astronauten sich im Erdorbit befanden – möglich ist, dass damals zwei oder drei Nonagon-Stationen gebaut und in Betrieb waren.

Während Goode glaubt, dass man die Stationen mit »Weltraummüll« aus den stillgelegten Stufen der vielen Raketen, die zum Start von Satelliten verwendet wurden, baute, erscheint es plausibler, dass es sich hierbei um MOL-Module handelte, die mit *Titan-IIID*-Raketen von der Air-Force-Basis Vandenberg hinaufgeschickt wurden. Goode präsentierte eine Zeichnung der nonagonalen Raumstation, die er während seines geheimen Weltraumdienstes sah (siehe Abbildung 41). Die freigegebenen NRO-Akten bestätigen Goodes Behauptung, dass im Rahmen des Geheimen Weltraumprogramms der USAF/des Militärisch-Industriellen Komplexes mehrere neuneckige Varianten der Von-Braun-Station gebaut wurden, die derzeit in Betrieb sind.

Es ist sicher, dass USAF, NRO und NASA konkurrierende Agenden für die heimlich eingerichteten bemannten Weltraumstationen verfolgten. Für die USAF boten diese Geheimstationen die Voraussetzung, um zukünftigen Bedrohungen der nationalen Sicherheit von der Erde aus oder im Weltraum mit fortschrittlichen Waffensystemen zu begegnen, die im Laufe der Zeit ergänzt werden sollten, zum Beispiel der »Rods from God«-Technologie – einem kinetischen Energiegeschoss. Für die NRO boten die Raumstationen beispiellose Möglichkeiten zur Beobachtung der Antarktis-Deutschen wie auch der Besuche außerirdischer Zivilisationen. Und für die NASA, die von den Antarktis-Deutschen tief infiltriert war, stellten die Raumstationen eine Möglichkeit dar, die Aktivitäten der USAF/NRO zu überwachen sowie mehr über die verschiedenen außerirdischen Gruppen zu erfahren, welche die Erde besuchten, und diese Informationen zu nutzen, um mit Hilfe von Project Blue Beam ein globales religiöses Ereignis oder eine außerirdische Invasion zu inszenieren.

Anmerkungen

1 Siehe Adam Gruen, »Manned versus Unmanned Space Systems«, in: R. Cargill Hall & Jacob Neufeld (eds.), *The U.S. Air Force in Space. 1945 to the 21st Century*; USAF History and Museums Program, Washington D.C. 1998; p. 69. – Online unter https://www.scribd.com/document/50601398/The-U-S-Air-Force-in Space-1945-to-the-21st-Century (aufgerufen am 06.11.2018)

2 Zitiert nach Mark Erickson, *Into the Unknown Together: The DOD, NASA and Early Spaceflight*; Air University Press, Maxwell AFB, Alabama 2006; p. 340. Online unter https://tinyurl.com/y76onu7q (aufgerufen am 31.10.2018)

3 »Memorandum for Director, Manned Orbiting Laboratory (MOL) Program, August 25, 1962«, http://www.nro.gov/Portals/65/documents/foia/declass/mol/1.pdf (aufgerufen am 06.11.2018)

4 Siehe »MOL Program Perspective«, http://www.nro.gov/Portals/65/documents/foia/declass/mol/736.pdf

5 »Air Force to Develop Manned Orbiting Laboratory«, http://www.nro.gov/Portals/65/documents/foia/declass/mol/6.pdf (aufgerufen am 06.11.2018)

6 Ebd.

7 Zur Erklärung des Transtage-Antriebs siehe http://www.designation-systems.net/dusrm/app3/b-10.html (aufgerufen am 06.11.2018)

8 Detaillierte Erörterungen der *Titan II* und ihrer Rolle im *Gemini*-Raumfahrtprogram finden sich bei Mark Hall, »Titan II«, unter http://www.astronautix.com/t/titanii.html (aufgerufen am 06.11.2018)

9 Siehe Präsident Johnsons Statement über MOL unter http://www.nro.gov/Portals/65/documents/foia/declass/mol/129.pdf (aufgerufen am 06.11.2018)

10 Siehe das Schreiben vom 10. März 1964 an Major General Ben L. Funk, http://www.nro.gov/Portals/65/documents/foia/declass/mol/15.pdf (aufgerufen am 06.11.2018)

11 »DORIAN Optical Studies«, http://www.nro.gov/Portals/65/documents/foia/declass/mol/93.pdf (aufgerufen am 06.11.2018)

12 Siehe »Astrospies« unter http://www.pbs.org/wgbh/nova/military/astrospies.html (aufgerufen am 28.07.2015)

13 Siehe »Memorandum for the Record – DOD MOL – A Consideration of International Political Factors«, http://www.nro.gov/Portals/65/documents/foia/declass/mol/108.pdf (aufgerufen am 07.11.2018)

14 Siehe Michael E. Salla, *Antarktis – Die verbotene Wahrheit*; AMRA Verlag, Hanau 2020. – US-Ausgabe: pg. 86.

15 »Press Guidance on Location of MOL Launches«, http://www.nro.gov/Portals/65/documents/foia/declass/mol/211.pdf (aufgerufen am 09.11.2018)

16 »Memorandum for Chairman Revers from Harold Brown, Subject: Determination of the Launch Site for MOL«; http://www.nro.gov/Portals/65/documents/foia/declass/mol/219.pdf (aufgerufen am 09.11.2018)

17 Siehe Major A. Andronov, »American Geosynchronous SIGINT Satellites«, https://fas.org/spp/military/program/sigint/androart.htm (aufgerufen am 09.11.2018)

18 »Application of MOL to Astronomical Observations«, http://www.nro.gov/Portals/65/documents/foia/declass/mol/341.pdf (aufgerufen am 09.11.2018)

19 Siehe »Agreement Between NASA and DoD Concerning Gemini Program and MOL«, http://www.nro.gov/Portals/65/documents/foia/declass/mol/33.pdf (aufgerufen am 06.11.2018)

20 »Letter to Mr. Webb from Mr. McNamara, Subject: Air Force Effort on MOL During Last Several Months«, http://www.nro.gov/Portals/65/documents/foia/declass/mol/47.pdf (aufgerufen am 06.11.2018)

21 »Memorandum for the Record, Subject: Proposed MOL Press Release«, http://www.nro.gov/Portals/65/documents/foia/declass/mol/114.pdf (aufgerufen am 07.11.2018)

22 Siehe »Astrospies« unter http://www.pbs.org/wgbh/nova/military/astrospies.html (aufgerufen am 28.07.2015)

23 Zitiert nach Mark Erickson, *Into the Unknown Together: The DOD, NASA and Early Spaceflight*; Air University Press, Maxwell AFB, Alabama 2006; p. 343. Online unter https://tinyurl.com/y76onu7q (aufgerufen am 31.10.2018)

24 Schreiben von George E. Mueller, http://www.nro.gov/Portals/65/documents/foia/declass/mol/3.pdf (aufgerufen am 06.11.2018)

25 Siehe »Von Braun Station« unter http://astronautix.com/v/vonbraunstation.html (aufgerufen am 06.11.2018)

26 Verbunden mit der *Gemini-2*-Kapsel hatte die MOL eine Gesamtlänge von zweiundzwanzig Metern, siehe http://www.astronautix.com/m/mol.html (aufgerufen am 06.11.2018)

27 »MOL Directive No. 67-4, MOL Program Advanced Planning Approved by Gen. Ferguson«, http://www.nro.gov/Portals/65/documents/foia/declass/mol/353.pdf (aufgerufen am 07.11.2018)

28 Die vollständige Liste der freigegebenen Dokumente ist zugänglich als »Index, Declassified Manned Orbiting Laboratory (MOL) Records« unter http://www.nro.gov/Freedom-of-Information-Act-FOIA/Declassified-Records/Special Collections/MOL/ (aufgerufen am 07.11.2018)

29 »Draft Memorandum for the President, Subject: MOL«, http://www.nro.gov/Portals/65/documents/foia/declass/mol/709.pdf (aufgerufen am 09.11.2018)

30 »The Department of Defense has Terminated the Air Force MOL Program«, http://www.nro.gov/Portals/65/documents/foia/declass/mol/742.pdf (aufgerufen am 09.11.2018)

31 »Terminate MOL Except for the Automatic« Camera System«, http://www.nro.gov/Portals/65/documents/foia/declass/mol/737.pdf (aufgerufen am 09.11.2018)

32 Siehe »KeyHole (KH) series satellites« unter http://rammb.cira.colostate.edu/dev/hillger/KH.htm (aufgerufen am 17.11.2018)

33 »Terminate MOL Except for the ›Automatic‹ Camera System«, http://www.nro.gov/Portals/65/documents/foia/declass/mol/737.pdf (aufgerufen am 09.11.2018)

34 »Lockheed Dorian Resupply Study«, http://www.nro.gov/Portals/65/documents/foia/declass/mol/407.pdf (aufgerufen am 17.11.2018)

35 »Advanced MOL Planning: Missions and Systems«, page 17, zugänglich unter http://www.nro.gov/Portals/65/documents/foia/declass/mol/794.pdf (aufgerufen am 17.11.2018)

36 Ronald Reagan, *The Reagan Diaries*; Harper Perennial 2009; p. 334.

37 Online unter http://www.nro.gov/Portals/65/documents/foia/declass/mol/737.pdf (aufgerufen am 17.11.2018)

38 Siehe »MSFC History Office«, https://history.msfc.nasa.gov/vonbraun/bio.html (aufgerufen am 17.11.2018)

39 Siehe »Testimony of Dr. Carol Rosin«, http://www.illuminati-news.com/ufos-and aliens/html/carol_rosin.htm (aufgerufen am 18.11.2018)

40 Siehe Michael E. Salla, *Antarktis – Die verbotene Wahrheit*; AMRA Verlag, Hanau 2020. – US-Ausgabe: pgs. 56-70.

41 Siehe »Project Blue Beam«, http://educate-yourself.org/cn/projectbluebeam 25jul05.shtml (aufgerufen am 19.11.2018)

42 Siehe Michael E. Salla, »Secret NRO Space Stations to be Revealed in Limited Disclosure Plan«, https://www.exopolitics.org/secret-nro-space-stations-to-be-revealed-in-limited-disclosure-plan/ (aufgerufen am 31.12.2018)

14 Nachbauten außerirdischer Antigravitations-Raumschiffe durch die USAF

Ich kann Ihnen von einem Vertrag erzählen, den wir kürzlich bekommen haben … Skunk Works wurde mit der Aufgabe betraut, E.T. nach Hause zu bringen.

– Ben Rich, Direktor von Lockheed's Skunk Works –

Ab den frühen 1970er Jahren wurde die Vandenberg Air Force Base genutzt, um *Titan-III*-Raketen zu starten, die Module für das bemannte Weltraumlabor (MOL) beförderten und, wenn nötig, Militärastronauten in *Gemini-B*-Kapseln, von denen die Module im Weltraum zusammengesetzt wurden, um verschiedene modulare Konfigurationen zu erstellen. Eine Konfiguration, die sich aus freigegebenen Dokumenten des National Reconnaissance Office (NRO) ergab, war ein von General Electric vorgeschlagener Entwurf für eine Station mit »drei verbundenen Zylindern« (zylindrischen Abschnitten), die vierzig Astronauten aufnehmen konnte.[1]

Da in den 1970er und frühen 1980er Jahren weitere Module in die Erdumlaufbahn geschickt wurden, konnte die dreiteilige Stationskonfiguration zu völlig anderen und größeren Strukturen ausgebaut werden. Auf diese Art war es durchaus möglich, das Nonagon, von dem Corey Goode gelesen hatte, zu konstruieren, dessen Entwurf auf der ursprünglichen Idee von Brauns aus dem Jahr 1946 beruhte, eine Raumstation zu bauen, indem zylindrische modulare Abschnitte zu einer Kreisformation montiert wurden.

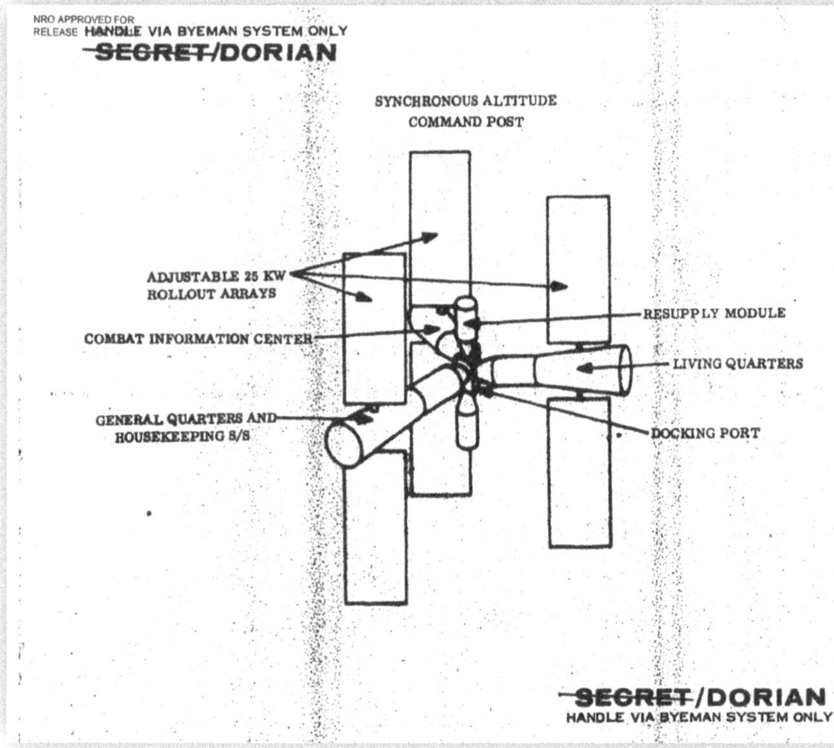

Abb. 42. Freigegebenes NRO-Dokument, das den Vorschlag von General Electric für den Aufbau einer »Command Post«-Raumstation aus MOL-Modulen belegt

Wie in Kapitel 13 erwähnt, zeigt das freigegebene NRO-Dokument *Advanced MOL Planning: Missions and Systems* sehr detailliert den Plan von General Electric, MOL-Module so zu konfigurieren, dass sie eine Astronautencrew von zwölf Personen in einer »Einzylinderstation« oder vierzig Personen in einer »Dreizylinderstation« aufnehmen können.[2] Eine Nahaufnahme der vorgeschlagenen Raumstation »Command Post« zeigt Module für Quartiere der Crew, allgemeine und Haushaltsquartiere, ein Versorgungsareal und eine militärische Kontrollzentrale sowie Andock-Schleusen und Solarpanels (siehe Abbildung 42).[3] Die großen Solarpanels zur Energieversorgung der dreiteiligen Station sollten durch eine andere Energiequelle ersetzt werden, etwa eine nukleare Stromerzeugung.

Diese größeren Raumstationen existierten offensichtlich zum Zeitpunkt des Tagebucheintrags von Präsident Reagan von 1985, der sich darauf bezog, dass die USA die Möglichkeit hatten, dreihundert Astronauten in der Umlaufbahn zu stationieren. Wenn vierzig Astronauten in die dreiteilige Konfiguration der MOL-Module von General Electric passten (mit etwa dreizehn Astronauten pro Abschnitt), dann würde man etwa zweiundzwanzig Abschnitte mit verschiedenen MOL-Modulen benötigen, um dauerhaft dreihundert Astronauten im Erdorbit unterzubringen. Diese Schätzung liegt nahe an der Anzahl der Abschnitte, die von Braun ursprünglich für seinen Entwurf der Raumstation 1946 vorgesehen hatte. Alternativ hätte es bis zu drei der neunseitigen Konfigurationen geben können, von denen Goode während seines geheimen Raumfahrtprogramms erfuhr.

Der Aufbau von Raumstationen in verschiedenen Konfigurationen, angefangen mit dem dreiteiligen Basismodulsystem, über neun (wie Goode meinte) oder zwanzig Sektionen (wie von Braun es sich vorstellte), würde mehrere Reisen mit den *Saturn-III*-Raketen erfordern, die die Module, Militärastronauten und Zusatzausrüstungen befördern. Das Dokument *Advanced MOL Planning: Missions and Systems* enthielt auch ein Diagramm, das zeigte, wie bemannte Operationen 1972 begannen und 1979 die dreiteilige Kommandostation fertig gestellt wurde.

Die Unterbringung von dreihundert Astronauten im Orbit erforderte jedoch mehr als das von General Electric vorgestellte dreiteilige Design. Es wurden viel mehr Abschnitte aus den MOL-Modulen benötigt, was deutlich mehr Zeit in Anspruch nahm. Wie viel mehr Zeit, ist aus den freigegebenen NRO-Dokumenten nicht ersichtlich, lässt sich aber daran ablesen, wie lange ein Konsortium von Nationen, bestehend aus den USA (NASA), Japan (JAXA), Kanada (CSA) und Russland (Roscosmos), gebraucht hat, um die kleinere Internationale Raumstation (ISS) zu bauen, die ebenfalls nach einem modularen Bauverfahren konstruiert wurde. Das internationale Konsortium benötigte mehr als vierzig Raumfahrtmissionen und dreizehn Jahre (von 1998 bis 2011), um die ISS zu bauen, die eine feste Besatzung von bis zu »sechs Astronauten«[4], also nur halb so viele Menschen

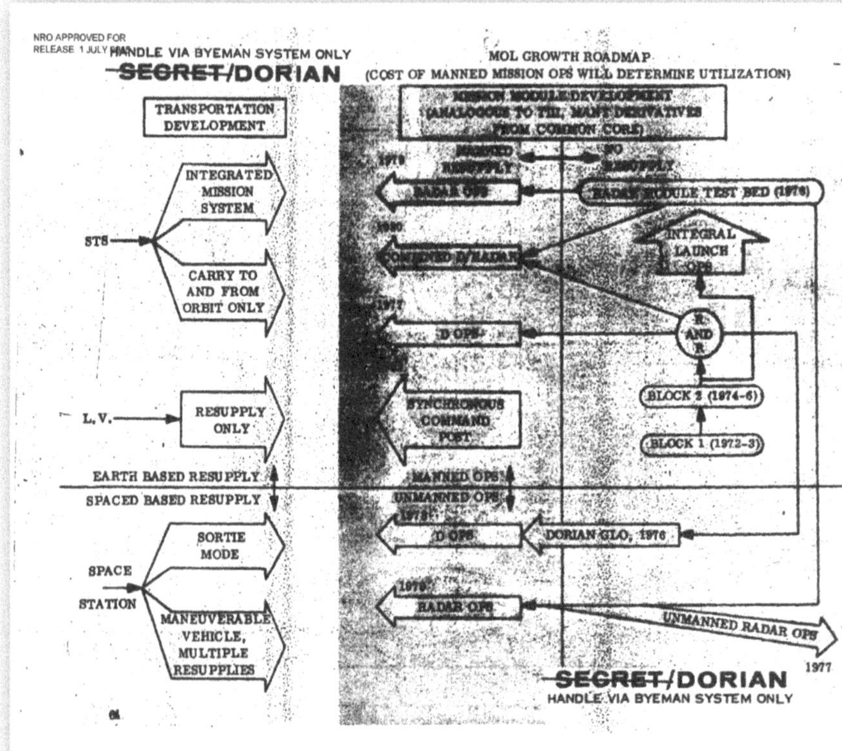

Abb. 43. Freigegebenes NRO-Dokument, das den Vorschlag von General Electric für eine zusammengesetzte Raumstation während der 1970er Jahre zeigt

aufnehmen kann, wie nur ein Abschnitt des fortgeschrittenen MOL-Programms nach dem Vorschlag von General Electric beherbergen könnte. Folglich ist es sehr wahrscheinlich, dass nach der Einstellung des ursprünglichen MOL-Programms 1969 und dem Beginn des zweiten Programms der Zeitraum von den 1970er Jahren bis Anfang der 1980er Jahre für die Montage der größeren Raumstation/en von USAF/NASA/NRO genutzt wurde.

Um bis 1985 bereits dreihundert Astronauten im All zu haben, hätten die USAF/NASA/NRO ein weitaus fortschrittlicheres Trägersystem entwickeln müssen als die *Titan-III*-Raketen mit ihren *Gemini-B*-Kapseln, die nur zwei Astronauten auf einmal aufnehmen konnten.

Tatsächlich wurde ein ausgeklügelteres Transportsystem entwickelt, um Astronauten zu befördern und die Raumstationen zu versorgen. Diese ehrgeizige Leistung wurde durch den Einsatz von Antigravitations-Antrieben erreicht, indem man erfolgreich erbeutete außerirdische Raumschiffe nachbaute.

Der Nachbau eines besseren Transportsystems

In Kapitel 3 wurde erwähnt, dass die Air Force vier Flugscheiben aus Deutschland durch die Operation Paperclip erbeutete. Sie wurden zuerst für Forschungszwecke zur Wright Field/Wright-Patterson Base transportiert. Irgendwann vor 1958 wurden die vier Fahrzeuge dann in die S4-Anlage in Area 51 gebracht, um genau untersucht und sodann zusammen mit den drei außerirdischen Raumschiffen, die in New Mexico gefunden worden waren, aufbewahrt zu werden. Die deutschen Wissenschaftler jedoch, die im Zuge von Operation Paperclip in die USA gebracht wurden, waren der Air Force keine große Hilfe, um diese Technologien zu verstehen. Außer ein paar Paperclip-Wissenschaftlern wie Professor Otto Schumann waren die meisten von ihnen Experten für Raketenbau und nicht für exotische Antriebssysteme, die Starkstrom-Elektrostatik und komprimierte Plasma-Kreisläufe nutzen.

Erst nachdem in den 1950er Jahren Vereinbarungen zwischen der Eisenhower-Administration und den Antarktis-Deutschen getroffen wurden, erhielt die USAF zuverlässige Hilfe bei der Erforschung und dem Nachbau der erbeuteten deutschen und außerirdischen Schiffe. Deutsche Paperclip-Wissenschaftler, die in leitende Positionen der NASA versetzt wurden, standen in regelmäßigem Kontakt mit ihren antarktischen Brüdern, wie die Anwesenheit Hans Kammlers Mitte der 1960er Jahre im Kennedy Space Center der NASA bezeugte.[5] Die *Apollo-*, *Gemini-* und Skylab-Programme dienten der NASA als Mittel, um heimlich enorme Ressourcen und Arbeitskräfte in NASA-Programme einzuspeisen, die den Antarktis-Deutschen unmittelbar dabei halfen, große Weltraumflotten zu bauen, die zu interstellaren Reisen fähig waren. Die Deutschen halfen der USAF im Gegenzug, die vergleichsweise kleinen Flugscheiben mit Antigravitations-Antrieb deutscher und außerirdischer Herkunft nachzubauen, die in Wright-Patterson und Area 51 eingelagert waren. Die USAF wurden bei der Entwicklung kleinerer, mit fortschrittlichem Antigravitations-Antrieb ausgestatteter Überwachungsschiffe unterstützt, da sie keine strategische Bedrohung für die weitaus größeren Weltraum-Schlachtschiffe der antarktischen Deutschen darstellten, mit denen interstellare Reisen möglich waren.

Neben ihren heiklen deutschen Partnern arbeitete die USAF auch ein wenig mit Greys im Rahmen der Mitte der 1950er Jahre getroffenen Vereinbarungen zusammen. Ingenieure wie Bill Uhouse haben gezeigt, wie die Greys der USAF halfen, Antriebs- und Navigationssysteme der Flugscheiben zu verstehen, aber die Fortschritte bei der Umrüstung der Raumsonden der Greys für die wesentlich größeren menschlichen Piloten gingen sehr langsam. Laut Charles Hall erhielt die USAF in den 1960er Jahren auch Hilfe von den Tall Whites bei der Entwicklung von Prototypen nuklear angetriebener scheibenförmiger Schiffe, die den Mond erreichen können. Hall beschrieb, wie zurückhaltend die Tall Whites mit ihrer Hilfe waren, als sie hochrangigen Offizieren oder Wissenschaftlern der USAF zwar erlaubten, den Bauprozess zu verfolgen, aber ihnen den Zugang zu den fortschrittlichsten Luft- und Raumfahrt-Technologien verweigerten, die für interstellares Reisen erforderlich waren. Welche Raumsonde auch immer die USAF gemeinsam mit den Tall Whites entwickelte, sie waren in Reichweite und Kapazität sehr begrenzt. Dennoch konnten solche Schiffe verwendet werden, um militärische Astronauten und Versorgungsgüter in eine niedrige Erdumlaufbahn zu befördern, die dann die bemannten Raumstationen von USAF/NRO/NASA bauten. Das bedeutet, dass die USAF neben den *Titan-III*-Raketen, die mit *Gemini-B*-Kapseln mit nur zwei Mann Besatzung ausgestattet waren, auch militärische Astronauten und deren Ausrüstung mit Hilfe der aus ihren verschiedenen Projekten stammenden Flugscheiben-Prototypen in die Erdumlaufbahn bringen konnte. Anhand dessen, was die Informanten über diese »Alien Reproduction Vehicles« [Nachbauten außerirdischer Raumschiffe] verraten haben, können wir uns ein Bild von der Größe und Nutzlast dieser Scheiben machen.

Drei Arten von Schiffsnachbauten

Die detaillierteste Beschreibung, wie diese nachgebauten Schiffe aussahen, stammt von einem Zeichner von Luftfahrtpatenten, Brad Sorensen, der am 12. November 1988 drei UFOs auf der Edwards Air Force Base sah. Nach der Teilnahme an einer USAF-Flugschau auf der Norton AFB in San Bernardino, Kalifornien, wurde Sorensen in Kern County in Südkalifornien in ein Sperrgebiet auf der Edwards AFB gebracht. Dort sah er die drei fliegenden Scheiben, die zusammen mit anderen vorgeführten Geräten schwebten, sowie eine Videodemonstration der Flugleistungen und Spezifikationen des kleinsten der scheibenförmigen Schiffe. Mark McCandlish, ein professioneller Luftfahrtillustrator, der ein Freund und Kollege von Sorenson war, hatte eine Einladung zur Norton-Flugschau abgelehnt, erklärte aber später, was Sorensen ihm erzählt hatte:

»Er sagte, dass das kleinste etwas glockenförmig sei. Sie waren alle identisch in Form und Proportion, außer dass es drei verschiedene Größen gab. Das kleinste war an seiner breitesten Stelle am Boden flach, etwas glockenförmig und hatte oben eine Kuppel oder eine Halbkugel …

Auf der Innenseite der Kabine für die Besatzung befand sich eine große Säule, die durch die Mitte hinunterlief, und auf der oberen Hälfte dieser Säule waren vier Schleudersitze Rücken an Rücken montiert. Weiterhin befand sich genau in der Mitte der Säule ein großes Schwungrad.

Nun, dieses Schiff war das, was sie als Nachbau eines außerirdischen Raumschiffs bezeichneten. Es wurde auch als Flux Liner bezeichnet. Diese Fliegende Untertasse mit Antigravitations-Antriebssystem war eine von dreien, die sich in dem Hangar der Norton Air Force Base befanden …«[6]

Sorensen zeichnete das kleinste Schiff und gab die Zeichnung McCandlish. Mit Hilfe von Sorensens detaillierter Skizze konnte McCandlish eine umfassendere Darstellung des »Alien Reproduction Vehicle« (ARV; »Nachbau eines außerirdischen Fluggerätes/Raumschiffs«) erstellen, die Sorenson später als sehr genau einschätzte und bestätigte.[7]

McCandlishs Illustration zeigte, wie die Fliegende Untertasse in eine obere Kuppelsektion für eine vierköpfige Besatzung und eine untere Sektion, in der Stromerzeugung, elektrische Energiespeicherung, Antrieb und Navigation untergebracht waren (siehe Abbildung 44). Sorensen identifizierte achtundvierzig große Kondensatorstapel, die in der Lage sind, hohe elektrostatische Ladungen aufzunehmenund zum Speichern elektrischer Energie für den Schiffsantrieb verwendet werden können. Die achtundvierzig Kondensatorstapel hatten noch einen weiteren sehr wichtigen Zweck. Sie wurden entwickelt, um Antigravitations-Antriebe mit dem Biefeld-Brown-Effekt zu erzeugen, der entsteht, wenn eine große elektrostatische Ladung auf der Anode oder der positiven Platte eines Kondensators erzeugt wird.[8]

Der Biefeld-Brown-Effekt geht auf das Jahr 1923 zurück, als Thomas Townsend Brown (1905-1985) zum ersten Mal bemerkte, dass elektrostatische Hochspannungsladungen einen bislang unbekannten Schub für einen Kondensator erzeugen können. Er arbeitete mit einem deutschen Astronomen und Professor für Physik an der Denison University in Ohio, Dr. Paul Alfred Biefeld (1867-1943), zusammen, um seine Experimente und Messungen zu verbessern. Brown meldete im August 1927 ein britisches Patent an, das ihm im November 1928 erteilt wurde.[9] Der Titel seines Patents lautete »A Method of and an Apparatus or Machine for Producing Force or Motion« (»Ein Verfahren und eine Vorrichtung oder Maschine zur Erzeugung von Kraft oder Bewegung«).

Im Begleittext des Patents beschrieb Brown seine Erfindung so:

> »Diese Erfindung bezieht sich auf ein Verfahren zur Steuerung der Gravitation und zur Gewinnung von Energie daraus sowie auf ein Verfahren zur Erzeugung von linearer Kraft oder Bewegung. Das Verfahren ist grundsätzlich elektrisch. Die Erfindung bezieht sich auch auf Maschinen oder Apparate, die elektrische Energie benötigen und die das Gravitationsfeld oder die Gravitationsenergie steuern oder beeinflussen; ebenso auf Maschinen oder Apparate, die elektrische Energie benötigen und die eine lineare Kraft oder Bewegung aufweisen, von der angenommen wird, dass sie unabhängig von allen Bezugsrahmen ist, außer jenem, der sich, rela-

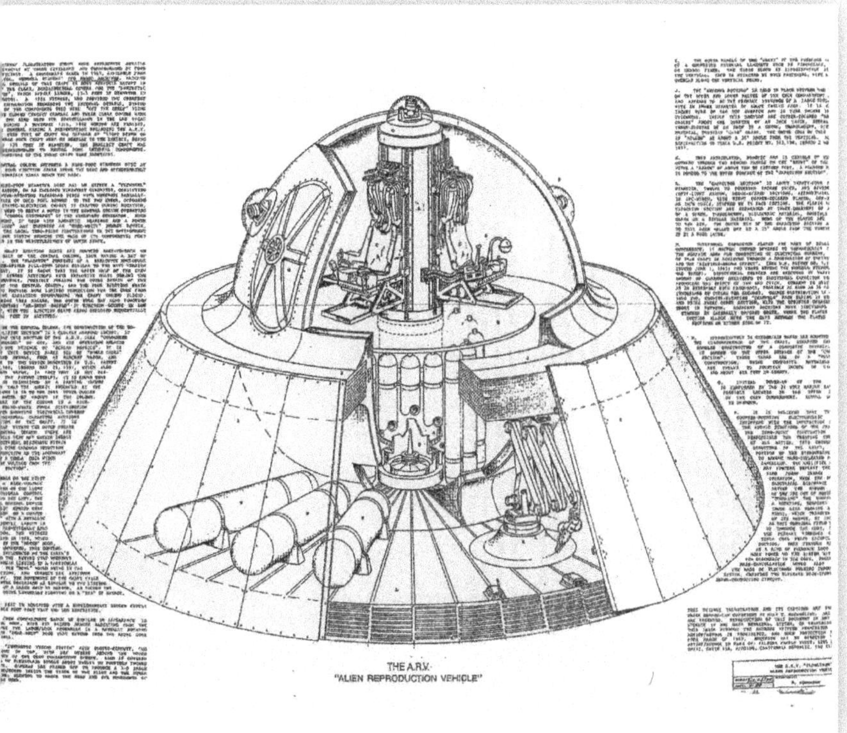

Abb. 44. Schnittzeichnung eines ARVs mit achtundvierzig großen Kondensatorstapeln zu je acht Platten und Sauerstoffzylindern. Copyright (März 1989) by Mark McCandlish. Alle Rechte vorbehalten.[10]

tiv zu dem Universum als Ganzes, im Ruhezustand befindet; und für die besagte lineare Kraft oder Bewegung wird ferner angenommen, dass sie keine gleiche und entgegengesetzte Reaktion aufweist, die durch eine der bislang allgemein bekannten und von der physikalischen Wissenschaft akzeptierten Methoden beobachtet werden kann.«[11]

In McCandlishs Erklärung wird die Anwendung des Biefeld-Brown-Effekts prägnant dargestellt: Die Steuerung des nachgebauten Alien-Schiffes erfolgt, indem man die elektrische Ladung in jedem Kondensator/jeder Platte so manipuliert, dass das Schiff in die eine oder andere Richtung gesteuert werden kann:

»Warum so viele verschiedene Kondensatorabschnitte? Wenn man nur eine große Scheibe hat ... gibt es zwar Levitation, aber es gibt keine Steuerung. Das Ding schwebt auf dem erzeugten Feld, aber es lässt sich nicht steuern.

Also, was passiert? Man bricht diese Scheibe in achtundvierzig verschiedene Abschnitte auf, und dann kann man entscheiden, wie viel Strom man auf diese Seite oder dort auf jene Seite legen möchte, damit man die Menge an Strom und die Menge an Schub und Vektorisierung, die man bekommt, kontrollieren kann. Man kann [das Schiff] senkrecht in die Höhe steigen lassen, man kann es in Schräglage bringen und drehen und neigen – was immer man will, weil man in diesen achtundvierzig verschiedenen Abschnitten kontrollieren kann, wohin der Strom fließt. Wenn man einen Kreis nimmt und ihn in achtundvierzig gleiche Abschnitte unterteilt, wird man feststellen, dass das wirklich dünne kleine Scheiben sind. Man hat also diese achtundvierzig Einzelkondensatoren und eine große Teslaspule. Man muss eine Art rotierende Funkenstrecke haben, genau wie der Verteiler im Auto, der den Strom zu jedem dieser Abschnitte leitet. Dann muss man eine Möglichkeit haben zu kontrollieren, wie viel Strom zu jedem einzelnen fließt.«[12]

Einfach gesagt, hat McCandlish darauf hingewiesen, dass das Schiff gesteuert wird, indem eine elektrostatische Hochspannungsladung an eine bestimmte Kondensatorplatte unter den achtundvierzig gesendet wird, wodurch ein Schub in die Richtung erzeugt wird, in die jeweils die positive Platte/Anode zeigte.

Zur Frage, wie das ARV angetrieben wurde, sagte McCandlish, dass es in das Nullpunkt-Energiefeld des Vakuums eindringen konnte. Damit wäre das ARV in der Lage, genügend elektrische Energie für seinen gesamten Energiebedarf zu erzeugen:

»Es gibt einen Wissenschaftler in Utah namens Moray B. King – er hat ein Buch namens *Die Nutzbarmachung der Nullpunktenergie* geschrieben. Was er behauptet, ist, dass diese Energie in die Raumzeit um uns herum eingebettet ist: Sie ist in allem, was wir sehen. Ich denke, es war James Clerk Maxwell, der annahm, dass es genug von diesem Fluss, dieser elektrischen Ladung, im Nichts des Weltraums gibt, dass, wenn man die ganze Energie einfangen könnte, die in nur einem Kubikmeter Raum eingebettet ist, man genug Energie hätte, um die Ozeane der ganzen Welt zum Kochen zu bringen ... Dieser Nachbau eines Alien-Raumschiffs, dieser Flux Liner, hat die Möglichkeit, das irgendwie elektronisch zu tun. Nun hatte Brad beschrieben, dass seine Mittelsäule eine Art Vakuumkammer enthält. Die Vakuumkammer ist eines der Dinge, die alle diese Wissenschaftler bei diesen Over-Unity- oder Freie-Energie-Geräten, die sie bauen, beschreiben. Sie alle haben eine Art von Vakuumröhren, von Vakuumtechnologie.«[13]

McCandlish beschrieb weiterhin den Massenauslöschungseffekt, zu dem es käme, wenn Energie aus dem Vakuumstrom entnommen würde, wodurch es dem ARV möglich wird, den Gesetzen der Massenträgheit zu trotzen. Damit könnte das ARV auf unglaubliche Geschwindigkeiten beschleunigen und große Strecken zurücklegen, ohne dass seine Insassen durch Veränderungen der Massenträgheit übermäßig belastet würden.

Quellen, die Sorensens ARV-Sichtung von 1988 erhärten

Mark McCandlish sagt, dass er 1992 auf einer Flugschau der Edwards Air Force Base mit Kent Sellen sprach, einem ehemaligen Unteroffizier der Air Force, der als Mannschaftschef an einem Flugzeug gearbeitet hatte, das 1973 in Edwards getestet wurde. Sellen erzählte McCandlish, dass er 1973 eine Fliegende Untertasse in einem schwer bewachten Wellblechhangar schweben sah. McCandlish gibt Sellens Bericht folgendermaßen wieder:

»Er erzählte mir, eines Nachts habe [sein] Schichtleiter [ihm gesagt]: ›Geh zur Nordbasis – sie haben ein Bodenstromaggregat für ein Flugzeug, das undicht oder ausgefallen ist oder so, also nimm ein Abschleppfahrzeug mit. Geh raus, nimm es mit, bring es zurück und lass es in der Repara-

Abb. 45. UFO über Provo, Utah – Juli 1966

turwerkstatt; dann kannst du Feierabend machen, denn wir haben alle unsere anderen Arbeiten erledigt.‹ Statt die große Umgehungsstraße zu nehmen, die zum Haupteingang der Nordbasis führt, fuhr Kent Sellen direkt durch das ausgetrockene Seebett bei Edwards zur Nordbasis. Er fuhr vom trockenen Seeboden auf den Asphalt und dann an den Hangars entlang – sie waren damals alle aus Wellblech. Er [hielt] vor dem ersten mit geöffneten Toren und erwartete, dort das defekte Bodenstromaggregat vorzufinden, und was sah er? Er sah eine Fliegende Untertasse im Hangar über dem Boden schweben.

Ich fragte: ›Was ist dann passiert?‹ Er sagte: ›Dieses Ding war an der Unterseite flach, [mit] gewölbten Seitenwänden. Es war übersät mit kleinen Plastikkuppeln, in denen kleinen Kameras montiert waren, [und] es hatte eine Tür an der Seite. Ich war keine fünfzehn Sekunden da, als ich Schritte auf mich zukommen hörte, und bevor ich mich überhaupt umdrehen und schauen konnte, hatte ich einen Maschinengewehrlauf am

Hals.‹ Eine schroffe Stimme sagte: ›Augen zu und auf den Boden, oder wir pusten dir den Kopf weg!‹

Sie zogen ihm eine Kapuze über den Kopf, verbanden ihm die Augen, schleppten ihn weg und verbrachten achtzehn Stunden damit, ihn zu befragen. Während sie das taten, erzählten sie ihm Dinge über dieses Fahrzeug, die nicht einmal mein Kumpel Brad [Sorensen] wusste.«[14]

Die Untertasse, die Sellen 1973 zufällig erblickte, entsprach derjenigen, die Sorensen 1988 sah und skizzierte. Darüber hinaus sagt McCandlish, dass jedes der ARVs, die von Sellen und Sorensen beobachtet wurden, ein ähnliches Design hatte wie ein UFO, das bereits 1966 in Provo, Utah, fotografiert wurde – es war ein Foto, das im Condon-Komitee diskutiert wurde. Angesichts Sellens Aussage und des UFO-Fotos aus Provo von 1966 glaubte McCandlish, dass er eine unabhängige Bestätigung für Sorensens Geschichte gefunden hat.

Vergleich von ARVs mit aufgefundenen Nazi-Flugscheiben

Da er ein ehemaliger Unteroffizier der Air Force und ein Mannschaftschef war, der an Testflugzeugen arbeitete, ist Sellens Bestätigung von Sorensens ARV überzeugend und verlangt die weitere Erforschung aller drei scheibenförmigen Schiffe, die der Flugzeug-Illustrator in Edwards gesehen hat. Zudem ist zu untersuchen, inwiefern diese mit den Nazi-Flugscheiben, die nach dem Zweiten Weltkrieg in die Vereinigten Staaten gebracht wurden, zu vergleichen sind. Eine wichtige Beobachtung, die noch dargestellt wird, besteht darin, dass die Größe der Air Force-ARVs bemerkenswert mit der Größe der Nazi-Flugscheiben übereinstimmte. Zunächst folgt das, was McCandlish über die verschiedenen Größen der Fluggeräte sagte, die Sorensen sah:

»Nun, er [Sorensen] sagte, es gäbe drei Fluggeräte. Der erste – der kleinste Typ, der teilweise zerlegt war und in dem Video gezeigt wurde, das in einem Hangar am 12. November 1988 auf der Norton Air Force Base lief – hatte an seinem breitesten Teil, direkt an der Basis, 7,30 Meter Durchmesser. Das nächstgrößere hatte einen größten Durchmesser von achtzehn Metern … Der Durchmesser des größten betrug knapp neununddreißig Meter.«[15]

Laut McCandlish konnte das 7,30-Meter-ARV im oberen Kuppelbereich eine vierköpfige Besatzung aufnehmen, aber es wurden keine Angaben darüber gemacht, wie viel Mann Besatzung die größeren ARVs beherbergen können. Eine grobe Schätzung kann man jedoch anhand der Serie von *Vril-* und *Haunebu-*Flugscheiben aus dem nationalsozialistischen Deutschland vornehmen.

In Kapitel 3 werden vier UFOs erwähnt, die heimlich durch Operation Paperclip in die USA gebracht wurden, um dort in der Wright-Patterson Air Force Base und dann in der S4-Anlage in Area 51 genau untersucht zu werden.[16] Lassen Sie uns rekapitulieren, was über die Flugscheiben namens *Vril* und *Haunebu* bekannt ist, die in Nazi-Deutschland erfolgreich gebaut und von denen die fortschrittlichsten vor dem Ende des Zweiten Weltkriegs in die Antarktis gebracht wurden. Von diesen wurden mindestens vier Schiffe (zwei *Vril* und zwei *Haunebu*) erbeutet und in die Vereinigten Staaten gebracht.

In meinem Buch *Antarktis – Die verbotene Wahrheit* wird eine detaillierte Analyse der NS-Dokumente vorgelegt, die am Ende des Kalten Krieges von einem ehemaligen Mitglied der Bulgarischen Akademie der Wissenschaften, Vladimir Terziski, veröffentlicht wurden.[17] Im Jahr 1991 behauptete Terziski, im Besitz eines geleakten Dokumentarfilms aus den Archiven der SS zu sein, der in den Ländern des Warschauer Paktes bekannt war und verschiedene Arten von Flugscheiben zeigte, die in Nazi-Deutschland gebaut worden waren.[18] Der Film zeigte Dokumente von Ende 1944 und Anfang 1945 mit detaillierten Daten zu vier unterschiedlich großen Flugscheiben, die von der SS in verschiedenen unterirdischen Forschungseinrichtungen getestet und entwickelt worden waren. Die ersten drei der vier Nazi-Flugscheiben sind in ihrer Größe vergleichbar mit denen, die Sorensen auf der Edwards Air Force Base gesehen hat. Die Ähnlichkeiten sind so groß, dass davon ausgegangen werden kann, dass die Konstruktionen für die ARVs zumindest teilweise darauf zurückzuführen sind, dass die Scheiben der Serien *Vril* und *Haunebu*, die nach dem Krieg in die USA gebracht worden waren, dort erfolgreich nachgebaut wurden.

Das erste SS-Dokument aus dem Film enthält die Produktionsstatistik von vier Flugscheibentypen in Bezug auf die produzierte Anzahl und auch die Zahl der jeweils durchgeführten Testflüge (siehe Abbildung 46). Das Dokument zeigt, dass siebzehn *Vril-I*-Schiffe gebaut und mit ihnen vierundachtzig Testflüge durchgeführt wurden. Dieses Modell verwendete einen »Schumann-Levitator« als Antriebssystem. Dieser basierte auf der Arbeit von Professor Otto Schumann, einem der deutschen Wissenschaftler, die durch Operation Paperclip in die USA gebracht wurden. Der Schumann-Levitator war ein Elektrogravitationsantrieb, der mit Hilfe von Hochspannungselektrostatik einen Schub ähnlich dem Biefeld-Brown-Effekt erzeugte. Weitere nationalsozialistische Dokumente gaben für die *Vril I* zwei Mann Besatzung, eine mögliche Flugdauer von 5,5 Stunden und eine Höchstgeschwindigkeit von 7200 mph (12.000 km/h) an.[19]

Die 11,5 Meter Durchmesser der *Vril I* sind vergleichbar mit den 7,30 Metern des ARVs der Air Force, das von Sorensen beobachtet wurde. Dies ist wichtig, da wir wissen, dass zwei der *Vril-I*-Schiffe für Erforschungs- und Nachbauzwecke in die USA kamen. Die *Vril I* wurde von einem »Schumann-SM-Levitator« angetrieben, der ein Nullpunkt-/Freie-Energie-Gerät des deutschen Erfinders Hans Coler mit einem von Otto Schumann entwickelten Antriebssystem enthielt.[20] Die geladenen Kondensatoren in der *Vril I* konnten das Fahrzeug nur 5,5 Stunden lang betreiben, was darauf hindeutet, dass das Nullpunkt-Energiegerät in seiner Stromerzeugungskapazität noch recht begrenzt war. Zusätzlich zur Verkleinerung und Entwicklung moderner Batterie-/Kondensator-Technologien wissen wir aus McCandlishs Analyse von Sorensens Designskizze, dass das von der Air Force nachgebaute Raumschiff aus dem Vakuumfeld genügend Energie für seinen Bedarf gewinnen konnte. Folglich hatte das kleinere ARV eine Flugzeit, die deutlich länger war als die seines deutschen Vorläufers.

Das Dokument über die NS-Produktionsstatistik besagt weiter, dass zwei Flugscheiben vom Typ *Haunebu I* gebaut und mit ihnen zweiundfünfzig Erprobungsflüge absolviert wurden. Mindestens eines dieser Typ-I-*Haunebus* wurde gefunden und im Rahmen von Operation Paperclip in die USA gebracht.

Die *Haunebu I* war mit E-IV-Antriebssystemen ausgestattet, die als »Tachyonator-7-Antrieb« bezeichnet wurden:

> »... ein revolutionärer elektromagnetischer Gravitationsmotor, der Hans Colers Freie-Energie-Maschine zu einem Energiekonverter verbesserte, der mit einem Van-de-Graaf-Bandgenerator und Marconi-Wirbeldynamo [einem mit Quecksilber gefüllten kugelförmigen Tank] gekoppelt war, um starke elektromagnetische Drehfelder zu erzeugen, die die Schwerkraft beeinflussten und die Masse reduzierten. Es wurde auch als Thule-Triebwerk [oder Tachyonator-7-Antrieb bezeichnet].«[21]

Weitere NS-Dokumente beziffern die Besatzung der *Haunebu I* auf acht Personen und geben eine Höchstgeschwindigkeit von 10.200 mph (17.000 km/h) an.[22]

Die fünfundzwanzig Meter große *Hanuebu I* ist in ihrer Größe vergleichbar mit dem Achtzehn-Meter-ARV der Air Force. Da das kleinere 7,30-Meter-ARV die doppelte Besatzungszahl aufwies wie die etwas größere *Vril I*, kann davon ausgegangen werden, dass das Achtzehn-Meter-ARV mehr Besatzung aufnehmen konnte als sein etwas größeres Gegenstück, die *Haunebu I*, vielleicht sogar das Doppelte der achtköpfigen Besatzung von letzterer, also bis zu sechzehn Astronauten. Am wichtigsten ist, dass das Achtzehn-Meter-ARV einen fortschrittlichen Motor besaß, der in der Lage war, eine unabhängige Stromversorgung aus dem Vakuum zu erzeugen, statt sich auf gespeicherte elektrische Energie zu verlassen. Die *Haunebu I* hatte eine Flugdauer von achtzehn Stunden, so dass davon ausgegangen werden kann, dass die Air Force das Vakuum-Energiegerät, das ihre ARVs antreibt, deutlich verbessert hatte.[23] Demnach war das Achtzehn-Meter-ARV zu längeren Weltraumeinsätzen in der Lage als sein Vorläufer, die *Haunebu I*.

Schließlich zeigt das SS-Dokument, dass sieben *Haunebu-II*-Flugscheiben gebaut und einhundertsechs Mal geflogen wurden. Diese

Flugkreisel-Erprobung, Stand / Anzahl Erprobungsflüge:

HAUNEBU I	(vorhanden 2 Stück)	52	E-IV
HAUNEBU II	(vorhanden 7 Stück)	106	E-IV
HAUNEBU III	(vorhanden 1 Stück)	19	E-IV
(VRIL I)	(vorhanden 17 Stück)	84	(Schumann)

Empfehlung:
Beschleunigen von Abschlußerprobung
und Produktion „Haunebu II"
+ „VRIL I"

Abb. 46. Produktionsstatistik für Fliegende Untertassen der SS

wurden ebenfalls mit E-IV-Antriebssystemen ausgestattet. Weitere NS-Dokumente beziffern die Besatzungsstärke auf maximal zwanzig bei einer Höchstgeschwindigkeit von 21.000 km/h und einer Flugdauer von fünfundfünfzig Stunden.[24] Mit zweiunddreißig Metern ist die *Haunebu II* vergleichbar mit dem neununddreißig Meter großen ARV, das Sorensen sah. Auch dies ist kein Zufall, da die Air Force das Schiff *Haunebu II*, das nach dem Zweiten Weltkrieg nach Wright Field gebracht worden war, gründlich untersucht hatte, bevor man es zur Area 51 brachte, wo es 1958 gesehen wurde.

Die Tatsache, dass das kleinere 7,30-Meter-ARV die doppelte Besatzungszahl aufwies wie sein etwas größeres Gegenstück *Vril I*, lässt uns schätzen, dass das ARV mit einem Durchmesser von neununddreißig Metern vermutlich etwa vierzig Astronauten aufnehmen konnte. Das größte ARV der Air Force hatte als Weiterentwicklung

Vergleich von Flugscheiben aus Nazi-Deutschland mit US-Nachbauten außerirdischer Fluggeräte

Nazi-Deutschland 1945 – U.S. Air Force 1988 (Norton AFB)	
Vril I:	– Durchmesser: 38 ft (11,5 m) – Besatzung: 2 – Flugdauer: 5,5 Stunden – Geschwindigkeit: 7.200 mph (12.000 km/h)
Kleines ARV:	– Durchmesser: 24 ft (7,3 m) – Besatzung: 4 – Flugdauer: Unbekannt – Geschwindigkeit: überlichtschnell
Haunebu I:	– Durchmesser: 82 ft (25 m) – Besatzung: Unbekannt – Flugdauer: 18 Stunden – Geschwindigkeit: 10.200 mph (17.000 km/h)
Mittleres ARV:	– Durchmesser: 60 ft (18 m) – Besatzung: 8-16 (geschätzt) – Flugdauer: Unbekannt – Geschwindigkeit: überlichtschnell
Haunebu II:	– Durchmesser: 105 ft (32 m) – Besatzung: 20 – Flugdauer: 55 Stunden – Geschwindigkeit: 12.620 mph (21.000 km/h)
Großes ARV:	– Durchmesser: 39 m (130 ft) – Besatzung: 20-40 (geschätzt) – Flugdauer: Unbekannt – Geschwindigkeit: überlichtschnell
Haunebu III:	– Durchmesser: 71 m (233 ft) – Besatzung: 32 – Flugdauer: 7-8 Wochen – Geschwindigkeit: 24.855 mph (40.000 km/h)
Kein ARV von vergleichbarer Größe	

wahrscheinlich ein moderneres Triebwerk, das eine deutlich höhere Flugdauer als die fünfundfünfzig Flugstunden der *Haunebu II* ermöglichte. Somit würde sich das Neununddreißig-Meter-ARV für noch längere Weltraumflüge eignen.

Während die Geschwindigkeiten der von Terziski erwähnten *Vril-* und *Haunebu*-Flugmaschinen selbst angesichts der heutigen Standards öffentlich bekannter Luft- und Raumfahrzeuge beeindruckend klingen, sind sie weitaus geringer als das, was Sorensen von einem Vier-Sterne-General der Air Force hörte, der 1988 in einem Vortrag über die Flugscheiben auf der Edwards Air Force Base berichtete. Der General sagte, dass die drei ARVs »in der Lage waren, Lichtgeschwindigkeit oder mehr zu erreichen«.[25] Dies deutet darauf hin, dass die Air Force bis 1988 erfolgreich Nullpunkt-Energiegeräte entwickelt hatte, die genug Leistung für überlichtschnelle Raumflüge lieferten.

Air-Force-Flugscheiben und überlichtschnelles Reisen

Auch wenn die Idee des superluminalen, also überlichtschnellen Reisens 1988 noch weit außerhalb der Reichweite der Fähigkeiten der USAF gelegen haben mochte, sollte man sich vor Augen halten, womit der ehemalige Leiter der Abteilung Skunk Works bei Lockheed, Ben Rich, jeden seiner öffentlichen Vorträge beendete. Seit September 1983 zeigte er eine Folie einer Fliegenden Untertasse und erzählte den Zuschauern, dass Lockheed Martin einen neuen Vertrag bekommen hätte; ihnen sei »die Aufgabe übertragen worden, E.T. nach Hause zu bringen«.[26] Damals hielten die meisten das für einen Witz. Rich spielte aber wahrscheinlich auf einen Auftrag der USAF für Lockheed an. Das Unternehmen sollte für die U.S. Air Force Raumschiffe bauen, die in der Lage waren, interstellare Raumflüge mit Über-Lichtgeschwindigkeit durchzuführen. Rich sagte nicht, wann der Auftrag vergeben worden war, aber es ist bezeichnend, dass fünf Jahre nach seiner Rede die USAF auf der Edwards-Basis drei brandneue scheibenförmige Raumschiffe präsentierte.

Am 23. März 1993, zwei Jahre nach seiner Pensionierung und fünf Jahre nach der Flugshow auf der Norton Air Force Base, änderte Rich seine Pointe. Auf einer Ingenieurskonferenz in Los Angeles zeigte er die Flugscheibe erneut, sagte aber stattdessen: »Wir haben jetzt die Technologie, um E.T. nach Hause zu bringen.«[27] Das Publikum lachte wie bisher, aber privat teilte Rich Kollegen mit, was wirklich in den geheimen Programmen, an denen Skunk Works beteiligt war, vor sich ging:

> »Wir haben bereits die Mittel, um zu anderen Sternen zu reisen, aber diese Technologien sind ausschließlich schwarzen Projekten vorbehalten, und es müsste schon Gott persönlich eingreifen, damit sie je zum Wohle der Menschheit genutzt werden ... Was immer Sie sich vorstellen können, wir wissen bereits, wie man es macht.«[28]

Richs Kommentar stützt die Annahme, dass Lockheed den Vertrag zum Bau von Flugscheiben erhielt, die ab einem Zeitpunkt vor 1983 überlichtschnell fliegen konnten und solche Flüge spätestens ab 1988 auch durchführten. Diese Flugscheiben wurden dann im damals neuen, am 1. September 1982 gegründeten USAF Space Command eingesetzt, dem Weltraumkommando der Air Force.

Weitere Hinweise auf die Antriebs- und Navigationstechnologien der USAF-Flugscheiben, die in der Lage waren, »E.T. nach Hause zu bringen«, werden in zwei 2009 verfassten Dokumenten des amerikanischen Militärgeheimdienstes Defense Intelligence Agency (DIA) erörtert, die aufzeigen, wie überlichtschnelles Reisen durch die Entwicklung von »Warp-Antrieben« und »passierbaren Wurmlöchern« erreicht werden kann. Die beiden Dokumente tragen die Titel »Traversable Wormholes, Stargates and Negative Energy« (»Passierbare Wurmlöcher, Sternentore und negative Energie«) sowie »Warp Drive, Dark Energy and the Manipulation of Extra Dimensions« (»Warp-Antrieb, dunkle Energie und die Manipulation von zusätzlichen Dimensionen«).[29] Die Einführungen zu den Dokumenten besagen, dass sie Teil »einer Reihe von Berichten über Spitzentechnologien sind, die im Geschäftsjahr 2009 im Rahmen des Defense Advanced Aero-

Abb. 47. Das Dia, das Ben Rich zeigte, wenn er davon sprach, E.T. nach Hause zu bringen

space Weapon System Applications Program [AAWSA = Programm für fortschrittliche Anwendungen von Luft- und Raumwaffen] erstellt wurden«. Beide Dokumente wurden von einem der Autoren, Dr. Eric Davis, als echt bestätigt, der überrascht war, sie öffentlich in Umlauf zu sehen, da sie die nationale Sicherheitseinstufung »Nur für den internen Gebrauch« (For Official Use Only) trugen. Solche Dokumente sind zwar nicht als geheim im eigentlichen Sinn eingestuft, aber nicht für die Öffentlichkeit bestimmt.[31]

Basierend auf den bisher vorliegenden Erkenntnissen ist es der USAF und Auftragnehmern wie Lockheeds Skunk-Works-Abteilung gelungen, die Flugleistung der *Vril*- und *Haunebu*-Modelle, die heimlich in Wright-Patterson und später in der S4-Anlage untersucht wurden, deutlich zu verbessern. Die Schiffe waren in der Lage, superluminare (überlichtschnelle) Reisen durchzuführen, was USAF-

Astronauten ins All und zu nahegelegenen Himmelskörpern wie Mond und Mars brachte. Was wir jetzt also über die Scheiben-ARVs der USAF wissen, gibt eine klare Antwort auf das, was Präsident Reagan in seinem Tagebucheintrag vom 11. Juni 1985 meinte, als er schrieb: »Unsere Shuttle-Kapazität ist so groß, dass wir dreihundert Menschen in den Orbit bringen könnten.«[32] Reagan spielte auf eine oder mehrere Geschwader von unterschiedlich großen ARVs an, die auf der Edwards Air Force Base gesehen wurden und die Astronauten in eine niedrige Erdumlaufbahn bringen konnten, um an den geheimen USAF/NRO/NASA-Raumstationen mit MOL-Modulen zu arbeiten, die auf *Titan-IIID*-Raketen in die Umlaufbahn geschickt wurden, von denen mindestens eine 1985 fertiggestellt wurde. Lockheed Martins Geheimprojekte spielten nicht nur eine Schlüsselrolle beim Bau der ARVs der Air Force, sondern auch beim Aufbau der Raumstation/en im niedrigen Erdorbit.

Was Brad Sorensen 1988 sah, waren operative Flugscheiben, die von ihrer stolzen Besitzerin, der USAF, gezeigt wurden. Die Air Force und insbesondere ihr Space Command, das Weltraumkommando, gaben sich jedoch nicht damit zufrieden, dank Lockheed Martin und anderen Luft- und Raumfahrtunternehmen nur Geschwader von Flugscheiben zu haben. Die Air Force arbeitete bereits an deutlich größeren Flugmaschinen als dem von Sorensen beobachteten, neununddreißig Meter großen ARV. Jetzt folgte ein radikal neues Luftfahrtkonzept: Fliegende Dreiecke!

Anmerkungen

1 »Advanced MOL Planning: Missions and Systems«, page 17, zugänglich unter http://www.nro.gov/Portals/65/documents/foia/declass/mol/794.pdf (aufgerufen am 17.11.2018)

2 Ebd.

3 Ebd.

4 Siehe European Space Agency, »International Space Station«, http://m.esa.int/Our_Activities/Human_Spaceflight/International_Space_Station/Building_the_International_Space_Station3, und Wikipedia unter http://en.wikipedia.org/wiki/Assembly_of_the_International_Space_Station (aufgerufen am 10.06.2018)

5 Siehe Clark McClelland, *The Stargate Chronicles*, chapter 15, http://tinyurl.com/ox66j9y (aufgerufen am 30.06.2015)

6 Dr. Steven M. Greer, »Testimony of Mr. Mark McCandlish, U.S. Air Force«, in *Disclosure: Military and Government Witnesses Reveal the Greatest Secrets in Modern History*, Crossing Point 2001; pgs. 500f.

7 Mark McCandlish kommentiert, was Sorensen ihm über die Genauigkeit der Beschreibung sagte: https://youtu.be/9QNvZN7X7v8?t=3502 (aufgerufen am 24.11.2018)

8 Zur Erläuterung des Biefeld-Brown-Effekts siehe Michael E. Salla, *Geheime Weltraumprogramme & Allianzen mit Außerirdischen*; AMRA Verlag, Hanau 2016. – US-Ausgabe: pgs. 19-28.

9 Paul La Violette, *Secrets of Antigravity Propulsion: Tesla, UFOs and Classified Aerospace Technology*; Bear & Co. 2008; p. 9. – Dt. Ausgabe: *Verschlusssache Antigravitationsantrieb: Tesla, UFOs und die geheime Luft- und Raumfahrttechnik*. Kopp Verlag, Rottenburg 2010.

10 Mark McCandlishs ARV-Bilder werden auch als Drucke angeboten. Näheres unter http://www.markmccandlish.com/ (aufgerufen am 23.04.2019)

11 »A Method of and an Apparatus or Machine for Producing Force or Motion«, http://www.checktheevidence.com/Disclosure/Web%20Pages/www.soteria.com/brown/docs/egravity/gravsap1.htm (aufgerufen am 10.06.2015)

12 Dr. Steven M. Greer, »Testimony of Mr. Mark McCandlish, U.S. Air Force«, in *Disclosure: Military and Government Witnesses Reveal the Greatest Secrets in Modern History*, Crossing Point 2001; p. 502.

13 Ebd., p. 504.

14 Ebd., pgs. 505-506.

15 Ebd., pgs. 500f. und 504.

16 Siehe *Earthfiles* unter http://www.earthfiles.com/news.php?ID=1501&category=Real+X-Files (aufgerufen am 14.11.2017)

17 Siehe Michael E. Salla, *Antarktis – Die verbotene Wahrheit*; AMRA Verlag, Hanau 2020. US-Ausgabe: pgs. 56-71. – Eine kurze Biografie von Vladimir Terziski findet sich online unter http://www.whale.to/b/terziski_h.html (aufgerufen am 14.11.2017)

18 Vladimir Terziski präsentiert seine Funde von 1992 in einem Workshop online unter https://youtu.be/MPBvHjuJtB8

19 Nach Material von Rob Arndt auf http://www.bibliotecapleyades.net/ufo_aleman/esp_ufoaleman_6.htm (aufgerufen am 13.11.2017)

20 Zu weiteren Details siehe Rob Arndt, »RFZ (Rundflugzeug) of the Thule-Vril type Series 1-7 (1937-1942)«, http://discaircraft.greyfalcon.us/RFZ.htm (aufgerufen am 01.01.2019)

21 Rob Arndt, »Haunebu – H-Great, Hanueburg Device 1939-1945)«, http://discaircraft.greyfalcon.us/HAUNEBU.htm (aufgerufen am 03.07.2017)

22 Ebd.

23 Ebd.

24 Ebd.

25 Dr. Steven M. Greer, »Testimony of Mr. Mark McCandlish, U.S. Air Force«, in *Disclosure: Military and Government Witnesses Reveal the Greatest Secrets in Modern History*, Crossing Point 2001; p. 504.

26 Peter W. Merlin, »Taking E.T. Home: Birth of a Modern Myth«, in *Sunlight: Shedding some light on UFOlogy and UFOs*, Vol 5, No. 6 (2013); http://home.comcast.net/~tprinty/UFO/SUNlite5_6.pdf (aufgerufen am 14.07.2015)

27 Ebd.

28 Rich hielt eine Rede, in der er dies geäußert haben soll; siehe http://www.unexplained-mysteries.com/forum/index.php?showtopic=63914 (aufgerufen am 14.07.2015)

29 Die beiden Dokumente wurden am 17. Dezember 2017 von Corey Goode hochgeladen, der sie von einer vertraulichen Quelle bezog. Siehe »Defense Intelligence Reference Documents«,

30 https://spherebeingalliance.com/blog/defense-intelligence-reference-documents.html (aufgerufen 11/22/18)

31 Siehe Michael E. Salla, »Advanced Technology Reports Leaked by Corey Goode Confirmed by Leading Scientist«, https://www.exopolitics.org/advanced-technology-reports-leaked-by-corey-goode-confirmed-by-leading-scientist/(aufgerufen am 22.11.2018)

32 Ronald Reagan, *The Reagan Diaries*; Harper Perennial 2009; p. 334.

15 Fliegende Dreiecke und die TR-3B der U.S. Air Force

Ich glaube, das menschliche Herz kennt keine größere Form der Begeisterung als die des Erfinders, wenn er eine Schöpfung des Verstandes sich zum Erfolg entwickeln sieht.

– Nikola Tesla –

Edgar Fouche diente von 1967 bis 1987 bei der U.S. Air Force, bevor er weitere acht Jahre bei Rüstungsunternehmen verbrachte, die an einer Reihe von geheimen Luftfahrtprogrammen in der Area 51 der Nellis Air Force Range, Nevada, arbeiteten. Er hat Dokumente zur Verfügung gestellt, die seinen USAF-Militärdienst und seine Arbeit bei Subunternehmern verschiedener Luftfahrtprojekte belegen. Ein Dokument zeigte, dass Fouche im Zeitraum von 1976 bis 1979 auf der Nellis Air Force Base eingesetzt wurde, während man ihn, wie er sagt, zuerst der Area 51 zugeteilt hatte. Fouche behauptet, dass er dort Menschen getroffen hat, die an den vermutlich geheimsten Luftfahrtprogrammen der Air Force arbeiteten.[1] Während seiner fast dreißigjährigen Karriere in der Militärluftfahrt arbeitete Fouche insgesamt zwölf Jahre in der Area 51 in verschiedenen Funktionen und für verschiedene Arbeitgeber, darunter die Defense Advanced Research Projects Agency (DARPA = Behörde für zukunftsweisende militärische Forschungsprojekte).

Als Fouche beschloss, eine »auf Fakten basierende Fiktion« als Buch zu verfassen, das Informationen über die fortschrittlichsten Luft- und Raumfahrttechnologien enthüllte, die sich derzeit in der Entwicklung befinden, konsultierte er fünf enge Freunde, die auch an solchen geheimen Luftfahrtprojekten gearbeitet hatten.[2] In vertraulichen Gesprächen sammelte die Gruppe ihre Informationen über die als geheim klassifizierten Projekte und Technologien, an denen sie in einer Reihe von Militäranlagen im ganzen Land gearbeitet hatte.[3] Auf der Grundlage dieser Berichte aus erster Hand behauptete Fouche später, dass der Ersatz für die Blackbird SR-71 ein Projekt namens »Aurora« sei, bei dem mehrere exotische Flugzeugtypen entwickelt würden. Fouche behauptete weiter, dass sich Aurora neben der Entwicklung von Überschallflugzeugen auch mit einem noch exotischeres Fluggerät beschäftige, bei dem Antigravitations-Technologie eingesetzt werde.

Die Diskussion über das Aurora-Programm in der Luftfahrtindustrie begann im März 1990 aufgrund einer Meldung des Magazins *Aviation Week & Space Technology*:

> »Aurora wurde versehentlich im US-Haushalt 1985 publik gemacht, als eine Zuteilung von 455 Millionen Dollar für die Schwarze Produktion von Flugzeugen im Geschäftsjahr 1987. Beachten Sie, dass dieser Betrag für den Bau von Flugzeugen und nicht für R&D [Forschung und Entwicklung] vorgesehen war.«[4]

Die prominenten Luftfahrtautoren Nick Cook, der Autor von *Die Jagd nach Zero Point*, und Bill Sweetman diskutierten anschließend über das Aurora-Programm und die hohe Wahrscheinlichkeit für seine Existenz.[5] Ein Gespräch mit Mitarbeitern der Area 51 beendete Sweetman im Jahr 2006 mit den Worten:

> »Gibt es Aurora? Höchstwahrscheinlich. Jahrelange Recherchen veranlassen mich zu der Annahme, dass Aurora in der aktiven Entwicklung ist, angetrieben von den jüngsten technologischen Fortschritten, die es ermöglichen, genau jene Ziele zu erreichen, wegen denen das Programm vor einer Generation ins Leben gerufen wurde.«[6]

Über die beiden Überschallfluggeräte des Aurora-Projekts sagte Fouche: »Zu Aurora gehören die SR-75, die Geschwindigkeiten über Mach 5 erreichen kann und als Mutterschiff für die SR-74 eingesetzt wird, die mit Geschwindigkeiten von Mach 18 oder mehr in den Weltraum reisen kann, um Satelliten abzusetzen.«[7] Laut Fouche verfügen SR-74 und SR-75 über modernste Tarnfunktionen. Solche Fähigkeiten erhöhen die Möglichkeit, dass diese beiden Schiffe auch die Elektrogravitation als Teil ihres Antriebssystems mit einbeziehen, da die Entwicklung vom Tarn-Technologie bekanntermaßen oft vorgeschoben wird, um besonders geheime Elektrogravitationsprojekte dahinter zu verstecken.[8] Dies würde erklären, wie die SR-75 die SR-74 im Huckepack-Stil bis auf eine Höhe von 30.000 Metern tragen und die für den Start der SR-74 erforderliche Minimalgeschwindigkeit von Mach 5,1 erreichen kann, damit diese mit noch höherer Geschwindigkeit in die niedrige Erdumlaufbahn fliegen kann. Die SR-74 könnte demnach als Zubringer für die USAF/NRO-Raumstationen dienen, wobei ihre relativ geringe Größe allerdings nur eine geringe Zuladung und Passagierzahl ermöglichen würde.

Laut Fouche gibt es ein drittes Flugzeug, das zum Aurora-Programm gehört, die »TR-3B«, welche das Projekt mit der höchsten Geheimhaltungsstufe war, von der er und andere Mitarbeiter von Groom Lake Area 51 wussten:

> »Die TR-3B hat den Codenamen Astra. Der erste Flugeinsatz der TR-3B erfolgte Anfang der 1990er Jahre. Die dreieckig geformte atomgetriebene Luft- und Raumfahrt-Plattform wurde im Rahmen des streng geheimen Aurora-Programms mit Geldern aus dem SDI-Programm und aus schwarzen Etats entwickelt. Mindestens drei der Milliarden Dollar teuren TR-3Bs flogen bis 1994. Aurora ist das am geheimsten eingestufte Entwicklungsprogramm für die Luft- und Raumfahrt, das es gibt. Die TR-3B ist das exotischste Fluggerät, das im Rahmen des Aurora-Programms entwickelt wurde. Es wird vom National Reconnaissance Office [Nationalen Aufklärungsamt], der NSA [Nationalen Sicherheitsbehörde] und der CIA finanziert und operativ betreut. Das Fliegende Dreieck TR-3B ist keine Fiktion und wurde mit der Mitte der 1980er Jahre verfügbaren Technologie gebaut.«[9]

Zusätzlich zum Nuklearantrieb verfügt die TR-3B, so Fouche, über drei Raketentriebwerke mit konventionellen Treibstoffen wie Wasserstoff, Sauerstoff und Methan.[10]

Was die TR-3B von anderen Aurora-Schiffen und den von Lockheed für die USAF gebauten scheibenförmigen Alien Reproduction Vehicles (ARVs) unterscheidet, ist, dass es eine andere Art von Antigravitations-Effekt verwendet als die von Thomas Townsend Brown entwickelten Elektrogravitations-Systeme. Fouche bezeichnete dieses Antigravitations-System als einen »Magnetfeld-Unterbrecher«, in dem hochverdichtetes Plasma auf Quecksilberbasis um einen kreisförmigen Beschleunigerring rotiert:

> »Ein kreisförmiger, plasmagefüllter Beschleunigerring, der sogenannte ›Magnetfeldunterbrecher‹, umgibt den drehbaren Mannschaftsraum und ist jeder bisherigen Technologie weit voraus. Die Laboratorien Sandia und Livermore entwickelten das System als Nachbau außerirdischer Technologie. Die Regierung wird alles daransetzen, diese Technologie zu schützen. Das Plasma auf Quecksilberbasis wird bei einem Druck von 250.000 Atmosphären und einer Temperatur von 150 Grad Kelvin auf 50.000 U/min beschleunigt, um ein supraleitendes Plasma mit der daraus resultierenden Schwerkraftunterbrechung zu erzeugen.«[11]

Fouche erklärte, dass sich die Technologie der Magnetfeldunterbrechung (MFD = Magnetic Field Disruptor) von der Elektrogravitation unterscheidet, da der MFD das Gewicht um den atemberaubenden Faktor von 89 Prozent reduziert, während erstere Schub erzeugt.

> »Der MFD erzeugt ein magnetisches Wirbelfeld, das die Auswirkungen der Schwerkraft auf die Masse um rund 89 Prozent unterbindet oder neutralisiert. Verstehen Sie das nicht falsch. Das ist keine Antigravitation. Antigravitation erzeugt eine abstoßende Kraft, die für den Vortrieb genutzt werden kann.«[12]

Dank des durch die MFD-Technologie reduzierten Gewichts der TR-3B könnten andere Systeme wie ein Atomantrieb und konventionelle Strahltriebwerke den notwendigen Schub liefern, wodurch die TR-3B herkömmlichen Flugzeugen der USAF weit überlegen ist:

AUG 20 1979

NAME OF RATEE (LAST, FIRST, MIDDLE INITIAL)	SSAN	ACTIVE DUTY GRADE
Fouche, Edgar A	FR4[redacted]	TSGT

(CHECK APPROPRIATE BLOCK AND COMPLETE AS APPLICABLE)

☐ SUPPLEMENTAL SHEET TO RATING FORM WHICH COVERS THE FOLLOWING PERIOD OF REPORT

☒ LETTER OF EVALUATION COVERING THE FOLLOWING PERIOD OF OBSERVATION

FROM	THRU	FROM	THRU
		10 June 79	14 AUG 79

Precede comments by appropriate data, i.e. section continuation, indorsement continuation, additional indorsement, additional reviewer comments, etc.

FACTS AND SPECIFIC ACHIEVEMENTS: TSgt Fouche is an outstanding NCO and technician. His exceptional performance of all duties, even under adverse conditions, indicates a dedicated interest in his work, and a high degree of professionalism. His wide-ranging knowledge and diverse expertise in diagnostics, and mechanical engineering, coupled with his training in advanced electronics, has helped solve critical mission support problems consistently. His awareness of the big picture for future avionics development and maintenance is an attribute that makes him a valuable asset to TAC. TSgt Fouche is considered one of TACs best R&D team builders in areas of ECM, ATS, and cryptological support. He has proven himself recently in the implementation of the TEWS-TITE bed-down, which was lauded by TAC Hq LGM. STRENGTHS: TSgt Fouche displays excellent capabilities when given greater responsibilities, which was demonstrated in his MAJCOM involvement in cryptological asset training and provisioning. He has high endorsements from his chain of command and is considered an excellent candidate for a command level position. OTHER COMMENTS: This out of cycle report is generated because TSgt Fouche was assigned TDY to the AFFTC-DET 3, Nellis AF Range from 1 June 79 to 14 August 79. His duties and responsibilities for this period have been verified via a separate report. RECOMMENDATION: Promote at the earliest opportunity.

NAME OF EVALUATOR, GRADE, ORGANIZATION, AND LOCATION	DUTY TITLE		DATE
[redacted] Brewer, MSgt, USAF	NCOIC F-15 AIS		24 Aug 79
57 CRS, Nellis AFB Nevada	SSAN (INCLUDE SUFFIX) FR465-[redacted]	SIGNATURE [redacted] Brewer	

AF FORM NOV 74 77a PREVIOUS EDITION WILL BE USED.
☆U.S. GOVERNMENT PRINTING OFFICE: 1976-211-391/1105

SUPPLEMENTAL SHEET TO AF FORMS 707, 909, 910, 911 AND 475

1968 - OJT Training (On the Job Training)

This is Ed Fouche's OJT Training (On the Job Training) For his "five level upgrade"

Abb. 48. Ein Dokument, das Edgar Fouches Tätigkeit auf der Air-Force-Basis Nellis belegt, die an Area 51 angrenzt

»Der MFD erzeugt um die Masse im Kreisbeschleuniger herum eine Störung des Erdgravitationsfeldes. Die Masse des Kreisbeschleunigers und die gesamte Masse innerhalb des Beschleunigers, wie zum Beispiel die Kabine für die Besatzung, Avionik, MFD-Systeme, Brennstoffe, Lebenserhaltungssysteme und der Kernreaktor, werden um 89 Prozent verringert. Dadurch wird das Flugzeug extrem leicht und übertrifft jedes zuvor gebaute Fluggerät an Geschwindigkeit und Manövrierfähigkeit – mit Ausnahme der UFOs, die wir nicht selbst gebaut haben. Die TR-3B ist eine getarnte Aufklärungsplattform für große Höhen und mit unbegrenzter Einsatzdauer. Hat man sie einmal mit hoher Geschwindigkeit hochgebracht, braucht sie nicht mehr viel Antriebskraft, um ihre Flughöhe zu halten.«[13]

Fouche behauptete, dass die TR-3B in der Lage war, mindestens zehn Minuten lang lautlos zu schweben, und dass ihr Rumpf dabei von einer »Korona aus silberblauem Licht« umgeben war.[14]

Fouche beschrieb auch die Standorte, an denen die betriebsbereiten 180-Meter-Versionen der TR-3B gelagert wurden:

»Die TR-3Bs waren in einem Hangar untergebracht, den man dafür in der Nähe des DARC [Defense Advanced Research Center = Forschungszentrum für fortgeschrittene Verteidigung] in einen Berg gebaut hatte. Die Nellis Range umfasst mehr als 1,4 Millionen Hektar Fläche. Eine einsatzbereite TR-3B ist heute in Schottland stationiert, eine weitere in Diego Garcia und die dritte TR-3B in Papoose. Meines Wissens wurden nur drei Exemplare der einhundertachtzig Meter langen Einsatzversion gebaut. Ich glaube, von den Sechzig-Meter-Prototypen wurden zwei oder drei gebaut.«[15]

In Beantwortung der nachfolgenden Fragen nannte Fouche (EF) zusätzliche Einzelheiten bezüglich der am Bau der TR-3B beteiligten Firmen, der produzierten Stückzahl und der Flugerprobung:

»1. *Wer ist der Hauptauftragnehmer für die TR-3B?*

EF: Lockheed, Boeing, Northrup, Teledyne Ryan, unter Aufsicht von NRO, NSA und CIA. Es gab eine Reihe von großen Rüstungsunternehmen, die jeweils für Teilbereiche von Entwicklung und Bau zuständig waren.

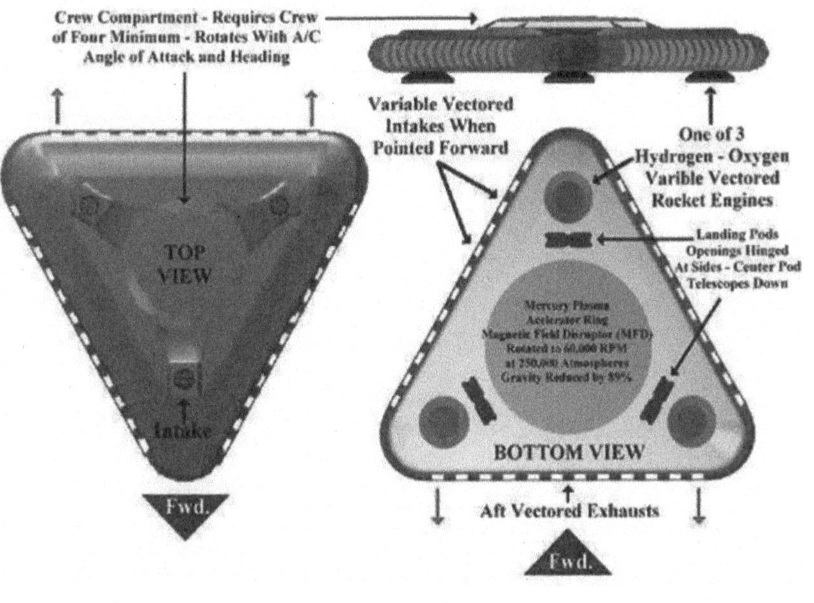

Abb. 49. Schemazeichnung der TR-3B auf der Grundlage von Edgar Fouches Original

2. *Wann war der Erstflug des Prototyps?*

EF: Sie bauten seit Anfang der 1970er Jahre viele unterschiedliche Prototypen. Ich glaube, das erste Exemplar mit schwerkraftreduzierender Technologie, also ein Dreieck, flog Anfang der 1970er Jahre.

3. *In welchen Größen wurde die TR-3B gebaut?*

EF: Der Prototyp war etwa fünfundsiebzig Meter lang. Von denen flogen vor 1994 drei. Die endgültige Version sollte einhundertachtzig Meter lang sein. Dieses große Serienmodell habe ich allerdings nie aus der Nähe gesehen. Ich sah es lediglich über der Edwards Air Force Base, dem AFFTC [Air Force Flight Test Center = Flugtestzentrum der Air Force) und in Nevada fliegen.«[16]

Was die Besatzungskapazität betrifft, konnte der Fünfundsiebzig-Meter-Prototyp eine vierköpfige Crew befördern, was darauf hindeutet, dass die größere Einhundertachtzig-Meter-Version deutlich mehr Leute transportieren konnte und wahrscheinlich über einen Laderaum verfügte, in dem wichtige Ausrüstungsgegenstände und Vorräte untergebracht werden konnten. Darüber hinaus identifizierte Fouche Ben Rich von Lockheeds Skunk Works (der Deckname für »Advanced Development Programs« = Moderne Entwicklungsprogramme) als Senior-Projektdesigner bei der Entwicklung der TR-3B.[17] Dies lässt vermuten, dass Rich und Lockheed in den frühen 1970er Jahren zwar das Alien Reproduction Vehicle (ARV) mithilfe geborgener außerirdischer/deutscher fliegender Scheiben entwickelten, diese Firma aber gleichzeitig ein vollständig in den USA hergestelltes Antigravitations-Fluggerät, die TR-3B, kreierte.

Fouches Bezugnahme auf Schottland als einen der Standorte, an dem eine operative TR-3B stationiert war, ist angesichts der Sichtungen von Flugdreiecken in Schottland und dem nahegelegenen Belgien vom 29. November 1989 bis April 1990 von Bedeutung. Hunderte von Zeugen, darunter Polizisten, sahen und fotografierten diese großen Fliegenden Dreiecke. Die Sichtungen wurden von der belgischen Luftwaffe untersucht, was am 30. März 1990 zu einem sehr gut dokumentierten Vorfall mit F-16-Jägern führte, die versuchten, das mysteriöse dreieckige Schiff abzufangen.[18] Fouche verglich die belgischen Fotos der Fliegenden Dreiecke mit den von ihm eingesehenen TR-3B-Konstruktionsplänen und sagte, dass es sich um diesen Typ handelte.[19]

Besonders relevant ist, dass die gemeldete Beschleunigung der Fliegenden Dreiecke (TR-3B), die in Belgien gesichtet wurden, laut den Bordinstrumenten der F-16-Jäger 46 G betrug.[20] Das liegt weit über den 9 G, die Menschen über einen längeren Zeitraum hinweg ertragen können, bevor sie bewusstlos werden.[21] Eine Beschleunigung von 16 G wirkt tödlich, wenn der Mensch ihr länger als eine Minute ausgesetzt ist.[22] Bei kurzen Sequenzen, wie zum Beispiel beim Hinauskatapultieren des Schleudersitzes, gilt 32 G als Sicherheitsgrenze.[23]

Die Sichtungen der belgischen Flugdreiecke/TR-3Bs sind ein starker Beweis dafür, dass Antigravitations-Technologie nach Art des von Fouche beschriebenen Magnetfeld-Unterbrechers (MFD) eingesetzt wurde, um das Gewicht und die Trägheit des Fluggeräts und seiner Insassen um 89 Prozent zu reduzieren. Dies würde erklären, wie die Insassen derartig hohe Beschleunigungen von 46 G überleben konnten. Diese 46 G, die in einem konventionell angetriebenen, strahl- oder raketengetriebenen Fahrzeug auf die Besatzung einwirken würde, reduzieren sich entsprechend Fouches Angaben auf etwa 5 G, wenn die MFD-Technologie des TR-3B aktiviert ist. Laut Fouche war die TR-3B Anfang der 1990er Jahre einsatzbereit. Drei flogen ab 1994. Die belgischen Sichtungen 1989/1990 könnten demnach auf die Flugerprobung der TR-3B-Prototypen zurückzuführen sein oder auf die Erprobung der größeren Serienausführung der TR-3B. Corey Goode erklärte, die TR-3B sei eine »Altkleiderspende« für das militärische Weltraumprogramm der USAF aus einem noch geheimeren Raumfahrtprogramm, das von den Antarktis-Deutschen und US-Konzernen kontrolliert werde:

> »Die TR-3B gilt als extrem veraltete Technologie und wurde in vielen Fällen als ausrangiertes Flugzeug an ›Eliten‹ innerhalb der Geheimen Erdregierung und ihrer Syndikate weitergereicht, die es als eine Art ›Firmenjet‹ nutzen.«[24]

Goodes Kommentare deuten darauf hin, dass während des *Apollo*-Programms, als US-amerikanische und deutsche Unternehmen in den 1960er und frühen 1970er Jahren eine große Anzahl von Fahrzeugen für das antarktische Raumfahrtprogramm bauten, die TR-3B zu den von ihnen entwickelten Luftfahrzeugen gehörte. Dies würde erklären, warum Lockheed schon in den frühen 1970er Jahren an der Entwicklung der TR-3B beteiligt war, obwohl dieser Typ erst Anfang der 1990er Jahre an die USAF geliefert wurde. Es vergingen also zwanzig Jahre, ehe die TR-3B, die die US-Luft- und Raumfahrtkonzerne für die Nutzung durch das antarktisch-deutsche Raumfahrtprogramm entwickelt hatten, an die USAF übergeben werden durfte. Zum Phänomen der Fliegenden Dreiecke sagte Goode außerdem: »Die Menschen würden niemals glauben, wie viele neuere Konstruktionen die gleiche Grundform wie die TR-3B (und Modelle, die später kamen) haben.«[25] Es lohnt, sich in Kapitel 19 an diese Aussage zu erinnern, denn dort werden Fotos von dreieckigen Raumschiffen gezeigt, die über eine große USAF-Basis fliegen. Diese Fluggeräte erscheinen viel kleiner als die einhundertachtzig Meter lange TR-3B oder ihr Fünfundsiebzig-Meter-Prototyp.

Schließlich gilt es zu bedenken, dass der Zeitpunkt, den Fouche für die Inbetriebnahme der TR-3B nannte, weit nach Ronald Reagans Tagebucheintrag von 1985, in seiner Zeit als Präsident, liegt, in dem es um die Kapazität ging, dreihundert Astronauten im Erdorbit stationieren zu können. Das bedeutet, dass die von der USAF und der NRO im Rahmen des »unbemannten« MOL-Projekts heimlich gebauten Raumstation/en anfangs durch *Titan-IIID*-Raketen, *Gemini-B*-Kapseln auf *Titan-IIIC*-Raketen und die bereits in Betrieb befindlichen Alien-Nachbau-Raumschiffe angeflogen wurden.

Anmerkungen

1 Die Dokumente von Edgar Fouches finden sich online unter http://www.checktheevidence.com/pdf/Edgar%20Fouches%20Military%20Documents.pdf (aufgerufen am 02.01.2019)

2 Edgar Fouches Buch wurde 1998 unter dem Titel *Alien Rapture: The Chosen* bei Galde Press veröffentlicht. Mitautor war Brad Steiger.

3 Edgar Rothschild Fouche, »Secret Government Technology«, http://www.bibliotecapleyades.net/ciencia/ciencia_extraterrestrialtech08.htm (aufgerufen am 18.06.2015)

4 »Aurora Timeline«; http://tinyurl.com/oaf9s62 (aufgerufen am 18.06.2015)

5 Siehe Nick Cook, *The Hunt for Zero Point*; Arrow Books 2002; p. 14. – Dt. Ausgabe: *Die Jagd nach Zero Point. Verschlusssache Antigravitation.* Mosquito Verlag, Potsdam 2006.

6 Sweetman, Bill, »Secret Warplanes of Area 51«, http://www.popsci.com/military-aviation-space/article/2006-10/top-secret-warplanes-area-51 (aufgerufen am 18.06.2015)

7 Edgar Rothschild Fouche, »Secret Government Technology«, http://www.bibliotecapleyades.net/ciencia/ciencia_extraterrestrialtech08.htm (aufgerufen am 18.06.2015)

8 Zur Erläuterung der Stealth-Technologie als Tarnung für Antigravitationstechnologie siehe Michael E. Salla, *Geheime Weltraumprogramme & Allianzen mit Außerirdischen*; AMRA Verlag, Hanau 2016. – US-Ausgabe: pgs. 28-40.

9 Edgar Rothschild Fouche, »Secret Government Technology«, https://tinyurl.com/y4avzh3u (aufgerufen am 12.06.2015)

10 Ebd.

11 Ebd.
12 Ebd.
13 Ebd.
14 Ebd.
15 Edgar Fouches Präsentation über Area 51 auf dem UFO-Kongress 1998 in Laughlin, Nevada, ist herunterladbar unter https://www.scribd.com/document/54982740/Edgar-Fouche-Lecture-in-Print (aufgerufen am 30.11.2018)
16 Siehe »TR-3B Questions & Answers – Edgar Fouche«, https://tinyurl.com/yxu28j6g (aufgerufen am 30.11.2018)
17 Ebd.
18 Siehe den Artikel der Zeitung *Sunday Express* vom 17. September 1995, http://www.ufoevidence.org/documents/doc418.htm (aufgerufen am 20.06.2015)
19 Siehe Edgar Rothschild Fouche, »Secret Government Technology«, https://tinyurl.com/y4avzh3u (aufgerufen am 18.06.2015)
20 Siehe den Artikel der Zeitung *Sunday Express* vom 17. September 1995, http://www.ufoevidence.org/documents/doc418.htm (aufgerufen am 20.06.2015)
21 Siehe »Fast or Slow« unter http://explorerplanet.blogg.no/1418483151_fast_or_slow_part_3.html (aufgerufen am 21.06.2015)
22 Siehe »G-Force« auf Wikipedia, zugänglich unter https://en.wikipedia.org/wiki/G-force#Human_tolerance_of_g-force (aufgerufen am 21.06.2015)
23 Siehe »Fast or Slow« unter http://explorerplanet.blogg.no/1418483151_fast_or_slow_part_3.html (aufgerufen am 21.06.2015)
24 »Questions for Corey/Good ETxSG – 4/4/2015« unter http://exopolitics.org/secret-space-programs-more-complex-than-previously-revealed/ (aufgerufen am 29.07.2015)
25 Ebd.

16 Stargate SG-1 und die von der Air Force geförderte behutsame Offenlegung passierbarer Wurmlöcher

Wurmlöcher wurden erstmals vor über einem Jahrhundert in einem Buch eines Mathematikers aus Oxford der Öffentlichkeit vorgestellt. Vielleicht weil er erkannte, dass Erwachsene die Idee der multiplen verbundenen Räume missbilligen könnten, schrieb er das Buch unter Pseudonym für Kinder. Sein Name war Charles Dodgson, sein Pseudonym war Lewis Carroll, und das Buch hieß »Alice hinter den Spiegeln«.

– Professor Michio Kaku –

Am 27. Juli 1997 lief die Fernsehserie zu Roland Emmerichs beliebten Science-fiction-Spielfilm *Stargate* aus dem Jahr 1994 an, der das nahezu zeitverlustfreie Reisen durch passierbare Wurmlöcher nicht nur in der gesamten Milchstraße, sondern auch in Nachbargalaxien wie Pegasus vorstellte, atemberaubende drei Millionen Lichtjahre entfernt. Die Serie *Stargate – Kommando SG-1*, die zehn Jahre lang auf *Showtime* und im *Sci-Fi Channel* ausgestrahlt wurde, war von Anfang an etwas Besonderes, weil sie eine ganz außerordentliche Unterstützung durch die U.S. Air Force erhielt. Im Abspann der Serie wurde ganz offen die Kooperation mit der USAF, dem U.S. Space Command und dem Verteidigungsministerium gewürdigt.

Die USAF gewährte den Serienproduzenten Zugang zu ihrem geheimnisvollen unterirdischen Cheyenne-Mountain-Komplex in der

Nähe von Colorado Springs, wo Filmszenen im Voraus gedreht und während der gesamten Serie verwendet wurden.[1] Zum Zeitpunkt der Dreharbeiten beherbergte der Cheyenne-Komplex Teile einer Reihe vertraulicher Militärkommandos, darunter das Space Command. USAF-Jets, darunter die F-15 und die F-16, wurden für Aufnahmen nach Vancouver geflogen, und aktives Air-Force-Personal wurde in mehreren Folgen als Statisten eingesetzt.

Bemerkenswert an der Serie waren auch die Gastauftritte zweier diensthabender Stabschefs der Air Force, die die außerordentliche Unterstützung veranschaulichen, welche die Serie von der obersten Führungsebene der Air Force erhielt. General Michael E. Ryan erschien in der Episode »Das Wunder« der vierten Staffel, und General John P. Jumper trat in »Die verlorene Stadt, Teil 2« der siebten Staffel auf. Das PR-Büro der Air Force las jedes Episoden-Skript von *Stargate SG-1* und genehmigte die Ausstrahlung, nachdem alle »Fehler« beseitigt waren. Besondere Anerkennung für die positive Darstellung der Air Force erhielt der Serienproduzent Richard Dean Anderson durch die Air Force Association (AFA) bei ihrem 57. jährlichen Festessen am 14. September 2004. Wenn es jemals eine ideale Fernsehserie gab, um die Vorzüge eines Geheimen Weltraumprogramms der USAF mit exotischen Sternentoren zu zeigen, durch die amerikanische Werte in der gesamten Milchstraße und darüber hinaus verbreitet werden können, dann war das *Stargate SG-1*.

Die Auftritte von zwei amtierenden Stabschefs waren ein sehr deutliches Zeichen dafür, dass die USAF mehr tat, als nur ihre Zustimmung zu einer positiven Darstellung der Air Force in einer SF-Serie zu signalisieren. Diese bemerkenswerten Auftritte waren ein sicherer Weg, um zu signalisieren, dass *Stargate SG-1* eine Initiative der »behutsamen Enthüllung« war, die offiziell von der höchsten Ebene innerhalb des Ministeriums gebilligt wurde, um der Öffentlichkeit einige der geheimen exotischen Technologien nahezubringen, ein mögliches verfrühtes Durchsickern von Informationen zu verhindern und eine zukünftige offizielle Bekanntmachung vorzubereiten.

Die Serie enthielt wiederholt augenzwinkernde Hinweise auf das »Stargate-Programm« und das leitende Einsatzteam »SG-1« und er-

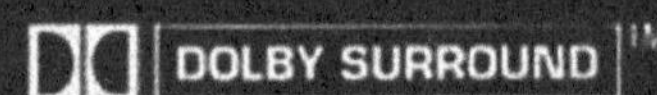

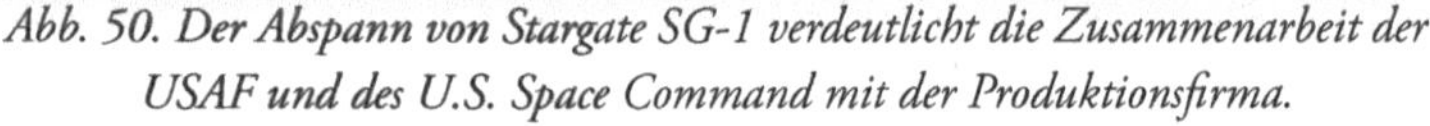

Abb. 50. Der Abspann von Stargate SG-1 verdeutlicht die Zusammenarbeit der USAF und des U.S. Space Command mit der Produktionsfirma.

laubte sich in mehreren Episoden eine Form der behutsamen Enthüllung durch eine Film-im-Film-Präsentation. So bezogen sich zwei Folgen auf eine fiktive SciFi-Serie innerhalb der wirklichen Serie, genannt *Wormhole X-Treme*, in der ein von der USAF geleitetes Programm, mittels Wurmlöchern durch die Galaxis zu reisen, sowie die Existenz außerirdischer »Mutterschiffe« thematisiert werden. In der 100. Folge mit dem Titel »Wurmloch Extrem« (5. Staffel, Episode 12), ausgestrahlt am 8. September 2001, genehmigten die Charaktere, die USAF-Führungskräfte in der echten Serie spielten, die fiktive Serie, obwohl sie geheime Informationen enthüllte. Ziel war es, die Wahrheit über das »echte« Stargate-Programm in der *SG-1*-Serie zu isolieren, falls in Zukunft nicht autorisierte Enthüllungen erfolgen sollten. Diese Episode präsentierte einen ironischen Hinweis auf das, was die USAF mit ihrer Serie *Stargate SG-1* tatsächlich tat, nämlich die Existenz eines umfangreichen galaxisweiten Systems von passierbaren Wurmlöchern zu enthüllen – aber in einem fiktiven SciFi-Setting, um das eigentliche Stargate-Programm der USAF vor unbefugten Enthüllungen zu schützen.

Mehrere Whistleblower haben kommentiert, dass *Stargate SG-1* allen Ernstes eine behutsame Offenlegung eines galaxisweiten Reisesystems mit passierbaren Wurmlöchern war. Unter ihnen ist Corey Goode, der in einem Interview mit dem Bestsellerautor David Wilcock, das am 15. September 2015 in der Doku-Serie *Cosmic Disclosure* ausgestrahlt wurde, »passierbare Wurmlöcher« oder »Portale« erwähnte – als eine von vielen verschiedenen Arten von exotischen Reisetechnologien, die von antiken Kulturen, außerirdischen Zivilisationen und heutigen Geheimen Weltraumprogrammen genutzt wurden und noch werden.[2] Goode beschrieb den Unterschied zwischen verschiedenen »Wurmloch«- oder »Portal«-Technologien, welche entweder natürlich auftreten oder in grauer Vorzeit von einer hoch entwickelten irdischen Zivilisation geschaffen wurden, die sogar den heutigen außerirdischen Besuchern der Erde unbekannt ist.

»Es gibt die natürlichen Portalsysteme, die Teil des bekannten Universums sind. Wir nennen es das Kosmische Netz. Und die uralten Portalsysteme ebenso wie die Portalsysteme der Gegenwart nutzen das natürliche Portalsystem des Kosmischen Netzes aus, um von einem Ort zum anderen zu reisen.

Die uralten Portalsysteme … Es gibt mehrere dieser Portalsysteme, die von uralten Kulturen hier auf der Erde hinterlassen wurden. Sie unterscheiden sich in ihrer Qualität.

Einige von ihnen ermöglichen nur sehr kurze Sprünge, so dass man viele Sprünge braucht, um ein Ziel zu erreichen … Nehmen wir an, Sie wollen einen Planeten oder ein Sonnensystem erreichen, dann müssen Sie dorthin, so nennen sie das, ›hüpfen‹.

Wenn zwischen Ihnen und Ihrem Ziel zum Beispiel zehn Sonnensysteme liegen, dann müssen Sie vielleicht drei oder vier Sprünge machen, um dorthin zu gelangen.«[3]

Was Goode hier beschreibt, ähnelt sehr dem Szenario der Serie *Stargate SG-1*, wo die Sternentore von Wesen geschaffen wurden, die man die »Alten« nennt. Es gibt jedoch erhebliche Unterschiede. Goode beschreibt die Reise zu Sonnensystemen innerhalb unseres lokalen Sternenclusters als »eine Reihe von Sprüngen« und nicht, wie in *Stargate SG-1* dargestellt, als »einzelnen Sprung«, mit dem man praktisch zu jedem Punkt in unserer Galaxis reisen kann.

In seinem Interview mit Wilcock (DW) bezog sich Goode (CG) auf Technologien, die in *Stargate SG-1* gezeigt werden und so ähnlich aussehen, wie die alten ringförmigen Portale oder »Sternentore« tatsächlich sind:

»CG: Die Systeme aus alter Zeit … Sie sind physisch wie alte physikalische Geräte. Und es gibt noch ein anderes altes physikalisches Gerät genau wie in der Serie *Stargate*. Es ist über viele Sonnensysteme verteilt.

DW: Und wenn du sagst: ›Genau wie *Stargate*‹, meinst du, es ist wie ein Ring geformt?

CG: Es gab einige, die sehr ähnlich aussahen – sie waren ringförmig …«[4]

Goode erklärte, dass eine andere Art von Portaltechnologie mit Stufenpyramiden in ganz Mittelamerika zusammenhing. Im Wesentlichen ermöglicht die vierseitige Geometrie dieser Pyramiden, dass an ihrem Scheitelpunkt ein Portal auf der Plattform erscheint, das einzelne Personen ähnlich wie bei den ringförmigen Portalen durchschreiten können.

Hier wird die Aussage eines anderen Insiders Geheimer Weltraumprogramme, Emery Smith, relevant. Smith behauptet, dass er bei mehreren Dutzend Missionen Wurmlöcher durchquert hat. Er sagt, dass jede Mission drei bis sechs Monate Vorbereitung durch Teams von sechs oder sieben hoch qualifizierten Mitarbeitern mit mehreren Spezialgebieten erforderte. Diese Personen trainierten immer gleichzeitig für mehrere Missionen und hatten durchschnittlich einen Einsatz pro Monat.[5] Wie Goode erklärte Smith, dass es sowohl natürliche als auch künstliche Portale gibt. Smith beschrieb die Portale, die er kennenlernte, als den drei Seiten eines aufrechten Türrahmens sehr ähnlich. In *Stargate SG-1* dienen rechteckige Portale als Schwellen, die verschiedene Dimensionen überbrücken.

Goode hat das in der Serie verwendete Navigationssystem mit der Funktionsweise des Internets verglichen, in dem an jeden einzelnen Computer, an Netzwerke, Internetanbieter und Länder bestimmte Zahlenreihen vergeben werden. Diese IP-Nummern (IP für Internet Protocol) bilden das Rückgrat der Navigation im World Wide Web. Goode behauptet, dass eine Reihe numerischer Koordinaten, die auf hyperdimensionaler Mathematik basieren, verschiedene Galaxien, Sonnensysteme, Planeten und so weiter bezeichnen. Aus ihnen werden die Adressen der einzelnen Portale generiert. Das siebenstellige Vektorsystem von *Stargate SG-1* spiegelt ein hoch entwickeltes mathematisches Koordinatensystem wider, das auf heiliger Geometrie beruht und in dem ein reales Wurmlochsystem verwendet wird, das tatsächlich Teil des Geheimen Weltraumprogramms der Air Force ist.

Goode steht nicht allein mit seiner Beschreibung eines solchen numerischen Adressensystems, das zur Navigation durch die vielen Wurmlöcher oder Portale verwendet wird.

Im nachfolgend wiedergegebenen Gespräch mit Goode (CG) aus einer Folge von *Cosmic Disclosure* erwähnte David Wilcock (DW) einen weiteren Informanten, den er interviewt und überprüft hat, Daniel genannt, der Wilcock ein ähnliches System mit Koordinatenpunkten für Portal- und Sternentorreisen beschrieb:

»CG: Sie sind hier begraben worden. Kriege wurden um sie geführt. Aber sie zu finden und zu wissen, wie man sie benutzt, ist etwas ganz anderes. Sie arbeiteten … wie in der TV-Serie *Stargate* arbeiteten sie mit einem Adressensystem. Es ähnelte sehr einer Mac-Adresse oder der IP-Adresse bei Computersystemen.

DW: Genau das hat mein Kontakt Daniel auch gesagt. Er nannte mir sogar die vollständige numerische Adresse der Erde … Es war eine Reihe von einzelnen Ziffern – drei einzelnen Ziffern –, die irgendwo zwischen 1 und 9 liegen können. Da gab es eine Reihe von drei Ziffern, die zwischen 1 und 99 liegen, dann kann die letzte Zahl zwischen 1 und 999 liegen, je nachdem, wofür man sie braucht … Und ich habe nie die ganze Sequenz geleakt, aber ich habe mitgeteilt, dass die Zahl der Erde offenbar 606 war und dass der Mars 605 war. Das sind die letzten drei Ziffern der Adresse …

Also, Daniel hat mir gesagt, dass fast jede Nummer, die du einwählst, dich irgendwohin bringen wird, denn es gibt eine Menge von … Adressen, die verwendet werden, und er sagte, es gibt eine uralte Spezies, die auftaucht und eines dieser Sternentore auf einen Planeten setzt und dass der Planet ein zentrales Tor hat.

Und dass du, wenn du eine der Zahlenadressen wählst und ein Portal durchschreitest, zu diesem bestimmten Sternentor auf dem jeweiligen Planeten geleitet wirst. Und es sieht so aus, als ob … diese uralten Wesen dann ein Sternentor auf einen Planeten setzen, wenn sich dort intelligentes Leben entwickelt, so dass sie es finden und zu ihm reisen können. Stimmt das mit etwas überein, was du gehört hast?

CG: Ich hörte, dass es zwei Tore gab und dass es, wie gesagt, mehrere verschiedene Zeitalter gab, in denen diese Tore genutzt wurden, bis zurück zum Volk der uralten Baumeister … Und es gab andere Torsysteme, die auf der Erde gefunden wurden, die viel jünger sind und anders aussehen, aber ziemlich genau nachgebaut wurden oder die gleiche Adressierungstechnologie wie die uralten Tore verwenden.«

»Daniel« ist ein Pseudonym, das der Whistleblower verwendet, der Wilcock Informationen zur Verfügung stellte, und Daniel hat noch mehr Material in anonymen Texten präsentiert, die ins Internet hochgeladen wurden.[6]

Unter den ersten, die an die Öffentlichkeit traten und behaupteten, ein System von »Reise-Wurmlöchern« gesehen zu haben, war der Whistleblower Dr. Daniel »Dan« Burisch, ein Mikrobiologe, der sagt, er hätte im S4-Komplex in Area 51 gearbeitet. Seit seinem Schritt an die Öffentlichkeit 2003 gibt es zwar erhebliche Kontroversen um Burischs Behauptungen, aber Forscher haben umfangreiche Untersuchungen durchgeführt.[7] Einer von ihnen ist William Hamilton, ein ehemaliger USAF-Sicherheitsdienst-NCO (1961-1965), der ein Buch über Burischs Erfahrungen mit dem Titel *Project Aquarius: The*

Story of an Aquarian Scientist (»Projekt Aquarius: Die Geschichte eines Wassermann-Wissenschaftlers«) schrieb. Er überprüfte Burischs Hintergrund und dessen Angaben und gelangte bei seinen Recherchen zu dem Schluss, dass Burisch sehr glaubwürdig ist.[8]

Burisch behauptet, dass »künstliche Portale« Instrumente sind, die so funktionieren, dass sie natürliche Portale anzapfen. Er glaubt, dass es auf der Erde etwa fünfzig künstliche Portale gab, die mit einer unbekannten Anzahl »natürlicher Portale« verbunden sind.[9] Er argumentierte, dass Informationen über die Entwicklung künstlicher Portale auf »Rollsiegeln« stünden, die sowohl während des ersten (1991) als auch des zweiten (2003) Golfkriegs von den USA und ihren Verbündeten aus dem Irak herausgeholt wurden. Die Rollsiegel enthielten außerirdische Daten, die den alten Sumerern gegeben und von ihnen in Keilschrifttexten exakt festgehalten wurden. Burisch erklärt, dass er selbst Teil eines verdeckten Teams war, das in den Irak ging, um Portaltechnologien und die Rollsiegel zu finden, und spricht über die Nutzung solcher Technologien.[10]

Die Bestätigung für Burischs Behauptungen kommt von einem anderen Whistleblower, Henry Deacon (alias Arthur Neumann), der in einem Interview im September 2006 begann, seine Informationen über Portale und Sternentore öffentlich zu machen.[11] Deacon bestätigte, dass im Irak ein Portal entdeckt wurde und dass Burischs Beschreibung der Funktionsweise dieser Portaltechnologie zutreffend ist.[12] Es gibt viele Indizienbeweise, die Burisch und Deacons Behauptungen stützen, dass der wahre Grund für die von den USA geführte Invasion und Besetzung des Irak darin bestand, alte Portaltechnologien und -informationen zu finden, was ich 2003 ebenfalls in den Raum stellte und begründete.[13]

Ein Schlüsselelement des kosmischen Portalnetzwerks ist unsere Sonne, die Corey Goode als natürliches Portal beschrieben hat, das von Raumschiffen genutzt wird, um in unser Sonnensystem zu gelangen und es wieder zu verlassen.[14] In einem Interview mit David Wilcock erklärte Goode, dass Sonnenfilamente Wirbelfelder bilden, die passierbare Wurmlöcher für den Portaltransport zwischen den Sternen in unserer Galaxis erzeugen:

»CG: Die NASA hat kürzlich veröffentlicht, dass unsere Sonne im Grunde genommen ein Portal oder eine magnetische Verknüpfung zu jedem Planeten in unserem Sonnensystem hat, und alles, was genug Masse besitzt, um Anziehungskraft oder einen Wirbel in unserer Raumzeit zu verursachen, wird eine magnetische und gravitative Beziehung mit dem Zentralgestirn herstellen.

Und diese Filamente oder Fäden, von denen die Rede ist – sie sind die Portale … Und sie sind starke elektromagnetische Filamente.

DW: Aber wenn die Leute die Komponente des Wirbels nicht berücksichtigen, werden sie nicht verstehen, wie das funktioniert. (Richtig.) Es ist also ein elektromagnetisches Rohr, das auch ein starkes Torsionsfeld hat und sich wie ein Wurmloch verhalten wird.

CG: Richtig. Und es geschieht innerhalb des Torsionsfeldes jedes Sonnensystems. Die Galaxis ist ein riesiges Wirbelfeld. Alle Sterne bewegen sich ständig um das Zentrum der Galaxis herum, und die Sterne, die näher kommen, bewegen sich mit einer etwas anderen Geschwindigkeit. Und die magnetischen Beziehungen ändern sich ständig. Diese Filamentbeziehungen ändern sich unaufhörlich zwischen den einzelnen Sternen …

Es ist wie Elektrizität. Die Elektrizität nimmt den Weg des geringsten Widerstands. Und wenn du zu einem Stern auf der anderen Seite des galaktischen Zentrums reisen willst, musst du warten oder genau die richtige Zeit für die Reise berechnen, denn wenn du es nicht tust, wenn du deine Reise beginnst, und dieser Stern hat gerade seine Position geändert, dann wechselt das elektrische Feld oder die elektrische Verbindung hin zu einem anderen Stern – der Weg des geringsten Widerstands –, und du findest dich in einem anderen Sonnensystem wieder.«[15]

Goode hat zusammen mit Smith behauptet, dass die natürlichen und alten Portalsysteme ein das gesamte Universum umspannendes »kosmisches Netz« bilden. Indem man von einem Portalstandort zum anderen springt, kann man unglaubliche Entfernungen zwischen Galaxien und durch das Universum zurücklegen. Goode und Smiths Offenlegung eines kosmischen Netzes von Portalen, das von

Daniels, Burischs und Deacons früheren Behauptungen gestützt wird, entspricht weitgehend dem, was in der Serie *Stargate SG-1* dargestellt wurde.

Goode sagt, dass die Reisen durch passierbare Wurmlöcher zuerst von den in der Antarktis lebenden Deutschen entwickelt wurden, die beim Aufbau von Basen auf Mond und Mars Unterstützung von reptilienartigen Außerirdischen erhielten:

»DW: Okay. Hatten die Deutschen also einen Plan, mit vorgefundenen Materialien einen dauerhaften Stützpunkt zu errichten, als sie dort ankamen? War das immer schon ihre Absicht?

CG: Ja. Genau wie auf dem Mond planten sie, eine gewisse Menge an Ressourcen zum Mars zu bringen – Kalk und all die verschiedenen Dinge, die sie brauchten, um sie mit lokalen Ressourcen zu mischen, um Beton herzustellen und was auch immer sie benötigten, um luftdichte Gebäude zu errichten, die sie dann unter Druck setzen und als temporäre Unterkünfte nutzen konnten. Sie mussten anfangs zahlreiche Reisen unternehmen, um Menschen und Material dorthin zu bringen.

Das war am Anfang, als sie Sternentore oder Portale für die Reise zum Mars nutzten … In dieser Anfangszeit transportierten sie Material durch die Portale, nicht Menschen oder andere Organismen.

DW: Gab es denn Probleme? Kamen Lebewesen zu Schaden – gab es Verletzungen oder Todesfälle?

CG: Ja, bei den ersten Portalreise-Experimenten starben Menschen auf sehr grausame Weise … Bis sie herausfanden, wie man es richtig macht. Ihre außerirdischen Verbündeten halfen ihnen dabei.

DW: Seit wann benutzen sie denn, so weit du weißt, Portale, um Material zu transportieren?

CG: Material wurde … Sie haben Portale benutzt, um Material zu transportieren … Sie wissen seit den 1930er und 1940er Jahren, wie man das macht.

DW: Wow! Das war ja lange vor dem Philadelphia-Experiment.

CG: Richtig. Und du hast gesehen, wie schlimm das für die Menschen war.

DW: Auf jeden Fall.

CG: Erst in den 1950er Jahren konnten sie damit beginnen, Menschen zuverlässig und ohne gesundheitliche Beschwerden zu transportieren – ich glaube, sie nannten das, was auftrat, temporäre Demenz. Menschen, die gesund von hier zum Mars durch ein Portal teleportierten und denen es gut ging. Aber dann nach ein paar Tagen befiel sie eine Art Demenz, die sie temporäre Demenz nannten.

Und die Deutschen haben auf diesem Gebiet viel Arbeit geleistet, die uns geholfen hat, herauszufinden, wie wir es richtig machen können – sie arbeiteten mit ihren ET-Verbündeten zusammen.«[16]

Eine Bekräftigung für diese frühe historische Nutzung von Portalreisen kommt von Andrew J. Basiago, J.D., der sagt, dass er 1968 mit sechs Jahren als Testperson zum ersten Mal damit in Berührung kam. Die Teilnahme von Basiago begann in einem streng geheimen Projekt, nachdem die Technologie zunächst von der Ralph M. Parsons Engineering Company im Auftrag der Advanced Research Projects Agency (dem Vorläufer der Defense Advanced Research Projects Agency oder DARPA) und der CIA entwickelt wurde.[17]

Das Projekt hieß »Pegasus«. Viele Kinder nahmen daran teil, um zu ermitteln, wie gut die Technologie sich eignete. Später, von 1980 bis 1984, sagt Basiago, wurde die Portaltechnologie verwendet, um ihn zum Mars zu befördern, was Whistleblower auch im Zusammenhang mit dem »Montauk-Projekt« (zu dem auch Zeitreisexperimente gehörten) behauptet haben.[18]

Goodes Aussage deutet, zusammen mit den Berichten anderer glaubwürdiger Whistleblower wie Smith, Burisch, Daniel, Deacon und Basiago, darauf hin, dass die Technik der Portal- und Wurmlochreisen heimlich entwickelt wurde und seit Jahrzehnten von USAF, DARPA und CIA genutzt wird. Ihre übereinstimmenden Aussagen werfen die Frage auf: Ist die Idee der passierbaren Wurmlöcher wissenschaftlich haltbar oder nicht?

Carl Sagan und die wissenschaftliche Validierung passierbarer Wurmlöcher über Singularitätspunkte

Ein natürliches »Stargate« oder Sternentor ähnelt einer Einstein-Rosen-Brücke oder einem »Wurmloch«, das, so zumindest die Theorie, sich bildet, wenn die Raumzeit durch die intensiven Gravitationsfelder verzerrt wird, die ein kollabierender Stern erzeugt. In sich zusammenfallende Sterne komprimieren sich so weit, dass sie einen Singularitätspunkt erreichen, in dem die Zeit sich bei der Betrachtung durch externe Beobachter verlangsamt, wobei die Verlangsamung immer mehr zunimmt, je weiter der Beobachter sich der Singularität nähert. Eine wissenschaftliche Hypothese lautet, dass im Zentrum von Schwarzen Löchern Singularitätspunkte existieren, aber es ist möglich, dass sie auch an anderen Orten vorkommen, an denen die Raumzeit durch ein intensives Gravitationsfeld signifikant verzerrt wird.

An einem Singularitätspunkt würde die Zeit sich unendlich verlangsamen bis zum völligen Stillstand. So wird es in Einsteins Allgemeiner Relativitätstheorie vorhergesagt. Jedem, der die intensiven Gravitationsfelder überlebt, die mit einer Singularität einhergehen, wäre es daher möglich, zu jedem gewünschten zukünftigen Zeitpunkt zu gelangen. Physiker halten es außerdem theoretisch für möglich, dass sich eine Einstein-Rosen-Brücke bildet, bei der man in der Zeit rückwärts reisen könnte. Ein Singularitätspunkt eröffnet also, zumindest in der Theorie, die Möglichkeit, in der Zeit und auch im Raum vorwärts oder rückwärts zu reisen. Ein Singularitätspunkt ist jedoch sehr instabil und benötigt enorme Mengen an Energie, um ihn geöffnet zu halten – damit die Reise gelingen kann.

Die erste Referenz auf ein passierbares Wurmloch in der wissenschaftlichen Literatur kam durch Carl Sagan, den berühmten Astronomen, Kosmologen und Astrophysiker, der mit dem Roman *Contact* die Vorlage für einen berühmten Kinofilm schrieb. Darin wurde die Möglichkeit dargestellt, Wurmlöcher für Reisen durch unsere Galaxis zu nutzen. Sagan fragte den führenden Astrophysiker Kip Thorne vom California

Institute of Technology (Caltech) nach der wissenschaftlichen Eignung von Wurmlöchern als Transportmittel angesichts dessen, was über Singularitätspunkte bekannt war. Mitte 1985 schrieb Sagan:

> »Entschuldige, wenn ich dich störe, Kip, aber ich beende gerade einen Roman über den ersten Kontakt der Menschheit mit einer außerirdischen Zivilisation, und ich mache mir Sorgen. Ich möchte, dass wissenschaftlich alles so korrekt wie möglich ist, und ich fürchte, ich habe vielleicht etwas von der Gravitationsphysik falsch verstanden. Würdest du es dir ansehen und mir Ratschläge geben?«[19]

Daraufhin dachte Thorne darüber nach, wie eine Reise durch ein Wurmloch funktionieren könnte, und beantwortete Sagans Anfrage mit den notwendigen wissenschaftlichen Gleichungen, die zeigten, dass solche Reisen durchaus möglich wären.

In *Contact* würdigte Sagan Thornes Beitrag: »Professor Thorne hat sich die Mühe gemacht, das hier beschriebene galaktische Transportsystem zu begutachten, und fünfzig Zeilen mit Gleichungen in der dafür relevanten Gravitationsphysik erzeugt.«[20]

Thorne sagte Sagan, dass ein »passierbares Wurmloch« theoretisch möglich wäre, solange eine exotische Form der Materie genutzt werden könnte, um den Singularitätspunkt offen zu halten. So bietet zumindest in der Theorie ein offen gehaltener Singularitätspunkt Objekten oder Lebensformen die Möglichkeit, sich durch Zeit und Raum zu bewegen. Thornes Arbeit an Wurmlöchern begann mit Sagans Anfrage. Dies führte dazu, dass Thorne mit einem Doktoranden der Caltech, Michael Morris (Thorne war Morris' Prüfer), zusammenarbeitete, um die erste veröffentlichte wissenschaftliche Arbeit über Wurmlöcher zu verfassen. Sie trug den Titel »Wormholes in spacetime and their use for interstellar travel« (»Wurmlöcher in der Raumzeit und ihre Nutzung für interstellare Reisen«) und erschien 1988 im *American Journal of Physics*.[21]

Thorne schrieb in seinem Buch *Gekrümmter Raum und verbogene Zeit* über passierbare Wurmlöcher und war auch als wissenschaftlicher Berater für Christopher Nolans Spielfilm *Interstellar* (2014) tätig.[22] In dem Film *Contact* wurde ein kugelförmiges Sternentor dargestellt, das Thornes und Sagans Vorstellung von den technologischen Mitteln für ein durchquerbares Wurmloch entsprach.

Sagans und Thornes Korrespondenz regte weitere Wissenschaftler an, die Machbarkeit von passierbaren Wurmlöchern über Singularitätspunkte, die durch Schwarze Löcher erzeugt werden, zu untersuchen. Unter ihnen war Professor Paul Davies, ein populärer Physiker, Autor und Professor an der Arizona State University, der es für möglich hält, eine Zeitmaschine zu entwickeln, wenn sich ein Singularitätspunkt finden lässt und eine Technologie entwickelt wird, mit der man ihn für Zeitreisende offen halten kann. Davies beschrieb einen Prozess, bei dem hoch entwickelte Zivilisationen ein durchquerbares Wurmloch kontrollieren könnten: »Wurmlöcher haben sich vielleicht auf natürliche Weise beim Urknall gebildet, so dass eine fortschrittliche raumfahrende Zivilisation eines in der Galaxis entdecken und nutzen könnte …«[23]

Es ist bekannt, dass Sagans Anfrage an Thorne eine wissenschaftliche Spekulation über die Brauchbarkeit von passierbaren Wurmlöchern ausgelöst hat. Nicht bekannt ist jedoch, dass Sagan von 1976 bis mindestens 1989 Mitglied des Komitees »Majestic 12« war, das als politisches Gremium eingerichtet worden war, um geheime Forschungsprogramme zu außerirdischen Lebensformen und Technologien zu steuern. 1976 hatte Sagan den erkrankten Dr. Donald Menzel ersetzt, der in Eisenhowers Briefing-Dokument als »MJ-10« und Mitglied der Majestic-12-Gruppe bezeichnet wird.[24] Der renommierte UFO-Forscher Stanton Friedman untersuchte Menzels Erscheinen auf der Liste der Mitglieder von MJ-12 und fand seine Teilnahme aufgrund von Menzels Sicherheitsüberprüfungen und seiner geheimen Arbeit für verschiedene Regierungsbehörden sehr glaubwürdig.[25]

In seiner Eigenschaft als »MJ-10« wurde Sagan über die Existenz der Technologie passierbarer Wurmlöcher informiert, die von Außerirdischen genutzt wird, um die enormen Entfernungen zwischen den Sonnensystemen in unserer Galaxis zu überbrücken. Sagans Buch und der nachfolgende Film *Contact* dürften somit zu den Initiativen der behutsamen Enthüllung gehören, die von verschiedenen Regierungs- und Militärkreisen gefördert werden. Thornes Antwort auf Sagan über die Machbarkeit von passierbaren Wurmlöchern konzentrierte sich auf Singularitätspunkte, die mit Schwarzen Löchern verbunden sind. Bemerkenswert ist jedoch, dass in einem von Dr. Eric Davis verfassten wissenschaftlichen Aufsatz, der 2010 von der Defense Intelligence Agency (DIA) veröffentlicht wurde, ein anderes Konzept dafür, wie ein durchquerbares Wurmloch ohne Schwarze Löcher oder Singularitätspunkte funktionieren könnte, vorgeschlagen wird.

Eric Davis, passierbare Wurmlöcher und exotische Materie

Am 17. Dezember 2017 lud der GWP-Whistleblower Corey Goode auf seiner Website zwei Dokumente hoch, die sich mit fortschrittlichen Technologien wie Wurmlöchern und Warp-Antrieben beschäftigten und ihm von einer vertraulichen Quelle zur Verfügung gestellt worden waren.[26] Die Quelle glaubte, dass die Dokumente einige der aufsehenerregenden Behauptungen Goodes bestätigten, die sich auf in Geheimen Weltraumprogrammen verwendete futuristische Transportsysteme beziehen. Die beiden Dokumente waren Teil einer Sammlung von achtunddreißig Berichten, die im Auftrag der DIA erstellt wurden und seitdem als authentisch bewertet wurden. Sie tragen die Titel »Traversable Wormholes, Stargates and Negative Energy« (»Passierbare Wurmlöcher, Sternentore und negative Energie«) und »Warp Drive, Dark Energy and the Manipulation of Extra Dimensions« (»Warp-Antrieb, dunkle Energie und die Manipulation zusätzlicher Dimensionen«). Ersteres wurde von Dr. Eric Davis verfasst, das zweite von Dr. Richard Obousy und Dr. Davis.

Zu beiden Dokumenten heißt es, dass sie Teil »einer Reihe von Berichten über Spitzentechnologien waren, die im Haushaltsjahr 2009 im Rahmen des Defense Advanced Aerospace Weapon System Applications (AAWSA) Program erstellt wurden«, also eines Programms zur Anwendung fortgeschrittener Verteidigungs-Waffensysteme in der Luft- und Raumfahrt. Sie waren mit »nicht geheim/nur für den Dienstgebrauch« gekennzeichnet.

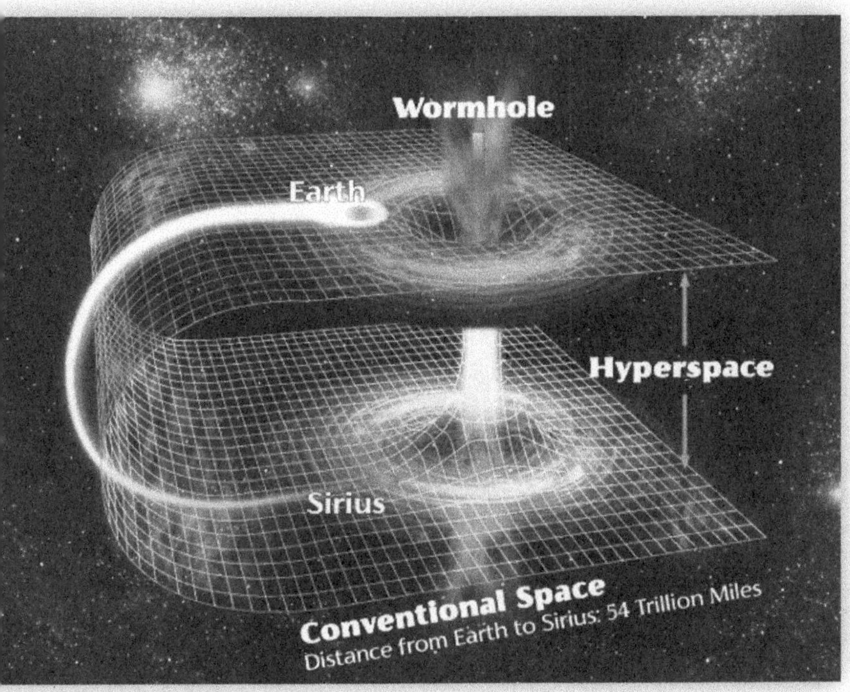

Abb. 51. Ein Intra-Universum-Wurmloch als Hyperraum-Abkürzung durch den konventionellen Weltraum

Der FOIA-Veteran und UFO-Forscher John Greenewald bestätigte, dass die erste Veröffentlichung der beiden Dokumente durch Goode erfolgte. Greenewald schrieb am 12. Januar 2018:

> »Ich sah diese Dokumente bereits Ende Dezember und Anfang Januar, habe sie aber abgelehnt, da sie größtenteils von Corey Goode stammen, einer sehr umstrittenen Figur. Wenn sie echt sind (und das kann sein), scheinen diese Dokumente nicht auf irgendeinem offiziellen Weg freigegeben worden zu sein. Die größte Frage ist also: ›Wie hat Corey sie bekommen?‹ Ich habe keine ›ältere‹ Quelle gefunden, aber ich bin offen, wenn jemand anderes etwas gefunden hat.«[27]

Am 2. Juni bestätigte der australische UFO-Forscher Keith Basterfield ebenfalls Goodes Rolle beim ersten öffentlichen Bekanntwerden der beiden Dokumente über seine Website.[28] Der erfahrene Enthüllungsjournalist George Knapp fand heraus, dass die beiden von Goode freigegebenen Dokumente Teil einer Sammlung von achtunddreißig DIA-Studien waren, die unter der gemeinsamen Bezeichnung Defense Intelligence Reference Documents (DIRDs = Militärgeheimdienstliche Referenzdokumente) firmierten.[29]

Als der britische UFO-Forscher Isaac Koi Dr. Davis wegen der DIRDs kontaktierte, zeigte sich Davis überrascht, dass zwei der von ihm verfassten Dokumente der Öffentlichkeit zugänglich gemacht worden waren, wodurch ihre Echtheit offiziell bestätigt wurde: »Ich weiß nicht, woher du zwei meiner DIRD-Berichte hast.« – »Ja! Alle meine DIRD-Berichte bilden zusammen ein Set von achtunddreißig.«[30] Außerdem sagte Davis bei einem Auftritt in der Radiosendung *Coast to Coast* am 24. Juni:

> »... dass zwei oder drei dieser Papiere durch jemanden aus dem politischen Establishment [wörtlich: ›by someone on the beltway‹ = von jemandem auf der Umgehungsstraße] im Internet ›geleakt‹ wurden. Der Beltway ist eine Ringstraße, die Washington umgibt. Ein Verweis auf ›innerhalb des Beltway‹ bedeutet: Es handelt sich um Angelegenheiten, die für US-Regierungsbeamte, Lobbyisten und Vertragsunternehmer der Regierung von Bedeutung sind.«[31]

Davis, ein weltweit führender Wissenschaftler, hatte zweifelsfrei erklärt, dass »jemand auf der Umgehungsstraße«, also ein Angehöriger des politischen Establishments, Goodes Quelle für die beiden Dokumente war. Das ist ein erstaunliches Eingeständnis!

Zum ersten Mal seit Goodes erstem öffentlichem Auftauchen Ende 2014 bestätigte ein bekannter Wissenschaftler, dass Goode mit einem Insider aus Washington zusammenarbeitete, um wichtige Details der fortschrittlichen Weltraumtechnologien zu enthüllen, die von der DIA untersucht wurden.[32] Noch wichtiger ist, dass eines der von Goode geleakten Dokumente eine erstaunliche Bestätigung für seine Aussage über Wurmlöcher liefert, die in verschiedenen Geheimen Weltraumprogrammen genutzt werden.

In Davis' Bericht »Traversable Wormholes, Stargates and Negative Energy« (»Passierbare Wurmlöcher, Sternentore und negative Energie«) wurde die Machbarkeit der Reisen durch Wurmlöcher auf Grund von Laborexperimenten bestätigt, die zeigten, dass exotische Materie in Form von »negativer Energie« entsteht:

> »Die Implementierung von interstellaren Bewegungen, schneller als Licht (FTL), über passierbare Wurmlöcher erfordert in der Regel die Manipulation der Raumzeit in sehr speziellen lokalen Geometrien. Deren Analyse mittels Einsteins Allgemeiner Relativitätstheorie und der daraus resultierenden Zustandsgleichungen zeigt, dass solche Geometrien den Einsatz von ›exotischer‹ Materie erfordern. Da eine derartige Materie die Energiebedingungen verletzt, wurde behauptet, dass überlichtschnelle Raumzeiten nicht plausibel sind. Es hat sich jedoch gezeigt, dass es sich um ein Scheinproblem handelt. Die Identifizierung, Größenordnung und Produktion von exotischer Materie wird dennoch als eine der wichtigsten technischen Herausforderungen angesehen. Diese Fragen werden überprüft und zusammengefasst, und es wird eine Bewertung des gegenwärtigen Standes ihrer Lösung vorgenommen.«[33]

In seinem Papier macht Davis den kritischen Punkt geltend, dass für die Schaffung eines passierbaren Wurmlochs der Singularitätspunkt eines Schwarzen Lochs nicht erforderlich ist, wie es Thorne ursprünglich konzipiert und Sagan mitgeteilt hatte. Alles, was benötigt wird, ist genügend »exotische Materie« oder »negative Energie« für ihre Entstehung, auch an der Erdoberfläche. Das ist etwas, was unmöglich wäre, wenn ein Schwarzes Loch für die Reise durch ein Wurmloch verwendet würde. Atemberaubend ist, dass Davis' Theorie die Technologie der durchquerbaren Wurmlöcher zu etwas macht, das als Alternative zur herkömmlichen Raumfahrt entwickelt werden könnte.

Davis beschreibt die Beschränkung konventioneller Antriebssysteme, bei denen relativistische Geschwindigkeiten (annähernde Lichtgeschwindigkeit) erreicht werden und es Jahre erfordern würde, um zu nahe gelegenen Sternensystemen zu gelangen. Er weist auf den signifikanten Zeitdilatationseffekt hin, der dabei zu beobachten ist, weil in der Zwischenzeit auf der Erde Jahrhunderte oder Jahrtausende vergehen würden. Die Verwendung von passierbaren Wurmlöchern hingegen könnte praktisch augenblickliche Hin- und Rückreisen möglich machen, wie Davis erklärt:

> »Die Lösung dieses Problems besteht darin, auf lange interstellare Reisezeiten oder das unerwünschte Ergebnis einer relativistischen Zeitdilatation völlig zu verzichten. Forscher könnten ein Wurmloch-Sternentor in der Nähe der Erdoberfläche, in der Erdumlaufbahn oder an einem beliebigen Ort im Sonnensystem errichten und einfach durch das ›Sternentor‹ gehen und innerhalb von Sekunden die andere Seite in weit entfernter Raumzeit erreichen, indem sie sich mit niedrigen Reisegeschwindigkeiten (48 Stundenkilometer!) und ohne Zeitdilatationseffekte durch den Tunnel bewegen. Entdecker könnten mit kleinen Spähschiffen durch die Wurmloch-Tore reisen oder Sonden hindurch schicken, ohne riesige Mengen an Treibstoffvorräten oder aufwändige Lebenserhaltungssysteme mitführen zu müssen. Die effektive Reisezeit durch Sternentore in die kosmische Nachbarschaft würde irrelevant werden, obwohl man schätzungsweise mit einem Vielfachen oder Tausendfachen der Lichtgeschwindigkeit reisen könnte.«[34]

Davis schlägt sogar vor, dass ein Zeitreiselement in die Wurmlochreise integriert werden könnte, das es jemandem ermöglicht, in die Zeit kurz vor seiner Abreise zurückzukehren, was eine sehr effektive Sicherheitsvorkehrung wäre, um erfolglose Missionen zu vermeiden:

> »Wenn die Entdecker wirklich an die Grenzen gehen sollten, würden sie ihr Sternentor so gestalten, dass sie von ihrer Reise rechtzeitig zurückkehren könnten, um sich selbst zum Abschied zuzuwinken, während sie zu ihrer Reise aufbrechen.«[35]

Davis unterbreitet verschiedene Konstruktionsvorschläge für ein Sternentor, von denen einer einen ebenen Zugang in das senkrecht stehende Wurmloch bietet, ähnlich der beschriebenen ringförmigen Version von Goode, die auch in der Serie *Stargate SG-1* auftaucht:

»Es ist eine unkomplizierte Aufgabe, mit Hilfe der Wurmlochphysik ein echtes ›Stargate‹ zu entwickeln. Ein solches Sternentor ist im Wesentlichen ein begehbares Wurmloch mit einer ebenen Front für den einfachen Zugang im Gegensatz zu der kugelförmigen Öffnung des Wurmlochs von Morris und Thorne ...«[36]

Davis hebt die Unterschiede zwischen dem von Thorne konzipierten kugelförmigen Wurmlocheingang oder Sternentor und dem eines flachen Hyperoberflächen-Designs hervor. Die Verschiedenheit erweist sich als äußerst erstaunlich, wenn man durch diese Tore in andere Raumzeiten oder Dimensionen blickt:

»Der Eingang zum sphärisch symmetrischen Morris & Thorne-Wurmloch sieht aus wie eine Kugel, die das Spiegelbild eines ganz anderen Universums oder einer entlegenen Region in unserem eigenen Universum enthält, unglaublich geschrumpft und verzerrt ... Ein flaches, aufrecht stehendes Wurmloch oder Sternentor, das auch eine Hyperoberfläche wäre, würde das Spiegelbild der entlegenen Weltraumregion oder eines anderen Universums, das durch sie hindurch gesehen wird, nicht verzerren, da die negative Oberflächenenergiedichte und die negativen Oberflächenspannungen der exotischen Materie, die das Portal durchzieht, aus der Perspektive der hindurchreisenden Materie weder sicht- noch spürbar sind.«[37]

Davis zeigt in seinem Papier ein ringförmiges Sternentor mit einem flachen Eingang am New Yorker Times Square, wobei der Zielort auf einem anderen Planeten auf der Hyperoberfläche sichtbar ist. Das Sternentor ist nicht nur ein Transportmittel, sondern könnte auch als »Chronovisor« oder »Spiegelglas« fungieren, durch das man in die Vergangenheit, die Zukunft oder in alternative Realitäten blicken kann.[38] Dies würde die Sternentor-Technologie und ihre Derivate zu einem mächtigen Instrument zum Sammeln von Informationen machen, wie es von verschiedenen Whistleblowern und Zeugen behauptet wird.[39]

Die Schlussfolgerung aus Davis' geleaktem Bericht lautet, dass passierbare Wurmlöcher oder Sternentore eine Form der Raumfahrt-

Abb. 52. Künstlerische Darstellung eines Sternentors in New York, das einen Blick in eine andere Welt als Reiseziel eröffnet

technologie sind, die wissenschaftlich machbar ist, ohne dass Singularitätspunkte oder Schwarze Löcher erforderlich sind. Angeblich sind die fortschrittlichen Technologien, die zur Erzeugung exotischer Materie erforderlich sind, noch nicht bekannt oder zumindest der breiten Öffentlichkeit bisher nicht zugänglich, denn Whistleblower-Zeugenaussagen haben gezeigt, dass die Technologie der exotischen Materie tatsächlich in geheimen Programmen bereits entwickelt wurde!

Die wissenschaftliche Durchführbarkeit von Wurmlöchern wurde von mehreren Mainstream-Wissenschaftlern untersucht, die verschiedene Designs für den Bau von Sternentoren vorschlagen. Die Ähnlichkeit zwischen Davis' ringförmigem Sternentor mit flacher Hyperoberfläche und dem in *Stargate SG-1* dargestellten Design ist bemerkenswert. In Kombination mit dem Sponsoring der USAF und ihrer aktiven Teilnahme an der Serie sowie mehreren Insiderzeugen ergibt sich die Schlussfolgerung, dass die Fernsehserie *Stargate SG-1* eine Form der behutsamen Offenlegung einer der Transportmodalitäten des Geheimen Weltraumprogramms der USAF war.

Anmerkungen

1 Zu Informationen über die Sponsorschaft der USAF für die Serie *Stargate SG-1* siehe Wikipedia unter https://en.wikipedia.org/wiki/Stargate_SG-1 (aufgerufen am 07.12.2018)

2 Siehe Interview mit Corey Goode auf Gaia TV für das Format *Cosmic Disclosure* – »Portals: The Cosmic Web« unter http://www.gaia.com/video/portals-comic-web#play/107251 (aufgerufen am 08.12.2018)

3 Ebd.

4 Ebd.

5 Siehe »Portals: Connecting the Cosmic Highway« unter https://www.gaia.com/video/portals-connecting-cosmic-highway (aufgerufen am 02.01.2019)

6 Siehe http://www.conscioushugs.com/ (aufgerufen am 09.12.2018)

7 »Mystery Of Dr. Dan Burisch – Beginning To End«, https://rense.com/general42/mssy.htm (aufgerufen am 09.12.2018)

8 William Hamilton, *Project Aquarius: The Story of An Aquarian Scientist*; Authorhouse 2005; pgs. 85-86.

9 »Dan Burisch: Interview transcript – Part 1«, http://projectcamelot.org/lang/en/dan_burisch_stargate_secrets_interview_transcript_1_en.html (aufgerufen am 10.12.2018)

10 »Dan Burisch: Interview transcript – Part 2«, http://projectcamelot.org/lang/en/dan_burisch_stargate_secrets_interview_transcript_1_en.html (aufgerufen am 10.12.2018)

11 Siehe »An Interview with ›Henry Deacon‹, a Livermore Physicist«, http://projectcamelot.org/livermore_physicist.html (aufgerufen am 08.12.2018)

12 »A further update from ›Henry Deacon‹«, http://projectcamelot.org/livermore_physicist_3.html (aufgerufen am 08.12.2018)

13 »An Exopolitical Perspective on the Preemptive War against Iraq«, http://exopolitics.org/archived/Study-Paper2.htm (aufgerufen am 08.12.2018)

14 Siehe »Electric Sun« unter https://www.gaia.com/video/electric-sun (aufgerufen am 08.12.2018)

15 Siehe Interview mit Corey Goode auf Gaia TV für das Format *Cosmic Disclosure* – »Portals: The Cosmic Web« unter http://www.gaia.com/video/portals-comic-web#play/107251 (aufgerufen am 08.12.2018)

16 »Remnants of Ancient Mars« – *Cosmic Disclosure* vom 10. November 2015; https://www.gaia.com/video/remnants-ancient-mars (aufgerufen am 09.12.2018)

17 Siehe Michael E. Salla, »Alleged Time Traveler Runs for U.S. President: Real Deal or CIA PsyOp?«, https://www.exopolitics.org/alleged-time-traveler-runs-for-u-s-president-real-deal-or-cia-psyop/ (aufgerufen am 01.02.2019)

18 Siehe Michael E. Salla, »Jump Room to Mars: Did CIA Groom Obama & Basiago as future Presidents?«, https://www.exopolitics.org/jump-room-to-mars-did-cia-groom-obama-basiago-as-future-presidents/ (aufgerufen am 02.01.2019)

19 Gautham Shenoy, »The interstellar contributions of Kip Thorne, the man Carl Sagan contacted for physics advice«, https://factordaily.com/interstellar-kip-thorne-nobel-prize/ (aufgerufen am 11.12.2018)

20 Ebd.

21 M. S. Morris & K. S. Thorne, »Wormholes in spacetime and their use for interstellar travel: A tool for teaching general relativity«, *American Journal of Physics*, Vol 56, 1988; pgs. 395-412.

22 Gautham Shenoy, »The interstellar contributions of Kip Thorne, the man Carl Sagan contacted for physics advice«, https://factordaily.com/interstellar-kip-thorne-nobel-prize/ (aufgerufen am 11.12.2018)

23 Paul Davies, *How to Build a Time Machine*; Penguin Books 2003; p. 69. – Dt. Ausgabe: *So baut man eine Zeitmaschine*, Piper Verlag, München 2005

24 Das Eisenhower-Briefing-Dokument online unter http://www.majesticdocuments.com/pdf/eisenhower_briefing.pdf (aufgerufen am 14.12.2018)

25 Siehe Stanton T. Friedman, *Top Secret/Majic: Operation Majestic-12 and the United States Government's UFO Cover-up*; De Capo Press 2005; pgs. 26-40.

26 Die beiden Dokumente sind zugänglich unter https://spherebeingalliance.com/blog/defense-intelligence-reference-documents.html (aufgerufen am 10.12.2018)

27 »To The Stars Academy of Arts & Science, Tom Delonge and the Secret DoD UFO Research Program«, https://www.theblackvault.com/casefiles/to-the-stars-academy-of-arts-science-tom-delonge-and-the-secret-dod-ufo-research-program/ (aufgerufen am 10.12.2018)

28 »Those Defense Intelligence Reference Documents«, http://ufos-scientificresearch.blogspot.com/2018/06/those-defense-intelligence-reference.html?m=1 (aufgerufen am 10.12.2018)

29 Die ganze Liste ist online verfügbar unter https://tinyurl.com/ybs6du4v (aufgerufen am 10.12.2018)

30 »AATIP or AAWSA«, https://ufos-scientificresearch.blogspot.com/2018/05/aatip-or-aawsa.html (aufgerufen am 10.12.2018)

31 »Those Defense Intelligence Reference Documents«, http://ufos-scientificresearch.blogspot.com/2018/06/those-defense-intelligence-reference.html?m=1 (aufgerufen am 10.12.2018)

32 Eine genaue Analyse des öffentlichen Auftauchens der DIA-Dokumente, von Greenewalds Entdeckung der Rolle Goodes und der Schlüsse von Knapp, Koi and anderen Forschern aus den Dokumenten erfolgte in einem Blog-Post vom 7. September 2018 durch Mike Waskosky mit dem Titel: »Corey Goode's DIA Documents: The Unreported AATIP Revealing«. https://www.disclosurecolorado.org/corey-goode-dia-documents/ (aufgerufen am 10.12.2018)

33 Eric W. Davis, »Traversable Wormholes, Stargates and Negative Energy«, Defense Intelligence Reference Document vom 6. April 2010, zugänglich unter https://spherebeingalliance.com/blog/defense-intelligence-reference-documents.html (aufgerufen am 14.12.2018)

34 Ebd.

35 Ebd.

36 Ebd.

37 Ebd.

38 Der erste »Chronovisor« wurde angeblich von dem Benediktinermönch Vater Pellegrino Ernetti in den 1950ern erfunden. Siehe Peter Krassa, *Father Ernetti's*

Chronovisor: The Creation and Disappearance of the World's First Time Machine; New Paradigm Books 2000. – Dt. Originalausgabe: *Dein Schicksal ist vorherbestimmt: Pater Ernettis Zeitmaschine und das Geheimnis der Akasha-Chronik.* Herbig Verlag, München 1997. – Dan Burisch erörtert die Looking-Glass-Technologie in »Dan Burisch: Interview transcript – Part 1«, siehe http://projectcamelot.org/lang/en/dan_burisch_stargate_secrets_interview_transcript_1_en.html (aufgerufen 12/10/18)

39 Andrew Basiago hat behauptet, dass er zu einem Informationsprogramm namens Projekt Pegasus gehörte, das Chronovisoren und andere Stargate-Technologien für Geheimdienstzwecke benutzte. Siehe Michael E. Salla, »Alleged Time Traveler Runs for U.S. President: Real Deal or CIA PsyOp?«, https://www.exopolitics.org/alleged-time-traveler-runs-for-u-s-president-real-deal-or-cia-psyop/ (aufgerufen am 14.12.2018)

17 Der Schock des parallelen Geheimen Weltraumprogramms der Navy

Sie sagten uns, wir seien die Speerspitze, aber wir haben herausgefunden, dass wir nur die verdammte Küstenwache sind!

– Hoher GWP-Offizier der Air Force, Deckname »Sigmund« –

Während die *Apollo*-Missionen der NASA erfolgreich Menschen auf den Mond brachten, gefolgt von Skylab und anderen zivilen Raumfahrtmissionen, entwickelte die U.S. Air Force insgeheim ein paralleles militärisches Weltraumprogramm. Bis Mitte der 1980er Jahre hatte die USAF mehrere bemannte Raumstationen mit Modulen des Bemannten Orbit-Labors (MOL) aufgebaut, die heimlich mit *Titan-III*-Raketen ins All geschickt wurden und von Geschwadern von Antigravitations-Raumschiffen gewartet wurden, die Astronauten und Zubehör transportierten. All dies wurde ausgeführt, während die meisten Wissenschaftler der NASA sowie die Mitglieder des Kongresses und die Öffentlichkeit völlig ahnungslos blieben über das, was die USAF heimlich im Weltraum anstrebte. Im Gegenzug waren die USAF-Führungskräfte, die ihr wachsendes Arsenal an geheimen Weltraumressourcen betrieben, zuversichtlich, dass sie über das fortschrittlichste Raumfahrtprogramm der Welt verfügten – abgesehen von dem in der Antarktis etablierten deutschen Programm. Die Führer der USAF waren überzeugt, dass die technologische Lücke zu den Antarktis-Deutschen aufgrund der weitaus besseren industriellen Infrastruktur der Vereinigten Staaten und der Hilfe, die sie von verschiedenen außerirdischen Gruppen erhielten, schließlich geschlossen werden würde.

Dieses Vertrauen wurde Ende 2015 stark erschüttert, als die USAF-Führungskräfte begannen, ernsthaft über die Behauptungen von Whistleblowern nachzudenken, dass die U.S. Navy heimlich ein paralleles Weltraumprogramm entwickelt habe, angeblich mit gewaltigen, kilometerlangen »Raumtransportern«, die von zu Weltraumoperationen fähigen Navy-Kampfgruppen begleitet werden. Solche Behauptungen über ein hoch entwickeltes Navy-Programm wurden als Desinformation oder Fehlinterpretation in Wahrheit antarktis-deutscher oder außerirdischer Raumschiffe zurückgewiesen. Zeugen wie Michael Relfe (2001) und Randy Cramer (2014), die behaupteten, an einem von der Navy betriebenen Weltraumprogramm beteiligt gewesen zu sein, wurden einfach ignoriert.[1] Das änderte sich dramatisch, als im Jahr 2015 Corey Goode und William Mills Tompkins an die Öffentlichkeit gingen. Goodes erste Audio-Interviews erschienen Ende 2014 auf der Website des *Project Avalon.* Ich führte eine Reihe von eMail-Interviews mit ihm, die im April 2015 veröffentlicht wurden.[2] Es waren jedoch Goodes Auftritte in der neuen Doku-Reihe *Cosmic Disclosure* bei Gaia TV, die ab dem 21. Juli 2015 ein großes Publikum anzogen. Die Zuschauer waren fasziniert von Goodes erstaunlichen neuen Informationen über mehrere Geheime Weltraumprogramme und verschiedene außerirdische Allianzen. Tompkins' Schritt an die Öffentlichkeit begann mit der Veröffentlichung der US-Ausgabe seines Buches *Auserwählt von Außerirdischen* im Dezember 2015.[3] Tompkins präsentierte viele Dokumente, die seine bemerkenswerten Behauptungen eines Geheimen Weltraumprogramms (GWP) der Navy untermauerten, was einen Großteil der früheren Informationen von Goode bestätigte. Als Tompkins den ersten Band meiner eigenen Reihe über Geheime Weltraumprogramme las, den Band *Geheime Weltraumprogramme & Allianzen mit Außerirdischen,* der Goodes Behauptungen umriss, war er schockiert, da er dachte, er wäre der Erste gewesen, der Informationen darüber lieferte, was die Navy heimlich gebaut hatte.[4] Als Goode wiederum von Tompkins' Bericht erfuhr, erkannte er, dass ein Großteil der Informationen, die er von 1987 bis 2007 auf den Smart Glass Pads des GWP gelesen hatte, auf Tompkins' Briefing-Paketen beruhte, die zwischen 1942 und 1946 zusammengestellt worden waren.

Da Goodes und Tompkins' bemerkenswerte Behauptungen ein immer größeres Publikum erreichten, wurden ihre Aussagen von den Führern des sehr hoch eingestuften Geheimen Weltraumprogramms der USAF zur Kenntnis genommen, das eng mit anderen militärischen Einheiten der USA wie dem National Reconnaissance Office (NRO), der National Security Agency (NSA) und der Defense Intelligence Agency (DIA) zusammenarbeitet.

Goode nennt diese behördenübergreifende Kooperation das »Military-Industrial Complex Secret Space Program« (MIC-SSP), also das Geheime Weltraumprogramm des Militärisch-Industriellen Komplexes, aber ich werde es weiterhin einfach als GWP der USAF bezeichnen, da ein Großteil seiner militärischen Infrastruktur und Führung von der Air Force stammt.

Insbesondere Goodes Informationen wurden genauestens geprüft, als er begann, über die Raumfahrtaktivitäten der USAF so detailliert zu sprechen, dass eine Untersuchung gerechtfertigt war, um herauszufinden, wer für diesen möglichen Sicherheitsverstoß verantwortlich war. Goode sagt, dass er im Laufe einer Reihe von Entführungen durch das Militär zum ersten Mal einem hochrangigen Beamten des USAF-GWP begegnete, den er »Sigmund« nannte. Diese Entführungen begannen im Januar 2016, als ein dreieckiges Antigravitations-Raumschiff in der Nähe seines texanischen Hauses landete, zwei Mitarbeiter der Air Force ausstiegen und ihn gewaltsam in das Schiff brachten.[5]

Goode wurde während seiner Entführung medizinisch verhört. Das ist ein Verfahren, bei dem ihm Chemikalien injiziert wurden, um ihn zu zwingen, die Quelle/n seiner Informationen preiszugeben. Schließlich offenbarte sich »Sigmund« als der Offizier, der für die zahlreichen Verhöre verantwortlich war, denen Goode unterzogen wurde.

Während der ersten Entführungen im Jahr 2016 beschrieb Goode, wie Sigmund und seine Untergebenen ihn chemisch gezwungen haben, mehrere Mitarbeiter zu enttarnen, die für die »GWP-Allianz« arbeiteten, eine Gruppe, die Elemente aus dem Solar-Warden-Programm der Navy umfasst und in der Überläufer aus anderen Weltraumprogrammen arbeiten.

Abb. 53. Mit freundlicher Genehmigung von Cosmic Disclosure/Gaia TV

> »Ein Tablet mit einer Kamera wurde vor mein Gesicht gehalten, und mir wurden militärische Fotos im Stil der Militärakademie gezeigt. Die Kamera kontrollierte meine Augen und markierte ein Foto, wenn festgestellt wurde, dass ich die Person erkannt hatte. Dieses Vorgehen bewirkte die Bloßstellung von drei hochrangigen Personen der GWP-Allianz und führte zu einer weiteren Kluft zwischen mir, Gonzales und der GWP-Allianz. Wegen der chemischen Verhöre und der versuchten Auslöschung meiner Erinnerungen an diese Vorgänge erinnerte ich mich nicht an die vollständigen Details, bis ich später über die Sicherheitslücke informiert wurde.«[6]

Die Art, wie Sigmund Goode verhörte, begann sich signifikant zu ändern, als Sigmund feststellte, dass Goodes Informationen zumindest teilweise korrekt waren und er nicht Teil eines Desinformationsprogramms war, das zu feindlichen Elementen gehörte, die heimlich innerhalb des USAF-GWP arbeiteten. In einem Update vom 11. Dezember 2016 beschrieb Goode auf seiner Website, wie Labortests, die von USAF-Wissenschaftlern durchgeführt wurden, wiederholt einige seiner Behauptungen bestätigt hatten, von diesem Planeten entführt worden zu sein – von der GWP-Allianz und der hoch entwickelten außerirdischen Gruppe, mit der Goode zusammenarbeitete, der sogenannten Allianz der Sphärenwesen (»Sphere Being Alliance«):

»Die Laborergebnisse bestätigten erneut, dass ich, wie von mir behauptet, an nahen, aber nicht auf diesem Planeten gelegenen Orten gewesen bin. Die Leute des Weltraumprogramms MIC [USAF] haben keine Informationen, die vermuten lassen, dass ich diese Orte jemals tatsächlich besucht habe. Ich war nie Teil ihres Programms.

Dies führte dazu, dass Sigmund zu dem Schluss kam, er sei von seinen Vorgesetzten absichtlich über die Existenz von Programmen, die fortgeschrittenerer als seine eigenen waren, irregeführt worden. Meine Tests bewiesen ohne jeden Zweifel, dass das Geheime Weltraumprogramm viel mehr umfasste, als er wusste. Für ihn als hochrangigen Offizier war das natürlich ein ziemlicher Schock. Man hatte ihn in dem Glauben gelassen, Zugang zu allen relevanten Abteilungen der UFO-Tarnorganisation zu haben.«[7]

Anschließend begann Sigmund einen »Informationsaustausch« mit Goode. Diese »Treffen« begannen in der zweiten Jahreshälfte 2016, und Sigmund erfuhr von dem »angeblichen« GWP der Navy und bestätigte Gerüchte, dass dieses mit den Nordischen und anderen menschenähnlichen außerirdischen Gruppen zusammenarbeitet.[8] Goode wiederum erhielt Informationen über die Antarktis und den intensiven Machtkampf innerhalb des nationalen Sicherheitssystems der USA im Zusammenhang mit den Präsidentschaftswahlen 2016. Er schrieb einen Bericht über einen solchen Informationsaustausch, der am 11. Dezember 2016 veröffentlicht wurde.[9]

Am 16. März 2017 gab mir Goode einen detaillierten Bericht über seine laufenden Gespräche mit Sigmund. An diesen regelmäßig stattfindenden Treffen nahmen manchmal zwei von Sigmunds Untergebenen aus dem Geheimen Weltraumprogramm der USAF teil.[10] Der Umfang der von Goode offenbarten Informationen war atemberaubend in seinen Auswirkungen auf die nationale Sicherheit der USA und den Rest des Planeten. Der Gesamtkontext, der diesen »Informationsaustausch«

antrieb, war laut Goode Sigmunds Wut darüber, dass sein USAF-GWP nicht in die Aktivitäten im Weltraum mit außerirdischem Leben und Technologien einbezogen wurde. Die mögliche Existenz eines mächtigeren Navy-Programms im Weltraum, das mit Technologien arbeitet, die weitaus fortschrittlicher sind als alles, was das USAF-GWP besitzt, war für Sigmund und seine Kollegen ein ganz spezielles Thema.

Sigmunds USAF-GWP war weitgehend auf erdnahe Operationen im Orbit beschränkt – mit mindestens zwei operativen Raumstationen, die mehrere hundert Personen aufnehmen konnten, und mehreren Geschwadern von TR-3Bs sowie nachgebauten Flugscheiben (ARVs), die zu Weltraumoperationen fähig waren und die Stationen versorgten. Goode behauptet auch, dass das USAF-GWP kleine Stützpunkte auf Mond und Mars unterhielt. Diese Basen waren jedoch zweitrangig in Bezug auf die Hauptaufgabe des USAF-GWP, nämlich erdnahe Überwachungen und Einsätze. Goode beschreibt weiterhin, dass die Weltraumoperationen der USAF mit ihren TR-3Bs und ARVs streng auf unser Sonnensystem beschränkt sind:

> »Sie haben schwarze dreieckige Schiffe, die in unserem Sonnensystem reisen können, sowie andere getarnte Typen. Diese Technologie lässt sie glauben, sie würden mitbekommen, wenn in unserem Sonnensystem noch andere Gruppen aktiv wären.
>
> Wenn sie die Raumschiffe aus anderen Programmen oder von ihnen unbekannten ET-Spezies sehen, wird ihnen einfach gesagt, das wären ebenfalls ›unsere Leute‹. Ihnen wird gesagt, dass diese speziellen Programme sie nicht zu interessieren hätten und sie mit niemandem über ihre Sichtungen sprechen dürfen …
>
> Dem MIC-GWP der USAF wird gesagt, dass interstellare Reisen für uns unmöglich sind … Dies sei auf die Gravitations- und Energieverhältnisse an der Grenze unserer Heliosphäre zurückzuführen, die ein Verlassen des Sonnensystems mit der gegenwärtigen Technologie unmöglich machen.«[11]

Goodes Aussage hat gezeigt, wie USAF-Offiziere über die antarktisch-deutschen sowie die von der Navy und Konzernen gesteuerten

Geheimen Weltraumprogramme getäuscht wurden, selbst wenn die Aktivitäten dieser anderen Programme auf USAF-Überwachungsgeräten beobachtet oder registriert wurden. Zu sagen, dass solche Raumschiffe Teil eines streng geheimen Programms waren, das einen Zugang nur bei dringend notwendigem Bedarf erforderte, erwies sich als sehr effektives Mittel, um Zeugen und die Führung der USAF zum Schweigen zu bringen. Es galt die Annahme, dass die USAF, sobald die für sie geheimen Forschungsprojekte abgeschlossen waren, diese Luft- und Raumfahrttechnologien für den späteren Einsatz erhalten würde. Laut Goode sollte dies jedoch jahrzehntelang nicht geschehen, sondern erst wenn die Technologien wie beim TR-3B veraltet und überflüssig geworden waren. Sigmund und seine Kollegen waren deshalb ziemlich wütend, als sie erfuhren, was sich tatsächlich abspielte.

Goode sagt, dass Sigmund und dem GWP-Personal der USAF mitgeteilt worden war, dass sie »die Speerspitze« seien, wenn es um den Einsatz fortschrittlicher militärischer Technologien im Weltraum ging, aber jetzt hatten sie gesehen, dass sie nur die »verdammte Küstenwache« waren! Sigmunds Wut über die Lügen, die ihm und anderen GWP-Mitarbeitern der USAF aufgetischt wurden, führte zu zornigen Auseinandersetzungen mit seinen Vorgesetzten. Das Resultat war, dass Sigmund eine ernsthafte Untersuchung von Goodes Behauptungen einleitete sowie auch denen von Tompkins in den veröffentlichten Interviews und seinem Buch *Auserwählt von Außerirdischen*, das speziell das GWP der U.S. Navy und deren Zusammenarbeit mit nordischen Außerirdischen detailliert beschreibt.[12]

Laut Goode begann Sigmund eine ähnliche Art von Untersuchung durchzuführen wie die, die ich bereits für mein Buch *Das Geheime Weltraumprogramm der U.S. Navy & Die Allianz mit den Nordischen* durchgeführt hatte. Sigmunds Untersuchung umfasste die Suche nach historischen Dokumenten sowie die Befragung von Navy-Personal, das potenziell Kenntnisse über ein Weltraumprogramm der Navy haben mochte, das gleichzeitig mit der Schaffung des USAF-GWP insgeheim aufgebaut worden war. Nachdem Sigmund eine Anzahl möglicher Quellen für Goodes beeindruckenden Informationsbestand ausgeschlossen hatte, kam er zu dem Schluss, dass es zwei weitere Erklärungen für Goodes Enthüllungen gab. Die erste war, dass eine Besuchergruppe von »Nordischen Außerirdischen«, die dem USAF-GWP bekannt war, aufgrund einer unbekannten Agenda Goode durch Gedankenkontrolle manipulierte und ihn mit Informationen versorgte. Die zweite Erklärung besagte, dass Goode wirklich mit einem von der Navy betriebenen Geheimen Weltraumprogramm in Verbindung stand, das wiederum Teil einer »Secret Space Program Alliance« (GWP-Allianz) war, und Goode tatsächlich mit einer hoch entwickelten Gruppe von Außerirdischen zusammenarbeitete, der »Allianz der Sphärenwesen«.[13]

Sigmund begann seinen Informationsaustausch mit Goode, um dessen Behauptungen eingehender zu untersuchen und mit ihm gemeinsam festzustellen, welche der beiden Erklärungen zutraf. Sigmund befürchtete auch, dass die Pläne der USAF für eine »begrenzte Offenlegung« ihres GWP nur einen Teil der Wahrheit über die Weltraumaktivitäten enthüllen würden, nämlich diejenigen, die von weniger geheimen Abteilungen innerhalb des US-Militärs betrieben wurden. Er glaubte, dass die Wahrheit genau bestimmt und offengelegt werden musste, um die Moral in den GWPs der jeweiligen Militärzweige zu erhalten. War das USAF-GWP die »Speerspitze«, wie ihnen gesagt worden war, oder »die verdammte Küstenwache«, wie Sigmund nun befürchtete?

Unterstützung für DeLonges Initiative »Sekret Machines«

Die äußerst gravierende Entdeckung Sigmunds und seiner Kollegen, dass sie bezüglich der Existenz eines fortgeschritteneren Navy-GWPs sowie deutscher und von Privatunternehmen durchgeführter GWPs getäuscht worden waren, spielte später eine Rolle bei der Entscheidung der USAF, die verdeckte Unterstützung für Tom DeLonges Multimedia-Initiative »Sekret Machines« fortzusetzen oder einzustellen. Diese Initiative begann 2015, etwa zur gleichen Zeit, als Goode in der Öffentlichkeit auftauchte. DeLonge, ein ehemaliger Leadsänger der Rockband *Blink 182*, hatte Top-Autoren wie A. J. Hartley und Peter Levenda verpflichtet, für sein Projekt gemeinsam mit ihm bis zu sechs Bücher zu schreiben. In Interviews beschrieb DeLonge, dass zehn hochrangige Militär-Offiziere und Unternehmensvertreter seine Initiative unterstützten.[14] Anfang 2016, als Goodes Entführungen durch Sigmund und sein Team begannen, wurde das erste von insgesamt drei Büchern in DeLonges Initiative veröffentlicht: *Sekret Machines – Chasing Shadows* (»Sekret-Maschinen – Schattenjagd«, nicht auf Deutsch erschienen). Darin wurde die Unterstützung beschrieben, die sein Beraterteam ihm geleistet hatte:

> »Ich hatte Begegnungen in mysteriösen Räumen weit draußen in der Wüste. Ich hatte Treffen auf den höchsten Ebenen der NASA. Ich habe Gespräche in Forschungszentren, Think Tanks und sogar am Telefon geführt, die mit geheimen Einrichtungen verbunden sind. Ich wurde einem Mann vorgestellt, den ich ›den Wissenschaftler‹ nenne, und einem anderen, den ich ›den General‹ nenne. Und es gibt noch viele mehr, über die ich nicht viel sagen kann, aber einige sind echte Freunde geworden und alle sind enge Berater. Jeder dieser Männer besetzte höchste Ämter der militärischen und wissenschaftlichen Elite oder hat sie derzeit inne. Der Punkt ist, ich habe es getan. Ich habe ein Team von Männern und Frauen zusammengestellt, die ›im Bilde sind‹. Und sie alle glauben, dass ich etwas Wertvolles tue, etwas, das ihre Zeit wert ist.«[15]

Auf der Buchrückseite von *Sekret Machines – Chasing Shadows* wurde eine Empfehlung von General Michael Carey (USAF a.D.) abgedruckt, vermutlich einem der zehn hochrangigen Offiziere. Sein letzter militärischer Rang war der eines Sonderassistenten des Kommandanten des Air Force Space Command:

> »*Sekret Machines* kratzt an der Oberfläche der Frage: ›Wem vertrauen wir mit unserer geheimen Technologie‹? Sicher sind sich unsere Gegner unserer Unternehmungen bewusst, da sie das Gleiche tun. Aber was ist mit unseren Bürgern, unseren Politikern, sogar unserem eigenen Militär? Tom DeLonge und A. J. Hartley erschaffen ein überzeugendes Narrativ,

das das ›Katz- und Mausspiel‹ beschreibt, das zwischen strategischen Gegnern immer vor sich geht. Es hat unter dem Meer, auf der Oberfläche der Erde und im Himmel existiert, warum sollten wir nicht glauben, dass es sich auch im Weltraum abspielt? Unsere Militärführer sagen uns seit Jahren, dass der Weltraum ein umkämpfter Bereich ist, vielleicht sollten wir ihnen glauben! – Maj. Gen. Michael J. Carey.«[16]

General Careys Unterstützung für DeLonges Initiative ist besonders wichtig, weil seine Arbeit als Sonderassistent des Space Commands der Air Force ihm sehr gute Informationen über deren Geheimes Weltraumprogramm verschafft hat. Carey war nicht der einzige USAF-General, der DeLonges Initiative »Sekret Machines« unterstützte.

Später im Jahr 2016 gab Wikileaks eMails frei, die DeLonges Behauptungen stützten und in denen ausdrücklich zwei der zehn Personen benannt wurden, die mit seiner Initiative verbunden waren.[17] Eine der gehackten eMails war an John Podesta gerichtet, den Leiter von Hillary Clintons Wahlkampfkampagne; sie ist auf den 25. Januar 2016 datiert und trägt den Betreff »General McCasland«. In ihr behauptete DeLonge:

»Ich erwähnte, dass er ein ›Skeptiker‹ ist, was aber nicht stimmt. Ich arbeite seit vier Monaten mit ihm zusammen. Gerade vor ein paar Wochen habe ich eine vierstündige Präsentation über das gesamte Projekt gehalten. Vertrauen Sie mir, der Ratschlag, wie man das alles machen kann, ist bereits in Arbeit. Er muss das nur laut sagen, aber er ist sich dessen sehr, sehr bewusst – denn er war für das ganze Zeug verantwortlich. Als bei Roswell etwas abstürzte, schickten sie es an das Labor auf der Wright-Patterson Air Force Base. General McCasland war bis vor ein paar Jahren für genau dieses Labor verantwortlich. Er weiß nicht nur, was ich zu erreichen versuche, er hat auch geholfen, mein Beraterteam zusammenzustellen. Er ist ein sehr wichtiger Mann.

Beste Grüße, Tom DeLonge«[18]

Hier ist eine kurze Biografie von McCasland vor seiner Pensionierung:

»Maj. Gen. William N. McCasland ist der Commander des Forschungslabors der Air Force auf der Wright-Patterson Air Force Base, Ohio. Er ist verantwortlich für die Verwaltung des Wissenschafts- und Technologieprogramms der Air Force mit einem Etat von 2,2 Milliarden Dollar sowie für zusätzliche kundenfinanzierte Forschung und Entwicklung mit einem Etat von ebenfalls 2,2 Milliarden Dollar. Er ist für rund 10.800 Mitarbeiter in den Abteilungen für Komponententechnologie, 711th Human Performance Wing, und das Amt für wissenschaftliche Forschung der Air Force verantwortlich.«[19]

McCaslands Einsatz im Forschungslabor der Air Force auf der Wright-Patterson AFB hat angesichts der historischen Bedeutung, die in früheren Kapiteln über die historische Rolle dieser großen USAF-Forschungseinrichtung bei der Untersuchung erbeuteter deutscher und außerirdischer Flugscheiben dargelegt wurde, besondere Relevanz. McCaslands Auftrag belegt eindeutig, dass er über den notwendigen wissenschaftlichen und technischen Hintergrund verfügt, um mit dem Thema »fortschrittliche Luft- und Raumfahrttechnologien« im Zusammenhang mit Geheimen Weltraumprogrammen und dem UFO-Phänomen bestens vertraut zu sein. Aufgrund der geleakten eMails wurde nun bestätigt, dass zwei hochrangige US-Experten die Initiative von DeLonge unterstützten.

DeLonge und seine Beratergruppe glaubten, dass ihre Offenlegung eines von der Air Force geleiteten Weltraumprogramms, das aus Antigravitations-TR-3B-Fliegern und nachgebauten Flugscheiben besteht, ein neues Zeitalter der Weltraumforschung einläuten würde. TR-3B-Geschwader operierten von Area 51, geheimen Raumhäfen auf der Insel Diego Garcia und einem geheimen Ort in der Antarktis aus, der laut Sigmund auch eine wichtige Forschungs- und Entwicklungseinrichtung war. Anfangs gab es unter den USAF-Führungskräften eine breite Unterstützung für die Bemühungen von DeLonge. Das war laut Goode Anfang 2017 jedoch nicht mehr der Fall. Nachdem Sigmund und sein Team die Behauptungen von Goode gründlich untersucht hatten, nahmen er und andere Offiziere der USAF eine Neubewertung vor und glaubten nun, dass DeLonges Bemühungen auf unbestimmte Zeit eine Informationslücke zwischen dem GWP der Air Force und dem Solar-Warden-Programm der Navy und somit der GWP-Allianz aufrechterhalten würden.

Erstaunlicherweise hat sich DeLonges Initiative auch ziemlich schnell verändert – von dem ursprünglichen Fokus auf die Offenlegung der Wahrheit darüber, was die Air Force und die Unternehmen heimlich entworfen, gebaut und eingesetzt hatten, hin zur Konzentration auf die Entwicklung ihrer eigenen Prototypen-Raumschiffe durch DeLonges Start-up-Organisation »To The Stars Academy of Arts & Science« – Akademie für Kunst und Wissenschaft »Zu den Sternen«.[20] Heute gibt es Kontroversen darüber und die wachsende Erkenntnis, dass DeLonges Initiative vom Deep State (der »Kabale«) vereinnahmt wurde und dass die Absicht besteht, sehr wenig über das zu verraten, was heimlich in Firmenlabors entwickelt wurde. Stattdessen drängt »To The Stars Academy« darauf, das Rad mit zivil finanzierten Projekten neu zu erfinden, um eine neue Generation von Antigravitations-Schiffen zu bauen, die vorhersehbar weit weniger fortschrittlich wären als alles, was in der Vergangenheit von Lockheed, Boeing und anderen Luft- und Raumfahrtunternehmen konstruiert wurde. Goode behauptet, Sigmund habe ihm bei einem Treffen im Januar 2018 gesagt, die Initiative von DeLonge sei »unrettbar kompromittiert«.[21] Infolgedessen sei die einst starke Unterstützung der Air Force für die Offenlegungsinitiative DeLonges verschwunden, so dass DeLonge und andere Persönlichkeiten sich zunehmend Vorwürfen ausgesetzt sähen, sie würden Desinformationen betreiben und eine Agenda des Deep State unterstützen.[23] Wichtig war, dass die Führung der Air Force den Behauptungen bezüglich der Weltraumprogramme der Navy, Deutschlands und der Konzerne auf den Grund gehen wollte, bevor sie ihr eigenes GWP als *einziges* bekanntes Geheimes Weltraumprogramm weiter vorantrieb.

Das Geheime Weltraumprogramm der Air Force auf dem Weg zur vollständigen Offenlegung

Goode behauptete, Sigmund hätte Anfang 2017 viele Treffen für ihn organisiert, um ausgewählten VIPs aus der Luft- und Raumfahrtindustrie Informationen zu geben. Sigmunds Mitarbeiter organisierten, wenn nötig, Goodes Reisen und sorgten für die Sicherheit bei diesen Treffen. Führende Ingenieure, Wissenschaftler, Industrielle und andere hörten sich Goodes Informationen über das Solar-Warden-Programm der Navy an, um zu sehen, ob ihnen irgendetwas davon denkbar erschien und sie die wichtigsten Elemente bestätigen können. Goode sagte, dass er am Ende insgesamt achtundzwanzig VIPs bei ähnlichen vertraulichen Treffen, die jeweils aus ein bis acht Teilnehmern bestanden, eine Anzahl von Briefings gab.

Bei einem dieser Treffen waren drei namhafte Persönlichkeiten anwesend, die am »Human Spaceflight and Exploration Forum« (»Forum für bemannte Raumfahrt und Weltraumforschung«) teilnahmen, das von einem kleinen Luft- und Raumfahrtunternehmen namens Special Aerospace Services organisiert wurde.[24] Dieses Forum fand in einem Hotel statt, in dem Goode Ende Januar 2017 übernachtete. Goode sagte, dass einer der drei VIPs während seiner Präsentation hinausging, weil er nicht an die Existenz eines Geheimen Weltraumprogramms wie Solar Warden glauben konnte. Die anderen beiden Prominenten blieben bis zum Ende des Briefings, erschienen aber verwirrt, was Goode so interpretierte, dass sie ihm kein Wort glaubten. Goode berichtete, dass bei allen Briefings, die er gab, einer oder mehrere der Teilnehmer ähnlich ungläubig hinausgingen, während die übrigen VIPs zweifelnd dreinblickten. Folglich beendete Sigmund die Briefing-Sitzungen für VIPs, da sie weder den gewünschten Effekt hatten, sie über ein mögliches Weltraumprogramm der Navy zu informieren, noch irgendwelche Informationen erbrachten, die Sigmund bei seinen Nachforschungen hätten weiterhelfen können.

In einem Gespräch mit Goode am 16. März 2017 wies ich ihn auf die Ironie seiner Situation hin. Etwas sehr Ähnliches war William Mills Tompkins während des Zweiten Weltkriegs passiert, als er beauftragt wurde, hochsensibles Material in Form von Informationspaketen zu liefern, die Angaben über ein Nazi-Flugscheibenprogramm enthielten, bei dem Antigravitations-Technologien eingesetzt wurden, und aufzeigten, dass dieses Programm der Nazis von einer außerirdischen Reptiloidenrasse unterstützt wurde.[25] Tompkins sagte, dass bei vielen Gelegenheiten, wenn er diese Briefing-Pakete von der Naval Air Station San Diego an die experimentellen Testeinrichtungen, Think Tanks und Universitätsabteilungen der verschiedenen Flugzeughersteller lieferte, die leitenden Wissenschaftler und Ingenieure die Informationen als unmöglich abtaten. Laut Tompkins musste er ständig gegen die engstirnige Skepsis derer kämpfen, die dazu ausgebildet worden waren, herkömmliche wissenschaftliche Gesetze als unveränderlich zu akzeptieren.

Bald nachdem die VIP-Briefing-Sitzungen zu Ende gingen, verschwand Sigmund laut Goode. Sigmund musste vor der Kabale/dem Deep State fliehen, weil es ihm schließlich gelungen war, Goodes Behauptungen über ein technologisch weit fortschrittlicheres Geheimprogramm der Navy zu bestätigen. Letztlich begann Sigmund mit der GWP-Allianz zusammenzuarbeiten, nachdem Mitglieder der Allianz ihn vor der Verfolgung durch Agenten der Kabale/des Deep State gerettet hatten. Die Ereignisse um Sigmunds angebliche Ermittlungen und sein Verschwinden veranschaulichen, wie die Kabale/der Deep State hochrangige Air-Force-Offiziere geschickt manipuliert hat, um sie im Dunkeln zu halten, inwieweit außerirdische Technologien nachgebaut worden waren.

Einfach ausgedrückt war die USAF getäuscht worden, weil sie glaubte, dass ihr Programm die fortschrittlichsten verfügbaren Luft- und Raumfahrt-Technologien einsetzte, was als direktes Ergebnis ihrer jahrzehntelangen Zusammenarbeit mit den Antarktis-Deutschen, den Greys und reptiloiden Außerirdischen angesehen wurde. Als Sigmund und andere Beamte der USAF die Wahrheit über das weit überlegene Navy-Programm erfuhren, erkannten sie, dass eine große strategische Neuausrichtung notwendig war, um ihren Status zu korrigieren und wiederherzustellen. Nach einer bedeutsamen Wende begann die USAF mit den nordischen Außerirdischen zusammenzuarbeiten, die dem GWP der Navy eine so beeindruckende technologische Unterstützung geleistet hatten. Es ist kein Zufall, dass kurz nachdem die Beamten der Air Force die Existenz des GWP der Navy bestätigten, ein Dokument der Defense Intelligence Agency (DIA) an die Öffentlichkeit gelangte. Die Veröffentlichung dieses speziellen Dokuments lieferte den erstaunlichen Beweis, dass die USAF und ihre Partner bei der NRO, DIA und NSA eine wichtige strategische Neuausrichtung vorgenommen hatten und nun die nordischen Außerirdischen als zuverlässige Verbündete und zukünftigen Freunde der Menschheit darstellten.

Anmerkungen

1 Eine Analyse von Michael Relfes and Randy Cramers Aussagen findet sich in Michael E. Salla, *Geheime Weltraumprogramme & Allianzen mit Außerirdischen*; AMRA Verlag, Hanau 2016. – US-Ausgabe: pgs. 309-344.

2 Siehe Chronologie der Artikel und Interviews von Corey Goode unter https://www.exopolitics.org/secret-space-programs-sphere-being-alliance-corey-goode-testimony/ (aufgerufen am 15.12.2018)

3 William M. Tompkins, *Auserwählt von Außerirdischen.* AMRA Verlag, Hanau 2022.

4 Siehe Michael E. Salla, *Geheime Weltraumprogramme & Allianzen mit Außerirdischen*; AMRA Verlag, Hanau 2016.

5 Siehe Michael E. Salla, »Military Abduction & Extraterrestrial Contact Treaty – Corey Goode Briefing Pt 2«, https://www.exopolitics.org/military-abduction-extraterrestrial-contact-treaty-corey-goode-briefing-pt-2/ (aufgerufen am 15.12.2018)

6 Corey Goode, »Latest Intel and Update«, https://spherebeingalliance.com/blog/latest-intel-and-update.html (aufgerufen am 15.12.2018)

7 Corey Goode & David Wilcock, »Endgame Part II: The Antarctic Atlantis & Ancient Alien Ruins«, https://spherebeingalliance.com/blog/endgame-part-ii-the-antarctic-atlantis-and-ancient-alien-ruins.html (aufgerufen am 15.12.2018)

8 Siehe Michael E. Salla, »Partial Disclosure and Competing Secret Space Programs«, https://www.exopolitics.org/partial-disclosure-and-competing-secret-space-programs/ (aufgerufen am 15.12.2018)

9 Corey Goode & David Wilcock, »Endgame Part II: The Antarctic Atlantis & Ancient Alien Ruins«, https://spherebeingalliance.com/blog/endgame-part-ii-the-antarctic-atlantis-and-ancient-alien-ruins.html (aufgerufen am 15.12.2018)

10 Siehe Michael E. Salla, »U.S. Air Force Officials Investigate Claims of Secret Navy Space Program«, https://www.exopolitics.org/us-air-force-officials-investigate-claims-of-secret-navy-space-program/ (aufgerufen am 17.12.2018)

11 Corey Goode & David Wilcock, »Endgame Part II: The Antarctic Atlantis & Ancient Alien Ruins«, https://spherebeingalliance.com/blog/endgame-part-ii-the-antarctic-atlantis-and-ancient-alien-ruins.html (aufgerufen am 15.12.2018)

12 William M. Tompkins, *Auserwählt von Außerirdischen.* AMRA Verlag, Hanau 2022.

13 Zu genaueren Details über die Sphärenwesen-Allianz siehe Michael E. Salla, *Geheime Weltraumprogramme & Allianzen mit Außerirdischen*; AMRA Verlag, Hanau 2016. – US-Ausgabe: pgs. 278-281.

14 Mehr Details in Michael E. Salla, »Tom DeLonge & UFO Disclosure: Rocking the Secret Space Programs Boat«, https://www.exopolitics.org/sekret-machines-the-secret-space-programs-onion/ (aufgerufen am 17.12.2018)

15 Tom DeLonge & A. J. Hartley, *Sekret Machines*; To the Stars Inc. 2016; Kindle Locations 95-100.

16 Tom DeLonge & A. J. Hartley, *Sekret Machines – Book 1: Chasing Shadows*; To the Stars Inc. 2016.

17 Siehe Michael E. Salla, »Wikileaks Reveals USAF General involved in UFO & Secret Space Program Disclosures«, https://www.exopolitics.org/wikileaks-reveals-usaf-general-involved-in-ufo-secret-space-program-disclosures/ (aufgerufen am 17.12.2018)

18 »General McCasland« auf Wikileaks unter https://wikileaks.org/podesta-emails/emailid/3099 (aufgerufen am 17.12.2018)

19 »Major General William N. McCasland«, https://www.af.mil/About Us/Biographies/Display/Article/104776/major-general-william-n-mccasland/ (aufgerufen am 18.12.2018)

20 Siehe https://dpo.tothestarsacademy.com/ (aufgerufen am 18.12.2018)

21 »Corey Goode Mega-Update – Part II«, https://spherebeingalliance.com/blog/ancient-builder-race-recovering-

22 humanitys-billion-year-legacy-part-2.html (aufgerufen am 18.12.2018)

23 Siehe Michael E. Salla, »Is Tom DeLonge's To The Stars Academy a Deep State Operation?«, https://www.exopolitics.org/is-tom-delonges-to-the-stars-academy-a-deep-state-operation/ (aufgerufen am 17.12.2018)

24 Siehe die Website der Special Aerospace Services, https://specialaerospaceservices.com/ (aufgerufen am 18.12.2018)

25 Siehe Michael E. Salla, *Das Geheime Weltraumprogramm der US-Navy & Die Allianz mit den Nordischen*; AMRA Verlag, Hanau 2017.

18 Die Geschichte der menschlich aussehenden Außerirdischen auf der Erde

Vergesst die Gastfreundschaft nicht;
denn durch sie haben einige, ohne es zu ahnen, Engel beherbergt.
– Hebräer 13,2 –

In der Dezemberausgabe 2018 des *MUFON Journals* wurde die erste detaillierte Analyse eines 47-seitigen Dokuments der Defense Intelligence Agency (DIA) veröffentlicht. Für alle, die über die Gültigkeit des Dokuments debattierten, stellte die Analyse eine überraschende Schlussfolgerung heraus – das DIA-Dokument war *authentisch*.[1] Am 14. Juni 2017 veröffentlicht, gab dieses Dokument einen breiten Überblick über die offizielle Geschichte der außerirdischen Kontakte mit der Erde und schrieb den Beginn der modernen UFO-Ära den Funkübertragungen von Nikola Tesla aus Colorado Springs zu, die dazu führten, dass Außerirdische ein interstellares Schiff schickten, um deren Ursprung zu untersuchen.[2]

Dies führte zu Abstürzen wie bei Roswell (1947) und Aztec (1948) sowie zur Aufnahme formaler diplomatischer Beziehungen zu einer menschlich aussehenden Gruppe von Außerirdischen während der Präsidentschaft Eisenhowers.

Von dieser Situation profitierte vor allem die U.S. Air Force, da die »unter uns lebenden Außerirdischen« der USAF die Möglichkeit boten, Hilfe beim Verständnis der für die zukünftige Raumfahrt notwendigen Prinzipien und Technologien zu erhalten.

Der Autor des Artikels im *MUFON Journal,* Dr. Robert Wood, ist der weltweit führende Fachmann für Authentizität, wenn es um die umstrittenen Majestic-Dokumente geht.[3] Dabei handelt es sich um geleakte Dokumente über die Aktivitäten von Operation Majestic Twelve, die am 24. September 1947 durch eine Anordnung von Präsident Harry Truman offiziell eingerichtet wurde. Diese Institution sollte UFOs und Außerirdische betreffende Angelegenheiten verwalten.[4] Dr. Wood, ein ehemaliger Luft- und Raumfahrtingenieur bei McDonnell Douglas, dessen Karriere dreiundvierzig Jahre umspannte, begann 1995 mit seinem Sohn Ryan, gleichfalls Authentifizierungsexperte und angesehener Autor von *MAJIC Eyes Only* (»Nur einsehbar für MAJIC«, nicht auf Deutsch erschienen), seine Untersuchung und Echtheitsprüfung der Majestic-Dokumente. Bevor wir über die Beglaubigung des DIA-Dokuments durch Dr. Wood und Ryan Wood sprechen, lohnt es sich, einen kurzen Blick auf dessen Inhalt zu werfen.

Majestic-Dokument enthüllt diplomatische Beziehungen der USA zu menschlich aussehenden Außerirdischen

Laut Titelblatt ist das geleakte Dokument ein »vorläufiges Briefing«, das vom Büro für Spionageabwehr der Agentur für militärische Aufklärung (DIA) am 8. Januar 1989 erstellt wurde. Der vollständige Titel des Briefing-Pakets lautet »Assessment of the Situation/Statement of Position on Unidentified Flying Objects« (»Lagebeurteilung/Feststellung der Position zu Unidentifizierten Flugobjekten«) und ist an das Büro des Präsidenten gerichtet. Die mit der Vorbereitung des Briefings beauftragte Kontrollstelle wird als »Operation Majestic/MJ-1« bezeichnet, was auf den Hauptverantwortlichen von Operation Majestic Twelve verweist. Auf einer weiteren Seite des durchgesickerten DIA-Dokuments wird MJ-1 als der für die Vorbesprechung persönlich verantwortliche Offizier identifiziert. Auf der Grundlage eines historischen Präzedenzfalls bezeichnet MJ-1 den amtierenden CIA-Direktor.[5] Damals war das William Hedgcock Webster, der als einziger die Positionen des Direktors des

FBI (1978-1987) und des Direktors der CIA (1987-1991) innehatte. Derzeit ist er Vorsitzender des Homeland Security Advisory Council, dessen Hauptfunktion darin besteht, »den Minister (der Homeland Security) durch aktuelle Informationen und unabhängige Beratung zu unterstützen, um die Entscheidungsfindung im gesamten Spektrum der Aufgaben des Heimatschutzes zu unterstützen«.[6]

Das Briefing-Dokument bezieht sich auf vier Gruppen von außerirdischen Besuchern, die in der Reihenfolge ihrer Bedeutung für unseren Planeten aufgelistet sind, und gibt an, ob sie uns freundlich gesonnen sind oder nicht:

»Es gibt vier grundlegende Arten von EBEs [extraterrestrischen biologischen Entitäten], die bisher bestätigt wurden. Sie werden hier in absteigender Reihenfolge ihres Einflusses auf unserem Planeten aufgeführt.

A. Menschenähnliche Humanoide. Es gibt mehrere Varianten, die alle mehr oder weniger so sind wie wir selbst. Die Mehrheit davon ist freundlich und bildet den Großteil unserer EBE-Kontakte. Die meisten verfügen in hohem Maß über paranormale Fähigkeiten, und bei allen sind Wissenschaft und Technik auf einem uns weit überlegenen Niveau.B. Kleine Humanoide oder »Greys«. Bei den Greys oder Grauen, die wegen des Farbtons ihrer Haut so genannt werden, handelt es sich um eine Art Drohnen. Sie sind nicht anders als Arbeiterameisen oder Bienen … Meist stehen sie unter psychischer Kontrolle der menschenähnlichen Humanoiden, die sie wie Haustiere (oder eine Art Sklaven) halten. Wenn die Greys unter der Kontrolle gutartiger Wesen stehen, sind sie harmlos.

C. Nichthumanoide EBEs. Diese bestehen aus mehreren Klassen und kommen von Welten, in denen die dominante Morphologie einen anderen evolutionären Verlauf nahm. Viele von ihnen sind gefährlich, nicht aufgrund organisierter feindlicher Absichten, sondern weil diese Wesen das menschliche Leben nicht achten … Bisher war der Kontakt minimal, und es gab nur eine Handvoll unglücklich verlaufener Begegnungen.

D. Transmorphe Wesenheiten. Von allen Formen der EBEs, die bisher von Operation Majestic [Twelve] untersucht wurden, sind diese am schwersten zu verstehen oder gar zu beschreiben. Im Wesentlichen sind solche Entitäten keine »Wesen« oder »Kreaturen« … Sie existieren in irgendeiner

TOP SECRET

SECURITY CLASSIFICATION (WHEN DATA ENTERED)

REPORT DOCUMENTATION PAGE		READ INSTRUCTIONS BEFORE COMPLETING FORM
1. REPORT NUMBER 405389	2. ACCESSION NO. T-49 EXEMPT	3. RECIPIENT CATALOG NO. MJ-12-739
4. TITLE AND SUBTITLE Assessment of the Situation/ Statement of Position on Unidantified Flying Objects		5. [illegible] Natl. Security Briefing
		6. [illegible] MJ-12-739
7. AUTHOR(S) CLASSIFIED		8. CONTRACT OR GRANT NO. 405389
9. PERFORMING ORGANIZATION NAME AND ADDRESS Defense Intelligence Agency Office of Counterintelligance Washington, D.C. 20535		10. PROGRAM ELEMENT PROJECT TASK PROJECT UNIT NUMBERS 405389
11. CONTROLLING OFFICE NAME AND ADDRESS Operation Majestic/MJ-1 ADDRESS CLASSIFIED		12. REPORT DATE 08 JAN 1989
		13. NUMBER OF PAGES
14. MONITORING AGENCY NAME AND ADDRESS OFFICE OF THE PRESIDENT		15. DECLASSIFICATION [illegible] T-49 EXEMPT
16. DISTRIBUTION STATEMENT OF ABSTRACT (IF DIFFERENT FROM REPORT) NONE. NO DISSEMINATION/DISTRIBUTION (EYES ONLY/MAJIC-12)		
17. DISTRIBUTION STATEMENT OF REPORT		

DO NOT DUPLICATE

Abb. 54. Deckblatt des geleakten Dokuments »Lagebeurteilung/Feststellung der Position zu Unidentifizierten Flugobjekten«

Dimension oder Ebene, die nicht in unserem Raum oder unserer Zeit liegt. Sie verwenden keine Maschinen und Gerätschaften und reisen nicht durch den Weltraum … Im Wesentlichen bestehen diese Entitäten aus reinen Geistenergien [engl. ›pure mind energies‹] … Sie sollen (laut anderen EBEs) in der Lage sein, jede physische Form anzunehmen, indem sie ihre Energie ›kanalisieren‹ … und in der physischen Welt materialisieren [engl. ›They are said (by other EBEs) to be capable of taking on any physical form that they ›channel‹ their energy … as matter‹].«[7]

Die Einschätzung stellt die meisten außerirdischen Interaktionen als freundschaftlich dar, besonders diejenigen mit menschlich aussehenden Wesen. Diese Gruppe unterhält seit längerer Zeit nichtfeindliche Kontakte mit der Menschheit, die zurückreichen bis zu Nikola Teslas bahnbrechenden Radio- und Energiesendungen in den 1890er Jahren.

Das Briefing-Dokument fährt folgendermaßen fort:

> »Im Jahr 1899 begann der jugoslawische Elektroingenieur Nikola Tesla, der für seine Einführung von Wechselstrom in die elektrische Energieübertragung und ein nach ihm benanntes Laborgerät (die Teslaspule) bekannt ist, eine Reihe von Forschungen, die unser Jahrhundert zu dem der UFOs gemacht haben. Tesla hatte schon lange vorgeschlagen, dass es möglich sei, reine elektrische Energien direkt aus der Ferne ohne Leistungsverlust und ohne Kabel zu übertragen. Bis 1899 hatte Tesla mit staatlicher und privater wissenschaftlicher Unterstützung einen Standort in der Nähe von Colorado Springs, Colorado, gewählt, um ein gewaltiges und niemals wiederholtes Experiment durchzuführen … Teslas Absicht war es, das erdeigene Magnetfeld zu konzentrieren und die Erde als riesigen Sender zu nutzen, um Signale in den Weltraum zu senden und mit Wesen Kontakt aufzunehmen, die dort existieren könnten. Tesla hatte keine Ahnung, dass die spezifische Art von Energie, die er erzeugt hatte, durch den Weltraum strömte und viele Lichtjahre entfernt große Schäden anrichtete.«[9]

Ohne es zu merken, hatte Teslas Nutzung des Erdmagnetfeldes, um Funkübertragungen in den Weltraum zu schicken, eine zerstörerische Waffe geschaffen – im Wesentlichen die erste »direkte Energiewaffe« der Welt, aber auf planetarer Ebene! Der Effekt war analog zur Entwicklung des Warp-Antriebs in der fiktiven Fernsehserie *Star Trek*, und die Menschheit erschien damit zum ersten Mal auf dem galaktischen Radar. Das Briefing-Dokument beschreibt, welche Folgen Teslas Experimente hatten:

> »Die außerirdischen Intelligenzen (AIs) versuchten, auf seine Übertragungen in Form eines Binärcodes zu reagieren, den sie routinemäßig

NO DISSEMINATION OR DECLASSIFICATION

:TOP SECRET:

EYES ONLY EYES ONLY

page A1-of-4

SUBJECT: OPERATION MAJESTIC-12 PRELIMINARY BRIEFING
PREPARED: 08 JANUARY 1989
BRIEFING
OFFICER: MJ-1

NOTE: This document has been prepared as a preliminary briefing only. It should be regarded as introductory to a full operations briefing intended to follow.

Abb. 55. Diese Seite aus dem DIA-Dokument identifiziert MJ-1 als verantwortlichen Offizier.

> zur Fernkommunikation verwenden (offensichtlich wirken diese Energien sofort aus der Ferne und sind nicht auf Lichtgeschwindigkeit beschränkt), und baten ihn, das Senden einzustellen. Natürlich hatte Tesla keine Möglichkeit, die Botschaft zu verstehen, die er aus dem All zur Antwort erhielt. Glücklicherweise zwang ihn der Ärger der örtlichen Anwohner über die Nebenwirkungen seiner Forschungen dazu, die Experimente in Colorado Springs noch im selben Jahr, in dem er sie begonnen hatte, wieder einzustellen.«[10]

Bezeichnenderweise erkennt das Briefing-Dokument an, dass die Kommunikation sofort erfolgte und dass die Lichtgeschwindigkeit keine absolute Grenze ist, zumindest nicht für die Art der Kommunikation, die von den Außerirdischen verwendet wird.

Es waren Teslas Experimente, so das Briefing-Dokument, die aufgrund der starken Wirkung seiner das Erdmagnetfeld als Verstärker nutzenden Energieübertragungen das »Zeitalter der Flugscheiben« einleiteten:

> »Das war also der eigentliche Beginn des sogenannten ›UFO-Zeitalters‹ in unserer Gegenwart. Als sich herausstellte, dass unser Volk kurz vor

einer Explosion des technischen Fortschritts stand, entschieden sich die außerirdischen Intelligenzen für ein langfristiges Programm mit sorgfältig geplanten und scheinbar zufälligen Kontakten, die dem Ziel dienten, unser Bewusstsein darauf vorzubereiten, unseren Platz in der galaktischen Gemeinschaft einzunehmen. Mit dem Beginn des Atomzeitalters wurde dieses Programm intensiviert, was schließlich zur Aufnahme diplomatischer Kontakte zu vielen Regierungen der Erde führte. Dieser Ansatz der Inszenierung von scheinbar ›zufälligen‹ Kontakten wurde wegen seiner geringen psychologischen Auswirkungen auf die Menschheit gewählt. So wurde auch gegenüber den Vereinigten Staaten vorgegangen (zum Beispiel Roswell und Aztec, die Akten aus New Mexico, dieses Briefing).«[11]

Das Briefing-Dokument bezieht sich auf den berühmten UFO-Absturz von 1947 bei Roswell und den Mechanismus der nationalen Sicherheit, der zu dessen Untersuchung entwickelt worden war und später zum Geheimhaltungssystem ausgebaut wurde. Während der Roswell-Absturz bekannt ist, ist der nächste im Dokument beschriebene Fall nicht bekannt.

Es geht um die »kontrollierte Landung« einer Fliegenden Untertasse, die im Briefing-Dokument beschrieben wird. Sie erfolgte am 25. März 1948 in Aztec, New Mexico:

»Die kontrollierte Landung erfolgte in einem kleinen Wüstencanyon auf dem privaten Weideland eines örtlichen Bauern und Ranchers … etwa 12,2 Meilen [zwanzig Kilometer] nordöstlich von Aztec, New Mexico. Der Durchmesser des Schiffes betrug dreißig Meter. In der oberen Kabine … fand das Team die Leichen von zwei (2) kleinen Humanoiden von etwa vier Fuß [1,20 Meter] Größe, die in Sitzen wie in einem Flugzeug-Cockpit angeschnallt waren … Die Außerirdischen waren tot.«[12]

Das Briefing-Dokument berichtet, dass die Außerirdischen an einem atmosphärischen Leck starben, das durch den Aufprall auf eine nahe gelegene Felswand verursacht wurde. Der Bericht beschreibt dann die Entdeckung von kryogenen Röhren mit menschlich aussehenden

Körpern in der unteren Ebene, von denen vier erfolgreich reanimiert werden konnten:

»Ein genauerer Blick auf die versiegelten Röhren, die wie die Türen von Wäschetrocknern in einem Waschsalon aussahen, ergab, dass es sich um die komplexe Form eines Kühlsystems handelte. Zwei waren leer, und zwölf enthielten die Körper von menschlichen Erwachsenen und Kleinkindern sowie Säuglingen, die alle eingefroren waren, als ob sie als Proben aufbewahrt worden wären … Schließlich konnte das medizinische Team einen erwachsenen menschlich aussehenden Mann und drei (3) menschlich aussehende Säuglinge wiederbeleben, alle etwa sechs (6) Monate alt: zwei männlich und einer weiblich. Die anderen Säuglinge und eine weitere kleine EBE [extraterrestrische biologische Entität] mit grauer Haut und großem Kopf starben.«[13]

Der erwachsene Überlebende sah laut Briefing-Dokument menschlich aus, war aber eindeutig ein Außerirdischer, der trotz des Aussehens physiologische Unterschiede aufwies, zu denen auch zwei Lebern gehörten. Das Dokument beschreibt, wie die diplomatischen Verhandlungen mit dem überlebenden erwachsenen Außerirdischen aufgenommen wurden:

»Nach einer eiligen Telefonkonferenz mit Präsident Truman wurde dem Besucher erklärt, dass ihm, wenn sich seine Absichten als nicht feindselig erwiesen und er an einem Informationsaustausch mitwirke, ein diplomatischer Status zuerkannt und er bald zu seiner eigenen Art zurückgebracht würde, wenn es möglich sei. Dem stimmte er bereitwillig zu, erklärte allerdings, dass er nicht bereit sei, wissenschaftliche Geheimnisse zu verraten, die den Verlauf unserer natürlichen kulturellen Entwicklung verändern könnten.«[14]

Was nun folgt, ist, kurz gefasst, der einjährige diplomatische Austausch zwischen dem außerirdischen Besucher und der Truman-Regierung, bevor er zu seinem Volk zurückgebracht wurde:

> »Insgesamt lebte die EBE [extraterrestrische biologische Entität] von Aztec fast ein ganzes Jahr lang, von Ende April 1948 bis März 1949, unter unserer Schutzhaft auf dem Gelände von Los Alamos. Danach wurde er in einem privaten, gesicherten Haus des Army-Geheimdienstes untergebracht ... Während dieser Zeit traf er sich mit dem Präsidenten und anderen hochrangigen Regierungs- und Militärvertretern, bevor er im August 1949 seinem Volk übergeben wurde. Er gab den Wissenschaftlern und militärischen Befragern viele meist nichttechnische Informationen über seine Zivilisation und deren Motive, warum sie unsere Erde besuchen. Insgesamt wurden sechshundertdreiundachtzig (683) Seiten Transkripte der aufgezeichneten Gespräche angefertigt.«[15]

Der Verweis auf den Army-Geheimdienst bezog mit ziemlicher Sicherheit die Einheit für Interplanetarische Phänomene (IPU = Interplanetary Phenomenon Unit) ein, die nach dem Luftangriff von 1942 in Los Angeles eingerichtet und schließlich in die USAF aufgenommen wurde, wie in den Antworten auf die Anfragen im Rahmen des Freedom of Information Act bestätigt wird.[16]

Im Briefing-Dokument wird ferner erläutert, dass die Außerirdischen die Technologie, die sie den US-Militärbehörden zur Verfügung stellten, auch an die Sowjetunion weitergaben:

> »Der Außerirdische hatte wenig Vorbehalte, uns zu erlauben, das Wrack seines Raumschiffes zu Forschungszwecken zu behalten, da er spürte, dass sich unser Verständnis ihrer Technologie nur allmählich entwickeln würde. Er deutete an, dass sein Volk ›wahrscheinlich ein Fahrzeug in ähnlichem Zustand in der Sowjetunion landen lässt – nur damit das Gleichgewicht der Dinge erhalten bleibt‹, und: ›Ihr könnt dies bei jeder höheren Autorität vortragen, die bereit ist, euch zuzuhören, wenn ihr dies nicht billigt ...‹«[17]

Im Jahr 1948 waren die Vereinigten Staaten und die Sowjetunion die einzigen bekannten Atommächte der Welt und die Führungsstaaten der beiden mächtigsten politischen Blöcke. Folglich ergab es einen Sinn, dass ihnen auf diese Weise gezielt geholfen wurde. Das bedeutet, dass es nicht nur die USA waren, die außerirdische Schiffe in ihrem Besitz hatten, die sie mit großem Eifer nachzubauen versuchten, um mit den Antarktis-Deutschen und den außerirdischen Besuchern zu verhandeln, sondern auch die Sowjetunion.

Aufrüttelnder ist, was die Außerirdischen über »menschenähnliche« Säuglinge sagten, die abgesetzt und auf unserem Planeten aufgezogen werden sollten:

> »Dem Wissenschaftler-Team wurde gesagt, dass die menschenähnlichen Säuglinge sowieso für unsere Welt bestimmt seien, und wir dürften sie gerne behalten. Am 21. August 1949 wurde der Außerirdische von Aztec an einem Treffpunkt südwestlich der Kirtland Air Force Base seiner eigenen Art übergeben ... und es wurden Vorkehrungen für ein zukünftiges Treffen am selben Ort getroffen, um diplomatische Beziehungen aufzunehmen.«[19]

Die Übergabe von drei menschenähnlichen außerirdischen Säuglingen an die US-Behörden erfolgte offensichtlich in der Absicht, diese Nachkommen in der menschlichen Gesellschaft aufzuziehen, so dass sie künftig dazu beitragen könnten, freundschaftliche Beziehungen zwischen unseren beiden Welten aufzubauen. Es bestand auch die Möglichkeit, dass die Säuglinge von Natur aus über höheres Verständnis und Wissen verfügten (ähnlich wie Nicola Tesla), was spätere wissenschaftliche Fortschritte ermöglichen würde. Daher wurden die Außerirdischen in geheimen USAF-Einrichtungen aufgezogen oder regelmäßig dorthin gebracht, um mit Wissenschaftlern zu erforschen, wie außerirdische Technologien funktionieren und welche wissenschaftlichen Prinzipien dahinterstehen. Vermutlich geschah das Gleiche in der UdSSR. Im Jahre 1989, als das Briefing-Dokument erstellt wurde, waren die außerirdischen Kinder über vierzig Jahre alte Erwachsene.

Das Briefing-Dokument erwähnt auch, dass Präsident Eisenhower 1954 auf die Air-Force-Basis Kirtland reiste, wo er umfassende diplomatische Beziehungen zu den menschenähnlichen Außerirdischen aufnahm:

»Der vorhergehende diplomatische Vertrag wurde vom Direktor von Operation Majestic Twelve und einem gemeinsamen Ausschuss von außerirdischen Besuchern und Vertretern des diplomatischen Corps der USA als Absichtserklärung ausgearbeitet. Er wurde am 18. Juli 1954 auf der Air-Force-Basis Kirtland von Präsident Dwight D. Eisenhower und einem Vertreter der EBEs ratifiziert und unterzeichnet.«[20]

Wenn der Inhalt dieses DIA-Dokuments korrekt ist, dann nahm Eisenhower neben dem, was bereits am 20. Februar 1954 auf der Edwards Air Force Base stattgefunden hatte, an weiteren Treffen mit menschenähnlichen, »nordischen« außerirdischen Besuchern teil, bei denen eine Gruppe von Nordischen versuchte, den Präsidenten davon abzuhalten, mit dem US-Kernwaffenprogramm fortzufahren.[21] Ihr Versuch war nicht erfolgreich, und der Atomtest von Castle Bravo fand etwas mehr als eine Woche später am 1. März mit einer fünfzehn Megatonnen-Wasserstoffbombe statt.

In Kapitel 10 wurde erklärt, dass das Treffen zwischen Eisenhower und den Insassen einer Fliegenden Untertasse, die am 9. Februar 1955 auf der Holloman Air Force Base landete, die Antarktis-Deutschen betraf, die mit reptiloiden Außerirdischen verbündet waren. Daher fand das diplomatische Treffen auf der Kirtland AFB höchstwahrscheinlich mit einer anderen Gruppe von menschlich aussehenden Außerirdischen statt und nicht mit denjenigen, die auf der Edwards AFB gelandet waren und mit denen ein diplomatisches Abkommen aufgrund von Differenzen über das amerikanische Programm für thermonukleare Waffen *nicht* zustande kam.[22] Anscheinend wurde die nordische Gruppe, die auf der Kirtland AFB gelandet war, trotz der Fortsetzung des Programms für thermonukleare Waffen nicht davon abgehalten, mit den USA in verschiedenen technologischen Bereichen zusammenzuarbeiten. Sie ließen ihre beschädigten Raumschiffe bereitwillig zurück, damit die USA sie studieren konnten, aber sie gaben keine technischen Erläuterungen zu deren Funktionsweise. Das bedeutet, dass die USAF neben der Zusammenarbeit mit den Greys, Reptiloiden und den Antarktis-Deutschen auch mit einer menschlich ausehenden außerirdischen Gruppe zusammengearbeitet hat, um Forschung und Nachbau anhand von erbeuteten außerirdischen Fahrzeugen voranzutreiben.

Dies ist nicht allzu überraschend, wenn man bedenkt, was William Mills Tompkins über eine nordische Gruppe von Außerirdischen verriet, von denen die Douglas Aircraft Company und andere führende Luft- und Raumfahrtfirmen unterwandert worden waren, um der U.S. Navy bei Konstruktion und Bau zukünftiger militärischer Weltraumtransporter zu helfen. Tompkins beschrieb ausführlich, wie diese menschlich aussehenden Nordischen ihn bei Konstruktionsproblemen unterstützten, ohne ihm oder den anderen Wissenschaftlern und Ingenieuren, die in Douglas' Denkfabrik für »zukunftsweisende Entwürfe« arbeiteten, jemals ihre wahre Identität zu offenbaren.[23]

Tompkins ist nicht der einzige Insider und Informant, der sagt, dass er in geheimen Forschungsstätten auf nordische Außerirdische stieß, die halfen, Pläne für zukünftige militärische Raumfahrtprogramme zu verwirklichen. Auch Emery Smith, ein ehemaliger Chirurgie-Assistent der USAF, der von 1990 bis 1995 auf der Kirtland-Basis stationiert war, begegnete Wesen verschiedener außerirdischer Herkunft, die in geheimen Einrichtungen auf dem Stützpunkt tätig waren.[24]

Smith behauptet, dass unter den verschiedenen Außerirdischen, denen er begegnete, eine menschlich aussehende Gruppe war, die unerkannt mitten unter der Erdbevölkerung lebt. Dies ist eine eindrucksvolle Bestätigung dafür, dass die Kirtland AFB im Mittelpunkt der Treffen und der Zusammenarbeit zwischen der USAF und menschlich aussehenden Außerirdischen stand, wie in dem DIA-Briefing-Dokument klar zum Ausdruck kommt. Smith behauptet auch, dass er neben der Kirtland AFB noch in anderen streng geheimen Einrichtungen tätig war, darunter dem Sandia National Laboratory und dem Los Alamos National Laboratory, wo er menschlich aussehenden Außerirdischen begegnete und mit ihnen zusammenarbeitete.

In einer Reihe von Interviews, die er in der populären Online-Streaming-Sendung *Cosmic Disclosure* gab, sagte Smith, dass diese Außerirdischen von modernen Menschen nicht zu unterscheiden seien. Auf die Frage, ob Außerirdische wirklich unter uns leben, antwortete er in der Folge vom 7. August 2018:

»Nun, Außerirdische kommen auch, um über uns zu wachen und sich das Leben auf der Erde anzuschauen. Und sie sind hier, um Informationen zu sammeln und um sicherzustellen, dass wir die Erde nicht in die Luft jagen oder uns gegenseitig töten. Also sind sie teils hier, um Informationen zu sammeln, aber auch, um das Leben eines Menschen zu erleben, was für sie fast besser als Urlaub ist.

Also ist dies ein sehr interessanter wissenschaftlicher Job für einen Außerirdischen. Es ist eine Art Ehre, hierher zu kommen, unter uns zu leben und alles so zu machen wie wir, einfach wie ein normaler Mensch zu leben und mit Menschen zu interagieren … Es ist wie ein universelles Friedenskorps.«[25]

Smith sagt, dass er nicht nur in geheimen Projekten von Privatfirmen, die in Einrichtungen der Air Force durchgeführt werden, auf solche Außerirdischen gestoßen ist, sondern auch kürzlich darüber informiert wurde, dass derzeit bis zu 100.000 Außerirdische überall auf dem Planeten leben.[26] Smiths Aussage ist angesichts des Inhalts des geleakten DIA-Dokuments von 1989 bedeutsam, in dem es heißt, dass seit dem Jahr 1954 menschlich aussehende Außerirdische mitten unter uns leben.

Der Inhalt und die Auswirkungen des DIA-Dokuments und seine Veröffentlichung im ersten Jahr der Trump-Präsidentschaft sind erstaunlich. Dies gilt insbesondere angesichts der Rolle von William Webster, dem Vorsitzenden des Homeland Security Advisory Council in der Trump-Administration, und der Möglichkeit, dass Webster an der Veröffentlichung des DIA-Dokuments beteiligt war.

Die Frage, die jetzt dringend geklärt werden muss, besteht darin, ob das Dokument authentisch ist oder nicht.

Die Authentifizierung des DIA-Dokuments

Dr. Robert Wood fand viele Gründe, die auf die Echtheit des 1989 geleakten DIA-Dokuments hinweisen und zeigen, warum es ein Fehler ist, es einfach abzulehnen, was bisher viele UFO-Forscher getan haben.[27] Seine detaillierte Analyse der Schriftarten, der Rechtschreibfehler, Unterschriften, Patente, auf die verwiesen wird, sowie auf Personen, die in dem Dokument erwähnt werden und so weiter, führte zu seiner Schlussfolgerung, dass es sich um eine Mitteilung handelt, die von einem Mitglied der Gruppe Majestic 12 (höchstwahrscheinlich William Webster) zwei Schreibkräften diktiert wurde. Sie tippten die siebenundvierzig Seiten, und eine Kopie wurde von der DIA auf Mikrofilm aufbewahrt, wie Dr. Wood erklärte:

> »Wenn man darüber nachdenkt, warum es so viele Fehler in einem Dokument gibt, das offiziell auf Mikrofilm aufgezeichnet wurde, und man das Wort oder den Satz auf der linken Seite ausspricht und sich das richtige auf der rechten Seite ansieht, klingen sie normalerweise im Wesentlichen gleich. Das ist dann nachvollziehbar, wenn das Dokument Resultat eines Diktates ist, welches von zwei verschiedenen Schreibkräften zu Papier gebracht wurde …«[28]

Im Wesentlichen diktierte MJ-1 eine einmalige Zusammenfassung der Einführung für den Empfänger (der neu in seinem Amt war), da zu diesem Zeitpunkt offensichtlich ein Dokument aus früheren schriftlichen Aufzeichnungen nicht verfügbar war. Da auf dem Deckblatt des DIA-Dokuments »vorläufige Mitteilung« steht und es am 8. Januar 1989 erstellt wurde, kann angenommen werden, dass das Briefing für den designierten Präsidenten George Bush bestimmt war, der damals Vizepräsident und Gewinner der Präsidentschaftswahl 1988 war. Vermutlich sollte er von dem seinerzeit amtierenden CIA-Direktor William H. Webster informiert werden. Durch die Analyse der einzigen Unterschrift auf dem DIA-Dokument kam Dr. Wood jedoch zu dem Schluss, dass die Einweisung eigentlich für einen angesehenen Astrophysiker am MIT, Dr. Philip Morrison, bestimmt war:

> »Dies ist die einzige Unterschrift auf dem Dokument, und die erste Frage, die sich stellt, ist, ob hier die Person, die gebrieft wurde, unterschrieben hat oder derjenige, der sie briefte. Die Annahme, dass es die Person war, die informiert wurde, erscheint viel vernünftiger.«[29]

Dr. Morrison begann seine Karriere als Nuklearphysiker beim Manhattan-Projekt und verlagerte dann sein Fachgebiet in die Astrophysik, um so seine Missbilligung des atomaren Wettrüstens zum Ausdruck zu bringen. Er wurde bekannt durch seine beliebten Bücher und Dokumentationen über Astrophysik und war dann Professor am MIT. 1987 moderierte Dr. Morrison eine sechsteilige Miniserie für PBS namens *The Ring of Truth*, die eine Reihe von astrophysikalischen Themen behandelte.[30]

Es gibt wichtige Indizien dafür, dass das DIA-Dokument ein Briefing war, das vom Leiter von Majestic 12, vermutlich dem amtierenden CIA-Direktor William Webster, für Dr. Morrison diktiert wurde. In seinem MUFON-Artikel erwähnt Dr. Wood, dass Dr. Morrison mit Carl Sagan befreundet war, von dem einige glauben, dass er Dr. Donald Menzel als Mitglied des Komitees Majestic 12 nach dessen Pensionierung und seinem kurz darauf erfolgten Tod im Dezember 1976 ersetzte:

> »Philip Morrison war ein sehr angesehener Professor, ein Protegé von Oppenheimer und sehr wahrscheinlich in Sicherheitsfragen ›im Bilde‹, obwohl ich dafür keine Beweise habe. Es gibt jedoch Hinweise darauf, dass er während seiner Karriere sehr kollegial mit Carl Sagan Umgang hatte und am Ende der Colorado-Studie in Boston ein [UFO-]Symposium mitgestaltet hat.«[31]

Beachtenswert ist, dass Dr. Menzel im Eisenhower-Briefing-Dokument als MJ-10 bezeichnet wird.[32] In seinem Buch *Top Secret – die Akte Majestic 12* lieferte der erfahrene UFO-Forscher Stanton T. Friedman detaillierte Beweise dafür, dass Dr. Menzel tatsächlich Mitglied von Majestic 12 war, obwohl Menzel mehrere entlarvende Bücher über das UFO-Phänomen schrieb.[33] Menzel ist vor allem durch seine beliebten astronomischen Bücher wie *A Field Guide to the Stars and Planets* (»Ein Leitfaden zu den Sternen und Planeten«, nicht auf Deutsch erschienen) bekannt.[34] Entweder vor oder kurz nach dem Tod Menzels suchte man bei Majestic 12 nach einem Astronomen/Astrophysiker, der ihn ersetzen konnte. Der Nachfolger sollte über eine solide wissenschaftliche Grundlage in Astronomie/Astrophysik und eine Empfehlung von Menzel für die Zeit nach seinem Tod verfügen sowie durch eine breit angelegte Öffentlichkeitsarbeit hervorgetreten sein.

Carl Edward Sagan erfüllte diese Voraussetzungen. Er war Fellow der University of Berkeley, und seine Studien über NASA-Missionen zur Venus und zum Mars hatten bereits große wissenschaftliche Anerkennung gefunden. Dr. Menzel wurde auf seine wissenschaftliche Arbeit aufmerksam und arrangierte, dass Sagan eine Stelle als Assistenz-Professor an der Harvard Universität erhielt (1963-1968). Nachdem ihm eine Professur in Harvard verweigert wurde, ging Sagan an die Cornell Universität, ironischerweise aufgrund der wachsenden Popularität seines generalistischen Ansatzes in der Wissenschaft. Dennoch blieb Menzel ein fester Unterstützer Sagans. Sagan erlangte Berühmtheit durch seine populären Bücher und Dokumentationen, darunter seine preisgekrönte TV-Serie *Cosmos*, die 1980 auf PBS ausgestrahlt und von fünfhundert Millionen Menschen in sechzig Ländern gesehen wurde.[35] Wenn für Majestic 12 ein führender Astronom/Astrophysiker gesucht wurde, dessen Bücher und Fernsehdokumentationen ein weltweites Publikum erreichten, und zudem die Zustimmung des Vorgängers erforderlich war, dann war Sagan der ideale Nachfolger für Menzel.

Im Januar 1989 war Majestic 12 aufgrund von Dr. Sagans bevorstehendem Ruhestand (er war mindestens seit 1976 im Amt) oder aus einem anderen Grund (Sagan starb am 20. Dezember 1996) auf der Suche nach einem Ersatz oder einem Stellvertreter für ihn. Dr. Morrison war aufgrund seiner wissenschaftlichen Herkunft, seiner breiten Öffentlichkeitsarbeit und seiner früheren freundschaftlichen Beziehungen zu Sagan eine gute Wahl. Das sind wichtige Indizienbeweise für die Authentizität des DIA-Briefing-Dokuments.

Die Tatsache, dass das Dokument von 1989 lediglich eine vorläufige Anweisung war, die vom Leiter der Majestic-12-Gruppe für ein neues Mitglied, das die Position von Dr. Sagan einnahm, aufgesetzt wurde, bedeutete, dass man nur wenig Aufwand in die Vorbereitung des Briefing-Dokuments investierte. Die eilige, behelfsmäßige Art und Weise, in der das Dokument zusammengestellt wurde, könnte die bemerkenswerten Mängel erklären, die von vielen Kritikern hervorgehoben wurden: die Ungereimtheiten bei der Sicherheitsmarkierung, die Rechtschreibfehler, das Ausschneiden und Einfügen aus verschiedenen anderen Dokumenten und dergleichen mehr.[36]

In seinem MUFON-Artikel sprach sich Dr. Wood für die Echtheit des DIA-Dokuments aus, und zwar aus mehreren zwingenden Gründen und trotz der zahlreichen Fehler, die in Dokumenten dieser Art durchaus nicht ungewöhnlich sind. Indem Morrison von Wood als Empfänger des Briefings identifiziert wurde – eher als der Vizepräsident (oder designierte Präsident) Bush –, hat Wood aufgezeigt, was für die Echtheit des Dokuments spricht. Wurde Dr. Morrison gebrieft, weil er als Ersatz für Sagan vorgesehen war, der nach dreizehn oder mehr Dienstjahren als MJ-10 in den Ruhestand ging?

Wenn dieses Dokument wirklich echt ist, bietet sein Inhalt eine Fülle von Informationen über wichtige Themen, vom Absturz bei Aztec 1948 über die diplomatischen Beziehungen zwischen der Eisenhower-Regierung und Außerirdischen, die Rolle von Nikola Tesla zu Beginn der modernen UFO-Ära, die Zusammenarbeit mit menschlich aussehenden Außerirdischen in geheimen Militäranlagen wie der Kirtland Air Force Base, und, was vielleicht am wichtigsten für die zukünftige öffentliche Wahrnehmung des UFO-Themas ist: die Tatsache, dass die menschlich aussehenden Außerirdischen uns freundlich gesonnen sind und seit Jahrzehnten im Verborgenen unter uns leben.

Eine undichte Stelle

Welche Schlussfolgerungen lassen sich aus dem Durchsickern des streng geheimen DIA-Briefing-Dokuments von 1989 ziehen? Erstens bietet das DIA-Dokument eine verblüffende Version unterdrückter Geschichte: Freundliche, menschlich aussehende Außerirdische nahmen in den frühen 1900er Jahren Kontakt mit der Menschheit auf. Sie beobachteten unseren technologischen Fortschritt, ohne sich in unsere Angelegenheiten einzumischen. Ein wichtiges Ziel bei der Veröffentlichung des DIA-Dokuments war es, dass es wesentlich dazu beitragen sollte, die öffentliche Wahrnehmung gegenüber »menschlich aussehenden« Außerirdischen neu auszurichten, so dass jede zukünftige offizielle Enthüllung der Präsenz dieser Besucher nicht zu einem großen Schock für die Weltöffentlichkeit wird.

Zweitens zeigt das DIA-Dokument, dass eine Gruppe von »Nordischen« beschlossen hatte, die menschliche Evolution zu unterstützen, indem sie eines ihrer Raumschiffe mit außerirdischen Babys als »Geschenk« in die USA schickten, um die technologische und soziale Entwicklung allmählich in bestimmte positive Richtungen zu lenken. Die USAF war die militärische Institution, die im DIA-Dokument als Hauptnutznießerin dieser Vereinbarung identifiziert wurde, was später durch den Informanten Emery Smith bestätigt wurde, der von 1990 bis 1995 viele Erfahrungen aus erster Hand bei der Arbeit in Kirtland AFB und anderen USAF-Einrichtungen sammelte, in denen menschlich aussehende Außerirdische an als geheim klassifizierten Projekten mitarbeiteten.

Drittens kann es kein Zufall sein, dass der wahrscheinlichste Autor des Briefings von 1989 CIA-Direktor William Webster war, der zum Zeitpunkt der Veröffentlichung im Juni 2017 den Vorsitz des Beratergremiums beim Homeland Security Council innehatte, das den Vorsitzenden des Councils ausführlich zu Fragen der inneren Sicherheit berät. Es ist sehr plausibel, dass die im DIA-Dokument diskutierten Themen aus Gründen der inneren Sicherheit als wichtig für die öffentliche Verbreitung erachtet wurden und die Genehmigung erteilt wurde, dass sie der Direktor der Homeland Security veröffentlichte. Damals war dies niemand anders als der pensionierte Vier-Sterne-General des U.S. Navy Corps, John F. Kelly, der am 31. Juli 2017, etwas mehr als einen Monat nach der Veröffentlichung des DIA-Dokuments, Stabschef von Präsident Donald Trump wurde. Dies wirft die faszinierende Möglichkeit auf, dass Trump über das, was geschehen ist und was der Plan für zukünftige Offenlegungen war, informiert worden sein könnte.

Ebenfalls kann es kein Zufall sein – angesichts der Neubewertung der jahrzehntelangen Zusammenarbeit der USAF mit den Reptiloiden, Greys und Antarktis-Deutschen seit dem Holloman-Treffen 1955 –, dass das DIA-Briefing von 1989 nun geleakt wurde. Die undichte Stelle tat sich im Juni 2017 auf, nur wenige Monate nachdem Sigmund Ende 2016 seinen »Informationsaustausch« mit dem Whistleblower Corey Goode begonnen hatte. Die USAF hatte zum ersten Mal vom Programm Solar Warden der Navy und anderen Geheimen Weltraumprogrammen sowie von diplomatischen Treffen auf hoher Ebene zwischen Vertretern dieser Programme und außerirdischen Besuchern erfahren. Aufgrund dessen, was Sigmund und andere GWP-Leiter der USAF von Goode, William Tompkins und anderen Quellen erfahren hatten, beschloss die USAF, künftig viel stärker als bisher mit den menschlich aussehenden außerirdischen Besuchern zusammenzuarbeiten, die bislang als Gegner betrachtet und bedrängt worden waren.

Während der UFO-Crash von Aztec und das Treffen 1954 auf der Kirtland-Basis zu einer Vereinbarung mit einer bestimmten Gruppe nordischer Besucher geführt hatten, waren andere menschlich aussehende außerirdische Besucher stark eingeschränkt oder behindert worden, was Aktivitäten auf der Erde anging. In der Tat wurde das Ausmaß, in dem die meisten menschlich aussehenden Besucher unterdrückt wurden, erst in einem Interview deutlich, das Goode und Smith am 14. August 2018 auf *Cosmic Disclosure* gaben. Der Moderator David Wilcock begann die Sendung mit der Bitte an Goode, zu erklären, was er über das geheime »Intruder Intercept and Interrogate Program« (»Programm zum Abfangen und Verhören von Eindringlingen«) wusste, an dem Goode kurzzeitig während einem seiner GWP-Aufträge teilgenommen hatte:

> »Es ist ein Programm, das teilweise den *Men in Black* ähnlich ist. Dieses Intercept and Interrogate Program sorgt dafür, dass, wenn ein Eindringling in unser [Sonnen-]System einfliegt und durch kein Signal zu erkennen gibt, ob er Freund oder Feind ist, er abgefangen und von Bord seines Schiffes geholt wird. Was aber in den meisten Fällen passiert, ist, dass ETs es bis zur Erde schaffen, sich hier heimlich einfügen und sich als irdische Menschen ausgeben.
>
> Diese Gruppe spürt die Leute auf, wir nennen die ETs Leute [people], die Leute, die ohne Erlaubnis hier sind, und bringt sie zu einer

bestimmten Einrichtung. Dort werden sie verhört, um herauszufinden, was vor sich geht.

Diese Gruppe fungiert auch als Polizei für nicht-terrestrische Gruppen, die mit Erlaubnis hier sind. Sie helfen, die einen von den anderen zu unterscheiden, und wenn sie (die ETs) Probleme machten, dann handelte diese Gruppe genau wie die Polizei.«[37]

Nachdem er die Außerirdischen beschrieben hatte, die scheinbar identisch mit Menschen waren und sich leicht in unsere Gesellschaft einfügen konnten, beschrieb Smith, wie er einigen von ihnen bei Autopsien begegnete, die er für geheime Programme auf der Kirtland Air Force Base und anderen Einrichtungen im ganzen Land durchführte.[38] Er betonte, dass sie offensichtliche Anzeichen von Folter zeigten:

»Emery: Einige der Außerirdischen, an denen wir im Labor gearbeitet haben, Sezierungen durchgeführt haben und was nicht alles, einige dieser menschlichen Außerirdischen trafen ein, und man hatte sie so stark geschlagen, dass subdurale Hämatome am Hinterkopf vorhanden waren. Sie wurden offenbar gefoltert – manchmal hatten sie viele gebrochene Knochen.

Erst später erfuhr ich, dass diese Wesen aus einem Gefängnis oder einer Zelle kamen und verhört worden waren … Nachdem wir deine [Coreys] Aussage gehört hatten, wurden solche [Außerirdische] zu uns gebracht. Normalerweise sind sie in einigermaßen guter Verfassung, es sei denn, es wurde auf sie geschossen oder dergleichen. Aber diese waren offensichtlich zu Tode geprügelt worden.

Corey: Viele Male starben die Personen, die verhört wurden, einfach an Stress und Traumatisierung … durch Folter während der Vernehmung. Es war sehr verstörend. Sie wurden markiert und uns dann zur Untersuchung geschickt.

Emery: Wir hatten ein paar, die hat man offensichtlich verhungern lassen. Ich bin mir nicht sicher, was da passiert ist …

Corey: Es gibt spezielle Gefängnisse für die Außerirdischen. Dort werden sie weiter verhört, um mehr Informationen zu erhalten oder um sie dazu zu bringen, zu verhandeln oder uns Informationen zu liefern.«[39]

Die Entscheidung der USAF, diese bisherige brutale Politik des Abfangens, Verhörens und sogar Folterns vieler menschlich aussehender außerirdischer Besucher zu beenden, war folgenreich. Es ist sehr wichtig zu bedenken, dass die USAF-Führungskräfte, die diese langjährige skrupellose Behandlung der friedlichen humanoiden Außerirdischen akzeptiert und aktiv betrieben hatten, auf der Grundlage von Desinformationen durch ihre Verbündeten und Vorgesetzten aus dem Deep State und dem antarktisdeutsch-reptiloiden Bündnis so gehandelt hatten. Sigmunds Entdeckung, dass die Air Force durch den Deep State derartig getäuscht worden war und dass man ihr all diese technologischen Fortschritte vorenthalten hatte, führte zu einem tiefgreifenden politischen Wandel. Dass im Juni 2017 das DIA-Dokument von 1989 geleakt wurde, war ein klares Zeichen dafür, dass das USAF-Geheimprogramm und seine Partner bei DIA, NSA und NRO beabsichtigten, die Existenz von menschenähnlichen Außerirdischen offiziell zu enthüllen.

Der Politikwechsel hatte unmittelbare Auswirkungen. Das USAF-GWP begann damit, Fotos seiner Antigravitations-Raumschiffe freizugeben, die aus Einrichtungen wie der MacDill Air Force Base, der Heimat des Special Operations Command, heraus tätig sind. Dies war ein weiteres Signal, dass die Air Force beabsichtigte, sich bald der Öffentlichkeit zu präsentieren. Darüber hinaus begann sie mit den nordischen Besuchern zu kooperieren und wandte sich gleichzeitig mit ihren Weltraumressourcen gegen den Deep State und seine inzwischen nicht mehr funktionierende Allianz mit den Antarktis-Deutschen, Reptiloiden und Greys. Das dramatischste Ergebnis war ein gemeinsamer Einsatz des Air-Force-GWPs mit den Nordischen, um einen ballistischen Raketenangriff des Deep State auf Hawaii abzufangen, der den Dritten Weltkrieg auslösen sollte. In den nächsten beiden Kapiteln werde ich auf jede dieser beiden wichtigen Entwicklungen im Zusammenhang mit dem GWP der USAF eingehen und erläutern, was das für die Zukunft bedeutet.

Anmerkungen

1 Siehe »Forty-Seven Pages From the DIA: Why Should We Care?«, https://exonews.org/47-pages-from-the-dia-why-should-we-care/ (aufgerufen am 03.01.2019)
2 Das DIA-Dokument ist online unter https://tinyurl.com/ychkyupo (aufgerufen am 18.12.2018)
3 Siehe »The Majestic Documents«, http://www.majesticdocuments.com/ (aufgerufen am 18.12.2018)
4 Harry Trumans Anordnung zur Gründung von Operation Majestic Twelve findet sich online unter http://www.majesticdocuments.com/pdf/truman_forrestal.pdf (aufgerufen am 18.12.2018)
5 Siehe Michael E. Salla, *Kennedy's Last Stand: UFO's, Eisenhower and the JFK Assassination*; Exopolitics Institute 2013; pgs. 128-130.
6 »Homeland Security Advisory Council Members«, https://www.dhs.gov/homeland-security-advisory-council-members (aufgerufen am 18.12.2018)
7 »Assessment of the Situation/Statement of Position on Unidentified Flying
8 Objects«, https://tinyurl.com/ychkyupo (aufgerufen am 18.12.2018)
9 Ebd.
10 Ebd.
11 Ebd.
12 Ebd.
13 Ebd.
14 Ebd.
15 Ebd.
16 Siehe Nick Redfern, »Taking a Look at the Interplanetary Phenomenon Unit«, https://mysteriousuniverse.org/2018/08/taking-a-look-at-the-interplanetary-phenomenon-unit/ (aufgerufen am 02.01.2019)
17 »Assessment of the Situation/Statement of Position on Unidentified Flying Objects«,
18 https://tinyurl.com/ychkyupo (aufgerufen am 18.12.2018)
19 Ebd.
20 Ebd.
21 Zur eingehenden Erörterung des Treffens von 1954 auf der Air-Force-Basis Edwards siehe Michael E. Salla, *Galactic Diplomacy: Getting to Yes with ET*; Exopolitics Institute 2013; pgs. 47-89.
22 Ebd.
23 William M. Tompkins, *Auserwählt von Außerirdischen*. AMRA Verlag, Hanau 2022.
24 Die Beschreibung der verschiedenen Gruppen von Außerirdischen, die Smith traf, findet sich in Michael E. Sallas Artikel »Insider Reveals More about Extraterrestrials working in Classified Programs« unter https://www.exopolitics.org/insider-reveals-more-about-extraterrestrials-working-in-classified-programs/ (aufgerufen am 18.12.2018)
25 »Aliens at Home on Earth«, *Cosmic Disclosure* vom 7. August 2018, zugänglich unter https://www.gaia.com/video/aliens-home-earth (aufgerufen am 18.12.2018)
26 Zur Analyse vielfältiger Zeugenberichte über Außerirdische, die unter uns leben, siehe Michael E. Salla, *Galactic Diplomacy: Getting to Yes with ET*; Exopolitics Institute 2013; pgs. 199-232.

[27] Siehe zum Beispiel John Greenewald, »New Majestic-12 (MJ-12) Briefing Documents Released June 2017«, http://www.theblackvault.com/casefiles/new-majestic-12-mj-12-briefing-documents-released-june-2017/# (aufgerufen am 18.12.2018)

[28] Siehe »Forty-Seven Pages From the DIA: Why Should We Care?«, https://exonews.org/47-pages-from-the-dia-why-should-we-care/ (aufgerufen am 03.01.2019)

[29] Ebd.

[30] »TV REVIEWS; ›The Ring of Truth‹, On Ways of Perception«, https://www.nytimes.com/1987/10/20/arts/tv-reviews-the-ring-of-truth-on-ways-of-perception.html?pagewanted=1 (aufgerufen am 18.12.2018)

[31] Siehe »Forty-Seven Pages From the DIA: Why Should We Care?«, https://exonews.org/47-pages-from-the-dia-why-should-we-care/ (aufgerufen am 03.01.2019)

[32] »Eisenhower Briefing Document«, http://www.majesticdocuments.com/pdf/eisenhower_briefing.pdf (aufgerufen am 18.12.2018)

[33] Siehe Stanton T. Friedman, *Top Secret/Majic: Operation Majestic-12 and the United States Government's UFO Cover-up*; De Capo Press 2005; pgs. 26-40.

[34] Donald Howard Menzel, *A field guide to the stars and planets: Including the moon, satellites, comets and other features of the universe*; Houghton Mifflin 1964.

[35] »Dr. Carl Sagan«, https://starchild.gsfc.nasa.gov/docs/StarChild/whos_who_level2/sagan.html (aufgerufen am 18.12.2018)

[36] Siehe zum Beispiel John Greenewald, »New Majestic-12 (MJ-12) Briefing Documents Released June2017«, http://www.theblackvault.com/casefiles/new-majestic-12-mj-12-briefing-documents-released-june-2017/# (aufgerufen am 18.12.2018)

[37] *Cosmic Disclosure*, »E.T. Detention & Interrogation«, https://www.gaia.com/video/et-detention-interrogation (aufgerufen am 19.12.2018)

[38] Zur Erörterung einer Episode von *Cosmic Disclosure*, in der Corey Goode and Emery Smith über menschenähnliche Außerirdische sprechen, die unter uns leben, siehe Michael E. Salla, »Military Insiders Confirm Thousands of Extraterrestrials Live Among Us«, https://www.exopolitics.org/military-insiders-confirm-thousands-of-extraterrestrials-live-among-us/ (aufgerufen am 19.12.2018)

[39] *Cosmic Disclosure*, »E.T. Detention & Interrogation«, https://www.gaia.com/video/et-detention-interrogation (aufgerufen am 19.12.2018)

19 Freigabe der Fotos von MacDills Antigravitations-Fluggeräten

Wenn Sie Ihre Geheimnisse dem Wind preisgeben, sollten Sie dem Wind nicht die Schuld geben, wenn er sie den Bäumen preisgibt.

– Khalil Gibran –

Am 3. März 2017 erhielt ich das Erste einer Reihe von Fotos unterschiedlich geformter UFOs, die sieben Monate lang in der Nähe der MacDill Air Force Base in Tampa, Florida, aufgenommen wurden.[1] Die Umstände wurden noch bedeutsamer, denn der Fotograf, der öffentlich nur als »JP« (ein Pseudonym) bekannt ist, wurde mehrmals von verschiedenen Fremden in vorbeifahrenden Autos, Lieferwagen oder per Telefonanruf aufgefordert, genau zum richtigen Zeitpunkt in den Himmel zu schauen, um dort UFOs zu sehen, und auch oft ermutigt, Fotos von ihnen zu machen. Eine Organisation hatte JP ausgewählt, diese Aufnahmen zu machen, die einige der verschiedenen Antigravitations-Fluggeräte zeigten, welche in der Nähe oder außerhalb der MacDill AFB eingesetzt werden. All dies geschah ungefähr zu der Zeit, als Corey Goodes ehemaliger Vernehmer »Sigmund«, der zur Quelle geworden war, einen Informationsaustausch mit Goode (von Ende 2016 bis Mitte 2017) durchführte, nachdem er von der Täuschung der USAF durch den Deep State erfahren hatte, sowie der Veröffentlichung des DIA-Informationsdokuments im Juni 2017. Beides deutet darauf hin, dass das USAF-GWP die Öffentlichkeit auf zukünftige Enthüllungen über die Anwesenheit menschlich aussehender außerirdischer Besucher vorbereiten wollte.

Später, Anfang 2018, zog JP nach Orlando, Florida, wo er weitere Sichtungen hatte und weitere Fotos machte, darunter die eines Raumfahrzeugs, das angeblich einem »Nordischen« gehörte, der mit der USAF zusammenarbeitete. Laut JP suchte der Nordische ihn auf und übermittelte ihm die Botschaft, dass seine Leute dem Geheimen Weltraumprogramm der Air Force helfen, was zeigt, dass die USAF jetzt einen wichtigen politischen Wandel durchführte, um mit dieser Gruppe von Außerirdischen statt mit dem früheren Verbündeten des Deep State zusammenzuarbeiten. Diese Ereignisse deuten darauf hin, dass die Fotos Teil eines Plans der Air Force waren, die Öffentlichkeit auf die offizielle Offenlegung des GWP der USAF und die Realität menschlich anmutender nordischer außerirdischer Besucher vorzubereiten.

Anfang September 2017 näherte sich der Hurrikan Irma Florida und kam geradewegs auf Tampa und MacDill zu, als JP mir weitere Fotos der verschiedenen Antigravitations-Schiffe lieferte, die in der Nähe der MacDill Air Force Base flogen. Die Basis musste geschlossen und das Personal evakuiert werden, als der Hurrikan mehrere Standorte in Florida, einschließlich Tampa, erreichte. Als ich die fotografischen und aussagekräftigen Beweise für die Ereignisse rund um MacDill in Artikeln im späteren Verlauf des Jahres 2017 präsentierte, war es kaum zu vermeiden, den Schluss zu ziehen, dass das USAF-GWP absichtlich zuließ, dass seine Flugzeuge von einem Mitglied der Öffentlichkeit fotografiert wurden, weil MacDill vom Deep State als Vergeltungsmaßnahme gegen die neuen Richtlinien und Offenlegungen der USAF angegriffen wurde.

JPs Behauptungen sind sensationell, aber es ist wichtig zu betonen, dass sie durch seine hervorragenden Fotos untermauert werden, die mit der stillschweigenden Genehmigung der USAF für ihre Veröffentlichung aufgenommen wurden. Diese Fotos haben den Beweis erbracht, dass es ein Geheimes Weltraumprogramm der USAF gibt und dass dieses GWP begonnen hat, aktiv mit den Nordischen zusammenzuarbeiten. Gleichzeitig weisen sie darauf hin, dass die Führung der Air Force diese Informationen für die Öffentlichkeit freigeben möchte. Was folgt, ist die Chronologie der Fotos, die mir zur Verfügung gestellt wurden, meine Analyse und ihre politischen Implikationen.

JPs Fotos von Raumfahrzeugen in der Nähe der MacDill Air Force Base

Im Jahre 2008 begann mein Kontakt zu dem Fotografen »JP«. Er rief mich an, weil er kürzlich Kontakt mit einer Gruppe Nordischer gehabt hatte, als er seine Familie in Brasilien besuchte. JP sagte, er habe durch mentale »Downloads« nach seiner ersten Kontakterfahrung viele Ideen für fortschrittliche Technologien erhalten. Einige von ihnen entwarf und baute er nach seiner Rückkehr nach Tampa, Florida, wo er zu jener Zeit lebte. Vor seinen Erfahrungen in Brasilien war er ein aufstrebender Musiker ohne besonderes technologisches Wissen gewesen. Er ist verheiratet, hat zwei Kinder, und seine Frau ist eine beliebte brasilianische Sängerin mit einer glänzenden Karriere, zu der auch Auftritte bei vielen christlichen Andachtsveranstaltungen gehören. Sie hatte aufgrund ihres starken christlichen Glaubens große Schwierigkeiten, die Erfahrungen von JP als echt oder positiv zu akzeptieren, erkennt jedoch deren Bedeutung für ihren Ehemann an. Ich habe mit ihr über JPs Erfahrungen gesprochen und erklärt, dass dies keine Seltenheit und gewiss kein Fall von dämonischer Besessenheit ist und dass JP wahrscheinlich von einer Gruppe außerirdischer Besucher ausgewählt wurde, eine wichtige Rolle bei zukünftigen Ereignissen zu spielen. Aufgrund der erfolgreichen musikalischen Karriere seiner Frau und weil sie seine außerirdischen Kontakte emotional belasteten, entschied JP, anonym zu bleiben.

Nachdem er sich wegen der von ihm gefertigten spitzentechnologischen Erfindungen an zwei Universitätsprofessoren gewandt hatte, sprachen ihn Mitarbeiter einer oder mehrerer Militäragenturen an, die mit ihm bei der Konstruktion der Geräte zusammenarbeiten wollten. Ich gab JP Ratschläge zum Umgang mit seiner sensiblen Situation, denn seine außerirdischen Kontakte ermutigten ihn zum Bau freier Energie- und anderer für die Menschheit nützlicher Technologien, obwohl es sehr unwahrscheinlich war, dass die verdeckten Agenten die Weitergabe solcher Technologien im Rahmen der aktuellen Geheimhaltungspolitik der Regierung ermöglichen würden. JP sagt, dass er nach einer Weile die Zusammenarbeit mit den Agenten bei der Fertigung mehrerer Geräte beendete. Seine außerirdischen Kontakte hielten jedoch an, und als Nächstes begann er, Entführungen durch das Militär zu erleben. Diese Erfahrung »wiederholter Entführungen« ist bei Personen mit außerirdischen Kontakten sehr verbreitet, und es wurden umfangreiche Untersuchungen zu diesem Phänomen durchgeführt.[2] Ein bereits erörtertes Beispiel ist Corey Goode, der nach der Veröffentlichung seiner Erlebnisse mit verschiedenen außerirdischen Gruppen und Geheimen Weltraumprogrammen mehrfach durch das Militär entführt wurde.

Die MacDill AFB ist der Stützpunkt des US Central Command und US Special Operations Command. Dabei handelt es sich um zwei der zehn Kommandos des Verteidigungsministeriums, die für die Koordinierung und den Einsatz aller vier US-Teilstreitkräfte verantwortlich sind: Navy, Army, Marines und Air Force. Zu den grundlegenderen Einheiten des Special Operations Command gehören die Air Force Special Operations (Special Ops), die offiziell Air-Force-Personal für verdeckte Luftoperationen schulen, aber auch qualifiziertes Personal für geheime Operationen im Weltraum. Wie noch gezeigt werden wird, wurde JP von Mitarbeitern, die mit den Air Force Special Ops verbunden sind, ermutigt, die Fotos der Luftfahrzeuge oder Raumschiffe anzufertigen und diese in der Öffentlichkeit zu verbreiten.

Nachdem ich am 3. März 2017 JPs Fotos von dreieckigen Flugobjekten in der Nähe der MacDill AFB erhalten hatte, habe ich nichts weiter unternommen und diese für weitere Studien archiviert. Dann, am 31. August 2017, erhielt ich einen neuen Satz von Fotos eines dreieckigen Flugobjekts, das in der Nähe von MacDill fotografiert wurde. Die Fotos wurden etwa um acht Uhr morgens von JP aufgenommen und zeigen ein UFO, das in seiner Form der TR-3B ähnelt, aber JP schätzte, dass es viel kleiner ist – mit einer Länge von etwa zwanzig Metern. Wie bereits in einem früheren Kapitel erwähnt, wurde die TR-3B in zwei Größen gebaut: ein Prototyp von dreiundachtzig Metern und eine Einsatzausführung von zweihundert Metern. Angesichts der Tatsache, dass die TR-3B in den 1980er Jahren gefertigt wurden, wäre es nicht verwunderlich, dass es bis 2017 Einsatzvarianten in verschiedenen Größen gab, wie jetzt auf den Fotos von JP zu sehen ist. Aufgrund der Klarheit der Fotos und der Bedeutung des Ortes, an dem sie aufgenommen wurden, beschloss ich, sie zu veröffentlichen und die Existenz von JP (mit seiner Zustimmung) zum ersten Mal bekannt zu machen.[3] Die *Tampa Bay Times* veröffentlichte anschließend einen Artikel über die Fotos vom 31. August, zusammen mit späteren Fotos von JP.[4]

Diese sechs Fotos vom 31. August zeigen ein dreieckiges Flugzeug, das mit einem kreisförmigen Energieimpuls »hochfährt«. Dieses Hochfahren entspricht dem, was wir von Whistleblowern wie Edgar Fouche wissen, die beschrieben haben, wie die TR-3B mit unter hohem Druck stehendem Quecksilberplasma arbeitet, das sich mit 60.000 Umdrehungen pro Minute oder mehr bei sehr hohen Temperaturen um einen Kreisring drehen. Bezeichnenderweise zeigen die sechs aufeinander folgenden Fotos JPs ein dreieckiges Fluggerät, das sich wie auf ein Stichwort genau zu dem Zeitpunkt »einschaltete«, als er mit dem Fotografieren begann. Die Bewegung des Fluggerätes, als die Fotos aufgenommen wurden, und der Energieimpuls, den es erzeugte, deuten darauf hin, dass es sich nicht um ein Flugzeug, sondern um ein Antigravitations-Fluggerät handelte, das einer der von Fouche beschriebenen TR-3Bs ähnelt. Dies schrieb JP mir in seiner Skype-Mitteilung am 31. August 2017:

> »Eine erstaunliche Erfahrung heute. Ich hatte den Drang, nach oben zu schauen und ein paar Bilder von Wolken zu machen, schöne Beweise, spektakulär. Ich sah ein Dreiecks-UFO-Schiff, das von links nach rechts flog. Ich schätze, es hat bemerkt, dass ich es gesehen habe, es hielt an, erzeugte einen hellen Energiering, dann schoss es weg in den blauen Himmel, nette Technologie … ob ich abgeholt wurde, weiß ich nicht mehr …«

Ich habe aus den sechs von ihm gesendeten Fotos zwei Kompositionen erstellt. Die erste Komposition zeigt die ersten drei Fotos eines dreieckigen Flugobjekts, das einfach ein exotisches Flugzeug sein könnte. Der dritte Teil der Sequenz zeigt den Beginn des von JP beschriebenen »Hochfahrens«. Es ist jedoch die Komposition der letzten drei Fotos, die einen spektakulären kreisförmigen Energiering um das Fahrzeug zeigt, der darauf hinweist, dass es sich um ein Antigravitations-Fluggerät handelt, das von einem leuchtenden Plasmaring angetrieben wird, der dem ähnelt, den eine TR-3B erzeugt.

JP beschrieb die Bewegungen des Flugzeugs als ein Herumspringen, dann als einen Stillstand und schließlich ein Emporschießen. Dies sind eindeutige Merkmale der Manövrierfähigkeit von Antigravitations-Fluggeräten, nicht von konventionellen Flugzeugen oder militärischen Kampfjets.

Am 4. September 2017 schickte mir JP drei noch beeindruckendere und klarere Fotos eines dreieckigen UFOs, aufgenommen in der Nähe der MacDill AFB. Die Fotos wurden gegen 9.50 Uhr geschossen, ungefähr fünfzehn Kilometer von der Air-Force-Basis entfernt. Er schätzt die Größe des Fluggeräts auf siebzehn bis dreiundzwanzig Meter und sagt, dass er die Fotos innerhalb von drei Sekunden schnell aufgenommen und das Flugobjekt insgesamt neun Sekunden lang beobachtet hat. Während dieser Zeit schwebte das UFO und bewegte sich langsam nach rechts. JP sagt, dass das Fluggerät dann auf seltsame Weise verschwand, als würde ein Unsichtbarkeitsfeld von rechts nach links darüber hinwegfegen. Dies deutet darauf hin, dass das dreieckige Fluggerät entweder eine »Tarn-Technologie« verwendete, die sich schnell von einem Ende der Maschine zum anderen bewegte, oder dass JP sah, wie das UFO in das getarnte Feld eines größeren UFOs hineinflog.

Die drei Fotos vom 4. September zeigen eine andere Art von Dreiecksflugzeug als die von JP am 31. August fotografierten. Das Fahrzeug vom 31. August schien eine übertrieben große Heckflosse zu haben, die sehr gut sichtbar war, bevor es mit einem leuchtenden kreisförmigen Feld startete, erzeugt von seinem Antriebssystem, und in die obere Atmosphäre davonschoss. Umgekehrt verschwand das Schiff vom 4. September durch eine Art Tarn-Technologie, und JP behauptet, dieses UFO hätte ähnlich ausgesehen wie jene, die ihn in der Vergangenheit entführt hatten.

Abb. 56. Die ersten drei Fotos der Serie zeigen den Beginn des Pulsierens (mit Vergrößerungen). Aufgenommen von JP am 31. August 2017.

Abb. 57. Die letzten drei Fotos der Serie zeigen einen kreisförmigen Puls um das Flugobjekt (mit Vergrößerungen). Aufgenommen von JP am 31. August 2017.

Abb. 58. Fotos des Fliegenden Dreiecks (mit Vergrößerungen). Aufgenommen von JP am 4. September 2017.

Sichtungen Fliegender Dreiecke gehen weiter, während sich Hurrikan Irma nähert

Am Morgen des 5. September 2017 wurde ich von JP wegen der ungewöhnlichen Umstände kontaktiert, die dazu führten, dass er mehr Fotos von einem weiteren dreieckigen Fluggerät in der Nähe der MacDill AFB machte. JP sagte, er sei von einem Fremden aufgefordert worden, in die Richtung des UFOs zu schauen, der in einem nicht gekennzeichneten schwarzen Auto auf ihn zugefahren sei und ihn angewiesen habe, das Geschehen am Himmel zu beobachten und Fotos zu machen. Dies sagte JP in seiner Skype-Mitteilung ungefähr dreißig Minuten nach dem Vorfall, der sich um 15.45 Uhr ereignet hatte:

> »15.45 Uhr heute, ein Typ in einem schwarzen Auto, in Weiß gekleidet mit schwarzem Hut und Sonnenbrille. Ließ seine getönten Scheiben runter, fuhr auf mich zu und bat mich aufzuschauen. Ich sah einen Jet vorbeiflie-

Abb. 59. Foto eines dreieckigen Flugobjekts (mit Vergrößerung). Aufgenommen von JP am 5. September 2017.

gen, der Typ im schwarzen Auto war schon … (am) Stoppschild und fuhr rechts ab, um zu verschwinden, nachdem ich gesehen hatte, dass der Jet ein Schiff war, kein Lärm, interessante Bilder. Ich denke sogar, dass sie ein bisschen mehr Details haben.«

Abbildung 59 ist das deutlichste der fünf Fotos, die JP nach dem Vorfall mit dem mysteriösen Mann in Weiß in dem schwarzen Auto aufgenommen hat. Der Vorfall vom 5. September deutet darauf hin, dass MacDill einen Agenten schickte, um JP zu veranlassen, das Fliegende Dreieck zu fotografieren, das sehr wahrscheinlich mit dem Special Operations Command in Verbindung steht.

Am folgenden Tag, dem 6. September 2017, machte JP zwischen 7.00 und 7.15 Uhr morgens eine Serie von neun Fotos, die sehr deutlich ein dreieckiges UFO zeigen, das wieder eine kleinere Version eines TR-3B-Antigravitations-Fluggeräts zu sein scheint. Es sind drei Fotos aus der Neunerserie zu sehen, die das dreieckige UFO am deutlichsten darstellen, von dem JP berichtet, dass es sich seltsamerweise in unterschiedlichen Richtungen in den Wolken bewegte. Bezeichnend ist, dass sich diese Sichtungen fliegender Antigravitations-Dreiecke an aufeinander folgenden Tagen zu der Zeit ereigneten, als der Hurrikan Irma sich direkt auf Florida zubewegte.

Am 7. September 2017 schickte mir JP sechs weitere außergewöhnliche Fotos aus einer Serie, die ein Fliegendes Dreieck zeigen, das wieder in der Nähe von MacDill gesichtet und von einem Militärhubschrauber beschattet wurde, der wie bei einer militärischen Übung oder wie eine Eskorte wirkte. Bemerkenswerterweise beschrieb JP, dass das Dreiecks-UFO zeitweise auf der Stelle schwebte.

Eine Fotoanalyse zeigte, dass es sich nicht um eine propellergetriebene Drohne oder einen Drachen handelte.

Das Folgende sagte JP in einer Skype-Nachricht, die er mir am nächsten Tag, am 8. September, um 9.23 Uhr schickte:

»WOW. Fast eine ganze Woche voller Sichtungen, ich weiß, dass viel mehr Leute das sehen, diese Sichtungen sind erstaunlich … Um 8.00 Uhr sah ich einen schwarzen Hubschrauber über der Gegend kreisen,

Abb. 60. Drei Fotos von dreieckigen Flugobjekten (mit Vergrößerungen). Aufgenommen von JP am 6. September 2017.

Abb. 61. Drei Fotos JPs von Fliegenden Dreiecken und Hubschraubern (mit Vergrößerungen). Aufgenommen am 8. September 2017.

wo ich mich befand. Dann gegen 8.25 Uhr, sechs Kilometer von der MacDill AFB entfernt, sah ich, wie die TR-3B mit dem Hubschrauber interagierte, es war irgendeine Art von Übung. Sie können deutlich die Größenvergleiche sehen, die die Größe bestätigen, über die viele Whistleblower gesprochen haben. Das Schiff stellte sich schräg, hochkant, schräg, dem Hubschrauber zugewandt, als kommunizierten sie miteinander. Man konnte erkennen, dass der Hubschrauber in der Luft stillstand. Dann schiebt es sich in seiner regulären Position, aber kopfüber nach oben. Der Hubschrauber flog in Richtung MacDill davon. Das letzte Foto ist genauso spektakulär wie das vorige, auf dem die Details zu sehen sind. Ich bin mir nicht sicher, ob es bereits mit Waffen ausgerüstet ist.«

JP schätzte, dass das Dreieckschiff etwa einhundert Meter von dem Hubschrauber und fünfhundert Meter von ihm selbst entfernt war und in einer Höhe von dreihundert Metern flog. Die Größe des Dreieckflugzeugs schätzte er abermals auf etwa siebzehn bis dreiundzwanzig Meter. All dies geschah etwa sechs Kilometer von MacDill entfernt.

In meiner Diskussion mit JP wies ich darauf hin, dass die TR-3B laut Berichten von Edgar Fouche etwa zweihundert Meter groß war. JP antwortete, dass das Fahrzeug, das er sah, viel kleiner, aber in Größe und Form denen sehr ähnlich war, in denen das Militär ihn im Zusammenhang mit seinen außerirdischen Kontakterfahrungen entführt hatte. JP erklärte, dass das Innere des Flugzeugs drei Personen in Kapseln beherbergte, die so konstruiert waren, dass sie aufrecht blieben, egal in welcher Position sich das Schiff befand, wie ein Gyroskop. Dies würde es den Piloten ermöglichen, immer in die Richtung zu sehen, in die das Fahrzeug flog, oder sich in die Richtung zu bewegen, in die sie sehen wollten, unabhängig von der Ausrichtung des Schiffes gegenüber externen Objekten. Wenn ein Passagier befördert wird, bleibt eine der Kapseln in einer horizontalen Position.

Darüber hinaus sagte JP, die Kapseln »hätten irgendwie lebendig« gewirkt, weil sie sich automatisch an die Körperform der Leute anpassten, die sich hineinsetzten. Die Kapseln hatten ein Bedienfeld, mit dem einer oder mehrere Piloten das Fahrzeug steuern konnten.

DEPARTMENT OF THE AIR FORCE
6TH AIR MOBILITY WING (AMC)
MACDILL AIR FORCE BASE, FLORIDA

8 Sep 2017

MEMORANDUM FOR MACDILL AFB PERSONNEL

FROM: 6 AMW/CC

SUBJECT: CONUS Limited Evacuation Order (LEO) of MacDill AFB, FL

1. This is a Limited Evacuation Order (LEO) for MacDill Air Force Base. Evacuees are authorized/ordered to move from a CONUS residence to the nearest available accommodations (which may be Government quarters) outside of evacuated areas.

2. My authority to order the LEO is Joint Travel Regulations (JTR), par. 6080-B (uniformed services eligible dependents) and par. 6580 (civilian employees/eligible dependents). This order applies to all individuals assigned to, residing on, or present on MacDill AFB.

Abb. 62. Evakuierungsbefehl für die MacDill Air Force Base, ausgestellt am 8. September 2017

Das Fahrzeug hatte keine Fenster, sondern verwendete eine Technologie, mit der die Piloten durch die Metalllegierung der Schiffshülle hindurchschauen konnten.

Am Tag, nachdem JP das Fliegende Dreieck mit Militärhubschrauber aufgenommen hatte, wurde für die MacDill AFB ein obligatorischer Evakuierungsbefehl ausgestellt, in Vorbereitung auf den einsetzenden Hurrikan, der am Sonntagmorgen, dem 10. September,[5] in Südflorida ankommen sollte.

Der Befehl trat am 8. September um 12.00 Uhr in Kraft. Bezeichnenderweise war der Evakuierungsbefehl für alle Mitarbeiter verpflichtend, mit Ausnahme derjeniger, die an »Essenziellen Missionen« beteiligt waren:

> »Mitarbeiter, die nicht einem Ride-Out-Team angehören, aber von ihren Kommandanten für die Erfüllung unerlässlicher missionsbezogener Aufgaben über 12.00 Uhr hinaus eingeteilt sind, werden von diesem Evakuierungsbefehl befreit, bis sie von ihrem Kommandanten eine Freigabe erhalten.«[6]

Das US Special Operations Command in der MacDill AFB verfügt über ausgedehnte unterirdische Anlagen, in denen verdeckte Operationen ungeachtet des Auftretens eines Hurrikans fortgesetzt werden können. Angesichts der Annäherung des Hurrikans Irma scheint man dort Überwachungs- und mögliche »Minderungsmaßnahmen« durchgeführt zu haben. Es ist sehr wahrscheinlich, dass es verdeckte Operationen in Bezug auf Irma gab, man aber aus einem unbekannten Grund entschied, JP darauf anzusetzen, ihre Flugobjekte im Einsatz zu fotografieren. Sendeten sie damit also eine Botschaft an die Öffentlichkeit, und wenn ja, was wollte das Special Operations Command den Leuten zum Zeitpunkt des drohenden Chaos, das der Hurrikan verursachen würde, mitteilen?

Am Morgen des 10. September 2017 erreichte der Hurrikan Florida. Hier folgt nun das, was *ABC News* über die Situation hinsichtlich des Hurrikans kurz nach Mitternacht am 11. September um 00.21 Uhr in einer Story mit dem Titel »Irma nähert sich Tampa Bay mit hurrikanstarken Winden« mitteilte:

> »Der Hurrikan Irma wirbelt den Sunshine State durcheinander und bringt starke Regenfälle und starke Winde. Der tödliche Hurrikan, der jetzt ein Sturm der Kategorie 2 mit anhaltenden Winden von 160 Stundenkilometern ist, wanderte nach Osten in das Stadtgebiet von Tampa. Tampa, das jetzt Windböen von über 80 Stundenkilometern erlebt, befindet sich auf dem vorausgesagten Weg des Sturms, und der Bürgermeister der Stadt, Bob Buckhorn, nahm heute kein Blatt vor den Mund, als er die Einwohner auf Twitter warnte. ›Wir stehen kurz davor, dass der Sturm uns mit voller Wucht trifft – wie ein Schlag ins Gesicht. Wir müssen vorbereitet sein‹, schrieb er.«[7]

Beachten Sie das Datum des Hurrikans Irma in Tampa – der 11. September 2017 (der 16. Jahrestag des Terroranschlags vom 11. September 2001). Tampas sprichwörtlicher »Schlag ins Gesicht«, wie der Bürgermeister es ausdrückte, wirft die faszinierende Möglichkeit auf, dass der Hurrikan Irma in irgendeiner Weise mit den UFO-Sichtungen der Fliegenden Dreiecke zusammenhängt, die anscheinend vom

US Special Operations Command als Mittel zur Offenlegung der Existenz eines Geheimen Weltraumprogramms der USAF gestattet wurden. Infolgedessen stellt sich die Frage, ob die MacDill Air Force Base und Tampa nicht vielleicht das Ziel von Technologien zur Wettermanipulation waren.

Haben Maser-Satelliten den Hurrikan Irma in einem Wetterkrieg gegen die USA gelenkt?

Die Technologien zur Wettermanipulation stammen aus den 1940er Jahren, als entdeckt wurde, dass Chemikalien in die Atmosphäre gebracht werden können, um das Wetter zu beeinflussen. Ein Bericht des US-Senats aus dem Jahr 1978 beschreibt, wie der US-Kongress bereits 1947 an der Überprüfung von solchen Technologien beteiligt war; und seit 1953 wurden sechs Kongressbeschlüsse verabschiedet, die sich mit diesem Thema befassen.[8] In den frühen 1970er Jahren wurde entdeckt, dass hochfrequente Radiowellen die nächste große technologische Entwicklung in der Wettermodifikation bringen würden, wie Nick Begich und Jeane Manning in ihrem 1995 erschienenen Buch *Löcher im Himmel* darlegen.[9] Sie untersuchten darin die vielfältigen Einsatzmöglichkeiten zur Wettermanipulation und Gedankenkontrolle.

Offiziell als Kommunikationssystem konzipiert, könnten leistungsstarke Antennenfelder wie die »HAARP«-Forschungsstation in Alaska bei Gakona die Ionosphäre der Erde mit extrem niederfrequenten Funkwellen (ELF) bombardieren, die zu einer enormen Erwärmung der Erdoberfläche führen würden. HAARP erzeugt diese Form der Wetterveränderung durch künstliches Induzieren von Hochdrucksystemen, die geschaffen werden können, um feuchtigkeitsgeladene Luft von einem Bereich zu einem anderen zu lenken.

Dane Wigginton von GeoEngineering Watch beschrieb, wie dies zu Dürreperioden im Westen der USA geführt hat:

»Wenn die Ionosphäre mit den massiven HF-Mikrowellenübertragungen von Anlagen wie HAARP bombardiert wird, können Hochdruck-Wärmekuppeln erzeugt und bedient werden. Im Falle der aktuellen rekordverdächtigen Hochdruck-Wärmekuppel über dem Westen der USA können die Wettermacher höhere Luftströme um die Hochdruckzone herum strömen lassen und die kühlere Luft vom Pazifik in die Mitte des Landes lenken, während sie den Westen vollständig umgehen.«[10]

HAARPs Fähigkeit, Hochdrucksysteme zu schaffen, kann genutzt werden, um Hurrikane in die von den HAARP-Kontrolleuren gewünschte Richtung zu lenken. Wigington behauptet, dass mehrere HAARP-Einrichtungen für die Erzeugung und Ausrichtung von Hurrikanen wie Harvey und Irma verwendet wurden.[11]

In den 1970er Jahren erfolgte ein weiterer Fortschritt bei der Wettermanipulation, als Air Force und NRO Militärsatelliten mit doppelter Zielsetzung einsetzten: zur Überwachung und mit Waffenfunktionen. Sie wurden später in Ronald Reagans Strategic Defense Initiative (Star Wars) als futuristisches weltraumgestütztes Verteidigungssystem gegen Angriffe von Interkontinentalraketen mit elektronischen Waffen wie »Maser« (Mikrowellenverstärkung durch stimulierte Strahlungsemission) aufgenommen. Es stellte sich heraus, dass in Satelliten eingebaute Maser mit großer Treffsicherheit eine starke Mikrowellenstrahlung hervorbringen können. Maser-Satelliten wurden angeblich bei der Schaffung vieler Kornkreise getestet, die ab Ende der 1970er Jahre erstmals auf dem Land in England auftraten und anschließend sehr zahlreich in den ausgehenden 1980er Jahren.

Nach Ansicht vieler Wissenschaftler, die das Kornkreisphänomen untersucht haben, gibt es umfangreiche Belege dafür, dass Mikrowellen verwendet wurden, um einige der komplexen Muster zu erzeugen. Beispielsweise identifizierte Professor Richard Taylor, der Leiter des Instituts für Materialforschung der University of Oregon, satellitengestützte Mikrowellentechnologien als wahrscheinlichste Erklärung für Kornkreise.[12] Professor Taylor und andere kamen zu dem Schluss, dass viele Kornkreise als Mittel zum Test und zur Präzisierung von weltraumgestützten Maser-Satelliten erzeugt wurden, mit denen Mikrowellen punktgenau überall auf die Erde gerichtet werden können. Folgendermaßen fasste ein anderer Kornkreisforscher, der Patente auf Maser-Technologien erwähnt, seine Analyse der Kornkreisnachweise zusammen:

»An vielen Standorten von Kornkreisen, insbesondere bei den aufwendigeren, scheint es, dass Mikrowellen genutzt wurden, um die Diagramme zu erschaffen. Es gibt Hinweise auf von innen nach außen verbrannte Stiele. An diesen Stellen wurden kleine Tiere entdeckt, die genau so aussehen, wie ein Tier aussehen würde, wenn Sie es in einen Mikrowellenherd schieben: von innen heraus verbrannt. Diese Tatsache scheint für mich zusammen mit meinem Wissen darüber, was derzeit in den Patentbüchern steht, darauf hinzudeuten, dass militärische Mikrowellenwaffen von umlaufenden Satelliten aus eingesetzt werden. Das böse Ergebnis von Ronald Reagans Star-Wars-Programm. Maser! … Kornkreise sind meiner Meinung nach Testschüsse von Kriegswaffen.«[13]

Hier stellen Kornkreisforscher die entscheidende Verbindung zu einem Schlüsselelement der Wettermodifikation her:

»Vielleicht testen sie gerade neu gestartete Satelliten, um festzustellen, ob sie richtig funktionieren. Vielleicht richten sie den Strahl oder die Strahlen aus. Eines ist sicher, Mikrowellen erzeugen eine scheußliche Hitze! Stellen Sie eine Schüssel Wasser in eine Mikrowelle. Drücken Sie die Starttaste. Drei Minuten später haben Sie eine kühle Schüssel in eine heiße Schüssel verwandelt, in der das Wasser sprudelnd kocht.«[14]

Die Arbeit von Kornkreisforschern bei der Identifizierung von Maser-Technologien, die dafür verantwortlich sind, dass durch ihre Fähigkeit, Wassermoleküle schnell zu erhitzen, viele Kornkreise entstehen, liefert das entscheidende Element für das Verständnis, wie Hurrikane überall auf der Welt erzeugt oder gesteuert werden können.

Maser-Satelliten können punktgenau eingesetzt werden, um Gewässer auf der ganzen Welt zu erwärmen, um einen sich entwickelnden tropischen Sturm in einen Hurrikan zu verwandeln und ihn dann in eine beliebige Richtung zu lenken. Satelliten, die Maser abstrahlen, sind geheime Militärtechnologie.

Es ist jedoch wahrscheinlich, dass die Raytheon Corporation an ihrer Nutzung beteiligt ist – durch ihr verknüpftes Joint Polar Satellite System und das erdgestützte Common Ground System, die ein Netzwerk von Satelliten verwenden, um Wettersysteme auf der ganzen Welt zu überwachen. Auf der Raytheon-Website heißt es:

> »Das Common Ground System des Joint Polar Satellite System (JPSS) unterstützt die neueste Generation von Satelliten in den USA, Europa und Japan, die zur Überwachung der globalen Umweltbedingungen und zur Erfassung und Verbreitung von Daten in Bezug auf Wetter, Atmosphäre und Ozeane entwickelt wurden.«[15]

Raytheon liefert die Daten, die für die Prognosemodelle benötigt werden, welche von der National Oceanic and Atmospheric Administration (NOAA) verwendet werden. Schon seit Langem wird Raytheon als einer der Hauptakteure bei der Modifizierung von Wettersituationen angesehen, da es wichtige HAARP-Patente besitzt.[16]

Die Identifizierung der verschiedenen Arten von Techniken zur Wetterveränderung in ihrer historischen Entwicklung und Verwendung hilft bei der Klärung einiger Schlüsselfragen im Zusammenhang mit dem Hurrikan Irma. Erstens, warum sollte die Strategic Defense Initiative, die für Maser-Satelliten zuständig ist, einen großen Hurrikan wie Irma direkt in einen bestimmten Bereich von Florida lenken, um eine kritische militärische Installation wie die MacDill Air Force Base, in der zwei große US-Kommandos stationiert sind, direkt zu treffen: Zentralkommando und Sonderkommando?

Zweitens, warum sollten die Manager eines verdeckten Luft- und Raumfahrtprogramms bei MacDill, das Antigravitations-Fluggeräte einsetzt, zulassen, dass diese bei hellem Tageslicht für die breite Öffentlichkeit vorgeführt und von einem Zeugen fotografiert werden, der sogar aufgefordert wurde, die Fotos zu machen?

Um Antworten zu erhalten, wenden wir uns an Corey Goode, den man über die Satellitenwaffen informierte, die zur Steuerung des Hurrikans Irma eingesetzt wurden.

Fragen und Antworten von Corey Goode zum Hurrikan Irma, zu Maser-Waffen & Fliegenden Dreiecken

Am 9. und 10. September 2017 stellte ich Corey Goode eine Reihe von Fragen zu Hurrikan Irma und zu den Sichtungen von Fliegenden Dreiecken, die von JP in der Nähe der MacDill Air Force Base fotografiert wurden.[17] Der folgende Text ist ein Teil dieses Austauschs, das Kürzel MS steht für Michael Salla und CG für Corey Goode:

»MS: Ich weiß, dass Raytheon und Lockheed Teil der von NOAA verwendeten Wettervorhersage sind. Ich nehme an, sie gehören zur Kabale und sind informiert worden über die Stärke und Richtung der Wirbelstürme. Haben sie mit den Maser-Satelliten zu tun, die verwendet wurden, oder handelt es sich eher um das Werk des ICC, des Interplanetarischen Konzern-Konglomerats?

CG: Das ist eher die Handschrift des MIC [Militärisch-Industrieller Komplex] mit seinen starken Beziehungen zu Konzernen, die sowohl von Raytheon als auch von Lockheed und einigen anderen aufgebaut und in den 1990er Jahren vom Space Shuttle und mit Booster-Raketen in die Umlaufbahn gebracht wurden. Es gibt viele als geheim eingestufte Satelliten, die nicht einmal mit falschen Namen in den Büchern aufgeführt sind. Derzeit umkreisen zahlreiche Waffenplattformen den Planeten, die Teil des MIC-Programms sind. Einige der Satelliten, die Mikrowellenlaser verwenden, wurden im Rahmen der strategischen Verteidigungsinitiative gebaut und größtenteils in den 1990ern in die Umlaufbahn gebracht. Geheime Dokumente zeigten, dass die Satelliten sowohl dazu bestimmt waren, Raketen auf der Erde abzuschießen, als auch die Erde vor dem Unbekannten zu verteidigen.

MS: Es erscheint sinnvoll, dass sie die Existenz solcher Satelliten geheimhalten. Glaubst du, dass das Joint Polar Satellite System von Raytheon in irgendeiner Weise dafür verwendet werden könnte?

CG: Ja, alles dreht sich um die ›Umwelt‹ oder das Wetter, wobei ich mich auf Briefings über andere verfügbare Plattformen für exotische

Waffen im Orbit stütze, die ich vor Jahren erhielt. Außerdem gibt es Satelliten, die mit ihren Systemen noch in mehreren hundert Kilometern Tiefe im Erdinneren Schaden anrichten können.

MS: Kein Wunder, dass die Gruppen der Inneren Erde sich Sorgen um uns Oberflächenbewohner machten.

CG: Genau, wir haben Satelliten, die nicht nur Beben und Vulkanausbrüche verursachen können, sondern auch tiefe, die Erde durchdringende Wellen, die in der Lage sind, bei den dort in der Tiefe erbauten Anlagen Implosionen oder Explosionen zu verursachen. Höchstwahrscheinlich wird man [das neue kinetische Waffensystem aus dem Orbit] ›Rods from God‹ zusammen mit den Fliegenden Dreiecken in einem Erstschlag gegen Nordkorea einsetzen, wodurch dann ein Teil des Programms für die Öffentlichkeit sichtbar gemacht wird.

Diese Sichtungen auf den Air-Force-Basen sind genau das, worüber ich vor ungefähr sechs Monaten berichtet habe, als ich sagte, dass die Leute immer häufiger Dreiecksflugzeuge am Himmel zu Gesicht bekommen werden, was letzten Endes zur Enthüllung eines TR3B-ähnlichen Fluggeräts führen wird. Höchstwahrscheinlich werden diese exotischen Waffenplattformen im Zuge eines Erstschlags gegen Nordkorea erstmals eingesetzt. Danach werden sie das MIC-GWP [das Geheime Weltraumprogramm des Militärisch-Industriellen Komplexes] schrittweise aufdecken, das auf dieser Tech-Show basiert.

Ähnlich wie die Stealth-Flugzeuge eingeführt wurden … Sie sagten, das MIC-GWP würde zufällig immer öfter das Fliegende Dreieck zeigen, und wir würden weiße Kugeln sichten, bei denen es sich um die Korona dieses Schiffes handeln (bei Nacht und Tag). Ich bin froh, dass ich Gelegenheit habe, darüber zu berichten.

MS: Könnte es eine Verbindung zwischen den HAARP-Anlagen und den MASER-Satellitensystemen geben, die zusammen an der Erzeugung und Steuerung von Hurrikanen arbeiten, oder ist HAARP das ältere, veraltete Wetterbeeinflussungssystem?

CG: Mir wurde gesagt, dass sie die HAARP-Einrichtungen nicht benötigen … Sie werden für unterschiedliche Zwecke verwendet (HAARP-Antennenfelder). Sie können jetzt alle Wetteränderungen aus der Umlaufbahn durchführen.

MS: Die erhöhte Mikrowellenaktivität in der Antarktis hängt also möglicherweise gar nicht mit Irma zusammen, soweit es HAARP betrifft? Befindet sich in der Antarktis im Grunde genommen nur das Steuerungs- und Befehlssystem des ICC/der Kabale, das diese MASER-Satellitensysteme anweist, das Wetter zu manipulieren?

CG: Der Befehl und die Steuerung können von überall aus erfolgen. Das ist für einen Satelliten ein Klacks. Dahinter steckt meistens das MIC-GWP (AF/DIA).

MS: Also steuert eine Fraktion des MIC (AF/DIA), die immer noch mit der Kabale verbunden ist, Irma, um Florida zu treffen, wodurch eine andere Gruppe, das Special Operations Command in MacDill, entfernt wird, die zu einer Bedrohung geworden ist? MacDill wurde jetzt evakuiert.

CG: Ich glaube schon. Große Ablenkung für das Militär und vielleicht ein bisschen Bestrafung für Bundesstaaten, die Trump unterstützt haben.

MS: Klingt überzeugend. Die Sichtungen von Fliegenden Dreiecken werden daher wahrscheinlich zunehmen, wenn die Special-Operations-Leute mit Instrumenten der Informationskriegsführung gegen die Kabale zurückschlagen.

CG: Einige dieser Air-Force-Anlagen werden von der Kabale [dem Deep State] kontrolliert.

MS: Die jüngste Hurrikan-Prognose zeigt, wie das Auge von Irma am frühen Morgen des 11. September direkt über die MacDill Air Force Base in Tampa wandert. Ist das ein Zufall oder eine verschleierte Kriegserklärung derjenigen, die den Hurrikan Irma steuern, dessen Name von der altgermanischen Kriegsgottheit Irmin abstammt?

CG: Schwer zu sagen bei dieser Gruppe. Sie könnten den Sturm lenken und zeigen, dass das Fliegende Dreieck ein Teil der Offenlegung des MIC-GWP ist. Wie ich höre, steckt das von der Kabale kontrollierte MIC-GWP dahinter, aus mehreren Gründen.

MS: Zwei Hauptgründe, die du bisher erwähnt hast, sind: 1. Der Hurrikan soll das US-Militär beschäftigen, um einen Militärputsch zur Niederschlagung der Kabale zu verzögern/zu verhindern. 2. Es ist ein Weg, das USAF/DIA-GWP durch die fotografierten Fliegenden Dreiecke zu enthüllen. Welche Gründe könnte es noch dafür geben, dass das MIC-GWP dies tut?

CG: 3. Die Allianz für ihren Sieg zu bestrafen und diejenigen, die sie bei der Wahl von Trump unterstützt haben. Für jeden von ihnen gibt es mindestens ein paar Dutzend ›Unteragenden‹.«[18]

Goodes Antworten machen deutlich, welche herausragende Rolle weltraumgestützte Maser bei der Verstärkung und Steuerung des Hurrikans Irma und anderer Ereignisse gespielt haben, nachdem meteorologische Prozesse sie auf natürliche Weise geformt haben. Seine Aussage, dass HAARP-Technologien eine veraltete Technologie zur Wetteränderung sind, wirft zwei wichtige miteinander verbundene Fragen auf. Erstens: Haben diejenigen, von denen die Maser-Satelliten gesteuert werden, gegensätzliche Pläne zu denen, die HAARP-Einrichtungen auf der ganzen Welt betreiben? Und zweitens: War Irma ein Wetterangriff auf die USA, unter falscher Flagge durchgeführt?

Was die erste Frage angeht, ob der Hurrikan Irma ein Beispiel für einen Wetterkriegsangriff gegen die USA mit weltraumgestützten Masern war, so haben möglicherweise eine oder mehrere Fraktionen des US-Militärs einige der HAARP-Einrichtungen genutzt, um diesen Angriff abzuschwächen. Mit Sicherheit hätte das amerikanische Spezialeinsatz-Kommando bei MacDill alles in seiner Macht Stehende getan, um den Hurrikan Irma zu bekämpfen, von dem vorhergesagt wurde, dass er das Hauptquartier des Kommandos bedrohte. In der Tat gab es, nachdem die obligatorische Evakuierung von MacDill am 8. September erzwungen worden war, die starke Erwartung eines verheerenden Wütens des Hurrikans in Tampa Bay am 10. und 11. September 2017.[19] Irma wurde jedoch auf Kategorie 1 herabgestuft, als der Hurrikan schließlich Anfang September Tampa traf. In MacDill gab es nur geringfügige Schäden, und die Air Force Base wurde anschließend schnell wieder geöffnet.[20]

Die von JP in der Nähe von MacDill vom 31. August bis 7. September 2017 fotografierten Antigravitations-Flugdreiecke könnten Teil der Bemühungen zur Abschwächung von Irma gewesen sein. Zusätzlich könnten alle HAARP-Einrichtungen, die mit dem Special Operations Command zusammenarbeiten, für diese Bemühungen verwendet worden sein. Das wirft die Frage auf, ob der Hurrikan Irma nicht wirklich ein Angriff unter falscher Flagge war. Goode wies darauf hin, dass die Maser-Satelliten unter der Kontrolle des sogenannten »Military-Industrial Complex Secret Space Program« (MIC-GWP) stehen, an dem das USAF Space Command, die Defense Intelligence Agency und das National Reconnaissance Office beteiligt sind.

Darüber hinaus gibt es möglicherweise auch geheime HAARP-Einrichtungen in der Antarktis, die in einem Wetterkrieg gegen die Vereinigten Staaten eingesetzt werden. In einem Artikel vom 11. September 2017 zitierte der frühere *Forbes*-Journalist Benjamin Fulford ungenannte Quellen der Navy, denen zufolge aus der Antarktis kommende elektromagnetische Wellen festgestellt wurden.[21]

Dies fiel mit den Meldungen über große unterirdische Höhlensysteme zusammen, die in der Antarktis entdeckt wurden. Sie sind auf 25 °C erwärmt und könnten reichlich Leben enthalten.[22] Sowohl William Tompkins als auch Corey Goode gaben an, es gebe geheime Forschungs- und Entwicklungseinrichtungen unter der kilometerdicken antarktischen Eisdecke, die von verschiedenen US-amerikanischen Unternehmen kontrolliert werden und in der Vergangenheit mit den Deutschen und ihrem antarktisgestützten Geheimen Weltraumprogramm zusammengearbeitet haben, das den Zweiten Weltkrieg weitgehend unversehrt überstand.[23]

Unternehmen wie Raytheon und Lockheed haben wiederum die logistischen Operationen des US-amerikanischen Antarktisprogramms geleitet, stellen derzeit die Wettermodellierung für die NOAA bereit und haben angeblich eng mit dem GWP in der deutschen Antarktis zusammengearbeitet.[24] Auch das MIC-GWP, das die US-Militärsatelliten kontrolliert, selbst solche mit Maserwaffen, die ein Netzwerk der Weltraumverteidigung bilden, hat in der Vergangenheit mit Deutschen aus der Antarktis kollaboriert. Dies deutet darauf hin, dass Programme in der Antarktis eine wichtige Rolle bei den Wetterkriegsangriffen gegen die USA spielen, gemeinsam mit einigen Fraktionen des amerikanischen Militärisch-Industriellen Komplexes zur Manipulation von Hurrikanen wie Irma.

Ein zigarrenförmiges UFO nahe der MacDill-Basis bestätigt die Allianz der USAF mit den Nordischen

Nur drei Tage nach der Wiedereröffnung der wegen des Hurrikans evakuierten MacDill Air Force Base fotografierte JP in ihrer Nähe erneut UFOs. Diesmal waren die Schiffe »zigarrenförmig« und nach Schätzungen von JP mindestens einhundert Meter lang. Am 14. September 2017 gegen 15 Uhr machte JP eine Serie von elf Fotos und auch Videoaufnahmen des zigarrenförmigen UFOs, das ungefähr drei Kilometer von MacDill entfernt am Himmel erschien. Außerdem bewegten sich mehrere wie Orbs aussehende Objekte um das zigarrenförmige Schiff, das laut JPs Augenzeugenbericht aus den Wolken auftauchte. Ferner behauptet er, dass während der sechs Minuten, in denen er den Vorfall filmte und fotografierte, alle Geräusche der Stadt um ihn herum aufhörten und es sehr ruhig und friedlich wurde. Der Lärm der Stadt kehrte schnell zurück, nachdem das zigarrenförmige UFO wieder in den Wolken verschwunden war.

Eine Zusammenstellung von drei Bildern, auf denen das zigarrenförmige UFO am deutlichsten zu sehen ist, wird mit zusätzlichen Nahaufnahmen gezeigt (siehe Abbildung 63). Das erste Bild zeigt ungefähr fünf kleine kugelförmige Objekte, bei denen es sich wahrscheinlich um Späher handelt, die in das zigarrenförmige Fahrzeug ein- und ausfahren können. JP betonte, dass er sich während des Sichtens »sehr ruhig und friedlich« fühlte, da alles um ihn herum ruhig wurde. Dies ließ in ihm den Verdacht aufkommen, das Fahrzeug sei außerirdischen Ursprungs, da die Ruhe der Umgebung sehr ungewöhnlich war und er etwas Vergleichbares beim Fotografieren der Fliegenden Dreiecke zwischen dem 31. August und dem 7. September 2017 nicht erlebt hatte.

Zu Beginn dieses Kapitels erwähne ich, dass JP sich 2008 zum ersten Mal mit mir in Verbindung setzte, um über die außerirdische Kontakterfahrung in Brasilien zu sprechen. Später wurde klar, dass eine menschlich aussehende Gruppe von Nordischen mit ihm in Verbindung stand. JP erzählte mir, dass er während seiner früheren Kontakt-

Abb. 63. Drei Fotos eines zigarrenförmiges Raumschiffs (mit Vergrößerungen). Aufgenommen von JP am 14. September 2017.

erfahrungen ungewöhnliche Gefühle von »Frieden und Ruhe« hatte und jetzt seine Begegnung mit dem zigarrenförmigen Schiff einen ähnlichen emotionalen Einfluss auf ihn ausübte. Aus diesem Grund glaubt er, dass dieses besondere Fahrzeug nicht Teil des GWP der USAF ist, sondern außerirdischer Herkunft.

Nachdem JP die elf Fotos und Videos aufgenommen hatte, kam es jedoch zu einer Drohung gegen ihn. Sofort als das Zigarren-UFO wegflog, kehrten, sagte er, die Umgebungsgeräusche zurück, und er erhielt einen Anruf. Die Person in der Leitung wirkte schroff, hatte einen drohenden Tonfall. Eine Männerstimme sagte zu JP: »Keine Videos! Lösche sie!«, dann legte der Anrufer auf. Unmittelbar nach Erhalt des

Anrufs, fing es laut JP zu regnen an und zwei Blitze trafen nacheinander den Boden, keine zehn Meter von ihm entfernt. Er fühlte sich eingeschüchtert und beschloss, das Video zu löschen, aber die elf Fotos, die er mir schnell zukommen ließ, aufzubewahren.

Wer also hat JP angerufen? Einen Hinweis liefert ein anderer Vorfall, von dem JP mir berichtete. Er ereignete sich am Tag zuvor, dem 13. September 2017. JP sollte im Rahmen seiner Berufstätigkeit ein Privathaus aufsuchen, wo er und der Bewohner miteinander zu reden begannen. Während dieses Gesprächs erhielt JP eine verschleierte Warnung, wie er erklärt:

> »Ich war bei einem Kunden, und wir unterhielten uns. Wir sprachen über Wettermanipulationen. Ich hatte noch nie mit diesem Kunden gesprochen. Er hat mir etwas sehr, sehr Interessantes erzählt. Das Haus vor seinem ist das Haus des CIA-Kommandanten der MacDill Air Force Base … Ich bekam kalte Füße, kalte Hände. Der Kunde sagte: ›Wir beobachten dich.‹ Dann ging er hinein.«

Diese Begegnung legt nahe, dass CIA-Mitarbeiter JP genau beobachen, wahrscheinlich, weil er ausgewählt wurde, um, überwacht vom Special Operations Command, die in MacDill stationierten Antigravitations-Schiffe zu fotografieren.

Äußerst bedeutsam ist, dass JP behauptet, er sei bereits mehrfach entführt und dann an Bord der »Fliegenden Dreiecke« zu unbekannten Orten gebracht worden, wo ihm menschlich aussehende Außerirdische begegneten. Dass eine Gruppe von Außerirdischen auch dahingehend mit JP kooperiert, ihm zu ermöglichen, ihre Flugmaschinen in der Nähe von MacDill zu fotografieren, deutet darauf hin, dass Nordische aktiv mit dem Special Operations Command zusammenarbeiten, um die Existenz von Antigravitations-Schiffen und die Anwesenheit menschlich aussehender außerirdischer Verbündeter zu enthüllen.

Ein solches Szenario wird durch das geleakte Dokument des Militärgeheimdienstes aus dem Jahr 1989 untermauert, das in Kapitel 18 besprochen wurde, und zeigt, wie freundlich und verlässlich die menschlichen Nordischen sind, ganz im Gegensatz zu einigen anderen, berechnend und betrügerisch agierenden außerirdischen Gruppen, mit denen das Militär zu tun hat.[25]

Beim geleakten DIA-Dokument war es das erste Mal, dass sich ein Majestic-Dokument jemals auf eine Gruppe von »menschlich aussehenden« Außerirdischen bezog. Das DIA-Dokument und die Erlebnisse von JP verstärken die Schlussfolgerung, dass die USAF jetzt aktiv mit einer Gruppe Nordischer zusammenarbeitet.

Diese Allianz aus Nordischen, der USAF und DIA wird von anderen Fraktionen innerhalb des Militärisch-Industriellen Komplexes der USA entschieden abgelehnt. Das erklärt, warum der Hurrikan Irma nach Tampa gelenkt wurde und direkt auf die MacDill Basis zielte, den Stützpunkt des Special Operations Commands. Goode hat bestätigt, dass es innerhalb des Militärisch-Industriellen Komplexes, der die Infrastruktur und die Unternehmensressourcen für die GWP der USAF bereitstellt, einen solchen Fraktionskrieg gibt. Eine Allianz aus Nordischen, der USAF und DIA würde auch erklären, warum JP, der ausgewählt wurde, Fotos von verschiedenen Schiffen in der Nähe von MacDill zum Zweck der Veröffentlichung aufzunehmen und weiterzugeben, selbst Einschüchterungen durch eine andere der CIA verbundene Gruppe ausgesetzt war, die solche Enthüllungen hinauszögern oder ganz verhindern will.

Verdeckte Enthüllung von Antigravitations-Fluggeräten in der Nähe der MacDill Air Force Base

Am 19. Oktober 2017 erhielt ich von JP eine weitere Fotoserie. Dieses Mal zeigten neun Aufnahmen zwei UFOs in der Nähe der Air-Force-Basis MacDill. Ein UFO sah aus wie eine rechteckige Plattform, während das andere das inzwischen bekannte dreieckige TR-3B-Design aufwies. Beide schienen die Antigravitations-Technologie zu verwenden und interagierten miteinander. Vor der Sichtung am 19. Oktober teilte JP mit, er habe einen Anruf erhalten, in dem er genau informiert wurde, wann und wo die UFOs erscheinen würden. Folgendes schrieb er in einer Skype-Nachricht:

»Um elf Uhr morgens bekam ich einen Anruf, dass ich zum Himmel schauen soll … Ungefähr um 11.02 Uhr sehe ich dieses schwarze Schiff mit rechteckiger Plattform … Es taucht aus den Wolken auf, und vielleicht sechs Sekunden, nachdem ich es gesehen habe … taucht die TR-3B auf. Sie können die typischen Merkmale sehen, der Kreis in der Mitte leuchtet noch ein wenig … Blitzschnell war sie da und interagierte mit dem schwarzen Rechteck-Plattformschiff, ähnlich wie damals die Interaktion mit dem Hubschrauber … Das war ziemlich schnell, zwei Minuten nach dem Anruf, und die Sichtung dauerte eine Minute und zwanzig Sekunden.«[26]

In einer späteren Skype-Nachricht fügte er noch hinzu:

»Der Anruf war wirklich kurz, etwa zehn Sekunden, der Typ sagte: ›Ich rufe an, um Sie darüber zu informieren, dass Sie in den Himmel schauen sollen, Richtung Nordosten, Uhrzeiger halb elf. Einen schönen Tag noch.‹ Klick …«

Als Nächstes schreibt JP, dass er noch nie zuvor ein rechteckiges UFO sah. Das Rechteck kam aus Richtung des Golfs von Mexiko:

»Eine solche Plattform habe ich bei meinem
UFO-Beobachtungen noch nie gesehen.
Ein Rechteck.
Es war sehr interessant,
ich hörte dieses Mal etwas Seltsames,
einen hohen Ton.Danach klingelten mir die Ohren.
Diesmal zwölf Kilometer von MacDill entfernt.
MacDill lag hinter mir.
Das Plattformschiff kam offenbar vom
Golf von Mexiko.
Und ich denke, die TR-3B kam von MacDill.
Sie haben sich getroffen.«[27]

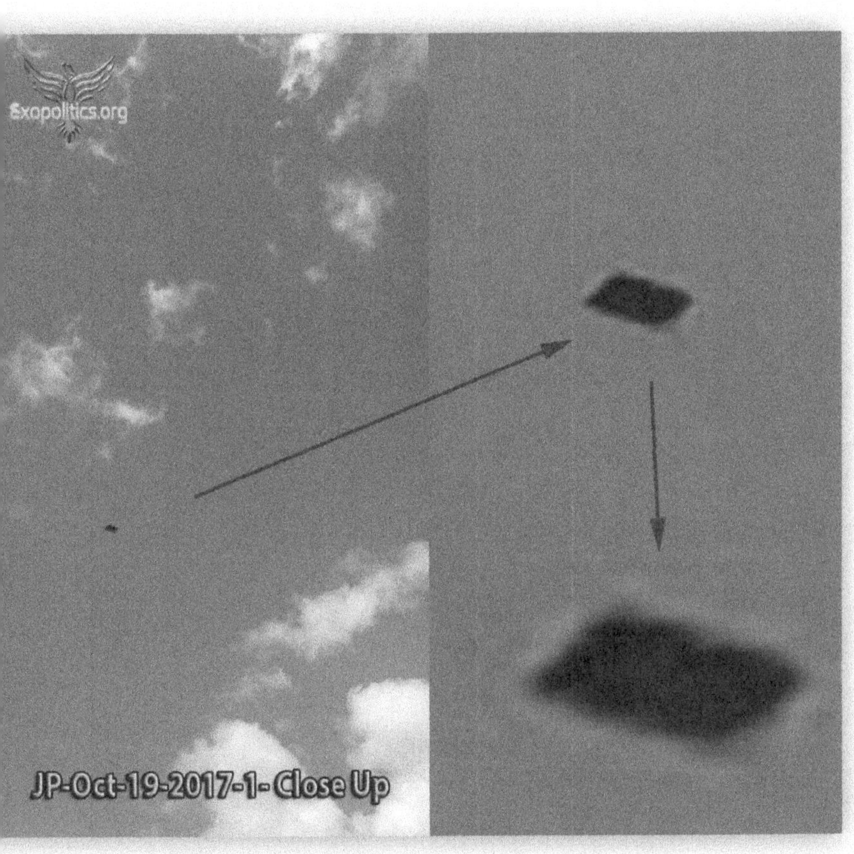

Abb. 64. Foto eines rechteckigen UFOs (mit Vergrößerung). Aufgenommen von JP am 19. Oktober 2017.

So beschreibt JP die Abfolge der Fotos und die Interaktion zwischen den beiden Fahrzeugen in einer weiteren Nachricht:

»Ich sah das Plattformschiff, und aus dem Nichts tauchte die
TR-3B blitzschnell auf … Dann fing sie an,
mit dem Plattformschiff zu interagieren.
Ich kenne die genaue Größe nicht,
aber alles, was ich dir sagen kann, ist,
dass es in der gleichen Höhe war,
in der die Wolken schwebten.

Ich weiß, dass es drei Wolkenebenen gibt,
ich denke, das ist die untere Wolkenschicht ... 2.000 Meter.
Das sind reguläre Cumuluswolken.
Die sind mindestens 2.000 Meter über Meereshöhe.«

Eine Nahaufnahme des ersten Fotos der Sequenz zeigt das rechteckige Plattform-UFO, das JP direkt nach dem Anruf fotografiert hat, bei dem er aufgefordert wurde, jetzt gleich in den Himmel zu schauen (siehe Abbildung 64).

Eine Nahaufnahme des dritten Fotos der Serie zeigt die rechteckige Plattform und das der TR-3B ähnelnde Flugobjekt. Beide scheinen miteinander zu kommunizieren, während JP zusieht und hohe Töne vernimmt (siehe Abbildung 65).

Nach JPs Angaben über die Art und Weise, wie die Fotos aufgenommen wurden, sowie der geschätzten Höhe, Größe, Geräusche und Manöver der UFOs kann es sich wohl kaum um Ballons, Drohnen oder Flugzeuge gehandelt haben, die herkömmliche Antriebssysteme verwenden, wie Skeptiker automatisch annehmen könnten. Die Tatsache, dass JP einen Anruf erhalten hat, um ihn zu benachrichtigen, ist sehr bedeutsam. Dies deutet zweifelsfrei darauf hin, dass er auf das UFO bewusst aufmerksam gemacht wurde, um geheime Technologien zu fotografieren. Der Anruf, den er am 19. Oktober 2017 erhielt, und die Fotos selbst sind ein weiterer Beweis dafür, dass JP benutzt wird, um eine verdeckte Enthüllung von Antigravitations-Schiffen in der Nähe der MacDill Air Force Base zu ermöglichen.

Vier Tage später sollte JP wieder Zeuge der Fliegenden Rechtecke werden, und diesmal, so behauptet er, sei die Begegnung um einiges persönlicher gewesen.

Am Morgen des 23. Oktober 2017, so gibt er an, sei er erneut angewiesen worden, in den Himmel zu schauen, diesmal von zwei Männern in einem Lieferwagen, der neben ihm hielt. Sofort sah er ein rechteckiges UFO und machte mit seiner Handykamera fünf Fotos. Dann bemerkte er bei sich das für UFO-Entführte typische Phänomen fehlender Zeit. Als er versuchte, sich daran zu erinnern, was passiert war, wurde ihm klar, dass er sich in dem kurz zuvor von ihm fotogra-

Abb. 65. Fliegendes Rechteck und Fliegendes Dreieck (mit Vergrößerung). Aufgenommen von JP am 19. Oktober 2017.

fierten Rechteck befunden hatte. Hier ist die Skype-Nachricht, die JP mir um 10.49 Uhr schickte:

»9.30 Uhr. Dreißig Minuten verlorene Zeit … Es war 10.08 Uhr, als ich wieder an derselben Stelle ankam, an der ich heute die Fotos gemacht habe. Ein weißer Minivan, darin zwei Typen mit schwarzen Baseballmützen und schwarzen Sonnenbrillen. Sie hielten neben mir und sagten, ich solle nach oben schauen. Sie fuhren sehr schnell weg, man konnte die Reifen quietschen hören … Ein Plattformschiff ganz in der Nähe, es stieg schnell in die Höhe, als es erkannte, dass ich es bemerkt hatte …

Ich sah blitzartige Bilder von mir in diesem Schiff. Von Bord schaute ich auf die Stelle herunter, wo ich eben noch gestanden hatte ... Ich erinnere mich bruchstückhaft, wie kalt, wie außerordentlich kalt es in dem UFO war ... Die Typen sagten mir, ich sollte nach oben schauen, und ich sah das Schiff ganz in der Nähe, dann sah ich die Typen sehr schnell wegfahren, und ich bemerkte, wie das Schiff rasant aufstieg ... Als sie mir sagten, dass ich nach oben schauen soll, war es 9.30 Uhr. Ich vermute, als ich das Schiff fotografierte, war es schon 10:05 oder 10:08 Uhr.

Ich konnte immer noch das Innere des Schiffs riechen. Es roch ähnlich, wie wenn man viele Münzen in der Hand hat. Kupfergeruch ... Kupfer, Kupfer, Kupfer. Schönes Schiff, das erstaunlich elegant manövrierte. Sich wiegend flog es zurück in die Wolken ...«[28]

JP schätzte, dass das Fliegende Rechteck etwa vier Schulbusse (35 bis 45 Meter) lang und eineinhalb Schulbusse (14 bis 18 Meter) breit war. Er sagte, dass der deutliche Kupfergeruch wahrscheinlich mit dem Antigravitations-Antrieb oder einem anderen Aspekt des Antriebssystems zusammenhängt. JP erinnert sich ausdrücklich, dass er sich im Inneren des Fliegenden Rechtecks befand und durch einen Korridor mit Fenstern ging. Vor den Fenstern war es komplett schwarz, und er hatte den Eindruck, dass das Rechteck im Weltraum flog. Er hat eine grobe Skizze des Korridors mit einer Reihe von Fenstern an einer Seite angefertigt.

JP erinnert sich, dass ihm etwas injiziert wurde, vermutlich eine Substanz zur Gedankenkontrolle, damit er kooperiert. Er hat mir ein Foto einer von der Injektion entzündeten, geröteten Stelle an seinem Oberarm geschickt. Er berichtete auch, dass ihm danach etwas schwindelig war. Dieser Effekt ließ aber, wie er sagte, schnell nach, ebenso verschwand auch die rötliche Verfärbung an seinem Arm bald wieder.

JP zufolge sah es im Inneren des Rechteck-UFOs wie in einem Militärflugzeug aus und roch auch so. Am wichtigsten war, dass er sich an ein von seinen Entführern getragenes militärisches Abzeichen erinnerte, das einen roten Punkt und zwei Flügel aufwies. Er skizzierte zuerst das Abzeichen, das er gesehen hatte, und gab mir eine

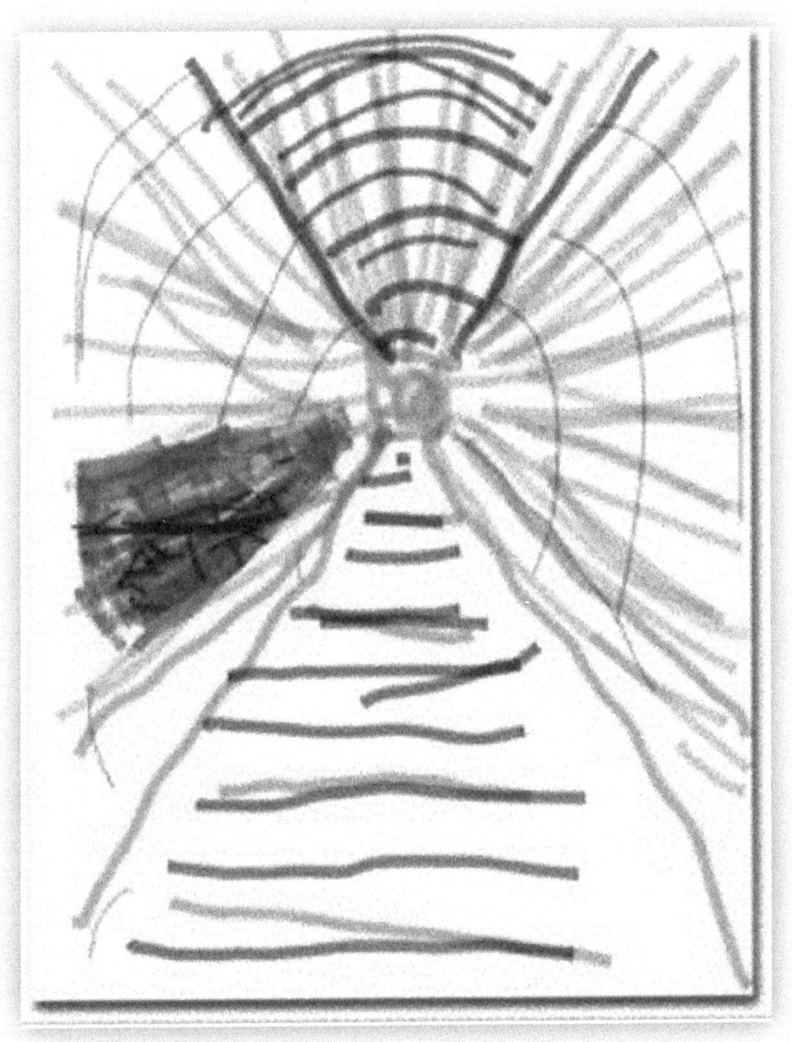

Abb. 66. JPs Skizze des Korridors im rechteckigen Plattform-UFO

Kopie. Stunden später fand er genau dieses Abzeichen online. Er identifizierte es. Es gehört zur Air Force Special Ops. Das Abzeichen der Air Force deutet darauf hin, dass die Insassen des Flugzeugs Teil eines Geschwaders waren, das von MacDill aus operiert, dem Hauptquartier des Special Operations Command, das die Befehlsstruktur für die Air Force Special Ops bereitstellt.

Es ist selten, dass UFO-Kontaktler oder Entführte Fotos von dem Flugobjekt machen, mit dem sie entführt wurden. Oft sind diese Menschen durch verabreichte Beruhigungsmittel oder durch Gedankenkontrolle handlungsunfähig. Im Falle von JP wurde er jedoch von zwei Agenten angewiesen, in den Himmel zu schauen, während er noch unter dem Einfluss der ihm injizierten Substanz stand. Dies deutet darauf hin, dass die Agenten Teil eines offiziell genehmigten verdeckten Programms von USAF Special Ops waren, das JP dabei half, das rechteckige Fahrzeug zu fotografieren und sich an seine Entführungserfahrung zu erinnern. JP ist der festen Überzeugung, dass die Agenten von der MacDill AFB kamen, die seiner Wohngegend sehr nahe lag zu der Zeit, als er die Fotos machte.

Laut GWP-Insider Corey Goode handelt es sich bei den rechteckigen Plattformen um Waffenplattformen, deren Entstehung er in einer persönlichen Korrespondenz erläuterte:

> »Ich denke, ähnliche Plattformen oder UFOs wurden in den 1980er und 1990er Jahren gemeldet, als zum ersten Mal solche Plattformen erbaut wurden, die modular als Waffenträger oder als Personentransporter konfiguriert werden. Sie wurden vor langer Zeit auf diesem Rahmen aufgebaut und sind seitdem verbessert worden, aber dies sind ziemlich alte Technologien, sowohl die TR-3B als auch die quadratische Plattform … Es ist verrückt, dass all diese Dinge kaum sechs Monate nach meiner Ankündigung in *Cosmic Disclosure* passieren.«

Aufgrund der Umstände, unter denen JP entführt wurde, und der Tatsache, dass er von Geheimagenten aufgefordert wurde, zum richtigen Zeitpunkt in den Himmel zu blicken, kann der Schluss gezogen werden, dass die von JP fotografierten rechteckigen Plattformen Teil eines von der USAF durchgeführten Geheimen Weltraumprogramms sind, das von MacDill aus betrieben wird.

JPs militärische Entführungserfahrung an Bord des von ihm fotografierten Flugzeugs deutet eindeutig darauf hin, dass Geschwader dieser »Fliegenden Rechtecke« insgeheim von Air Force Special Ops im Weltraum eingesetzt werden. Die Enthüllung dieser voll funktionsfähi-

Abb. 67. Abzeichen der Air Force Special Operations

gen weltraumgestützten Waffenplattformen scheint von hochrangigen Offizieren der Special Ops der Air Force durch das Special Operations Command genehmigt worden zu sein.

Kontakt mit einem Nordischen, der mit dem Geheimen Weltraumprogramm der USAF zusammenarbeitet

Ende 2017 zogen JP und seine Familie nach Orlando, Florida, wo seine Sichtungen und außerirdischen Kontakterfahrungen sich schließlich fortsetzten. Nach einer mehrmonatigen Pause fotografierte er wieder Fliegende Dreiecke. Solche Vorfälle ereigneten sich am 16. und am 23.

März 2018. Dabei waren Schiffe vom Typ TR-3B erneut deutlich zu sehen.[29] Für das Verständnis des Ausmaßes des GWP der USAF ist jedoch das, was sich am 24. Mai 2018 ereignete, von besonderer Bedeutung. Es zeigt, in welchem Umfang das Air-Force-GWP begonnen hatte, mit nordischen Außerirdischen zusammenzuarbeiten.

JP behauptet, er habe am 24. Mai einen menschlich aussehenden Nordischen in einer USAF-Uniform getroffen, der ihn aufforderte, in einem Raumschiff, einer Flugscheibe, die in einem abgelegenen Waldgebiet von Orlando, Florida, gelandet war, eine Fahrt zu unternehmen. JP lehnte das Angebot ab, machte jedoch mit seinem Handy Fotos von dem Raumschiff, als es wegflog (siehe Abbildung 68). Sein Gespräch mit dem Nordischen zeigte, dass diese Gruppe direkt mit der USAF zusammenarbeitet und sich an eine Vereinbarung bezüglich der Interaktion mit der Öffentlichkeit hielt.

Was nun folgt, ist die Skype-Konversation, die ich mit JP hatte und die um 10.32 begann. Ich habe kleinere Grammatikfehler beseitigt und fehlende Wörter in eckigen Klammern hinzugefügt.

»JP: 9 Uhr morgens. Netter Kontakt heute.

MS: Was ist passiert?

JP: Ich bin in den Wald gegangen. Ich hörte ein Klingeln in meinem Ohr. Ich denke, es war wie ein Ruf. So wie ich es vom letzten Kontakt bekam. Ich traf mich mit diesem Mann. Er trug eine Uniform der United States Air Force. Dunkelblau. Sein Gesicht war anders. Möglicherweise ein Nordischer.

Hellblaue Augen, blondes Haar und Overall der United States Air Force. Er war wirklich nett. Er sagte, dass viele dieser Schiffe überall zu sehen sein werden. Er lud mich ein, in das Schiff einzusteigen. Ich sagte nein. Ja, [er fragte mich] noch einmal, ob ich mir sicher war …

Ich sagte ihm, dass wir Videobeweise benötigen werden. Er sagte mir, [dass] das [wegen] eines Deals, den sie mit den Vereinigten Staaten und anderen Ländern haben, nicht geht.«

Dies steht im Einklang mit den Informationen im DIA-Dokument von 1989 sowie mit den Aussagen von William Tompkins, Corey Goode und Emery Smith in den früheren Kapiteln über menschlich aussehende Außerirdische, die sich in die menschliche Gesellschaft einfügen und in geheimen Einrichtungen der USAF sowie bei Unternehmen arbeiten. Darüber hinaus gaben frühe Kontaktpersonen wie George Adamski, Howard Menger und andere an, dass sie von menschlich aussehenden Außerirdischen erfuhren, die sich unauffällig in die menschliche Gesellschaft integrieren wollten, und dass sie diesen Außerirdischen sogar dabei geholfen haben, damit sie kein öffentliches Aufsehen erregten und, wenn nötig, staatliche Behörden nicht auf sie aufmerksam wurden.[30]

Es ist erwähnenswert, dass der damalige russische Ministerpräsident Dmitri Medwedew im Dezember 2012 bekanntgab, dass er eine streng geheime Akte darüber erhalten habe, wie russische und globale Behörden heimlich unter der menschlichen Bevölkerung lebende Außerirdische registrieren und beobachten.[31]

Dies alles deutet darauf hin, dass tatsächlich geheime Vereinbarungen zwischen staatlichen Stellen und Nordischen getroffen wurden, die sie verpflichten, bei Treffen mit irdischen Kontaktpersonen keine Videoaufzeichnungen zuzulassen, wie JP behauptet.

Ich kehre jetzt zu meinem Skype-Gespräch mit JP zurück, in dem ich ihn als Nächstes zu seiner Entscheidung befragte, das Angebot der Nordischen zu einem Mitflug in dessen UFO nicht anzunehmen:

»MS: Bin überrascht, dass Sie nein sagten. Hatten Sie dabei ein schlechtes Gefühl?

JP: Nein, ich war sogar glücklich darüber, aber es machte mich rasend, dass ich kein Video bekommen konnte.

MS: Hmm, hätten Sie denn Fotos machen dürfen?

JP: Er sagte zu mir: ›Diese Art von Schiff wird bald überall zu sehen sein.‹ Nachdem er mit mir gesprochen hatte, berührte er mich. Ich hatte eine blitzartige Vision, in seinem Schiff zu sein, hoch oben zu schweben. Es war nur ein Sekundenbruchteil, ganz kurz. Dann sagte er zu mir: ›Du bist zurück.‹«

Hier schildert JP, dass der Nordische ihm ermöglichte, einen Blick ins Innere des UFOs zu werfen, ohne physisch an Bord zu gehen. Vielleicht wurde JP durch die höher entwickelten psychischen Fähigkeiten des Nordischen oder durch einen veränderten Zustand fortgeschrittenen Bewusstseins eine astrale Projektion oder eine andere Art von nicht-physischer Begegnung ermöglicht. Dann schrieb mir JP mehr über die Kooperation der Nordischen mit der Air Force:

»JP: Ich fragte ihn, was ist mit euch und der United States Air Force los? Er sagte mir, dass sie zusammen an einem großen Projekt arbeiten. Ein paar Projekte im Golf von Mexiko, an denen ein paar Militärs von der MacDill AFB beteiligt sind.

MS: Warum trug er eine Uniform der U.S. Air Force?

JP: Alle diese Überschallknalls sind Teil des Projekts, das sie gerade durchführen.

MS: Hatte es das Abzeichen der USAF Special Operations?

JP: Eine andere Art von Weltraumabzeichen.«

In dem vorangegangenen Vorfall, als das Militär ihn am 23. Oktober 2017 in das rechteckige Raumschiff entführt hatte, beschrieb mir JP später die Crew des UFOs. Sie trugen USAF-Uniformen mit dem Abzeichen der Air Force Special Operations. Der Nordische am 24. Mai 2018 trug dagegen, laut JP, ein anderes Abzeichen mit einem Stern und einem Halbmond. Später erklärte mir JP, auf der Uniform sei das Akronym »USAF« aufgedruckt gewesen, aber in einer fremden Sprache, die er nicht kannte. Erst nach einigen Internetrecherchen stellte JP fest, dass die Buchstaben sehr der alten sumerischen Keilschrift ähnelten. Mit diesem Abzeichen konnte der Nordische ungestört USAF-Stützpunkte betreten:

»MS: Warum dachten Sie, es sei eine USAF-Uniform und keine nordische Uniform?

JP: Um sich in der [USAF]-Basis zu tarnen, wenn sie dort sind. Es [das Abzeichen] bezeichnet die United States Air Force.

MS: Hat er Ihnen erzählt, dass er auf US-amerikanischen Stützpunkten herumläuft, MacDill und andere?

JP: … Ja, auch auf anderen Stützpunkten auf der ganzen Welt.

MS: Das macht Sinn. Hat er gesagt, wie lange seine Gruppe schon in gemeinsamen Projekten mit der USAF zusammenarbeitet? Wann hat es angefangen?

JP: In diesem Gespräch sind wir nicht weit gekommen. Ich denke schon lange darüber nach, Michael. Als er ging … rannte ich zu meinem Pickup.

MS: Wurde das Gespräch auf Englisch oder telepathisch geführt?

JP: Englisch. Europäisches Englisch. Wie die Leute in England reden. Das perfekte Englisch. Nicht amerikanisch.

MS: Konnten Sie Fotos machen?

JP: Ja.«

JP konnte das Fahrzeug erst fotografieren, als es gestartet war, aber nicht, als es am Boden stand, weil sein Handy nicht funktionierte, wenn er sich dem UFO auf weniger als fünfundzwanzig Meter näherte.[32] Er schätzte die Größe des Fahrzeugs auf zwanzig Meter im Durchmesser und meinte, es hatte drei Fenster, durch die er hineinblicken konnte. Als Nächstes stellte ich JP Fragen zur Zusammenarbeit der Nordischen mit der USAF:

»MS: An welchen Projekten haben die Nordischen mit der USAF gearbeitet?

JP: Training, wie man die Schiffe steuert. Über den USA, Europa, dem Nahen Osten, Russland und Asien wurden Ausweichmanöver trainiert.

MS: Die Nordischen lehrten die USAF Ausweichmanöver? Kannst du das näher erklären?

JP Wenn ein Flugobjekt Jagd auf ein anderes macht. Das ist anders als bei Düsenjets, die sich verfolgen.

MS: Teilen die Nordischen Technologie mit der USAF oder einfach nur das Wissen, wie sie bedient wird?

JP: Die United States Air Force hat die Technologie, weiß aber nicht, wie man sie richtig einsetzt. Man könnte es damit vergleichen, einem Indianer im Amazonasgebiet ein Smartphone zu geben. Der Indianer würde nicht wissen, wie man das Telefon auflädt, würde nicht wissen, wie man es bedient … Im Grunde lehren sie also die Technologie, die

Physik. Wann die Waffen eingesetzt werden können, weil der Einsatz der Waffen manchmal die Flugeigenschaften des Raumschiffs beeinflusst. Es ist mit einer superheißen, pulsierenden Energiewaffe ausgerüstet. Lichtstrahlen, der Umgang mit Radioaktivität und wie man aus Gewittern Energie gewinnen kann.«

Es lohnt sich darauf hinzuweisen, dass laut den Aussagen von Tompkins, Goode und anderen Whistleblowern der Militärisch-Industrielle Komplex der USA nach dem Zweiten Weltkrieg mit deutschen Wissenschaftlern zusammenarbeiten musste, um mehr über die Technologie abgestürzter außerirdischer Raumschiffe zu erfahren, die man in Roswell und anderswo geborgen hatte.[33]

Schlussfolgerung

Gemäß JPs Aussagen benötigt die USAF weiterhin Unterstützung, um die Technologien der Nordischen zu verstehen, die Berichten zufolge fortschrittlicher sind als bei den Raumfahrzeugen der Short Greys, die seit Jahrzehnten mit Ingenieuren und Wissenschaftlern der USAF in geheimen Einrichtungen zusammenarbeiten, wie in Kapitel 11 gezeigt. Es muss betont werden, dass JP in vielen Fällen, in denen er Fotos von Luft- und Raumfahrzeugen der USAF machte, von verdeckten Mitarbeitern aufgefordert wurde, in die Richtung des Fluggeräts zu schauen. Dies deutet darauf hin, dass JP aus irgendeinem Grund für eine von höherer Stelle genehmigte Offenlegungsinitiative ausgewählt wurde, bei der ihm geholfen wird, die Existenz eines Geheimprogramms der USAF und deren wachsende Allianz mit Nordischen zu enthüllen.

Die Berichte JPs, untermauert durch mehrere Fotos, sind ein konkreter Beweis, dass die USAF eine dramatische Entscheidung getroffen hat, mit einer zuvor gemiedenen Gruppe Nordischer zusammenzuarbeiten und sich von ihrem früheren Bündnis mit dem Deep State/der in der Antarktis ansässigen deutsch-reptiloiden Fraktion zu lösen. Diese ehemaligen Verbündeten versprachen viel in Bezug auf fortschrittliche Technologien, lieferten diese Technologien jedoch erst Jahrzehnte

Dies ist das fünfte aus einer Serie von sechs Fotos, aufgenommen am 24. Mai 2018 von JP. Das Bild links ist das Original, und der Bereich über diesem Text zeigt eine Vergrößerung der Flugscheibe, als sie davonflog, nachdem sie vorher gelandet war und JP ihren nordischen Insassen getroffen hatte.

Abb. 68. Foto einer Flugscheibe, mit freundlicher Genehmigung von JP (mit Vergrößerung)

später, als sie längst veraltet waren und von ihnen selbst nicht mehr genutzt wurden. Der Auslöser für diese dramatische Wende war der Umstand, dass die Führung und die Mitarbeiter des GWP der USAF ein fortschrittliches Geheimprogramm der Navy aufdeckten, das mit Hilfe der Nordischen aufgebaut wurde. Der Deep State wehrte sich gegen die GWP der USAF, indem er mit seinem Maser-Satellitensystem einen Hurrikan zur MacDill Air Force Base lenkte, die von großer Bedeutung für das USAF-GWP ist – als Standort der Air Force Special Operations. Zum Glück misslang dies dem Deep State. Als der Hurrikan Tampa, Florida, erreichte, wurde er erheblich abgeschwächt. Noch wichtiger ist, dass es dem GWP der USAF gelungen ist, mit seinen weltraumgestützten Waffensystemen den Spieß umzudrehen. Das gelang, indem die Air Force einige Maser-Satellitensysteme, wie sie auch von der Kabale eingesetzt wurden, dafür benutzte, eine False-Flag-Operation zu vereiteln, bei der durch einen Raketenangriff auf Hawaii der Dritte Weltkrieg ausgelöst werden sollte.

Anmerkungen

1 Auf meiner Website www.Exopolitics.org ist auch eine Seite, auf der Artikel und Videos mit JPs Fotos neben Originalen zur unabhängigen Analyse wiedergegeben werden; siehe https://www.exopolitics.org/jp-articles-photos-videos/ (aufgerufen am 20.12.2018)

2 Helmut & Marion Lammer, *MILABS: Military Mind Control and Alien Abduction*; Illuminet Press 2000. – Dt. Originalausgabe: *Verdeckte Operationen. Militärische Verwicklungen in UFO-Entführungen.* Herbig Verlag, München 1997.

3 Mein Originalartikel über JP ist als »Photos of Antigravity UFO Near MacDill AFB support claims of USAF GWP« online zugänglich unter https://www.exopolitics.org/photos-antigravity-ufo-fort-macdill-usaf-GWP/ (aufgerufen am 20.12.2018)

4 Howard Altman, »MacDill chuckling as UFO website reports ›flying triangles‹ at base«, http://www.tampabay.com/news/military/macdill/howard-altman-base-chuckling-as-ufo-website-reports-flying triangles-at/2338274 (aufgerufen am 20.12.2018)

5 Siehe »Memorandum for MacDill AFB Personnel«, https://tinyurl.com/yalmyt4a (aufgerufen am 21.12.2018)

6 Ebd.

7 »Irma approaching Tampa Bay area with hurricane-force winds; 5 dead, 3.5M without power«, https://abcnews.go.com/US/hurricane-irma-close-landfall-florida-keys-dead-state/story?id=49738525 (aufgerufen am 20.12.2018)

8 Siehe Dane Wigginton, »Massive US Senate Document On National And Global Weather Modification«, https://www.geoengineeringwatch.org/massive-us-senate-document-on-national-and-global-weather-modification/ (aufgerufen am 21.12.2018)

9 Nick Begich & Jeane Manning, *Angels Don't Play This Haarp: Advances in Tesla Technology*; Earthpulse 1995. – Dt. Ausgabe: *Löcher im Himmel.* Michaels Verlag, Peiting 2004.

10 Dane Wigginton, »Geoengineering Microwave Transmissions and Their Connection To Hurricane Florence«, https://www.geoengineeringwatch.org/category/haarp-2/ (aufgerufen am 21.12.2018)

11 Dane Wigginton, »Hurricane Irma Manipulation: Objectives And Agendas«, https://www.geoengineeringwatch.org/hurricane-irma-manipulation-objectives-and-agendas/ (aufgerufen am 21.12.2018)

12 Nick Collins, »Crop circles created using GPS, lasers and microwaves«, *The Telegraph*, https://www.telegraph.co.uk/news/science/science-news/8671207/Crop-circles-created-using-GPS-lasers-and-microwaves.html (aufgerufen 21.12.2018)

13 »Maser Crop Circles & Weapons«, http://www.orwelltoday.com/cropcircleweapon.shtml (aufgerufen am 21.12.2018)

14 Ebd.

15 »Joint Polar Satellite System Common Ground System«, https://www.raytheon.com/capabilities/products/jpss (aufgerufen am 21.12.2018)

16 »Connecting the Raytheon, AMS, Lockhead, HAARP, NOAA, General Dynamics and DARPA dots…«, https://www.geoengineeringwatch.org/html/weatherreportedbyraytheon.html (aufgerufen am 21.12.2018)

17 Corey Goodes Antworten auf meine Fragen wurden zuerst veröffentlicht in »Was Hurricane Irma Steered by Maser Satellites in Weather War against USA?«, https://www.exopolitics.org/was-hurricane-irma-steered-by-maser-satellites-in-weather-war-against-usa/ (aufgerufen am 21.12.2018)

18 Alle Antworten Corey Goodes auf meine Fragen sind zu finden in »Was Hurricane Irma Steered by Maser Satellites in Weather War against USA?« unter https://www.exopolitics.org/was-hurricane-irma-steered-by-maser-satellites-in-weather-war-against-usa/ (aufgerufen am 21.12.2018)

19 Siehe »Memorandum for MacDill AFB Personnel«, https://tinyurl.com/yalmyt4a (aufgerufen am 21.12.2018)

20 Howard Altman, »MacDill Air Force Base reopens with little damage«, http://www.tampabay.com/news/weather/hurricanes/macdill-air-force-base-reopens-with-little-damage/2337114 (aufgerufen am 21.12.2018)

21 Benjamin Fulford, »High level and high stakes Mexican stand off continues despite 911 weather warfare attack on US«, https://benjaminfulford.net/2017/09/11/high-level-high-stakes-mexican-stand-off-continues-despite-911-weather-warfare-attack-us/ (aufgerufen am 21.12.2018)

22 Victor Ferreira, »Researchers find secret, warm oasis beneath Antarctica's ice that could be home to undiscovered species«, https://nationalpost.com/news/world/researchers-find-secret-warm-oasis-beneath-antarcticas-ice-that-could-be-home-to-undiscovered-species (aufgerufen am 21.12.2018)

23 Michael E. Salla, *Antarktis – Die verbotene Wahrheit*; AMRA Verlag, Hanau 2020. – US-Ausgabe: pgs. 83-114.

24 Ebd. – US-Ausgabe: pgs. 129-132.

25 Ich habe die geleakten DIA-Dokumente zuerst diskutiert in »New Majestic Document Reveals US Diplomatic Relations with Extraterrestrials«, https://www.exopolitics.org/majestic-document-reveals-us-diplomatic-relations-with-extraterrestrials/ (aufgerufen am 21.12.2018)

26 Am 19. Oktober 2017 schrieb ich zum ersten Mal über JPs Fotos and Skype-Messages in »Covert Disclosure of Antigravity Craft near MacDill AFB«, http://www.exopolitics.org/disclosure-of-antigravity-craft-near-macdill-afb/ (aufgerufen am 21.12.2018)

27 Ein Video, das Vergrößerungen der Fotos vom 19. Oktober 2017 zeigt, findet sich unter https://www.youtube.com/watch?v=PPGvBfW1-CY (aufgerufen am 21.12.2018)

28 Über JPs Fotos und Begegnung vom 23. Oktober 2017 schrieb ich zum ersten Mal in »Covert Disclosure of Antigravity Rectangle Weapons Platforms by USAF Special Operations«, https://www.exopolitics.org/covert-disclosure-rectangle-craft-usaf-spec-ops/ (aufgerufen am 21.12.2018)

29 Fotos der Sichtungen vom 16. März 2018 sind hier online verfügbar: https://www.exopolitics.org/photos-of-triangle-shaped-antigravity-craft-over-orlando-florida/. Fotos vom 23. März finden sich hier: https://www.exopolitics.org/more-flying-triangles-photographed-near-orlando-florida/ (aufgerufen am 20.12.2018)

[30] Siehe Michael E. Salla, *Galactic Diplomacy: Getting to Yes with ET*; Exopolitics Institute 2013; pgs. 199-232.

[31] Siehe Michael E. Salla, »Russian PM not joking – extraterrestrials live among us according to MIB documentary«, https://www.exopolitics.org/russian-pm-not-joking-extraterrestrials-live-among-us-according-to-mib-documentary/ (aufgerufen am 21.12.2018)

[32] Ein Online-Video mit allen Fotos, die er mir schickte, sowie mit Vergrößerungen von zwei Fotos ist verfügbar unter https://www.youtube.com/watch?v=2Q1QryFjofg (aufgerufen am 21.12.2018)

[33] Ich erörtere dies detailliert in Michael E. Salla, *Antarktis – Die verbotene Wahrheit*; AMRA Verlag, Hanau 2020.

20 Das Weltraumprogramm der USAF schießt über Hawaii eine Rakete des Deep State ab

Wenn der Wille der Angst trotzt, wenn die Pflicht dem Schicksal den Fehdehandschuh hinwirft, wenn die Ehre den Kompromiss mit dem Tod verachtet – das ist Heldentum.

– Robert Green Ingersoll –

Der Bundesstaat Hawaii löst am 13. Januar 2018 einen ballistischen Raketenalarm aus

An einem typischen warmen und sonnigen Morgen im Bundesstaat Hawaii, als die Inselbewohner und eine Vielzahl von Touristen ihre Samstagsaktivitäten begannen, erklang aus den Handys von Big Island bis nach Kauai plötzlich eine Alarmmeldung.

Es war der 13. Januar 2018 um 8.07 Uhr, als das Undenkbare passierte: eine Meldung, die vor einer eintreffenden Atomrakete warnte, die direkt auf Amerikas Juwel im Pazifik zusteuerte. Verblüffte Menschen, jung und alt, zitterten, als sie die schreckliche Botschaft lasen, die in Großbuchstaben lautete: »BALLISTISCHE RAKETE GEFÄHRDET HAWAII. SOFORT SCHUTZ SUCHEN. DIES IST KEINE ÜBUNG.« Darüber hinaus wurden Fernsehsendungen der Tochtergesellschaften von CBS (KGMB) und NBC (KHNL) in Hawaii durch eine Notfallnachricht unterbrochen, in der darauf hingewiesen wurde, dass der Raketenalarm vom US Pacific Command ausging. Auf Twitter wurde ein KGMB-Fernsehvideoclip hochgeladen, in dem oben ein rotes Band mit folgendem durchlaufenden Text eingeblendet war:

> »Eine Zivilbehörde hat für die folgenden Bezirke oder Gebiete EINE ALLGEMEINE ALARMMELDUNG ausgegeben: Hawaii: am 13. Januar 2018 um 8.07 Uhr. Gültig bis 18.07 Uhr. Nachricht von IPAWSCAP. Das US Pacific Command hat eine Raketenbedrohung für Hawaii festgestellt. Eine Rakete kann innerhalb von Minuten auf Land oder See einschlagen. DIES IST KEINE ÜBUNG. Wenn Sie drinnen sind, bleiben Sie drinnen. Wenn Sie im Freien sind, suchen Sie sofort Schutz in einem Gebäude. Bleiben Sie in Innenräumen den Fenstern fern. Wenn Sie fahren, halten Sie vorsichtig am Straßenrand und suchen Sie Schutz in einem Gebäude oder legen Sie sich auf den Boden. Wir werden bekanntgeben, wenn die Bedrohung beendet ist. Sofort Maßnahmen ergreifen. DIES IST KEINE ÜBUNG. Sofort Maßnahmen ergreifen ...«[1]

Einwohner in der Nähe von Honolulu, dem zu erwartenden Ziel eines nuklearen Angriffs, flohen panisch in entlegenere Gebiete der Insel Oahu und erwarteten das Schlimmste. Dann, nach achtunddreißig Minuten der schieren Todesangst für viele Menschen auf den hawaiianischen Inseln, informierte das Notfallwarnsystem die Bewohner darüber, dass es sich um einen Fehlalarm handelte.

Jemand von der HI-EMA, der Hawaii Emergency Management Agency oder Notfallzentrale von Hawaii, hatte laut den örtlichen Behörden auf den falschen Knopf gedrückt.[2] Am 30. Januar 2018 gab der Gouverneur von Hawaii, David Ige, eine Pressekonferenz zu den Ergebnissen einer offiziellen Untersuchung des Raketenalarms vom 13. Januar, der angeblich *fälschlicherweise ausgegeben* worden war.[3] Brigadegeneral a. D. Bruce E. Olivera verfasste den Untersuchungsbericht an Major General Arthur J. Logan, Direktor der HI-EMA. In der Inhaltsangabe heißt es:

> »Gegen 8.06 Uhr morgens sendete der SWP (HI-EMA) [SWP = State Warning Point, staatliche Alarmzentrale] fälschlich einen BMA [Ballistic Missile Alert, Warnung vor ballistischem Raketenangriff]. Als Ermittlungsbe-

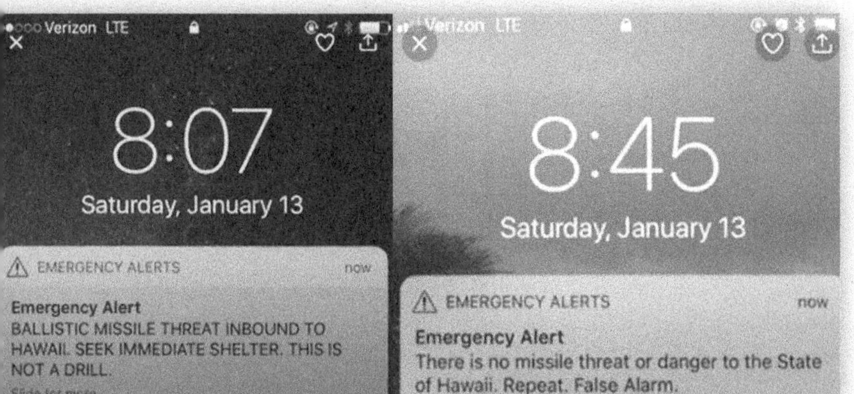

Abb. 69. Notfallmeldungen, die von der Zivilverwaltung an Einwohner Hawaiis gesendet wurden

auftragter stelle ich unter sorgfältiger Berücksichtigung der Tatsachen fest, dass zahlreiche Beweise dafür vorliegen, dass unzureichende Verwaltungskontrollen, schlechte Computersoftware und menschliche Faktoren zu dem BMA beitrugen und die verzögerte Versendung der Fehlalarm-Korrekturnachricht bewirkten, die am 13. Januar 2018 über das WEA/EAS [Wireless Emergency Alert/Emergency Alert System, drahtloses Notfall-Meldesystem] ausgegeben wurde.«[4]

Laut der Untersuchung wurde von den Leitern der Nachtschicht in der staatlichen Alarmzentrale (SWP) spontan eine Übung für den Beginn der Morgenschicht geplant, kurz nach 8.00 Uhr.

Folgender Ablauf der Ereignisse wurde angenommen:

»0800 – In Vorbereitung auf den BMA [Ballistic Missile Alert, Warnung vor ballistischem Raketenangriff] besprachen Mitarbeiter 4 und Mitarbeiter 2 ihren Plan, am Ende ihrer Schicht eine BMA durchzuführen. Mitarbeiter 4 erstellte eine Aufzeichnung des PACOM-BMA-Benachrichtigungsskripts aus dem BMA-Checklist-Handbuch. Mitarbeiter 4 diskutierte das Verlassen des SWP-Bereichs, während Mitarbeiter 2 die Tagesschicht bei Schichtwechsel über die vorangegangene Übung informierte.«

Es ist wichtig zu betonen, dass die Untersuchung ausdrücklich ergab, dass keine tatsächliche Warnung von PACOM, also dem Pacific Command, kam. Stattdessen handelte es sich bei der PACOM-Benachrichtigung lediglich um ein von Mitarbeiter 4 selbst geschriebenes »Benachrichtigungsskript«. Dies bedeutet, dass für PACOM keine direkte Verbindung zwischen dem HI-EMA-Drill und den Sicherheitsmaßnahmen bei Pearl Harbor und anderen PACOM-Einrichtungen bestand. Der weitere zeitliche Ablauf der Ereignisse wird folgendermaßen beschrieben:

»0803 – Die eingehende Tagesschicht betrat den SWP. Mitarbeiter 4 traf sich mit Mitarbeiter 5 und besprach den BMA-Ablauf.

0806 – Mitarbeiter 4 leitete den BMA-Ablauf per Telefon außerhalb des SWP-Bereichs ein und rief die SWP-STE [State Warning Point Secure Telephone Equipment, Sicherheitstelefonanlage der Alarmzentrale] auf. Mitarbeiter 2 hat den STE-Lautsprecher aktiviert. Zu dieser Zeit wurde laut und deutlich ›ÜBUNG, ÜBUNG, ÜBUNG‹ angekündigt und dann mit ›ÜBUNG, ÜBUNG, ÜBUNG‹ abgeschlossen, was für alle Übungen einschließlich dieses BMA-Drills ein normales Verfahren ist …

0806 – Mitarbeiter 1 meldet sich beim AlertSense-System an und wartet auf die Aktivierung der simulierten Sirenenwarnung durch Mitarbeiter 3. Nach der simulierten Sirenenwarnung hat Mitarbeiter 1 fälschlicher den realen Warnungscode aktiviert.

Es gibt ein Dropdown-Menü, das Folgendes enthält:

- Raketenalarm testen (sendet die Nachricht intern an die Agentur)
- Raketenalarm (sendet die Nachricht an die Öffentlichkeit)
- Raketenalarm wurde ausgewählt.

Der Computer fordert dazu auf, die Auswahl zu bestätigen.

- Mitarbeiter 1 klickte auf Ja.

0807 – Die SWP-Mitarbeiter empfingen WEA/EAS-Nachrichten auf ihren persönlichen Smartphones.«

In der offiziellen Zeitleiste der Ereignisse wurde angegeben, dass das US-Pazifik-Kommando die Behörden des Staates Hawaii drei Minuten nach Aussendung der Warnung um 8:10 Uhr darüber informierte, dass keine Rakete gestartet worden war. Die lokalen Behörden versuchten auf verschiedene Weise, die Öffentlichkeit darüber zu informieren, dass der Alarm für ballistische Raketen ein Fehlalarm war. Aber erst um 8.45 Uhr, 38 Minuten nach dem ersten Alarm, wurde eine zweite Notfallmeldung über das öffentliche Alarm- und Warnsystem verschickt, in der bekanntgegeben wurde, dass es sich um einen Fehlalarm handelte. Die offizielle Untersuchung ergab, dass der Notfallalarm ein Fehlalarm war, der auf menschliches Versagen zurückging und von einem HI-EMA-Mitarbeiter verursacht wurde, der eine hastig organisierte Übung mit einem echten ballistischen Raketenangriff verwechselt hatte. Der Bericht betonte, dass der verantwortliche Mitarbeiter in der Tat »reale Ereignisse und Übungen mindestens zweimal unabhängig voneinander verwechselte«.[5] Darüber hinaus führte der Bericht die 38-minütige Verzögerung zwischen dem Alarm und der Entwarnung auf weitere menschliche Fehler zurück:

> »HI-EMA war fälschlich der Ansicht, dass sie das FEMA [Federal Emergency Management System] heranziehen musste, um einen Ereigniscode auszugeben, was zu den achtunddreißig Minuten beitrug, bis eine offizielle Entwarnung versendet wurde. HI-EMA hat dies korrigiert und ist sich bewusst, dass es die Behörde HI-EMA ist, die eine offizielle Meldung auszugeben hat.«[6]

Es gibt eine Reihe von Problemen bei der offiziellen Darstellung des Staates Hawaii, aus der hervorgeht, dass es sich lediglich um eine interne HI-EMA-Übung ohne irgendeine Verbindung zu einer tatsächlichen Meldung von PACOM über eine anfliegende Rakete handelte. Erstens gibt es Augenzeugenberichte darüber, dass die Navy-Station Pearl Harbor ihre Alarmsirenen einschaltete und Personal evakuierte. Ein Augenzeuge, der sich bei dem Navy-Stützpunkt Pearl Harbor aufhielt, beschrieb in einem Video, wie die Sirenen des Stützpunkts während des Alarms liefen und das Personal evakuiert wurde.[7] Dies wurde später durch die Veröffentlichung einer eMail von Admiral Harry Harris an einen hochrangigen Air-Force-Offizier über den Raketenalarm bestätigt, in dem er das Losheulen der Sirene beschrieb – auch bekannt als Big Voice:

»Nur um im Bilde zu sein: Als heute Morgen die Sirene in Pearl-Harbor-Hickam losging, gab es keinen Hinweis darauf, dass es sich um eine Übung handelte. Im Gegenteil ... Was passierte also auf dem Flugplatz und welche Meldung, wenn überhaupt, ging an die in der Luft befindlichen Flugzeuge?«[9]

Die in Pearl Harbor laufende Sirene widerspricht dem Bericht der Hawaii-Untersuchung, dass PACOM die Warnung nicht ausgegeben hatte, sondern ausschließlich die örtliche hawaiianische Behörde. Die Schlussfolgerung, die sich hier ergibt, lautet, dass PACOM eine Raketenwarnung an seine Einrichtungen gesendet hat. Die Nachricht wurde dann sofort an HI-EMA weitergeleitet, die ihre öffentliche Warnmeldung um 8:07 Uhr morgens veröffentlichte. Danach gab PACOM die Entwarnung um 8:10 Uhr aus, die erneut an HI-EMA ging, welche dann begann, einen Fehlalarm zu melden.

Zweitens enthielten die Informationen, die während der unterbrochenen Fernsehsendungen der CBS- und NBC-Tochtersender bereitgestellt wurden, weitere Details zum Alarm durch PACOM, die von den Sendern bei ihren öffentlichen Warnungen verwendet wurden. In der offiziellen Warnung des Staates Hawaii fehlten Details wie »eine Rakete kann innerhalb von Minuten Land oder Meer treffen«; es hieß lediglich: »BALLISTISCHE RAKETENWARNUNG FÜR HAWAII«, und es gab keine Informationen darüber, dass sie »innerhalb von Minuten auf Land oder Meer einschlüge«, wie im Fernsehen angekündigt. Dies bedeutet, dass die Fernsehsender ihre Informationen aus anderen Quellen als der HI-EMA bezogen haben, was ebenfalls darauf hindeutet, dass PACOM die ursprüngliche Quelle des Alarms war, der von Fernsehen und Rundfunk übernommen wurde. Zusätzliche Informationen in den Fernsehsendungen lassen darauf schließen, dass PACOM eine ankommende Rakete verfolgte und Militär und Medien darüber informierte, dass der Einschlag in wenigen Minuten erfolgen würde. Dieser Unterschied zwischen den von den Fernsehsendern übermittelten zusätzlichen Informationen und der Rolle von PACOM wurde im Bericht des Staates Hawaii vollständig ignoriert.

Ein drittes Problem bei dem Hawaii-Bericht besteht darin, dass ein anonymer Fusionsanalyst, der auf dem Stützpunkt Pearl-Harbor-Hickham zum Zeitpunkt des Alarms Dienst hatte, seine Erfahrungen im *4chan-Forum* veröffentlichte. Er wies auf die große Verwirrung während des Alarms hin, die von den Soldaten des US-Pazifik-Kommandos zunächst als Übung und bald darauf als echter Angriff angesehen wurde. Dies würde erklären, warum die Fernsehsendungen über zusätzliche Informationen verfügten: PACOM hatte diese Informationen unmittelbar mitgeteilt, nachdem man dort über einen »offiziellen Angriff« informiert worden war. Bezeichnenderweise weist der Analyst darauf hin, dass die lokalen Behörden in Hawaii erst vom Gouverneur angewiesen wurden, zu behaupten, es sei alles ein falscher Alarm gewesen, als das Weiße Haus auf die Forderung nach militärischer Reaktion auf den mutmaßlichen Angreifer Nordkorea »negativ« geantwortet hatte.

Das Folgende gab der Fusionsanalyst am Tag des Alarms um 19.15 Uhr bekannt:

> »Hier ist der Fusionsanalyst der Hickam AFB. Die falsche Warnung war kein Fehler. Sie wurde befohlen. Wir wurden informiert, dass es sich um eine Übung handeln sollte, aber dann wurde die Information ausgegeben, dass die Bedrohung real sei. Sofortiger Kontakt zum Weißen Haus und Aufforderung zur Vergeltung. Ich glaube, es gab Druck, das Weiße Haus einen Angriff auf ausländische Schiffe vor der Küste genehmigen zu lassen. Als das Weiße Haus mit ›negativ‹ antwortete und weitere Informationen verlangte, riefen meine Vorgesetzten Gouverneur David Ige an, der uns aufforderte, Kontakt mit den Medien aufzunehmen, weil ein falscher Alarm vorlag. Ein Beamter des Gouverneurs war dort und sprach mit jemandem, der aussah wie ein Bundesermittler. Ich habe gehört, wie sie sagten, ›dies zeigt Schwäche in der Trump-Administration und eine Weigerung, die Bevölkerung zu schützen‹.«[10]

Die Informationen des Hickam-Analysten zeigen, dass es sich bei dem Alarm nicht nur um eine interne Übung handelte, die von Schichtleitern in der HI-EMA-Einrichtung hastig erfunden wurde, wie im offiziellen Bericht angegeben. Die Übung wurde die ganze Zeit mit PACOM koordiniert, und PACOM-Mitarbeitern wurde irgendwann mitgeteilt, dass sich die Übung in einen tatsächlichen Raketenangriff verwandelt hatte, der in wenigen Minuten bevorstand.

Dies würde die Fernsehnachrichten erklären, die einen Raketeneinschlag in nur wenigen Minuten ankündigten, während der HI-EMA-Alarm um 8.07 Uhr nur die ursprüngliche Übungsnachricht von einer nahenden Rakete enthielt. Einfach ausgedrückt berichteten die Fernsehsendungen über weitere Informationen von PACOM, nachdem der HI-EMA-Alarm breits erloschen war.

Darüber hinaus hat die Verwirrung darüber, ob es sich bei dem Raketenalarm nur um eine Übung oder um einen echten Schlag handelte, alle verräterischen Merkmale eines Angriffs unter »falscher Flagge«. Es ist bekannt, dass diese unter genau solchen Umständen ausgeführt werden. Ähnliche Verwirrung entstand beim Sicherheitspersonal bei früheren False-Flag-Ereignissen, unter anderem am 11. September 2001 (New York) und am 7. Juli 2005 (London). Bei diesen mutmaßlichen Terroranschlägen wurde den Militär- und Regierungsbehörden zunächst mitgeteilt, dass eine Übung stattfindet, bei der die Sicherheitskräfte angewiesen worden seien, sich zurückzuziehen, doch dann wurden alle darüber informiert, dass ein echter Angriff stattfand. Zu diesem Zeitpunkt war es zu spät, um den Angriff zu verhindern. Die Analyse dieses in der Vergangenheit beobachteten Musters mutmaßlicher Angriffe unter falscher Flagge hat zu folgendem Ergebnis geführt: »Die Übung – zur selben Zeit am selben Ort – ist zum unverzichtbaren Element der modernen Operation unter falscher Flagge geworden.«[11]

Das letzte Problem bei dem offiziellen Hawaii-Bericht ist, dass Augenzeugen behaupten, sie hätten einen Meteoriten oder ähnliches gesehen, der zum Zeitpunkt des Alarms hoch über den Hawaii-Inseln explodierte. Mehrere Zeugen berichteten auch, sie hätten im Fernsehen einen Bericht über einen explodierenden Meteoriten oder ein Objekt gesehen, bevor die Nachrichten begannen. Solche Berichte wurden von den Massenmedien ignoriert, die sich ausschließlich auf die Erklärung der Behörden des Staates Hawaii konzentrierten, die besagte, dass eine Person den falschen Knopf gedrückt hatte. Aus diesem Grund müssen alternative Medienberichte über einen abgefangenen Nuklearraketenangriff in Betracht gezogen werden. Wichtig ist, dass sie ein Szenario ansprechen, das besser zu der wahren Abfolge der Ereignisse am Samstagmorgen passt: Das GWP der USAF griff ein, um einen vom Deep State ausgeführten Angriff unter falscher Flagge zu neutralisieren, und diese geheimen Informationen wurden vertuscht.

Alternative Medienberichte und Zeugenaussagen deuten auf echten Raketenangriff hin

Eine Reihe alternativer Medien, in denen anonyme Quellen zitiert wurden, berichteten, dass eine echte Rakete in Richtung Hawaii abgefeuert wurde. Zu den ersten gehörte ein Bericht, der am 13. Januar 2018 auf dem Blog von *Operation Disclosure* erschien. Er trug den Titel *RV/Intelligence Report* und lautete wie folgt:

> »Im Pazifischen Ozean vor der Küste Hawaiis wurden Raketenstarts ermittelt. Die Starts gingen auf die gleiche Anomalie zurück, die gestern, am 12. Januar, festgestellt wurde. Die Raketen wurden sofort abgefangen und zerstört. Die Anomalie stellte sich als ein nukleares Stealth-U-Boot heraus. Das nukleare Stealth-U-Boot wurde kurz nach dem versuchten Angriff ausfindig gemacht und zerstört.«[12]

Am 16. Januar trat ein noch aktiver US-Militäroffizier, der dem ehemaligen USMC- und CIA-Geheimdienstanalysten Robert David Steele bekannt war, unter dem Pseudonym »DefDog« auf, um öffentlich zu erklären, dass das Ereignis auf Hawaii ein abgefangener Atomraketenangriff war.[13] Nachdem er erklärt hatte, wie das Notfallwarnsystem die Art von menschlichem Versagen verhindern soll, die von staatlichen Behörden angegeben wurde, schrieb DefDog:

> »Es gab eine Rakete. Wahrscheinlich von einem U-Boot abgefeuert, das sich unter der Kontrolle von Leuten befand, die dem Deep State treu sind … Die Rakete wurde nicht aus Nordkorea oder von nordkoreani-

schen Streitkräften abgefeuert. Die Rakete wurde abgefangen. Dann begann die Vertuschung.«[14]

Eine weitere alternative Medienquelle, die wichtige Aspekte des vereitelten Raketenangriffs auf Hawaii bestätigt, ist der erfahrene Journalist und Orthopäde Dr. Dave Janda.[15] In einem Radiointerview enthüllte er, was ihm eine »Deep Level Source«, eine »Quelle der tieferen Ebene«, die ihm seit vielen Jahren bekannt ist, über den Raketenalarm auf Hawaii erzählte: »Was mir diese Quelle sagte, und ich habe sie nie als falsch befunden, war, dass tatsächlich eine Rakete abgefeuert wurde.«[16]

Es gibt auch Zeugenberichte, wonach am Morgen des Alarms hoch über den Hawaii-Inseln etwas zerstört wurde. In einem am 14. Januar 2018 veröffentlichten Video berichtet Marfoogle Watutu (ein Pseudonym), dass er durch seine Schwester, die auf Maui lebt, von einem Touristenboot hörte, von dem aus mehrere Augenzeugen etwas beobachteten, das sie für einen explodierenden Meteor hielten:

> »Meine Schwester lebt seit acht Jahren auf Maui, und was sie herausfand, ist, dass einige Leute, die Bootstouren für Touristen veranstalten, beobachteten, **wie etwas am Himmel gesprengt wurde**.
>
> Sie sagten, es sah aus wie ein Meteor, und dann gab es plötzlich einen großen Knall, und **der gesamte Himmel war erleuchtet**. Das war um 8 Uhr morgens …
>
> **Vielleicht war es also doch keine Übung**. Vielleicht haben unsere Jungs in Blau und Grün die Rakete abgeschossen. Und ich denke, dass die Regierung nicht noch mehr Panik verursachen wollte und deshalb natürlich sagte, dass es ein Fehlalarm war. Und die lokale Behörde übernahm sehr schnell die Verantwortung für den Fehler … Das könnte sich natürlich als Unsinn herausstellen, aber ich halte es für besser, trotzdem darüber zu informieren …«[17]

Einige der Touristen, die auf dem Boot gewesen waren, wurden von einem lokalen Nachrichtensender interviewt, der die Geschichte angeblich nur einmal ausstrahlte, dann wurde sie gleich zurückgezogen. In den über fünfhundert Kommentaren zu Marfoogles Video gaben mehrere Personen an, sie seien ebenfalls Augenzeugen des explodierenden Objekts am Himmel gewesen oder hätten die Fernsehnachrichten gesehen. Was folgt, sind drei unabhängige Kommentare, die Aufschluss darüber geben, was wirklich während des Raketenalarms geschah.

> *Janie Langley:* »Ich wurde morgens von einem donnernden Geräusch geweckt, dachte, es wäre 7.00 Uhr, aber es war 8.00 Uhr. Ich lebe an der Nordküste von Kauai. Wir haben keinen Anruf auf dem Handy erhalten, mein Sohn rief an, um uns zu informieren, er wohnt in der Stadt. Wir hätten die Sirenen des Zivilschutzes hören sollen, aber sie wurden nicht eingeschaltet! Beim Zivilschutz-Warnsystem war definitiv etwas nicht normal. In ländlichen Gebieten haben viele Menschen kein Handy. Ich lebe seit zweiunddreißig Jahren auf Hawaii, und diese Sirenen werden jeden ersten Werktag im Monat getestet.«

> *Ashly P.:* »Also, ich lebe auf Big Island, und unsere Familie hat einen Leuchtturm. Wir alle sahen an diesem Morgen einen hellen Blitz. Darüber wird viel geredet ... Vielen Dank, dass Sie veröffentlichen, wovon hier alle Insulaner sprechen.«

> *Jaycen Leapline:* »Meine Kusine lebte dort, sie ist deswegen in die Staaten zurückgekehrt und hat mir dasselbe erzählt ... dass an diesem Morgen am Himmel etwas abgeschossen wurde.«[18]

Die nächsten vier Kommentare befassen sich mit einer angeblichen Nachricht des Senders KHON2 über den Vorfall. Der erste bezieht sich auf ein Touristenboot und ein explodierendes Objekt, über die in der Geschichte berichtet wurde.

> *Yoshi Copeland:* »Sie haben recht. Ich habe ein Video von den Touristen auf dem Boot gesehen, und es ist etwas am Himmel gesprengt worden. Aber es verschwand sofort. Ich lebe auf Molokai, Hawaii. Also, da steckt mehr dahinter, als dass nur jemand einen Knopf verwechselt hat. Habe das Video auch gesehen, aber jetzt haben sie es gelöscht ...«

Themexican21491: »Ich lebe auf Oahu, es gab eine Nachricht, und dann wurde direkt zur Werbung geschaltet, ich bin normalerweise ein Skeptiker, aber ich habe es selbst gesehen.«

Alex Woo: »Ich weiß nicht, warum die Leute das bezweifeln. Es WAR in den Lokalnachrichten, und dann wurde es herausgeschnitten … Mindestens zehn andere Inselbewohner hier sind derselben Ansicht …«

kevin brown: »Ich habe etwas darüber in den Nachrichten gesehen, aber es wurde inzwischen entfernt … was mich nicht überrascht.«

darren cultis: KHON2 brachte einen Ausschnitt davon, aber er ist nicht mehr verfügbar. Viele Leute auf der Insel sagen, sie hätten am Morgen des Fehlalarms einen Blitz gesehen, sehr seltsam … Der Himmel war blau wie immer.«[19]

Da ich seit 2004 auf Hawaii wohne, habe ich die Behauptungen von Marfoogle mit Hilfe meines eigenen lokalen Netzwerks untersucht. Anwohner erzählten mir, dass Zeugen von der Polizei und anderen Behörden besucht und eingeschüchtert wurden, die ihnen geraten hätten zu schweigen. Außerdem sprach ich mit einer Schiffskapitänin aus Maui, die glaubte, etwas sei abgeschossen worden, weil sie in der Woche nach dem Alarm noch nie so viele Schiffe der US-Küstenwache gesehen hatte, die das Gebiet absuchten. Solche Berichte helfen zu erklären, warum die einzigen Quellen, die bisher aufgetaucht sind, anonym waren.

Kehren wir zum anonymen Fusionsanalysten der Hickham Air Force Base zurück, der in einer sensiblen Position beim Militärgeheimdienst tätig war. Er beschrieb, wie Trumps Weißes Haus weitere Informationen erbat, statt sich für einen Vergeltungsschlag gegen die angebliche Quelle des Raketenangriffs zu entscheiden.

Es sieht so aus, als hätten kühlere Köpfe im Weißen Haus keine militärischen Vergeltungsmaßnahmen gegen Nordkorea angeordnet, nachdem die Rakete abgeschossen worden war. Präsident Trump und seine nationalen Sicherheitsberater vermuteten wahrscheinlich, dass ein Angriff unter falscher Flagge versucht worden war. Genau dies teilte eine andere anonyme Quelle des militärischen Nachrichtendienstes der Öffentlichkeit über Online-Postings mit, die unter dem Pseudonym »QAnon« betrieben werden.

»Q« enthüllt Angriffe unter falscher Flagge, mit denen der Dritte Weltkrieg angezettelt werden sollte

»QAnon«, auch bekannt als »Q«, wird allgemein als eine Gruppe von militärischen Geheimdienstoffizieren angesehen, die in der Trump-Administration arbeiteten und die Erlaubnis erhielten, vertrauliche Informationen zu verbreiten, um den Deep State und diejenigen bloßzustellen, die versuchten, den Erfolg von Trumps Präsidentschaft zu sabotieren.[20] QAnons Beiträge erschienen erstmals am 28. Oktober 2017 im *4chan-Forum* und wechselten dann etwas mehr als einen Monat später in das *8chan-Forum*, als die ursprüngliche Website gefährdet war.[21] Q hat offenbar am 7. Januar 2018, sechs Tage vor dem Raketenalarm von Hawaii, in sechs Posts einen bevorstehenden Raketenangriff unter falscher Flagge vorausgesagt. Ein Beitrag, und dann noch fünf weitere, bezogen sich auf DEFCON 1, eine vom US-Verteidigungsministerium verwendete Stufe der Verteidigungsbereitschaft.[22] DEFCON 1 bedeutet, dass ein Atomkrieg bevorsteht und bezeichnet die höchste Stufe der Verteidigungsbereitschaft.

In Post #500 schreibt Q:

»DEFCON 1 …
[nicht nuklear]
[1] OWL [1]
Q«[23]

Q deutet hier an, dass ein inszenierter oder unter falscher Flagge durchgeführter Atomangriff gegen die USA durch Aufklärung der US-amerikanischen Militärnachrichtendienste vereitelt wird. Der Hinweis »OWL« bezieht sich wahrscheinlich auf NSA, NRO und so weiter.

Am Abend des 13. Januar, nach dem falschen Raketenalarm von Hawaii, verknüpfte Q den Alarm mit den vorherigen DEFCON 1 oder [1] Postings, die am 7. Januar erstellt wurden. Hier ist der erste Teil von Qs Post #520:

»GROSSE Nachrichten diese Woche?
Zukunft beweist Vergangenheit.
Welche Neuigkeiten wurden freigeschaltet?
Glaubt ihr an Zufälle?
>U1
Welche öffentliche Enthüllung erfolgte zu: U1?
>DEFCON 1 [**nicht nuklear FALSCH]**
BEFEHL?
WARUM?
NOTWENDIG?
KEINE SOLCHE BEHÖRDE.
Wo hat POTUS [**post]** ASIEN gestoppt?ES WAR NOTWENDIG.
FÜR GOTT & VATERLAND.
ES WAR NOTWENDIG.
KEIN ANDERES GEFÄHRT DARF ZUTRITT ERLANGEN.
:[**WIEDER]** direktes Vorwissen.
:[**WIEDER]** warnender ALARM.«[24]

Qs Hinweis auf »Große Nachrichten diese Woche« und die Äußerung »Zukunft beweist Vergangenheit« informieren uns darüber, dass Probleme, die in früheren Beiträgen angesprochen wurden, sich als wahr erwiesen haben. Eines davon betraf das Thema »DEFCON 1 [nicht nuklear FALSCH]«. Q hat direkt auf die früheren Posts vom 7. Januar verlinkt und gesagt, dass das Ereignis, das am 13. Januar in Hawaii stattgefunden hat, mit dem vorhergesagten Ereignis »DEFCON 1 [nicht nuklear FALSCH]« zusammenhängt. Eine Möglichkeit der Interpretation von Qs Verwendung eines doppelt negativen »nicht nuklear FALSCH« lautet, dass der »falsche Raketenalarm« in der Tat ein echter nuklearer Raketenangriff auf Hawaii war. Dies steht im Einklang mit den zuvor diskutierten Whistleblower- und Zeugenberichten und wird auch durch spätere Q-Posts belegt, die in Kürze diskutiert werden. Zunächst muss ich jedoch eine alternative Interpretation von Qs Posts zu dem Hawaii-Raketenalarm analysieren, um ein umfassenderes Bild davon zu erhalten, was wirklich passiert ist.

Eine alternative Erklärung konzentriert sich auf Qs Hinweis in Post #520 auf die NSA (»Keine solche Behörde«) und auf den Umstand, dass Trump – POTUS: President of the United States – die Einsicht in wichtige Verschlusssachen verweigert wurde, die in der angeblich vom Deep State kontrollierten NSA-Dienststelle in Honolulu aufbewahrt werden. Laut mehreren Q-Posts ist Edward Snowden wirklich ein CIA-Agent, dessen Aufgabe es war, die NSA zu durchdringen und schließlich Akten aus der Dienststelle in Honolulu an die globalen Medien zu übermitteln, um die Überwachung des Deep State/der CIA durch die NSA zu untergraben.[25] Trumps kurzer Besuch in Honolulu, der auf seiner Reise nach Asien im November 2017 stattfand, bestand darin, speziell diese besonders gesicherte NSA-Einrichtung aufzusuchen und kraft seiner Autorität als Oberbefehlshaber Zugang zu allen Akten zu verlangen, die Dienstvergehen und strafbare Handlungen des Deep State beweisen.[26] Qs Bezug auf »Befehl?« und »BDT« (Bulk Data Transfer/massenhafte Datenübertragung) in einem Post vom 7. Januar deutet darauf hin, dass Trump der Zugriff verweigert und eine Notlösung mit Sicherheitsprotokoll »BDT« eingerichtet wurde.[27]

Eine Interpretation der Postings vom 7. Januar besagt daher, dass der Hawaii-Raketenalarm ein Versuch der Trump-Administration war, das BDT-Sicherheitsprotokoll so zu implementieren, dass alle NSA-Akten, die sich in der Einrichtung in Honolulu befanden, zurück in die NSA-Zentrale in Fort Meade, Maryland, transferiert werden konnten. Diese Interpretation wurde zuerst von Jordan Sather in den Raum gestellt, der den beliebten YouTube-Kanal *Destroying the Illusion* (»Die Illusion zerstören«) betreibt und als einer der Ersten Qs Posts analysierte. Sathers Interpretation wurde folgendermaßen zusammengefasst:

> »Dokumente, die notwendig waren, um Amerika aus dem eisernen Griff des Deep State zu befreien, wurden auf Hawaii zurückgehalten. Dort unterhält die NSA eine ihrer wichtigsten Einrichtungen. Aufgrund ihrer

Feindseligkeit und der GRÖSSENORDNUNG der Korruption wurden die angeforderten Dokumente nicht an die Trump-Administration übergeben und sollten höchstwahrscheinlich vernichtet werden.

Der einzige Weg, um diese Dokumente zu erhalten, bestand darin, eine Massendatenübertragung (BDT) auszulösen. So etwas könnte passieren, wenn das Notfall-Raketensystem aktiviert wird. In diesem Szenario kommt eine ausfallsichere Maßnahme ins Spiel: Wenn der Alarm aktiviert ist, werden alle Daten in Form eines BDT an das Pentagon übertragen.

Ist es möglich, dass der falsche Raketenalarm (vom 13. Januar in Hawaii) ein notwendiges Ereignis war, um den Massendatentransfer von der NSA in Hawaii zum Pentagon auszulösen … in die Hände der White Hats?«[28]

Das große Problem bei dieser Interpretation, wenn sie stimmt, lautet, dass der Deep State nur zu gerne Informationen über das, was die Trump-Administration getan hatte, an die Mainstream-Medien geleakt hätte. Da der Deep State die Massenmedien kontrolliert, wäre eine Rund-um-die-Uhr-Berichterstattung über den Skandal gewährleistet gewesen, was gewiss zu Trumps Amtsenthebung geführt hätte.

Obwohl diese Interpretation für sich allein nicht ausreicht, hilft sie, einige wichtige Hintergründe des Raketenalarms von Hawaii zu verstehen. In Verbindung mit all den Beweisen, die bisher für den Abschuss einer echten Rakete in Richtung Hawaii erbracht wurden, stellt sie ein weiteres überzeugendes Motiv dar, und damit wird immer klarer, wer wirklich hinter dem Raketenangriff steckte: der Deep State/die CIA.

Der Deep State war sich durchaus bewusst, dass Trump bei seinem ersten Versuch, Zugang zur NSA-Einrichtung in Honolulu zu erhalten, gescheitert war, und befürchtete, dass er bei seinem nächsten Versuch Erfolg haben würde. Sather wies darauf hin, dass die Akten alle belastenden Beweise dafür enthielten, was Deep State und CIA durch ihre zahlreichen Agenten, einschließlich Snowden, getan hatten. Die Lösung des Deep State bestand darin, die Beweise zu vernichten. Ein nuklearer Angriff auf Honolulu würde nicht nur alle angesammelten NSA-Beweise zerstören, die der Deep State von Trumps Weißem Haus fernhalten musste, sondern auch als Vorwand dienen, um einen Dritten Weltkrieg auszulösen.

»Q« enthüllt, welche Puppenspieler die False-Flag-Angriffe steuern

Am Tag nach dem Raketenalarm von Hawaii enthielt Qs Post #538 eine Warnung vor einer neuen Woche mit Angriffen des Deep State unter falscher Flagge: »VORSICHT vor GROSSEN FALSE-FLAG-Versuchen diese Woche.«[29] Dies besagte, dass der Vorfall auf Hawaii Teil einer ganzen Reihe von Angriffen unter falscher Flagge und, entgegen dem offiziellen Untersuchungsergebnis des Staates Hawaii, keinesfalls ein Fehlalarm gewesen war. Dieser Post ist von besonderer Bedeutung, da er nur zwei Tage vor einem Vorfall veröffentlicht wurde, bei dem es sich höchstwahrscheinlich um einen versuchten False-Flag-Angriff auf Japan handelte.

Am Dienstag, dem 16. Januar 2018, berichtete die *New York Times* über einen weiteren nervenaufreibenden Fehlalarm, diesmal in Japan. Wieder wurden die Anwohner von einem großen Fernsehsender aufgefordert, sich vor einer anfliegenden Rakete zu schützen:

> »Japans staatlicher Fernsehsender hat am Dienstag versehentlich Warnmeldungen ausgestrahlt, wonach Nordkorea eine Rakete abgefeuert hätte und die Bürger Schutz suchen sollten – nur wenige Tage nachdem die Regierung von Hawaii eine ähnliche Warnung an ihre Bürger gerichtet hatte.«[30]

Der Vorfall mit dem falschen Raketenalarm in Japan weist viele Parallelen zu dem Geschehen in Hawaii auf, das sich drei Tage zuvor ereignet hatte. Qs Post #538 vom 14. Januar stellte eine Verbindung zwischen den Raketenangriffen auf Japan und Hawaii her, die der Deep State unter falscher Flagge versucht hatte.

Weitere Unterstützung für diesen Zusammenhang kommt in Form von Pentagon-Quellen, wie der frühere Chef des japanischen

Forbes-Magazins, Benjamin Fulford, berichtete, der beschrieb, was der Deep State/die Kabale mit den Angriffen unter falscher Flagge in Wahrheit beabsichtigte:

> »Unsere Pentagon-Quellen räumen ein, dass ›mit Hilfe des Geheimen Weltraumprogramms möglicherweise auf Hawaii und Japan abgefeuerte Atomraketen rechtzeitig gestoppt und zudem die Kabale-Verschwörer daran gehindert werden konnten, die Erde zu verlassen.‹«[31]

QAnon spielte am 11. Februar 2018 in einem langen Beitrag auf die Raketenalarme von Hawaii und Japan an (# 725) und bezog sich auf einen False-Flag-Raketenangriff, der einen Krieg mit Nordkorea auslösen sollte. Ein Abschnitt dieses Posts lautet folgendermaßen:

> »Fragt euch, wollen wir einen KRIEG?
> Fragt euch, wer versucht, einen KRIEG anzufangen?
> Fragt euch, welche Absicht dahintersteckt, wenn Schurken-Akteure eine Rakete abfeuern?
> Fragt euch, was sofort einen KRIEG auslösen würde/sollte?
> Fragt euch, ob die ÖFFENTLICHKEIT die folgende Aussage versteht: ›Schurken-Akteure (Clowns/ehemalige US-Staatschefs) haben eine Rakete gestartet, um die USA in einen KRIEG/Konflikt mit X zu zwingen?‹
> Seid die Autisten, als die wir euch kennen …
> Q«[32]

Es lohnt sich, die Fragen von QAnon im Lichte dessen zu prüfen, was über die Raketenwarnungen von Hawaii und Japan sowie über einen von Präsident Trump am 21. Dezember 2017 erlassenen Exekutivbefehl bekannt ist. QAnon schrieb: »Fragt euch, wer versucht, einen KRIEG anzufangen?« Die Antwort lautet: Einzelpersonen und Gruppen, die an den Deep State gebunden sind und direkt von der außerordentlichen Durchführungsverordnung Trumps betroffen waren. Trump rief am 21. Dezember den nationalen Notstand aus und ordnete das Einfrieren der Vermögenswerte von Personen an, die an Menschenrechtsverletzungen und Korruption auf der ganzen Welt beteiligt sind.[33]

Personen und Gruppen, die für Menschenrechtsverletzungen und Korruption in den USA und weltweit verantwortlich sind, hatten am meisten zu verlieren, wenn ihre Vermögen eingefroren wurden. Ein Atomkrieg, der zu einem Weltkrieg eskaliert, hätte Trumps Durchführungsverordnung neutralisiert.

QAnon schrieb sodann: »Fragt euch, welche Absicht dahintersteckt, wenn Schurken-Akteure eine Rakete abfeuern?« Der Zweck bestand darin, einen Angriff unter falscher Flagge auszulösen, bei dem die Schuld plausibel auf einen Staat gelenkt würde, der in der Lage ist, eine solche ballistische Rakete abzufeuern, die Hawaii und Japan treffen könnte: Nordkorea. Die für den Angriff tatsächlich verantwortlichen »Schurken-Akteure« hätten ein Szenario geschaffen, in dem das US-Militär gezwungen wäre zu reagieren, und damit die Tür für eine rasche militärische Eskalation geöffnet, wenn andere große Nationen intervenierten.

Als Nächstes fragt QAnon gezielt: »Fragt euch, was sofort einen KRIEG auslösen würde/sollte?« Aus der Geschichte des Zweiten Weltkriegs wissen wir, dass der Überraschungsangriff auf Pearl Harbor, Hawaii, den Stützpunkt der US-Pazifikflotte, am 7. Dezember 1941 für Amerika der Auslöser war, in den Krieg einzutreten. Am nächsten Tag stimmte der US-Kongress mit überwältigender Mehrheit dafür, dem japanischen Kaiserreich den Krieg zu erklären. QAnon sagt uns hier, dass ein erfolgreicher Atomraketenangriff auf Pearl Harbor eine ähnliche Kriegserklärung des Kongresses gegen den mutmaßlichen Täter ausgelöst hätte – gegen Nordkorea.

Haben die »Schurken-Akteure« hinter den Anschlägen auch gehofft, dass selbst ein erfolgloser Atomraketenangriff im Falle des Abschusses der Rakete einen Krieg auslösen würde? Diese Möglichkeit ergibt sich aus dem, was der auf der Hickham Air Force Base beschäftigte anonyme Fusionsanalyst sagte, nachdem die Rakete zerstört wurde. Am wichtigsten ist, dass der Analyst behauptet, er habe einen US-Ermittler und einen Beamten des US-Bundesstaates Hawaii gehört, die Trumps Weigerung, eine Vergeltungsmaßnahme anzuordnen, als »Schwäche in der Trump-Administration und eine Weigerung, die Bevölkerung zu schützen«, bezeichneten.[34] Offensichtlich versuchten mehrere an dem

Raketenalarm von Hawaii beteiligte Akteure, die Trump-Administration und das US Pacific Command zu manipulieren.

QAnons nächste Frage ist sehr wichtig, um herauszufinden, wer hinter den Raketenangriffen auf Hawaii und Japan steckt:

> »Fragt euch, ob die ÖFFENTLICHKEIT die folgende Aussage versteht: ›Schurken-Akteure (Clowns/ehemalige US-Staatschefs) haben eine Rakete gestartet, um die USA in einen KRIEG/Konflikt mit X zu zwingen‹?«

In QAnon-Posts wird die CIA als »Clowns in Aktion« bezeichnet, und die ehemaligen Präsidenten Bush Sen., Clinton und Obama wurden als Agenten des Deep State/der CIA eingestuft. So ist in Post #725 »Clowns« QAnons Codewort für die CIA. In einem Artikel, der am 20. Januar 2018 auf www.exopolitics.org veröffentlicht wurde, legte ich dokumentarische Beweise vor, die Insider-Behauptungen untermauern, dass die Geheimdienstabteilung der CIA eine geheime »Dunkle Flotte« nicht nur mit eigenen ballistischen Raketen, sondern mit U-Booten, Flugzeugen und sogar einem Flugzeugträger geschaffen hatte.[35] Daher geht QAnon davon aus, dass ein von der CIA kontrolliertes U-Boot direkt an der Durchführung eines Angriffs unter falscher Flagge gegen Hawaii und Japan mit Nuklearraketen beteiligt war. Damit komme ich nun endlich zur Rolle des Geheimen Weltraumprogramms der USAF beim Abschuss der Rakete des Deep State/der CIA.

Die weltraumgestützte Waffenplattform der USAF

Anfängliche Spekulationen darüber, wer am 13. Januar für den Abschuss der gegen Hawaii gerichteten Rakete verantwortlich war, konzentrierten sich auf ein von der U.S. Navy betriebenes Raketenabwehrsystem. Nur fünf Monate zuvor hatte die Navy bei einem Test vor Hawaii, der von der Pacific Missile Range Facility auf der Insel Kauai gestartet wurde, ein ballistisches Mittelstrecken-Raketenziel erfolgreich abgefangen.[36] Dieser Test folgte einem ähnlichen, jedoch fehlgeschlagenen Test,

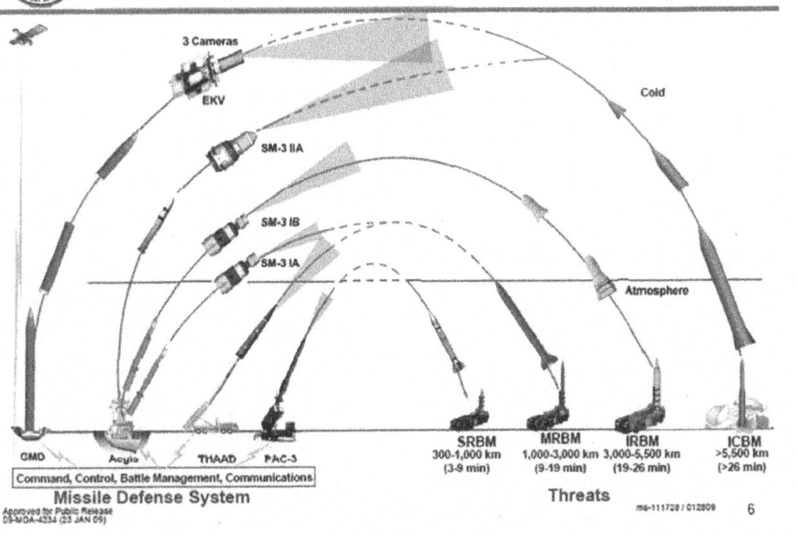

Abb. 70. Vergleich von Aegis mit anderen Verteidigungssystemen. Quelle: Missile Defense Agency

der von derselben Anlage im Juni 2017 gestartet worden war. Dann gab die Navy am 30. Januar 2018 bekannt, dass sie eine weitere Übung in Hawaii durchgeführt hatte, um eine Rakete mit ihrer Aegis-Raketenabwehrtechnologie abzufangen, die erneut versagte.[37]

Da diese Übung, einen Raketenangriff abzuwehren, im vergangenen Jahr zum zweiten Mal gescheitert war, erwies sich die Raketenabwehr der Navy als unzuverlässig. Angesichts der Tatsache, dass die Übung weniger als drei Wochen nach dem Vorfall vom 13. Januar durchgeführt wurde, zeigte sich, dass die Navy derzeit nicht in der Lage war, Raketen zuverlässig abzufangen. Die Ankündigung der fehlgeschlagenen Übung kurz nach dem Angriff auf Hawaii wirft eine interessante Frage auf. Haben die Chefs der Navy damit signalisiert, dass sie nicht für den Abschuss der Rakete vom 13. Januar verantwortlich sind? Wenn ja, wer hat dann die Schurkenrakete abgeschossen?

Am 17. Januar 2018 veröffentlichte ich einen Artikel über den Raketenangriff auf Hawaii, in dem es um die Wahrscheinlichkeit ging, ob das GWP der U.S. Air Force die Rakete mit Hilfe weltraumgestützter Waffentechnologien abgeschossen haben könnte.[38] Die am 23. Oktober 2017 aufgenommenen Fotos zeigen ein rechteckiges UFO in der Nähe der MacDill AFB in Tampa, Florida. Der Fotograf JP behauptet, er sei in das rechteckige UFO hineingelassen worden und habe erfahren, dass es sich um eine Waffenplattform handelte.[39] Außerdem will JP uniformiertes Militärpersonal an Bord der Waffenplattform gesehen haben. Die Besatzung trug, wie er sagte, die Insignien der Air Force Special Ops. Es ist sehr wahrscheinlich, dass die auf der Plattform verwendete Waffenart direkt mit der Technologie der Maser-Satelliten zusammenhängt, die der Deep State zur Steuerung des Hurrikans Irma einsetzte. Wichtig ist, dass diese Mikrowellentechnologien sowohl für offensive als auch für defensive militärische Zwecke eingesetzt werden können. Die Existenz der großen, rechteckigen, weltraumgestützten, fortschrittlichen Waffenplattformen des USAF-GWP, die wahrscheinlich Maser-Technologien enthalten, hat unglaubliche Auswirkungen. Ein auf einer weltraumgestützten Waffenplattform installiertes System von »Strahlenwaffen« wäre in der Lage, alle ballistischen Flugkörper zuverlässig abzuschießen und die Bemühungen des Deep State zu vereiteln, beispielsweise einen Angriff von Nordkorea aus zu simulieren. Im Gegensatz zu den im Aegis-Abwehrsystem der Navy verwendeten »Anti-Raketen-Raketen«, die zweimal bei Tests gegen simulierte Raketenangriffe versagt hatten, könnte eine solche Strahlenkanone einen lichtschnellen Laser-Impuls erzeugen. Damit lässt sich eine mit fünffacher Schallgeschwindigkeit fliegende Rakete im End- oder Wiedereintrittsstadium ihrer Flugbahn leicht abfangen.

Dass Einwohner Mauis und dortige Touristen Zeugen des Abschusses einer Rakete durch eine im Erdorbit stationierte Strahlenwaffe wurden, wird noch glaubhafter, wenn man berücksichtigt, dass sich auf Maui, auf dem Vulkan Haleakalā, eine Weltraum-Überwachungsanlage der USAF befindet. Die Funktionen der Maui Space Surveillance Site (MSSS), also der Weltraumüberwachung von Maui, werden von www.GlobalSecurity.org folgendermaßen beschrieben:

»Die Maui Space Surveillance Site (MSSS) umfasst die Air Force Maui Optical Station (AMOS), eine Anlage des Philips Laboratory der United States Air Force, die Maui Optical Tracking and Identification Facility (MOTIF) und die bodengestützte elektro-optische Weltraumüberwachung (GEODSS), die vom Air Force Space Command betrieben wird.

Der Standort ist weltweit einzigartig und verbindet betriebsbereite Satellitenortungsanlagen (MOTIF und GEODSS) mit einer Forschungs- und Entwicklungseinrichtung (AMOS). Die MSSS wird hauptsächlich nachts eingesetzt, führt jedoch viele ihrer SOI-Missionen rund um die Uhr durch.«[40]

Es ist sehr wahrscheinlich, dass die Maui Space Surveillance Site für die Verfolgung und den Abschuss der gegen Hawaii abgefeuerten Rakete verwendet wurde. Dies würde erklären, warum die Fernsehsendungen die folgenden Informationen enthielten: »Eine Rakete kann innerhalb weniger Minuten Land oder Meer treffen.« Die ankommende Rakete wurde zu diesem Zeitpunkt von der MSSS verfolgt. Dies würde in der Tat weiterhin bestätigen, warum insbesondere viele Einwohner von Maui die Explosion erlebt haben.

Erst in der Endphase der Flugbahn der angreifenden Rakete hätte eine Strahlenwaffe eingesetzt werden können, und die MSSS hat wahrscheinlich dazu beigetragen, die Position der Rakete genau zu triangulieren, das heißt geodätisch zu lokalisieren.

Erhielt die USAF beim Abschuss der Rakete Hilfe von Nordischen?

Es gibt alternative Szenarien, die in Betracht gezogen werden müssen, weil während einer Live-CNN-Sendung über den Fehlalarm in Hawaii etwas auf dem Bildschirm zu sehen war. Die Zuschauer machten während der Sendung Bildschirmfotos, weil über Hawaii mehrere UFOs zu sehen waren, und zwar einunddreißig Minuten nachdem der zweite Notfallalarm ausgegeben worden war. Ein Foto und eine Nahaufnahme zeigen fünf UFOs, von denen mindestens eines eine futuristische Technologie in Form eines Kreisantriebs oder Plasmarings aufwies, ähnlich dem eines TR-3B-Antigravitations-Fluggeräts (siehe Abbildung 71). Dies lässt es möglich erscheinen, dass diese Fahrzeuge dem GWP der USAF angehörten, die sich der Kontrolle durch den Deep State entzogen hatte. Eine andere Erklärung besteht darin, dass die UFOs außerirdischen Ursprungs sind und einer jahrzehntelangen Politik der Nordischen folgen – nämlich heimlich in menschliche Angelegenheiten einzugreifen, um den Einsatz von Atomwaffen zu verhindern. Dieser Ansicht ist Solaris Modalis, die Fotografin dieser Bilder.[41]

Beweisen für UFOs, ob sie nun zum GWP der USAF gehören oder außerirdischen Ursprungs sind, sollte angesichts der neu gegründeten Allianz zwischen den Nordischen und dem Geheimen Weltraumprogramm der USAF eine große Bedeutung beigemessen werden. Es ist sehr wahrscheinlich, dass die Nordischen sich mit dem GWP der USAF abstimmten, um die beabsichtigten False-Flag-Attacken gegen Hawaii und kurz darauf gegen Japan zu vereiteln. In der Tat könnte dieser UFO-Vorfall den Schlüssel dazu liefern, wie die ankommende Rakete abgeschossen wurde.

Es ist sehr wahrscheinlich, dass der Deep State auf den Treuebruch der USAF reagierte, indem er einen Atomwaffenangriff gegen Hawaii startete, das die weltweit größte Konzentration von US-Militäreinrichtungen beherbergt. Nach dem gescheiterten Angriffsversuch auf Hawaii kann ein weiterer Versuch gegen Japan stattgefunden haben, wenn Q und andere Quellen glaubwürdig sind. Letztlich deuten die vorgelegten Beweise mit großer Wahrscheinlichkeit darauf hin, dass die Angriffe vereitelt wurden und dass die Schuldigen von modernsten Waffen und Schiffen des USAF-GWP ausgeschaltet wurden, bei deren Herstellung der Deep State ironischerweise seine Hände im Spiel hatte.

Schlussfolgerung

Im Gegensatz zum offiziellen Bericht des Staates Hawaii über den Vorfall vom 13. Januar 2018 können noch viele andere alternative Schlussfolgerungen gezogen werden:

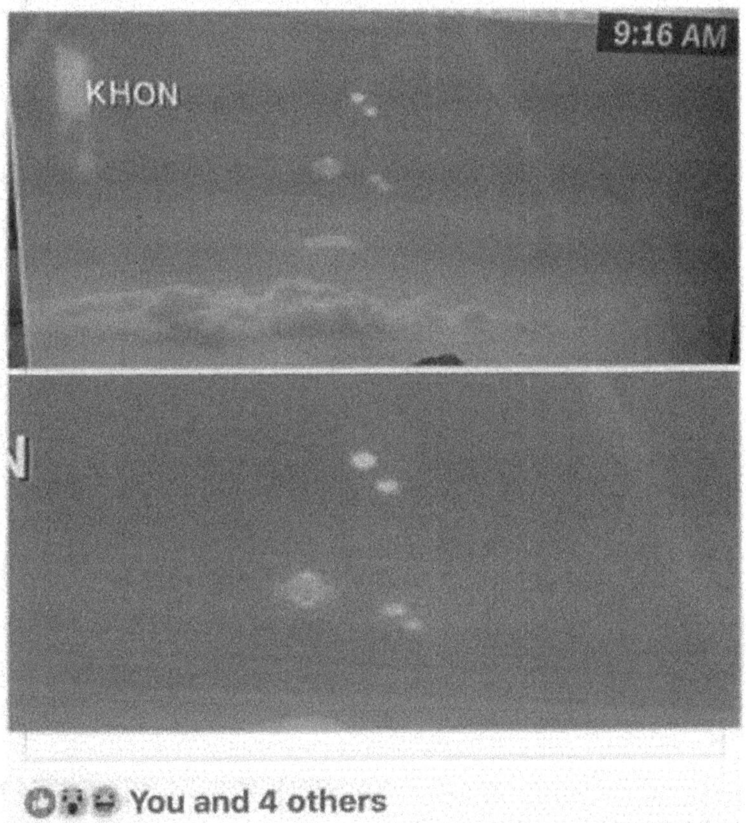

Abb. 71. Screenshot der UFOs, die während der Live-Übertragung von CNN aus Hawaii sichtbar waren. Mit freundlicher Genehmigung von Solaris Modalis.

- Erstens wurde eine Rakete, die wahrscheinlich einen nuklearen Sprengkopf trug, in der Endphase ihrer Flugbahn vom GWP der USAF mit einer auf einer rechteckigen Waffenplattform und/oder einem Satelliten stationierten Strahlenwaffe zerstört.

- Zweitens half die Maui-Anlage zur Weltraumüberwachung bei der Verfolgung und Zerstörung der sich Hawaii nähernden Rakete, um sicherzustellen, dass sie ihr wahrscheinlichstes Ziel – Pearl Harbor, Honolulu – nicht erreichen würde.
- Drittens sollte die für den Morgen des 13. Januar geplante Übung Verwirrung stiften, damit der Angriff unter »falscher Flagge« mit einer echten Rakete, deren Flugbahn auf Nordkorea als den Schuldigen hindeuten würde, tatsächlich erfolgversprechend erschien.
- Viertens ist die Partei, die für den Angriff unter falscher Flagge verantwortlich ist, eine betrügerische Deep State/CIA-Gruppe mit eigenen U-Booten, die Teil einer geheimen Navy-Streitmacht namens »Dunkle Flotte« sind.
- Schließlich sollte der Raketenabwehr-Test der U.S. Navy am 31. Januar der Öffentlichkeit zeigen, dass die Pacific Missile Range Facility auf Kauai noch nicht in der Lage war, Raketen zuverlässig abzufangen, und die Aufmerksamkeit so von den wahren Helden beim Abfangen des Atomangriffs auf Hawaii ablenken – den USAF Special Operations.

Weitere Informationen werden benötigt, um die Richtigkeit dieser Schlussfolgerungen zu überprüfen. Eines ist jedoch an dieser Stelle angesichts der Anzahl der Insider-Quellen und Zeugen, die sich bisher gemeldet haben, ziemlich klar. Die offizielle Untersuchung des Bundesstaates Hawaii ist eine Vertuschung des Raketenangriffs, was darauf hindeutet, dass es sich um einen Angriff unter falscher Flagge mit einer oder mehreren Atomwaffen einer mysteriösen Seestreitmacht handelt, die einen regionalen Atomkrieg auslösen wollte. Zum Glück ist das nicht geschehen.

Ein geheimes weltraumgestütztes Waffensystem wurde höchstwahrscheinlich von den USAF Special Operations eingesetzt, was den nationalen Sicherheitsplanern der USA Zeit gab, eine angemessene Reaktion auf den Angriff unter falscher Flagge auf Hawaii zu entwickeln, dem nur drei Tage später ein ähnlicher Angriff auf Japan folgte. Die mögliche Einbeziehung eines GWP der USAF, das allein oder mit Hilfe von Außerirdischen gegen False-Flag-Angriffe auf Hawaii und Japan vorging, gibt Anlass zur Zuversicht, dass zukünftige Angriffe unter falscher Flagge mit konventionellen Militärtechnologien wahrscheinlich nicht erfolgreich sein werden.

Anmerkungen

1 Der KGMB-Videoclip wurde in einem Tweet des politischen Analysten Nick Short hochgeladen, https://twitter.com/PoliticalShort/status/952288600271478784 (aufgerufen am 26.12.2018)

2 *Star Advertiser*, »›Wrong button‹ sends out false missile alert«, https://www.staradvertiser.com/2018/01/13/breaking-news/emergency-officials-mistakenly-send-out-missile-threat-alert/ (aufgerufen am 02.01.2019)

3 *Star Advertiser*, »HI-EMA's Miyagi resigns, ›button pusher‹ fired in aftermath of false missile alert«, https://www.staradvertiser.com/2018/01/30/breaking-news/ige-to-announce-results-of-false-missile-alert-investigation/ (aufgerufen am 02.01.2019)

4 »False Ballistic Missile Alert Investigation for January 13, 2018«, https://dod.hawaii.gov/wp-content/uploads/2018/01/report2018-01-29-181149.pdf (aufgerufen am 24.12.2018); pgs. 1-2.

5 Ebd., p. 10.

6 Ebd., p. 10.

7 Siehe https://twitter.com/awarenessadvent/status/952295221106110464. Zur CNN-Story von aufheulenden Sirenen in verschiedenen Gegenden Honolulus siehe »Missile threat alert for Hawaii a false alarm«,

8 https://www.cnn.com/2018/01/13/politics/hawaii-missile-threat-false-alarm/index.html (aufgerufen am 26.12.2018)

9 *The Washington Post*: »Emails detail how senior U.S. military officers grappled with false Hawaii missile alert«; https://www.washingtonpost.com/news/checkpoint/wp/2018/02/17/emails-detail-how-senior-u-s-military-officers-grappled-with-false-hawaii-missile-alert/ (aufgerufen am 20.02.2019)

10 Siehe https://archive.4plebs.org/pol/thread/156845778/ (aufgerufen am 24.12.2018)

11 »The False Flag Formula – 15 Ways to Detect a False Flag Operation«, http://freedom-articles.toolsforfreedom.com/false-flag-formula-15-ways-to-detect/ (aufgerufen am 02.01.2019)

12 »Dark Kabale Launches Nuclear Missile At Hawaii – Alliance Stops Attack – January 13, 2018«, http://www.ascensionwithearth.com/2018/01/dark-Kabale-launches-nuclear-missile-at.html (aufgerufen am 02.01.2019)

13 Robert David Steeles Website listet DefDog als das Alias eines wiederholt auftretenden Autors und beschreibt ihn oder sie als »diensthabenden Beamten und geheimen Revolutionär«, https://phibetaiota.net/authors/ (aufgerufen am 23.12.2018)

14 »DefDog: There Was a Missile, Fired by Israel, China or the US, Government is Lying«, https://phibetaiota.net/2018/01/defdog-there-was-a-missile-government-is-lying/ (aufgerufen am 02.01.2019)

15 Biografische Informationen sind zugänglich unter https://davejanda.com/about/ (aufgerufen am 02.01.2019)

16 Siehe »Arrests & Prosecutions Coming for Elite« unter https://www.youtube.com/watch?v=SIO4vWYtk6s&feature=youtu.be&t=24m (aufgerufen am 02.01.2019)

17 »Hawaii tourists say that they saw something blow up in the sky«, https://www.youtube.com/watch?v=Bhto4f-NiQs&feature=youtu.be (aufgerufen am 02.01.2019)

18 Ebd.

19 Ebd.

20 Siehe Michael E. Salla, »QAnon is US Military Intelligence that recruited Trump for President to prevent Coup D'etat«, https://www.exopolitics.org/qanon-is-us-military-intelligence-that-recruited-trump-for-president-to-prevent-coup-detat/ (aufgerufen am 23.12.2018)

21 »Edward Snowden: Whistleblower or CIA Spy?«; http://www.ahijackedlife.com/qanon-moves-from-4chan-to-8chan-confirmation/ (aufgerufen am 23.12.2018)

22 Siehe Posts #498, 500, 502, 506, 510 & 511 unter https://qanon.pub/?q=defcon (aufgerufen am 22.12.2018)

23 Beide Posts sind online zugänglich unter https://qanon.pub/#500 & https://qanon.pub/#498 (aufgerufen am 22.12.2018)

24 Online zugänglich unter https://qanon.pub/#520 (aufgerufen am 22.12.2018)

25 Siehe https://justinformednews.com/2018/08/30/edward-snowden-whistleblower-or-cia-spy/ (aufgerufen am 23.12.2018)

26 »Inside President Trump's Trip to Asia«, https://www.whitehouse.gov/articles/president-trumps-trip-asia/ (aufgerufen am 22.12.2018)

27 Zur Beschreibung von massenhaftem Datentransfer siehe »What is Bulk Data Transfer« unter http://www.learn.geekinterview.com/data-warehouse/data-extraction/what-is-bulk-data-transfer.html (aufgerufen am 23.12.2018)

28 »Was Hawaii False Alarm Necessary to Free Captive NSA Documents?«, https://onehope2016.wordpress.com/2018/01/18/was-hawaii-false-alarm-necessary-to-free-captive-nsa-documents/ (aufgerufen am 02.01.2019)

29 Quelle: https://qanon.pub/#538 (aufgerufen am 24.12.2018)

30 Kimiko de Freytas-Tamura, »Days After Hawaii's False Missile Alarm, a New One in Japan«, https://www.nytimes.com/2018/01/16/world/asia/japan-hawaii-alert.html (aufgerufen am 02.01.2019)

31 Benjamin Fulford, »Future of world being negotiated in next two weeks as Super Blue Blood Moon approaches«, https://kauilapele.wordpress.com/2018/01/25/full-article-benjamin-fulford-1-22-18-future-of-world-being-negotiated-in-next-two-weeks-as-super-blue-blood-moon-approaches/ (aufgerufen am 02.01.2019)

32 Quelle: https://qanon.pub/#725 (aufgerufen am 24.12.2018)

33 Siehe »Executive Order Blocking the Property of Persons Involved in Serious Human Rights Abuse or Corruption«, https://www.whitehouse.gov/presidential-actions/executive-order-blocking-property-persons-involved-serious-human-rights-abuse-corruption/ (aufgerufen am 24.12.2018)

34 Siehe https://archive.4plebs.org/pol/thread/156845778/ (aufgerufen am 24.12.2018)

35 Michael E. Salla, »The Secret Navy behind the Ballistic Missile Attack on Hawaii«, https://www.exopolitics.org/the-secret-navy-behind-the-ballistic-missile-attack-on-hawaii/ (aufgerufen am 24.12.2018)

36 »U.S. Navy shoots down ballistic missile in test« (aufgerufen am 22.12.2018)

37 David B. Larter, »Another U.S. Navy ballistic missile intercept reportedly fails in Hawaii«, https://www.defensenews.com/breaking-news/2018/01/31/second-navy-sm-3-block-iia-ballistic-missile-intercept-hawaii-report/ (aufgerufen am 02.01.2019)

38 »Was a Nuclear Missile Attack on Hawaii Thwarted by a Secret Space Program?«, https://www.exopolitics.org/was-a-nuclear-missile-attack-on-hawaii-thwarted-by-a-secret-space-program/ (aufgerufen am 02.01.2019)

39 Siehe »Covert Disclosure of Antigravity Rectangle Weapons Platforms by USAF Special Operations«, https://www.exopolitics.org/covert-disclosure-rectangle-craft-usaf-spec-ops/ (aufgerufen am 02.01.2019)

40 »Maui Space Surveillance Site (MSSS)«, https://www.globalsecurity.org/space/systems/msss.htm (aufgerufen am 02.01.2019)

41 »Solaris Modalis Commentary: Photographs Taken During Hawaii Missile Incident«, https://solarismodalis.com/solaris-modalis-commentary-photographs-taken-during-hawaii-missile-incident/ (aufgerufen am 02.01.2019)

21 Die Space Force öffnet der Air Force die Tür zur Offenlegung ihres Geheimen Weltraumprogramms

Wer einer schlimmen Angelegenheit mutig begegnet,
hat schon die Hälfte des Übels überwunden.
– Titus Maccius Plautus –

Präsident Trump schlägt eine Space Force als neuen Zweig des US-Militärs vor

Am 18. Juni 2018 hielt Präsident Donald Trump eine Rede, in der er den Weltraum als »Kriegsgebiet« bezeichnete und die Entwicklung einer U.S. Space Force (USSF) forderte, die alle derzeitigen Raumfahrtaktivitäten der U.S. Air Force und anderer Militärdienste übernehmen soll. Die vorgeschlagene Space Force sollte der sechste Zweig des US-Militärs werden und unter die administrative Kontrolle der Air Force gestellt werden, die angeblich rund achtzig Prozent aller militärischen US-Weltraumressourcen besitzt.[1] Bei der Konferenz des National Space Council [Nationaler Weltraumrat] im Weißen Haus sagte Trump:

> »Wir müssen eine amerikanische Dominanz im Weltraum haben … Ich fordere hiermit das Verteidigungsministerium auf, sofort mit dem Prozess zu beginnen, der nötig ist, um eine Weltraumstreitmacht als sechsten Zweig der Streitkräfte zu etablieren … Wir werden die Air Force haben, und wir werden auch die Space Force haben. Getrennt, aber gleich. Es wird etwas sehr Wichtiges sein.«[2]

Trump wies den Vorsitzenden des Vereinigten Generalstabs, General Joseph Dunford, an, »diesen Auftrag auszuführen«.[3]

Trumps Haltung schien im Widerspruch zu früheren Aussagen der U.S. Air Force zu stehen, die vom Stabschef der Air Force und Verteidigungsminister James Mattis stammten. Sie hatten Anfang 2017 gegen einen ähnlichen Vorschlag republikanischer Kongressabgeordneter zur Errichtung eines Weltraumkorps protestiert.[4] Am 17. Oktober 2017 erklärte Mattis in einem Schreiben an den Verteidigungsausschuss des Senats seinen Widerstand:

> »Ich bin gegen die Schaffung einer neuen Teilstreitkraft und zusätzlicher Organisationsebenen in einer Zeit, in der wir uns auf Kostenreduzierung und die Integration unserer gemeinsamen militärischen Anstrengungen konzentrieren.«[5]

Sogar das Weiße Haus unter Trump war gegen die Schaffung eines »Space Corps«. Im Juli 2017 hieß es von dort, konkrete Aussagen zu diesem Thema seien »zu diesem Zeitpunkt verfrüht«.[6] Doch bis zum 13. März 2018 hatte sich Trumps Haltung gewandelt, und er sagte in einer Rede auf der USMC Air Station Miramar in San Diego Folgendes:

> »Meine neue nationale Weltraumstrategie sieht vor, dass der Weltraum genau wie Land, Luft und Meer ein möglicher Kriegsschauplatz ist. Wir werden vielleicht sogar eine Space Force aufbauen. Wir haben die Air Force. Wir werden die Space Force haben. Wir haben die Army, die Navy.«[7]

Etwas hatte sich in der Zeit zwischen der Kongressinitiative Anfang 2017 und Präsident Trumps Rede am 13. März 2018 geändert, bei der er überraschend und nachdrücklich verkündete, die Schaffung einer »Space Force« sei eine gute Idee. Tatsächlich erwähnte Trump in seiner Rede, er selbst hätte die »Space-Force-Idee« während einer Diskussion im Weißen Haus vorgeschlagen, und sie sei dann Gegenstand sehr ernsthafter Überlegungen geworden. Demnach gelangte Trumps Beraterteam zu dem

Schluss, dass die Schaffung einer Space Force durchaus den Interessen der Trump-Administration und der USAF diente.

Es ist offensichtlich, dass bei dieser Geschichte mehr dahintersteckt, und der dramatische Wandel ist wahrscheinlich darauf zurückzuführen, dass zu diesem Zeitpunkt die GWP-Führer der USAF das volle Ausmaß der vom Deep State durchgeführten Täuschung erkannten. Der Deep State hat nicht nur die Existenz seiner eigenen und anderer Weltraumprogramme verschleiert, sondern auch die Rolle der großen Luft- und Raumfahrtunternehmen, die diese Verschleierung durch einen nahezu undurchdringlich verzweigten Entwicklungs- und Fertigungsprozess für »tiefschwarze« Luftfahrtprojekte ermöglichten. Auch Trump und die USAF-GWP-Führer waren sich der Verwendung von Maser-Satelliten und anderer Wettermanipulationstechnologien durch den Deep State bewusst, die im September 2017 dazu eingesetzt wurden, den Hurrikan Irma in Richtung der MacDill Air Force Base zu lenken, und sie waren auch über die schändliche Rolle des Deep State beim Raketenangriff auf Hawaii am 13. Januar 2018 im Bilde.

Schwerwiegend ist jedoch, dass der volle Umfang der Weltraumressourcen des Deep State und seiner Partner vom Interplanetarischen Konzern-Konglomerat (ICC) dann doch unbekannt war. Es musste etwas unternommen werden, um die Militärbehörden der USA über diese Schurken aufzuklären und künftige Bedrohungen durch den Deep State und seine deutschen/drakonischen/konzerngeführten Verbündeten aus der Antarktis zu beseitigen. Infolgedessen zeigten sich die Vorteile der Schaffung einer »Space Force« immer deutlicher. Aus diesem neuen Blickwinkel stellte sie ein Mittel dar, der USAF zu ermöglichen, die Oberhoheit über alle militärbezogenen Aktivitäten der USA im Weltraum durch die Koordination aller dieser Aktivitäten unter einer Verwaltung zu gewinnen. Damit eröffnete sich die Möglichkeit, das dezentrale Unterteilungssystem zu beseitigen, das sich über Jahrzehnte im Militärisch-Industriellen Komplex entwickelt hatte. Dieses System war überaus nützlich für die »Dunkle Flotte« der Antarktis-Deutschen gewesen und hatte zur Schaffung des ICC geführt, der eng mit dem Deep State verbunden war.

USAF-Beamte und Verteidigungsminister James Mattis änderten nun rasch ihre Position und stimmten Trumps Rede vom 18. Juni 2018 zu. Seine Vision einer Space Force konnte nun in die Tat umgesetzt werden.[8] Trump verfügte zwar nicht über die Exekutivbefugnis, eine neue Teilstreitkraft einzurichten, da nur der US-Kongress diese Macht besitzt, aber er hatte die Möglichkeit, das Pentagon zu beauftragen, einen umfassenden Plan für die Schaffung einer solchen Raumstreitmacht zu entwickeln.[9]

So begannen Mattis und das Pentagon also, einen umfassenden Plan für die Schaffung der Space Force aufzustellen, den der Präsident und die Militärführung dem Kongress zur Entscheidung vorlegen konnten.

Bericht des Verteidigungsministeriums zur Schaffung einer Raumstreitkraft

Am 9. August 2018 veröffentlichte das Verteidigungsministerium (DoD = Department of Defense) einen Abschlussbericht an die Verteidigungsausschüsse des Kongresses, in dem die Schritte zur Umsetzung von Trumps Vorschlag dargelegt wurden. Der »Final Report on Organizational and Management Structure for the National Security Space Components of the Department of Defense« (»Abschlussbericht über die Organisations- und Managementstruktur für die Weltraumkomponenten der nationalen Sicherheit des Verteidigungsministeriums«) identifizierte zwei Hauptphasen für die Entwicklung der Raumstreitkräfte anhand ihrer vier Komponenten:

> »Der Aufbau der Raumstreitkräfte wird mehrdimensional und stufenweise erfolgen. In dieser ersten Phase wird das Verteidigungsministerium unter Nutzung der bestehenden Behörden mehrere Komponenten der Space Force aufstellen. In der zweiten Phase muss der Kongress diese Komponenten zum sechsten Zweig der Streitkräfte zusammenfassen. Das Verteidigungsministerium widmet sich unverzüglich dem Aufbau von vier Komponenten:

- Amt für Weltraumentwicklung [Space Development Agency] – zur Entwicklung von Fähigkeiten und Einsatzmöglichkeiten
- Raumfahrt-Einsatzkräfte [Space Operations Force] – Aufbau von Kommandostrukturen und Kampfeinheiten für Weltraummissionen• Dienste und Nachschub [Services and Support] – Aufbau von Stabs- und Nachschubstrukturen, und
- Weltraumkommando [Space Command] – Planung von Kriegseinsätzen der Space Force zum Schutz der nationalen Interessen der USA.«[10]

Die erste Komponente, ein »Amt für Weltraumentwicklung«, ist ein dramatischer Bruch mit früheren Praktiken des Pentagons, bei denen man beim Bau neuer Generationen von Raumfahrzeugen und Weltraumwaffen weitgehend auf Privatunternehmen vertraute. Im Abschlussbericht heißt es, dass die vorgeschlagene Behörde …

»• Möglichkeiten ermitteln wird, um von der Abhängigkeit von wenigen unabhängigen Einheiten zu einer reichhaltigen Architektur überzugehen, die durch kostengünstigere kommerzielle Raumfahrttechnologien den Zugang zu ihnen bewerkstelligt• von akquirierender Organisation und Denkweise zu einer Entwicklungsorganisation übergehen wird, die auf Experimentieren, die Verwendung von Prototypen und eine beschleunigte Indienststellung ausgerichtet ist, sowie
- von einer matrizierten und überlappenden Struktur zu einer konzentrierten und entkoppelten Struktur wechseln wird, um Schnelligkeit zu erzeugen.«[11]

Beim Übergang »von akquirierender Organisation und Denkweise« zu einer »Entwicklungsorganisation« wird die Space Force im Wesentlichen ihre Autorität gegenüber Unternehmern geltend machen, die fortschrittliche Raumschiffkomponenten bauen. Das Ergebnis wird sein, dass Unternehmen nicht länger mit dem geheimen Bau von Teilen für andere Weltraumprogramme durchkommen können, ohne die Air Force zu informieren. Das Amt für Weltraumentwicklung wird es der Air Force ermöglichen, durch die Space Force ihren Vorrang bei der Entwicklung zukünftiger militärischer Weltraumtechnologien zu behaupten.

Laut dem Abschlussbericht wird die zweite Komponente der Space Force, die »Space Operations Force« (»Raumfahrt-Einsatzkräfte«) …

- »• das Raumfahrtpersonal aller Streitkräfte, einschließlich Wache, Reserve und Zivilisten, umfassen,
- eine klare Karriereleiter für die Weltraumeinheiten schaffen, die alle relevanten Spezialgebiete der Raumfahrt umfasst, wie Einsätze, Aufklärung, Technik, Wissenschaft, Akquisition, Cyber etc., und
- vom U.S. Space Command unter ziviler Aufsicht durch das Amt des Verteidigungsministers überwacht werden, während das Personal bei seinen Truppenteilen verbleibt, bis die Space Force eingerichtet ist.«[12]

Die Einrichtung einer Space Operations Force wird es rivalisierenden Weltraumprogrammen unter Führung der Antarktis-Deutschen, des Deep State und der Konzerne sehr schwer, wenn nicht sogar unmöglich machen, heimlich US-Militärpersonal und Zivilisten zu rekrutieren. Es wird »eine klare Karriereleiter für die Weltraumeinheiten« etabliert, die den beruflichen Aufstieg ermöglichen und damit den Bedarf an Praktiken wie den »Zwanzig Jahre und zurück«-Programmen beenden, die von Whistleblowern wie Corey Goode, Michael Relfe und Michael Gerloff beschrieben wurden.[13] Diese und andere Insider haben enthüllt, wie Gedankenkontrolle und fortschrittliche Technologien eingesetzt wurden, um in ihrem Geist alle Erinnerungen an ihren verdeckten Dienst im Weltraum zu löschen. Sie erklärten, wie sie verjüngt wurden und in die Zeit zurückkehrten, als sie ihren Dienst begonnen hatten, ohne die Fähigkeiten und Vorteile, die sie erworben hatten, was dazu führte, dass sie aufgrund der unterdrückten Erinnerungen mit posttraumatischen Belastungen zu kämpfen hatten.

Die vierte Komponente der Space Force umfasst die Einrichtung eines Space Commands (»Weltraumkommando«), das im Abschlussbericht ebenfalls ausführlich beschrieben wird:

»Um die Kampffähigkeit weiter zu beschleunigen, empfiehlt das Ministerium, ein neues U.S. Space Command aufzubauen, das die Führung sämtlicher Einheiten der Space Force übernimmt. Das U.S. Space Command wird für die Vorbereitung von Militäreinsätzen und die militärische Abschreckung im Weltraum sowie die Führung der US-Streitkräfte in solchen Kämpfen verantwortlich sein, falls es dazu kommt.

Das U.S. Space Command wird:

- die Kampfeinsätze im Weltraum leiten und eine einheitliche Führung für die Einsatzkräfte des Weltraums herstellen,
- die Planung und Durchführung sämtlicher militärischer Weltraumaktivitäten integrieren,
- die Kommandostruktur vereinfachen, indem die Einsatzkräfte dem für die vereinigte Weltraumkriegsführung zuständigen Kommandeur unterstellt werden,
- Weltraumstrategien und -konzepte sowie Taktiken, Techniken und Prozeduren (TTPs) für die Space Force entwickeln,
- einheitliche Betriebsstandards festlegen, die von allen Dienststellen übernommen werden, um eine optimale Zusammenarbeit der Truppenteile zu gewährleisten,
- kommerzielle Verfahren und die Digitalisierung zur Reduzierung des Ressourcenverbrauchs und zur Automatisierung arbeitsintensiver Betriebsabläufe nutzen.«[14]

Der Hauptvorteil bei der Schaffung eines Space Commands oder Weltraumkommandos besteht darin, dass diese eine Institution die operative Kontrolle über sämtliche militärischen Weltraumaktivitäten der USA innehaben wird, einschließlich der Kontrolle über die Firmen, die fortschrittliche Weltraumtechnologien mit militärischen Anwendungsbereichen entwickelt haben. Die Befugnisse dieser Institution werden es sehr schwierig, wenn nicht sogar unmöglich machen, Raumfahrttechnik, die innerhalb und für die verschiedenen Militärdienste entwickelt wurden, heimlich in Schwarze Projekte zu verwandeln, die vom Deep State, von Unternehmen und Antarktis-Deutschen ohne Wissen des USAF-GWP betrieben werden.

Am 18. Dezember 2018 wurde diese wichtige Komponente von Trumps zukünftiger Space Force durch ein Präsidentenmemorandum weiterentwickelt, das die Schaffung eines U.S. Space Commands genehmigte:

»Gemäß meiner Autorität als Oberbefehlshaber und gemäß Abschnitt 161 von Titel 10 der US-amerikanischen Bundesgesetze und in Absprache mit dem Verteidigungsminister und dem Vorsitzenden des vereinigten Generalstabs verfüge ich hiermit die Einrichtung des United States Space Command als funktionales Vereinigtes Kampfkommando nach US-amerikanischem Recht. Ich weise den Verteidigungsminister auch an, Offiziere zur Ernennung durch mich und zur Bestätigung durch den Senat als Kommandeur und stellvertretender Kommandeur des neuen Weltraumkommandos der Vereinigten Staaten zu empfehlen.

Ich übertrage dem United States Space Command (1) alle allgemeinen Verantwortlichkeiten eines Vereinigten Kampfkommandos, (2) die weltraumbezogenen Verantwortungsbereiche, die zuvor dem Befehlshaber des Strategischen Kommandos der Vereinigten Staaten übertragen wurden, und (3) die Verantwortung für die Ausrüstung und Ausbildung der Weltraumeinsatzkräfte. Die umfassende Liste der Befugnisse und Zuständigkeiten für das United States Space Command wird in der nächsten Aktualisierung des einheitlichen Kommandoplans enthalten sein.«[15]

Als Vorläufer der Schaffung einer Space Force wird das Space Command die notwendige Integration und Kontrolle von Weltraumressourcen aller fünf Waffengattungen nach der Zustimmung durch den Kongress genehmigen. Vor allem wird das Space Command das USAF Space Command einbeziehen, das bisher dem Kommandeur des US Strategic Command unterstellt war. Es wird auch die USAF Special Operations umfassen, das Personal für die Geschwader von Antigravitations-Raumschiffen bereitstellt, die in der Erdumlaufbahn und im Weltraum stationiert sind (siehe Kapitel 19).

Wenn die Space Force alle parlamentarischen Zustimmungsschritte durchlaufen hat, wird sie zu einer neuen, dem Air-Force-Ministerium unterstellten Teilstreitkraft aufsteigen, analog dem Navy Corps, das als Teilstreitkraft dem Navy-Ministerium unterstellt ist. Nostalgisch erinnert es an die historische Entwicklung der Air Force selbst, die im Zweiten Weltkrieg unter General Hap Arnold erstmals Autonomie gegenüber der Air Force Army erlangte, dann unmittelbar nach dem Zweiten Weltkrieg ein *de facto* separater Dienst unter der administrativen Kontrolle der Armee wurde, was bald darauf, nach der Verabschiedung des Nationalen Sicherheitsgesetzes vom September 1947, in der Schaffung des Air-Force-Ministeriums gipfelte.

Am 19. Februar 2019 veröffentlichte Präsident Trump die Weltraumpolitik-Direktive-4, in der er bestätigte, dass die Schaffung der Space Force ein zweistufiger Prozess sein wird. Sie wird »zunächst innerhalb des Ministeriums der Air Force angesiedelt sein«, was für die Unterstützung des Kongresses und der Air Force von entscheidender Bedeutung ist.[16] Trumps Direktive impliziert lediglich, dass der nächste Schritt die Schaffung eines völlig unabhängigen Ministeriums für die Weltraum-Streitkräfte beinhalten wird, um anfänglichen Widerstand gegen die zweite Phase zu umgehen. Nicht angesprochen wird in Trumps Direktive, dass der zweite Schritt insofern heikel ist, da er die einzige Möglichkeit darstellt, die Navy dazu zu bewegen, die Befehlsgewalt über ihre Weltraum-Kampfgruppen abzugeben, die seit Anfang der 1980er Jahre im Einsatz sind. Grundsätzlich fasst die Space Force, die zunächst der Abteilung der Air Force untersteht, alle militärischen Weltraum-Einheiten zusammen, die im erdnahen Orbit stationiert sind. Nach der Schaffung einer unabhängigen Abteilung der Weltraumstreitkräfte wird die Navy verpflichtet sein, die Kontrolle über ihre Einheiten im offenen Weltraum aufzugeben und diese der Autorität der neuen Teilstreitkraft zu unterstellen.

Space Force, QAnon und die Offenlegung des Geheimen Weltraumprogramms

Eine wichtige Frage, die sich aus Präsident Trumps Weltrauminitiative ergibt, besteht darin, ob diese nicht nur zur Offenlegung des GWP der USAF, sondern auch anderer Weltraumprogramme sowie der Existenz außerirdischen Lebens in all seinen vielfältigen Formen führen wird. Es ist wichtig zu betonen, dass die Idee für eine Space Force in den Diskussionen des Weißen Hauses präsentiert wurde, die

Anfang März 2018 stattfanden, kurz vor Trumps Rede am 13. März auf der USMC Miramar Air Station. Ein Hinweis darauf, was Trumps Militärberater ihm über die Offenlegung gesagt haben, stammt von QAnon (»Q«), der mutmaßlichen Gruppe von Beamten des Militärgeheimdienstes, die Trump über die beste Strategie zur Überwindung des Deep State beraten.

Am 19. September 2018 postete Q zwei wie Bomben einschlagende Meldungen, welche die Existenz Geheimer Weltraumprogramme und außerirdischen Lebens bestätigten, und gewährte so Einblicke in das, was die Trump-Regierung in Zukunft zu enthüllen beabsichtigt. Im ersten Beitrag (#2222) beantwortete Q zwei Fragen dazu, ob außerirdisches Leben existiert und ob sich der UFO-Absturz von Roswell wirklich ereignete:

»Q !!mG7VJxZNCI ID: 98088e No.3094236
Sep 19 2018 19:25:34 (EST)

> Anonymous ID: 5948d8 No.3093831
> Sep 19 2018 19:10:44 (EST)
> QSind wir allein?
> Roswell?

>>3093831
Nein.
Höchste Geheimhaltung.
Bedenkt die Weite des Weltraums.
Q«[17]

Qs Antwort macht deutlich, dass wir nicht allein sind und dass die Wahrheit über den Absturz der Roswell-Flugscheibe »höchste Geheimhaltung« aufweist. Diese Reaktion ist bedeutsam, da sie bestätigt, was ein hochrangiger Beamter des kanadischen Kommunikationsministeriums, Wilbert Smith, 1950 berichtete, nachdem er sich bei hochrangigen Wissenschaftlern der US-Regierung nach dem Roswell-Absturz erkundigt hatte. Smiths offizieller Bericht wurde schließlich aufgrund des Freedom of Information Acts veröffentlicht: »Die Angelegenheit wird als das geheimste Thema der Regierung der

Vereinigten Staaten eingestuft und weist sogar eine noch höhere Einstufung als die *H-Bombe* auf.«[18]

Im zweiten Post, der wie eine Bombe einschlug (#2225), antwortete Q am selben Tag auf Fragen zum Mond und zu Geheimen Weltraumprogrammen:

»Q !!mG7VJxZNCI ID: 922952 No.3095105
Sep 19 2018 19:58:13 (EST)

> Anonymous ID: a16b71 No.3094804
> Sep 19 2018 19:45:34 (EST)
> Q.

Hat die NASA die Mondlandungen gefälscht? Sind wir seitdem auf dem Mond gewesen? Gibt es Geheime Weltraumprogramme? Ist das der Grund, warum die Space Force geschaffen wurde?

> >>3094804
> Falsch, Mondlandungen sind real.
> Es gibt Programme, die nicht öffentlich sind.
> Q«[19]

Mit der Aussage, dass die »Mondlandungen real sind«, weist Q die Verschwörungstheorien, dass diese gefälscht worden seien, zurück. Das beseitigt ein Hindernis, das einer Aufklärung der Öffentlichkeit bezüglich der Ereignisse auf dem Mond nach der *Apollo*-Mondlandung im Weg stand.

In der nächsten Erklärung bekräftigt Q die Existenz von Weltraumprogrammen, die »nicht öffentlich sind«. Dies bedeutet: Q möchte den Lesern klarmachen, dass die Informationen zu diesen »nicht öffentlichen« Weltraumprogrammen streng geheim und auf diejenigen beschränkt sind, die einen »Need-to-Know«-Zugang haben, also bei Bedarf Kenntnis davon erlangen. Obwohl Q nicht ausdrücklich auf Trumps Space-Force-Initiative Bezug nahm, kann es wohl kaum ein Zufall sein, dass Qs Postings nur einen Monat vor der Veröffentlichung des »Abschlussberichts« des Pentagons an den Verteidigungsausschuss des Kongresses zur Einrichtung der Space Force erschienen.[20] Aus der Antwort von Q geht hervor, dass Trump Informationen über die

Existenz Geheimer Weltraumprogramme mitgeteilt wurden. Noch wichtiger ist: Q hat aus einer langen Liste von Fragen gerade diese beantwortet, was darauf hindeutet, dass in Trumps Weißem Haus eine Offenlegungsagenda existiert.

Offenlegung des Geheimen Weltraumprogramms der USAF und der Nordischen Allianz

Seit der Gründung der U.S. Air Force im Jahr 1947 haben sich die führenden Politiker mit der Frage befasst, wie mit dem Besuch von Außerirdischen und der Existenz eines deutschen Geheimen Weltraumprogramms in der Antarktis umgegangen werden soll, das mit den aggressivsten außerirdischen Besuchern, den Drako-Reptiloiden, verbündet ist. Nachdem sowohl die U.S. Navy als auch die Air Force mit ihren jeweiligen Bemühungen (von 1947 bis 1952) scheiterten, die von den Antarktis-Deutschen durch direkte militärische Konfrontation ausgehende Bedrohung einzudämmen, wurde eine Strategie der Verhandlungen und Kooperationen entwickelt, um die Geheimnisse der interstellaren Raumfahrt zu entschlüsseln.

Entgegen dem Ansatz der Navy, die eng mit einer Gruppe menschlich aussehender Nordischer zusammenarbeitete, kooperierte die USAF mit den Antarktis-Deutschen und ihren reptiloiden Verbündeten.[21] Die USAF arbeitete auch mit anderen außerirdischen Gruppen wie den Greys, den Tall Whites und einer weiteren menschlich aussehenden Gruppierung zusammen, um die Raumschiffe zu verstehen, die sie geborgen hatten. Der Fortschritt verlief langsam, aber in den folgenden Jahrzehnten gelang es der USAF, eine beeindruckende Sammlung von Weltraumantriebstechnologien nachzubauen, die es ihr ermöglichten, in die Erdumlaufbahn und schließlich in unser gesamtes Sonnensystem zu reisen. Mindestens drei unterschiedlich große scheibenförmige »Alien-Nachbau-Raumschiffe«, mindestens drei unterschiedlich große TR-3B-artige »dreieckige Flugobjekte«, »rechteckige Waffenplattformen« und »getarnte Raumstationen« bilden die Kronjuwelen des Weltraumprogramms der USAF. Die USAF verfügt sogar über die

Technologie der passierbaren Wurmlöcher, durch die ihre Raumschiffe Erkundungsflüge in andere Sonnensysteme unternehmen können. Diese Technologie wurde besonders in einer von zwei Stabschefs der Air Force genehmigten Initiative »behutsamer Offenlegung« enthüllt – der Science-fiction-Serie *Stargate SG-1*.

Bei ihrer Mission, möglichen planetarischen Bedrohungen entgegenzutreten, war die USAF stolz und zuversichtlich, die sprichwörtliche »Speerspitze« zu sein, bis sie Ende 2016 die Wahrheit erfuhr. Die bemerkenswerten Zeugnisse von Corey Goode und anderen Insidern veranlassten die GWP-Führung der USAF, die Behauptungen über die Existenz anderer Geheimer Weltraumprogramme ernsthaft zu untersuchen. Diese Informationen wurden zum ersten Mal im Jahr 2000 durch Michael Relfes bahnbrechendes Bekenntnis öffentlicht, zwanzig Jahre lang auf dem Mars gedient zu haben.[22] Die Untersuchung führte zu der erstaunlichen Entdeckung, dass das USAF-GWP weit davon entfernt war, die Speerspitze zu bilden, wenn es um fortschrittliche Weltraumtechnologien für die Auseinandersetzung mit möglichen planetaren Bedrohungen ging. Die USAF fand heraus, dass der Deep State, die Antarktis-Deutschen und ihre außerirdischen Verbündeten sie vollkommen getäuscht hatten. Sie hatten der Air Force nur geholfen, veraltete Weltraumtechnologien zu nutzen, die Jahrzehnte hinter dem zurückblieb, was in andere Weltraumprogrammen eingesetzt wurde.

Die institutionelle Demütigung der USAF nahm noch zu, als sich bestätigte, dass die U.S. Navy interstellare »Weltraumkampfgruppen« aufgestellt hatte. Diese mit der Technik für Flüge zwischen den Sternen ausgerüstete Gruppen patrouillierten im gesamten Sonnensystem. Obendrein arbeitete die Navy eng mit einer Gruppe Nordischer zusammen, von der die USAF-Führung aufgrund der Fehlinformationen, mit denen sie getäuscht wurde, irrtümlich annahm, sie wären eine Bedrohung. Tatsächlich hatte die USAF mit den Antarktis-Deutschen und den Agenten des Deep State zusammengearbeitet, um viele auf der Erde gefundene, menschlich aussehende Außerirdische einzufangen, zu verhören und zu foltern, vielleicht sogar einige, die der Navy geholfen hatten, ihr hochmodernes Weltraumprogramm zu entwickeln.

Nachdem das gesamte Ausmaß des Netzwerkes von Fehlinformationen und Lügen aufgedeckt worden war, das ihre Mission korrumpiert und ihre technologische Entwicklung behindert hatte, traf die USAF die wichtige Entscheidung, ihre grundlegenden außerirdischen Allianzen neu auszurichten. Wie die Navy arbeitet nun auch die USAF eng mit menschlich aussehenden Außerirdischen zusammen, die bereit sind, bei der Entwicklung fortschrittlicher Weltraumtechnologien zu helfen, die es ermöglichen könnten, dass die USAF einen aktiven Beitrag in dem galaxisweiten Konflikt leistet, der gegenwärtig mit den drakonisch-reptiloiden Außerirdischen im Gang ist. Die von der USAF im Juni 2017 bekannt gegebene »vorläufige Unterrichtung« der Defense Intelligence Agency war ein Zeichen für diesen strategischen Wandel, da erstmals eine Darstellung historischer Ereignisse zutage trat, die genauer war als alles, was die Air Force zuvor durch die Majestic-Dokumente mitgeteilt hatte. Am wichtigsten ist, dass das geleakte DIA-Dokument feststellte, dass die menschlich aussehenden Außerirdischen die freundlichsten aller Weltraumbesucher sind und sich bei diplomatischen Vereinbarungen als verlässliche Partner erwiesen haben.

Auf das Durchsickern des DIA-Dokuments im Juni 2017 folgte, dass die USAF Special Operations verdeckt einem Zivilisten halfen, Fotos von einigen ihrer vom Air-Force-Stützpunkt MacDill in Florida aus operierenden Antigravitations-Raumschiffe zu machen. Kapitel 19 befasste sich eingehend mit den Fotos von JP und legte dar, wie diese seine Behauptungen, in unterschiedlich geformten USAF-Antigravitations-Raumschiffen gewesen zu sein, unter Beweis gestellt haben: Es gab sowohl »Fliegende Dreiecke« als auch »Fliegende Rechtecke«. Er machte sogar Fotos von einem Fluggerät eines Nordischen, der ihm sagte, sein Volk habe der USAF geholfen, fortschrittlichere Technologien und Waffen für das Geheime Weltraumprogramm (GWP) zu entwickeln.

Diese strategische Neuausrichtung hin zu anderen außerirdischen Verbündeten hat einige bedeutsame politische Änderungen innerhalb der höchsten Ebenen des USAF-GWP erforderlich gemacht. Zu den wichtigsten gehört, der US-amerikanischen sowie der globalen Gesellschaft dabei zu helfen, sich vom zerstörerischen Einfluss des Deep State und seiner Verbündeten aus den Reihen der Antarktis-Deutschen, Reptiloiden und Konzerne zu befreien. Es ist kein Zufall, dass sich vergleichbare Szenarien auf vielen anderen Welten abgespielt haben, auf denen die Drakonier erfolgreich Fuß fassten und die Nordischen aktiv geworden sind, um diesen Welten zu helfen, sich von solchen korrumpierenden Einflüssen zu befreien.

Die dramatische Änderung der Politik der USAF bis September 2017 führte zu einer raschen Vergeltung durch den Deep State. Mit seinen Maser-Satellitensystemen zielte der Deep State auf die MacDill Air Force Base, indem er den Hurrikan Irma direkt in Richtung ihres Standortes in Tampa lenkte. Es ist kein Zufall, dass Irma am 11. September 2017, dem sechzehnten Jahrestag der Anschläge vom 11. September 2001, in der Nähe von MacDill tobte oder dass der Hurrikan nach einer germanischen Kriegsgöttin benannt wurde. Dieses Ereignis war eine verdeckte Kriegserklärung des Deep State an das GWP der USAF, und es enthielt auch eine dunkle Warnung für jede andere Einrichtung, die zur Förderung eines Offenlegungsprozesses verwendet werden würde.

Vier Monate später, als der Deep State am 13. Januar 2018 in Hawaii einen Angriff unter falscher Flagge versuchte, um einen Dritten Weltkrieg auszulösen, waren die USAF und ihre neuen nordischen Verbündeten vorbereitet. Die von einem CIA-U-Boot in der Nähe von Nordkorea abgefeuerte Langstreckenrakete wurde mitten im Flug zerstört. Drei Tage später folgte ein ähnliches False-Flag-Ereignis mit Bezug auf Japan, was darauf hindeutete, dass das GWP der USAF erneut interveniert hatte. Es wäre ironisch, wenn sich eines Tages herausstellen würde, dass einige jener Maser-Satelliten, mit denen der Hurrikan Irma gesteuert wurde, auch für den Abschuss der auf Hawaii und Japan abgefeuerten ballistischen Raketen verwendet wurden. QAnon hat eine solche Möglichkeit angesprochen. Postings von Q haben den Prozess beschrieben, wie der Missbrauch von Satellitentechnologien durch den Deep State die Rechtfertigung für die Übernahme dieser Weltraumressourcen durch das US-Militär lieferte.[23] Am Ende ist der Deep State kläglich gescheitert. Die Führer der USAF arbeiten jetzt eng mit der

Trump-Administration zusammen, um durch den Aufbau der Space Force die Macht des Deep State zu beseitigen.

Offizielle Enthüllung durch die Space Force

Mit dem Befehl zur Schaffung der Weltraumstreitkräfte rüttelt Trump nun gründlich an den bürokratischen und korporativen Bäumen, hinter denen sich mehrere Weltraumprogramme verstecken, die heimlich von US-Unternehmen für verschiedene Kunden innerhalb des Militärisch-Industriellen Komplexes und der Antarktis-Deutschen entwickelt und bereitgestellt wurden. Große Luft- und Raumfahrtunternehmen wie Lockheed Martin, Northrup Grumman, Raytheon, General Dynamics und so weiter liefern seit Jahrzehnten die Technologien und Komponenten für das GWP der Air Force, während sie ihre Beteiligung an der Belieferung anderer Weltraumprogramme verbergen. Jahrzehntelang war sich die USAF dieser anderen GWPs aufgrund der kleinteilig auf viele Fertigungsstätten verteilten Produktion und gerissener Lügen über Raumfahrzeuge, die zu anderen Weltraumprogrammen gehörten, kaum oder gar nicht bewusst. Infolgedessen hat der Deep State eine wichtige Rolle bei der Festlegung der Raumfahrtpolitik gespielt, da er seit langem Air-Force-Beamte im Rahmen des Versorgungs- und Beschaffungsprozesses, der die verschiedenen Weltraumprogramme ermöglicht, manipuliert. Trumps Space Force wird der USAF endlich die Mittel geben, solche Probleme zu lösen, wodurch die USAF mit den GWP-Führern der Navy bei der Koordinierung ihrer jeweiligen Weltraumressourcen zusammenarbeiten und eine offizielle Beendigung der Geheimhaltung einleiten kann.

In früheren Kapiteln habe ich den Plan der »begrenzten Offenlegung« der Air Force beschrieben, der die Existenz von zwei oder mehr Raumstationen in der Erdumlaufbahn zusammen mit Antigravitations-Flugdreiecken (TR-3Bs) und anderen exotischen Raumfahrzeugen aufdeckt, die von beteiligten Luft- und Raumfahrtunternehmen gebaut wurden. Tom DeLonges »To the Stars Academy« begann als eine von der USAF unterstützte Offenlegungsinitiative, wurde jedoch aufgegeben, nachdem die Führung der Air Force von der Täuschung durch den Deep State erfahren hatte und erkannte, dass diese Initiative kompromittiert worden war. Nachdem die Kommandeure der Air Force vom höher eingestuften und weiter fortgeschrittenen GWP der Navy erfahren hatten, indem sie Aussagen von Corey Goode und anderen GWP-Whistleblowern auf ihre Richtigkeit überprüften, wurde eine Änderung der Strategie notwendig.

Die Entdeckung der USAF, dass die Navy ein eigenes GWP mit fortschrittlichen Weltraumtechnologien besaß, die von verschiedenen Unternehmen heimlich konstruiert worden waren, und dass überdies noch andere Weltraumprogramme der Antarktis-Deutschen (Dunkle Flotte) und des Deep State/ICC (Interplanetarisches Konzern-Konglomerat) existierten, machten der Führung der Air Force klar, dass sie den komplexen, unübersichtlichen Entwicklungs-, Beschaffungs- und Rekrutierungssystemen ein Ende bereiten musste. Diese Verwaltungssysteme hatten die ganze Täuschung überhaupt erst möglich gemacht. Daher wurde ihre Änderung zu einem wichtigen Faktor bei der Entscheidung der USAF- und Pentagon-Beamten, die Space-Force-Initiative nach starkem anfänglichem Widerstand auf der Grundlage jahrzehntelanger Desinformation zu überdenken und zu genehmigen. Das Maß an Zusammenarbeit, das die Befehlshaber der Air Force und der Navy benötigen, um der Space Force zum Erfolg zu verhelfen, wird enorm sein. Das wirft die Frage auf, ob diese beiden stark rivalisierenden Militärgiganten die fortschrittlichen Luft- und Raumfahrttechnologien, die in ihren jeweiligen Geheimen Weltraumprogrammen eingesetzt werden, auch wirklich öffentlich enthüllen und in der neuen Teilstreitkraft Space Force zusammenführen werden. Es ist sehr wahrscheinlich, dass die fortschrittlichen Weltraumtechnologien des GWP der USAF als erste an die Öffentlichkeit gelangen werden. Diese können am einfachsten offengelegt werden, da durch mehrere Whistleblower, Insider und Zeugenberichte bereits ein öffentliches Bewusstsein für die Existenz von Flugscheiben (ARVs), dreieckigen Fluggeräten (TR-3Bs), rechteckigen Plattformen und Stealth-Raumstationen besteht. Das Auftreten der Space Force wird es ermöglichen, dass unzählige »tiefschwarze« Technologien ans Licht kommen, die vom Deep State und der CIA durch korrupte Praktiken finanziert wurden. Die Mitschuld des Deep State und der CIA an internationalen Korruptionsverbrechen und Menschenrechtsverletzungen – die dazu dienten, Milliarden von Dollar in ein schwarzes Budget zu pumpen, das schätzungsweise eine Billion Dollar pro Jahr übersteigt – wird nun ans Licht gebracht. Das wird diese illegalen Finanzierungsmechanismen für immer beenden.[24] Infolgedessen muss die Space Force durch konventionellere Quellen wie offizielle Mittel des Kongresses finanziert werden. Und im Gegenzug muss die Öffentlichkeit überzeugt werden, aus Klugheit eine dramatische Aufstockung des Budgets für das Pentagon zu akzeptieren, damit es dem vom Deep State durch seine illegalen Aktivitäten erreichten Finanzierungsniveau entspricht.

Ein viel dramatischeres Enthüllungsereignis wird jedoch die Offenlegung der Rolle der Nordischen sein, die der USAF geholfen haben, ihr Geheimes Weltraumprogramm voranzutreiben. Es ist sehr wahrscheinlich, dass das GWP der USAF seine Beziehung zu den Nordischen als Teil seines Offenlegungsprozesses enthüllt. Das erste konkrete Anzeichen dafür war die Veröffentlichung des vorläufigen Informationsdokuments des Geheimdienstes der Armee von 1989 über menschlich aussehende Außerirdische im Juni 2017.

Inzwischen sollte den Lesern klar sein, dass DIA, NRO und NSA wichtige Partner im GWP der USAF sind. Das DIA-Dokument ist bereits öffentlich verfügbar und wird nur dann breite Beachtung finden, wenn andere wichtige Elemente darin für echt erklärt werden, wie dies Dr. Robert Wood im Dezember 2018 getan hat.[25]

Die Enthüllung eines von der USAF entwickelten Geheimen Weltraumprogramms ist für sich genommen schon eine gewaltige Neuigkeit. Die Ergänzung, dass dies mit Hilfe von menschlich aussehenden Nordischen erreicht wurde, wird für viele ein großer Schock sein. Einige mögen sich fragen, ob die Öffentlichkeit für solche dramatischen Ankündigungen überhaupt bereit ist und ob dies nicht, wie der Brookings-Bericht bereits 1961 warnte, zu einem gesellschaftlichen Zusammenbruch führen wird.[26] Es ist allerdings höchst unwahrscheinlich, dass ein solcher Zusammenbruch eintreten wird, da die Öffentlichkeit gründlich darauf vorbereitet wurde, die Existenz außerirdischen Lebens zu akzeptieren. Somit dürfte eine Ankündigung, dass sich derartige Besucher als freundlich erwiesen haben und unserer Welt helfen, fortschrittliche Weltraumtechnologien zu entwickeln, von vielen begrüßt werden. Obendrein gibt es Grund zu der Annahme, dass auch die rasend schnell gewachsene QAnon-Bewegung eine herausragende Rolle in einem solchen Enthüllungsprozess spielen wird und dass mehr Q-Posts erwartet werden können, um Geheime Weltraumprogramme und außerirdisches Leben zu diskutieren.

Wann ist mit einer offiziellen Offenlegung des GWP der USAF und der Existenz Nordischer zu rechnen? Ein Zeitpunkt, der dafür infrage käme, ist die erfolgte Zerschlagung des Deep State durch die Erdallianz. Auf jeden Fall wird das neu eingeführte U.S. Space Command eine bedeutende Rolle im offiziellen Offenlegungsprozess spielen. Die Offenlegung des GWP der USAF, seine Übernahme in das Space Command und danach in die Space Force sowie die Enthüllung der Anwesenheit Nordischer werden unsere Welt in vielerlei Hinsicht revolutionieren. Es wird noch weiter eskalieren, sobald das GWP der Navy Teil des Offenlegungsprozesses wird und schließlich in die Space Force integriert wird, nachdem diese aus der administrativen Kontrolle des Air-Force-Ministeriums gelöst und einem völlig unabhängigen Ministerium für Weltraumstreitkräfte unterstellt worden ist. Es wird große technologische, wirtschaftliche, politische und kulturelle Umwälzungen geben, die sich sehr schnell ereignen. Die Beseitigung des Deep State und seiner unzähligen korrupten Praktiken, die zur geheimen Finanzierung mehrerer getarnter Weltraumprogramme eingesetzt wurden, wird tiefgreifende Veränderungen bewirken.

In den kommenden zehn Jahren wird sich die Menschheit zunehmend mit bedrohlichen Ereignissen auf dem gesamten Planeten konfrontiert sehen, zu denen möglicherweise ein Sonnenblitz, auch bekannt als Mikronova,[27] eine geophysikalische Polverschiebung und potenzielle Asteroideneinschläge gehören.[28] Die Offenlegung der Existenz fortgeschrittener Technologien wird nicht nur dazu führen, dass die Raumfahrt für eine breite kommerzielle Nutzung zur Verfügung steht. Vor allem werden unzählige Individuen und Gemeinschaften diesen bedrohlichen Ereignissen dadurch nicht mehr zum Opfer fallen. In ähnlicher Weise wird die Freisetzung unterdrückter Gesundheitstechnologien der Menschheit helfen, Krankheit und Alterungsprozess, ihre uralten Feinde, zu überwinden und die Auswirkungen der planetarischen Herausforderungen erheblich abschwächen. Wenn die technologischen Offenlegungen mit der Enthüllung der Existenz menschlich aussehender Außerirdischer, mit denen wir genetisch verwandt sind, kombiniert werden, erwartet die Menschheit eine Zukunft, die der Vision von *Star Trek* ähnelt, in der Raumflüge zu fernen Sternensystemen ebenso alltäglich sind wie heute der interkontinentale Flugverkehr.

Anmerkungen

1 Zur Schätzung von achtzig Prozent der militärischen Weltraumressourcen, die der USAF gehören, siehe »Proposed Space Force to protect, expand U.S. cosmic capabilities«; http://apgnews.com/community-news/proposed-space-force-to-protect-expand-u-s-cosmic-capabilities/ (aufgerufen am 21.04.2019)

2 *NBC News*, https://www.youtube.com/watch?v=5lEaLcumd08 (aufgerufen am 29.12.2018)

3 Oriana Pawlyk, »It's Official: Trump Announces Space Force as 6th Military Branch«, https://www.military.com/daily-news/2018/06/18/its-official-trump-announces-space-force-6th-military-branch.html (aufgerufen am 28.12.2018)

4 *Roll Call*, »Air Force Opposes Creation of Space Corps«, https://www.rollcall.com/policy/air-force-opposes-creation-space-corps (aufgerufen am 28.12.2018)

5 Das Schreiben ging an das Committee on Armed Services, den Ausschuss für Streitkräfte, der die gesetzgebende Aufsicht über das Militär innehat; http://static.politico.com/11/99/eab4f5be445fa2d0749ae8b798f1/mattis-ndaa-heartburn-letter.pdf (aufgerufen am 28.12.2018)

6 Phillip Swarts, »Space Corps proposal has murkier path forward in the Senate«, https://spacenews.com/space-corps-proposal-has-murkier-path-forward-in-the-senate/ (aufgerufen am 28.12.2018)

7 »Trump floats idea for a military ›space force‹«, https://www.youtube.com/watch?v=6lrJhatw3K4 (aufgerufen am 28.12.2018)

8 Siehe Valerie Insinna, »Mattis supportive of new combatant command for space operations«, https://www.defensenews.com/space/2018/08/07/pentagon-setting-up-new-combatant-command-for-space-operations-mattis-confirms/ (aufgerufen am 27.12.2018)

9 Siehe Loren Grush, »Space Command is coming back, but Space Force still needs approval from Congress«, https://www.theverge.com/2018/12/18/18146433/trump-space-force-combatant-command-department-of-defense-usstratcom (aufgerufen am 27.12.2018)

10 »Final Report on Organizational and Management Structure for the National Security Space Components of the Department of Defense«, page 6; https://partner-mco-archive.s3.amazonaws.com/client_files/1533834803.pdf (aufgerufen am 27.12.2018)

11 Ebd., p. 8.

12 Ebd., p. 10.

13 Zur Diskussion von Goodes and Relfes Erfahrungen siehe Michael E. Salla, *Geheime Weltraumprogramme & Allianzen mit Außerirdischen*; AMRA Verlag, Hanau 2016. US-Ausgabe: pgs. 309-344. – Zu Michael Gerloffs Erfahrungen siehe Michael E. Salla, »Covert Recruitment into Space Marines ›20 and Back‹ Program«, http://www.exopolitics.org/pt-2-covert-recruitment-space-marines/ (aufgerufen am 28.12.2018)

14 »Final Report on Organizational and Management Structure for the National Security Space Components of the Department of Defense«, page 12; https://partner-mco-archive.s3.amazonaws.com/client_files/1533834803.pdf (aufgerufen am 27.12.2018)

15 »Text of a Memorandum from the President to the Secretary of Defense Regarding the Establishment of the United States Space Command«, https://www.whitehouse.gov/briefings-statements/text-memorandum-president-secretary-defense-regarding-establishment-united-states-space-command/ (aufgerufen am 27.12.2018)

16 »President Donald J. Trump is Establishing America's Space Force«, https://www.whitehouse.gov/briefings-statements/president-trump-establishing-americas-space-force/(aufgerufen am 19.02.2019)

17 Quelle: https://qanon.pub/#2222 (aufgerufen am 28.12.20.2018)

18 »Project Magnet«, https://www.bibliotecapleyades.net/sociopolitica/esp_sociopol_mj12_3g7.htm (aufgerufen am 28.12.2018)

19 Quelle: https://qanon.pub/#2225 (aufgerufen am 28.12.2018)

20 »Final Report on Organizational and Management Structure for the National Security Space Components of the Department of Defense«, page 6; https://partner-mco-archive.s3.amazonaws.com/client_files/1533834803.pdf (aufgerufen am 27.12.2018)

21 Für eine detaillierte Darstellung der Kooperation der Navy mit den Nordischen siehe Michael E. Salla, *Das Geheime Weltraumprogramm der US-Navy & Die Allianz mit den Nordischen*; AMRA Verlag, Hanau 2017.

22 Siehe die zweibändige Buchreihe *The Mars Records* von Stephanie & Michael Relfes, die schildert, wie durch Clearing-Sitzungen mit einem Biofeedback-Messgerät verborgene Erinnerungen an den Militärdienst auf dem Mars wiedererweckt wurden (mit Messwerten); http://www.themarsrecords.com (aufgerufen am 29.12.2018)

23 Zur Erörterung der Rolle von Q und der Satelliten des Deep State, die offline gegangen sind, siehe David Wilcock, »Stunning New Briefings: Spy Satellites Down, Deep State Arrests Finally Imminent?«, https://divinecosmos.com/davids-blog/22005-stunning-new-briefings-spy-satellites-down-deep-state-arrests-finally-imminent/3/ (aufgerufen am 29.12.2018)

24 Zu Schätzungen des schwarzen Etats der CIA siehe Michael E. Salla, »The Black Budget Report«, https://exopolitics.org/archived/Report-Black-Budget.htm (aufgerufen am 02.01.2019)

25 Siehe Robert Wood, »47 pages from the DIA: Why Should We Care?«, https://exonews.org/47-pages-from-the-dia-why-should-we-care/ (aufgerufen am 03.01.19)

26 Nick Redfern, »E.T. and the Brookings Institution«, https://mysteriousuniverse.org/2015/06/e-t-and-the-brookings-institution/ (aufgerufen am 29.12.2018)

27 Siehe »Earth Catastrophe Cycle | Solar Micronova«, https://www.youtube.com/watch?v=jTUJ7GtEx0Y (aufgerufen am 02.01.2019)

28 Zur Frage nach einem Polsprung siehe Michael E. Salla, *Antarktis – Die verbotene Wahrheit*; AMRA Verlag, Hanau 2020.

Nachwort
zur deutschen Ausgabe

Ein Raumfahrtzentrum der Space Force in Ramstein

Was Sie bisher gelesen haben, bildet eine Vorgeschichte der Space Force bis zum 9. März 2019 – aus der Sicht dessen, was die Air Force von der Zeit des Zweiten Weltkriegs an erforscht und entwickelt hat. Seit Erscheinen der amerikanischen Ausgabe dieses Buches fanden jedoch bedeutsame Entwicklungen in Bezug auf die Space Force statt, die zum Zeitpunkt der Niederschrift noch ausstanden. Am wichtigsten ist, dass Präsident Donald Trump am 20. Dezember 2019 den »Space Force Act« unterzeichnete.[1] Dieses Gesetz ist jetzt Bestandteil des National Defense Authorization Act (NDAA), eines jährlich verabschiedeten Bundesgesetzes, das den Haushalt des Verteidigungsministeriums festlegt. Damit ist das Pentagon, das offiziell eine sechste Teilstreitkraft der amerikanischen Armee ins Leben rief – die U.S. Space Force (USSF) –, für ein weiteres Jahr finanziert.

Besonders interessant für den deutschen Leser ist eine weitere Entwicklung: Jens Stoltenberg, Generalsekretär der NATO, kündigte am 22. Oktober 2020 die Gründung eines Raumfahrtzentrums auf der Air-Force-Basis Ramstein in Deutschland an, das unter der Leitung der U.S. Air Force stehen wird.[2] In diesem Raumfahrtzentrum wird sich das neu gegründete U.S. Space Command mit den NATO-Mitgliedstaaten hinsichtlich der gerade entstehenden multinationalen militärischen Weltraumallianz koordinieren. Die Wahrscheinlichkeit, dass Ramstein eine Drehscheibe für die Anwendung eines Teils der fortgeschrittenen Antigravitations-Technologien sein wird, die von der U.S. Air Force heimlich entwickelt wurden, ist sehr hoch, wenn nicht sogar absolute Gewissheit.

In diesem Nachwort werde ich die Gesetzgebung zusammenfassen, durch die der amerikanische Kongress die Gründung der Space Force legitimierte, und ihre Bedeutung angesichts dessen beschreiben, was ich zuvor in diesem Buch erörtert habe.

Im NDAA für 2020, das insgesamt fast 3.500 Seiten umfasst, erscheint das über die Space Force Vereinbarte unter der Überschrift IX – Department of Defense Organization and Management (Organisation und Verwaltung des Verteidigungsministeriums). Abschnitt D behandelt, wie die Space Force eingerichtet und geführt werden wird. Er beginnt mit den relevanten Absätzen des NDAA (Titel IX, Untertitel D), die die Gründung der Space Force autorisieren und mitteilen, wie der Gründungsakt zukünftig bezeichnet wird:

Untertitel D – United States Space Force

SEC. 951. KURZTITEL.

Dieser Untertitel soll als »United States Space Force Act« zitiert werden.

SEC. 952. THE SPACE FORCE.

(a) UMBENENNUNG. – Das Air Force Space Command wird hiermit zu United States Space Force (USSF) umbenannt.[3]

Durch die Umbenennung des Air Force Space Command in »United States Space Force« (USSF) beendet der Space Force Act ersteres *de facto*. Das Air Force Space Command wurde 1982 gegründet und war eines der zehn (heute neun) Hauptkommandos der Air Force. Das Air Force Space Command hatte seinen Hauptsitz auf der Peterson Air Force Base in Colorado und verfügte über 26.000 Mitarbeiter weltweit. Dieses Personal war auf wichtige Einrichtungen wie die Air-Force-Basen Schriever, Peterson und Buckley in Colorado, die Air-Force-Basen Los Angeles und Vandenberg in Kalifornien und die ………

Patrick AFB in Florida verteilt. Etwa 16.000 der 26.000 zivilen und militärischen Mitarbeiter, die zuvor in den Einrichtungen des USAF Space Command stationiert waren, wurden in die neue Space Force übernommen. Zu den Hauptaufgaben des Air Force Space Command gehörten der Betrieb und der Schutz des U.S. Global Positioning System (GPS) und der Satellitensysteme, die vom Pentagon weltweit für Kommunikation und Wettervorhersage genutzt werden.

Mit der Umbenennung des Air Force Space Command in Space Force wurde ein achtzehnmonatiger Prozess der Verlegung von Personal und Ressourcen in die Space Force eingeleitet, der bis Mai 2021 abgeschlossen sein soll. Wie ihre Vorgängerin wird die Space Force im Air-Force-Ministerium angesiedelt sein, dem Department of the Air Force, wie im Space Force Act festgesetzt.[4] Dies spiegelt die Art und Weise wider, wie das U.S. Navy Corps in das Navy-Ministerium eingebettet wurde, wobei es dennoch eine eigenständige Teilstreitkraft in der U.S. Navy geblieben ist.

Im Folgenden wird der Aufbau der Space Force beschrieben:

> (b) ZUSAMMENSETZUNG. – Die Space Force setzt sich zusammen aus
> (1) dem Leiter der Weltraum-Einsätze [Chief of Space Operations und
> (2) den Weltraum-Streitkräften [space forces] sowie solchen Bestandteilen [assets], die ihnen wesensmäßig zugehören.[5]

Der letzte Leiter des Air Force Commands (von 2016 bis 2019), General John Raymond, wurde der erste Chief of Space Operations (CSO) der Space Force. Dies ermöglichte ihm, den reibungslosen Übergang des Air Force Commands in die neue Space Force zu überwachen. Als CSO war General Raymond für die administrativen Aspekte der Space Force zuständig und unterstand direkt dem Air-Force-Ministerium. Die operative Kontrolle der Space Force sollte der Befehlshaber des U.S. Space Commands ausüben, eines der elf »Kampfkommandos«, die alle einsatzbezogenen Aspekte des US-Militärs in verschiedenen geografischen und funktionalen Bereichen beaufsichtigen.[6]

Von August 2019 bis August 2020 hatte General Raymond auch den Posten des Befehlshabers des U.S. Space Commands inne, gab

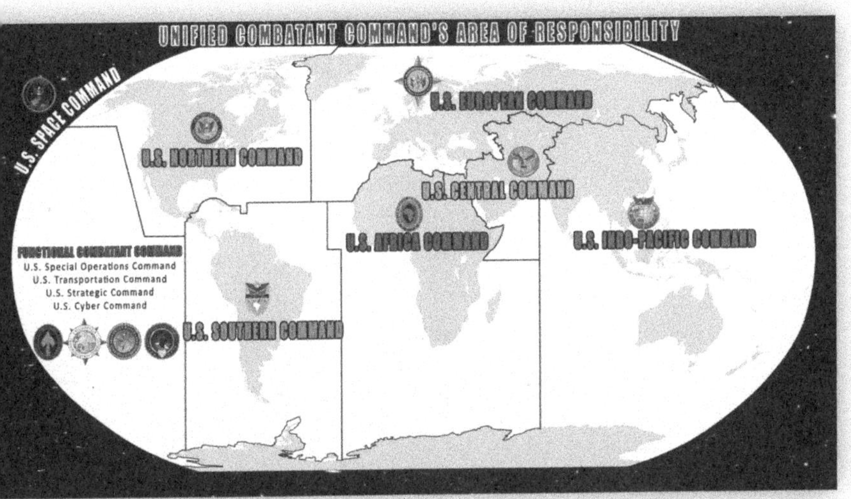

Abb. 72. Die Zuständigkeitsbereiche der einzelnen Kampfkommandos.
Quelle: Wikipedia

diesen jedoch an General James Dickenson ab, um als CSO zu bleiben. Seit dem 19. Dezember 2020 ist General Raymond überdies satzungsgemäßes Mitglied der Vereinigten Stabschefs und hat seinen Dienstsitz im Pentagon, von wo aus er die Verwaltungsbefugnis über die Space Force ausübt, während General Dickenson von seinem Hauptquartier im Space Command auf der Peterson Air Force Base aus für den Betrieb der Space Force zuständig ist.

Der Verweis im Space Force Act auf »Bestandteile, die ihnen wesensmäßig zugehören« als Teil der ursprünglichen Zusammensetzung der Space Force ist absichtlich vage gehalten. Dadurch erhält Raymond die weitreichende Befugnis, während der achtzehnmonatigen Übergangszeit bis Mai 2021 alle Bestandteile der Air Force auf die Space Force zu übertragen. Der Space Act umreißt die Funktionen und Aufgaben der Space Force wie folgt:

> (c) FUNKTIONEN. – Die Space Force ist so organisiert, ausgebildet und ausgerüstet, dass sie die folgenden Punkte gewährleistet:
>
> (1) Operationsfreiheit für die Vereinigten Staaten im Weltraum, vom Weltraum aus und zum Weltraum hin, sowie

(2) prompte und dauerhafte Weltraumoperationen.

(d) AUFGABEN. – Die Space Force hat die Aufgabe,

(1) die Interessen der Vereinigten Staaten im Weltraum zu schützen,

(2) Angriffe im Weltraum, aus dem Weltraum und in den Weltraum abzuwehren und

(3) Weltraumoperationen durchzuführen.[7]

Die oben genannten Funktionen und Aufgaben übertragen der Space Force die direkte Verantwortung für den Schutz der zivilen und militärischen Satelliten, die das Rückgrat des GPS-Systems (GPS = Global Positioning Satellite) bilden, auf das sich das Pentagon für seine modernen intelligenten Waffensysteme stützt.

Das US-amerikanische GPS-System ist in letzter Zeit einer unmittelbaren Bedrohung durch China ausgesetzt, das die Fähigkeit entwickelt hat, sämtliche amerikanischen Satelliten zu zerstören. Der erste CSO der Space Force, General Raymond, ist sich der Fähigkeit Chinas, einen solchen Angriff durchzuführen, sehr bewusst und erklärte 2015: »Bald wird jeder Satellit in jeder Umlaufbahn Gefahren ausgesetzt sein.«[8] Und erst kürzlich, im Januar 2018, enthüllte ein streng geheimer Bericht des Direktorats der Vereinigten Stabschefs im Pentagon, »dass sowohl China als auch Russland Antisatelliten-Raketen sowie andere Waffen gebaut haben und bald in der Lage sein werden, jeden amerikanischen Satelliten im niedrigen Erdorbit zu beschädigen oder zu zerstören«.[9] Die Verteidigung der militärischen und zivilen Satelliten-Infrastruktur der USA wird in den kommenden Jahrzehnten zu den wichtigsten Aufgaben der Space Force gehören. Mit der Einrichtung eines Raumfahrtzentrums auf dem Air-Force-Stützpunkt Ramstein unter Führung der NATO ist klar, dass die Space Force und das Space Command auch das europäische GPS-System Galileo und andere von den NATO-Mitgliedstaaten eingesetzte Satelliten unter ihren Schutzschirm nehmen werden. Aber welche Weltraumressourcen wird die Space Force nutzen, um ihre entscheidenden Funktionen und Aufgaben zu erfüllen, wie sie im Space Force Act und in den Verpflichtungen der NATO festgelegt sind?

An dieser Stelle wird das Thema eines Geheimen Weltraumprogramms relevant, das zunächst von der USAF entwickelt und seit seiner Gründung 1982 vom Air Force Space Command betrieben wurde, und es wird deutlich, warum der Space Force Act einen vagen Verweis auf »Bestandteile, die [den Weltraum-Streitkräften] wesensmäßig zugehören«, enthält. Diese Formulierung wurde absichtlich so gewählt, damit die Bestandteile sich auch auf ein kleines, aber streng geheimes Weltraumprogramm mit Antigravitations-Raumschiffen verschiedener Bauart beziehen, die für verdeckte Operationen auf der ganzen Welt sowie im Weltraum eingesetzt wurden. Zu Beginn dieses Buches habe ich die verschiedenen Raumfahrzeuge beschrieben, über die das Geheime Weltraumprogramm der Air Force verfügte. Dazu gehören Raumfahrzeuge in Form Fliegender Untertassen, verschiedene Modelle der dreieckigen TR-3B und sogar fliegende rechteckige Waffenplattformen. Diese geheimen Antigravitations-Fluggeräte wurden von Mitarbeitern der Air Force Special Operations (Air Commandos) bedient. Sie wurden aus erbeuteten Flugscheiben der Nazi-Zeit und abgestürzten außerirdischen Raumschiffen nachgebaut. In jüngster Zeit sind weitere Informationen aufgetaucht, wonach einige, wenn nicht sogar viele dieser Raumfahrzeuge in Anlage 42 entstanden sind, einer gemeinsamen Forschungs- und Entwicklungseinrichtung, die an die Edwards Air Force Base in Kalifornien angrenzt und von der Air Force zusammen mit führenden Luft- und Raumfahrtunternehmen betrieben wird.[10] General Lieutenant Steven Kwast (USAF a.D.) beschrieb in einem Vortrag im November 2019 einige der Spitzentechnologien, die in geheimen Einrichtungen der Air Force und von Unternehmen wie der Anlage 42 entwickelt wurden:

»Die Technologie befindet sich heute auf den Konstruktionsbänken. Aber die meisten Amerikaner und die meisten Mitglieder des Kongresses hatten noch keine Zeit, sich wirklich eingehend mit dem zu befassen, was hier vor sich geht. Ich habe allerdings das Glück, dreiunddreißig Jahre lang gemeinsam mit diesen Wissenschaftlern geforscht und Freunde unter ihnen gefunden zu haben. Diese Technologie kann heute mit einer Technologie gebaut werden, die nicht weiter ausbaufähig ist und in der

Lage ist, jeden Menschen in weniger als einer Stunde von einem beliebigen Ort auf dem Planeten Erde zu irgendeinem beliebigen anderen Ort zu bringen.«[11]

Weniger als eine Woche vor der Unterzeichnung des Space Force Act durch Präsident Trump verlangte die Air-Force-Ministerin Barbara Barrett von der USAF, die von ihr entwickelten fortschrittlichen Weltraumtechnologien freizugeben. Barrett sagte: »Einiges von dem, was derzeit in verschlossenen Räumen aufbewahrt wird, zu deklassifizieren, wäre eine gute Idee … Man muss vorsichtig sein, was wir freigeben, aber es ist viel mehr geheim, als eigentlich nötig wäre.«[12] Diese streng geheimen Raumfahrzeuge mit exotischen Antrieben sollen kurz nach Mai 2021, dem Ende der offiziellen Aufbauperiode der Space Force, »ihrem Wesen gemäß« in die Space Force eingegliedert werden.

Der offizielle Start der Space Force schafft die Voraussetzungen für die offizielle Offenlegung der wichtigsten Komponenten des Geheimen Weltraumprogramms der Air Force, die in den vorangegangenen Kapiteln ausführlich erörtert wurden. Die Offenlegung wird wahrscheinlich mit Antigravitations-Fluggeräten wie der legendären TR-3B beginnen, einem Fliegenden Dreieck, das erstmals in den späten 1980er Jahren gesichtet wurde, und neueren rechteckigen fliegenden Plattformen, die 2018 in der Nähe der MacDill Air Force Base fotografiert wurden. Es gibt auch scheibenförmige Fliegende Untertassen und getarnte Weltraumstationen, die gemeinsam mit dem National Reconnaissance Office (NRO) entwickelt wurden, dem Nationalen Aufklärungsamt. Laut mehreren Insidern gibt es noch etwas viel Unglaublicheres: die »Sternentore« oder passierbaren Wurmlöcher, die seit Jahrzehnten heimlich entwickelt und genutzt wurden. Die Offenlegung dieser und anderer Technologien wird unfassbar sein und die Luft- und Raumfahrtindustrie in den USA und Europa revolutionieren.

Noch wichtiger ist aus Sicht der Trump-Administration, dass ihre Offenlegung zur Reindustrialisierung Amerikas beitragen und die Space Force für die nächsten Jahrzehnte als führende Militärmacht im Weltraum etablieren wird. Die Space Force ist dazu bestimmt, das Herzstück eines multinationalen militärischen Bündnisses im Weltraum zu werden, das auch NATO-Mitgliedstaaten umfasst, und mit der Zeit wird sich daraus eine Sternenflotte entwickeln, wie wir sie bislang nur fiktiv aus der populären Fernsehserie *Star Trek* kennen.

Michael E. Salla

Hawaii, 17. November 2020

Anmerkungen

1 »Space Force Act, Title IX. Subtitle D. Sec. 951«, https://docs.house.gov/billsthisweek/20191209/CRPT-116hrpt333.pdf (aufgerufen am 03.11.2020)

2 *VOA News*, »NATO Chief: Alliance to Build Space Center at Ramstein Airbase in Germany«, https://www.voanews.com/europe/nato-chief-alliance-build-space-center-ramstein-airbase-germany (aufgerufen am 17.11.2020)

3 »Space Force Act, Title IX. Subtitle D. Sec. 951«, https://docs.house.gov/billsthisweek/20191209/CRPT-116hrpt333.pdf (aufgerufen am 03.11.2020)

4 Siehe »About the Space Force«, https://www.spaceforce.mil/About-Us/About-Space-Force/ (aufgerufen am 03.11.2020)

5 »Space Force Act, Title IX. Subtitle D. Sec. 951«, https://docs.house.gov/billsthisweek/20191209/CRPT-116hrpt333.pdf (aufgerufen am 03.11.2020)

6 Siehe »Combatant Commands«, https://www.defense.gov/Our-Story/Combatant-Commands/ (aufgerufen am 03.11.2020)

7 »Space Force Act, Title IX. Subtitle D. Sec. 951«, https://docs.house.gov/billsthisweek/20191209/CRPT-116hrpt333.pdf (aufgerufen am 03.11.2020)

8 Joshua Philipp: »New Chinese Weapons Threaten Every Satellite in Orbit, Says US General«, *Epoch Times* vom 17. April 2015; https://www.theepochtimes.com/new-chinese-weapons-threaten-every-satellite-in-orbit-says-us-general_1323124.html (aufgerufen am 03.11.2020)

9 Bill Gertz: *Deceiving the Sky: Inside Communist China's Drive for Global Supremacy*; Encounter Books 2019; p. 53.

10 Siehe Michael E. Salla: »Tic Tac UFOs Revealed in 2005 Briefing to be Secret USAF Spacecraft«; https://exopolitics.org/tic-tac-ufos-revealed-in-2005-briefing/ (aufgerufen am 17.11.2020)

11 Brett Tingley: »Recently Retired USAF General Makes Eyebrow Raising Claims About Advanced Space Technology«; https://www.thedrive.com/the-war-zone/31445/recently-retired-usaf-general-makes-eyebrow-raising-claims-about-advanced-space-technology (aufgerufen am 03.11.2020)

12 *Space Daily* vom 11. Dezember 2019, »US Air Force Head mulls declassifying secret programs to gain support for Space Force in Congress«; https://tinyurl.com/y64x4rs3 (aufgerufen am 03.11.2020)

Danksagung

Ich bin einer großen Anzahl von Insidern, Informanten, Forschern und anderen erfahrenen Persönlichkeiten dankbar, die dieses Buch ermöglicht haben, weil sie sich bahnbrechend darum bemühten, die vielen Schichten der historischen Erforschung und Entwicklung außerirdischer Technologien durch die U.S. Air Force zu entschlüsseln. Besonderer Dank gilt Dr. Robert Wood, William Tompkins, Corey Goode, Emery Smith, Alex Collier, Edgar Fouche, David Wilcock, Linda Moulton Howe, William Hamilton, Richard Hoagland, Mike Bara und meiner anonymen Quelle »JP« für ihre jeweiligen Forschungsarbeiten, Nachforschungen und Zeugnisse, die mir geholfen haben, das Gesamtbild des Geheimen Weltraumprogramms der U.S. Air Force zu verstehen.

Vielen Dank auch an die Büros von Senator Brian Schatz und der Abgeordneten Tulsi Gabbard für ihre Unterstützung bei einer Anfrage im Rahmen des Freedom of Information Act an das Indisch-Pazifische Kommando bezüglich des Hawaii-Raketenalarms vom 13. Januar 2018.

Vielen Dank an Mark McCandlish für seine Erlaubnis, den Ausschnitt des »Alien Reproduction Vehicle« zu reproduzieren, das 1988 auf der Edwards Air Force Base von Augenzeugen gesehen wurde.

Vielen Dank an den Whistleblower Corey Goode, die Sphärenwesen-Allianz und Gaia TV für die Erlaubnis, in diesem Buch mehrere Bilder von Coreys Erfahrungen mit dem Geheimen Weltraumprogramm zeigen zu dürfen.

Vielen Dank an JP, der mir Dutzende Fotos von mehreren Antigravitations-Fluggeräten schickte, die er in Florida sah, und mir die Erlaubnis gab, eine Auswahl davon abzudrucken.

Ich bin Duke Brickhouse für das Korrekturlesen des englischen Manuskripts und Thomas Keller für seine hilfreichen redaktionellen Leistungen sehr dankbar.

Ich danke Rene McCann von ganzem Herzen für die Zeit, die sie so großzügig für die Erstellung eines weiteren wundervollen Bucheinbands aufgewendet hat, der jetzt auch die deutsche Ausgabe ziert, und für die Zusammenarbeit mit anderen Künstlern, um verschiedene Elemente einzubeziehen. Vielen Dank außerdem an Rene Armata für die GWP-Maschine, Vashta für die Gestalt des Drako-Reptiloiden und Matt McCann für das Modellieren des Nordischen, der auf dem Cover des Buches abgebildet ist.

Meine tiefste Dankbarkeit gilt schließlich meiner wundervollen Seelenverwandten Angelika Whitecliff, die meine »exopolitische« Forschung immer unterstützt und mit ihren einzigartigen intuitiven Gaben kluge Ratschläge gibt und deren erstklassige redaktionelle Fähigkeiten mein Rohmanuskript zu dem polierten Juwel gemacht haben, das jetzt vor Ihnen liegt.

Abbildungen & Tafeln

Michael E. Salla

ist ein international anerkannter Experte für Weltpolitik, Konfliktlösung und amerikanische Außenpolitik. Er unterrichtete an Universitäten in den USA und Australien, darunter der angesehenen American University in Washington, und hat einen Doktorgrad von der University of Queensland und einen Magister von der University of Melbourne inne. Heute ist er weltweit bekannt als Pionier der Exopolitik, dem Studium der Hauptakteure, Institutionen und politischen Prozesse im Zusammenhang mit Außerirdischen.

Dr. Salla schrieb das erste Buch überhaupt, das über dieses Thema veröffentlicht wurde, *Exopolitics: Political Implications of Extraterrestrial Presence*. Kurz vor der Veröffentlichung 2004 nahm die *Washington Post* mit ihm Kontakt auf, damit er ihnen ein Interview über Präsident

Eisenhowers angebliches Treffen mit Außerirdischen gibt. Als Verwaltungsbeamte der American University davon erfuhren, ermahnten sie ihn, dies zu unterlassen, weil es seine Karriere gefährden könnte. Er beschloss, das Interview trotzdem zu geben, um die Öffentlichkeit über die Ergebnisse seiner Recherchen zu informieren. Daraufhin wurde er seines Postens enthoben. In dem Bemühen, weitere außergewöhnliche und weithin unbekannte Fakten, auf die er bei seinen Recherchen stieß, allgemein zugänglich zu machen, veröffentlichte er 2009 ein zweites Buch über Exopolitik und die amerikanische Außenpolitik: *Exposing U.S. Government Policies on Extraterrestrial Life*.

Im Jahre 2013 erschien *Galactic Diplomacy*, das eine angemessene Verhaltens- und Vorgehensweise beim Umgang mit außerirdischen Zivilisationen vorschlägt, noch im selben Jahr gefolgt von *Kennedy's Last Stand*, in dem erstmals die Zusammenhänge zwischen streng geheimen UFO-Akten und der Ermordung von John F. Kennedy offengelegt wurden. Anschließend begann er mit einer Buchreihe über Geheime Weltraumprogramme, die auf Deutsch im AMRA Verlag erscheint. Auf *Geheime Weltraumprogramme & Allianzen mit Außerirdischen*, das ihm höchsten Respekt für die Aufdeckung verborgener globaler Intrigen einbrachte und zu einem weltweiten Bestseller wurde, folgten *Das Geheime Weltraumprogramm der U.S. Navy & Die Allianz mit den Nordischen* sowie *Antarktis – Die verbotene Wahrheit* und *Der Aufstieg des Roten Drachen*. Zuletzt erschienen zwei bedeutende Standardwerke über die 2019 gegründete angeblich neue Waffengattung des amerikanischen Militärs: *Die Geheime Geschichte der U.S. Space Force* und *Space Force – Unsere Star-Trek-Zukunft*. Weitere Bücher werden folgen.

Dass Exopolitik inzwischen auch von der Öffentlichkeit wahrgenommen wird und als ernsthaftes Forschungsgebiet gilt, verdankt sich größtenteils Dr. Sallas Büchern sowie seinen Hunderten von Radio- und Fernsehsendungen, seinen Vorträgen und seiner Website, die täglich von mehr als fünftausend Menschen besucht wird.

---

www.exopolitics.org

Register

O

P

Q

....

Helfen Sie mit, das Paradigma zu ändern.

Daniella Fenton
HYBRIDE MENSCHEN
Wissenschaftliche Beweise für unser 800.000 Jahre altes kosmisches Erbe
176 Seiten, gebunden, oranges Leseband
€ [D] 19,99 / € [A] 20,60 • ISBN 978-3-95447-428-8

Eine lange Liste von DNA-Anomalien beim Menschen ist nur durch die gentechnische Veränderung des *Homo sapiens* aus einer frühen menschlichen Spezies erklärbar. Nun wurde ein rätselhaftes Material entdeckt, bei dem es sich um Wrackteile eines Kolonisten-Raumschiffs handeln könnte. Die erörterten Fakten führen alle zu dem einen Schluss: Wir sind direkte Nachfahren der Plejader!

»Dieses Buch ist ein Meilenstein zum Verständnis unserer Vergangenheit. Es sollte zum Lehrbuch an allen Schulen werden.« – Aus dem Vorwort von Erich von Däniken

Hermann Ilg
DIE MISSION DER SANTINER
Botschaften der Menschheit von Alpha Centauri
256 Seiten, gebunden, oranges Leseband
€ [D] 22,99 / € [A] 23,70 • ISBN 978-3-95447-472-1

Die Santiner geben Antworten auf aktuelle Gegenwartsfragen. Themen wie »In kosmischen Bahnen denken«, »Wenn die Not am größten ist«, »Am Ende der Zeit« und »Die Gedankenbrücke« handeln alle von ihrer Mission am Beginn des Wassermannzeitalters. Abgerundet wird dieses Buch durch eindringliche Reden von Ashtar Sheran, ihrer großen Führungspersönlichkeit.

Der Klassiker des deutschen Ufologen. Erstmals im AMRA Verlag.

Len Kasten
DIE GEHEIME WELTHERRSCHAFT DER REPTILOIDEN
Ihr Ursprung, ihr Sternenreich und ihr Wirken auf unserer Erde
400 Seiten, gebunden, oranges Leseband
€ [D] 24,99 / € [A] 25,70 • ISBN 978-3-95447-319-9

Angefangen bei ihrer ersten Kolonisierung der Erde bis zur Infiltration der großen Regierungen in heutiger Zeit, schildert Len Kasten, wie die Reptiloiden durch raffinierte Intrigen die Menschheit versklavten. Ihre Rolle im Nazi-Deutschland und bei den US-Geheimdiensten wird ebenso beleuchtet wie die Unterstützung der Illuminaten, ihrer menschlichen Verbündeten an den Schaltstellen der Macht.

Das erste umfassende Enthüllungswerk.

Alle Bücher auch als eBooks. Leseproben auf www.AmraVerlag.de

*Helfen Sie mit,
das Paradigma
zu ändern.*

Marlies Pante
DAS GROSSE ERWACHEN
Heilungsbuch der Arcturianer
240 Seiten, gebunden, oranges Leseband
€ [D] 19,99 / € [A] 20,60 • ISBN 978-3-95447-468-4

Die Arcturianer sprechen über die immer stärkere Verbundenheit der Menschen, die Bedeutung des jetzigen Moments, die Energie der Neuen Erde, die Heilung unserer Seele und unseren wahren Ursprung, das Ablegen von Manipulation, das Erschaffen unseres künftigen Selbst, die wachsende Verbindung zur Quelle, die Schönheit des Erwachens und die Unmöglichkeit für jeden Menschen, *nicht* zu erwachen.

Mit Heilungsblättern »Mein Erwachen« für die energetische Arbeit an sich selbst.

Michael E. Salla
ANTARKTIS – DIE VERBOTENE WAHRHEIT
Sklavenarbeit für transnationale Konzerne und außerirdische Flüchtlingskolonie
432 Seiten, gebunden, oranges Leseband
€ [D] 26,99 / € [A] 27,80 • ISBN 978-3-95447-395-3

Trump enthüllte kürzlich die Existenz einer U.S. Space Force, Macron erklärte, eine französische Weltraumflotte sei jetzt in Planung. Tatsächlich arbeiten in der Antarktis bereits seit 1955 Unternehmen des US-Militärs und internationale Konzerne an diesem Projekt – unter Nutzung von Sklavenarbeit. Und all dies geschah von Anfang an unter Mitwirkung von Aliens.

Die wahre Geschichte der Antarktis.

Len Kasten
DIE DUNKLE FLOTTE
Das Geheime Weltraumprogramm der Reptiloiden und die Schlacht um das Sonnensystem
288 Seiten, gebunden, oranges Leseband
€ [D] 24,99 / € [A] 25,70 • ISBN 978-3-95447-418-9

Antischwerkrafttechnologie, Kontrolle des Massenbewusstseins und Teleportation sind nur einige der erstaunlichen Mittel, durch die nach dem Zweiten Weltkrieg eine Weltraumallianz entstand. Sie errichtete Raumhäfen in der Antarktis und auf dem Mars sowie eine elfstöckige Basis auf dem Mond. Sie treibt Bergbau im All und hält unzählige menschliche Sklaven – mit Unterstützung von Reptiloiden.

»Eine zutiefst beunruhigende und gleichzeitig unverzichtbare Lektüre.« – Michael E. Salla

Alle Bücher auch als eBooks. Leseproben auf www.AmraVerlag.de

*Helfen Sie mit,
das Paradigma
zu ändern.*

Steven M. Greer
OFFIZIELL GELEUGNET!
Das größte Geheimnis der Regierungen wird enthüllt: Wir sind nicht allein!
400 Seiten, gebunden, oranges Leseband
€ [D] 26,99 / € [A] 27,80 • ISBN 978-3-95447-363-2

UFOs sind real. Wir stehen in Kontakt mit Aliens. Freie Energie und Antischwerkraft-Technologie sind im Einsatz. Dr. Greer stellt Dokumente vor, die US-Präsidenten, CIA-Direktoren und Kongressabgeordneten vorgelegt wurden: Multinationale Konzerne machen dank Alien-Technologie Billionengeschäfte und demontieren die Welt. Mit Aussagen von Zeugen der Sicherheitsstufe »Cosmic Secret«, achtunddreißig Stufen höher als »Top Secret«.

Der New York Times Bestseller, der als Vorlage zur Netflix-Sensation »Unacknowledged« diente.

Gregg Braden
MENSCH : GEMACHT
Von der zufälligen Evolution zur bewussten Transformation
352 Seiten, gebunden, oranges Leseband
€ [D] 24,99 / € [A] 25,70 • ISBN 978-3-95447-337-3

Neueste Forschungen zeigen, dass der Mensch, so wie er heute existiert, vor Hunderttausenden von Jahren plötzlich entstand – aufgrund einer Verschmelzung von Genen, die bewusst herbeigeführt worden sein muss. Und von Anfang an zeichnen wir uns durch enorme Fähigkeiten aus, die uns auf Abruf zur Verfügung stehen. Bradens neues Buch überwindet die Grenzen zwischen Wissenschaft und Spiritualität und stellt sich der zeitlosen Frage: *Wer sind wir?*

DER SPIEGEL-Bestseller

Jan Erik Sigdell
DIE MANIPULATIONEN DER ANUNNAKI
Satanismus, andere Dimensionen und der Ursprung des Bösen
256 Seiten, gebunden, oranges Leseband
€ [D] 22,99 / € [A] 23,70 € • ISBN 978-3-95447-397-7

Impfzwang, 5G, Künstliche Intelligenz, Personenkennung. Die Anunnaki, eine im Untergrund lebende Reptiloidenspezies, bilden die geheime Spitze dieser Agenda. Sie werfen gerade alles in die Waagschale, was seit langer Zeit zur Auslöschung des größten Teils der Menschheit vorbereitet wurde. Ihre Instrumente sind Vertuschung und Desinformation. Wie hängt das mit Satanismus, Pädophilie und Menschenhandel zusammen?

»Hinter den Kulissen spielt sich etwas ab, was dem Dritten Weltkrieg zu entsprechen scheint.« – Jan Erik Sigdell

Alle Bücher auch als eBooks. Leseproben auf www.AmraVerlag.de